행정의 책임과 통제

명지대학교 정부혁신연구소 편저

法 文 社

머 리 말

오늘날 대의제 민주주의는 다양한 비판과 문제제기에도 불구하고 여전히 국가 운영의 기본틀로 작동하고 있다. 이러한 대의제 민주주의 하에서 유권자(시민·납세자) 및 그들의 대표(대통령·의원 등)와 피고용인인 행정 공무원들 간에는 주인(master)과 공복(public servants)의 관계가 성립된다. 즉 행정 공무원은 '주인'인 시민의 이익을 실현하기 위해서 노력해야 하며, 행정 공무원은 그러한 역할을 적절하게 수행해야 할 책임을 부여받고 있다. 그러나 현실 세계의 행정에서 위의 기대가 항상 충족되는 것은 아니며, 행정 공무원들이 부패와 무능 등을 통해 자신의 책임을 완수하지 못하는 경우가 발생하고 있다. 이러한 배경 하에 행정 공무원과 그들의 조직에 대한 통제의 필요성이 제기된다.

행정학은 그 학문적 발전의 초기 단계에서부터 이미 행정의 책임과 통제 문제에 대해서 깊은 관심을 가졌고, 이는 다수의 연구 성과와 교재에 반영되었다. 그러나 우리나라의 행정 연구와 교육에서 행정의 책임과 통제 문제는 상대적으로 적절한 수준의 주목을 받았다고 보기 어렵다. 국내 학계의 주된 관심은 관리(management) 분야(조직, 인사, 재무 등)와 정책(public policy) 분야(정책분석·평가, 정책과정 등)에 집중되어 있고, 행정의 책임과 통제 문제는 행정 부패의 쟁점에 제한되어 있는 등 충분한 관심을 받지 못하고 있다.

이 책은 국내 행정학계의 이러한 취약점을 보완하려는 의도로 준비되었으며, 그간 명지대학교 행정학과의 정부혁신연구소 소속 교수들이 수행했던 연구 성과를 편집하는 형식으로 작성되었다. 명지대 행정학과 정부혁신연구소 소속 교수들은 지난 15년 동안 행정 책임, 행정 부패, 행정 통제에 대한 개별적 연구를 수행하거나 다양한 형태의 협력적 연구를 수행해 왔다. 이 책은 그러한 연구 성과를 크게 두 파트로 나누어 정리한 편저이다.

책의 제1부는 행정 책임성에 관한 논문들로 구성된다. 세부 주제는 1장 '행정 책임성의 내용', 2장 '책임성의 회피와 딜레마', 그리고 3장 '재난과 책임성'이다.

1부의 1장에서는 행정 책임성의 내용으로 공무원의 주관적 책임성, 전문가적 책임성, 집단적 책임감 등 다양한 책임성 개념과 수준을 다룬다. 행정 주체인 공무원이 스스로 인식하는 책임성의 범위와 역할이 무엇인지 탐색하는 "공무원의 주관적 책임성" 연구는 공무원이 매우 다양한 대상과 상황에 대해 다중적·상충적인 책임감을 경험하고 있음을 밝히면서 공무원이 전문가적 자부심에 근거한 책임성을 발휘할 전략이 필요함을 주장한다. 그렇다면 공무원들이 전문직으로서의 직업적 정체성을 가지고 책임성을 인식하는가에 관한 "공무원의 전문가적 정체성과 책임" 연구는 공무원들이 전문가적 통제를 인식하는 수준이 낮고, 전문윤리와 공직윤리를 크게 구별하지 않으며, 전문직업적 활동 범위를 정부 밖으로 확장하여 인식하는 수준이 높지 않음을 밝힌다. "공직자의 집단적 책임감과 영향요인 탐색" 연구는 공무원들이 다수의 구성원이 여러 단계를 거치며 수행한 업무가 실패했을 때 법적 잘못을 저지르지 않았음에도 문제 해결을 위해 기꺼이 희생을 감수하려는 의지가 있는지, 그리고 이러한 집단적 책임감에는 어떤 요인이 영향을 미치는지를 분석하였다.

1부의 2장에서는 공무원의 책임 이행의 어려움을 책임성 회피, 책임성 갈등, 침묵, 정치적 책임성 훼손 등의 측면에서 살펴보고 있다. "한국 지방공무원의 책임 이행에 관한 실증 연구"는 지방 공무원들이 실제로 법적·계층적 책임 이행에 치중된 불균형한 책임 이행을 하고 있음을 지적하고 그 원인이 공무원 개인적 요인보다는 인사관리, 보상, 관리자의 역할 등 조직적·제도적 요인의 결합임을 주장하고 있다. 한편, 공무원의 책임성이 다차원적이며 이 차원들 사이에 갈등이 발생함에 주목한 연구 성과도 있다. "공무원의 책임성 딜레마 인지와 대응"은 공무원이 져야 할 다양한 책임성이 서로 모순되는 여섯 가지 책임성 딜레마 상황을 도출하고 상황별로 공무원의 대응 모습을 조사하였는데 그 결과, 책임성 간의 충돌로 인한 내적 갈등 수준이 높지 않으며, 딜레마 상황에서 양자택일시 법적 책임, 전문가적 책임, 계층적 책임, 정치적 책임의 순으로 우선시 하는 의사를 발견하였으며, 책임성 딜레마에 직면했을 때 대응 전략의 선호를 분석하였다. 이어서 "한국 공무원의 침묵 사유와 침묵 이슈에 관한 인식" 연구는 공무원이 자신이 인지한 조직문제에 대해서 침묵하는 행태가 존재하며 그 중요한 이유가 다른 구성원에게 불이익을 주거나 그들의 관계를 악화시키기를 원하지 않기 때문인 것을 밝혔으며 이러한 침묵이 자신의 근무의욕과 직무몰입을 떨어뜨릴 수 있음을 주장하고 있다. "관료제의 정치적 중립 훼손" 연구 역시, 정치적으로 불공정한 지시에 직면해서 침묵하고 복종하는 공무원의 대응이 어떻게 나타났는가에 관한 사례 분석을 진행하였다.

1부의 3장은 특히, 재난 사례에서 나타난 정부의 책임성에 주목한다. "Bureaucratic Accountability and Disaster Response" 연구는 2014년 세월호 침몰 사건을 사례로 하여, 당시 해경의 부적절한 대응을 계층적 책임의 유지, 정치적 책임의 강조, 전문가적 책임의 약화 등과 같은 책임성 차원의 문제로 설명하고 있다. "사회 재난 이후, 정부의 대응과 책임 변화"는 지난 10년간 사회재난 사례를 대상으로 재난 이후, 정부의 재난 대응과 책임이 어떻게 나타나고 있는지를 영역, 주체, 방식의 측면에서 분석하면서 재난 관리의 적극적 책임이 부족함을 주장하고 있다.

책의 제2부는 행정 부패와 행정 통제의 두 주제로 구분된다. 먼저 행정 부패에 대해서는 1장 '부패의 영향요인: 정부 규모와 시계'와 2장 '부패와 여성 참여 및 윤리경영'에서 살펴본다.

2부의 1장에서는 행정가가 가진 동기구조의 하나로서 시계(time horizons)가 정부제도를 일정한 방향으로 설계할 인센티브를 제공한다는 논의를 제시한다. 일정한 정치제도(government institutions) 하에서, 단기적 관점(short-term horizons)을 가진 행정가는 사유재산권(property rights)을 보호하려 하지 않는다. 왜냐하면, 보호된 사유재산권이 자신들의 이익을 증대시키리라고 기대하지 않기 때문이다. 행정가는 장기적인 큰 이익보다 단기적인 이익을 증가시키는 비효율적인 정책이나 제도(사유재산권을 침해하는)를 더욱 선호할 것이다. 이와 반대로, 장기적 관점(long-term horizons)을 가진 행정가는 사유재산권을 보호하는 효율적인 정책이나 제도를 지원할 동기를 갖게 된다. 왜냐하면, 증대된 경제파이(economic pie)로부터 보다 큰 미래의 편익을 얻을 수 있다고 기대하기 때문이다. 하지만 역설적이게도(paradoxically), 사유재산권을 보호하는 제도로 인하여 행정가가 부패 행위에 개입할 기회는 차단될 것이고, 이로 인하여 해당 국가의 전반적인 부패 수준은 낮아지게 될 것이다.

다음으로 2부의 2장에서는 부패의 수준을 낮추는 데 여성의 사회참여가 큰 요인으로 작용할 수 있다는 논의를 제시한다. 120개 국가의 사례와 우리나라의 사례를 실증 분석한 결과, 실제로 여성의 공공부문 참여가 공공조직의 부패의 수준을 낮추는 데 영향을 주는 것으로 나타났다. 이러한 분석의 결과는 여성의 사회참여를 뒷받침하는 새로운 기반으로 활용될 수 있다. 동시에 부패에 대한 연구의 다양화에 기여하며, 부패수준에 영향을 주는 하나의 새로운 변수를 제시하여 정부부처의 부패수준에 대한 설명력을 높일 수 있다. 또한 이러한 분석결과는 공공 인사관리, 특히 인적 자원 계획이 부패 통제의 관점에서 여성의 참여를 증가시키기 위해 전략적으로 고안될 필요가 있음을 암시한다.

다음으로 행정 통제 부문은 행정 통제 기제(mechanism)의 유형 분류를 시도하고, 그 유형론을 우리나라와 영국의 행정 사례에 적용하는 연구들로 구성된다. 우리나라와 영국의 행정 사례분석에서 공통적으로 주목하는 점은 최근의 행정개혁 노력들이 행정 통제의 의미를 지닌다는 것이다. 즉 여기서는 행정 통제가 행정의 책임성을 확보하기 위한 노력이고, 최근의 국내외 행정개혁은 행정 통제를 통해 행정의 책임성을 제고하려는 의도를 지니고 있었다는 점을 전제로 하고 있는 연구성과들을 정리하였다.

2부의 3장 '행정 통제의 기제'와 **4장** '행정 통제와 행정 개혁: 영국 사례연구'에 제시된 논문들의 개요는 아래와 같다.

3장에서는 행정 통제 기제를 분류하는 두 개의 접근방식을 제시한다. 하나는 행정 공무원의 자기이익 추구활동과 재량의 허용 여부를 기준으로 하는 접근방식이고, 다른 하나는 집단-격자 문화이론을 적용하는 접근방식이다. 전자("정부 관료제와 민주주의")에서는 행정 공무원의 자기이익 추구와 재량의 허용 여부에 따른 다양한 행정 통제 수단들이 각각 장·단점을 지니고 있다는 점을 보이고, 이를 극복하기 위한 새로운 인식전환을 논의하였다. 후자("행정개혁과 관료제 통제기제에 관한 연구", "Control over the Korean Bureaucracy")에서는 집단-격자 문화이론을 토대로 '감독·경쟁·상호성·비항상성'이라는 네 개의 관료제 통제유형을 제시하고, 이를 노무현 정부에서 수행되었던 인사행정/공무원 제도개혁에 적용·분석하였다. 위 논문들은 노무현 정부의 행정개혁과 관료제 통제에 활용되었던 주된 기제(유형)는 무엇이었고, 그 효과는 어떠했는지를 분석하는 데 주된 초점을 두었다.

4장은 영국의 행정개혁 노력을 행정 통제의 관점에서 해석하였다. "영국 보수당 정부(1979~1997년) 행정개혁의 정치적 의도와 효과에 관한 연구"는 영국 보수당 정부의 행정개혁이 자신들이 의도했던 정치적 효과(행정통제 강화를 통한 의회주권의 재정립)를 적절하게 달성하지 못했던 원인을 '행정개혁의 의도하지 않았던 효과'에서 찾고, 그러한 의도하지 않았던 효과가 나타난 원인을 규명하였다. "조정기제의 혼합과 계층제 기제의 의의에 관한 연구"는 '시장 기제'와 '네트워크 기제'를 대표하는 영국 행정개혁 사례인 '의무경쟁입찰제도'와 '연계형 정부(joined-up government)'를 분석한 후, 이 사례들에 작용하고 있는 '계층제 기제'의 의의를 규명함으로써 성공적인 행정 개혁과 행정 통제를 위해서는 어떤 조건이 필요한지에 대해서 논의하였다.

이 책이 담고 있는 연구 성과 중의 일부에는 명지대학교 행정학과 정부혁신연구소 소속 교수 외의 연구자들이 참여하였다. 이 편저에 해당 논문들을 싣는 것을 수락해 주신 연구자들께 감사드린다. 또한 이 책을 준비하는 과정에서 원고 정리에 도움을 준 박 은 원생과 법문사의 관계자 분들께도 고마움을 표한다.

지난 30여 년 동안 명지대학교 행정학과와 정부혁신연구소의 발전을 위해 헌신하신 박천오 교수님의 은퇴 전에 이 책을 내게 되어 기쁜 마음이다. 박천오 교수님께 감사의 마음을 전한다.

2019년 12월

편저자 일동

차 례

제 1 부 행정 책임성

제 2 부 행정 부패와 통제

제 1 부

행정 책임성

제 1 장

책임성의 내용

1. 공무원의 주관적 책임성: 지방자치단체 중하위직 공무원의 경험을 통한 탐색
• 한승주

2. 공무원의 전문가적 정체성과 책임: 일반채용과 경력채용 공무원의 인식 탐색
• 한승주

3. 공직자의 집단적 책임감과 영향요인 탐색 • 한승주 · 최흥석

1 공무원의 주관적 책임성: 지방자치단체 중하위직 공무원의 경험을 통한 탐색[1)]

〈요 약〉

이 연구는 정부의 역할과 책임 범위가 새롭게 증가하는 가운데 공무원이 스스로 인식하는 책임의 범위와 역할은 무엇인지를 탐색하는 데 목적을 둔다. 정부에 대한 포괄적이며 상충적인 국민의 기대 앞에서 공무원으로서 느끼는 책임이 무엇인지, 그 주관적 책임감에 대해 지방자치단체 중하위직 공무원을 대상으로 인터뷰를 진행하였다. 분석 결과, 공무원들은 민원인 만족, 정치적 부응, 사회공익 실현, 직무 성과, 조직연대감 등 다양한 대상과 상황에서 다중적이며 상충적인 책임감을 경험하고 있었다. 공익 실현에 관한 중하위직 공무원들의 강한 역할 인식은 조직 속 낮은 권한과 괴리되지만 한국적 맥락에서 공직봉사동기로 이해할 수 있을 것이다. 또한 전문가적 자부심과 윤리의식으로 적극적 행정활동을 펼치기에 제약이 많은 중하위직 현실을 비판하며 책임과 권한의 확장을 요구하고 있었다. 한편, 인사권을 가진 지자체장을 향한 정치적 책임은 승진과 연결된다는 점에서 어떤 책임감보다도 민감하게 여겨졌다. 이를 토대로, 공무원의 전문가적 자부심에 근거한 책임의식을 고취할 수 있는 내적 동기부여 체계와 전략이 마련될 필요가 있다고 판단된다.

1) 한승주. (2013). 「한국행정학보」 47권 1호, 25-45.

Ⅰ. 들어가며

오늘날 국민의 인식 속에 공무원의 책임 범위는 무한에 가까워 보인다. 특히 정부 주도의 경제성장을 경험한 우리나라는 정부와 공무원이 책임지고 해결해야 한다고 믿는 범위가 더욱 넓을 수 있다. 낙후 지역 개발부터, 고용 창출, 경제 성장, 복지 증진, 자연재해 예방, 환경오염, 과학기술의 위험 관리 등 거의 모든 문제에서 정부의 적절한 개입 부재 혹은 부적절한 개입을 비판하는 것을 쉽게 찾아볼 수 있다. 신공공관리적 행정개혁으로 정부의 역할 범위가 가시적으로 줄어드는 듯 보이지만 국민이 인식하는 정부의 책임은 오히려 확장되는 듯하다. 최근 보육, 의료, 교육, 노인복지 분야에 대한 정부 지원을 요구하는 사회적 목소리가 높아짐이 그 예가 될 것이다.

반면, 공무원은 자신이 책임져야 할 범위나 역할을 어떻게 인식하고 있을까? 정부를 향한 포괄적이면서 상충적인 국민의 기대 앞에서 공무원으로서의 져야 할 책임이 무엇이라고 생각하고 있을까? 공무원에게 요구되는 책임성이 개념적으로 모호한 동시에 다면적이라는 선행연구들을 고려하면(Romzek & Dubin, 1987; Cendón, 2000; 엄석진, 2009) 공무원 개인이 해석하는 책임의 개념은 충분히 다를 수 있다. 저마다 책임성을 다르게 해석한다면 그에 따라 행동 역시 다를 수 있다는 점에서 공무원의 주관적 책임성은 중요하다. 책임을 느끼는 대상과 범위에서는 이해관계를 떠나 적극적으로 행동할 수 있기에 공무원의 주관적 책임성은 내적 동기부여(intrinsic motivation)의 핵심이 될 수 있다.

그러나 그 중요성에 비해 공무원이 스스로 책임이 있다고 느끼는 내적 인식에 관한 경험적 고찰은 미흡하였다. 그간 행정의 책임성에 관한 연구는 주로 정부 조직 단위의 객관적 책임의 내용을 도출하는 데 초점을 두거나, 공무원의 법적 책임을 고찰하는 데 한정되었다. 본 논문은 행정활동의 주체인 공무원들이 공직생활에서 책임을 느끼는 범위와 내용을 파악하는 데 목적을 둔다. 행정의 책임성에 대한 논의를 공무원 개인이 느끼는 책임감으로 접근해보고자 하는 것이다.

공무원은 어떤 맥락에서 책임이라는 용어를 사용하며 언제 책임감을 느끼고 어디까지 책임져야 한다고 생각하는지, 누구 혹은 무엇에 책임을 주로 느끼는지 등을 밝히기 위해 질적 연구방법을 적용하려고 한다. 지방자치단체의 중하위직 공무원을 대상으로 이들이 경험하는 책임의 내용을 분석할 것이다. 이를 통해 책임의 다면성을 확인하고 책임감 발현의 과정과 내용을 분석함으로써 차후 정부 및 공무원의 적절한 역할 및 범위에 관한 논의에 도움이 될 것으로 본다.

이 연구는 우선, 공무원의 책임성에 관한 이론을 검토하여 책임의 다면성을 살펴볼 것이며 둘째, 공무원으로서 느끼는 주관적 책임의 내용과 원인적 상황을 탐색한다. 셋째, 질적 분석을 통해 발견된 책임감의 다양한 유형과 논리 구조를 제시하고 그 의미와 토론점을 도출하고자 한다.

Ⅱ. 공무원의 책임성: 이론적 논의들

1. 공무원 책임성의 개념

Hodgkinson(1978)의 주장대로 책임이란 항상 무엇에 대한 것, 누구에 대한 것의 문제이기에 그 대상과의 관계이다. 그러나 Sinclair(1995)가 표현하듯 책임성(responsibility)[2]은 매우 모호하고 유동적인 개념으로 마치 카멜레온과 같아서 정의가 쉽지 않다. 행정에 대한 국민들의 요구가 증가하고 빠르게 변화하는 상황에서 행정의 책임성은 이에 따라 항시 변화하기 때문이다(Kearns, 1994).[3] 정의하려 들수록 더 모호해지며, 학문적 관심사, 당대의 가치관에 따라서 제각기 다르게 정의될 수밖에 없는(Sinclair, 1995; 221) 까닭에[4] 책임성은 행정학의 가장 중요한 토

2) 책임성은 주로 responsibility와 accountability로 표현되는데 responsibility가 보다 넓은 개념으로 여겨지고 있다. Cendón(2000)에 의하면 responsibility는 capacity, liability, accountability라는 세 의미를 포함한다. capacity는 공무원이 자신의 의무를 수행할 능력 및 권한을 의미하며, liability는 공무원이 궁극적으로 책임져야 할 영역 내에서 이뤄진 개인(때로는 다른 이의)의 행위 결과를 수용하는 것을 의미한다. accountability는 공무원이 자신이 수행한 업무성과에 대해 내부 혹은 외부의 상위 기관에 정보제공, 설명, 정당화를 해야 할 의무를 의미한다고 보고 있다. 특히 accountability가 보다 공식적, 법적인 책임을 의미한다면 responsibility는 여기에 주관적인 책임인식까지 넓게 포함하는 개념이 된다. 따라서 주관적 책임인식에 주목하는 이 연구는 responsibility로 표현하고자 한다.

3) 예를 들어, Halligan(2007)에 따르면 1970년대에는 과정적 · 법적 책임성이 중요했다면 1980년대에는 분권화된 조직의 책임성 등 관리적 책임성이, 1990년대에 고객에 대한 책임성과 시장 및 계약관리가, 2000년대부터 집합적 책임성의 개념이 발전하면서 책임성의 공유가 중요한 이슈가 되었다고 설명한다(한상일, 2010: 69).

4) Sinclair에 따르면 책임성이 어떻게 정의되는지는 책임을 이해하는 상황에 따른 그 언어적 표현을 통해서도 알 수 있다고 하면서 특정 학제 중심적(discipline-specific) 의미를 가지고 있어서 회계사는 책임을 재정적, 수치적 문제로 논의하고, 정치학자들은 책임성을 정치적 명령으로, 법학자들

대이지만 본격적으로 다뤄지지 못했다(Romzek & Dubnick, 1998).

책임성을 규정할 때 핵심적으로 포함되는 구성 요소는 권한 및 재량에 근거한 이행 – 불이행, 이에 대한 직·간접적인 설명 및 응답의무(answerability), 그리고 행위의 결과에 대한 통제와 구속 등으로 볼 수 있다(Sinclair, 1995; Heywood, 2000; Behn, 2001; De Vries, 2007). 책임성이란 공무원이 행정행위에 직·간접적 행위자로서 행위 내용에 관한 내·외부의 질문에 가장 앞서 대답하고 그 일의 성패에 따라 주어지는 상벌을 받을 일차적 주체가 되는 것이다. 이에 따라 책임성은 행위자, 통제자, 판단기준이라는 요소로 구성된다(엄석진, 2009: 21-22). 그리고 이러한 특징과 구성요소에 따라서 책임성의 범위와 내용은 다양하게 해석된다. 재량 없는 상황에서의 책임 문제, 행위의 이행과 불이행에 따른 책임 차이, 입증 및 설명의 의무를 넘어서서 관련된 기대를 적극적으로 형성할 책임(Acar et al., 2008; 한상일, 2010), 결과에 관한 도의적 책임 등이 이슈로 제기되고 있다. 이러한 이슈들은 공무원의 책임성을 정의하기가 쉽지 않으며 더불어 책임에 따른 통제 역시 다양한 수준과 차원이 있음을 보여준다.

한편, 공무원 책임성의 개념에서 짚어야 할 한 부분은 조직과 개인 책임의 구분이다. 행정의 책임 문제는 대체로 조직 단위로 논의되면서 조직의 책임과 개인의 책임이 구분되지 않는다. 행정의 책임이 곧 공무원의 책임으로 치환되며 정부조직과 공무원 개인이 책임질 내용이 다르지 않다는 것이다. 이것은 공무원의 법적 책임을 통해서 살펴볼 수 있다. 현재 헌법 및 법률 체계 전반은 공무원에게 행정상 책임(징계와 변상), 형사상 책임, 민사상 책임을 지우고 있다. 특히 공무원의 행정상 책임은 공무원으로서의 법적 의무에 상응하는데 헌법, 국가공무원법, 공직자윤리법, 감사원법 등 여러 법률의 도처에서 요구하는 공무원으로서의 의무는 성실, 선서, 복종, 직장 이탈 금지, 친절 공정, 종교 중립, 비밀 엄수, 청렴, 영예 등의 제한, 품위 유지, 영리 추구 및 겸직 금지, 정치활동 금지, 집단행동 금지 등이다. 이상의 의무들은 그 내용에 있어서 정부 조직이 준수해야 할 의무와 다름이 없고 개인 수준으로 조정되었을 뿐, 공무원 개인으로 특별히 더해지거나 감해지는 새로운 책임이 있다고 보기 힘들다. 또한 국가배상의 법리에서도 간접적으로 확인할 수 있는데 국가사무의 수행 과정에서 위법하게 타인에게 손해를 가한

은 헌법적 배열, 철학자들은 윤리체계로 다룬다는 것이다.

경우 국가가 피해자에게 손해를 배상해야 할 때 국가와 위법주체인 공무원 사이에 책임을 어떻게 배분할 것인가의 문제가 있다. 헌법 제29조 제1항은[5] 공무원이 직무상의 고의나 과실로 법령을 위반한 행위로 말미암아 발생한 손해에 대해서 국가가 배상책임을 지지만 개인의 책임이 면제되는 것은 아니라고 밝힌다. 그러나 다수설[6]은 국가의 책임은 공무원의 고의·과실에 관계없이 발생하는 것이며 공무원을 자신의 기관으로 사용한 데 따른 책임이므로 곧 국가 자신의 책임이라는 자기책임설이다. 국민에 대한 법적 책임의 내용에서 국가와 공무원의 책임이 본질적으로 구별될 수 없음을 의미한다고 하겠다. 법적으로는 조직의 책임과 개인의 책임은 책임의 내용으로 구분되기보다 개인 업무 및 행정행위와의 직접성을 기준으로 책임의 범위가 구분되는 것이라 볼 수 있다.

2. 공무원 책임성의 유형

공무원의 책임으로 전통적으로 여겨지던 것은 법규 및 공식적 절차 준수, 선출직 공무원에 대한 복종으로 공무원의 법적, 과정적 일탈을 통제하는 것이 책임의 초점이었다. 그러나 근래 연구들은 이러한 전통적 책임성 외에도 다양하고 복잡한 책임성들을 제시하고 있다. 책임을 유형화하는 데 적용되는 기준이 다르고 각기 다른 표현들이 사용되지만, 대체로 정치적 책임, 행정적 책임, 전문적 책임, 민주적 책임 등이 주요 차원으로 제시된다.

Romzek & Dubnick(1998)은 책임성을 법적(legal), 관료적(bureaucratic), 전문적(professional), 정치적(political) 책임성으로 제시했으며 그 유형화의 기준은 통제의 원천과 통제의 강도였다. 비슷하게 Romzek & Ingraham(2000)도 같은 기준으로 위계적(hierarchical), 법적(legal), 전문적(professional), 정치적(political) 책임성을 제시하고 위계적 책임성은 효율성 가치를 강조하며 조직에 대한 복종을 기대하는 것이며, 법적 책임성은 법의 지배를 강조하며 외적 권위에 대한 순응을, 전문적

---

5) 헌법 제29조 제1항은 '공무원의 직무상 불법행위로 손해를 받은 국민은 법률이 정하는 바에 의하여 국가 또는 공공단체에 정당한 배상을 청구할 수 있다. 이 경우 공무원 자신의 책임은 면제되지 아니한다'라고 규정하고 있다.

6) 이에 대한 해석에서 국가가 공무원을 대신해서 책임을 진다는 입장(대위책임설), 공무원은 곧 국가기관이므로 국가 자신의 행위라는 입장(자기책임설), 고의 또는 중과실일 때는 공무원의 책임을 대신해주는 것이지만 그렇지 않을 때는 국가책임이라는 입장(구속설) 등이 존재한다(권영성(2009). 헌법학원론. 서울: 법문사).

책임성은 전문성 가치를 강조하면서 개인적 판단과 전문성에 대한 존중을, 정치적 책임성은 대응성을 강조하며 주요 외부 이해관계자에 대한 대응을 의미한다고 설명하고 있다.

Cendón(2000)은 Romzek & Ingraham(2000)이 법적 책임성으로 제시한 차원을 정치적(political) 책임성으로, 위계적 책임성은 행정적(administrative) 책임성으로, 정치적 책임성은 민주적(democratic) 책임성으로 명명하고 있을 뿐 구분된 각 내용은 매우 흡사하다. Behn(2001)은 재정적 책임성, 성과 책임성, 공정성에 대한 책임성으로 구분짓고 있으며 Halligan(2007)은 책임성에 대한 요구가 환경에 따라 달라졌는데 과정적·법률적 책임성에서 관리적 책임성을 거쳐 고객에 대한 책임성으로 변화했고 최근에는 책임성의 공유가 중요한 이슈가 되었다고 주장한다(한상일, 2010). 그 외에도 책임성을 유형화하는 여러 연구들은 대체로 이와 유사한 내용과 기준으로 책임성을 구분하면서 그 구체적인 표현이 다른 정도에 그친다.

각 유형을 자세히 살펴보면, 첫째, 위계적·관료적·행정적 책임성 등으로 표현되는 책임성은 전통적인 베버식 관료의 책임을 의미한다. 공무원은 행정조직 내부적으로 조직 상부의 지시, 관행, 규정, 절차 등에 어긋나지 않고 계층제적 구조에 충실하게 복종할 것을 요구받는다. 하위직은 계층제적 명령에 복종하고 그에 대한 외부적 책임은 고위직이 진다는 논리이다. 특히 영국과 같은 내각제 구조는 의회에 책임을 지는 주체가 장관이기에 부처의 모든 행정적 권위는 장관에게 있고 공무원은 장관을 대리하는 존재일 뿐이다. 따라서 특정 업무를 실제로 담당하거나 집행하는 자의 최종적 실수나 잘못은 실제로 그 결정에 장관이 직접 개입했는가와 상관없이 장관이 책임져야 한다.

둘째, 법적·정치적 책임성 등으로 표현되는 책임은 대의제 민주주의 체계 아래 행정부에게 보편적으로 설정되는 의회에 대한 복종으로 볼 수 있다. 국민에서 의회를 거쳐 다시 행정부로 흐르는 권한의 흐름 속에서 투표를 통해 정치적 정당성을 획득한 기관인 의회의 통제와 선출직의 요구에 부응해야 한다. 이는 정책결정은 의회가, 집행은 행정부가 담당한다는 전통적 행정 원리와 연결된다고 할 수 있다. Ridley(1975)는 공무원이 아무리 전문성을 가진다 하더라도 선출직이 가지는 정당성에 견줄 수 없기에 공무원이 져야 할 가장 본질적 책임은 이들에 대한 봉사라고 본다.

셋째, 전문적 책임성은 행정 전문가로서의 기능과 윤리에 주목한다. 정기적으로 교체되는 정치인과 달리 직업 관료로서 공무원은 담당 업무의 오랜 집행을 통해 나름대로의 전문적 기준과 능력을 갖추고 있으며 이에 근거한 판단의 능력과 윤리를 지니게 된다. 전문가적 기준은 특정 업무 영역과 직접적으로 관련된 집단을 판단 준거로 삼으며 이를 충족하려 한다. 행정의 역할과 범위가 증대되고 행정재량이 확대될수록 이러한 책임은 더욱 강조된다(Kernaghan, 1973).

넷째, 정치적 · 민주적 책임성은 적극적인 공무원의 사회적 역할 인식에 기반을 둔다. 외부의 특정 집단이 아닌 전체로서의 사회와 국민에게 이로운 행위를 해야 한다는 것은 오늘날 적극적 행정행위를 정당화시키는 중요한 기반으로 꼽힌다. 행정의 역할과 범위가 확대될수록 민주적 책임성의 요구는 높아질 수 있고 공식적 권리와 의무뿐 아니라 공공의 일을 담당하는 사람으로서 도덕적 의무가 강조된다. 여기서는 공무원이 정치적 상사에 대한 의무와 상충될지라도 국가에 대해 의무를 실행해야 한다고 믿는가가 중요하다. 국가에 대한 의무를 느낀다는 것은 1) 정치적 상사의 요구보다 앞서서 헌법 등 상위의 법적 가치를 지키려 하는 것, 2) 국익증진을 위한 독립적 의무를 인식하는 것이며 헌법이 말한 '모든 국민'에 봉사할 의무, 즉 공공선을 고려할 의무를 부여받았음을 강조하는 것이다(Ridley, 1975).[7]

이상의 책임성 유형들이 그 표현을 다르게 하고 있어 혼란이 존재하지만 대체로 책임의 대상을 기준으로 할 때 유사한 유형화로 볼 수 있으며 이하 본 논문에서는 Cendón(2000)의 표현으로 통일하여 표현하고자 한다. 아래의 <표 1>은 Cendón(2000)의 분류로 다양한 기준을 적용하여 책임성을 구분짓고 있다.

---

7) 한편, 이러한 논의가 대체로 이론적 차원의 유형화라면 책임성에 관한 인식을 경험적으로 조사한 Sinclair(1995)는 기관장을 대상으로 한 질적 조사결과, 다섯 가지 유형을 제시하였다. political, public, managerial, professional, personal accountability로 표현되는 각각의 책임성은 대체로 위의 네 유형에 속한다. 다만, Cendón(2000)과 비교할 때 administrative적 책임성이 과정 중심적이었다면 managerial은 투입과 산출, 결과에 초점을 둔다고 구별짓는다. 최근 행정개혁을 통해 부각되었던 결과에 대한 책임이 이에 해당할 수 있다. 또한 public은 democratic으로 표현되던 책임과 유사하여 관련된 개인, 집단, 공동체 등 공중에 대한 책임 인식을 의미한다. 한편 특징적으로 personal accountability를 추가적으로 제시하고 있는데 사적인 책임이란 개인적 양심과 관련된 것으로 내면화된 도덕 및 윤리적 가치로 개인적으로 적용하는 마지막 기준이라고 보았다.

〈표 1〉 책임성의 유형 및 특징

	정치적(political) 책임성	행정적(administrative) 책임성	전문적(professional) 책임성	민주적(democratic) 책임성
기본 원리	정부가 도입한 정치적 규정에 따른 활동	법적 규정 및 절차에 따른 활동	기술적 규정 및 전문적 관행에 따른 활동	사회집단과 전체사회의 이익을 위한 활동
내부적 책임	상위 정치기관	상위 행정기관	상위 전문기관(기술평가)/행정기관(행정평가)	–
외부적 책임	의회	외부 감독/통제기관 대상 시민 사법부	외부 감독/통제 기구(기술적/행정적)	사회 집단 전체로서의 사회
주요 문제	행정적 성과	행정행위에 따른 절차	전문적 규정/관행 전문적 성과	행정적 성과
기준	정치적 기준 기술적/객관적 기준	공식적 기준 공식적 절차와 규정	전문적 기준 전문적 규정 및 관행 순응	행정성과의 사회적 영향력
메커니즘	내부 감독통제 의회 통제	내부 감독통제 외부 감독통제 행정적 요구 사법 절차	내부 감독통제 (기술적/행정적) 외부 감독통제 (기술적/행정적)	시민참여 언론 여론표출기구 정보기술
결과	정치적 비판/인정 사임/해고	행정행위 변경 공식적 처벌/인정 시민 보상	공식적 처벌/인정	행정행위 채택 행정적 결정 변경 행정성과의 민주적 정당화

출처: Cendón(2000: 33).

3. 공무원의 책임감(a sense of responsibility): 주관적 책임성

위와 같은 다양한 책임에 대하여 공무원은 저마다 심리적으로 구속되는 정도와 차원이 다를 수 있다. 공무원으로서 언제, 누구 혹은 무엇에 대해 스스로 책임을 느끼는 경험이 상이한 주관적 책임성(subjective responsibility)의 차이가 나타날 수 있다는 것이다.

객관적 책임성(objective responsibility)이 외부로부터 부여되는 기대라면 주관적 책임성은 자신이 느끼는 책임감으로 구분할 수 있다(Cooper, 1990). 주관적 책임감이란 Mosher(1968)의 표현대로 공무원이 누구 혹은 무엇에 책임이 '있는가'가 아닌 '느끼는가'에 관한 개념이다. 객관적 책임성이 accountability나 answerability에 가까운 것이라면 주관적 책임은 자신의 정체성, 충성심, 양심에 근거하여 느끼는 심리적 구속감이라 할 것이다.

객관적 책임성과 주관적 책임성의 구분과 상대적 강조는 1940년대 Finer와 Friedrich 논쟁이후 지속되어 왔다. 잘 알려진 대로 Finer는 의회를 통한 정부 관료제 통제, 즉 정치적 통제를 강조하며 공무원의 객관적 책임을 강조하였다면, Friedrich는 행정의 역할이 커지고 변화가 급속해지는 상황에서 의회를 통한 통제로는 한계가 있기에 행정과 정치의 이분을 넘어서 정책결정에서 공무원의 역할을 인정하는 전문가주의, 공무원의 도덕, 양심 등을 강조하였다.[8)]

주관적 책임에 관한 주장을 구체적으로 보면, Ridley(1975: 446-447)는 공무원의 행동을 추동하는 힘은 직무에 대한 응답의무만으로 설명할 수 없으며 책임성은 통제의 관점뿐만 아니라 동기부여의 관점에서도 논의되어야 한다고 주장한다. 주관적 책임인식은 공식적으로 배분된 책임과 다를 수 있으며, 주관적 책임인식이야말로 실제 행동을 제약하거나 유발할 수 있다는 것이다.

Kernaghan(1973)은 객관적 책임을 강조하는 관료와 주관적 책임을 강조하는 관료라는 순수형을 제시하고 그 행태 차이를 주장한다. 객관적 책임감을 강조하는 관료는 주로 법적·공식적 권위에 반응하고 공익 결정에 수동적으로 접근하기 쉽다고 본다. 승진과 관련된 권한을 가진 자에게 책임감을 강조하며 상사에 의한 통제와 영향력을 내면화하여 상사의 가치를 반영하는 데 초점을 두는 것이다. 이런 유형의 관료는 상사 이외의 정책행위자의 관점에 적극적으로 부응하지 않으며 응답성과 효율성을 최고의 가치로 여기고 위험부담을 피한다. 반면, 주관적 책임을 강조하는 관료는 정책참여의 범위를 넓게 생각하고 공익의 적극적 실현을 강

8) 이러한 고전적 입장 차이는 Kernaghan(1973)에 따르면 Friedrich를 잇는 Harmon과 Odegard, Finer의 견해를 잇는 Lowi 등으로 이어졌는데 Harmon는 자기발전과 자아실현을 추구하는 공무원관을 전제로 공무원이 보다 적극적으로 정책 실현에 개입하고 참여한다고 보았다. Odegard 역시 정치적이거나 도덕적인 책임성을 넘어서서 새로운 행정책임을 강조하면서 외부적 권위나 개인적 양심을 모두 넘어서는 것이며 전문가적 태도의 구현으로 보았다. 공익실현에 기여하고자 하는 전문가적 몰입을 강조한 것이다. 반면 Lowi는 행정부로 위임되는 넓고 모호한 권한은 헌법 정신에도 맞지 않는다는 것을 강조하면서 공무원은 불확실한 환경 속에서 모호한 규정 속에 광범위한 재량을 누릴 것이 아니라 명료한 기준을 제시하는 규칙을 형성해야 한다고 주장하였다.

조할 것으로 본다. 부처 및 사업의 목표를 인식하고 몰입하며 다양한 정책행위자의 기대에 부응한다는 것이다. 상사에 대한 책임에 긴장하고 대응성, 효과성, 유연성을 더욱 강조하며 위험을 감수할 수 있다. 스스로 책임지기를 원할 때 더욱 책임 있게 행동할 수 있기에 공무원들이 어느 정도 책임 있게 행동할 것인가의 문제는 그들의 가치, 태도, 신념 등에 따라 결정될 수 있다. 이런 관점에서 행정책임은 기본적으로 주관적이거나 심리적이라고 주장하는 것이다.

한편 주관적 책임감에 영향을 줄 수 있는 요인은 성장배경, 성격, 자기효능감과 같은 개인적 요인과 권한 및 재량, 업무 특성과 같은 조직적 요인 등 다양한 요인이 존재한다. 예를 들어 개인이 책임에 민감한 성격일 때 책임감의 수준이 남들보다 강할 수 있고, 공무원이 내리는 결정이 루틴하며 반복적일 때는 가치 선택을 그다지 요하지 않아 윤리적 책임감이 덜 할 수 있으며, 재량의 속성이 단순 기술 재량인지 기획 재량인지 정치적 교착상태를 해결할 수 있는 조정 재량인지에 따라서도 책임감이 달라질 수 있다. 공직사회에 오래 근속할 경우도 조직 내 직위에 따른 기대와 관행을 내면화하기 때문에 책임감에 일정한 영향을 미칠 가능성이 있다(Kernaghan, 1973; Mosher, 1982). 이러한 개인적, 조직적 요인들이 주관적 책임성에 큰 영향을 줄 것은 쉽게 짐작할 수 있으며 이와 관련한 다양한 연구 이슈가 제기될 수 있다. 주관적 책임성에 영향을 미치는 요인 찾기는 주관적 책임성을 충분히 탐색하고 조작적 정의가 잘 이뤄진다면 양적인 연구 설계를 통해서 접근하는 것이 적절할 것이다.

다만, 이 연구는 주관적 책임에 관한 선행의 경험적 연구가 충분하지 않은 상황에서는 영향 요인을 찾기 이전에 주관적 책임성의 다양한 내용 및 유형을 찾는 것이 필요하다고 판단하여 주관적 책임성의 탐색적 유형화에 목적을 두었다. 즉, 개인의 느끼는 책임감의 구조를 검증하는 것이 아니라 탐색하는 것을 목적으로 하며, 영향 요인들의 작동가능성을 고려하되 이를 엄밀하게 통제하는 설계보다 넓게 포괄하여 다양한 (주관적 책임에 관한)반응을 포착하는 데 초점을 두었다.

Ⅲ. 공무원 책임감의 유형 및 논리

1. 연구 방법

이 연구는 질적 연구방법을 통해 지방자치단체의 중하위직 공무원이 공직생활에서 책임을 느끼는 대상과 내용이 무엇인지를 찾으려 하였다. 선행연구가 미흡한 주관적 책임의 내용을 구체적으로 발견하기 위해서는 면접을 통해 공무원들이 책임감을 느꼈던 경험과 맥락을 풍부히 조사하는 것이 적절하다고 판단하였다. 이에 반(半)구조화된 설문지를 마련하여 5개 지방자치단체의 6급 이하 공무원 총 17명과의 인터뷰를 9개월 동안(2012년 2월부터 10월까지) 진행하였다. 인터뷰는 소개를 통해 대상자를 선정되는 방식으로 이어졌으며 책임에 관한 특별히 새로운 정보가 나타나지 않는다고 판단되었을 때 종료하였다.

인터뷰 질문은 '공무원으로서 언제, 누구 혹은 무엇에 책임을 느꼈는가?(책임의 대상), '왜 그런 책임감을 느꼈다고 생각하는가?(책임감의 원인), '그 책임감이 얼마나 크게 느껴졌는가?(책임감의 강도), '책임감을 느끼면 행동의 변화가 나타나는가? 어떻게 달라지는가?(책임감에 따른 행동), '공무원은 누구 혹은 무엇에 대해 책임을 져야 한다고 생각하는가?(규범적 인식) 등이었다. 위의 공통 질문을 제시하고 이에 대한 공무원의 경험을 기록 및 정리하였다. 초기 인터뷰를 통해 책임감의 대상 및 원인이 어느 정도 드러나면서부터 후기 인터뷰에서는 이를 비교 및 확인하기 위해 수정된 구체적 질문을 제시하였다.

조사 대상은 5개 지방자치단체에 소속된 6급 이하 공무원들로 대상자의 인적 사항은 다음의 <표 2>와 같다. 대상 선정은 앞서 말한 바와 같이, 책임에 관한 경험이 다를 것으로 추측되는 여러 대상 집단을 되도록 포괄하려 하였다. 책임에 관한 인식과 경험이 다를 것으로 짐작되는 대상을 고려할 때 특히, 주어진 권한(공식 및 비공식적 권한)에 따라 책임감이 달라질 기준들을 고려하였다. 무엇보다 위계적 관료제 구조에서 계급은 공식적 책임의 범위를 규정하므로 책임감과 밀접한 관련이 있을 것이므로 6급부터 9급까지 전체 대상 4개 계급을 대상으로 9급을 제외한 6, 7, 8급 공무원을 인터뷰하였다. 또한 업무의 성격에 따라서도 책임감이 달라질 수 있어서 일반직 공무원(특정직, 정무직, 계약직 제외)으로 범위를 한정하고 행정직 8명, 사회복지직 5명, 세무직 4명 등 다양한 직렬 종사자로 구성하였다. 마지막으로 근속년수가 다양한 대상자를 포함하였는데 5년 미만(2명), 10년 미만(6명), 15년 미만(5명), 15년 이상(4명)이었다. 그 외 성격과 같은 개인적 특성은 인터뷰 조사의 대상자 선택에서 고려하기가 현실적인 어려움으로 배제되는 등 엄격한 표집은 아니었다.

그러나 이 연구의 초점이 책임감의 차이를 가져오는 요인 탐색이 아니므로 이러한 표집은 단지, 다양한 책임감의 내용이 조사될 수 있도록 고려된 것으로 볼 수 있다. 개인적, 조직적 요인에 따라 주관적 책임감이 어떻게 달라지는가에 관한 연구는 향후 양적 연구방법이나 엄밀한 표집 설계를 통한 심층인터뷰 등으로 보다 적절히 확인할 수 있을 것이다.

〈표 2〉 조사 기간 및 대상

조사 기간	2012년 2월부터 2012년 10월까지				
조사 방식	면접조사(13명), 전화 및 이메일 조사(4명)				
조사 대상	지방자치단체 6급 이하 공무원 총 17명				
		근속	나이	직급	성별
	1	9년	34세	행정직 7급	남
	2	10년	40대	행정직 7급	남
	3	13년	40대	사회복지직 7급	남
	4	17년	40대	사회복지직 7급	여
	5	7년	30대	세무직 8급	여
	6	6년	30대	세무직 8급	남
	7	19년	40대	행정직 6급	남
	8	4년	30대	행정직 7급	여
	9	9년	30대	사회복지직 7급	여
	10	13년	40대	사회복지직 7급	남
	11	16년	40대	사회복지직 7급	남
	12	4년	30대	세무직 7급	여
	13	11년	40대	세무직 7급	남
	14	9년	30대	행정직 8급	남
	15	8년	30대	행정직 7급	남
	16	12년	40대	행정직 7급	남
	17	20년	40대	행정직 6급	남

질적 분석은 확보된 인터뷰 텍스트를 코딩하면서 부호(codes)와 범주(categories)를 도출하는 방식으로 진행되었으며 여러 차례의 수정과 재코딩 작업을 거쳤다. 특히, 코딩 과정에서는 감정부호화(emotion coding)와 가치부호화(value coding) 방식을 주로 적용하였는데, 책임감은 일종의 정서적 경험이며 가치관과 밀접한 관련을 가지고 있기 때문이다. 감정부호화나 가치부호화는 인간경험의 주관적 특성을 부각하여 이름을 붙여 나가는 코딩 방법이다(Saldaña, 2009: 86-93). 그 결과 아래와 같은 다섯 가지 책임성의 범주를 구별할 수 있었으며 각 범주별로 포함된 부호들은 <표 3>(23면)에 제시하였다.

2. 경험된 책임의 유형 및 논리

1) 민원인에 대한 책임

많은 공무원들이 자신이 담당했던 민원인이나 업무대상자의 바람대로 업무가 처리되지 못하는 상황에서 책임감을 느꼈다. 민원인이 처한 상황에 행정적 도움이 필요하다고 판단하지만 자신의 권한을 넘거나 조직 여건 상 지원이 어려운 경우 미안함과 안쓰러움, 무력감 등 도덕적 책임감을 느낀다는 것이다. 이러한 경험은 주로 사회복지직 공무원들이 겪고 있었지만, 행정직, 세무직 공무원 역시 유사한 경험을 응답하고 있어서 업무 성격에 크게 구분 없이 대부분의 면담자의 경험으로 볼 수 있었다.

> "안타까운 사연들이 많다. 법적으로 지원 자격이 되질 않는 분인데 정말 지원이 필요한 상황일 때 어떻게 해보려고 이리저리 알아봐도 별 도리 없을 때가 많다. 그럴 땐 사회복지 공무원인 내가 참 작다고 느끼고 책임감을 느낀다."
>
> "온갖 사람 만나지만 가끔은 진실하게 도움이 절실했던 사람들 생각에 마음이 무거워진다. 공무원으로 많은 일을 해도 진짜 혜택을 봐야 할 사람들은 제외되고... 그게 공무원의 현실이다. 내 책임이냐? 아니다. 하지만 책임감은 느낀다."
>
> "업무관련 접촉자가 만족할 때, 법이 잘못되면 고쳐서라도 해결할 때 제일 기분이 좋다."

지방자치단체 중하위직의 업무 상황은 행정의 일선에서 여러 민원인을 직접 상대하므로 이를 잡음 없이 해결하는 것이 중요하다. 따라서 공무원으로서 해야 할 역할은 바로 이들의 요구를 해결하는 것이라는 역할 인식이 강할 수 있다. 더욱이 요구의 내용이 정당하다고 생각되거나 공감하는 때는 해결되지 못한 것에 도의적 책임을 충분히 느낄 수 있다. 법적, 공식적으로 자신이 직접 책임질 결과가 아니더라도 민원인에게 느끼는 인간적인 연민과 직업적 윤리의식이 이러한 책임감의 본질을 이루는 것으로 보인다.

해결하지 못한 민원인에게 느끼는 미안하고 불편한 감정은 민원 해결을 어렵게 만든 구조에 대한 비판으로 이어졌다. 민원의 적극적 해결은 조직 속에서 주어진 권한과 자원이 풍부할 때 가능한데, 지방자치단체의 일선 공무원으로서 주어진 실제 권한은 대체로 그렇지 못하기 때문이다. 여러 면담자들은 중앙부처 및 지자체장의 강한 개입, 관련 법규의 제약으로 인해 권한은 매우 적고 업무 부담은 많아 민원해결사로 적절하게 역할하기가 어렵다고 인식하였다. 자신의 고객이 만족하는 행정서비스를 제공하지 못하는 책임이 자신의 능력과 노력에 있기보다는 조직 상황에 있다는 것이며 이러한 귀인은 재량의 확대, 업무 지원 확대, 법제의 개선 요구로 연결되고 있었다.

2) 지자체장 및 지방의원의 관심 업무에 대한 책임

지방자치단체장이나 지방의원이 관심을 가지는 업무에 대해 민감함을 발견할 수 있는데, 이들이 관심을 가지고 추진하는 업무는 특별히 더 책임감을 가지고 임하게 된다는 것이다. 중하위직 공무원의 기본적 의무가 주민의 투표로 선출된 지자체장 및 지방의원의 명령과 지시에 복종하는 것이므로 이러한 책임의식은 자연스러울 수 있다. 선출직 상사를 통해 표현되는 정치적 요구에 복종하는 것이 대의제 민주주의에서 공무원이 져야 할 객관적 책임이기 때문이다.

한편으로 이 책임감은 공무원 자신에게 돌아올 처벌, 보상 등과 밀접하게 관련된다. 면담자들은 지자체장이나 지방의원의 관심에 책임감을 느끼는 이유가 자신의 승진과 관련되기 때문이라고 말한다. 공무원 인사의 실질적 권한을 가지는 지자체장이 주목하는 업무를 제대로 해결하지 못할 때 받게 될 불신과 돌아올 인사상의 불이익으로 책임감을 갖게 된다는 것이다. 지방의원은 지자체장과 밀접한 관계이며 업무추진에 중요한 영향력을 미치기 때문에 이들의 요구에 부응하는 것 역시 중요하다. 본인의 업무능력이 의심 받고 승진에서 밀려나지 않으려면 지자체장, 지방의원의 관심과 요구를 우선해서 처리하고 적극 부응해야 한다. 이는 내면화된 규범에 따르는 책임감이라기보다 승진을 지향하는 개인이 느끼는 불안과 기대감에 가깝다.

"업무에 대한 책임감이 높아질 때가 따로 있다. 승진 대상자가 되면 아무래도 책임감이 높아질 것이다. 지시 받은 일을 철저히 수행해서 시장 업적 만들어주고 나면 아무래도 평판이 돌고... 승진에 유리해지지 않겠나."

"공무원으로 어디에 책임을 느끼니 해도, 제일은 가족에 대한 책임감 아닌가. 시장 눈밖에 나면 끝이니까 시장 역점 시책 같은 데서 사고 나지 않도록 신경 쓰고 책임지고 처리해야 한다."

두드러지는 점은 이 책임감이 처벌(인사상 불이익)과 보상(승진)에 의해 강화되므로 공무원들이 위험 회피적·소극적인 업무 태도를 보일 수 있지만 면담에서 확인된 바는 오히려 적극적 태도였다. 상사에게 긍정적인 평가를 듣기를 소망하므로 '안 될 일도 되게 하는' 적극성으로 대처한다. 좋은 보직, 빠른 승진에 대한 욕구로 인해 적어도 상사가 요구하는 업무만큼은 고양된 책임감과 적극성을 보이는 것이다.

3) 국민 및 사회에 대한 공익 실현의 책임

공무원으로서 일반 국민 및 전체 사회에 봉사할 책임을 강조하면서 자신이 지역사회에 미칠 수 있는 큰 영향력과 그로 인한 긴장감과 사명감을 책임감으로 표현하였다. 공무원의 자기역할을 공익의 실현자로 규정하고 국민의 요구에 직접 대응할 의무가 있으며 정책결정에서 적극적 역할을 한다고 강조한다. 이러한 적극적 역할 인식은 공무원의 전문성에 대한 믿음이 있었는데 공무원으로서 쌓은 경험과 업무 지식으로 국민과 사회를 위한 공익을 실현할 자격과 사명이 있다는 것이다.

"지방공무원이 대단한 자리는 아니지만 공적인 일을 하는 자리는 중요하다. 요즘은 지자체에서 기획하는 복지 업무가 늘어나서 주민 복지에도 큰 영향을 줄 수 있다... 전문적 지식을 기준으로 더 나은 것이 있다고 판단할 수 있다. 그런 결정이 주민들한테 미치는 영향은 상당히 크다. 어떤 영향을 주는가를 생각하면 함부로 결정할 수 없고 조심스럽다."

"가끔 공무원이 뭘까 하는 생각을 많이 한다. 누가 안 보더라도 공무원이니까 직업윤리를 가지고, 사리사욕을 위한 것이 아니라 누가 보고 있다고 생각하고 부담을 느껴야 한다... 공무원은 더 많은 권한을 가지고 더 많은 책임을 져야 한다고 생각한다."

공익 봉사자라는 자기역할 인식은 스스로에게 정치인만큼 혹은 그 이상의 정치적 역할을 부여한다. 선출직 공무원에게 국민에 대한 책임을 강조하는 전통적 행정 인식에 비해, 경력직 공무원도 국민의 요구에 직접 응답할 책임이 있으며 오히려 선출직보다 더 공익 실현에 기여할 수 있다고 본다. 정치인들을 당파적 입장에 따라서 행동하며 '정부의 발목을 잡는 존재'로 평가 절하하면서 공무원은 민의에 대응하고 구체적인 노력을 한다고 강조한다. 공무원은 업무에 대한 전문적 지식과 윤리가 있어서 정치인이 보이는 아마추어적 행위보다 우월하다는 것이다. 의회에 비해 행정부가, 정치인에 비해 공무원이 국민에게 직접 대응하고 봉사하며 공익을 실현할 지식을 소유한 전문가로 인식되었다.

> "우리끼리는 시의원 해봐야 공무원 9급(능력)도 안 된다고 말한다. 그런데 담당자에게는 기회가 없다. 계선라인 타고 아래로 분권이 안 된다. (일선 공무원에게) 책임을, 집행할 때 권한을 달라."

4) 직무에 대한 책임감

맡은 업무를 실수나 문제없이 수행하고 그 결과가 조직 내외의 인정을 받을 수준이 되어야 한다는 책임감이다. 특정 대상을 향한 ―누구에 대한― 책임감이라기보다 직무 자체에서 느끼는 의무감으로 원활한 직무수행을 추구한다. 직무 책임감은 직무를 수행하는 과정과 결과에 대한 책임을 자신의 통제로 두는 정도를 의미한다. 앞서 '국민 및 사회에 대한 공익실현의 책임'이 사회적 영향력이나 적극적 역할을 상대적으로 부각하는 반면, 이 범주는 업무 과정 및 결과 자체에 대한 자기책임과 성취라는 점에서 차이가 있다. 또한 '지자체장 및 지방의원의 관심업무에 대한 책임'이 주로 승진에 직접적 목적을 두는 반면, 이 범주는 ―승진 욕구와도 관련되지만― 업무 그 자체에 대한 책임을 더 강조한다는 점에서 차이가 있다.

직무에 대한 책임감은 두 차원에서 경험되었다. 우선, 자신이 관할하는 직무가 잘못되지 않도록 노력하고 잘못된 결과에 대해 자신의 귀책여부를 떠나서 책임을 져야 한다는 상황이다. 직무 과정에서 규정에 어긋나는 일이 발생하거나 뜻밖의 사건으로 부정적 결과가 발생할 때 담당자로서 그 결과를 감수하고 책임져야 한다. 자신이 직접 수행한 직무든지 감독 책임을 지는 직무든지 징계나 변상책임을 질 일이 생기지 않도록 노력하는 것이다. 의도치 않았고 어쩔 수 없었던 상황이라도 책임을 져야 하는데 여러 소명 사유들이 있더라도 — 여러 입장을 고려해야 했다거나, 관련 규정 자체가 없어서 처리할 수 없었거나, 규정 자체의 문제로 집행하기 어려웠던 상황 등— 받아들여야 한다고 인식하였다. 공무원이 업무에 대한 책임을 진다는 것은 행위에 대한 책임이라기보다 직무와 관련된 시간, 공간에 관한 포괄적 책임이라는 것이다. 이렇게 일이 잘못되지 않아야 한다는 의무는 소극적인 업무 태도와 연결될 수 있었다.

> "내 일이니까 책임감 느끼지 않겠나. 일이 잘못되거나 문제 생기면 담당자로서 책임감을 통감한다. 일이 잘못될 때는 내 잘못 없이도 꼬인다. 공무원 생활하면서 사건 사고에 한 번씩은 휘말린다. 그럴 때 상사 동료가 어떻게 보호해주느냐 중요한데 책임 묻는 상사는 있어도 책임져 주는 상사는 없는 것 같다."
>
> "들어와서 얼마 안 되서 '덮으면 전결, 열면 미결'이라는 말을 들었다. 내 바운더리가 적을수록 욕먹거나 책임질 일, 귀찮은 일이 준다. 최대한 소극적으로 바운더리를 잡고 일하는 것이 현명하다는 분위기다."

그러나 한편으로는 업무수행 결과가 조직 내외의 인정을 받았을 때 책임감이 고취되는 상황도 나타났다. 자신이 맡은 업무를 누구보다 잘 수행하고 조직 내외의 인정을 받는 것, 이때의 책임감은 성취에 대한 인정에 있었다. 특히 자신이 추진한 업무가 무탈하게 마무리되고 포상, 치하, 감사사례를 받게 될 때 느끼는 성취감은 이후 자신의 일에 대한 의욕과 책임을 고취하는 긍정적 강화 작용을 할 수 있음을 보여준다. 자신이 맡은 업무에서 긍정적인 결과를 얻고 그 성취감을 통해서 일할 의욕을 찾아 직무몰입이 높아지는 상황이 책임감으로 표현된 것이다.

> "정부냐 민간이냐를 떠나서 조직구성원은 누가 하더라도 내가 한 것보다 더 잘할 수 없다고 평가받고 싶을 것이다. 최선을 다한 결과가 업무취지에 맞게 잘 해결되고 평가를 좋게 받을 때 책임감을 느낀다."
>
> "(어떤 계기로) 포상을 받은 적이 있는데 다 형식인 거라고 생각하면서도 일을 더 잘해야겠다는 책임감이 들었다."

5) 소속 기관에 대한 연대 책임

책임감을 경험하는 또 다른 상황은 정부에 관한 부정적 여론이 높을 때 공무원으로서 책임감을 함께 느낀다는 것이다. 정부나 소속 부처에 대한 비판과 질책이 높을 때 자신이 직접 관련되지 않더라고 심리적으로 책임을 느끼며, 소속 기관의 비리나 부정 사건이 보도되거나 특정한 사건·사고가 발생하여 정부에 대한 사회적 비난에 직면할 때 이로부터 자유로울 수 없다는 감정적 이입과 연대감을 보였다.

> "아무래도 공무원이니까 공무원 욕할 때 책임감 느낀다. 우리 현실을 모르고 언론이 떠들 때 화도 나고. 예전에 공무원 횡령 사건이 언론 보도되면서 (소속 기관이) 욕먹고 감사 들어오고 한참 시끄러웠던 적이 있다. 덩달아 괜히 주눅 들고 죄송한 마음도 들고... 억울하기도 하고 그렇다."

공무원의 정체성은 조직 구성원으로서의 소속감이 크게 차지하므로 정부에 대한 비판이나 소속 부처에 대한 비판에서 심리적으로 자유로울 수 없을 것이다. 우리 공직사회가 개인보다 조직 중심의 집단적 문화 정향을 보이기 때문에 공직 평판에 이입도 강할 수 있고 직접적 처벌 여부와는 무관한 책임감도 나타날 수 있다. 계층제 구조에서 져야 할 책임이나 자신에게 귀착되는 책임이 아닌 영역에서는 공무원의 책임인식은 약할 것이라는 기존의 논의와 달리 조직에 대한 소속감은 책임의 범위가 개인을 넘어 조직 범위로 확장될 수 있음을 보여주고 있다. 물론 실제로 결과에 대한 연대책임을 질지 여부는 다른 차원이라 하겠다.

아래의 <표 3>은 분석을 통해 탐색된 공무원 책임감의 다섯 가지 범주와 그 내용을 정리한 것이다. 각 범주별로 책임의 대상과 내용, 판단기준을 제시하였으며 Cendón(2000)의 분류 중 내용적으로 가까운 것에 분류해보았다. 범주Ⅰ은 업무 대상에 대한 책임감이라는 점에서 행정적 책임으로 볼 수 있으나 민원의 만족할 만한 해결을 도모한다는 점에서 전문적 책임의 속성도 나타낸다. 범주Ⅱ는 선출직에게 정치적으로 부응하려는 책임이라는 점에서 정치적 책임으로 볼 수 있었다. 범주Ⅲ은 전체로서의 국민과 사회에 대한 책임감이므로 민주적 책임인 동시에, 공익 실현자로서의 자격을 공무원의 전문성에서 찾고 있다는 점에서 전문적 책임이라 할 것이다. 범주Ⅳ는 직무처리 상의 공식적 규정과 절차를 준수하려는 책임이기에 행정적 책임에 가까웠다. 마지막으로 범주Ⅴ는 조직 구성원으로서의 연대감으로 인해 공공부문에 대한 사회적 평판에 감정적 이입하는 것으로 Cendón의 분류에서 적합한 범주를 찾기 어려웠다.

〈표 3〉 공무원의 경험된 책임성 범주

범주	책임의 대상	책임의 내용	판단기준	코딩된 개념	Cedón의 분류
Ⅰ	업무대상(민원인)	· 공감하는 민원을 법적, 조직적 한계로 해결하지 못하는 상황에서 인과적으로 책임질 범위를 넘어서서 민원인에 대한 도의적, 인간적 책임감 느낌	· 민원인 만족 · 직업윤리	연민, 어쩔 수 없음, 민원인 만족으로 인한 뿌듯함, 도의적 책임, 권한 부족	· 행정적 책임 · 전문적 책임
Ⅱ	선출직 상사(지자체장, 지방의원)	· 승진을 위해 인사권을 가진 선출직상사의 관심업무를 적극적으로 실현하고자 함	· 정치적 대응	찍힘, 승진, 적극성, 복종의무, 인사권자의 영향력, 피해의식, 경력관리	· 정치적 책임
Ⅲ	국민, 사회	· 국민 전체에 대한 봉사자, 공익 실현자로서의 역할 인식에 따른 책임감과 이에 대한 재량과 지원 강화 요구	· 사회공익 · 전문가적 기준	봉사자, 공익실현, 사회영향력, 적극적 역할인식	· 민주적 책임 · 전문적 책임
Ⅳ	직무	· 직무의 원만한 처리에 대한 책임 →소극적·회의적 태도와 연결 가능 · 직무를 통한 성취 욕구 →보상에 의해 책임감 강화 가능	· 직무 성과 · 공식적 절차	방어, 업무 소극성, 사건사고에 대한 책임, 억울함, 합법성 중시, 인정과 보상, 성취감	· 행정적 책임
Ⅴ	소속 기관	· 정부 및 소속부처에 대한 소속감, 연대감에 기반을 두고 공공부문의 평판에 감정 이입	· 조직 소속감 · 조직 평판	소속감, 언론비판에 민감함, 연대감	-

Ⅳ. 분석 결과에 대한 고찰

1. 공익실현에 관한 역할 인식: 내재적 동기부여의 가능성

분석 결과는 공무원이 심리적으로 책임을 느끼는 범위가 공식적 역할 이상으로 상당히 넓을 수 있고 국민 전체 앞에 책임지는 존재라는 자기 역할을 크게 인식함을 보여주었다. 적어도 본 탐색의 결과는 주관적으로 해석하는 책임감이 법적 책임, 정치적 책임, 민주적 책임, 전문적 책임 전반에 걸쳐 있으며, 특히 전문적 경험과 지식으로 국민과 지역사회에 무엇인가 기여해야 한다는 민주적·전문적 책임이 강하였다.

대국민적 책임, 사회전체에 대한 책임은 공무원으로서 민원인, 국민과의 관계에 보다 민감하게 대응하려는 태도이다. 공무원이 국민에게 직업적, 윤리적 책임을 기꺼이 지고자 하는 태도의 확인은 고무적이다. 자신의 잘못이 아니며 법규에 따른 처리임에도 민원인에 대해, 자신의 직무에 대해 도의적인 책임감을 느끼는 것은 공직봉사동기의 확인이라고 볼 수도 있다. 소수가 아닌 전체 사회에 봉사해야 한다는 의무감, 정부란 국민 전체를 위해 복종해야 한다는 의무감은 규범적 차원의 봉사동기(Perry, 1996)이기 때문이다.

이렇게 공익을 실현해야 한다는, 할 수 있다는 근거는 공무원의 전문성에 있었는데 자신의 전문가적 지식과 경험, 기술, 양심에 대한 믿음과 자부심으로 맡은 업무 범위에서 국민의 요구를 파악하고 직접 대응할 자격과 의무를 가진다는 것이다. 즉, 전문가적 책임이 민주적 책임의 기반을 이루며 융합됨을 발견할 수 있었다. 전문성을 가지고 공익을 실현한다는 적극적 역할 인식은 특히 정치인과의 비교를 통해 확연히 나타난다. 의회에 비해 행정부를, 정치인에 비해 공무원이 실제로 국민과 국익을 위해 더욱 중요한 역할을 하고 있다고 주장하는 것이다. 이는 오랜 발전행정의 경험 속에 형성된 것으로도 추론할 수 있는데 공무원의 확장된 책임인식은 정부와 공무원의 역할이 주도적이었던 과거의 구조와 관행 속에서 형성되어 정치 영역에 대한 상대적 우월의식으로 나타날 수 있었을 것이다.

하지만 지방자치단체의 중하위직이라는 연구대상의 조직 속 위치 그리고 대의제 민주주의 체계에서 국민대표기관인 의회와 집행기관인 행정부의 제도적 위치를 고려한다면 이러한 역할 인식은 어느 정도 과잉되었다고 평가할 수도 있다. 행정의 하위 조직 일선 공무원에게 공식적으로 주어진 역할과 기대는 정책결정에서의 적극적 판단을 일차적 책임으로 묻기보다 의회나 기관장에 대한 책임, 법규에 대한 책임을 앞세운다. 그럼에도 자신의 일차적 역할을 국민 전체를 위해 공익을 적극적으로 실현하는 것으로 인식하는 상황은 어떻게 바라봐야 하는가? 지방의회가 아직 제대로 작동하지 못하는 지역적 현실과 Lipsky 이후 여러 연구에서 확인된 일선관료의 많은 재량을 반영하는 것으로 볼 수도 있다. 하지만 동시에 '국민 전체에 대한 봉사자'라는 인식은 하나의 상징적 표현이며 그 기저에는 지방의회에 대한 행정의 우월감을 반영하는 것은 아닐까? 이런 우려는 특히 지방의회를 행정의 발목을 잡는 기관이라거나 지역 내 갈등을 양산하는 존재라는 표현에서 강화된다. 이런 관점에서 본다면 이 연구에서 확인된 공무원의 민주적, 전문가적 책임감의 강조는 과잉된 정치적 역할인식이라고 평가될 수도 있을 것이다.

상반한 해석의 가능성은 있으나, 분석을 통해 확인된 바는 중하위직 공무원에게 객관적으로 강조되는 책임과 주관적으로 인식하는 책임 사이의 괴리가 존재하며, 주관적 책임을 강조하는 공무원들은 정책 참여의 범위와 공익의 적극적 실현을 강조하고 있었다.

2. 재량에 관한 결핍 인식: 책임과 권한의 확장 요구

분석을 통해 발견된 또 다른 특징은 자신이 공익을 실현하는 '제대로 된 공무원'으로 행동하지 못하는 이유로 조직적 제약을 꼽는 점이다. 자신이 해야 할 역할과 이상은 크지만, 재량이 심하게 제약되었고 예산과 인력 지원이 미흡하여 제대로 된 역할을 할 수 없다는 불만을 강하게 표출하였다. 공무원이 책임을 느끼는 심리적 범위는 넓지만 현재 주어진 권한이 이에 미치지 못한다는 결핍과 불만이 존재하는 것이다.

권한 결핍을 가져오는 두 가지 요인으로 지나친 집권과 미흡한 조직지원을 지적하였다. 자신의 업무에 관한 지자체장과 중앙정부의 지시와 개입이 지나치게 많을 때 민원인의 처지, 업무 상황을 재량껏 고려하거나 적극적인 행정서비스를 제공하기 어렵다. 현재 지자체장이 조직 내에서 가지는 권력은 절대적이며 자신의 정치적 입장에 맞는 정책을 하향식으로 지시하고 있어서 일선 공무원이 현장 실정을 고려한 정책을 기획하고 집행하기가 매우 어렵다고 평가되었다. 공식적으로 주어진 권한, 판단재량의 여지가 있더라도 지자체장 등 윗선의 눈치를 보느라 옳다고 생각하는 바를 주장할 수 없는 것이 중하위직의 현실이라는 것이다. 또한 인력 및 예산이 부족하여 업무 부담이 지나치게 많은 일상에서 민원인 한명, 직무 하나까지 신중히 추진하는 것은 불가능하여 행정서비스를 소홀히 할 수밖에 없다고 해명하였다. 윤리적으로 옳다고 여기지만 이를 처리하기 어려운 법적, 조직적 제약은 안쓰러움이나 무력감을 느끼게 하고 중앙정부, 지자체장 및 의회에 대한 불신으로 이어지고 있었다.

이러한 제약으로 공무원이 적극적 행정을 펼칠 수 없다는 인식은 지자체 중하위직의 현실을 반영하는 것일 수 있지만, 한편으로 자신들의 소극적 행태와 적당주의를 방어하는 논리가 될 수 있다는 점에서 우려스럽다. 법규의 경직성, 조직적 제약은 곧 중하위직 공무원이 지켜야 할 법적 책임을 의미하기에 법적 책임을 지고자 하면 민주적 책임을 제대로 질 수 없다는 상충이 벌어진다. 일차적 의무로서 법규를 존중하고 따르며 합법 가치를 우선시하면 궁극적으로 져야 할 책임인 적극적인 공익 실현이 제한되는, 책임성 간의 충돌이 발생한다. 현 공무원 제도에서 지향하는 일차적 책임인 법규 및 절차 준수가 민주적, 전문가적 책임을 수행하는 데 장애물로 존재하고 중하위직 공무원의 소극적 행정행태를 낳는다는 것이다.

재량과 책임감은 밀접할 수밖에 없다. 재량권에 대한 불만은 인식하는 역할과 주어진 권한 사이의 괴리를 낳고 소극적, 회의적 업무 태도를 형성할 수 있다. 적절한 재량권이 주어지지 못한 상황에서는, 공무원의 적극적 역할을 강조할수록 정작 소극적이며 방어적 행동으로 이어질 수 있다는 점이 역설적일 수 있다.

3. 승진을 위한 정치적 책임 강조와 적극성

한편 이 연구에서 지자체 중하위직 공무원들은 정치적 책임에 대해 민감하고 적극적으로 구현할 의지를 보였다. 이는 책임의 우선순위를 어디에 두고 있는가를 간접적으로 보여줄 수 있는데, 누구를 위해 일해야 하는가에 규범적으로 국민이라는 대답을 하였지만 실제로는 승진과 같은 자신의 이해관계를 무시할 수 없음을 의미한다.

중하위직 공무원에게 정치적 책임이란 선출직, 정무직의 명령과 지시에 복종하는 것이다. 지자체장이나 지방의회가 관심을 가지고 추진하는 업무가 반드시 좋은 결과가 나올 수 있도록 수행해야 한다는 책임감과 동기부여는 자신의 승진과 관련해 중요하였다. 인사에 영향력을 가진 지자체장과 지방의회를 거스르지 않도록 이들의 요구에 적극적으로 부응하고 이들의 관심 업무를 중요업무로 추진하는 것은 정치적 책임감이라 할 수 있다. 관심 업무를 제대로 해내야 한다는 중압감이 책임감으로 표현되었고 상사의 눈 밖에 나서는 안 된다는 불안과 조심성이 정치적 책임감의 중심을 이루고 있었다.

그러나 앞서 본 대로 국민과 전체 사회에 대한 충성심을 강조한다면 정무직의 말 한마디에 좌우되기보다, 자신의 판단에 따라서 지자체장이나 지방의원의 심기를 거스를 행동을 할 수 있어야 하며 정치권과 상사를 설득하는 소신을 보여야 한다. 관료제의 위계성은 명령복종의 사슬이며 책임성의 사다리를 의미하는데 중하위직이 복종한 명령의 결과를 대외적으로 책임지는 주체는 상사가 된다. 이 책임성의 사다리가 제대로 작동하려면 아래로부터의 전문적 지식과 경험에 근거한 정보가 위로 전달되고 이를 반영한 명령이 내려오는 상호작용이 존재하여야 한다(Cooper, 1982: 46-47). 분석결과는 이와 달리, 중하위직 공무원은 지자체장의 요구나 지시를 거스르기 힘들어 상호작용이 존재한다고 보기 힘들었다. 지도자 및 상사의 의지와 이를 구현한 법에 반하지 못하는 것이 중하위직의 현실인데 이 현실질서에 소통 없이 따르기만 한다면 공무원의 정신적 무능력을 낳을 위험이 크다(Arendt, 1963).

하지만 역설적이게도 다른 유형의 책임감보다 정치적 책임감이 행정활동을 더욱 적극적으로 하게 만들었다. 공익실현을 위한 적극적 의지는 현실의 제약으로 인해 소극적인 행정활동으로 귀결되지만, 승진이 걸린 정치적 책임에 대해서는 처벌과 보상에 대한 불안과 기대로 반드시 해결하는 적극성을 보인다는 것이다. 일정 범위에서 적극적 행정행위를 유인한다는 점에서 긍정적일 수 있지만, 전문가로서 소신 있는 발언, 행정 현장의 상황을 위로 전달하는 것은 회피한다는 점과 인사상 불이익에 대한 불안이 유도하는 적극성이라는 점에서 바람직한가는 고민해야 할 것으로 판단된다.

Ⅴ. 나가며

본 탐색의 결과는 지방자치단체 중하위직 공무원이 심리적으로 다양하고 넓은, 때론 상충적일 수 있는 책임감을 경험할 수 있음을 보여준다. 공무원에게 다중의 헌신이 요구되는 현실이 이들로 하여금 민원인, 국민 전체, 지방자치단체장 등 정치직 상사, 직무 성과, 소속된 기관 등 다양한 대상과 넓은 범위에 나름의 책임을 느끼게 만드는 맥락이 되고 있었다. 여기서 제시하는 다섯 범주(민원인 만족, 정치적 부응, 사회공익, 직무성과, 조직연대감)는 책임성의 여러 차원을 보여주는 것이며 실제로는 이 범주들이 공무원 개인에게 중첩적으로 동시에 작동되는 것이다.

분석 속의 공무원은 전체 국민과 사회에 대한 공익 실현 의지가 강하고 전문가적 자부심과 윤리의식이 두드러졌는데 이 점은 내재적 동기부여와 내적 행정통제 가능성을 생각해보게 한다. 그간 동기부여를 위해 법적 통제나 금전적 유인 제공 같은 외재적 방식에 초점을 두었지만 그 결과는 기대에 비해 낮거나 더뎠다. 오히려 ― 그동안 공무원에 대한 불신으로 간과되어 왔던 ― 공무원의 책임의식을 고취하는 내재적 동기부여 방식을 세련되게 설계하여 적용하는 것으로 동기부여의 실효성을 거둘 수 있을지 모른다. 전문가적 자부심이나 공익 실현에 대한 사명감을 우월의식으로 폄하하기보다 한국적 맥락의 공직봉사동기로 이해하고, 적극적 업무활동으로 연결할 수 있도록 제도를 설계해야 할 필요가 있다고 본다.

이를 위해서 주관적 책임의 범위와 권한이 가급적 일치하는 제도가 마련되어야 하는데, 중하위직 공무원이 자신의 정책참여범위를 넓게 생각하고 적극적 역할을 강조하지만 그에 부합하는 권한을 부여받지 못하였다는 불만을 어떻게 다룰 것인지 숙고해보아야 한다. 그동안은 부패와 오남용의 우려로 권한을 통제하거나 공무원 스스로도 감사에 대한 두려움, 인사상의 불이익으로 소극적인 역할에 머무르면서 정체성과 현실이 괴리되는 면이 있었다. 공무원이 자신의 전문가적 판단과 윤리의식에 따르는 것이 재량의 오남용, 관료의 저항으로 취급받지 않도록 하려면 무엇이 필요한가? 이해관계로만 움직이지 않으며 비합리적 의무감까지 경험하고 공직에 대한 사명감을 주장하는 이들 집단의 내적 추진력을 높이기 위한 섬세한 설계가 필요할 것이다. 본 논문은 구체적 설계를 제시하지는 못하지만 외재적 방식의 동기부여가 강화되는 근래 흐름 속에서 내재적 동기부여의 가능성을 환기하려 하며 중하위직 공무원의 재량 행사에서 공식·비공식적 제약을 완화할 수 있는 조치가 필요함을 제기한다.

공무원이 누구 혹은 무엇에 책임을 느끼는가를 탐색해본 이 연구의 결과는 누가 왜 책임을 다르게 느끼고 인식하는지에 대한 중요한 질문을 낳는다. 이 연구에서는 배제되었지만 주관적 책임을 낳는 다양한 요인을 찾아 이를 공무원의 동기부여나 행정통제의 방식 설계에 반영하는 것이 보다 중요한 분석 지점일 것이다. 앞서 발견한 다양한 주관적 책임의 차원들은 특히 개인적 요인에 큰 영향을 받을 것이 충분히 짐작된다. 따라서 향후 후속 연구로 주관적 책임감의 차이를 가져오는 계급, 직렬, 근속년수, 성격, 성별 등 다양한 개인적, 조직적 요인들에 관한 가설을 세우고 검증하는 일반화 작업이 진행되어야 할 것이다. 이 과정에서 본 분석의 결과는 종속변수가 될 주관적 책임감을 유형화하고 조작적 정의하여 설문을 설계하는 데 기초적 자료가 될 것이다.

참고문헌

류춘호. (2003). 공공부문 경쟁논리와 책임성의 부조화에 관한 연구. 지방정부연구, 7(4): 315-337.

박석희. (2010). 책임성 관점에서의 공공기관 부서간 만족도 평가와 분석. 행정논총, 48(2): 249-280.

송석휘. (2009). 성과측정이 공공부문 종사자의 책임성에 미치는 영향분석. 한국인사행정학회보, 8(3): 1-26.

엄석진. (2009). 행정의 책임성: 행정이론간 충돌과 논쟁. 한국행정학보, 43(4): 19-45.

최승범. (2002). 한국의 지방관료제: 자율, 통제와 책임성. 한국행정학보, 36(1): 173-192.

한상일. (2010). 한국 공공기관의 민주적 책임성과 지배구조. 한국조직학회보, 7(1): 65-990.

Acar, M., Guo, C. & Yang. K. (2008). Accountability when hierarchical authority is absent, views from public-private partnership practitioners. *The American Review of Public Administration*, 38(1): 3-23.

Arendt, H. (1963). Eichmann in Jerusalem: a report on the banality of evil. New York: Viking. 김선욱 역. (2006). 예루살렘의 아이히만. 한길사.

Behn, R. (2001). *Rethinking democratic accountability*. Washington D.C.: Brookings Institution.

Brewer, G., Seldon, S. & Facer Ⅱ, R. (2000). Individual conceptions of public service motivation. *Public Administration Review*, 60(3): 254-264.

Caiden, G. E. (1989). The problem of ensuring the public accountability of public officials. In J. G. Jabbra & O. P. Dwivedi (eds). *Public service accountability: a comparative perspective*. West Hartford, Conn: Kumarian.

Cendón, A. B. (2000). Accountability and public administration: concepts, dimensions, developments. Retrieved 2 November 2012, http://unpan1.un.org/intradoc/groups/public/documents/nispacee/unpan006506.pdf

Cooper, T. L. (1990). The responsible administrator: as approach to ethics for the administrative role. San Francisco: Jossey-Bass.

De Vries, M. S. (2007). Accountability in the Netherlands: exemplary is its complexity. *Public Administration Quarterly*, 31(3): 480-507.

Dubnick, M. J. (2005). Accountability and the promise of performance: in search of the mechanisms. *Public Performance and Management Review*, 28(3): 376-417.

Finer, H. (1966). Administrative responsibility in democratic government. In P. Woll. (ed). *Public administration and policy: selected essays*. Haper Torchbooks.

Friedrich, C. J. (1966). Public policy and the nature of administrative responsibility. In P. Woll. (ed). *Public administration and policy: selected essays*. Haper Torchbooks.

Halligan, J. (2007). Accountability in Australia: control, paradox, and complexity. *Public Administration Quarterly*, 31(4): 430-452.

Harmon, M. M. (1971). Normative theory and public administration: some suggestions for a redefinition of administrative responsibility. In F. Marini (ed). *Toward a New Public Administration: The Minnowbrook Perspective*. New York: Chandler.

Heywood, A. (2000). *Key concepts in politics*. London: Macmillan Press.

Hodgkinson, C. (1978). *Towards a philosophy of administration*. New York: St. Martin's Press.

Kearns, K. P. (1994). The strategic management of accountability in nonprofit organization: an analytical framework. *Public Administration Review*, 54(2).

Kernaghan, K. (1973). Responsible public bureaucracy: a rationale and a framework for analysis. *Canadian Public Administration*, 16(4): 572-603.

Maclagan, P. (1983). The concept of responsibility: some implications for organizational behaviour and development. *Journal of Management Studies*, 20(4): 411-423.

Mosher, F. (1982). *Democracy and the public service*. Oxford University Press.

Odegard, H. P. (1971). *The politics of truth: towards reconstruction in democracy*. University: University of Alabama Press.

Perry, J. (1996). Measuring public service motivation: An assessment of construct reliability and validity. *Journal of Public Administration Research and Theory*. 6(1): 5-22

Radin, B. (2002). *The art of leadership in a federal agency*. Washington, D.C.: CQ Press.

Ridley, F. F. (1975). Responsibility and the official: forms and ambiguities. *Government and Opposition*, 10(4): 444-472.

Romzek, B. S. & Dubnick, M. J. (1987). Accountability in the public sector: lessons from the challenger tragedy. *Public Administration Review*,

47(3): 227-238.

Romzek, B. S. & Ingraham, P. W. (2000). Cross Pressures of accountability: initiative, command, and failure in the Ron Brown plane crash. *Public Administration Review*, 60(3): 240-253.

Saldaña, J. (2009). The coding manual for qualitative researchers. SAGE.

Sinclair, A. (1995). The chameleon of accountability: forms and discourses. *Accounting, Organizations and Society*, 20(2): 219-237.

2 공무원의 전문가적 정체성과 책임:
일반채용과 경력채용 공무원의 인식 탐색[1)]

〈요 약〉

행정의 전문성 향상을 위한 여러 정책이 추진되는 가운데 정작 공무원들은 전문직으로서의 직업적 정체성을 인식하고 있는가. 이 연구는 전문가로서 공무원의 정체성이 무엇인가를 이론적으로 구성해보고, 실제로 공무원이 자신을 전문가로서 인식하며 전문가로서의 책임을 인식하는지를 탐색하는 것이 목적이다. 공무원이 스스로를 전문가로 인식하고 있을 때 비로소 공무원에게 전문가적 책임을 물을 수 있기 때문이다. 이를 위해 전문가적 정체성을 전문가적 통제, 전문성의 습득, 전문직업적 활동 영역에 관한 인식이라는 세 차원으로 구성하고, 이에 관하여 일반채용 공무원과 경력채용 공무원에게 심층 인터뷰를 진행하였다. 분석 결과 다음의 가능성을 제시할 수 있었다. 첫째, 공무원들은 전문가적 통제를 인식하는 수준이 낮게 나타났다. 대부분의 면담자는 특정 분야의 전문윤리와 공무원으로서의 공직윤리를 구별하지 않았고, 외부 전문가집단과의 관계는 일회적 업무 관계거나 비공식적 관계를 통하여 사적으로 유지되는 정도로 인식할 뿐, 행위의 통제기준으로 인식되지 않았다. 둘째, 공무원의 전문성에 관해 일반채용 공무원은 자신의 전문성을 부처 전반을 걸친 경험과 조직 관리에 관한 내용으로 인식하는 반면, 경력채용 공무원은 특정한 전문기술 및 지식을 체계적으로 교육받고 공인받는 배타적인 역량으로 인식하였다. 셋째, 전문직업적 활동 범위를 정부 밖으로 확장하여 인식하는 수준이 높지 않았으며 경력채용 공무원도 공직에 근속하려는 의지가 높고 자신의 처우와 관련된 경우에 한하여 비판적 시각이 강하였다. 향후 공무원의 전문가적 정체성과 책임에 관한 실증조사가 진행되어야 공무원의 전문성 부족 및 왜곡, 위축의 이유를 밝힐 수 있을 것이다.

1) 한승주. (2017). 「한국조직학회보」 13권 4호, 1-32.

Ⅰ. 들어가며

요즘 우리 사회에는 공무원의 전문성이 상당히 낮아서 각종 사건, 사고와 비효율이 잇따른다는 불신과 우려가 커지고 있다. 최근 대형 참사나 정책 실패에서 반복적으로 지적되는 한 부분이 현장을 잘 알고 대처할 전문성을 갖춘 공무원이 없었다는 점이었다.[2] 이로 인해 정부는 공무원의 전문성을 높이기 위한 여러 인사정책을 새롭게 추진하고 있는데 ― 전문직위의 15% 구성, 3년 전보제한, 전문직공무원 신설 등― 주로 순환보직제도와 폐쇄적 임용구조의 개혁에 초점을 두고 있다.[3][4] 이러한 개혁의 기본 가정(假定)은 공무원은 담당 업무의 전문가로서 책임 있는 업무 수행을 해야 한다는 것, 지속적으로 전담하는 특정 직무를 맡아야 한다는 것, 그리하여 공무원은 전담 업무에 관한 전문지식과 규범을 숙지한 전문가로서 행동할 책임, 다시 말해 전문가적 책임(professional responsibility)을 져야 한다는 것이다(Romzek & Dubnick, 1987; 1994; Cooper, 2012).

하지만 공무원에게 전문가적 책임을 묻기 위해서는 공무원 스스로 자신을 전문가로서 인식하는지 여부가 중요하다. 자신이 전문성이 높은 업무를 수행하는 전문가라고 인식할 때 우리는 공무원에게 전문가적 책임을 묻는 것이 가능할 수 있다. 특히 순환보직으로 운영되는 계급제 구조 속 공무원이 자신을 특정 업무의 전문가로 인식할지, 스스로 전문가로 인식하더라도 그들을 전문가로 볼 수 있는지, 그들에게 전문가적 책임을 물을 수 있는지 등은 논쟁의 여지가 있다. 최근 5급 이상 공무원을 대상으로 한 설문조사에 따르면 자신이 전문성이 높은 업무를 수행한다고 응답한 비중이 76%에 이르렀지만[5] 과연 이들이 말하는 전문성이 무엇이며, 전문가적 정체성(professional identity)을 가지고 그 책임을 다하려 하는지는 의문이다.

복잡해진 사회 속에서 정부 관료제는 전문화되어 왔고 공직은 하나의 전문직

---

2) 조선일보, 2014.5.14.
3) 서울신문, 2015.3.20.
4) 2016년 상반기에는 35년 만에 공무원헌장이 개정되었는데 개정으로 강조된 내용 중 하나가 공무원의 전문성이다. 공무원헌장은 '창의성과 전문성을 바탕으로 업무를 적극적으로 수행해야 한다'고 밝히고 있다.
http://news.khan.co.kr/kh_news/khan_art_view.html?artid=2016 01040937061&code=620101
5) http://www.pollmedia.net/news/articleView.html?idxno=4855

업이 되었지만, 우리 정부 공무원의 전문성 논의는 시작에 가까워 보인다. 전문성이 현대 행정의 기본 개념임에도 공무원 스스로 인식하는 전문가적 정체성(professional identity) 및 전문가로서의 책임 의식에 대한 경험적 연구는 많지 않은 실정이다. 공무원에게 전문가적 책임의식이 결여되어 있다면 행정은 편향되거나 도구화될 우려도 크다(박천오, 2014; 임의영, 2014). 그러므로 공무원이 자신을 전문가로 생각하는지, 자신의 전문성을 무엇으로 인식하는지, 전문가로서 무엇을 책임져야 한다고 생각하는지 등을 연구해야 할 필요가 크다. 이러한 연구를 통해서 현재 정부 행정의 전문성이 구축되지 못하는 내부 원리를 찾아야 인사 개혁의 성공이 가능할 수 있다.

이 연구는 공무원 스스로 인식하는 전문가적 정체성을 탐색하는 것을 목적으로 한다. 이를 위해, 전문가적 정체성을 무엇으로 볼 것인지 이론적으로 검토하여 차원을 구성하였으며, 이에 관한 공무원의 주관적 인식을 일반채용과 경력채용 공무원으로 구별하여 심층인터뷰를 진행하면서 인식상의 특징과 가능성을 탐색한 후 향후 실증 연구를 위한 논의를 도출하였다.

Ⅱ. 공무원의 전문가적 정체성(professional identity)과 책임성

1. 전문가로서 공무원

1) 전문가라는 역할 기대의 형성

지난 20세기 동안 행정이 하나의 전문분야가 되어 공무원이 전문직업(profession)이 된 것은 분명해 보인다(Jennings et al., 1987: 3). 오늘날 행정의 중요한 특징 하나가 공무원에게 전문적 지식과 기술, 윤리 기준에 따라 판단하고 행동하는 전문가라는 역할 기대가 부여된 것이며, 공무원이 전문가라는 역할을 충실히 수행할 때 행정 성과가 높아질 것을 전제한다.

역사적으로 행정은 주로 정치 영역과의 경계 논쟁을 통해 하나의 직업분야(public administration as a profession)로서 전문성을 획득해왔는데, 행정을 정치성이 최소화된 효율적 관리 활동으로 규정하면서 아마추어적 · 권력적인 정치 영역과는 다른, 합리적 집행 관리의 독립된 영역으로 간주하였고 이로써 근대 행정은 전문훈련을 받은 공무원들에 의해 집행되는 전문적 직업이 되었다(Overeem, 2005; Pugh, 1989). 관료제의 도구성에 대한 비판이 커진 1940년대 이후는 공무원에게 국민에 대한 대응(responsiveness)과 봉사 의무가 강조되고 시민과 선출된 대표 사이를 연결하는 정치적 대표의 임무(representation)가 강조되면서(Mosher & Stillman, 1977; Demir, 2014), 공무원은 사회적 형평과 공정성, 전문성을 추구할 윤리적 공인으로서 책임을 부여받았다(Friedrich, 1940; Denhardt & Denhardt, 2000).

무엇보다 전문가로서 공무원의 역할은 1960년대 전후 미국의 공공조직에 보건의료, 법률, 통계, 사회복지 등 다양한 전문가가 유입되는 전문직화(professionalism)가 벌어지면서 강조되기 시작한 것으로 보인다(Medeiros & Schmitt, 1986: 70-73).[6] 이들이 전문분야에 대한 강한 직업적 정체성과 민간 전문가 집단의 통제를 바탕으로 활동하면서 행정에 전문가주의가 본격화된다. 직위분류제(position classification)에 근거한 미국 정부는 발생한 사회문제를 처리할 인력 및 조직이 필요할 때, 부처별로 민간 전문가를 채용하거나 한시적인 위원회를 설치하는 방식으로 대응하면서 민간인 채용의 규모가 늘었고 이들의 채용 기준으로서 전문성이 중요해진 것이다(Garvey, 1993; Naff et al., 2013).

이렇게 특정 분야의 전문가가 정부에 들어와 행정활동을 직접 담당하는 '행정적 전문가'(administrative professionals)들이 늘어나면서 공무원에게 전문가라는 역할과 책임에 대한 기대가 확산될 수 있었을 것이다(Kearney & Shinha, 1988: 572; Ferlie & Geraghty, 2005; Waldo, 1967).[7]

2) 공무원은 전문가인가

이러한 변화 속에서도 전문가로서 공무원에 대한 지위 인정은 다소간의 논쟁을 거치게 된다. 일반적으로 전문가 혹은 전문성(profession)은 '특정한 분야 및 업

6) 구글 북스 라이브러리의 천만권 이상의 디지털 책을 검색하여 단어의 사용빈도를 파악할 수 있는 엔그램뷰어(Google Ngram Viewer)를 통해 professionalism의 사용 빈도를 그래프로 확인하면 1960년대부터 빈도가 급증하는 것을 파악할 수 있다. 이로써 1960년대부터 사회적으로 전문가주의에 대한 논의가 활발해졌으며 공공조직에서도 그러했으리라 유추해볼 수 있다. <부록 1>(64면) 참조.

7) Kearney & Shinha(1988: 572)는 역사적으로 전문성의 행정 개입(the invasion of public administration by the professions)과 행정의 직업 전문화(the professionalization of the vocation of public administration)라는 이중 흐름(double stream)이 있었다고 표현한다.

무 수행에서 고도로 축적된 지식, 기술, 정보 등으로 오랜 직업적 훈련을 통해서 습득되고 공통된 전문가 윤리 및 기준으로 전문가 공동체에 의한 자율적 규제가 작동하면서, 그 전문적 권위를 사회적으로 인정받는 것'으로 여겨진다(Nalbandian, 1990; Pugh, 1989; Schott, 1976; 박천오 · 박경효, 1996).[8)9)] 그렇다면 공무원은 이러한 전문성을 구축한 전문가인가?

고전적으로 전문가주의를 요구받았던 전문가란 의사, 변호사와 같이 특정한 기능 및 기술을 바탕으로 독립적인 직업 활동을 영위할 수 있는 집단을 의미하였다. 이러한 고전적 전문가(old profession)와 달리, 사회복지사, 간호사, 회계사, 그리고 공무원 등 지난 세기 새롭게 등장한 전문가 집단은 '조직에 속하여' 활동하는 전문가(salaried profession)였으며(Blau & Scott, 2003) 특히, 고전적 전문가에게 두드러졌던 특정한 자격증, 높은 자율성, 전문가협회의 존재라는 특징이 명확하지 않았다.

공무원의 경우, 관료제의 핵심인 전통적 관리 업무는 특수한 전문자격이 요구된다거나 외부의 전문가집단 및 통제가 있기가 상대적으로 어렵기 때문에, 고전적 의미의 전문성(pure profession)이 높다고 보기에 한계가 있었다. 일반적으로 공무원(administrator)은 입직 기준을 특정하기 어렵고 과학적 지식에 대한 규범이나 기준에 근거하여 활동하기 힘들며 책임 범위도 단일 · 특정 영역을 넘어서기 때문에 전문가 지위에 대한 비판적 시각이 존재하였던 것이다(Price, 1965: 133-134).

이견에도 불구하고 Pugh(1989)가 정리한 대로, 미국 진보주의 운동 이후 전문성은 행정의 정당성 근거이며 행정 발전의 방향이 되었고, 행정학은 실무적으로나 학술적으로 관료제적 특징을 연구하는 독립적 직업과 학술 분야가 되었다. 전문적 관리 이론 및 지식 체계를 축적하고 ASPA 및 ICMA와 같은 공식 조직체계 갖추면서 전문적 교육훈련과 윤리체계를 갖춘 전문가의 영역으로 폭넓게 인정받은 것으로 볼 수 있다.

또한 1980년대 신공공관리로 인해 전문적 관리기술을 부각하면서 행정의 관리

8) 전문가, 전문직(profession)은 공개적 선언(public declaration)을 의미하는 라틴어 professio에서 유래했다는데, 어떤 전문직의 일원으로 들어갈 때 그 직업의 규율에 충실히 따를 것을 공개적으로 선언하는 관행에서 나왔다고 한다(정연재, 2007).

9) Hall(1968)은 전문성을 태도 측면의 특징으로, 업무 판단의 중요한 판단기준으로 전문가조직 참조, 대중에게 제공하는 서비스에 대한 믿음, 자율적 규제에 대한 믿음, 해당 분야에 대한 소명감, 자율적 재량을 꼽고 있다.

업무가 보다 전문적인 분야로 인식되었다고 평가되기도 한다. Noordegraaf(2007)에 따르면, 시장지향의 신공공관리적 행정개혁은 경쟁, 서비스 지향, 결과, 고객 만족 등을 강조하였기에, 고전적 전문성에 기반을 둔 배타적인 전문가 통제보다 유연한 전문성인 혼합적 전문성(hybrid professionalism)이 나타났고 관리자나 컨설턴트와 같은 비전문적 집단이 관리적 전문성을 앞세워 전문가로 인정받게 되었다고 평가한다.

또한 정부 관료제는 다양한 수준의 전문성을 지닌 업무로 구성되어 있기에 단일한 기준을 가지고 공무원을 전문가 혹은 비전문가로 판단하기 어렵다고 주장된다. 정부 내에서도 사회복지, 법제, 보건의료, 경찰, 군인, 외무 업무 등은 상대적으로 높은 수준의 전문성을 지니고 있다는 것인데(Demir, 2011: 152), Stillman (1994)은 미국 관료제를 전문성의 정도에 따라 일반전문가(general professionals), 공공전문가(public professionals), 신흥전문가(emerging professionals), 준전문가(para professionals), 숙련기능자(skilled worker) 등으로 분류하기도 하였다.[10] 정부의 업무는 전문성이 낮은 업무부터 매우 전문적인 업무까지 다양한 직무로 구성되어 있는 동시에, 가치중립적 사실을 다루는 일반 업무와 자율적 판단과 재량에 따른 전문 업무가 따로 분리되기보다는 유동적이라는 것이다. 그렇다면 공무원 전체를 한 집단으로 전문가 여부 판단은 적절치 않은 것이 되며 조직, 직무, 상황 등에 따라서 공무원이 요구받는 전문성이 정도가 달라질 뿐이다.

이와 같이 사회의 변화에 조응하여 행정의 전문성도 강화되면서, 공무원에게 명령복종과 법령집행이라는 전통적 역할 기대에 전문가라는 새로운 역할이 더해진 것으로 볼 수 있다. 개방형 직위분류 체계에서 특정 직무를 전담하기 위해 필요한 자격과 역량을 검증받고 임용되는 민간출신의 '행정적 전문가'뿐 아니라 그보다 일반적인 관리업무를 담당하는 공무원 전체에게 전문가 지위가 인정되고 전문가주의가 확장된 것이다.

하지만, 여전히 의문으로 남는 것은 우리와 같은 폐쇄형 순환보직 체계에서 일반 관리 업무를 담당하는 공무원에게 인정되는 전문가 지위와 내용도 이와 같을 수 있을까 하는 점이다. 현재 우리 사회에서 전문직업으로 인정받는 공직에 복무

---

10) 일반전문가(general professionals)의 예로는 변호사, 회계사, 의사 등으로 고위직, 공공전문가(public professionals)의 예로는 외무직, 공공위생직, 도시 계획직, 도시 관리자 등, 신흥전문가(emerging professionals)의 예로는 환경직, 교정직, 소방직, 경찰직, 전산직 등을 제시하고 있다.

하는 공무원을 비전문가로 규정하긴 어렵다. 하지만 갈수록 다양해지는 공직 구성(입직 경로, 임용 상태, 보직 경로 등)을 고려할 때, 그 다양성에 따라 공무원 사이의 전문성의 내용과 요구는 충분히 구별되는 것임에도 전문가 지위, 전문가주의가 구별 없이 느슨하고 막연하게 기대되는 듯 보인다.

2. 공무원의 전문가적 정체성

1) 전문가적 정체성의 개념

전문가로서 공무원의 전문성이 다양하고 상황에 따라 다르게 요구될 수 있다면(Price, 1965)[11] 공직사회에서 공무원에게 이해되는 전문성, 전문가로서 자기 인식, 전문가적 책임의 내용도 상대적일 수 있다(Kearney & Shinha, 1988: 571-572). 공무원이 지녀야 할 전문성은 불명확하거나 가치 충돌적 상황에서 실무자의 처방적이며 직관적인 처리 기술이거나 당연하게 여겨지는 지식에 의지해 지속적으로 해석된 특정한 의미일 수 있다(Schön, 1983). 즉, 자신의 상황, 관계, 역할, 목표 등을 어떻게 이해하는지에 따라 유동적이기에 어떤 업무는 전문성 있고 없다는 식으로 판단하기 어려우며 자신의 업무에 대한 주관적이며 관계적인 해석일 수 있다.

이런 맥락에서 전문가적 정체성을 살펴볼 필요가 있다. 공무원의 전문가적 정체성(professional identity)이란 자신의 전문가적 역할 기대를 받아들이는 정체성 인식이다. 이것은 자아 정체성의 일부를 이루면서, 특정한 분야의 성격, 규범, 가치에 의해 영향 받아 형성된 인식이며 전문가로서 개인적 사고, 행동, 감정을 일으킬 수 있다. 전문가적 정체성에 근거한 행태적 결과가 전문가주의(professionalism)인 동시에, 전문가주의에 입각해 직무를 수행하려는 인식과 의지라 할 수 있다(Freidson, 2001/2007). 전문가주의란 '어떤 직업의 구성원이 자신의 노동을 스스로 통제하는 동시에 삶을 영위하게끔 허용하는 일련의 제도'이므로(Freidson, 2001/2007: 30-37), 노동의 직업적 통제라고 할 수 있으며, 전문가적 정체성은 특정 세

11) Price(1965)는 가치중립적 사실을 추구하는 과학자로부터 전문가, 행정가, 정치인으로 갈수록 권력을 추구하는 속성을 가지며 이들 사이는 분리된 것이 아니라고 주장한다. 사실적 지식 추구로부터 권력 추구의 정도에 따라서(오랜 공식적 교육훈련 정도에 따라서) 과학자(scientists)부터 전문가(professionals), 행정가(administrators), 정치인(politicians)으로 구별되는 스펙트럼을 제시하였으며 이들 사이의 구별은 임의적이고 상황 의존적이다(Schott, 1976; Price, 1965: 192).

력이나 이념의 영향에서 벗어나 일정한 직업적 원칙에 따라 자율적으로 직무를 수행하려는 자기인식과 노력일 수 있다.

2) 전문가적 정체성의 구성 차원 및 특징

전문가적 정체성의 하위 차원은 전문가주의의 구성요소를 근거로 구성할 수 있는데, 전문가주의의 특징을 얼마나 인식하고 있는가를 통해 전문가적 정체성을 확인할 수 있기 때문이다(McCabe et al., 2016). Hall(1968)은 전문가주의를 규정하면서 외부 전문가집단 참고(reference), 공익 지향, 소명감, 자율적 규제, 높은 재량을 구성 요소로 보았으며, Blau & Scott(2003)은 보편적 기준, 특정한 분야, 감정적 중립, 성과 지향, 공공서비스, 자율적 규제 등을 꼽았다. Moore(1970)은 전일 직업(full time occupation), 공통된 윤리규범에 따른 규범적·행태적 자격조건, 소명을 공유 및 강화하는 전문가 조직, 교육훈련을 통해 비전문가와 구별되는 전문화된 지식 소유, 서비스 지향, 전문화된 지식에 근거한 의사결정의 재량 및 책임을 들고 있다.[12] McCabe et al.(2016)는 도시관리자(city-manager)를 대상으로 Hall(1968)의 정의를 적용하여 이들의 전문가적 정체성을 측정하기도 하였다.

여기서는 선행연구에서 언급된 요소들을 재구성하여 공무원의 전문가적 정체성을 전문가적 통제에 관한 인식, 전문성의 습득에 관한 인식, 전문직업적 활동 영역에 관한 인식으로 구성하였다. 이 세 차원에 대한 공무원의 인식 수준과 방향이 전문가적 정체성의 정도를 보여줄 수 있다.

첫째, 전문가적 통제에 관한 인식은 특정 영역에서 받아들여지는 전문적 기준을 공무원 개인이 내면화한 정도와 해당 영역에서 조직화된 전문가집단의 공식 및 비공식적 결정에 자신의 업무가 구속되는 정도라 할 수 있다. Blau & Scott (2003)에 의하면 전문가적 통제란 내부적 측면과 외부적 측면으로 나뉠 수 있는데, 전문가 사이에 통용되는 윤리기준을 내면화하여 스스로 통제감을 느끼는 측면과 외부 전문가집단의 자율규제에 구속되는 측면이다. 내면화된 윤리(internalized norm)는 사적 이익이나 특정 집단을 위한 이익추구를 배제하고 일반인의 공익을 위한 직업윤리적이고 합리적인 판단과 발언, 행동을 의미한다(Campbell & Wilson, 1995). 전문가는 봉사하려는 욕구를 가지고 정직성을 추구하는 '순진성'을 가지고

12) 대체로 이와 유사한 속성들로 구성된다고 보면서, 행정 분야에서도 이러한 전문가주의의 특징이 발견된다(Pugh, 1989).

있다고 전제되는데(Medeiros & Schmitt, 1986: 70-73) 이러한 순진성의 적극적 발현일 수 있다.

한편, 전문가주의의 중요한 특징인 외부 전문가집단의 자율적·폐쇄적 통제는 자신의 업무와 관련된 판단을 내릴 때 ―공식적 혹은 비공식적으로― 동료 전문가집단의 의견을 참조하는 것이다(Hall, 1968: 93). 외부 전문가집단(사회복지사협회, 변호사협회, 의사협회 등)은 업계 동료들이며 이들이 따르는 기준을 수용하여 자기 통제를 하는 것, 이들에 의존한 의사결정을 하려는 의지가 전문가적 정체성의 한 측면을 이룰 수 있다. 업무수행 과정에서 외부의 전문가집단의 결정을 참고(reference)하는 정도, 그들 사이에서 통용되는 기준에 따라야 한다는 의무감과 믿음, 또한 전문가집단의 자율적 규제에 실질적으로 통제되는 정도가 강하다면 조직의 위계질서에 복종하는 경직된 관료제 폐단을 완화하는 방안이 될 수 있다.[13] 외부 전문가 집단과 상호교류하면서, 전문적 행위규범을 따르려한다면 보다 객관적이고 전문적인 업무 처리의 가능성이 높아질 것으로 기대되기도 한다(Redford, 1969; Kearney & Sinha, 1988). 하지만 직업협회와 같은 외부 전문가집단은 이익집단으로서 행사하는 배타적 통제권으로 인한 사회적 폐해에 대한 우려도 동시에 존재한다(Illich et al., 1977).

따라서 전문가적 정체성의 한 측면은 소속된 조직이 아닌 외부 직업(전문가)적 통제를 강하게 인식하는 것으로, 직업상의 전문윤리가 내면화된 정도가 강하고, 전문가집단의 규제에 심리적으로 강한 영향을 받는 것이라 할 수 있다.

둘째, 전문성의 습득에 관한 인식은 특정한 영역에 대한 배타적·전문적 권한 인식이며 그 특정한 영역에서 구축된 지식과 기술의 권위를 우월하게 여기는 인식이다. 전문가와 비전문가를 구별하는 명확한 경계, 전문가의 권위가 발현되는 특정한 영역 인식과 존중이 전문가적 정체성의 한 측면이 되는 것이다(Hall, 1968). 특정한 경계 안, 영역 안에서 습득한 정밀하고 정확한 지식 및 기술로 인하여 전문가는 비전문가인 일반인으로부터 존중받고 그러한 권위를 바탕으로 전문가로서의 소명감(calling)을 지니게 된다. 일반인이 쉽게 따라 하기 어려운 전문성은 특정한 영역에 국한되는 것이며 고도로 체계화된 과정에서 습득되고 공식적

13) 전문가집단이 자기 직업영역에 대해 가할 수 있는 자율규제의 권한은 상이한데, 예를 들어 변호사법에 근거하여 대한변호사협회가 변호사등록심사권을 가지고 있어 실질적 규제를 할 수 있는 반면, 의사협회는 그러하지 못하다.

인 인증절차를 통해 권위가 인정된다.

따라서 전문가적 정체성의 한 측면은 특정한 영역에서 문제의 진단과 처방에 관한 배타적인 권위를 강조하는 정도이며 그러한 전문성이 체계적인 교육훈련이나 자격증과 같은 절차를 통해 획득되어야만 한다는 인식이 될 수 있다.

셋째, 전문직업적 활동 영역에 관한 인식은 소속된 조직 몰입과 관련된다. 선행연구에 의하면 전문가는 소속 조직에 대한 충성도가 비전문가에 비해 낮고 소속 조직에 대한 비판적 태도를 보인다. Blau & Scott(2003)는 cosmopolitans과 locals의 차이로 표현하며 전문가의 특징 중 하나로 여러 조직을 순회하는 것을 꼽는다(itinerant professional). 전문가는 자신의 정체성을 소속 조직이 아닌 전문적 기능 영역에 두기 때문에, 활동 범위를 특정 조직이 아니라 직업 영역으로 확장해 인식하고 직업적 특권과 이익이 좋은 조직으로 이동하려는 의도가 높다는 것이다. 그러나 공무원이 공직을 많은 직업 중 하나로 여기지 않고 공공성에 의미를 강하게 부여하거나 공직봉사동기가 높은 경우라면 이와 같은 특성을 나타낼지 불확실하다. 우리의 경우 공무원이 습득한 기능의 전문 영역(profession)뿐 아니라 속한 조직(organization)에도 몰입도가 높을 가능성이 크다. 공무원이 조직과 전문영역에 이중적 권위 및 정체성을 형성할 수 있으므로(Etzioni, 1969), 조직인(organizational man)으로의 몰입보다는 경계인(marginal man)적인 특성이 나타나는 정도로 파악할 수 있을 것이다.

따라서 전문가적 정체성의 한 측면은 자신의 전문직업적 활동 범위를 소속 부서나 부처에 두지 않고 타 조직으로 확장해서 인식하는 정도이므로 타 조직으로 이동하려는 의도가 높거나 소속 조직에 대한 비판적 태도가 얼마나 나타나는가로서 구성될 수 있을 것이다.

3) 전문가적 책임

전문가적 책임(professional responsibility)은 전문가주의에 따르는 과정과 그 결과에 대한 책임일 것이다. 공무원의 전문가적 책임은 공무원이 전문가의 위상에서 담당 분야에서 존중받을 만한 전문성을 보유하고 그에 따라 행동할 것을 요구하는 것이며, 전문가로서의 지식과 기술뿐만 아니라 규범과 윤리에 따를 것을 의미한다(Romzek & Dubnick, 1994: 271; Cendón, 2000). 공무원이 전문가적 책임을 다하려면 그 전제는 공무원이 스스로 전문가적 정체성을 강하게 느끼고 행동하여야 한다는 것이다.

위에서 살펴본 전문가적 정체성의 세 차원에 따라 공무원의 전문가적 책임을 정리하면 첫째, 전문가적 책임이란 전문적 윤리규범에 따라 자율적으로 판단하여 사적인 이익 추구를 배제하고 일반인들이 예측하고 판단하기 어려운 문제에 대해 윤리적, 합리적 판단을 내리고 발언할 책임이다. 전문성이란 규범과 윤리를 내포하는 것으로 서비스 윤리 및 규범을 통한 자율성과 처방의 규범성에 따르는 의사결정력이다(Ronmzek, 2000). 따라서 공무원의 전문가적 책임은 자율적 의사결정 및 적극적 발언의 책임으로, 전체 국민 관점에서 이익이 되는 것은 무엇일지, 공익을 적극적으로 규정하는 것이기도 하다(Friedrich, 1940).

둘째, 전문가적 책임이란 특정 분야에서 전문적 지식과 기술을 쌓고 그 명료한 기준에 따르려는 책임으로, 비전문가에게 존중받는 전문가적 권위에 의거한 합리적 판단의 의무이다. 전문가적 책임의 출발은 특정 분야의 전문지식 및 기술 확보이므로 공무원이 공공서비스의 전문적 제공자가 되기 위해서는 실질적 처방 역량이 구축되어야 한다. 전문기술 및 지식이 취약한 상태에서 내린 판단은 조직 내에서 인정받기 어렵다. 전문가로서의 지식 및 기술 수준이 낮다면 비전문가, 일반인으로부터 전문성을 의심받게 되고 그러한 상황에서 행하는 공무원의 발언은 전문적 규범에 근거한 것이라도 정당성을 인정받기 어려울 것이다. 특정한 분야의 전문가로서 담당 업무에 관한 숙련된 기술과 축적된 지식을 바탕으로 한 해결책을 제시할 수 있는가 여부가 전문가적 책임의 중요한 측면이 될 수 있다.

셋째, 특정 분야의 전문가일 뿐 아니라 공공조직에 임명된 관료로서 소속한 조직의 특성과 요구를 반영하며 전문적인 업무 수행을 조화롭게 할 책임이다. 공무원의 전문가적 책임은 자신이 전문성을 가진 특정 영역의 기준에 따라 업무를 수행해야 하는 동시에 소속된 조직의 특성과 맡은 직위에 따르는 의무에 부합하려는 균형을 추구하려는 것이다. 공무원에게 부여된 역할이 다양함을 말하는 여러 연구들(Schillemans, 2015; Selden et al., 1999; Kennedy, 2013; Demir, 2011)에서 언급되었듯이 공무원은 전문가(technical expert) 역할뿐 아니라 임명된 관료(appointed official)라는 역할도 가진다. 따라서 전문가로서의 의견을 배타적으로 주장하는 것이 아니라 소속한 조직의 특성을 반영하여 합리적으로 조정해야 할 의무라 할 것이다. 전문가로서 소속되거나 소속감을 느끼는 전문가집단의 의견을 경청하고 수용하려는 것이 필요하지만 전문적 판단이라는 이유로 보편적 기준을 조직에 강요하는 것이거나 특정 전문가집단의 이익을 대변하는 역할로 전락해서도 안 되며 (Pugh, 1989),[14] 공공조직의 복잡성과 모순을 고려한 조화로운 업무추진이 되도록 노력해야 함을 의미한다. 조직에서 수행해야 할 정책방향과 외부 전문가집단의 상호 이해가 충돌하는 경우에, 전문성을 지닌 영역의 지식과 규범을 공공조직의 맥락에 맞추어 성공적으로 조정해내는 것이 공무원의 전문가적 책임이지, 일방적으로 조직에 강요하는 것이 아닐 것이다.

특히 정부 조직의 고위직 공무원일수록 정부가 작동되는 복잡한 원리를 이해한 정책 추진의 책임이 클 것이며(Romzek, 1987: 26-27) 특정 기능 수행을 위해 채용된 공무원의 경우(법무, 의료, 홍보, 국제협력 등)도 이러한 경계적 역할 수행이 더욱 강조될 수 있다. 이런 차원에서 공무원의 전문가적 책임은 조직 외부의 전문가집단의 의견과 규범을 수용하려는 책임과 함께 자신이 소속한 조직의 특성과 자신이 맡고 있는 직위에서 요구되는 바를 합리적으로 수용한 업무 처리의 책임이 될 것이다.

〈표 1〉 전문가적 정체성과 책임

전문가적 정체성		전문가적 책임
전문가적 통제 인식	내면화된 전문윤리	사익 추구 배제, 전문윤리적 판단과 발언 책임
	외부 전문가집단의 규제	
전문성의 습득 인식	배타적 영역 인식	특정한 전문지식의 축적과 기술의 숙련 책임
	전문교육 및 자격 요구	
전문직업적 활동 범위 인식	조직몰입보다 강한 직업 영역 몰입	전문직업 분야와 소속조직의 요구 조화 책임

3. 한국 공무원의 경우

1970년대 정부 주도로 국가 경제성장이 이뤄졌던 과정은 공무원에게 전문가로서의 역할과 평판을 강화하는 계기가 된 것으로 보인다. 당시 경제성장이라는 목

14) 이것은 전문가 집단의 폐쇄적 사익추구로 귀결되어 민주주의를 위협할 것이라는 오랜 우려와 연결된다. Pugh(1989)는 규범적 측면에서 전문성 추구는 전문가 집단의 폐쇄적 사익추구로 귀결됨으로써 민주주의에 위협이 될 것을 우려되며, 경험적 측면에서는 전문성으로 주장할 만한 실체적, 보편적 이론 및 체계를 갖추었다고 보기 어렵다는 점이 비판받으며, 정치적 측면에서는 공무원의 전문성 강화가 다른 한편으로 선출직 대표에 복종해야 하는 의무와 정치적 정당성을 약화시킬 수 있다고 지적한다(Pugh, 1989: 4-6).

표를 효과적 · 경제적으로 달성하기 위한 주요 동력이 기술관료(technocrats)의 전문성이었다(박종민 · 윤견수, 2014). 일제 강점기와 한국전쟁을 겪으며 민간의 전문인력층이 매우 취약했던 상황에서 대학 지식인 집단과 해외 교육훈련 기회를 접했던 군대 엘리트로 충원된 고위 관료 집단이 국가발전을 기획하고 추진해냄으로써, 정부와 공무원은 민간에 비해 높은 전문성을 갖췄다고 평가된 것이다(이한빈, 1967; 박종민 · 윤견수, 2014; 조석준, 1968).[15)]

한편, 2000년을 전후로 도입된 신공공관리적 행정개혁은 공공부문 전문성 강화의 또 다른 계기가 되었다. 폐쇄적인 계급제도(rank-in-person)의 경직성을 완화하고 전문성을 강화하기 위해 개방형 직위제도가 도입되면서 정부는 민간경력자를 적극 채용해 행정의 전문성을 강화하려 하였다. 순환보직의 제한, 전문직공무원 체계 신설, 전문성에 근거한 성과평가와 연봉제 등 일련의 변화가 추진되었다.[16)] 이를 통해 법무, 보건의료, 국제협력, 홍보 등 여러 분야에서 민간출신 전문가가 정부로 지속적으로 유입되고 있으며, 개방형 임용제를 통해 임용된 민간전문가의 비율은 전체 개방형 직위의 약 29.7%(131명, 2016년 6월 기준)에 이르고 있다(인사혁신처, 2016).[17)]

하지만 공무원이 전문가로서의 정체성을 형성하고 전문가적 책임을 추구하기는 쉽지 않을 것으로 짐작된다. 개혁조치에도 불구하고, 대부분의 일반직 공무원들에게 순환보직을 통해 승진 가능성이 높은 보직으로 이동하는 인사 관행은 여전히 유지되고 있어서 특정한 직무에 대한 전문성을 쌓기에 한계가 있고, 민간출신의 전문가가 공무원으로 임용되더라도 집단적 · 위계적인 조직문화의 정부 관료

---

15) 1951년부터 1961년까지 6천여 명의 장교들이 미국 군사학교에 파견되어 관리적 지식을 배워왔고, 군사정부 시기 군인의 공무원 파견과 임명으로 군인의 관리지식이 관료제 내에 확산되었다. 군인들이 미국 각 지역에서 제공되었던 훈련 및 연수과정을 통해 기획과 의사결정이론 등을 배웠고 또한 미국 유학을 통해 계수 작업과 기획의 전문지식을 배워온 이들이 한국은행과 산업은행에 진출한 것도 한 계기가 되었다. 이러한 국외 교육훈련을 통해 미국행정의 전통인 능률주의 행정전통, 중립적이고 능률적인 행정을 강조하고 전문성에 토대를 둔 행정가의 충원을 중시하는 전통이 유입된 것으로 평가된다(김근세, 2012; 윤견수, 2012).

16) 공무원임용령 제43조의1 제1항은 '소속 장관은 3급 또는 4급의 복수직급 직위에 보직된 3급 공무원 이하 공무원을 전문 분야별로 양성, 관리하기 위하여 해당 기관의 조직을 관련 업무 분야별로 구분하여 공무원의 전보 등 인사관리를 하여야 한다'라고 규정하고 있다.

17) 인사혁신처는 전문직군을 구성하고 핵심정책 분야별 전문가를 양성하는 등 공직의 전문성 제고를 위해 채용과 보직관리 개혁 정책을 추진하고 있다. 이에 따라 장기근무의 필요성 및 업무 전문성을 기준으로 순환근무형과 전문직군형으로 나누는데, 순환근무형은 다양한 경험이나 종합적 시각을 요구하는 경우이며 전문직군형은 한 업무분야에 평생 근무하면서 승진하더라도 전문 분야를 바꾸지 않도록 차별화된 인사관리체계를 적용할 계획이다.

제 내에서 자신의 전문적 판단을 적극적으로 발언하기도 어렵기 때문이다.

한국 공무원의 전문성 및 전문가적 책임을 다룬 연구는 매우 소수이며 대부분이 제도 설계에 편향되어 있다. 관련 연구를 살펴보면, 최병대(2003)는 공무원이 갖춰야 할 분야별 전문지식과 문제통합 및 조정 능력을 기준으로 일반행정가(generalist), 집행가(practician), 전문가(specialist), 그리고 전문성을 지닌 일반행정가(specialized generalist)로 분류하면서, 높은 직급에서는 정책조정과 관리 능력이, 중간 직급에서는 정책 형성 능력이, 낮은 직급에서는 원활한 업무수행 능력이 전문성을 의미한다고 구분하였다. 공무원이 인식하는 전문성의 내용을 조사한 이계만·안병철(2014)의 연구는 인터뷰와 설문조사를 통해 업무능력, 업무추진력, 예산확보능력, 정책관리능력, 네트워크 형성능력, 조정능력이 전문성으로 규정되고 있음을 밝히면서 공무원 전문성에 관한 논의가 여전히 추상적이며 경험적 연구가 미흡함을 지적하였다. 또한 선행연구 대부분은 교원, 경찰, 사회복지직(김순양, 2001), 법무직(김난영·홍준형, 2006), 감사직(김난영·조원혁, 2012), 특허직(엄석진, 2010) 공무원 등 주로 특정직 및 특정 직렬을 대상으로 경력개발제도 등 제도 분석 및 설계에 초점을 두고 있다.

과연 한국 정부의 맥락에서 공무원의 전문가적 정체성 및 책임에 관한 인식이 어떠한지를 탐색하는 이 연구는 일반채용 공무원과 경력채용 공무원을 모두 포함하여 공무원의 전문가적 정체성에 대한 인식 수준을 파악하려 한다. 일반행정가 양성을 위한 폐쇄적 계급제 구조에서 경력을 쌓아온 일반채용 공무원에게 전문가적 정체성 및 책임이란 무엇인지, 최근 늘고 있는 경력 및 학력을 통해 임용된 경력채용 공무원에게 인식되는 전문가적 정체성 및 책임은 무엇인지 탐색, 비교해 볼 필요가 있을 것이다.

Ⅲ. 공무원의 전문가적 정체성: 인식 분석

1. 연구 방법

이 연구는 중앙부처 소속의 공무원 15명과 인터뷰를 통하여 그들이 인식하는 전문가로서의 정체성에 관한 응답을 수집하는 질적 분석방법을 적용하였다. 대상자와 심층 인터뷰를 통한 인식 탐색 방식은 연구 주제를 둘러싼 폭넓은 맥락과 현상 파악에 적절하기에 공무원의 전문가적 정체성의 존재와 특징을 발견하고 추론하려는 이 연구의 목적과 부합된다.

반(半)구조화된 설문지를 마련하여 2014년 5월부터 2016년 10월까지 면접 인터뷰 및 이메일 인터뷰를 실시하였고[18] 질문의 초점과 내용은 분석이 진행됨에 따라 여러 차례 수정되었다. 인터뷰 대상자는 소개를 통하여 선정하는 방식이었으며, 되도록 유사한 출신과 업무 배경을 가진 2명을 함께 인터뷰하는 방식으로 (paired depth interview) 진행하였다. 이러한 방식의 인터뷰는 유사한 상황의 사람들 간 대화를 통해서 더 많은 정보를 얻을 수 있다고 평가된다(Houssart & Evens, 2011).

전문가적 정체성과 관련하여 가장 큰 인식 차이를 보일 수 있는 집단은 일반 공개경쟁시험을 통해 채용된 일반채용 공무원과 민간경력·학위·자격증 등 전문적 역량을 평가받고 채용된 경력채용 공무원일 수 있다. 일반채용 공무원의 경우, 일반행정직 4명, 재경직 2명을 인터뷰하였고(같은 일반채용 공무원이라도 직렬별 인식 차이가 존재할 가능성이 있음) 경력채용 공무원의 경우, 법무담당 4명, 홍보담당 3명, 정책기획 2명을 인터뷰하였다(법무담당은 자격증, 홍보담당은 민간경력, 정책기획은 학위가 중요 채용기준이라는 차이가 있음). 또한 중앙부처 소속의 5, 6급 상당 공무원으로 하였다.[19]

인터뷰 대상자의 인식은 중앙정부 및 지방자치단체 소속 여부에 따라, 직급 및 직위에 따라, 일반채용 내의 일반경력직과 특정직 여부에 따라서도, 직렬, 근속년수, 임용상태 등 다양한 요인에 의해 전문가적 정체성 및 책임성 인식 차이가 클 것으로 충분히 짐작된다. 그러나 이 조사에서는 대상자 선정의 현실적 어려움으로 반영되지 못하였으므로 연구결과의 일반화에 한계가 크며 일부 대상자 조사를 통한 탐색적 조사임을 밝힌다.[20]

---

18) 이 연구의 인터뷰는 조사와 분석이 동시에 진행되는 과정에서 단계마다 발견되는 내용을 다음 단계 인터뷰에 반영하는 방식으로 진행되었다. 초기 인터뷰를 분석해 발견된 내용을 다음 인터뷰 대상자의 질문에 포함해 진행하면서 분석의 총 기간이 인터뷰 대상 규모에 비하여 길어졌으며 이로 인해 분석 내용의 신뢰도에 다소간 한계가 있을 수 있음을 밝힌다.

19) 면담자 중 경력채용 공무원들은 소속 부처에서 경력채용 공무원의 숫자가 적기 때문에 자신이 쉽게 특정될 것을 우려하여서 면담자의 구체적인 특성을 밝히지 않는다. 전체적으로는 여성 5명, 남성 10명, 30대 6명, 40대 9명, 5급 11명, 6급 4명이었다.

20) 이 연구는 엄밀한 면접자 선정으로 설계되지 못함으로 인하여 인터뷰 대상자 선정의 타당성과 신

인터뷰 내용은 앞서 구성한 전문가적 정체성과 책임에 관한 내용을 질문하였는데, 전문가적 통제에 관한 인식, 전문성의 습득에 관한 인식, 전문직업적 활동 범위에 관한 인식 차원으로 나누어 차원 별로 질문된 내용들은 아래의 <표 2>에 제시하였다.

전문가적 통제에 관한 인식 차원은 자신의 업무 수행 과정에서 전문가적 통제가 작동하는가에 관한 것으로, 업무 수행 시 전문적 윤리나 규범을 지켜야 한다는 의지가 강한가, 따라야 한다고 느끼는 전문적 윤리의 내용은 무엇인가, 소속감을 느끼는 외부 전문가집단(협회, 학회 등)이 있는가, 업무 수행 시 관련 전문가집단으로부터 어떤 영향을 받는가, 이들과의 관계가 어떤 방식으로 교류되고 유지되는가 등이다.

전문성의 습득에 관한 인식 차원은 자신의 전문성이 발휘되는 영역과 전문성이 습득되는 과정에 대한 배타성의 정도에 관한 것으로, 담당 업무 처리에 특정한 영역의 전문적 지식 및 기술이 얼마나 필요한가, 필요한 전문적 지식 및 기술은 체계적인 전문교육, 학력, 자격증 등이 요구되는가 등이다.

전문직업적 활동 범위에 관한 인식 차원은 자신의 직업적 활동 범위를 특정 조직에 한정하는지 조직보다는 범(凡) 직업 영역으로 확장하여 인식하는가에 관한 것으로, 소속하고 있는 조직(부서, 부처, 공공-민간)을 옮길 의사가 있는가, 계속 근무하고 싶은지, 지금 속한 조직에 대해서 얼마나 비판적 입장인가 등을 질문하였다.[21]

위와 같은 질문에 대한 인터뷰 대상자의 경험을 정리하였으며 초기 면접은 주관적 전문성 및 전문가적 정체성 여부 및 영향요인을 중심으로 물었으나 후기 면접은 분석 과정에서 도출된 전문가적 책임 인식의 특징을 비교 및 확인하는 질문을 중심으로 진행하였다.

확보된 인터뷰 텍스트는 개념화 코딩 작업과 범주화 코딩 작업을 진행하면서 수정하는 재코딩 작업을 거쳤으며 그 결과, 면접자들의 인식하는 전문가적 정체성에 관한 인식적 특징과 일반채용과 경력채용 집단 사이의 공통점 및 차이점이 발견되었다.

뢰성은 한계를 가지고 있다. 검증 및 일반화를 목적으로 하지 않는 탐색 연구로서 진행되었음을 밝히고, 향후 양적 방법이나 엄밀한 표집 설계를 통한 심층 인터뷰로 보강되어야 할 것이다.

21) 전문가의 코스모폴리탄적 특징을 파악하기 위한 목적으로 제시된 질문이지만 한국의 공직 현실에서 이직의도나 조직비판의 수준이 전문가의 강한 직업 정체성을 파악하기에는 한계가 있을 수 있다.

〈표 2〉 전문가적 정체성에 관한 차원 구성 및 질문

차원	하위 차원	주요 질문
전문가적 통제 인식	내면화된 전문윤리	업무수행 시 전문적 윤리나 규범에 따라야 한다는 의지가 강한가?
	외부 전문가집단의 규제	소속감을 느끼는 외부 전문가조직이 있는가? 업무수행 시 관련 외부 전문가조직이 어떤 영향을 느끼는가? 언제, 왜, 어떤 방식으로 이들과의 관계가 유지되는가?
전문성의 습득 인식	배타적 영역 인식	업무수행 시 필요한 전문성은 구체적으로 무엇인가? 업무처리에 특정한 영역의 전문지식 및 기술이 필요한가?
	전문교육 및 자격 요구	업무처리에 필요한 전문지식 및 기술은 체계적인 전문교육, 학력, 자격증 등이 요구되는가?
전문직업적 활동 범위 인식	조직몰입보다 강한 직업영역 몰입 (이직의도, 조직 비판적 태도)	소속한 조직을 옮길 의사가 있는가? 소속한 조직에 대한 충성도가 높은 편인가? 소속한 조직의 운영에 대해 비판적인 편인가? 자신이 전문성이 조직에서 존중받는다고 여기는가?

2. 전문가적 정체성에 관한 인식

1) 전문가적 통제에 관한 인식

– 추상적인 공직윤리 인식과 외부 전문가집단에 의한 미약한 통제

자신을 전문가로 인식한다는 것의 한 측면은 담당 직무를 처리하는 과정에서 전문적 윤리기준 및 전문가집단에 대한 강한 심리적 구속감이라는 전제에 따르면, 인터뷰 결과는 담당 직무 처리에서 따라야할 특정한 전문 기준이 있어서 그것을 지켜야 한다는 의지가 강하고 특정한 전문가집단에 소속감을 느끼면서 그들의 의견을 의미있게 참고한다고 나타나야 할 것이다.

하지만, 대부분의 면담자에게 이를 발견하기 어려웠는데, 자신의 전문적 영역이란 '공직' 그 자체이지, 담당하는 특정한 부처나 부서 직무 영역이 아니라고 인식하는 것이다. 구체적으로 발견된 내용은 다음과 같다.

첫째, 전문윤리를 공직윤리로서 인식하는 경향이 강하였다. 대부분 윤리적 기준에 따라야 한다는 의지가 강한 편이고 구속감을 강하게 느낀다고 응답하였지만, 전문윤리를 강하게 느낀다고 대답한 경우도 그 내용을 구체적으로 질문하면 준법과 청렴을 중심으로 하는 공직윤리였으며, 특정한 분야 상의 전문윤리를 강조하는 것이 아니었다.

일반채용자의 경우 직업으로서 공무원 인식이 강하므로 공직윤리가 곧 전문직업윤리로 인식되는 것이 당연할 수 있다. 일반채용 공무원에게 전문가적 윤리는 공직자로서 공직윤리가 핵심이므로 분리된 것으로 보기 어렵기 때문이다. 더불어 순환보직 구조에서는 2년 남짓 담당하는 직무에 대해서 전문적 직무지식을 쌓거나 특정한 전문규범을 내면화하기도 힘들 것이다.

하지만 경력채용자의 경우도 — 외부에 직업영역이 존재하고 각 직업영역마다 전문윤리규정이 있음에도 — 이러한 인식이 다르지 않았다. 변호사 자격을 가진 전문가로서 법률 분야의 윤리, 박사학위를 가진 분야의 학문윤리 등이 공직자로서의 청렴성, 성실성, 봉사정신과 내용적으로 다를 바 없다는 것이다. 통상적으로 전문직업윤리는 일반적 도덕성 수준을 넘어서서 전문직 실무에 수반되는 특수한 윤리기준로 정의되지만(정연재, 2007), 경력채용 공무원들에게는 구체적이며 실무적 직업윤리에 대한 인식이 약하게 나타난 것이다.

이에 대해 경력채용자들은 직업영역의 전문윤리가 구체성이 높지 않고 특별한 내용을 포함하는 것이 아니라서 공직윤리가 담고 있는 내용과 다를 바 없다고 설명하였다. 전문가윤리의 추상성이 공직윤리와 그다지 차이가 없기에 업무 수행 시 행위의 기준으로 의미 있게 작동하지 못하리라고 추론되었다.

> "변호사법에서 정하는 내용이야 많다. 그래도 변호사로서 윤리규정이나 공무원으로서 윤리규정이 내용적으로 다르지도 않고 오히려 공무원이 공무원윤리법만 아니라 여러 규정에서 더 많은 내용을 지키라고 하고 있을 것이다. 다른 것 없다."

둘째, 일반채용 공무원의 경우, 소속감을 느끼는 외부 전문가집단은 특별히 없었으며, 업무와 관련해 외부 전문가와 공식적 교류를 하더라도 일회적이며 업무수행 상 필요로 인해 '이용'하는 관계에 가깝고, 오히려 이들을 관리해야 하는 부담이 있었다. 업무상 필요한 인맥이므로 관리해야 할 몇몇의 외부 전문가는 있지만 그것이 전문가집단에 대한 소속감은 아니었다.

또한 그들로부터 얻는 전문적 견해가 실질적인 도움을 얻는다고 보지 않았는데, 업무 수행 상 전문적 지식·기술이 필요할 때 외부 전문가에게 위탁하거나 영입하는 방식으로 전문성을 이용하므로 전문가로서 공식적 권위를 인정하지만, 그들이 생산해내는 전문적 견해에는 큰 신뢰를 보이지 않았고 업무 추진 시 실질적으로 기준으로 삼지는 않는다고 응답하였다.

"우리가 더 잘 안다. 사건 터지면 누가 전문가라고 나와서 뭐라고 하는데 들어보면 영 맞지 않는 소리다. 현장 돌아가는 건 우리가 제일 잘 알고 그 좁은 지식 가지고 돌아가는 현실을 보려는 돌팔이들이 많다... 그래도 앞에서는 잘 해줘야한다. 외부 전문가 관리하는 것도 능력이다."

경력채용 공무원의 경우도 이와 크게 다르지 않다는 점이 두드러진다. 경력채용 공무원은 자신의 출신 영역에 학회나 협회 등 공식적인 전문가집단이 존재하고 그 구성원일 가능성이 높음에도, 강한 소속감을 느끼고 밀접하게 교류하는 전문가집단이 없다고 응답한 것이다. 소속감을 느끼는 전문가집단이 있더라도 업무 수행 시 구체적 영향력을 행사하는 경우는 희박하고, 전문가집단과의 교류도 친분 관계가 있는 몇몇 전문가와 사적인 교류이지 공식적인 교류와 접촉은 잦지 않다고 응답하였다. 전문잡지, 협의회, 전문조직에의 참여를 통한 연계가 강할 것이라는 전제와는 다른 응답인 것이다.

이에 대해, 한 면담자는 정부에서 경력채용하는 전문가가 '전문가이지만 전문가로 갓 진입한 경우가 많기 때문일 것'이라고 말하였는데, 전문가집단 속에서 활발한 교류를 하며 소속감이나 심리적 구속감을 받을 정도라면 상당한 전문가 경력을 가진 경우일 텐데, 공직에 들어오는 경력채용자는 이 정도의 전문경력을 가진 이가 들어올 가능성이 많지 않다는 것이다. 특히, 이 연구의 조사대상자가 개방형으로 들어온 국실장급의 고위직 공무원이 아니라 5급 상당의 사무관급이 많았기 때문에 채용조건인 학위나 민간경력 등의 기준이 그다지 높지 않으며 전문가집단에서 활발한 활동을 할 경력 수준은 아닐 수 있다.

"연락하는 사람도 있지만 그냥 친한 사람 만나는 자리이다."

"(관련 전문가집단 및 분야가) 어떻게 돌아가는지 신경 쓰며 살지는 않는데, 공직에 들어오고 감이 떨어졌다는 생각도 한다."

인터뷰를 통해 발견되는 특징은, 대체로 특정한 영역의 직업윤리를 따로 인식하지 않고 있으며 직업공무원으로서의 공직윤리를 받아들이지만 구체적인 통제감·구속감을 느끼지는 못하는 추상적인 규범으로 여기고 있었고, 더불어 경력채용자의 경우에도 외부 전문가집단에 의한 직업적 통제는 매우 미약한 수준으로 인식하였다.

〈표 3〉 전문가적 통제에 관한 인식

차원	하위 차원	코딩된 개념	인식 비교	
			일반채용자	경력채용자
전문가적 통제 인식	내면화된 전문윤리	공직윤리와 차이 없음/ 추상적 가치	추상적인 공직윤리. 구체적인 행위규범이 되지 못함	공직윤리와 구별되는 직업윤리 인식 낮음. 구체적인 행위규범이 되지 못함.
	외부 전문가 집단의 규제	개인적 교류/ 형식상 필요한 자문/ 행사용 관계	통제감 거의 없음	형식적·개인적 관계 낮은 통제감

2) 전문성 습득에 관한 인식

– 전문성의 영역과 습득에 관한 상이한 인식

전문가적 정체성의 또 다른 측면은 자신이 습득한 전문성을 특정한 분야에서 고도의 수련이 요구되는 것으로 인식한다는 것인데 이에 따르면, 인터뷰 결과는 배타적 영역인식과 교육훈련 및 자격증 취득을 강조하는 인식이 발견되어야 한다.

분석 결과, 자신의 업무 전문성이 무엇인지에 관한 면담자의 진술 속에서 다소 상이한 두 입장이 발견되었는데 일반채용자에 비해 경력채용자는 자신의 전문영역을 강조하는 배타적 인식이 강했고 자신의 업무처리를 위해 학위나 자격증 등 전문교육체계 및 인증체계의 필요성을 상당히 강조하였다. 경력채용의 과정이 모집공고부터 자신의 임용분야 및 요건이 정해져 있으므로 이것을 전문가로서 자신의 전문영역으로 중시하는 것은 당연할 수 있다. 법제, 홍보, 국제협력 등과 같은 채용 분야가 자신의 영역의 경계가 되며 분리된 직업영역이기 때문이다. 이 영역에서 자신이 이수하거나 습득한 학위와 자격증은 다른 구성원들과 자신을 구별해 주는 전문가 권위의 원천이므로 그 필요성과 중요성을 강하게 주장할 것이다. 이들에게 전문성은 당연히 해당 전공의 학위나 자격증, 실무 경력과 같이 전문교육을 통해 습득된 것이며 담당 업무를 처리하기 전에 반드시 습득해야 할 것에 가깝다. 해당 업무를 맡기 위해 요구된 특정한 자격 및 능력은 전문 교육이나 시험을 통해 축적함으로써 실체적 지식을 갖춘 전문성을 확보한다는 것이다.

"(공직에) 들어와서 교육훈련을 통해서 배울 수야 있지만 현실적이진 않다. 공무원하면서 학위과정 가서 배우는 것보다 학위를 가진 사람을 뽑는 게 (그 사람의) 전문성이 더 높을 것이다."

"내용을 생산해야 전문가인데, 아시다시피 그냥 일반직 공무원들은 그런 전문성은 없다고 봐야 한다. (일반직 공무원의) 전문성을 기르는 것이 필요한데 2년마다 자리를 옮기거나 하면서 전문성 기르기는 힘들다고 본다."

"민간 전문가가 전문성 살려서 정책 만드는 데 기여하고 있다."

"학위가 있거나 민간경력이 수년간 있어서 전문성을 인정받는 전문가 중에서 공직에 흥미 있는 사람들을 뽑아서 공직사회의 전문성을 높이는 데 활용하고 있다. 이런 전문성을 공무원더러 쌓으라고 할 수는 없는 것이다."

반면 일반채용자가 강조하는 자신의 전문영역은 부처 단위로 확장되었다. 자신의 전문성을 조직의 관리 역량에 가까운 것으로 인식하면서 부처 내 여러 부서를 거치면서 습득한 업무 내용과 관리 방식이 자신의 전문성이므로 전문영역은 부처 전반이 포괄된다. 순환보직의 일반직 공무원에게 공무원의 전문성은 이렇게 여러 부서를 거치면서, 오랜 시간 다양한 업무를 경험함으로써 생겨나는 것으로 인식될 수 있다. 이들이 강조하는 바는 숙달된 업무 처리 과정, 관련 법 규정에 대한 해박한 지식, 소속 조직의 정치적 상황에 대한 발빠른 파악과 보고, 문제 해결을 위한 적절한 인맥 동원, 필요한 인력 및 예산의 원활한 확보 등 관리적이면서도 정무적인 능력까지 포괄하였고 정부 조직에서 더욱 중요한 것은 부처 전반에 관련된 맥락을 알고 조정하는 것이라고 주장하였다. 이들은 경험적 지식과 인적 관계를 쌓음으로써 숙련된 업무 처리가 가능한 것이 공직 사회라고 본다. 업무 처리에 필요한 지식 및 기술이란 고도의 처리 기술 혹은 전문적 지식이기보다는 맥락지식이라고 주장한다. 특정 정책 및 업무가 어떻게 진행되어 왔으며 담당자나 관련자가 누구였는지 등을 아는 것, 기억하는 것 그 자체를 지식으로 본다. 그렇다면 이러한 전문성은 특정한 교육과 훈련을 통해 습득되기보다는 업무를 오래 담당하거나 조직에 오래 근속할 때 자연히 축적된다.[22)]

"무엇을 보고할지 알고 보고해야 할 것만을 보고하는 것, 그게 전문능력이다."

"기획, 시범사업, 시행까지 전체를 경험하고 관리한 경험이 중요한 전문성이 된다."

"아무래도 오래 근무하면 전문성이 높아질 수밖에 없다. 일이 어떻게 돌아가는지를 알게 되니까 우위에서 일을 진행할 수 있다."

---

22) 한편, 일반채용 중에서도 재경직 면담자의 경우는 일반직 면담자와는 다소 다른 인식을 보였는데, 전문성의 영역을 부처 단위로 인식하는 점은 유사하지만 일반관리와 다른 재무·경제·세무 등 관련 영역의 전문지식 습득의 체계성, 자격 공인 등을 강조하였다.

"공무원의 전문성은 한곳에서 오래 있어서 생기는 것이 아니라 여러 자리를 돌아다니면서 생겨나는 것이다."

"정책을 만들어서 그럴싸한 것 하나 내놓으면 성과도 크고 빛나니 승진하는 자리가 된다. 이 자리 맡으면 (관련 내용을) 열심히 공부하고 전공하는 교수들 만나 열심히 주워듣고 그러지 않을 수가 없다. 그러니 반 전문가가 될 수밖에."

"전문적 의견이란 게 딱 있고 확신이 들면 강하게 나가겠지만, 그런 게 아니다. 정해진 것이 있어서 딱딱 판단하는 것이 아니라 매번 상황마다 여러 의견과 정보를 조정하며 입장을 만들어 나가는 것이다."

인터뷰를 통해 발견되는 특징은 주로 일반채용자과 경력채용자 사이에 전문성의 영역 인식과 전문성의 내용, 전문적 교육 체계 강조 등에 관한 인식이 상이하며 이는 각자의 지위와 업무를 반영하는 것으로 보였다. 순환보직 체계에서 관리업무를 주로 맡는 일반직 공무원은 자신의 전문영역을 부처 전반으로 인식하고 업무경험에서 축적되는 지식과 숙련을 중시하였고, 경력채용 공무원은 자신의 전문영역을 직무관련 분야로 특정하면서 전문적 교육훈련과 공인(公認) 체계를 강조하였다. 이러한 결과는 공무원들 사이에 전문성에 대한 이해가 상당히 다를 수 있음을 추측하게 한다.

〈표 4〉 전문성의 습득에 관한 상이한 인식

차원	하위 차원	코딩된 개념	인식 비교	
			일반채용자	경력채용자
전문성의 습득 인식	배타적 영역 인식	부처전반/ 내용적 전문성/ 기능적 전문성	부처 전반	특정 직무 영역 내
	전문교육 및 자격 요구	관리기술/ 맥락지식/ 실체적 지식/ 공인체계 필요	업무경험과 숙련과정 강조	전문학위, 자격증 필요성 강조

3) 전문직업적 활동 범위에 관한 인식

- 높은 공직 근속의향

전문가적 정체성을 파악할 수 있는 또 다른 차원은 소속한 조직에 대한 근속의지나 조직 비판적 태도를 살펴봄으로써 가능하다. 전문가는 소속한 조직과 직업

영역 양측에 이중적 정체성을 형성할 수 있는 바, 비전문가에 비하여 조직 충성도가 약할 수 있고, 자신의 전문능력이 더 좋은 처우를 받을 수 있다면 다른 조직으로 이동할 의사가 높을 것으로 전제되어 왔다. 이에 근거하면 조직에 대한 충성도나 몰입도, 이직 의도, 조직에 대한 비판적 태도 등을 통해 전문가적 정체성의 한 특징이 될 수 있을 것이다. 이 측면에서 인터뷰를 통해 발견된 특징은 다음과 같다.

먼저, 정부 밖 민간조직으로 이직할 의도를 적극적으로 보이는 면담자는 거의 없었고 민간조직으로 이동할 가능성을 열어두고 있더라도 '아직 그럴 때가 아니며' '매우 신중해야 할 결정'으로 표현하는 등 공직 근속의향이 높았다. 다른 전문직과 달리, 직업으로서 공무원은 정부 조직이 아닌 조직으로 이동하는 경우 성립될 수 없으므로 직업 정체성이 곧 조직 정체성이 된다. 그러므로 공직을 나가 유사 분야의 민간조직에 이동하는 것이 단순히 조직을 바꿔 같은 일을 하는 것이 아니라 전혀 다른 직업으로 이동하는 것이 된다. 또한 공무원이라는 직업은 신분보장의 매력으로 인하여 우리 사회에서 직업적 매력이 높은 편이기에 이직 의도가 높지 않을 수 있다. 이런 점에서 일반채용 공무원들이 자신의 직업적 활동 범위를 공직에 국한시키고 유사 업무를 하는 민간영역까지 확장된 인식을 보이지 않는 것은 자연스러울 수 있다. 일부 면담자는 오히려 공직에서 민간조직으로의 이동은 '감수할 위험이 높다'면서 민간기업과의 연결이 많고 기업 쪽에서 관 경력 인사를 필요로 하는 특정한 부처의 특정한 직위라면 이동하겠지만 대부분의 경우는 가능성 낮다고 응답하였다.

하지만 경력채용 공무원은 더 좋은 처우가 주어지면 민간조직으로 이동하는 것이 훨씬 용이할 수 있음에도 공직에 계속 남기를 희망한다는 점이 특징적이었다. 물론 일반채용 공무원에 비해 민간으로의 이직 가능성을 긍정적으로 보았지만 이들 역시 이직을 적극적으로 고려하지는 않았다. 예를 들어 변호사 자격을 가진 경우라면 민간에서 변호사로서 활동할 가능성이 충분하고 보수가 훨씬 더 높을 텐데, 공직 근속을 희망하는 것은 전문가적 정체성에서 논의된 기존의 가정과 상당히 다른 점이다.

면담자들은 이미 민간조직보다 처우가 낮은 것을 감수하고 온 것이며 직업으로서 공직이 주는 기회와 경험을 그 이유로 꼽고 있었다. 공직봉사동기 혹은 신분안정추구라는 자신의 공직에 대한 선호가 강해서 상대적으로 낮은 처우라도 공직에서 근무하는 것을 더 매력으로 느낀다는 것이다. 자신의 전문가적 정체성을 '변호사라는 직업을 가지고 정부라는 조직에 취업된 상태'로 인식하는 것이 아니라, '법무를 담당하는 공무원'으로 인식하려는 모습이었다. 면담결과로부터 추론되는 바는 경력채용으로 공직에 들어온 이들이 특정한 전문직업인으로서의 직업적 영역인식보다, 공공조직에 근속을 더 희망하는 조직몰입, 조직정체성이 더 강한 상태로 볼 수 있었다.

> "(다시 민간으로 나갈 고민을) 별로 하지 않는다. 계속 있을 수 있다면 그럴 생각이다. 10년 후를 생각해보면 경쟁력이 걱정되기는 하는데 민간에 있다가 공직으로 들어올 수 있어도 공직에 있다가 민간으로 나갈 수는 없을 것 같아서."
>
> "공직을 경험해보고 싶었다. 회사에서 말렸는데... 국가직이라는 자부심 있다. 국민을 위하는 일을 할 수 있다는 만족이 있다. 상품홍보를 하다가 국민을 위한 정책을 홍보한다는 만족 같은 것이 있다."

그러나 경력채용 공무원이 정부 내에서 부처나 부서를 이동하려는 의향, 업무를 전환해보려는 의향은 적지 않아 보였다. 일부 면담자들은 '평생 같은 일만 하라는 것은 비인간적'이라고 표현하면서 공공조직 근무의 장점이 유사하지만 다른 업무를 맡을 수 있는 점으로 꼽는 등 자신의 전문 직무 외 다른 직무 경험을 원하면서 부서 이동을 원했다. 자신이 전문성을 갖지 않은 분야에서 일하려는 것은 전문가적 정체성으로 보기 힘든 특징이며, 전문성을 기반으로 임용된 후 자신의 전문성이 떨어지는 직무로 이동하려는 모순이 연출될 수 있는 것이다.

또한 일반채용 공무원에게 순환보직 체계아래 부서 간 이동 의향은 두드러질 수 있는 특징이다. 이들은 특정 직무에 전문성을 인정받는 경우를 꺼릴 수 있는데, 특정 직무에 특출한 역량을 보이면 해당 직무를 연임하면서 승진에서 밀릴 수 있다고 인식하였다. 승진을 위해서는 다양한 핵심 보직을 거쳐야 하는데 자신이 상대적으로 잘하는 전문 직무가 생기면 업무가 많아지고 승진에 도움되는 별다른 이득은 없다는 것이다. 그렇기에 오히려 전문가로 평판 얻기를 꺼려 하는 경향이 있고 해당 직무를 오래 담당하는 것을 서로가 미안하고 안쓰럽게 바라보기까지 한다고 응답하였다.

> "좋은 보직이 아니라면 전문성 쌓으라고, 전문성이 높다고 그 자리에 오래 근무시킨다면 본인은 분명히 '갇혔다'고 느낄 것이다. 뭘 잘한다는 평가가 달갑지만은 않다. 승진에 좋

은 부서로 가야 하는데, 여기에 묶어두면 어떡하나 하는 생각이 든다."

"전문가라고 소문난다고 본인이 좋아하지는 않을 것이다. 나라면 그렇다."

둘째, 경력채용자의 경우는 소속 조직을 거리감을 두고 바라보며 비판하는 태도가 높을 수 있다는 예상대로, 정부 조직에 대한 비판적 발언을 많이 하였지만 비판 내용의 대부분이 자신의 처우에 대한 불만이었다. 정부가 자신을 전문가로서 충분히 대우하지 않는다는 불만으로, 보수, 임용기간, 승진 등에서 일반채용 공무원과 비교한 부당함을 강조하였다. 외부로부터 충원된 경력채용 공무원들이 조직의 존중을 받지 못하고 도구화되고 있다는 것인데, 5급 공채 일반 행정직이 주류를 이루는 공직 사회에서 경력채용된 전문계약직, 임기제공무원 등은 전문가적 권위나 권력을 갖기 힘들다는 것으로 전문가로서 판단을 내세우기 어렵고 상부의 지시에 따라 움직일 수밖에 없다는 것이다. 이들은 수적으로도 전체 구성원의 10% 내외에 그치며 담당 업무도 대체로 관료제 내에서 비핵심 업무로 여겨지는 것들이기 때문이다. 더욱이 경력채용된 경우 중 임기제 상태라면 일반직으로 전환을 희망하기 때문에(이춘해 · 박천오, 2010)[23] 정년이 보장되는 일반직으로의 전환을 위해서는 상사의 지시를 적극 수용하고 원활하게 처리하여 좋은 평가를 받으려 노력을 할 수밖에 없고 조직에 비판적 시각을 가지더라도 표현하기 힘들 것이다. 전문적 지식 · 기술에 의거한 판단과 의견 개진은 현실적으로 거의 힘들며, 이를 주장한다 해도 암묵적으로 소외되므로 자신의 전문성은 권력의 원천이 되지 못하고 도구적 전문가에 그치고 만다(조성수, 2014). 전문가로서의 권위를 세울 수 없는 조직 상황에서 전문성에 근거한 적극적 행정 활동은 기대하기 어려울 수 있다.

앞서 살펴본 대로 공직에 근속하길 바라는 의향은 높은데 전문가로서의 처우에 대한 현실에 불만이 있으므로 비판적 태도가 나타날 수 있는 것이다. 정부가 전문성을 키우고 전문가를 존중하려는 구조를 가지지 못한 현실에 대한 비판적 목소리가 경력채용 공무원을 중심으로 강하게 나타난 것이었다.

"(전문계약직은) 권력 있는 업무에 배치되지 않는다. 일반직 위주로 관리되고 돌아가는 조직에서 한 단계 낮은 계급이다. 권력이 있어야 목소리를 내는데 (권력 없으니) 시키는 대로 할 수밖에 없다."

23) 이춘해 · 박천오(2010)는 전문계약직 공무원이 가장 원하는 것이 승진기회의 부여, 보수의 현실화, 계약기간의 연장, 일반직 전환 가능성 부여라는 것을 밝히고 있다.

"정부의 주인은 고시출신 5급 사무관이다. 별정직, 전문계약직은 이들을 지원하는 일, 허드렛일 한다. 다 정리해서 올리면 공을 가져간 달까. 그들끼리의 커뮤니티, 동기문화, 누가 먼저 출세하느냐 경쟁도 있고.

인터뷰를 통해 발견되는 특징은, 전문직업적 활동 범위에 대해서 소속한 정부조직을 넘어서 외부 민간영역으로 확장되어 있다고 보기 어려웠다. 일반채용은 물론, 경력채용자도 관련된 영역의 외부 조직으로 이직할 의향이 높지 않았다. 또한 조직에 대한 비판적 시각은 존재하였지만 전문성에 근거한 조직운영과 정부정책에 대한 비판적 관점이라고 보기 어렵고 자신의 전문가적 처우에 대한 불만에 가까웠다.

〈표 5〉 전문직업적 활동 범위에 관한 인식

차원	하위 차원/특징	코딩된 개념	인식 비교	
			일반채용자	경력채용자
전문직업적 활동 범위 인식	조직몰입보다 강한 직업 영역몰입 (이직의도, 조직 비판적 태도)	낮은 이직의도/ 이직의 위험부담 인식	공직으로 국한, 부서 간 이동희망	공직 근속 희망
		박탈감/ 종속적 태도/ 소극적 태도	특별한 강조 없음	전문가로서 처우의 부당함 강조

Ⅳ. 나가며

공무원의 전문성이 낮다는 사회의 비판은 공무원에게 어떠한 전문성을 기대하는 것일까. 전문직업으로 인정받는 공무원에 대해 우리가 기대하고 요구하는 전문성은 어떠한 것일까. 오늘날 공무원이 부여받은 다양한 역할 속에서 공무원은 다양한 전문역량을 갖춰야 한다고 요구받고 있지만 그 구체적 전문성은 어떤 윤리적 요구인지 구체적 기술인지 여전히 모호하다. 이 연구는 공무원 스스로가 이해하고 있는 전문성을 찾고 스스로 어떤 전문가적 정체성을 가지고 있는지 탐색하는 것이 목적이었다.

선행의 이론적 논의에 근거해 전문가적 정체성의 차원 및 특징을 전문가적 통제에 대한 인식, 전문성의 습득에 대한 인식, 전문직업적 활동 범위에 대한 인식으로 구성하였다. 전문가적 정체성이란 자신의 직업영역에서 존재하는 전문지식과 전문윤리를 따르려는 심리상태이며 같은 직업영역에서 성립된 전문가집단에 강한 소속감을 느끼며 영향을 받는 것이다. 또한 자신의 전문영역을 특정하면서 그 영역에서 자신이 구축한 전문지식과 기술에 권위를 부여하는 교육훈련 및 공인 체계를 강조하는 특징을 가진다. 또한 전문가적 정체성은 소속한 조직에 대한 몰입이 상대적으로 낮고 조직에 거리감을 두고 비판적으로 바라보는 경계적 태도를 보이며 다른 조직으로의 이동 의향이 높다는 특징을 보일 수 있다.

이러한 전문가적 정체성의 차원을 적용하여 면담한 결과는, 일반채용 및 경력채용 공무원 집단 모두에게 전문가적 정체성의 특징이 강하다고 보기 어려웠다. 전문가적 통제 차원에서는 특정 직무분야에서 성립된 전문윤리 인식이 낮았고, 공직윤리를 강조하더라도 구체적인 직무규범으로 심리적 구속력은 약해보였으며, 외부 전문가집단에 대한 심리적 구속감도 매우 낮았다. 일반채용 공무원이라면 자연스러울 수 있는 인식이지만 경력채용 공무원 역시 이와 유사한 인식 수준을 보이는 것은 특징적이었다. 추론컨대, 면담 대상자였던 5, 6급의 경력채용자들이 외부 전문가집단에서 활동한 경력이 길지 않아서 전문직업적 인적 교류가 많지 않은 것도 한 요인으로 보인다.

전문성의 습득에 대한 인식 차원에서는 일반채용과 경력채용의 인식 차이가 두드러졌다. 일반채용 공무원에게 전문성이란 부처 전반에 걸친 관리적, 정무적 역량으로 인식되는 반면, 경력채용 공무원에게 전문성은 특정한 직무로서 배타적 영역 인식이 나타났고 전문교육과 자격증의 필요성이 크게 강조되고 있었다.

전문직업적 활동 범위에 대한 인식 차원에서는 일반채용의 경우는 당연히 공직에 근속할 의지가 매우 높게 나타났지만, 경력채용의 경우도 이론적 가정과는 달리 공직에 근속 의지가 높았다. 경력채용자들이 자신의 직업(적 정체성)을 가지고 공공조직에 근무하고 있다기보다는 공무원이라는 직업을 추구하는 것으로 볼 수 있었다. 신분안정의 욕구와 공직봉사동기 등이 결합하여 나타난 인식으로 짐작된다.

전문가적 정체성의 특징들이 약하게 나타났다는 이 탐색조사의 결과는 새로운 현상의 발견이라 할 수는 없지만, 공무원들이 생각하는 전문성, 전문가적 책임이라는 것이 사회의 기대나 요구와는 상당히 다를 수 있음을 보여준다. 일반채용과 경력채용 집단별 차이뿐 아니라, 일반채용 안에서도 직렬(직류)별로 조직적, 직무적 특징이 다름으로 인한 차이가 클 것이고, 경력채용의 경우에도 임용상태와 경력분야에 따라서 매우 다른 인식 차이를 보일 수 있다.

현재 공직은 업무 역량, 역할 기대 등에서 상당히 다른 전문성으로 구성되어 있으며, 그 다양성은 앞으로 더욱 높아질 것으로 짐작된다. 각기 다른 전문성에 근거하여 공무원에게 해당 분야의 전문가로서의 정체성을 가지고 적극적 책임 이행을 사회는 요청하고 있다. 하지만 일반행정가 양성을 위한 폐쇄적 계급체계에서 경력을 쌓아왔으며 승진을 위해 순환보직이 유리한 구조에서, 여전히 공무원의 신분안정을 큰 매력으로 느끼고 있는 대다수의 공무원에게, 전문가주의(professionalism)를 막연히 기대하고 전문가주의에 입각한 활동을 동일하게 요청하기에는 상당한 난관이 있을 수 있다. 이에 더하여 공무원의 전문성 향상, 전문가적 책임 추구가 왜곡되거나 다른 방향으로 진행될 수도 있다는 우려도 가능하다.

우리의 바람대로, 직무의 전문성을 강화하고 다양한 전문성의 권위를 인정하며 전문가적 지위에서 적극적으로 책임질 것을 요구하는 제도의 마련은 쉽지 않을 것이다. 최근 공무원의 전문성을 높이려는 여러 제도가 — 전문직위제, 보직변경 제한 기간 등 — 설계되고 시행되고 있다. 대체로 순환보직의 폐해를 줄여 직무전문성을 높이려는 취지로 이뤄지고 있는데, 전문가적 정체성을 구축하고 책임을 다하기 위해서는 이러한 제도가 시행될 필요는 높아 보인다. 그러나 다른 한편으로, 전문가로서 실질적인 자기정체성을 확립하고 행위할 수 있도록 거시적인 제도와 조직문화의 변화를 설계해 나가야 할 것이다.

이 연구는 중앙부처 5, 6급 공무원 일부를 대상으로 한 면담에 근거한 분석이므로, 해석의 확장에 한계가 있다. 전문가적 정체성과 책임 인식은 매우 다양하게 인식될 수 있고 공직경험에 따라서 인식이 변화할 가능성도 매우 크다. 반면, 이 연구에서 포함한 조사대상은 매우 한정되었고 조사 시기도 한정되었으므로 발견된 특징들의 일반화는 어렵다. 다만, 전문가로서의 공무원 자기인식을 분석한 연구가 미흡한 상황에서 향후 실증적 연구조사의 기초 연구로서 의미가 있을 것이다.

참고문헌

김난영 · 조원혁. (2012). 감사인력의 전문성: 감사원 감사직 공무원에 대한 인식 조사. 「한국인사행정학회보」, 11(2): 165-194.

김난영 · 홍준형. (2006). 행정부 공무원의 입법역량에 관한 실증적 연구. 「행정논총」, 44(1): 329-358.

김순양. (2001). 읍 · 면 · 동 사회복지전담 공무원의 전문성 수준 분석. 「한국행정학보」, 35(2), 155-176.

박종민 · 윤견수. (2014). 한국 국가관료제의 세 가지 전통. 「한국행정학보」, 48(1): 1-24.

박천오. (2014). 한국 지방공무원의 윤리 의식에 관한 실증 연구: 정책 윤리를 중심으로. 「한국인사행정학회보」, 13(2): 93-112.

박천오 · 박경효. (1996). 「한국 관료제의 이해: 현상과 변화」. 법문사.

엄석진. (2010). 특허 공무원의 전문성 제고를 위한 변리사 자격제도의 개선방안: 특허청 경력 공무원의 변리사 자격 자동부여 제도를 중심으로. 「한국인사행정학회보」, 9(2): 135-158.

윤견수 · 김순희. (2013). 공직의 정체성에 대한 연구: 공무원의 영혼에 대한 내러티브를 중심으로. 「한국행정학보」, 47(1): 1-23.

윤견수 · 한승주. (2012). 정치적 중립의 경험적 범주에 대한 연구: 지방자치단체 중하위직 공무원을 중심으로. 「행정논총」, 50(3): 237-261.

이계만 · 안병철. (2014). 관료의 전문성에 관한 연구. 「한국거버넌스학회보」, 21(1): 391-414.

이춘해 · 박천오. (2010). 한국 계약직공무원제도 및 운영 개선의 우선순위에 관한 실증연구. 「한국정책과학학회보」, 14(4): 101-122.

이한빈. (1967). 해방후 한국의 정치변동과 관료제의 발전. 「행정논총」, 5(1): 1001-1023.

임의영. (2014). 행정의 윤리적 과제: '악의 평범성'과 책임의 문제. 「한국행정학보」, 48(3): 5-25.

임재홍. (2006). 공무원의 정치적 중립 의무 비판: 미국 공무원법제와의 비교법적 검토. 「민주법학」, 32: 241-268.

정연재. (2007). 프로페셔널리즘과 전문직 윤리 교육. 「윤리교육연구」, 14: 131-146.

조석준. (1968). 군사혁명정부와 조직개편. 「행정논총」, 6(1): 215-1235.

조성수. (2014). 일반논문: 권력 없는 도구적 전문가, 임기제 공무원의 소외현상에 관한 연구: A 도청 조직을 중심으로. 「정부학연구」, 20(2): 185-221.
최병대. (2003). 공무원의 전문성 확보 방안: 서울시 도시계획분야를 중심으로. 「한국지방자치학회보」, 15(3): 125-144.

Blau, P. M., & Scott, W. R. (2003/1962). Formal Organizations: A Comparative Approach. Stanford University Press.
Campbell, C., & Wilson, G. K. (1995). The End of Whitehall: Death of a Paradigm?. Blackwell.
Cendón, A. B. (2000). Accountability and public administration: concepts, dimensions, developments. Openness and Transparency in Governance: Challenges and Opportunities, 22-61.
Cooper, T. L. (2012). The Responsible Administrator: An Approach to Ethics for the Administrative Role. John Wiley & Sons.
Demir, T. (2011). Professionalism, responsiveness, and representation: what do they mean for city managers?. International Journal of Public Administration, 34(3): 151-158.
Denhardt, R. B., & Denhardt, J. V. (2000). The new public service: Serving rather than steering. Public Administration Review, 60(6): 549-559.
Etzioni, A. (1969). The Semi-Professions and Their Organization: Teachers, Nurses, Social Workers. Free Press.
Ferlie, E., & Geraghty, K. J. (2005). Professionals in Public Service Organizations.
Fox, C. J. (1992). What do we mean when we say "Professionalism?": A language usage analysis for public administration. The American Review of Public Administration, 22(1): 1-17.
Freidson, E. (2001). Professionalism: The Third Logic. UK: Polity Press. 박호진 옮김. (2007). 「프로페셔널리즘」. 아카넷.
Friedrich, C. J. (1940). Public policy and the nature of administrative responsibility. Public Policy 1: 1 - 24
Garvey, G. (1993). Improving Government Performance: An Owner's Manual. John J. DiIulio, & Donald F. Kettl(eds.). Brookings Institution Press.
Hall, R. H. (1968). Professionalization and bureaucratization. American Sociological Review, 33(1): 92-104.
Houssart, J., & Evens, H. (2011). Conducting task based interviews with pairs of children: consensus, conflict, knowledge construction and turn taking. International Journal of Research & Method in Education, 34(1): 63-79.
IIlich, I., Zola, I. K., McKnight, J., Caplan, J., & Shaiken, H. (1977). Disabling Professions. New York, M. Boyars.

Jennings, B., Callahan, D., & Wolf, S. M. (1987). The professions: public interest and common good. Hastings Center Report, 17(1): 3-10.

Kearney, R. C., & Sinha, C. (1988). Professionalism and bureaucratic responsiveness: Conflict or compatibility?. Public Administration Review, 48(2): 571-579.

Medeiros, J. A., & Schmitt, D. E. (1986/1977). Public Bureaucracy: Values and Perspectives. Brooks/Cole.

Moore, W. E. (1970). The Professions: Roles and Rules. Russell Sage Foundation.

Mosher, F. C., & Stillman, R. (1977). The Professions in government. Public Administration Review, 37(6): 45-56,

Naff, K. C., Riccucci, N. M., & Freyss, S. F. (2013). Personnel Management in Government: Politics and Process. CRC Press.

Nalbandian, J. (1990). Tenets of contemporary professionalism in local government. Public Administration Review, 50(6): 654-662.

Noordegraaf, M. (2007). From "Pure" to "Hybrid" professionalism: present-day professionalism in ambiguous public domain. Administration & Society, 39(6): 761-785.

Overeem, P. (2005). The value of the dichotomy: politics, administration, and the political neutrality of administrators. Administrative Theory & Praxis, 27(2): 311-329.

Price, D. K. (1965). The Scientific Estate. Harvard University Press.

Pugh, D. L. (1989). Professionalism in public administration: Problems, perspectives, and the role of ASPA. Public Administration Review, 49(1): 1-8.

Redford, E. S. (1969). Democracy in the administrative state. New York: Oxford University Press.

Romzek, B. S. & Dubnick, M. J. (1987). Accountability in the public sector: lessons from the challenger tragedy. Public Administration Review, 47(3): 227-238.

_______. (1994). Issues of accountability in flexible personnel systems. In P. W. Ingram, & B. S. Romzek(eds.), New Paradigms for Government: Issues for the Changing Public Service, (pp. 263-294). Jossey-Bass.

Romzek, B. S. & Ingraham, P. W. (2000). Cross pressures of accountability: initiative, command, and failure in the Ron Brown plane crash. Public Administration Review, 60(3): 240-253.

Romzek, B. S. (2000). Dynamics of public sector accountability in an era of reform. International Review of Administrative Sciences, 66: 21-44.

Romzek. (1987). Dynamics of public sector accountability. International Review of Administrative Science, 66(1)

Rourke, F. E. (1992). Responsiveness and neutral competence in American bureaucracy. Public Administration Review, 52(6): 539-546.

Schillemans, T. (2015). Managing public accountability: how public managers manage public accountability. International Journal of Public Administration, 38(6): 433-441.

Schott, R. L. (1976). Public administration as a profession: problems and prospects. Public Administration Review, 36(3): 253-259.

Spicer, M. W. (2010). In Defense of Politics in Public Administration: A Value Pluralist Perspective. Tuscaloosa: University Alabama Press.

Stillman. R. (1994). 「미국 관료제론」. 김번웅 · 김동현 · 이홍재 공역. 대영문화사.

Svara, J. H. (2006). Complexity in political-administrative relations and the limits of the dichotomy concept. Administrative Theory & Praxis, 28(1): 121-139.

〈부록 1〉 NGRAM VIEWER의 Professionalism 사용 빈도 그래프

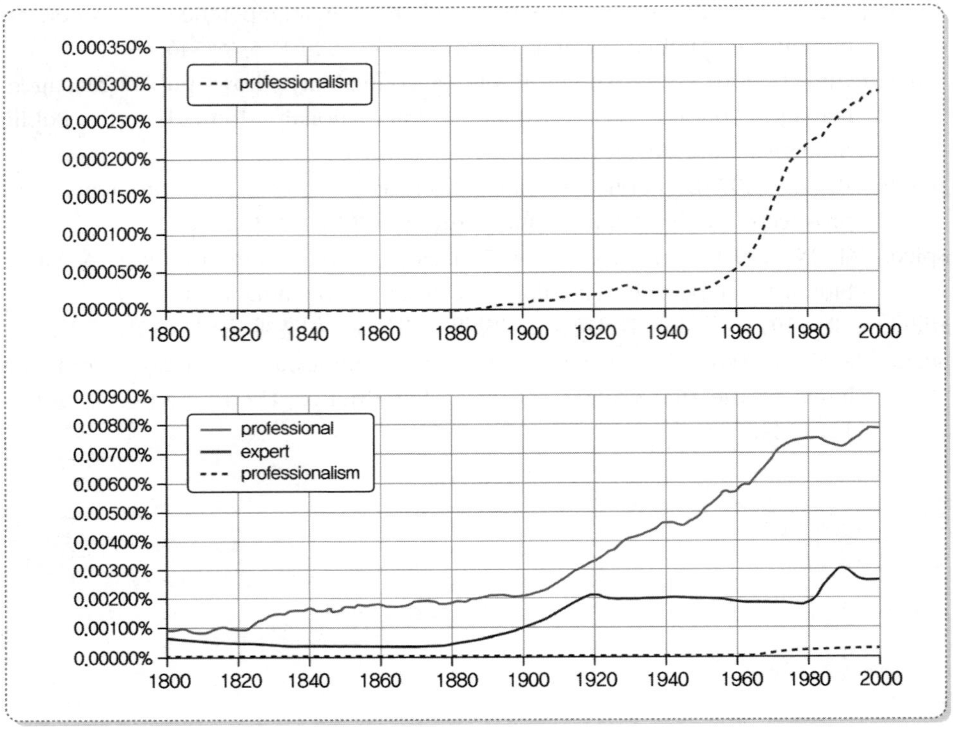

3 공직자의 집단적 책임감과 영향요인 탐색[1)]

〈요 약〉

정부 조직에서 다수의 구성원들이 여러 단계를 거치며 수행한 업무가 해롭거나 비난 받을 결과를 도출했을 때, 공직자는 구성원으로서 집단적 책임감을 느낄 것인가. 이 연구는 집단적·복합적으로 수행된 결과에 대해, 법적 잘못을 저지르지 않은 공직자가 구성원으로서의 책임감을 느끼고 문제해결을 위하여 희생을 감수하려는지를 분석하였다. 공직자의 책임회피에 대한 사회적 비판이 높아지는 현 상황에서, 공직자의 집단적 책임감은 관료제의 수동성과 무관심을 극복하고 적극적인 행정을 제공할 토대가 될 수 있다. 공직자 373명을 대상으로 한 설문조사 결과, 응답자들은 어느 정도 긍정적인 수준의 집단적 책임감을 나타내었다. 더불어 공직자 개인이 지닌 공익에 대한 헌신과 자기희생 성향이 높을 때, 업무처리의 자율성이 높을 때, 업무상의 개인적 책임소재가 명확할 때, 공직자의 집단적 책임감이 높았다. 반면에 집단주의적 조직문화는 영향을 미치지 못하는 것을 발견하였다. 이러한 결과는 공직자의 책임회피가 불명료한 책임의 경계와 낮은 자율성 구조에서 발생하기 쉽고, 집단주의적인 분위기가 구성원에게 조직생활의 안정감을 줄 수 있을지라도 책임을 공유하는 데 별다른 영향을 미치지 못함을 보여준다. 개인적 책임이 명료할 때 집단적 책임감이 강화될 수 있으며, 스스로 결정을 내리도록 존중될 때 공직자가 집단적 결과를 수용하고 조직문제를 적극적으로 개선하려는 태도가 나타날 수 있음을 시사한다.

---

1) 한승주·최흥석. (2018). 「행정논총」 56권 2호, 55-82.

Ⅰ. 서 론

자신이 행한 일에만 책임을 지는 것, 행하지 않은 일에 대해 책임을 묻지 않는 것은 근대적 책임의 기본 원리이다. 연좌·연대 책임으로부터 개인 책임으로의 전환은 분명 근대 형법 체계의 중요한 특징이며 진보인 것이다. 하지만 조직의 이름으로, 집단의 행동으로 수행된 결과에 대해서 구성원 개인에게 그 책임을 충분히 나누어 묻기는 쉽지 않다. 특히, 의사결정이 조직단위로 이뤄지고 결정과 집행에 구조적 영향을 강하게 받는 정부 관료제라면 더욱 그러하다. 정부의 이름 아래, 공직자가 충실히 따르며 수행한 집합적 결정과 집행의 결과에서 공직자 개개인이 기여한 몫만큼 떼어내 책임을 묻기 어렵다면, 집단에게 책임을 물으려는 고민이 발생할 수밖에 없다. 이것이 조직에게 집단적 책임(collective responsibility)을 물을 수 있는지, 집단적 책임의 본질은 무엇인지 등에 관한 오랜 논의의 초점이다.

공직자의 책임은 관료조직의 문제와 정책실패 상황에서 부각된다. 사회가 무능한 정부를 향하여 정책 실패의 책임을 물을 때, 그것은 법적 잘못을 저지른 개인을 찾아내 단죄하라는 요청인 동시에 방조하거나 묵인하였던 정부 전체를 향한 전면적 성찰과 개혁의 요구일 것이다. 그러나 최근 가습기살균제 피해나 세월호 침몰 사건 등에서는 몇몇 공직자 개인의 죄(guilt)를 추려내 최소한 단죄하는 데 그쳤을 뿐, 소극적 업무처리나 무관심에 대한 책임은 사법적 판단에서 제외되었다. 그리고 정부의 무능력과 안이한 대처가 사회적으로 큰 충격과 많은 인명 피해를 낳았음에도, 정부는 책임을 신속히 선언하며 스스로의 희생을 감수하는 개혁 조치를 충분히 추진하지 못하였다. 그로 인해 비난을 과감히 자신의 일로 받아들이며 적극적으로 개선하려는 책임감이 높은 공직자를, 사회는 어느 때보다 절실하게 요구하고 있다.

이와 같은 상황 속에서 이 연구가 질문하려는 것은, 공직자가 조직의 문제에 대해 집단적 책임감을 느낄 것인가이다. 사회가 정부 전체를 향하여, 적극적으로 행동할 책임을 묻고 있는 상황에서, 직접 인과적 책임이 없는 공직자가 느끼는 공유된 책임의 감정에 주목한다. 자신이 그 결과에 직접적으로 연루되지 않았고 법적인 죄를 행하지 않았음에도 조직의 실패와 불법에 책임을 느끼고 희생을 감수하며 문제를 해결하려는 의지를 가진다는 것은 일반적으로 상당히 어렵다. 하지만 이것이 중요한 이유는, 내가 행하지 않은 일에 책임이 있다는 감정이 공직자로서 적극적인 행정을 수행하려는 심리적 토대이며 조직혁신의 윤리적 자본이 될 수 있기 때문이다. 개인의 인과적 책임 이상을 자신의 책임 영역으로 받아들이는 태도는 자기합리화, 책임전가와 같은 공공조직의 오랜 문제를 극복하기 위하여 필요하다. 조직의 문제를 방치하고 수동적으로 행동했던 자신을 성찰하며 책임을 공유하려는 태도가 형성되어 있다면 조직의 적극적인 변화를 이끌어낼 수 있기 때문이다. 따라서 공직가치와 윤리가 상당히 강조되고 있는 현재, 공직자의 집단적 책임감에 대한 조사와 확인이 큰 의미가 있을 수 있으며 더불어, 공직자의 집단적 책임감은 정치철학적으로 오랫동안 연구되어 왔지만 실증적으로 우리 공직자를 대상으로 연구된 바는 미흡하기에 이를 탐색한다는 의미도 크다.

이 연구는 공직자가 자신이 소속된 조직에서 벌어진 집단적 결과에 대하여, 자신이 기꺼이 응답할 의무감 또는 불이익을 감수하려는 인식, 즉 적극적 성찰과 책임 공유 의지를 집단적 책임감으로 정의하고, 그러한 책임의 수용 수준을 찾으려 한다. 또한 공직자의 집단적 책임감에 영향을 줄 수 있는 몇 가지 요인을 상정하여 그 관계를 탐색하고 한국 공무원의 책임감을 높이거나 낮추는 데 무엇이 중요한지를 추론할 것이다.

Ⅱ. 공직자의 집단적 책임성: 이론적 배경

1. 많은 손의 문제(the problem of many hands)와 책임

책임성(responsibility)은 누구에게 혹은 무엇에 대해 책임을 질 것인가에 관한 개념으로 그 용례와 표현이 매우 다양하게 사용되어 왔지만, 주로 외부에서 부여된 객관적 책임과 내면적으로 경험하는 주관적 책임을 모두 포괄하는 개념으로서 사용된다(Cooper, 2006).[2)]

2) Cooper(2006)에 의하면 책무성(accountability)은 누구에 대한 책임으로 주로 법령, 절차, 지시 등 위계적, 행정적 측면을 강조하며, 의무(obligation)는 무엇에 대한 책임으로 공익 제공, 공적 신뢰 유지와 같은 민주적 측면을 강조한다고 비교하며 이 둘을 포괄하는 개념으로 책임성(responsibility)을 전제하고 있다.

일반적인 상황에서 공직자가 누구 또는 무엇에 책임을 져야 하는가는 책임의 내용에 따라 몇 가지로 구분되어 왔다. 공직자가 응답할 내용과 대상은 주로 법률, 상사의 지시, 전문적 규준, 정치사회적 요구, 그리고 개인적 윤리 등으로 유형화되었는데, 널리 인용되는 Romzek & Dubnick(1987; 1994)의 분류는 공직자가 법적 책임(legal), 위계적 책임(hierarchical), 전문가적 책임(professional), 정치적 책임(political)을 동시에 수행해야 한다고 제시하고 있으며, Dwivedi & Jabbra (1988), Sinclair(1995) 등은 여기에 개인적 책임(personal) 또는 도덕적 책임(moral & ethical)을 추가하기도 한다. 공직자로서 개인은 조직과 사회로부터 대리자, 부하, 전문가, 대표자 등 다양한 역할을 부여받고 있는 동시에 윤리적으로 업무를 수행할 공적 주체이므로, 책임의 대상과 내용은 상당히 방대하고 포괄적이다.

이 연구에서 주목하는 상황은 조직(collective) 또는 집단(groups)에서 복수의 구성원들이 여러 단계를 거치며 복잡하게 상호작용한 업무의 결과가 해로운 결과, 비난받을 결과를 도출했을 때이다. 집단적 업무수행의 결과라는 특정한 상황을 전제로 할 때 책임 논의의 초점은 누가 이 책임을 져야 하는가, 개인인가 집단인가(개인적 책임과 집단적 책임)로 이동하게 된다. 일반적으로, 개인에게 책임을 묻기 위해서는 인과(causality)와 의도(intention) 조건이 충족되어야 하는데(Gilbert, 2006) 해당 결과를 직접 유발한 원인행위를 하였으며 그러한 결과를 야기하려는 의도(자발성)를 가졌던 자에게 책임을 물어야 한다는 것이다. 그러나 이 책임의 조건을 엄격히 따른다면 위와 같은 상황에서는 정책실패와 불법행위와 같은 문제적 결과에 대해 책임질 개인을 특정하기 어려워 충분한 책임을 묻기 어려울 수밖에 없다. 집단적·복합적으로 집행된 결과라는 특수성으로 인하여, 책임의 기본원칙을 충족하는 책임 주체를 찾기 어렵다는 문제가 발생하는 것이다.

Thompson(1987)은 이를 '많은 손의 문제'(the problem of many hands) 상황으로 규정하고 적용 가능한 책임성의 모형으로 세 가지를 — 위계적 모형, 집단적 모형, 개인적 모형 — 정리하고 있다. 그에 따르면, 위계적 모형(hierarchical model)은 집단적인 행위 결과에 관해 전통적으로 책임을 물어왔던 방식으로 조직의 대표, 최상급자가 책임을 진다. 이러한 베버식 책임은 상급자의 지시와 조직의 절차를 따른 공직자에게 개인적 책임을 지우는 대신, 조직의 가장 상층부에 그 책임을 귀속시킨다. 결정권한이 많은 고위직에게 책임이 돌아가므로 대부분의 공직자가 실제 행위에 대한 책임에서 벗어나 면죄부를 얻을 수 있다.

집단적 모형(collective model)은 구성원에게 책임을 묻는 대신 조직 전체에 책임을 돌린다. 특히, 관료제 구조에서 엄격히 나눠진 업무 영역에서 분산된 업무만을 집행하는 공직자는 공식 규정과 여러 단계를 거쳐 내려온 지시, 장기간에 걸쳐 수행되었던 조직관행에 따라 행동하기 때문에 개인에게 책임을 묻는 것은 부당할 수 있다. 따라서 원인은 집단의 구조이므로 구성원이 아니라 집단이 그 책임을 져야 공정하다. 하지만 조직구성원 모두가 조금씩 나눠진 책임은 지나치게 가벼워져 그 의미를 상실하거나, 집단의 이름으로 부여된 책임으로 인해 구성원 누구도 책임을 지지 않는 결과에 이를 수 있다.

반면, 개인적 모형(personal model)은 책임의 주체와 단위는 결국 개인이므로 최대한 개인의 책임을 특정하려 한다. 집단적 · 복합적 결정 상황에서 실질적으로 책임지는 개인을 특정하기 위해 인과성과 의도성이라는 책임의 조건을 완화하거나 확대할 수 있는 정당성을 찾는다. 분화된 구조와 오랜 관행을 이유로, 조직의 무관심과 부주의에 대해 가벼운 문책으로 넘어간다면 문제는 발견되지 못하고 더욱 심각해질 수밖에 없다. 공직자에 대한 사회의 기대를 감안할 때 개인적 책임의 견지에서, 부주의나 무지 등이 면책의 이유가 될 수 없고 이에 대해서도 제재가 이뤄져야 한다는 것이다.

개인적 모형을 강조하는 Thompson(2014)은 사실상, 위계적 책임 방식과 집단적 책임의 방식은 조직의 '많은 손'의 문제에 충분한 책임의 방식이 될 수 없다고 논증한다. 최대한 개인에게 그 책임으로 물을 수 있도록 해당 상황을 구체화하고, 조직 차원에서 이뤄진 범죄를 미리 방지하지 못한 데 대해 특정한 개인에게 책임을 지울 수 있는 제도적 조치의 마련 —설계 책임(design responsibility)— 을 제안하고 있다. 조직의 구조적 문제를 감시하고 변화를 요구할 권한을 가진 특정한 개인 · 집단을 임명함으로써, 조직실패가 발생했을 때 '많은 손'이 존재함에도 우리는 누구를 비난해야 할지 알 수 있고 그곳에 책임을 물을 수 있어야 한다는 것이다. 이로써 개인책임과 집단책임을 모두 확보하고 조직실패에 대한 미래지향적인(forward-looking conception of responsibility) 책임을 확보해야 한다고 주장한다.

2. 집단적 책임성의 개념과 의미

이 연구에서 주목하는 집단적 책임성(collective responsibility)은 조직적 행위 결과에 대해 공직자 개인이 져야 할 책임에 관한 것이다. 앞서 Thompson이 강조한 대로 공직자의 개인적 책임을 확장하고 적극적 행동의 근거를 마련하기 위한 목적으로 접근하는 것이다. 따라서 여기서의 집단적 책임은 근대 이전의 원시적인·소속에 의한·연좌적 처벌을 의미하지 않으며, 형사적 책임으로서의 집단적 죄(collective guilt)와도 구별한다.[3] 집단적 잘못에 대한 개별적 책임 부여에 대해 비판하는 입장은 인과적 조건과 의지적 조건이 부합되지 않은 개인에게 책임을 묻는 것은 불공정하다고 우려하며, 조직 자체를 대상으로 책임을 부여하는 방안으로 논리를 전개하지만, 이러한 경우도 대부분의 학자들은 집단적 결과에 구성원이 도덕적 책임을 져야 할 주체라는 것을 부정하지 않는다(Smiley, 2005; Thompson, 1987).

집단적 결과에 대한 개인의 책임을 인정하는 논리적 근거와 정당성이 무엇인가를 둘러싼 정치철학적 논의는 주로 국가, 민족, 인종 등과 같은 집단을 상정하고 전개되었고, 이러한 책임의 본질은 정치적 책임(political responsibility)으로 규정되기도 하였다(Arendt, 1987; Jaspers, 1961; Young, 2011). Arendt(1987)는 객관적인 결과에 대해서 개인에게 귀속되는 죄와 달리, 책임은 집단 차원에서 지는 것으로 집단적 책임의 본질은 정치적 차원의 책임이라고 주장한다. 이와 유사한 관점에서 Young(2011)은 죄(guilt)는 개인 단위에서 특정되어 법률적 성립조건에 따라 묻는 형사책임이며 과거 회고적인 개념인 반면, 책임(responsibility)은 개인과 집단 모두에게 물을 수 있는 미래지향적인 것이라고 주장하면서 집단적 책임을, 집단의 일부이기에 갖게 되는 죄책감을 넘어 소속 집단의 구조적 문제를 막고 그 개선을 위해 제도적 변화를 도모해야 할 구성원의 의무로 정의한다. 소속된 공동체에 구조적 부정의가 발생하지 않도록 구성원이 관찰, 감시, 발언 등의 노력을 해야 할

3) 사건의 책임을 한 개인이 아니라 집단 전체에게 찾으려는 사고방식은 가족과 지역 공동체에게 연좌적인 책임을 부여하던 원시적 집단책임으로 고대부터 유래한다(Fletcher, 2002). 특정 조직이나 집단에 소속된 자는 모두 처벌하거나 동일한 처벌을 한다는 의미인 '소속에 의한 죄'(guilt by association), '집단적 처벌'(collective punishment)은 서구 및 아시아 지역 모두 존재해왔던 사회적 사고방식의 한 원형으로 발견된다(안성조, 2010). 대체로 오늘날 이러한 집단적 책임은 자유주의에 반대되는 전근대적인, 원시적인 것으로 비판받는다(Lewis, 1948). 집단적 죄(collective guilt)는 형사책임으로 집단적 죄의 성립여부를 탐색하면서 집단이 독자적인 범죄주체가 될 수 있는지를 논의한다(Fletcher, 2004). 공직자의 경우, 집단적 죄가 인정되면 국가와 공직자 사이의 책임 분배가 인정되고 때에 따라 공직자 개인의 책임이 감경될 수 있다(Fletcher, 2004). 기업의 경우, 법인에 대한 형사책임을 인정하면 기업의 행위결과에 대한 책임을 묻고 소비자 및 피해자 구제가 확대될 수 있다(안성조, 2010). 그러나 전체 집단이나 공동체에게 집단적 죄를 적용하면, 개인의 잘못이 가려지고 면죄부가 될 수 있기 때문에, 집단적 죄는 집단적 책임과 구별될 필요가 있다.

정치적 책임이 있음을 강조하는 것이다.

이 연구에서는 조직이 수행한 결과에 대해 자신이 직접적인 원인을 초래하지 않았음에도, 구성원으로서 그 결과의 수습과 문제 예방에 대한 책임을 공유하려는 적극적 의지로서 집단적 책임을 규정한다. 조직은 도덕적인 책임 주체이며 (Graham, 2000) 집단적 · 복합적으로 수행한 결과에 대한 집단의 책임은 결국, 형법 상의 책임 여부를 떠나 그 구성원에게 공유되고 부여되어야 하는 것으로 보아야 한다.

집단적 결과에 대하여 구성원의 집단적 책임성이 성립할 수 있는 근거이자 조건은 집단의 연대성 · 응집성이 지목된다.[4] French(1984), Gilbert(1997), May(1987) 등 여러 연구는 다수 구성원 개인 사이에 존재하는 공유된 의도(shared intention)는 집단적 의지(collective intention)로 간주될 수 있다고 주장한다(Bratman, 2013). Fletcher(2004)는 조직과 구성원이 강한 연대성(solidarity)을 가진 경우, 국가와 공직자처럼 강력한 연대와 내적 응집(internal cohesion)이 있는 집단은 고유한 책임을 질 수 있는 실체라고 주장한다. 개인과 집단이 동일시될수록 개인의 책임은 곧 집단의 책임이 될 수 있다는 논리이다. 이에 따르면, 강력한 집단적 관계에 있기 쉽고 구성원의 행위와 조직의 의사를 실질적으로 구별하기 어려운 정부의 경우, 공직자의 집단적 책임이 긍정될 수 있다. 정부가 행한 것과 공직자 개인이 행한 것을 실질적으로 구별하기 어렵고 정부의 의사는 공직자를 통하여 '표현'되는 관계가 되기 때문이다. Fletcher(2002)는 이것을 마치 오케스트라에서 음악이 소속 연주자를 통하여 표현되는 것에 비유하였다.[5] 국가, 기업, 그 외에도 의사결정의 절차가 강하게 조직화된 집단들은, 목적지향이며 통제적인 행동(purposeful and controlled actions)을 수행하므로 집단적 책임이 인정될 수 있는 것이다(French, 1984).

하지만 여기서는 앞서 언급하였듯이, 집단적 책임성은 개인을 떠난 집단체

---

4) 집단적 책임이 성립할 수 있는가에 관한 논쟁은 책임의 주체로서 집단의 실체를 인정할 수 있는지, 집단적 책임(또는 죄)이 언제 성립하는지, 집단적 책임을 묻는 방식은 무엇인지 등을 다루어 왔다. 집단적 책임을 묻기 위해서는 집단이 행위의 단위이며(group actions) 판단의지를 보유하는 (group intentions) 실체여야 하는데, 집단이 과연 개인처럼 의도와 행위라는 두 조건을 가질 수 있는가라는 질문에 직면한다. 판단과 선택의 의지를 보유하고 수행하는 것은 결국 개별 구성원이며 집단적 의사(collective mind)는 허상이고 낭만적 상상으로 비판하는 것이다.

5) 이러한 책임은 지배-복종에 따른 조직적 지배에 의한 공범관계에서의 책임과 다르다고 구별한다 (안성조, 2010).

(group entity)에게 책임을 묻는 방식을 의미하지 않으며[6] 복잡한 조직행위에서도 조직 공동체의 구성원으로서, 모든 구성원은 개인적인 책임을 공유한다고 본다. 구성원이 서로 '우리'라는 공동체 의식을 가지고 응집하는 조직에서 ―공동체 의식이 강하거나 약하거나를 떠나서― 수행된 결과에 대한 비난은, 자신은 몰랐다거나 직접 연루된 것이 아니라는 이유로 회피될 수 없으며 구성원 개개인에게 귀속되는 것이다. 조직의 구성원은 개인인 동시에 조직의 일원이라는 정체성을 가지므로 책임 역시 이러한 차원에서 물어야 할 것이고, 개인적 책임의 기본원칙을 강변하면서 면책될 수 없는 것이다. 공직자의 지위와 소속이 유지되는 한, 개개인들이 집단의 일원으로서 적극적으로 행동했어야 한다는 주관적 책임성의 발현이 집단적 책임성인 것이다.

3. 공직자의 집단적 책임감의 영향요인

한편, 집단적 책임성은 구성원 스스로가 적극적으로 책임을 분담하려는 의지이며 공유하려는 주관적 인식이므로, 그 정도와 수준은 개인의 특성과 해당 조직의 특성 등에 따라 달라질 것이다. 공직자가 느끼는 집단적 책임성은 공직자로서의 봉사와 헌신의 의지, 조직의 문화, 조직 내 지위, 업무의 성격 등 많은 요인에 의하여 달라질 수 있다. 정책의 낮은 성과, 조직의 부정과 불법, 사건과 사고의 발생 등 사회로부터 비난 받는 결과에 대해 자신이 직접적으로 연루되지 않은 상황에서 책임을 공유한다는 인식과 감정은 매우 다양한 영향 요인을 가질 것이다.[7]

우선, 공직자 개인에게 배태된 공공봉사의 동기(public service motivation)와 상당히 밀접할 것으로 추론된다. 공공에 봉사하고 헌신하려는 동기가 강한 공직자일 때, 소속한 조직의 문제와 실패를 자신과 분리하거나 회피하지 않고 자신도 함께 해결할 주체라고 느낄 가능성이 크다. 김상묵(2014; 2013) 등의 논의에 근거하면,

---

6) Smiley(2005)는 집단체에게 묻는 방식을 집단적 책임(collective responsibility)으로, 구성원에게 묻는 방식을 공유된 책임(shared responsibility)으로 구별하였다.

7) 한편, 국정시스템의 차이가 집단적 책임성의 차이를 야기할 가능성도 있는데, 이선영(2014)의 연구는 일본과 한국의 국정시스템의 차이가 양국 관료의 책임 차이를 낳는다고 주장한다. 내각책임제인 일본에서는 집단책임의 특징이 나타나는 반면, 대통령제인 한국에서는 개인책임의 특징이 나타난다는 것이다. 일본의 관료는 정책결정과정의 문제와 상황을 국민이 이해하기 쉽게 설명하는 책임(accountability)을 강조하지만 대통령제인 한국의 관료는 정책상 문제가 있을 때 과정상의 문제를 설명하는 책임과 도덕적 책임(responsibility)을 모두 져야 한다고 인식한다고 주장한다.

이웃과 사회를 위해 의미 있는 봉사를 하려는 성향인 공공봉사동기는 공익에 대한 헌신, 타인에 대한 봉사, 자기희생 등에 기초한다. 이 같은 공공봉사동기는 집단적 책임감에 영향을 미칠 중요한 요인이 될 수 있다. 특히 자기희생이나 공익에 대한 헌신 성향은 소속한 사회와 국민을 위한 책임감와 밀접하므로, 집단적 책임을 공감하는 개인의 심리적 토대가 될 수 있다.

한편, 조직 차원에서는 집단주의적 조직문화가 공직자의 집단적 책임감과 상당한 관계에 있으리라 추론된다. 집단적 책임의 성립이 집단 구성원 간의 강한 연대와 응집성을 조건으로 하므로, 조직 구성원 사이의 관계와 분위기가 보다 집단주의적(collectivism)이라면 구성원이 조직적 결과와 자신의 책임을 밀접하게 생각할 수 있다. 조직문화는 구성원 사이에 공통된 사고방식과 행동기준, 현실인식이므로 구성원들 사이에 강하게 공유된 조직문화는 구성원들의 행동을 유사하게 만들 수 있다(박천오 · 박시진, 2018; Wilson, 1989). 따라서 집단 구성원 사이의 연결을 강조하고 집단과 개인을 동일시하려는 집단주의적 문화를 가진 조직에서는 조직의 문제를 개인의 책임으로 수용할 가능성이 상대적으로 높을 것이다. 문제가 자신과 연결되었다는 점을 부정할수록 자신에게 잘못이 없다고 생각하며 책임을 회피하는 일반적인 경향을(Young, 2011) 감안하면, 구성원 상호간의 긴밀한 연결을 강조하는 집단주의적 조직문화가 강할 때 그 조직의 구성원은 조직의 결과에 대한 책임감을 가질 것으로 예상된다. 한국 정부 관료제는 집단주의 문화가 강하다고 평가되어 왔으며 경제성장의 중요 요인의 하나로 공직자의 집단을 향한 헌신이 꼽혀왔던 바, 공직자에게 이러한 관계가 더 강할 것으로 가정할 수 있다.

공직자가 담당하는 업무의 특성도 집단적 책임감과 관련될 수 있다. 업무의 자율성, 협력구조, 역할기대 및 정체성 등에 따라서 소속한 집단과 자신을 일체화하는 정도 등이 달라질 수 있다. 업무수행 상 보유한 권한 또는 자율성(autonomy)이 높을 때 조직의 결과에 대한 책임감을 느낄 가능성이 높다. 업무처리 과정에서 가진 결정 권한은 구성원의 태도를 보다 주동적으로 만들 수 있기 때문이다(Kohn, 1976). 또한, 담당 업무가 여러 사람과 협업해야 할 때는 구성원의 집단적 책임감이 높거나 반대로 낮을 가능성이 동시에 가정된다. '많은 손의 문제'(the problem of many hands) 상황에서는 여럿이 관여하는 일에 책임이 분산되어 책임이 낮아질 수 있으므로 — 소위 방관자 효과 — 집단적 책임감이 낮을 수 있다. 하지만 다른 한편으로 개인의 기여 정도가 명확하지 않다면, 집단적 결과에 대해서 자신도 책임에서 자유로울 수 없다는 인식 때문에 집단적 책임을 느낄 가능성도 있다.

또한, 업무 상 협업의 정도가 많더라도 책임소재가 명확하게 구분된다면 집단적 책임감은 다르게 나타날 가능성이 있다. 책임소재가 명확하다면 자신의 책임영역 밖의 결과에 책임을 느낄 가능성이 낮지만, 한편으로 개인별 책임이 명확한 구조는 불공정한 책임전가가 덜 발생하여 조직에 대한 몰입이나 주체적 행동 의지를 높일 가능성도 있다.

마지막으로 업무 수행 상의 역할에 대한 자기인식·정체성이 보다 적극적인 경우에 집단적 책임감이 높을 것으로 가정된다. 공직자라면 국민을 위해 법 규정이 없는 경우라도 적극적으로 행동해야 한다는 역할 인식을 한다면, 조직에서 발생한 문제에 대해 자신의 직접적인 책임이 없더라도 집단적 책임감을 높게 느낄 수 있다. 따라서 업무 상 역할 인식이 집단적 책임감의 인식 수준에 밀접하게 영향을 줄 것으로 추정할 수 있다.

이와 같이, 공직자의 집단적 책임감이 개인의 공공봉사동기, 집단주의 조직문화, 업무 차원의 특성들 — 자율성, 책임소재의 명확성, 협업정도, 역할 정체성 — 과 관련이 있으리라 추론되는 가운데, 이에 관한 실증적 연구결과는 미흡한 수준이므로 이 연구를 통해 그 관계성을 탐색해볼 것이다.

Ⅲ. 연구방법

1. 조사방법 및 대상

공직자의 집단적 책임감 인식 수준과 그 영향요인을 탐색하기 위한 이 연구는 공직자 설문조사 방식으로 진행되었다. 2016년 9월, 온라인 설문조사 방식으로 조사대행업체(리서치 앤 리서치)를 통해 실시되었으며, 조사 대상으로 중앙정부 및 지방자치단체 공직자를 모두 포함하였고 표본 선정은 소속과 직급 등을 고려한 다단계 층화표본추출 방식을 사용하였다.

2. 가설 및 분석틀

공직자의 집단적 책임감과 영향요인에 관한 가설은 앞서 살펴본 이론적 배경의 내용을 바탕으로 다음과 같이 구성되었다. 집단적 책임감의 영향요인은 개인 차원, 조직 차원, 업무 차원으로 크게 나누었고, 개인 차원에서는 공공봉사동기에 해당하는 자기희생, 공익헌신, 동정심이라는 세 요인을, 조직 차원에서는 집단주의 조직문화를, 업무 차원에서는 업무의 자율성, 협업정도, 책임소재 명확성, 역할 정체성(적극적 역할인식)을 포함하였다.

개인 차원에서 주목하는 공직자의 공공봉사동기(public service motivation)는 연구자에 따라 다소 다른 구성요인들을 사용하고 있지만, 여기서는 자기희생(self-sacrifice), 공익에 대한 헌신(commitment to the public interest), 동정심(compassion)이라는 세 요인으로 구성하였다. Perry(1996)는 공공봉사동기를 공공정책결정에 대한 호감도, 공익에 대한 헌신, 동정심, 자기희생으로 구성하였으나 여기서는 공공정책결정에 대한 호감도를 제외하고 세 요인으로 조사하였다.[8] 사회의 선을 위해 자신의 손해를 감수하고 받은 이상을 돌려주려는 이타적 동기가 자기희생이며, 공직자의 의무로 국민 일반과 시민에 대한 봉사 동기를 공익에 대한 헌신으로, 사회적 약자와 소외자의 처지를 헤아리고 복지를 고려하려는 박애적 동기를 동정심으로 구분할 수 있다. 이와 같이 윤리적 · 이타적인 동기가 강한 성향의 공직자라면 소속한 조직의 문제나 실패에 대해서 직접 연루됨에 관계없이 책임을 공유하고 해결하려는 의지가 높으리라는 가정이다. 이러한 관계를 아래의 가설로 표현하였다.

가설 1-1. 자기희생 의지가 높으면 집단적 책임감도 높을 것이다.
가설 1-2. 공익헌신 의지가 높으면 집단적 책임감도 높을 것이다.
가설 1-3. 동정심이 높으면 집단적 책임감도 높을 것이다.

조직 차원에서는 집단주의적 조직문화와 집단적 책임감의 관계에 주목하고 집

8) 공공봉사동기의 측정문항에 관한 여러 후속 연구들의 수정과 변경이 있었으며 근래 Kim & Kim(2013), 김상묵(2014)은 공공봉사에의 호감도, 공공가치몰입, 동정심, 자기희생으로 제안하기도 하였다. 여기서는 현직 공무원을 대상으로 이타적 동기 측면에 주목하므로 자기희생, 공익헌신, 동정심의 요인을 선택하였다. 또한 동정심 요인은 조직 단위의 결과에 관한 인식을 묻는 집단적 책임감과 다소 관련성이 떨어질 수 있지만, 공공봉사동기를 구성하는 요인으로 동정심이 여러 연구에서 사용되어 온 바, 이 연구에서도 이를 포함하여 관계를 탐색하였다.

단주의적 조직문화가 강할 때 공직자의 집단적 책임감이 높으리라고 가정하였다. 집단주의 조직문화는 조직을 위한 구성원의 희생, 가족적 분위기와 연대감, 개인적 생활을 공유하는 정도 등을 특징으로 한다(Robert & Wasti, 2002). 개인의 자유보다는 상호 공유를 더 중시하는 특징을 보이고 중요한 의사결정의 단위를 개인보다 집단으로 간주하기에(Triandis & Gelfand, 1998), 조직적 결과와 개인의 책임감이 일체화되는 정도가 높을 수 있다. 집단의 연대성 그 자체가 개인의 집단주의적 책임감으로 직접 이어지는 것은 아니겠지만, 상호간 응집의 분위기가 책임감에 간접적으로나마 영향을 미치리라 기대할 수 있다. 이러한 관점에서 조직문화가 집단주의적일 때 그 구성원인 공직자가 조직의 문제와 실패에 대해 자신도 책임을 공유한다는 인식을 보이리라고 가정하였다.

가설 2. 집단주의적 조직문화가 높으면 집단적 책임감도 높을 것이다.

업무 차원에서는 업무의 자율성, 협업수준, 책임소재의 명확성, 역할 정체성(적극적 역할인식)과 집단적 책임감의 관계를 상정하였는데, 대체로 이러한 특성이 강할 때 집단적 책임감이 높을 것으로 추론되지만, 일부 요인의 경우 반대의 관계도 가능할 것으로 추론된다. 앞서 살펴본 대로, 업무처리 상 자율성이 많다면 조직의 결정과 집행에 많은 영향을 미치므로 조직 단위의 결과에 대한 책임감이 높을 수 있다. 또한 업무 상 공직자의 역할이 법규정의 안정적 수행에 그치는 것이 아니라 적극적 해석과 이행으로 인식하는 경우에도 조직 단위의 결과에 대한 책임감이 높을 것으로 예상된다. 이에 비해 수행하는 업무가 협조, 협의, 자문 등 여러 개인 및 집단과 함께 결정하고 처리하는 경우는 집단적 책임감을 느낄 가능성이 다소 불확실하다. 분산된 업무처리가 책임감을 낮출 수도 있지만 집단적 결과에 대한 책임감을 가질 수도 있기 때문이다. 업무처리의 책임소재가 명료하게 구분되어 있는 경우에도 조직적 결과에 대한 집단적 책임인식은 어떠할지 불확실하다. 자신이 책임질 바가 명확하면 담당하는 업무에 대한 책임감은 높을 수 있으나 조직결과에 대해서는 자신의 책임으로 여기지 않을 수도 있기 때문이다. 이러한 상반된 관계의 가능성은 검증을 통하여 확인될 것이며 도출된 가설은 다음과 같다.

가설 3-1. 업무의 자율성이 많으면 집단적 책임감이 높을 것이다.

가설 3-2. 업무의 협업수준이 높으면 집단적 책임감이 높/낮을 것이다.
가설 3-3. 업무의 책임소재가 명확하면 집단적 책임감이 높/낮을 것이다.
가설 3-4. 업무 상 역할정체성이 적극적이면 집단적 책임감이 높을 것이다.

3. 측정문항의 구성

상술한 선행연구 검토 결과와 도출된 가설에 따라서 종속변수(집단적 책임감)와 독립변수(자기희생, 공익에 대한 헌신, 동정심, 집단주의적 조직문화, 자율성, 협업, 책임소재 명확성, 역할정체성)로 구성된 연구모형은 ＜그림 1＞과 같다.

그림 1 분석틀

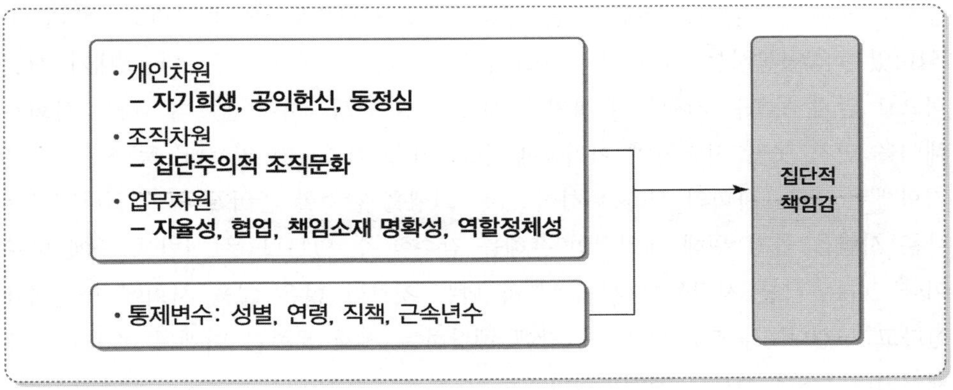

변수별 측정문항은 다음과 같이 구성하였는데, 종속변수인 집단적 책임감은 공직자가 자신이 직접 연결된 문제가 아님에도 공동체의 구성원으로서 공유하는 책임감이므로, '자신에게 개인적 불법행위가 없었고, 부정한 의도가 없었지만, 담당 업무와 관련되어 조직적 차원의 불법이 있었을 때' 책임을 느끼는 정도로 측정하였다. 해당 질문은 '나는 책임 있다' '나는 문제를 예측하고 미연에 방지했어야 할 책임 있다' '나는 문제를 방치하지 않고 적극적으로 제지했어야 할 책임이 있다' 등 세 문항으로, 조직적 문제에 대한 자신의 수동성과 무관심에 대한 책임, 예견적이며 적극적인 행위의 부족에 대한 책임을 물었다.

더불어 책임감이 단순한 죄책감이 아니어야 하므로 여기서의 '책임이란 해당 문제에 대하여 자신이 해당 상황을 설명하고 문제 해결을 위한 조치(내부 및 외부로부터의 불이익 포함)의 대상이 됨을 수용하는 것'임을 밝혔다. 이로써 조직 구성원으로서 적극적으로 행동했어야 할 의무를 인식하여, 자신의 불법·부정이 없었음에도 조직의 문제 해결을 위하여 자신에게 오는 불이익을 감수하겠다는 것으로 집단적 책임감을 측정한 것이다. 이 문항은 6점 척도로 측정하였는데(1점=전혀 없다, 6점=매우 있다), 선택이 어려운 상황을 물을 때 중간(보통)으로 쏠리는 응답 현상을 방지하고 자신의 선호가 보다 분명하게 나타나도록 하려는 목적으로 탐색적 연구 상황에 적합할 수 있다.

독립변수로서 개인 차원에 해당하는 공공봉사동기는 Perry(1996)의 문항을 국내 연구에 적용하였던 여러 문헌들로부터(김태호·노종호, 2010; 이혜윤, 2014) 인용하였다. '공익에 대한 헌신'은 '국민에 대한 공직자로서의 의무는 상급자에 대한 충성보다 우선시되어야 한다' '나는 공공봉사를 시민으로서의 의무라고 생각한다' '의미있는 공공봉사는 내게 매우 중요하다' 등 4문항, '동정심'은 '나는 내가 개인적으로 알지 못하는 사람들의 복지에 대하여 별로 생각하지 않는다' '나는 사회적 혜택을 받지 못한 사람들의 어려움에 별로 가슴 아파하지 않는다' 등 5문항, '자기희생'은 '나는 사회의 선을 위하여 많은 희생을 감수할 준비가 되어 있다' '나는 다른 사람을 돕기 위해 개인적인 손해를 감수할 수 있는 드문 사람들 중에 하나이다' '나는 다른 사람들이 사회로부터 받은 것보다 많은 것을 사회에 환원해야 한다고 느낀다' 등 7문항이며, 각각에 해당하는 전체 문항은 아래의 <표 1>에 제시되었고 5점 척도로 측정되었다.

조직 차원에 해당하는 집단주의 조직문화는 관련 실증연구 문헌에서 활용되었던(조태준, 2014; Robert & Wasti, 2002; Triandis & Gelfand, 1998) 측정 문항 중 일부를 활용하였는데, '직원들은 자신의 많은 것들을 다른 사람과 공유하는 것 같다' '우리 조직은 매우 인간적이며 마치 가정의 연장선 같다' '조직의 이익을 위해서 내 자신의 이익을 희생한다'라는 세 문항으로 구성하였고 7점 척도로 측정되었다.

업무 차원에 해당하는 업무의 자율성은 업무내용의 결정권에 해당하는 2개 문항과 업무수단의 결정권에 해당하는 2개 문항으로 구성하였다. 전자는 '업무의 내용이 공익에 가깝도록 조정하여 추진할 수 있다' '업무의 구체적인 내용을 결정하는 데 개입할 수 있다'이며, 후자는 '업무처리를 위한 세부방안을 선택할 재량이 있다' '업무처리상 적합한 수단이나 방식을 선택할 수 있다'이다. 업무의 협업 정도는 '업무처리 과정에서 함께 결정하고 처리해야 할(협조, 협의, 자문 등) 내부 및 외부의 개인과 집단이 많다'라는 단일 문항으로 측정되었다. 업무의 책임소재 명확성도 '소속된 부서의 구성원들의 업무상 책임소재가 분명히 구분되어 있다고 생각한다'라는 단일 문항으로 측정되었다. 업무 상 역할 정체성은 '규정에 없더라도 국민 고객을 위해서라면 공무원이 응당 그 일을 해야 한다'와 '업무의 효율적 · 효과적 달성을 위해 공무원이 규정을 적극적으로 해석할 수 있다'라는 2개 문항으로 구성하였다. 업무 차원의 모든 문항들은 5점 척도로 측정되었다.

통제변수로는 성별, 연령, 직책, 근속년수가 포함되었다. 성별은 남녀, 연령은 20대, 30대, 40대, 50대로, 직책은 팀원, 팀장, 과장, 실 · 국장으로 구분하였으며 근속년수는 현 조직에서 근무한 기간을 월 단위로 입력하였다.9)

〈표 1〉 측정 문항

변수명		문항	척도
종속변수	집단적 책임감	*여기서 '책임'이란 해당 문제에 대하여, 자신이 해당 상황을 설명하고 문제 해결을 위한 조치(내부 및 외부로부터의 불이익 포함)의 대상이 됨을 수용하는 것입니다. 또한 모든 상황에서 귀하는 개인적 불법 행위가 없었고 부정한 의도가 없었을 때를 가정해서 판단해주십시오. 1. 담당 업무와 관련되어 조직적 차원의 불법이 있었을 때 나는 책임 있다 2. 담당 업무와 관련되어 조직적 차원의 불법이 있었을 때 나는 문제를 예측하고 미연에 방지했어야 할 책임 있다 3. 담당 업무와 관련되어 조직적 차원의 불법이 있었을 때 나는 문제를 방지하지 않고 적극적으로 제지했어야 할 책임 있다	6점 척도 1 전혀없다 6 매우있다
개인 차원	자기희생	1. 나는 사회의 선을 위하여 많은 희생을 감수할 준비가 되어 있다 2. 나는 다른 사람을 돕기 위해 개인적인 손해를 감수할 수 있는 드문 사람들 중에 하나이다 3. 나는 다른 사람들이 사회로부터 받은 것보다 많은 것을 사회에 환원해야 한다고 느낀다	5점 척도 1 매우그렇지 않다 5 매우그렇다

9) 한편, 공직자 자신에게 직접 자신의 책임성 수준을 묻는 방식으로 진행됨에 따라 일정한 한계가 존재하는데, 공직자의 책임 수준에 대한 질문은 응답자로 하여금 책임감을 높게 응답하려는 유인을 배제하기 어렵다. 사회적 기대와 바람직성에 부응하는 유인(social desirability bias)으로 인하여 자신의 윤리와 책임 수준을 상향하여 응답하는 편향이 있을 수 있다. 또한 단일 설문조사를 통해 종속변수와 독립변수 전체를 묻는 자기보고 방식은 단일자료편향(common method bias)이 나타날 수 있다. 따라서 Harman's 단일요인검증(single factor test)을 통해서 분산설명력에서 한 요인의 설명력이 절대적인가(분산설명력 50% 이상)를 확인한 결과(Podsakoff et al., 2003), 첫 번째 요인의 분산설명력이 31.811%로 나타나 50% 미만이므로 단일자료편향는 우려할 만한 수준이 아닌 것으로 판단했다.

변수명		문항	척도
		4. 개인적인 일보다 의무가 중요하다고 생각한다 5. 나에게는 선행을 하는 것보다 돈을 많이 버는 것이 더 중요하다® 6. 내가 하는 일의 대부분은 나 자신보다는 사회적 대의를 위한 것이다 7. 국민을 위한 봉사는 설령 금전적인 보상이 없더라도 기분이 좋다	
	공익헌신	1. 국민에 대한 공직자로서의 의무는 상급자에 대한 충성보다 우선시 되어야 한다 2. 나는 공공봉사를 시민으로서의 의무라고 생각한다 3. 의미 있는 공공봉사는 내게 매우 중요하다 4. 공무원들은 자신의 이익을 포기하고서라도 전체 지역사회를 위한 최선인 일을 했으면 한다	
	동정심	1. 나는 내가 개인적으로 알지 못하는 사람들의 복지에 대하여 별로 생각하지 않는다® 2. 나는 사회적 혜택을 받지 못한 사람들의 어려움에 별로 가슴 아파하지 않는다® 3. 대부분의 사회정책은 매우 중요해서 없어서는 안 된다 4. 나에게 애국심은 타인의 복지를 돌보는 것을 포함한다 5. 나는 자신의 문제해결을 위하여 스스로 노력하지 않는 사람들은 거의 동정하지 않는다®	
조직 차원	집단주의 조직문화	1. 직원들은 자신의 많은 것들을 다른 사람과 공유하는 것 같다 2. 우리 조직은 매우 인간적이며 마치 가정의 연장선 같다 3. 조직의 이익을 위해서 내 자신의 이익을 희생한다	7점 척도 1 동의하지않음 7 동의함
업무 차원	자율성	1. 업무 처리를 위한 세부 방안을 선택할 재량이 있다 2. 업무 처리 상 적합한 수단이나 방식을 선택할 수 있다 3. 업무의 내용이 공익에 가깝도록 조정하여 추진할 수 있다 4. 업무의 구체적 내용을 결정하는데 개입할 수 있다	5점 척도 1 매우그렇지 않다 5 매우그렇다
	역할 정체성	1. 규정에 없더라도 국민고객을 위해서라면 공무원이 응당 그 일을 해야 한다 2. 업무의 효율적·효과적 달성을 위해 공무원이 규정을 적극적으로 해석할 수 있다	
	협업	1. 업무처리과정에서 함께 결정하고 처리해야 할(협조, 협의, 자문 등) 내부 및 외부의 개인과 집단이 많다	
	책임소재 명확성	1. 소속된 부서의 구성원들의 업무상 책임소재가 분명히 구분되어 있다	

*®은 역코딩된 문항임.

Ⅳ. 집단적 책임감의 수준과 영향요인 분석

1. 요인분석 및 상관관계 분석

1) 표본의 특성

총 373명 설문 응답자의 인구통계학적 특성은 아래의 <표 2>와 같다. 중앙정부 소속 공무원이 전체 41.8%이며 지방자치단체 소속 공무원은 58.2%로 중앙부처 소속 공무원이 약간 더 많았으나 큰 편중 없는 분포였다. 직급별로는 5급 이상 29.5%, 6-7급이 41.6%, 8-9급이 29%로 나타나, 6-7급 공직자의 비중이 다소 높은 편이었다. 성별은 남성 표본의 비율이 61.4%로 여성 38.6%에 비하여 더 높고, 근무년수는 1년 미만부터 30년 이상까지 5년 단위 분포대별로 비슷하였으나 1년 이상 5년 미만 근무한 공직자의 수가 전체의 30.6%를 차지하여 가장 많았다. 연령대는 30대가 37%로 가장 높았고 다른 연령대의 표본 분포는 유사한 편이었다. 직책은 팀원이 전체의 69.4%로 대다수를 차지한 가운데, 팀장이 18.8%, 과장이 11%, 실국장이 0.8%로 나타났다.

〈표 2〉 설문응답자의 특성

		사례수	비율
소속	중앙정부	156명	41.8%
	지방자치단체	217명	58.2%
직급	5급이상	110명	29.5%
	6-7급	155명	41.6%
	8-9급	108명	29.0%
성별	남성	229명	61.4%
	여성	144명	38.6%
근무년수	1년미만	30명	8.0%
	1년이상-5년미만	114명	30.6%
	5년이상-10년미만	60명	16.1%
	10년이상-15년미만	54명	14.5%

	15년이상-20년미만	28명	7.5%
	20년이상-25년미만	31명	8.3%
	25년이상-30년미만	26명	7.0%
	30년이상	30명	8.0%
연령대	만 20-30세	56명	15.0%
	만 31-40세	138명	37.0%
	만 41-50세	104명	27.9%
	만 51-60세	75명	20.1%
직책	팀원	259명	69.4%
	팀장	70명	18.8%
	과장	41명	11.0%
	실국장	3명	0.8%
전체		373명	100%

2) 변수의 신뢰도 및 요인분석 결과

설문항목을 대상으로 주성분분석 추출방법과 배리맥스 회전방법을 적용한 요인분석을 실시한 결과, 요인적 재량이 0.6 이상을 기준으로 일부 문항이 제거되었으며 요인적 재량 0.6 기준을 충족하는 항목만을 제시하여 분석에 활용하였다. 이 과정에서 제거된 문항은 '자기희생' 변수의 4개 문항(4번, 5번, 6번, 7번), '공익에 대한 헌신' 변수의 1개 문항(4번), '동정심' 변수의 3개 문항(3번, 4번, 5번)이다. 단일문항으로 측정된 업무의 협업 정도와 책임소재의 명확성을 제외한 나머지 변수들의 요인분석 결과는 아래의 <표 3>과 같으며 고유값 1 이상의 기준을 충족하였다. 상관관계 행렬 상의 모든 상관관계 값의 유의성을 나타내는 K-M-O값이 0.873이므로 기준치 0.5이상을 충족하여 요인분석을 위해 적절한 수준으로 판단되었다.

변수의 신뢰도 분석은 Cronbach's α값을 측정하여 0.6 이상을 나타날 때 신뢰도가 확보된 것으로 판단하였다. 분석 결과, 모든 척도의 Cronbach's α 값이 기준을 상회하여 문항의 신뢰도를 확보한 것으로 볼 수 있었다.

〈표 3〉 요인분석 결과

변수명	문항	요인 적재량	공통성	고유값	분산설명(%)	Cronbach's α
집단적 책임감	1. 담당 업무와 관련되어 조직적 차원의 불법이 있었을 때 나는 책임 있다	.902	.894	2.095	7.483	.938
	2. 담당 업무와 관련되어 조직적 차원의 불법이 있었을 때 나는 문제를 예측하고 미연에 방지했어야 할 책임 있다	.907	.914			
	3. 담당 업무와 관련되어 조직적 차원의 불법이 있었을 때 나는 문제를 방지하지 않고 적극적으로 제지했어야 할 책임 있다	.900	.883			
자기희생	1. 나는 사회의 선을 위하여 많은 희생을 감수할 준비가 되어 있다	.781	.759	8.126	29.021	.813
	2. 나는 다른 사람을 돕기 위해 개인적인 손해를 감수할 수 있는 드문 사람들 중에 하나이다	.781	.693			
	3. 나는 다른 사람들이 사회로부터 받은 것보다 많은 것을 사회에 환원해야 한다고 느낀다	.754	.644			
공익헌신	1. 국민에 대한 공직자로서의 의무는 상급자에 대한 충성보다 우선시되어야 한다	.781	.701	1.926	6.877	.815
	2. 나는 공공봉사를 시민으로서의 의무라고 생각한다	.756	.747			
	3. 의미 있는 공공봉사는 내게 매우 중요하다	.741	.716			
동정심	1. 나는 내가 개인적으로 알지 못하는 사람들의 복지에 대하여 별로 생각하지 않는다	.796	.706	1.288	4.601	.768
	2. 나는 사회적 혜택을 받지 못한 사람들의 어려움에 별로 가슴 아파하지 않는다	.746	.684			
집단주의 조직문화	1. 직원들은 자신의 많은 것들을 다른 사람과 공유하는 것 같다	.866	.821	1.483	5.296	.846
	2. 우리 조직은 매우 인간적이며 마치 가정의 연장선 같다	.835	.786			
	3. 조직의 이익을 위해서 내 자신의 이익을 희생한다	.721	.731			

변수명	문항	요인 적재량	공통성	고유값	분산설명(%)	Cronbach's α
자율성	1. 업무 처리를 위한 세부 방안을 선택할 재량이 있다	.844	.745	2.776	9.913	.882
	2. 업무 처리 상 적합한 수단이나 방식을 선택할 수 있다	.841	.784			
	3. 업무의 내용이 공익에 가깝도록 조정하여 추진할수 있다	.803	.766			
	4. 업무의 구체적 내용을 결정하는 데 개입할 수 있다	.781	.725			
적극적 역할인식	1. 규정에 없더라도 국민고객을 위해서라면 공무원이 응당 그 일을 해야 한다	.817	.763	1.152	4.113	.670
	2. 업무의 효율적·효과적 달성을 위해 공무원이 규정을 적극적으로 해석할 수 있다	.792	.742			
K-M-O=.873, Bartlett 검정 유의확률 p=.000, 누적 총분산: 67.305%						

3) 상관관계분석 및 기술통계분석

한편, 독립변수 및 종속변수의 상관관계분석은 아래의 <표 4>와 같다. 상관관계상으로는 집단적 책임감과 상정된 독립변수들이 통계적으로 유의미한 관계를 나타내는 가운데 동정심과 집단적 책임감의 상관관계가 다른 변수들에 비하여 상관성이 다소 낮고(r=-.121, p<.05) 부정적 관계로 나타났다. 그 외 독립변수로 상정된 변수들은 집단적 책임감과 긍정적 관계를 나타내고 있다.

〈표 4〉 상관관계분석

	1	2	3	4	5	6	7	8	9
1 집단책임감	1.000								
2 자기희생	.331***	1.000							
3 공익헌신	.365***	.419***	1.000						
4 동정심	−.121*	−.118*	−.386***	1.000					
5 자율성	.354***	.298***	.351***	−.040	1.000				
6 집단주의문화	.271***	.408***	.293***	.041	.431***	1.000			
7 적극적 역할인식	.196***	.304***	.375***	−.211***	.243***	.195***	1.000		

8 협업	.159**	.102*	.282***	−.035	.278***	.218***	.184***	1.000	
9 책임소재명확	.299***	.300***	.300***	−.044	.364***	.393***	.201***	.076	1.000

* p<.05, ** p<.01, *** p<.001

변수들의 기술통계를 살펴보면, 공직자의 집단적 책임감은 7점 척도에서 평균 4.1796으로 약간 높은 수준이었다. 공공봉사동기에 해당하는 자기희생은 5점 척도 상 평균 3.1653, 공익에 대한 헌신은 평균 3.8163로 약간 높은 수준으로 나타났으나 동정심은 평균 2.2962로 약간 낮은 편이었다. 집단주의 조직문화는 7점 척도로 측정된 결과, 평균 4.2127로 약간 높은 수준이었다. 나머지 5점 척도로 측정된 업무 차원의 변수들은 업무의 자율성은 평균 3.3365, 적극적 역할인식은 평균 3.429, 업무의 협업수준은 평균 3.39, 업무의 책임소재 명확성은 평균 3.52로 나타나 대체로 약간 높은 수준으로 볼 수 있었다.

〈표 5〉 기술통계 결과

변수명	평균	표준 편차	최소값	최대값	사례수
집단적 책임감	4.1796	1.06826	1	6	373
자기희생	3.1653	.72736	1	5	373
공익에 대한 헌신	3.8168	.70081	1	5	373
동정심	2.2962	.81981	1	5	373
집단주의적 조직문화	4.2127	1.16911	1	7	373
업무의 자율성	3.3365	.80200	1	5	373
적극적 역할인식	3.4290	.81380	1	5	373
업무의 협업수준	3.39	.957	1	5	373
책임소재의 명확성	3.52	.831	1	5	373

2. 공직자의 집단적 책임감 수준 분석

1) 공직자의 집단적 책임감 수준

공직자의 집단적 책임감에 대한 응답을 자세히 살펴보면, 개인의 불법과 부정이 없었지만 문제의 해결을 위해서라면 내부 및 외부에서 부여되는 불이익을 감수하겠다는 적극적 책임감의 평균이 4.1796점으로 약간 높은 편으로 나타났고 <표 6>과 같이 긍정적 응답 비율은 70%를 넘었다. 응답을 부정과 긍정으로 구분할 때, 문항1(나는 책임이 있다), 문항2(나는 문제를 예측하고 미연에 방지했어야 할 책임이 있다), 문항3(나는 문제를 방치하지 않고 적극적으로 제지했어야 할 책임이 있다) 모두, 집단적 책임을 긍정하는 응답이 70%를 넘은 것이다. 문항1에서 긍정 응답이 71.3%, 문항2는 76.7%, 문항3은 76.7%이었다. 따라서 직접적인 자기책임이 없는 상황이라도 소속 조직에서 불법이 있었다면 이에 대한 책임을 느끼고 해결을 위한 불이익을 감수하겠다는 인식이 높은 편으로 볼 수 있었다.

〈표 6〉 집단적 책임감의 문항별 분석

	척도별 응답 비중						부정	긍정	총계	6점 평균
	1전혀없다	2	3	4	5	6매우있다				
문항1	2.1	5.9	20.6	32.7	27.1	11.5	28.7%	71.3%	100%	4.11
문항2	0.8	6.4	16.1	37.0	27.9	11.8	23.3%	76.7%	100%	4.20
문항3	1.1	5.9	16.4	34.9	29.8	12.1	23.3%	76.7%	100%	4.23

2) 인적 특성에 따른 집단적 책임감 차이

응답자의 특성에 따른 집단적 책임감의 분포를 보면, 남성이 평균 4.33으로 여성 평균 3.93보다 높게 나타났으며, 연령대가 높을수록 비교적 집단적 책임감이 높게 나타나 20대 평균 3.94에 비해 50대가 평균 4.84로 더 높았다. 직책은 팀원에 비해 과장 및 실국장이 더 높은 집단적 책임감을 보였는데, 팀원이 평균 3.97인데 비해 과장은 평균 5.13, 실국장은 평균 5.66이었다. 근속년수에 따른 차이를 보면 근속년수가 중간 구간(5년부터 15년 미만)이 근속년수가 적거나 많은 구간에 비해 약간 더 낮게 나타나는 U형 분포를 나타냈다. 한편, 응답자의 소속이 중앙정부일 때 평균 4.09, 지방자치단체일 때 평균 4.23으로 중앙정부 공직자가 약간 더 낮게 나타났는데, 이 차이는 다른 인적 특성과 달리 통계적으로 유의미한 차이를 나타내지는 않았다.[10)]

10) 국가공무원인지 지자체 공무원인지 소속에 따른 집단적 책임감의 차이는 나타나지 않은 것인데, 향후 집단적 책임감을 묻는 내용을 업무와 상황에 따라 구체화하여 묻는다면 유의미한 차이가 발견될 가능성은 있을 것이다. 이 연구에서는 변수의 수를 최소화하기 위해 회귀분석 모형을 구성할 때 통제변수로서 공직자의 소속(중앙/지방) 변수는 제외하였다.

이러한 결과의 의미를 살펴보면, 직책에 따른 차이가 존재하는 것은, 높은 직책일 경우 업무 상 결정 권한이 상당하므로 권한에 따른 집단적 책임의 차이로 추정해볼 수 있는 한편, 공직 사회에 위계에 따른 책임인식이 강하게 존재하는 것으로도 생각해볼 수 있다. 실제로 조직의 결정에 많은 영향을 미칠 수 있을 때 집단적 책임감이 높을 수도 있지만, 다른 한편으로는 공직사회에서 집단적 업무수행의 결과가 잘못되었을 때 조직의 상층부가 책임을 지는 것으로 오랫동안 받아들여져 왔던 인식이 반영된 결과일 수도 있다. 또한 연령이나 근속년수에 따른 차이가 발견된 것은 조직에서 오랫동안 근무할수록 자신이 속한 집단에 대한 애착감이 높아져 이것이 집단적 책임인식과 연결되었을 가능성이 있다. 다만 조직에 들어온 지 얼마 되지 않은 경우에 높은 집단적 책임감이 나타난 것은 입직한 직후에 높을 수 있는 공직과 공무에 대한 기대감이 반영된 것일 수 있다.

〈표 7〉 인적 특성에 따른 집단적 책임감 차이

변수		평균	표준편차	사례수	집단평균비교
소속	중앙정부	4.0962	1.10522	156	t=1.640 p=.201
	지방자치단체	4.2396	1.03931	217	
성별	남성	4.3348	1.06536	229	t=12.915 p=.000***
	여성	3.9329	1.02916	144	
연령	20대	3.9464	.86638	56	F=14.697 p=.000***
	30대	3.93	1.07727	138	
	40대	4.1538	.99830	104	
	50대	4.8489	1.01534	75	
직책	팀원	3.9794	.97625	259	F=18.334 p=.000***
	팀장	4.3	1.14370	70	
	과장	5.1301	.90945	41	
	실국장	5.6667	.33333	3	
근속년수	1년미만	4.5222	.85179	30	F=5.082 p=.000***
	1년이상−5년미만	4.0029	.89299	114	
	5년이상−10년미만	3.8833	1.10780	60	
	10년이상−15년미만	4.0062	1.23283	54	
	15년이상−20년미만	4.1548	1.22552	28	

20년이상－25년미만	4.3226	.90055	31
25년이상－30년미만	4.5128	.92005	26
30년이상	5	1.12444	30

*** $p<.001$

3. 집단적 책임감의 영향요인 분석

공직자의 집단적 책임감에 영향을 미치는 요인을 회귀 분석한 결과는 <표 8>과 같았다. 통계적으로 유의미한 요인으로 확인된 것은 개인 차원의 자기희생($p<.05$), 공익에 대한 헌신의지($p<.05$)였으며, 업무 차원의 자율성($p<.05$), 책임소재 명확성($p<.05$)으로 나타났다. 표준화 계수값을 기준으로[11] 요인별 영향을 살펴보면 큰 차이는 없었으나 공익에 대한 헌신의지($b=.155$)가 가장 높았고 업무의 자율성(.134), 자기희생(.133), 책임소재 명확성(.128) 순이었으며 모두 집단적 책임감에 긍정적인(+) 영향을 미치는 것으로 나타났다. 공직자 개인이 지닌 공익에 대한 헌신과 자기희생 성향이 높을 때, 업무처리의 자율성이 높을 때, 업무상의 책임소재가 명확할 때, 공직자의 집단적 책임감이 높게 나타난 것이다.

분석결과의 의미를 살펴볼 때, 흥미로운 것은 집단주의적 조직문화가 통계적인 영향력을 미치지 못하는 점이다. 조직구성원 상호의 교류가 많고 가족적이며 조직의 이익을 개인의 이익에 우선한다는 조직 분위기가 형성되어 있더라도 이것이 공직자가 집단의 일원으로서 조직의 문제 해결을 위해 희생을 감수하려는 의지로는 연결되지 않는 것이다. 이 결과는 집단주의적인 분위기나 관행이 구성원이 조직 속에서 사회적 안정감을 얻거나 호의적인 관계 형성을 도울지라도, 조직의 집단행동 결과에 대해 적극적 책임 공유와 개선의지를 높이는 데에는 그다지 영향을 미치지 못할 수 있음을 의미한다. 일반적으로, 집단주의 조직문화가 책임을 공유하고 집단적 해결을 촉진할 것으로 짐작되지만 본 결과에서는 그러한 효과가 나타나지 않은 것이다.

오히려 분석결과에 따를 때, 명확한 책임소재가 구분된 상황이 집단적 책임감을 높이는 것으로 볼 수 있었다. 소속된 부서의 구성원들 사이에 업무상 책임소

---

11) 측정 문항에 따라 5점 척도, 6점 척도, 7점 척도 등 상이한 척도를 사용하였으므로 변수 간 영향력 비교를 위해서 표준화 계수를 활용하였다.

재가 분명히 구분되어 있다고 응답한 경우에 집단적 책임감이 유의미하게 높게 나타났는데, 개인이 책임져야 할 범위가 명료하면 조직차원의 문제에 대한 책임 공유와 적극적 해결의지에 긍정적인 영향을 준 것이다. 책임소재의 명확성과 집단적 책임감 사이에 다소 불명확했던 가설의 관계가 긍정적 관계로 나타난 것이다.

또한 업무의 내용과 방식을 결정할 수 있는 재량이 많을 때 집단적 책임감이 더 강하게 나타났으므로, 업무 상 자신이 미칠 수 있는 영향력이 많으면 자신이 초래한 결과가 아님에도 조직적 결과를 자신의 책임 범위로 느끼는 것으로 추정할 수 있다. 이것은 통제변수였던 직책이 통계적으로 유의한 영향력을 가지는 결과와도 연결된다. 팀원보다는 팀장 · 과장 등 조직의 의사결정권한이 높은 직책일 때 집단적 책임감을 더 많이 느끼고 있으므로, 업무상의 자율성과 조직상의 결정력이 개인이 집단적 책임감을 느끼는 데 영향을 미칠 수 있음을 보여준다.

〈표 8〉 집단적 책임감의 영향요인 회귀분석

		비표준화계수		표준화계수	t	유의수준
		B	표준오차	b		
상수		.991	.509		1.945	.053
자기희생		.196	.080	.133*	2.448	.015
공익에 대한 헌신		.237	.092	.155*	2.586	.010
동정심		−.005	.066	−.004	−.075	.940
자율성		.179	.075	.134*	2.391	.017
집단주의 조직문화		.001	.051	.001	.021	.984
적극적 역할인식		−.008	.067	−.006	−.122	.903
협업정도		.033	.055	.030	.603	.547
책임소재의 명확성		.165	.067	.128*	2.454	.015
통제변수	성별	−.064	.111	−.029	−.577	.564
	연령	.105	.084	.096	1.248	.213
	직책	.247	.092	.166**	2.691	.007
	근속년수	−.001	.001	−.108	−1.575	.116
R^2=.260, Adj.R^2=.235, F=10.529, p=.000, Durbin−Watson=1.967						

* p<.05, ** p<.01

마지막으로, 자기희생과 공익에 대한 헌신의지가 높은 성향을 가진 개인이 집단적 책임감이 높은 것은 충분히 짐작될 수 있는 바이다. 공익, 공동선, 사회복지를 중시하고 이를 위해 봉사하려는 공공적 동기가 높은 구성원이 집단의 문제에 대해서도 그 해결을 위하여 책임을 공유하고 적극적인 태도를 취할 가능성이 높기 때문이다.

〈표 9〉 가설 채택 결과

구분	가설	채택여부
가설 1-1	자기희생 의지가 높으면 집단적 책임감도 높을 것이다.	채택(+)
가설 1-2	공익헌신 의지가 높으면 집단적 책임감도 높을 것이다.	채택(+)
가설 1-3	동정심이 높으면 집단적 책임감도 높을 것이다.	기각
가설 2	집단주의적 조직문화가 높으면 집단적 책임감도 높을 것이다.	기각
가설 3-1	업무의 자율성이 많으면 집단적 책임감이 높을 것이다.	채택(+)
가설 3-2	업무의 협업수준이 높으면 집단적 책임감이 높/낮을 것이다.	기각
가설 3-3	업무의 책임소재가 명확하면 집단적 책임감이 높/낮을 것이다.	채택(+)
가설 3-4	업무 상 역할정체성이 적극적이면 집단적 책임감이 높을 것이다.	기각

V. 결 론

정부의 실패와 불법 등 조직의 문제에 대해, 공직자는 자신이 직접 연루되거나 법적 책임이 있지 않더라도, 문제의 해결에 책임을 나누며 희생을 감수하고 적극적으로 응답하려는 태도가 있는가. 이 연구 결과는 공직자들이 어느 정도 긍정적인 수준으로 집단적 책임감을 공유하고 있을 가능성을 보여준다. 그리고 공직자 개인이 지닌 공익에 대한 헌신과 자기희생 성향이 높을 때, 업무처리의 자율성이 높을 때, 업무상의 책임소재가 명확할 때, 공직자의 집단적 책임감이 높을 것이라는 탐색적 발견이 있었다.

무엇보다 책임소재의 명확성과 업무처리의 자율성이 긍정적 영향을 미친다는 결과는, 공직자가 수행하는 업무의 권한과 책임이 명확한 것이 책임성 차원에서 중요함을 시사한다. 자신이 무슨 역할을 해야 하고 무엇을 결정할 권한이 있는가가 명료하며, 자신의 권한으로 스스로 결정을 내릴 수 있도록 존중될 때, 집단의 문제를 해결하고 구조를 개선하려는 적극적 태도가 나타날 수 있다는 것이다. 단순히 조직 내 여러 사람들과 함께 결정하고 집행하는 구조 때문에 구성원의 책임회피가 발생하는 것이 아니라, 책임의 경계가 불명료하고 판단의 권한이 적은 것이 조직적 결과에 대해 거리를 두려는 심리로 이어질 수 있다. 이에 따라 개인적 책임이 명료할 때 집단적 책임감이 더욱 강화되며, 결정할 권한이 있을 때 책임감이 높아질 가능성을 제시할 수 있다.

또한 집단주의 조직문화가 통계적 영향력이 없던 것을 볼 때, 집단 구성원 간의 연대, 의리와 같은 감정적 연결관계가 집단적 책임감에 기대보다 낮은 영향을 미칠 가능성이 있다. 집단주의적인 문화 속에 있더라도 집단의 결과에 대한 비난을 자신의 문제로 여기지 않을지 모른다는 것이다.

정부의 일이 잘못되었을 때 아무도 책임지려 하지 않는다는 사회의 비판과 달리, 이 연구에서는 공직자들은 집단적 잘못과 실패에 대해 구성원으로서의 책임감을 느끼고 어느 정도의 해결을 위해 희생을 감수할 의지가 있는 것으로 나타났다. 이러한 결과는 공직자 자신에게 책임의지를 직접 물어본 연구방식으로 인해 과잉측정된 것일 수도 있고, 공무원들이 실제로 집단적 책임 상황에 직면했을 때 대응하는 현실적 태도는 이해타산적이고 책임회피적일 수 있다. 그렇다 하더라도, 공직자들이 집단적 결과에 대해 구성원으로서의 집단적 책임에서 자유롭지 않다는 인식은 가지고 있는 것이다.

이렇게 한국 정부의 공직자들이 집단적 책임감을 가지고 있음에도 적극적이고 예방적인 문제 해결의 태도가 쉽게 발견되지 않고, 공직자의 수동성에 대한 근본적 반성 역시 발견하기 쉽지 않다면, 집단적 책임감이 발현되기에 적절한 방식과 수단이 불비한 것이 아닌지 고민해보아야 할 것이다. 자신이 느끼는 집단적 책임감이 적극적인 행정 수행의 태도로 이어지지 못하는 조건과 제도의 파악이 필요한 것이다. 법적 책임 이상의 영역을 책임지려는 주관적 책임인식인 집단적 책임감을 제도적으로 강화하고 발현할 토대를 마련해야 한다. 연구 결과에 근거한다면 개인 사이의 책임을 보다 명확히 하고 자율적으로 업무를 수행할 수 있는 제도가 설계된다면 집단적 책임감의 강화가 가능하리라고 판단된다.

이 연구는 집단적 책임감에 대한 탐색적 접근으로서 분석 상의 여러 한계가 존재하므로 결과의 해석에 신중해야 할 것이며, 향후에 공직자의 집단적 책임감의 다차원적 내용을 구체화한 엄정한 지표를 통해 재연구될 필요가 있음을 밝힌다.

참고문헌

김상묵. (2013). 「한국인의 공공봉사동기」. 서울: 집문당.

______. (2014). 사회문화와 공공봉사동기. 「한국정책과학학회보」, 18(4): 1-26.

김태호 · 노종호. (2010). 공공봉사동기가 조직구성원의 혁신행동에 미치는 영향에 관한 연구. 「행정논총」, 48(3): 143-168.

박천오 · 박시진. (2018). 핵심 공직가치의 우선순위 정립과 실효성 제고. 「행정논총」, 56(1): 1-32.

안성조. (2010). 미국 판례상 집단인식에 의한 법인책임의 법리 연구. 「법학연구」, 51(1): 419-447.

이선영. (2014). 행정 책임성에 관한 연구: 일본의 설명책임과 한국의 개인책임 비교분석을 통해 본 세월호 참사. 「정부와 정책」, 7(1): 99-120.

이혜윤. (2014). 공공봉사동기(PSM)와 공공성이 국민과 정부에 대한 반응성에 미치는 영향: 공공기관 종사자들의 인식을 중심으로. 「한국인사행정학회보」, 13(3): 355-383.

조태준. (2014). 개인주의 및 집단주의 조직문화와 임파워먼트 간 관계에 대한 연구. 「지방정부연구」, 17(4): 439-464.

Arendt, Hannah. (1987). *Collective Responsibility*. In Amor Mundi (pp. 43-50). Springer, Dordrecht.

Bratman, Michael E. (2013) *Shared Agency: A Planning Theory of Acting Together*. Oxford: Oxford University Press.

Cooper, Terry. (2006). *The Responsible Administrator: An Approach to Ethics for the Administrative Role* (5th ed.). San Francisco: Jossey Bass.

Dwivedi, Onkar P., & Jabbra, Joseph. G. (1988). Public Service Responsibility and Accountability. *Public Service Accountability: A Comparative Perspective*, 1-16.

Fletcher, George. P. (2002). The Storrs Lectures: Liberals and Romantics at War: The Problem of Collective Guilt. *The Yale Law Journal*, 111(7): 1499-1573.

______. (2004). Collective Guilt and Collective Punishment. *Theoretical Inquiries in Law*, 5(1): 163-178.

French, Peter. (1984). *Collective and Corporate Responsibility*. New York: Columbia University Press.

Gilbert, Margaret. (1997). Group Wrongs and Guilt Feelings, *Journal of Ethics*, 1: 65 - 84.

______. (2006). Who's to Blame? Collective Moral Responsibility and Its Implications for Group Members. *Midwest Studies in Philosophy*, 30(1): 94-114.

Graham, Keith. (2000). Collective Responsibility. In *Moral Responsibility and Ontology* (pp. 49-61). Springer, Dordrecht.

Jaspers, Karl. (1961) *The Question of German Guilt*. E.B. Ashton (trans.), New York: Capricorn.

Kim, Seung Hyun, & Sangmook, Kim. (2013). National Culture and Social Desirability Bias in Measuring Public Service Motivation. *Administration & Society*, 48(4): 444-476.

Kohn, Melvin. L. (1976). Occupational Structure and Alienation. *American Journal of Sociology*, 82(1): 111-130.

Lewis, Hywel. D. (1948). Collective Responsibility. *Philosophy*, 23(84): 3-18.

May, Larry. (1987). *The Morality of Groups*. Notre Dame: University of Notre Dame Press

Perry, James. L. (1996). Measuring Public Service Motivation: An Assessment of Construct Reliability and Validity. *Journal of Public Administration Research and Theory*, 6(1): 5-22.

Podsakoff, P. M., MacKenzie, S. B., Lee, J. Y., & Podsakoff, N. P. (2003). Common Method Biases in Behavioral Research: A Critical Review of the Literature and Recommended Remedies. *Journal of Applied Psychology*. 88(5): 879-903.

Robert, Christopher, & Wasti, S. Arzu. (2002). Organizational Individualism and Collectivism: Theoretical Development and an Empirical Test of a Measure. *Journal of Management*, 28(4): 544-566.

Romzek, Barbara S. & Melvin J. Dubnick. (1987). Accountability in the Public Sector: Lessons from the Challenger Tragedy. *Public Administration Review*, 47(3): 227-238.

______. (1994). Issues of Accountability in Flexible Personnel Systems. In Patricia Wallace Ingraham, & Barbara Romzek (eds.). *New Paradigms for Government: Issues for the Changing Public Service* (pp. 263-294). Jossey-Bass.

Sinclair, Amanda. (1995). The Chameleon of Accountability: Forms and Discourses. Accounting, *Organizations and Society*, 20(2): 219-237.

Smiley, Marion. (2005) Collective Responsibility. First published Mon Aug 8, 2005; substantive revision Mon Mar 27, 2017. https://seop.illc.uva.nl/entries/collective-responsibility/

Thompson, Dennis F. (1987) *Political Ethcis and Public Office*. Cambridge, MA: Havard University Press. 황경식 · 정원규 역. (1999). 「공직의 윤리」. 서울: 철학과 현실사.

______. (2014). Responsibility for Failures of Government: The Problem of Many Hands. *The American Review of Public Administration*, 44(3): 259-273.

Triandis, Harry. C., & Gelfand, Michele. J. (1998). Converging Measurement of Horizontal and Vertical Individualism and Collectivism. *Journal of Personality and Social Psychology*, 74(1): 118-128.

Wilson, James. Q. (1989). *Bureaucracy: What Government Agencies Do and Why They Do It*. BasicBooks.

Young, Iris M. (2011). *Responsibility for Justice*. Oxford University Press. 허라금 · 김양희 · 천수정 역. (2013). 「정치적 책임에 관하여」. 서울: 이후.

제 2 장

책임성의 회피와 딜레마

1 한국 지방공무원의 책임 이행에 관한 실증 연구: 경기도 K시 공무원의 인식 분석[1)]

〈요 약〉

그간 한국 지방공무원들은 업무수행에 있어 자신들의 개인적·윤리적 책임 이행은 소홀히 하고 법적·계층적 책임 이행에만 치중함으로써, 공익에 저해되는 여러 부정적 행태를 보인다는 비판을 받아 왔다. 이와 관련하여 이 연구에서는 수도권 특정 기초자치단체 공무원들을 대상으로 한 실증조사를 통해 지방공무원의 책임 이행 패턴과 개선 가능성을 진단하였다. 조사결과, 지방공무원들은 실제로 법적·계층적 책임 이행에 치중하고 있고, 이러한 불균형적 책임 이행의 원인이 공무원과 관련된 개인적 요인들보다는 인사관리, 보상, 관리자의 역할 등 조직적·제도적 요인의 결함에 있다는 인식을 지닌 것으로 나타났다. 이와 함께 윤리교육이 자신들의 균형 잡힌 책임 이행에 도움이 될 것이란 인식을 지닌 점도 파악되었다.

1) 박천오·한승주. (2016). 「한국인사행정학회보」 15권 3호, 113-135.

Ⅰ. 서 론

근래 몇 차례 국가적 재난 처리과정에서 공무원의 수동적 대처와 부작위를 목격한 우리 사회는 공무원을 향하여 '마땅히 했어야 할 행위를 왜 하지 않는 것인지' 의아해 하면서 비판의 목소리를 높여 왔다. 관료제 시스템이 오랫동안 강조해 온 공무원의 일차적 책임은 법의 성실한 집행이었다. 이런 책임이 불법 및 부정행위를 하지 않고, 있는 그대로의 법을 집행할 의무인 소극적 책임인 데 반해, 오늘날의 공무원들은 이런 책임에 더하여 공익을 판단하며 집행할 윤리적 공인(公人)으로서 적극적인 책임 이행을 기대 받고 있다. 공무원의 책임이 전통적 관료제의 법규 준수와 위계 복종 의무 외에 직무수행과 관련하여 윤리적·개인적 판단을 할 의무까지 포함하게 된 것이다(Bovens, 2005/2007; Cooper, 2012; Radin, 2002). 최근 국내 학자들의 관심과 논의도 공무원들이 단지 관련 법조항을 어기지 않는 데 그치지 않고 법의 본래 정신과 공익을 보다 적극적으로 구현토록 하는 문제와 방안에 초점을 맞추기 시작하였다(박천오, 2016; 김병섭·김정인, 2014; 임의영, 2014).

그러나 엄격한 법 준수와 위계적 권한 구조를 특징으로 하는 관료제 내 공무원들이 자율적으로 적극적인 책임을 구현하기는 현실적으로 어려울 것이란 회의적 시각이 없지 않다. 많은 선행 연구들은 관료제의 공무원이 법을 엄격히 준수하고 상위 계층으로부터의 명령을 따라야 하는 이른바 법적·계층적 책임을 우선시 하는 직무수행 경향을 보일 수밖에 없다는 점을 지적한다(Merton, 1940; Kaufman, 2015; Graeber, 2015).

이 점과 관련하여 이 연구에서는 경기도 기초자치단체 K시 공무원들을 대상으로 한 실증조사를 통해 한국 지방공무원들의 책임 이행 패턴과 그 원인 및 개선 가능성을 실증적으로 진단한다.

Ⅱ. 공무원 책임의 성격과 소재

1. 공무원 책임의 성격 대비

공무원은 복잡한 책임 망 속에서 직무를 수행한다(Bovens, 2005; Cendón, 2000; Sinclair, 1995; Schillemans, 2015: 435; 엄석진, 2009). 학자들은 객관적 책임과 주관적 책임(Cooper, 2012/2013: 97; Mosher, 1968; Kernaghan, 1974), 개인적 책임과 집단적 책임(Young, 2011; Arendt, 1963), 법적 책임과 윤리적 책임(Gregory, 2007: 344) 등 복수의 책임을 동시에 공무원들에게 제시하면서, 어느 한 쪽의 책임도 등한시하기 어려운 가치와 무게를 지니므로 양 책임의 이행에 균형을 기해야 한다는 주장을 펼친다(Romzek & Ingraham, 2000; 한상일, 2013).

책임의 문제가 윤리 차원에서 본격적으로 다뤄지면서, 상당수 학자들은 공무원 책임의 한 쪽에 법의 준수, 조직 상부 및 상사의 지시 복종과 같이 외부에서 부과되는 기대를 수행해야 하는 객관적 책임(objective accountability)을 놓고, 다른 한 쪽에는 공무원의 전문가적 윤리 및 공민적 의무(Hart & Grant, 1989)의 실현을 위해 노력해야 하는 주관적 책임(subjective accountability)을 놓으면서, 공무원 책임의 상충성과 우선순위 등을 논의해 왔다(Cooper, 2012/2013: 96).

Romzek & Dubnick(1994)은 객관적 책임의 속성을 공무원에 대한 통제의 강도가 높고 공무원의 행위의 자율성이 낮다는 것에서 찾았다. 공무원은 법적 책임(legal accountability)이나 계층적 책임(bureaucratic accountability)과 같이 객관적으로 부여된 책임을 성실히 이행함으로써 임의적 행정을 최소화하고 행정의 안정성과 예측가능성을 높일 책임이 있다는 것이다. 실제로 현실의 직무수행에 있어 공무원의 일차적 책임은 법규를 준수하는 것이며, 이러한 책임을 이행하지 않을 시에는 법적·행정적 제재가 가해진다. Friedrich(1940)의 지적대로 주관적 책임의 속성은 공무원 스스로의 내적 통제이고 공무원 행위 자율성을 높게 인정한다는 데 있으며, 전문가적 책임(professional accountability)과 정치적 책임(political accountability)이 여기에 포함될 수 있다(Romzek & Dubnick, 1994). 주관적 책임에서는 행정의 직업전문주의(professionalism)를 강조하며, 공무원에게 독립적 공익실현 주체로서 적극적 책임 수행의 역할과 시민주권의 수탁자(trustee)로서 정책 수행의 역할을 부각시키고 있다(Waldo, 1968; Thompson, 1980). 주관적 책임은 공무원이 자신이 연루된 사안과 관련하여 스스로 사유·판단하고 필요시 조직에서 공익과 관련된 사항에 대해 발언을 해야 할 의무가 있음을 강조하는 것이다.

객관적 속성과 주관적 속성으로 대비되는 공무원의 책임은 책임의 성격과 책임의 소재를 기준으로 법적 책임과 윤리적 책임, 계층적 책임과 개인적 책임으로도 구분될 수 있다(박천오, 2016). 먼저, 직무수행에 있어 공무원의 책임은 그 성격에 따라 법적 책임과 윤리적 책임으로 구분될 수 있다. 전자가 법규에 의해 부과된 의무를 이행할 책임이라면, 후자는 공무원이 자신의 직업윤리와 공익관에 비추어 스스로 주관적으로 느끼는 의무를 이행해야 할 책임이라고 할 수 있다. 법적 책임과 윤리적 책임의 대비는 오랫동안 '공무원이 내적으로 통제될 수 있는가'의 쟁점으로 다뤄져 왔다(Gregory, 2007).

법규에 입각하여 직무를 수행할 법적 책임은 효율적이고 공정한 행정을 위한 공무원의 고전적 책임이자 근대 관료제 성립 및 유지의 핵심 기반이라고 할 수 있다. 법령을 집행하는 것이 공무원의 책임임에는 논란의 여지가 없지만, 현대사회에서는 법규가 행정에 관한 모든 사항을 규정하지 못하므로, 공무원이 상황에 따라 옳고그름에 대한 판단과 융통성 있는 선택을 해야 함은 불가피한 현실이다(Hodgkinson, 1978). 오늘날의 행정은 기 규정된 사항의 정확한 집행으로 완료되는 것이 아니라, 불확실하고 모호한 상황 앞에서 무엇을 어떻게 할지에 대한 공무원의 지속적 해석과 판단을 요구한다(Waldo, 1948: 181). 때문에 공무원은 공적 문제를 해결하거나 행정서비스를 제공할 때 법적 의무만이 아니라 전문직업주의(professionalism)에 기초한 전문가적 판단을 적용해야 할 의무(Friedrich, 1940), 시민사회의 여론과 요구를 수용하는 의무(Hart & Grant, 1989)와 같은 윤리적 의무를 이행할 책임이 있는 것이다. 공무원의 윤리적인 책임은 적극적 공익실현을 위한 책임으로서 '법적 의무를 넘어선 옳은 행위'를 할 의무와 관련된 책임이다(박천오, 2016:4). 전통적 행정모델처럼 공무원에게 단순히 법적 책임만을 강조한다면 공무원의 의식에 윤리적 무감각(ethical blindness)을 초래하여 법의 형식적 집행에만 치중하는 법규 만능주의를 낳을 수 있으므로(Lewis & Catron, 1996; Palazzo et al., 2012) 공무원이 직무수행과 관련하여 스스로 사유하고 전문가적·도덕적 판단을 할 수 있을 때 공익 실현과 행정 민주주의를 구현할 수 있다(Hart & Grant, 1989).

문제는 공무원 행위의 정당성은 기본적으로 법령에 의거한 합법적 권위로부터 획득되므로, 공무원이 스스로의 성찰에 근거하여 재량권을 행사하거나 시민을 위한 공익 판단을 하는 행위는 대의제 민주주의의 책임 원리와 상충될 수 있는 것이다(Pops, 1991; Denhardt & Denhardt, 2007). 공무원의 주관적 성찰 · 내면적 윤리와 같이 다소 불명확할 수밖에 없는 기준을 적용한 내적 통제가 현실적으로 공무원의 행위를 정당화하거나 제어할 수 있는지도 논란이 될 수 있다. 책임의 내용이 명료할수록 행정의 안정성과 예측성이 높아질 수 있고 정부신뢰도 확보될 수 있으므로, 공무원의 자기성찰과 공적 문제의 윤리적 해결의무를 어떤 방식으로 얼마나 요구할 수 있는지가 쟁점이 될 수 있는 것이다.

2. 공무원 책임의 소재 대비

책임의 소재는 관료제의 계층 구조 내에서 공무원의 행위에 대한 궁극적 책임이 공무원 개인에게 있는지 아니면 관료제에 있는지의 문제이다. 여기에는 행정의 책임이 관료제라는 계층 구조에 부여됨을 강조하는 관점과 행위자인 공무원 개인의 책임으로 치환되어야 함을 강조하는 관점이 상호 대비된다. 두 관점은 주로 상급자의 지시를 받는 공무원에게 자신의 행위에 대한 판단의 책임이 있는지, 바꿔 말해 행정책임의 개인화가 가능한지의 여부에 관해 견해를 달리한다. 위계구조 속 익명의 관료가 독립된 판단 주체로서 책임의 주체가 될 수 있는지, 아니면 위계를 따라서 명령을 발한 상사 혹은 조직 전체가 책임의 주체가 되는지가 쟁점인 것이다. 일반적으로 공무원 책임의 성격에 있어 법적 책임을 강조하는 입장은 계층적 책임의 관점을, 윤리적 책임을 강조하는 입장은 개인적 책임의 관점을, 각각 지지한다고 할 수 있다(박천오, 2016).

계층적 책임의 관점에서는 공무원은 익명의 관료여야 하고 그의 직무상 행위는 조직을 대신한 행위라고 할 수 있으므로, 그의 행위 및 그 결과에 대한 책임은 해당 행위가 불법이 아닌 한 상위 계층이나 조직 자체에 부여된다(Stewart, 1985). 계층적 책임의 근거는 크게 두 가지이다. 하나는 대부분의 행정활동이 여러 조직과 다수의 공무원에 의한 집단 활동으로 구성되어 있어 특정 활동에 대한 특정 공무원 개인의 기여 수준을 가려내기 쉽지 않다는 것이다(problem of many hands). 다른 하나는 공무원의 활동은 통상 공직사회에서 오랜 시간에 걸쳐 형성된 관행에 영향을 받으므로, 특정 공무원의 행위 및 그 결과에 대한 책임을 공무원 개인에게 부과하는 것이 적절치 않다는 것이다(Thompson, 1987/1999: 93-96).

계층적 책임 하에서는 개인화될 수 없는 책임은 집단 전체 혹은 의사결정의 권한을 보유한 조직 위계의 최상부가 진다. 고위직이 조직의 결정 권한을 행사하고 그 결과에 대한 책임이 있으며, 지휘·감독을 받는 부하들은 계층적 통제 아래 놓이며 상관의 지시를 충실히 이행하면 책임을 다하는 것이 된다. 이는 공무원이 자유의지에 의해서가 아니라 조직에서 요구된 행위를 하는 것이므로 해당 행위에 대해서는 법적 책임은 물론 윤리적 책임도 없다는 논리이다(Stewart, 1985: 489). 고위직의 책임 이행은 선출직 공직자나 유권자인 시민의 제재에 의해 확보된다(Finer, 1941).

〈표 1〉 공무원 책임의 대비와 책임의 경도 행태

	객관적 속성	주관적 속성
책임의 성격	법적 책임 – 위법 행위를 하지 않을 의무 – 법에 요구된 행위를 할 의무 [경도된 행태] 목표대치, 침묵, 법적 무사안일	윤리적 책임 – 위법하지 않으나 부당할 행위를 피할 의무 – 법적 의무를 넘어선 옳은 행위를 할 의무 [경도된 행태] 자기도취
책임의 소재	계층적 책임 – 상관의 지시에 충실할 의무 – 지시 불응시 계층적 제재 수용 – 행위결과는 조직 최고관리자가 궁극적 책임 [경도된 행태] 가치판단 배제, 기회주의, 계층적 무사안일	개인적 책임 – 직무수행에 관한 자율적 판단과 선택의무 – 의무 불이행시 내면적 제재와 외부적 비난 수용 – 행위결과는 개인이 궁극적 책임 주체 [경도된 행태] 조직책임 저해

그러나 계층적 책임론에 따라 공무원의 행위와 관련된 책임이 조직 최고관리자에게만 있다고 한다면, 부당한 행위를 한 공무원에게 면죄부를 주는 결과를 초래할 수 있다(Thompson, 1980). 개인적 책임론에 의하면 공무원은 관료제의 계층적 구조 하에서 행한 자신의 행위 및 그 결과에 대해 적어도 윤리적 책임이 있고 그로 인해 외부로부터 비난을 받을 수 있게 된다. 조직의 최고책임자가 지는 계층적 책임과 별도로, 공무원이 조직 내에서 법규와 지시에 따른 자신의 행위에 대해 윤리적 책임을 면할 수 없는 것은 공무원의 직무수행에는 공무원 자신의 판단과 선택의 여지가 언제나 있기 때문이라고 한다(Dobel, 1990: 357-358; Stewart, 1985: 489).

Ⅲ. 공무원 책임 이행의 경도성과 관련 행태

1. 공무원 책임 이행의 경도성

관료제는 법과 조직위계에 대한 책임을 전면화하는 구조인 동시에 운영 원리이므로, 공무원은 법규를 준수하고 상관의 지시에 따르는 법적 책임과 계층적 책임의 이행에 경도될 가능성이 크다. 그간의 많은 반관료제(anti-bureaucracy) 연구들이 지적한 관료제 병리현상도 바로 이러한 법적 · 계층적 책임에 편향된 부정적 행태였다(Merton, 1940; Bennis, 1970; Osborne & Plastrik, 1997).

실제로 공무원들 사이에서는 객관적 법규와 상관의 지시를 따라야 할 법적 · 계층적 책임의 이행은 필수적인 것으로 인식되는 반면, 내면화된 가치에 입각하여 공익을 실현할 윤리적 · 개인적 책임의 이행은 추가적이고 부차적인 것으로 인식되어 왔다(Thompson, 1980; Young, 2011). 이는 무엇보다 윤리적 책임과 개인적 책임을 불이행할 시에 공무원 스스로 양심의 가책을 받는 데 그치는 것과 달리, 법적 책임과 계층적 책임의 불이행에 대해서는 직접적인 외적 통제가 수반되기 때문이라고 할 수 있다(Finer, 1941). 더욱이 한국의 공직사회에는 위계질서와 지배복종 관계를 중시하는 권위주의적 행정문화, 실리와 내용보다 명분 · 형식 · 절차 등을 중시하는 형식주의 행정문화, 지배복종이나 우열관계에 기초한 사회적 층화와 계층질서를 중시하는 계서주의 행정문화 등이 여전히 자리 잡고 있어, 공무원들이 법적 · 계층적 책임이행에 치중할 가능성이 더 크다고 할 수 있다.

관료제 구조 속에서 공무원이 윤리적 책임과 개인적 책임에 경도된 행태를 보일 가능성은 크지 않지만, 공무원이 전문성에 힘입어 자의적 행태가 나타날 가능성이 전혀 없는 것은 아니다. 전문적 기준에만 의존한 직무 수행에 치중하거나 개인적 확신이나 신념에 근거한 편향된 직무행태를 보일 수 있기 때문이다. 특히 한국의 경우 과거 개발연대의 관주도 발전국가 경험은 관료 나르시시즘이 나타날 수 있는 좋은 토양이 될 수 있다. 이 시기 권위주의 정권이 주도했던 국가발전 과정에서 공무원들의 능력과 헌신이 빛을 발하였고, 공무원이 가졌던 이때의 자부심이 오늘의 민주사회에서도 남아 있을 가능성이 없지 않다(이병량, 2014). 한국 공무원들이 정치인들과 정당정치를 불신하면서 정책과정에서 공익을 판단 · 실현하고 국가발전을 주도하는 것이 자신들의 주된 역할이라는 인식을 나타내었다는 연구결과(박천오, 2003)나 공무원이 자신의 공적인 직무와 직위에 비해 스스로의 역할 범위를 과도하게 인식한다는 연구결과(한승주, 2013) 등은 한국 공무원이 개인적인 판단에 따른 편향된 책임 이행 행태를 보일 가능성을 암시한다.

2. 경도된 책임 이행에 기인된 공무원 행태

공무원은 직무수행에 있어 복수의 책임 간 상충 가능성을 인식하면서, 책임 이행에 균형을 기해야 한다(Etzioni-Halevy, 1983/1990: 126; 임의영, 2014; 주재현 · 한승주, 2015). 어느 한 쪽 책임의 이행이 우선시되지 않고 양 책임 간 균형이 요구되는 것이다. 공무원의 책임 이행이 법적 · 계층적 책임이나 윤리적 · 개인적 책임 어느 한 쪽으로 과도하게 치우칠 경우, 공익 추구를 저해하는 여러 부정적 행태가 나타날 수 있기 때문이다(<표 1>(102면) 참고).

공무원이 법적 책임의 이행에 치우치면 법규에 대한 형식적 순응에 치중할 뿐 자신이 수행하는 업무의 근본목적을 의식하지 않는 목표대치(goal displacement) 현상, 법적 책임이 아닌 일은 되도록 하지 않으려는 보신주의와 무사안일 풍조나 공무원이 스스로 인지한 소속 조직의 여러 문제들에 대해 자신의 법적 책임이 아니라는 이유로 침묵하는 것과 같은 부정적인 행태를 초래함으로써 보다 높은 수준의 공무원 윤리 실천을 저해할 수 있다(Merton, 1940; Lewis & Catron, 1996: 703; Van Dyne et al., 2003; 최승범, 2002).

공무원이 윤리적 책임이행에만 치중하여도 문제는 있다. 윤리적 책임은 공무원 개인의 도덕적 의무감에 기초한 자기성찰적인 특성(self-reflective character)을 지닌 탓에, 자기도취증(narcissism)과 '의사 자기직관'(pseudo self-insight)에 빠져, 자의적으로 행동하거나 합법적 권위를 부정하는 행태들 나타냄으로써, 민주주의의 기본 취지와 정치적 책임 원리에 위배되는 결과를 낳을 수 있기 때문이다. 공무원이 상관의 지시에 충실하지 않고 독자적인 판단을 내세울 시에 관료제의 계층적 질서 자체가 와해될 우려도 있다(Denhardt, 1991: 118).

공무원이 계층적 책임의 이행에 치중하면 공적 마인드(public-mindedness)와 윤리적 책임 의식이 약화되어 공익 추구를 위한 자발적 노력을 게을리 하는 행태가 나타날 수 있다(Petter, 2005: 203; Cooper, 1987). 위로부터 명백한 내용의 지시가 주어지지 않는 한 아무 일도 하지 않는 기회주의(opportunism)에 빠질 우려도 없지 않다. 기회주의는 자신들의 판단과 책임을 상관의 판단에 무조건 종속시키는 아부적 복종(sycophantic obedience) 행위를 낳을 수 있다(Harmon, 1990: 140; Dobel, 1990: 357).

또한 공무원이 개인적인 책임의 이행에 치우치면 개인의 양심과 판단을 앞세워 상부나 조직의 상관이 부여한 지시에 충실해야 할 조직책임(organizational responsibility)의 이행을 소홀히 하는 행태가 나타날 수 있다(Cooper, 1982: 157).

근래 집중되고 있는 한국 공무원의 안이함에 대한 비판은 법적 · 계층적 책임에 경도된 공무원 행태에 대한 것이라고 할 수 있다(윤견수 · 김순희, 2013). 법적 · 계층적 책임 이행을 강조하는 조직문화가 지배적인 한국 관료제에서 윤리적 · 개인적 성격의 책임 이행을 공무원 개인에게 기대하기는 쉽지 않지만, 공무원은 시민의 수탁자(fiduciaries)로서 직무 수행에 있어 공익에 기초한 판단과 행동을 할 의무가 분명 있는 것이다(Buchanan, 1996: 427).

윤리적 · 개인적 책임의 이행을 간과하는 행태는 공무원 개인적 요인(개인의 성격 유형, 공직가치관 등)에 기인될 수도 있지만(Perry & Wise, 1990; Winter et al., 2004), 조직의 문화, 윤리풍토, 관리기술 등 조직적 · 제도적 측면의 요인들에서 비롯되는 경우가 더 많다고 할 수 있다(Rothwell & Baldwin, 2006). 때문에 공무원 개인의 높은 윤리 의식이 기반되고, 동시에 조직적 풍토와 제도적 여건이 조성되어야만, 공무원이 윤리적 행정, 반성적 자아가 작동하는 행정을 추구할 수 있을 것이다. 현재 한국 정부는 공무원의 공직관이 올바르게 형성 · 작동될 수 있도록 교육을 강화하고 공무원 임용시험에 변화를 주려는 움직임을 보이고 있다(Berman & West, 2006; Hassen & Wright, 2014; 이상범 · 박홍식, 2013).

그간 공무원의 책임에 관한 국내 연구들이 소수에 불과하며 내용 면에서도 대부분 서구의 이론적 틀을 소개하거나 공무원의 책임의식 결여 문제를 단편적으로 다루는 데 그치고 있고, 실증 연구는 더욱 찾기 어렵다. 이 점을 보완하고자 이 연구에서는 한국 지방공무원의 편향된 책임 이행 패턴과 그에 기인된 부정적 행태를 나름의 조사 설계에 기초하여 실증적으로 진단한다.

Ⅳ. 공무원 책임 인식에 관한 실증조사

1. 조사의 초점과 방법

이 연구에서는 한국 지방공무원들의 편향된 책임 이행의 현 주소와 그 원인 및 개선 가능성을 실증적으로 진단하기 위해, 수도권의 기초지방자치단체인 K시를 선정하여 소속 공무원들을 대상으로 관련 인식을 묻는 설문조사를 실시하였다.

2016년 5월 한 달 동안 총 615명의 설문조사 표본을 확보였으며, 인구통계학적 분포는 아래의 <표 2>와 같다. 성별 분포에 있어서는 남성의 비중이 상대적으로 더 많으며, 연령대는 30, 40, 50대가 비교적 고르게 분포되어 있다. 직급은 6, 7, 8급이 중심이며, 근무 연수는 21년 이상 집단이 다소 많은 데 비해 다른 집단은 고르게 분포된 편이다. 소속과 직군에 있어서는 주로 본청과 구청에 근무하며 행정직군이 대부분이다.

〈표 2〉 응답자의 인구통계학적 분포

구분	세부 구분	빈도	비중(%)
성별	남성	395	64.2
	여성	216	35.1
	무응답	4	0.7
연령대	20대	22	3.6
	30대	163	26.5
	40대	216	35.1
	50대	214	34.8
직급	4급이상	18	2.9
	5급	109	17.7
	6급	136	22.1
	7급	175	28.5
	8급	124	20.2
	9급	53	8.6

구분	세부 구분	빈도	비중(%)
근무 연수	5년 이하	96	15.6
	6－10년	85	13.8
	11－15년	78	12.7
	16－20년	85	13.8
	21년 이상	268	43.6
	무응답	3	0.5
소속	본청	234	38
	의회	13	2.1
	직속기관	8	1.3
	사업소	98	15.9
	구청	201	32.7
	동 주민센터	54	8.8
	무응답	7	1.1
직군	행정직군	390	63.4
	기술직군	203	33
	기타	3	0.5
	무응답	19	3.1

설문을 통해 조사된 항목은 <표 3>, <표 4>와 같다. <표 3>의 항목들은 지방공무원이 어느 한 책임 이행에 경도됨으로써 발생될 수 있는 부정적 행태가 공무원들 사이에 확산되는 정도를 묻는 질문들로 구성되어 있다. 이러한 질문에 대한 응답을 통해 해당 부정적 행태와 관련된 책임 이행의 경도성 정도를 파악하고자 하였다.

구체적으로 '선생님은 다음과 같은 행태들이 소속 기관 공무원들 사이에 어느 정도 확산되어 있다고 판단하십니까?'를 묻고, 법적 · 계층적 책임의 이행에 치중된 데서 비롯될 수 있는 부정적 행태들과 윤리적 · 개인적 책임 이행에 치중된 데서 비롯될 수 있는 부정적 행태에 관한 항목들을 제시하였다. 그리고 응답자들에게 이들 행태가 소속된 조직에 얼마나 확산된 것으로 인식하는지를 5점 척도로 평가하도록 하였다. 법적 책임 이행의 치중에서 비롯되는 부정적 행태로 목표대치, 침묵, 규정에 의지하는 무사안일에 해당하는 세 문항을 제시하였고, 계층적 책임 이행에 치중된 데서 비롯되는 부정적 행태로는 가치판단의 배제, 기회주의, 계층적 무사안일의 세 문항을 제시하였다. 윤리적 책임의 이행에 편중된 데서 비롯되는 행태로는 자기도취를, 개인적 책임 이행에 편중된 데서 비롯되는 부정적 행태로는 조직책임 수행 저해를 각각 제시하였다. 응답자들은 이들 부정적 행태가 소속 조직 공무원들 사이에 확산된 정도에 관한 동의 정도를 나타내었다. <표 3>의 문항들은 Petter(2005), Gregory(2007), Lewis & Catron(1996), Van Dyne et al.(2003), Cooper(1982)와 같은 학자들의 연구에서 도출하였다.

〈표 3〉 경도된 책임 이행에 기인된 부정적 행태에 관한 조사 설계

구분	범주	하위범주	해당 문항	신뢰도2)
객관적 책임인식	법적 책임 이행 편향에서 비롯된 부정적 행태	목표대치	1) 법을 형식적으로 준수할 뿐, 자신이 수행하는 업무의 근본목적을 의식하지 않는 행태	0.878
		침묵	2) 스스로 인지한 소속 조직의 여러 문제들에 대해 자신의 법적 책임이 아니라는 이유에서 침묵하는 문제	
		법적 무사안일	3) 최소한의 법적 의무만 이행하고 공익추구에서 적극성을 보이지 않는 행태	
	계층적 책임 이행 편향에서 비롯된 부정적 행태	가치판단의 배제	1) 업무관련 판단과 책임을 상관에 종속시키고 자신이 연루된 정책결과 등에 대해 관심을 가지지 않는 행태	0.844
		기회주의	2) 개인적 이득을 위해 상관에 대해 아부적 복종을 하는 행태	
		계층적 무사안일	3) 상관의 지시만을 최소한 이행하고 공익추구에 적극성을 보이지 않는 행태	
주관적 책임인식	윤리적 책임 이행 편향에서 비롯된 부정적 행태	자기도취	1) 개인적 가치관이나 편협한 전문성을 앞세워 합법적 권위를 부정하는 행태	–
	개인적 책임 이행 편향에서 비롯된 부정적 행태	조직책임저해	1) 업무수행에서 기관장 등의 판단을 대체하는 판단을 하는 행태	–

<표 4>의 첫 번째 항목은 <표 3>의 부정적 행태가 확산된 원인에 관한 것으로서, '선생님께서는 지방공무원들이 위에서와 같은 부정적 행태를 나타낸다면 그 원인이 어디에 있다고 생각하십니까?'라는 질문을 제시하고, 개인적 측면의 윤리의식 및 목표인식의 미흡의 요인과, 조직적 측면의 리더십과 조직문화, 제도적 측면의 성과평가, 보상, 제재, 인사관리 등의 요인의 중요성에 대하여 5점 척도로 평가하도록 하였다.

<표 4>의 두 번째 항목은 지방공무원이 책임 이행에 균형을 기하고 경도된 책임 이행에서 비롯되는 부정적 행태를 지양하게 하는 효과적 방안을 묻는 질문들로 구성되었다. 이들 질문은 공무원의 공직관 제고를 통해 경도된 책임 이행 및 관련 부정적 행태를 완화시킬 수 있는 방안의 효과성에 관한 문항이라고 할 수 있다. 구체적으로 '선생님께서는 스스로 다음 각 진술에 대해 얼마나 동의하십니까?'라고 질문한 후, 공무원교육원 교육, 윤리헌장, 고위직에 의한 관리방식을 제시하며 그 효과성을 물었고 응답자들은 이에 대한 동의 정도를 평가하였다. <표 4>의 문항들 가운데 부정적 행태의 원인에 관한 문항은 Perry & Wise, (1990), Winter et al.(2004), Rothwell & Baldwin(2006) 등의 연구에서, 공직관 강화와 관련된 문항들은 Berman & West(2006), Hassan & Wright(2014) 등의 연구에서 각각 도출하였다.

〈표 4〉 경도된 책임 이행에 기인된 부정적 행태의 원인과 공직관 강화 방안에 관한 조사 설계

구분	범주	하위범주	해당 문항	신뢰도[3]
부정적 행태의 원인에 관한 인식	개인적 요인	윤리의식	1) 공무원 개인의 윤리의식 부재	0.636
		목표인식	2) 조직 목표의 인지 부족	
	조직 요인	리더십	1) 관리자의 역할 부재	0.586
		조직문화	2) 부적절한 조직문화	
	제도적 요인	성과평가	1) 미흡한 성과평가 시스템	0.796
		보상	2) 부적절한 보상체계	
		인사관리	3) 인사관리 시스템 부재	
		제재	4) 무사안일에 대한 제재 미흡	

2) 범주별로 제시된 문항 간의 신뢰도(reliability)는 크론바흐 알파 값으로 계산되었다.

3) 범주별로 제시된 문항 간의 신뢰도(reliability)는 크론바흐 알파 값으로 계산되었는데, 대부분이 α

공직관 강화 방안에 관한 인식	공무원 윤리의식 강화 방안에 관한 인식	공무원 교육원	1) 공무원교육원의 교육은 올바른 공직관을 가지는 데 도움이 되고 있다	–
		윤리헌장 등	2) 공무원윤리헌장, 공무원신조, 공무원복무선서 등은 올바른 공직관을 가지는 데 도움이 되고 있다	–
		관리행태	3) 기관장이나 고위관리자의 관리방식이 하급자들이 올바른 공직관을 가지는 데 도움이 되고 있다	–

<표 3>과 <표 4>의 응답결과는 모두 5점 척도(1, 전혀 동의하지 않음; 5 매우 동의함)로 평가하였으며, 범주별로 제시된 문항의 수는 차이가 있으나 각 범주의 평균값을 결과의 비교분석에 활용하였고, 빈도분석 및 평균 비교, F 검증 등을 실시하였다.

2. 분석 결과

1) 경도된 책임 이행에 기인된 부정적 행태의 확산에 관한 인식

(1) 편향된 책임 이행에 기인된 병리현상 확산에 관한 인식

<표 5>는 법적 책임, 계층적 책임, 윤리적 책임, 개인적 책임 이행에 각각 경도되었을 때 나타나는 부정적 행태가 지방공무원들 사이에 확산된 정도를 보여준다. <표 5>는 ① 법적 책임의 이행에 경도될 때 나타나는 목표대치, 공무원의 침묵, 법적 무사안일의 행태가 조직에 확산된 정도, ② 계층적 책임의 이행에 경도될 때 나타나는 가치판단의 배제, 기회주의, 계층적 무사안일의 행태가 조직에 확산된 정도, ③ 윤리적 책임의 이행에 경도될 때 나타나는 자기도취 행태가 조직에 확산된 정도, ④ 개인적 책임의 이행에 경도될 때 나타나는 조직책임 이행 저해 행태가 조직에 확산된 정도를 각각 보여 줌으로써, 공무원이 이들 각각의 책임 이행에 치중하는 정도를 추측할 수 있게 한다. 범주별 부정적 행태가 얼마나 소속 조직에 나타나는지에 대한 동의 정도를 조사한 구체적 결과는 다음과 같다.

전반적으로 부정적 행태의 확산에 보통 이하로 동의하는 가운데, 목표대치(평균

값 0.6기준을 충분히 상회하고 있으나, 부정적 행태의 조직 측면 귀인(조직귀인)이 0.586으로 미치지 못하여 한계가 있음을 밝힌다. 제시된 항목이 이론적 논의에 근거하여 도출된 것이며 이 연구가 개념구성을 목적으로 하지 않는다는 점 등을 감안하였다.

2.55), 침묵(평균 2.82), 법적 무사안일(평균 2.75) 등 법적 책임 이행에 경도된 데서 비롯된 부정적 행태(합계 평균 2.70)가 다른 차원의 책임 이행에 경도된 데서 비롯된 부정적 행태에 비해 가장 높게 인식되었다. 가치판단의 배제(평균 2.55), 기회주의(평균 2.71), 계층적 무사안일[4](평균 2.63)과 같이 계층적 책임 이행에 경도된 데서 나타나는 부정적 행태는 합계 평균 2.63이었다. 개인적 책임 이행에 경도된 데서 비롯된 부정적 행태인 자기도취의 확산에 대한 인식은 평균 2.49로 상대적으로 낮게 나타났고, 개인적 책임의 이행에 치중하는 데서 비롯된 부정적 행태인 조직책임 이행 저해 행태에 대한 인식은 평균 2.55에 그쳤다.

동의 비중을 살펴보면, 모든 문항에서 '보통'에 응답한 비중이 매우 많은 가운데,[5] 동의한다'와 '매우 동의 한다'에 응답한 것을 합친 비중은 <표 5>와 같다. <표 5>를 통해 법적 및 계층적 책임 편향의 부정적 행태가 윤리적 및 개인적 책임 편향의 부정적 행태에 비해 상대적으로 높은 비중으로 나타남을 알 수 있다.

〈표 5〉 경도된 책임 이행에 기인된 부정적 행태의 확산 정도

범주	하위 범주	평균		표준편차	동의 비중[6]
법적 책임 편향	목표대치	2.55	2.70	.854	11.5% (51.3)
	침묵	2.82		.922	20.6% (61.9)
	법적 무사안일	2.75		.910	19.2% (60.6)
계층적 책임 편향	가치판단의 배제	2.55	2.63	.873	11.8% (50.8)
	기회주의	2.71		1.02	21.7% (55.4)
	계층적 무사안일	2.63		.930	15.6% (54.9)
윤리적 책임 편향	자기도취	2.49		.846	9.1% (48.1)
개인적 책임 편향	조직책임 이행 저해	2.55		.892	11.4% (51.7)

한편 조직에 관한 자기인식 평가이므로 부정적 평가를 꺼려했을 점을 감안하

4) 경도된 법적 책임의 병리현상인 무사안일은 최소한 법적 의무 이행 태도로, 경도된 계층적 책임의 병리현상인 무사인일은 상관의 지시만을 이행하는 태도로 질문을 차별화하였다.
5) 조직에 관한 자기인식 평가이므로 부정적 평가를 꺼려 중간 점수인 '보통' 문항에 응답하는 편향이 나타난 것으로 추론된다.
6) 괄호 안 수치는 '보통(3점)'에 응답한 것까지 모두 합한 비중이다.

여 중립 의견을 동의 의견으로 포함한 비중을 살펴보면(<표 5> 동의 비중의 괄호 안 숫자), 응답자의 약 60% 정도가 법적 책임의 이행에 치중된 데서 비롯된 부정적 행태를 인식하였다. 이러한 응답 결과는 다수 지방공무원들이 소속 기관에서 구성원들이 법적 의무의 이행에 주로 치중하는 경향이 있음을 시사한다.

그림 1 **부정적 행태 확산에 근거한 책임 이행의 불균형**

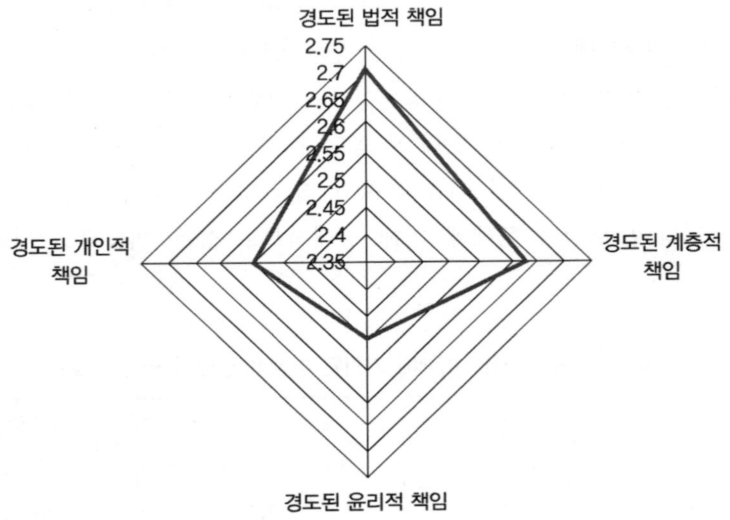

한편, 개인적 특성에 따라서 다소간의 응답 차이를 보였는데 책임별로 차이가 있으나 대체로 연령대, 근무연수, 직급이 높을 때 특정 책임의 이행에서 비롯되는 부정적 행태에 관한 인식이 상대적으로 낮은 경향이 나타났다. 통계적으로는 근무연수가 높은 경우 모든 책임에서 경도된 행태 인식이 낮은 편이었으며($p<0.05$), 연령대가 높은 경우는 법적 책임에 경도된 행태 인식이 비교적 낮은 경향이($p<0.1$), 고위 직급인 경우는 계층적 및 개인적 책임에 경도된 행태 인식이 비교적 낮은 경향이($p<0.1$) 드러났다(<부록 1>(122면) 참고). 이는 경도된 책임 이행에 따른 조직의 병리 현상이 하위직, 젊은 공무원에게 더 심각하게 인식되는 것으로 추정될 수 있다. 이들의 경우, 상대적으로 업무 재량이 적고 지시를 받는 위치에 있을 가능성이 높으므로 자신의 판단을 실행하거나 이견을 표현하기 힘들 것이다. 때문에 이러한 상황을 법규와 명령복종을 지나치게 강조하는 부당한 조직문화로 인식할 가능성이 있을 것으로 해석된다. 앞서 살펴본 대로 한국의 공직사회에는 위계질서를 중시하는 권위주의적 행정문화와 명분과 형식을 중시하는 형식주의 행정문화가 지배적이라고 평가되고 있으므로, 입직한 지 오래되지 않아 젊거나 직급이 낮은 공무원일수록 이러한 조직문화 및 관행을 부정적으로 인식할 가능성이 큰 것이다.

(2) 부정적 행태의 원인에 관한 인식

공무원이 책임 이행과 관련된 부정적 행태를 보이는 원인(경도된 책임 이행 행태를 보이는 원인)을 개인 차원(윤리의식 및 목표인식), 조직 차원(리더십 및 조직문화), 제도 차원(평가 및 보상제도)의 요인들로 나누어 제시하고 이에 관한 인식을 조사한 결과, 다음과 같이 나타났다.

윤리의식 부재나 목표인식 부족 등 개인 차원의 요인들에 기인된 경우(평균 3.36)보다 리더십 부재나 조직문화 부적절 등 조직 차원의 요인들에 기인된 경우(평균 3.54)와 인사관리 부재나 보상 · 성과 · 제재 등 제도 차원의 요인들에 기인된 경우(평균 3.48)가 상대적으로 더 높게 나타났다. 하위 요인별로 보면 인사관리 시스템의 부재(3.61), 부적절한 보상체계(3.57), 관리자의 역할부재(3.56) 등이 주요 원인으로, 꼽혔고 목표인식 부족(3.37), 윤리의식 부재(3.34), 무사안일 등에 대한 제재 미흡(3.3) 등에 대한 동의 수준은 상대적으로 낮았다.

전체적으로 응답자들은 공무원 개인의 도덕적 해이보다는 조직 및 제도적 요인이 병리현상의 주된 원인이라고 인식하고 있었다. 개인적 특성에 따른 원인 인식은 대체로 높은 연령대, 높은 직급, 높은 근무 연수 집단에서 개인적, 조직적, 제도적 원인의 중요도를 모두 높게 인식하는 경향을 보여서($p<0.05$) 원인별 중요도 차이가 나타나지는 않았다.[7)]

불균형적 책임 이행의 원인에 대한 인식과 앞서의 부정적 행태의 확산에 대한 인식 간 관계를 살펴보면, 법적, 계층적, 윤리적, 개인적 책임 이행에 편향된 데서

---

7) 연령대는 개인적 원인은 50대와 20대, 30대, 40대 사이에서, 조직적 원인은 50대와 20대, 40대 사이에서, 제도적 원인은 50대와 20대, 40대 사이에서 유의하였다. 직급에 따른 개인적 원인 인식은 4급을 제외한 모든 직급이 유의하게 나타났으며, 조직적 원인은 5급과 8급 사이에서 유의했다. 근무연수에 따른 개인적 원인 인식은 5년 이하와 21년 이상, 6-10년과 21년 이상 집단이, 조직적 원인 인식은 5년 이하와 11-15년, 6-10년과 11-15년 집단이, 제도적 원인 인식은 5년 이하와 21년 이상 집단이 유의미하게 나타났다($p<0.05$).

비롯된 행태에 대한 인식과 조직 및 제도적 원인에 대한 인식이 통계적으로 유의미하게 나타났고($p<0.01$), 개인적 원인에 대한 인식과는 통계적 유의미성이 나타나지 않았다(<표 7> 참조). 모든 책임 범주에서 이행의 편향성에서 기인된 부정적 행태가 심각하다고 인식할 때 조직적 및 제도적 원인들이 더 강조된 것이다. 상관계수의 정도를 비교하면 계층적 책임 이행의 편향성을 심각하게 인식하는 경우와 조직적·제도적 요인에 기인된 경우의 상관성이 약간 더 높았다. 부정적 행태의 심각성은 개인의 윤리의식이나 목표인지의 부족보다는 조직의 윤리풍토나 제도적 관리의 문제로부터 발생한다는 인식을 재차 해석할 수 있었다. 이러한 응답결과는 문제의 원인을 개인에게 찾으려하기보다 외부 구조나 제도에 귀인하려는 심리적 편향의 결과일 가능성을 배제할 수는 없으나, 공무원의 개인적·윤리적 책임 인식을 강화하기 위해서는 조직적·제도적 요인들의 영향력이 상당히 중요하므로(Rothwell & Baldwin, 2006), 이들 요인에 관한 체계적 관리가 우선적으로 이루어져야 함을 시사하는 응답결과라고 할 수 있다.

〈표 6〉 경도된 책임 이행에 기인된 부정적 행태의 원인 인식

범주	하위 범주	평균		표준편차
개인적 요인	윤리의식 부재	3.34	3.36	1.00
	목표인식 부족	3.37		.886
조직적 요인	리더십 부재	3.56	3.54	.944
	조직문화의 부적절성	3.53		.856
제도적 요인	성과평가 미흡	3.43	3.48	.918
	보상 부적절	3.57		.923
	인사관리 부재	3.61		.903
	제재 미흡	3.30		.950

〈표 7〉 경도된 책임 이행에 기인된 부정적 행태 원인의 상관관계[8)]

	법적 책임 편향	계층적 책임 편향	윤리적 책임 편향	개인적 책임 편향
개인적 요인	−.009	.052	.011	.040
조직적 요인	.173 (.000)	.207 (.000)	.141 (.000)	.161 (.000)
제도적 요인	.126 (.002)	.212 (.000)	.172 (.000)	.139 (.001)

2) 지방공무원의 공직관 개선 방안의 효과성에 관한 인식

<표 8>의 응답 분석 결과에서 보듯이, 응답자들은 제시된 세 가지 방안의 효과성에 대해 보통을 상회하는 수준의 긍정적인 인식을 나타내었다. 공무원 교육이 공직가치 향상에 가장 도움이 되는 것으로 나타났고(평균 3.52), 공무원 윤리헌장, 공무원신조, 공무원 복무선서 등이 상대적으로 낮게 인식되었다(평균 3.14).

특히, 개인적 특성에 따른 공무원 교육의 효과에 관한 응답에서 높은 직급, 높은 연령대, 높은 근무 연수 집단이 더 긍정적인 인식을 나타내고 있는데($p<0.05$), 공무원 교육을 많이 경험한 집단이 교육의 효과를 높게 평가했다는 점에서 실질적 교육 효과를 긍정적으로 추론할 수 있을 것이다.[9)]

이러한 응답결과는 공무원의 공직관을 개선하기 위한 체계적 노력이 뒷받침된다면 적어도 공무원 개인의 윤리관 결여에서 비롯되는 책임 이행의 경도성을 어느 정도 완화시킬 수 있을 것이란 점을 시사한다.

〈표 8〉 공직관 개선 방안의 효과성에 관한 인식

	공무원 교육의 강화	공무원 윤리헌장의 제정	관리자의 관리방식 개선
평균	3.52	3.14	3.38
표준편차	.926	1.052	1.040

8) Pearson 상관계수. 괄호 안은 유의확률이며 유의수준 $p<.01$에서 모두 유의하나 전체적으로 상관관계가 높은 수준은 아니며, 앞서 밝힌 대로 조직적 요인의 하위 범주는 문항 간 신뢰도가 낮으므로 조직적 요인과의 책임 편향 간 관계의 해석은 한계가 있다.

9) 연령대는 20대와 50대, 30대와 50대, 40대와 50대 사이에서, 직급별로는 4급과 8급, 5급과 8급, 6급과 8급에서, 근속년수에서는 5년 이하와 21년 이상, 6-10년과 21년 이상 집단 사이에서 통계적으로 유의미하게 나타났다($p<0.05$).

V. 결 론

공무원은 직무수행에 있어 다양한 책임들 간 상충성을 인지하면서 이들 책임 간에 균형을 기하고자 노력해야 한다. 그러나 현실에서 공무원은 특정 책임의 이행에 불균형적으로 치중함으로써 다양한 부정적 행태를 빚을 가능성이 크다. 이와 관련하여 이 연구에서는 K시 지방공무원들을 대상으로 한 인식조사를 통해 지방공무원이 치중하는 책임의 성격과 소재, 그 원인과 개선 방향 등을 진단하였다.

이 연구의 조사결과는 다음과 같이 요약될 수 있다. 지방공무원들은 법적·계층적 책임 이행에 경도되어 있어 그에 따른 다양한 부정적 행태가 야기된다는 인식을 지니고 있었다. 지방공무원들은 특정 책임의 이행에 경도되는 원인이 공무원들 자신과 관련된 개인적인 요인들보다는 인사관리, 보상, 관리자의 역할 등 조직적·제도적 요인들의 결함에 있는 것으로 인식하였다. 이러한 응답결과는 지방공무원들의 여러 성격의 책임 이행에 균형을 기하려면 공무원들의 윤리의식이 강화되어야 하는 것은 물론, 조직적·제도적 측면의 뒷받침이 필요함을 시사한다. 이 연구는 전자와 관련하여서는 공무원 교육의 강화, 윤리강령 제정, 고위직의 관리방식 개선 등이 어느 정도 효과를 거두는 것으로 조사되었다.

한편, 연령, 직급, 근속년수 등 인적 특성에 따라 책임성에 관해 약간의 인식 차이를 보였는데, 대체로 불균형적 책임 이행에서 비롯된 부정적 행태의 심각성에 대한 인식은 상대적으로 약한 것으로 나타났다. 인과성 분석이 아닌 집단 간 평균 비교 결과이므로 신중한 추론이 필요하지만, 개인적 판단이 요구되는 업무 상황에 많이 직면하기보다는 법규와 상관의 지시를 루틴하게 실행하는 업무를 주로 맡고 있는 낮은 직위, 젊은 연령층의 공무원들은 법적·계층적 책임에 대한 문제 인식이 상대적으로 높은 것으로 해석된다.

이상의 응답결과는 현재 지방공무원들이 법적·계층적인 책임 이행의 소극적 수준에 그칠 뿐 공익실현을 위한 적극적인 성격의 윤리적·개인적 책임 이행을 소홀히 하고 있고, 이로 인해 적지 않은 부작용이 발생되고 있으므로 이 문제를 시정하기 위한 정책적·관리적 차원의 노력이 요구됨을 시사한다. 다만 연구가 특정 기초자치단체 소속의 제한된 수의 지방공무원들을 대상으로 실증조사를 실시한 관계로, 표본의 대표성에 한계가 있고, 부정적 책임 행태의 측정 과정에서 문항의 타당성 및 신뢰성에서도 한계가 있다. 또한 탐색 차원에서 수행된 분석이라 실증분석이 평균비교 및 상관분석 등 상관성 분석에 그치고 인과성에 관한 분석이 진행되지 못하였으므로, 인과성을 분석하고 검증하는 보다 체계적인 후속 연구가 요구된다. 때문에 이 연구의 결과는 향후 보다 체계적인 연구 수행에 방향을 제시하는 정도의 제한된 유용성을 지닌다고 할 수 있다.

참고문헌

김병섭 · 김정인. (2015). 관료 (무)책임성 재해석: 세월호 사고를 중심으로. 박순애 외. 「행정학 사례연구」, 17-43. 서울: 대영문화사.

박천오. (2003). 다원주의적 정치 환경과 한국 관료의 태도. 「행정논총」, 41(4): 23-48.

______. (2016). 한국 공무원의 책임 확장: 법적 · 계층적 책임에서 윤리적 · 개인적 책임으로. 「한국행정학보」, 50(1): 1-25.

엄석진. (2009). 행정의 책임성. 「한국행정학보」, 43(4): 19-45.

윤견수 · 김순희. (2013). 공직의 정체성에 대한 연구: 공무원의 영혼에 대한 내러티브를 중심으로. 「한국행정학보」, 47(1): 1-23.

이병량. (2014). 관료의 나르시시즘 연구. 「정부학연구」, 20(1): 5-34.

이상범 · 박흥식. (2013). 윤리적 리더십이 비윤리 행동의 수용 거부에 미치는 영향. 「한국행정연구」, 22(3): 213-235.

임의영. (2014). 행정의 윤리적 과제: '악의 평범성'과 책임의 문제. 「한국행정학보」, 48(3): 5-25.

주재현 · 한승주. (2015). 공무원의 책임성 딜레마 인지와 대응: 지방자치단체 공무원을 중심으로. 「정부학연구」, 21(3): 1-33.

최승범. (2002). 한국의 지방관료제: 자율, 통제와 책임성. 「한국행정학보」, 36(1): 173-192.

한승주. (2013). 공무원의 주관적 책임성: 지방자치단체 중하위직 공무원의 경험을 통한 탐색. 「한국행정학보」, 47(1): 25-45.

한상일. (2013). 한국 공공부문의 다양화와 새로운 책임성 개념의 모색. 「한국조직학회보」, 10(2): 123-151.

Arendt, H. (1963). Eichmann in Jerusalem. 한나 아렌트. (2006). 「예루살렘의 아이히만」. 김선욱 역. 서울: 한길사.

Bennis, W. G. (1970). American Bureaucracy. Transaction Publishers.

Berman, Evan M. & Jonathan P. West. (2006). Ethics Management and Training. in Norman M. Riccucci, ed. Public Personnel Management: Current Concerns, Future Challengers, 190-203. New York: Longman

Bovens, M. (2005). Public accountability. The Oxford Handbook of Public

Management, 182-208.

______. (2007). Analysing and assessing accountability: a conceptual framework. European Law Journal, 13(4): 447-468.

Buchanan, A. (1996). Toward a theory of the ethics of bureaucratic organizations. Business Ethics Quarterly, 6(4): 419-440.

Cendón, A. B. (2000). Accountability and public administration: Concepts, dimensions, developments. Openness and Transparency in Governance: Challenges and Opportunities, 22-61.

Cooper, T. L. (1982). The Responsible Administrator: An Approach to Ethics for the Administrative Role. Port Washington, N.Y.: National University Publications Kennikat Press.

______. (1987). Hierarchy, virtue, and the practice of public administration: a perspective for normative ethics. Public Administration Review, 47(4): 320-328.

______. (2012). The Responsible Administrator: As Approach to Ethics for the Administrative Role. San Francisco: Jossey-Bass. 테리 쿠퍼. (2013). 「공직윤리」. 행정사상과 방법론 연구회 역. 서울: 조명문화사.

Denhardt, R. B. (1991). Public Administration: An Action Orientation. Pacific Grove, California: Brooks/Cole Publishing Company.

Denhardt, J. V., & R. B. Denhardt. (2007). The New Public Service: Serving, Not Steering. ME Sharpe.

Dobel, J. P. (1990). Integrity in the public service. Public Administration Review, 41(6): 354-366.

Etzioni-Halevy, E. (1983). Bureaucracy and Democracy: A Political Dilemma. London: Routedge & Kegan Paul. 에바 에치오니-할레비. (1990). 「관료제와 민주주의」. 윤재풍 역. 서울: 대영문화사.

Finer, H. (1941). Administrative responsibility in democratic government. Public Administration Review, 1(4): 335-350.

Fox, C. J. & C. E. Cochran. (1990). Discretion advocacy in public administration theory: toward a platonic guardian class. Administration & Society, 22(2): 249-271.

Friedrich, C. J. (1940). Public policy and the nature of administrative responsibility. In C. J. Friedrich & E. S. Mason(eds.), Public Policy: A Yearbook of the Graduate School of Public Administration, 3-24. Cambridge, MA: Harvard University Press.

Graeber, D. (2015). The Utopia of Rules: On Technology, Stupidity, and the Secret Joys of Bureaucracy. Melville House.

Gregory, R. (2007). Accountability in modern government. In B. Guy Peters & John Pierre(eds.), The Handbook of Public Administration, 339-350. Los

Angeles: Sage Publications.

Harmon, M. (1990). The Responsible Actor as "Tortured Soul": The Case of Horatio Hornblower. In H. D. Kass & B. L. Catron(eds), Images and Identities in Public Administration, 151-180. Newbury Park: Sage Publications.

Hart, D. K. & N. K. Grant. (1989). A partnership in virtue among all citizens: the public service and civic humanism. Public Administration Review, 101-107.

Hassan, Shahidul & Bradley E. Wright. (2014). Does Ethical Leadership Matter in Government? Effects on Organizational Committment, Absenteeism, and Willingness to Report Ethical Problems. Public Administration Review, 74(3): 333-343.

Hodgkinson, C. (1978). Towards a Philosophy of Administration. Oxford: Blackwell.

Kaufman, H. (2015). Red Tape: Its Origins, Uses, and Abuses. Brookings Institution Press.

Kernaghan, K. (1974). Codes of ethics and administrative responsibility. Canadian Public Administration, 17(4): 527-541.

Lewis, C. W., & B. L. Catron. (1996). Professional standards and ethics. Handbook of Public Administration, 2: 699-712.

Merton, R. K. (1940). Bureaucratic structure and personality. In W. E. Natemeyer(ed.), Classics of Organizational Behavior, 244-253. Oak Park, Illinois: Moore Publishing Company, Inc.

Mosher, F. C. (1968). Democracy and the Public Service. New York: Oxford University Press.

Osborne, D. & P. Plastrik. (1997). Banishing Bureaucracy. Mass.: Addison Wesley.

Palazzo, G., Krings, F., & U. Hoffrage. (2012). Ethical blindness. Journal of Business Ethics, 109(3): 323-338.

Perry, J. L., & L. R. Wise. (1990). The motivational bases of public service. Public Administration Review, 367-373.

Petter, J. (2005). Responsible behavior in bureaucrats: an expanded conceptual framework, Public Integrity, 7(3): 197-217.

Pops, G. M. (1991). Improving ethical decision making using the concept of justice. In J. S. Bowman(ed.), Ethical Frontiers in Public Management, 261-285.

Radin, B. (2002). The Accountable Juggler: The Art of Leadership in a Federal Agency. CQ Press.

Romzek, B. & M. Dubnick. (1994). Issues of Accountability in Flexible

Personnel Systems. In. P. Ingraham & B. Romzek(eds.), New Paradigms for Government: Issues for the Changing Public Service. San Francisco, CA: Jossey-Bass.

Romzek, B. S., & P. W. Ingraham. (2000). Cross pressures of accountability: initiative, command, and failure in the Ron Brown plane crash. Public Administration Review, 60(3): 240-253.

Rothwell, G. R. & J. N. Baldwin. (2006). Ethical climates and contextual predictors of Whistle-blowing. Review of Public Personnel Administration 26(3): 216-244.

Schillemans, T. (2015). Managing public accountability: How public managers manage public accountability. International Journal of Public Administration, 38(6): 433-441.

Sinclair, A. (1995). The chameleon of accountability: forms and discourses. Accounting, Organizations and Society, 20(2): 219-237.

Stewart, D. (1985). Ethics and the profession of public administration: the moral responsibility of individuals in public sector organizations. Public Administration Quarterly, 487-495.

Thompson, D. F. (1980). Moral responsibility of public officials: the problem of many hands. American Political Science Review, 74(4): 905-916.

______. (1987). Political Ethics and Public Office. Harvard University Press. 데니스 톰슨. (1999). 「공직의 윤리」. 황경식 · 정원규 역. 서울: 철학과 현실사.

Van Dyne, L., Ang, S., & I. C. Botero. (2003). Conceptualizing employee silence and employee voice as multidimensional constructs. Journal of Management Studies, 40(6): 1359-1392.

Waldo, D. (1948). The Administrative State: A Study of the Political Theory of American Public Administration. Ronald Press.

______. (1968). Public administration in a time of revolutions. Public Administration Review, 28(4): 362-368.

Weber, M. (1947). The Theory of Economic and Social Organization. Trans. AM Henderson & Talcott Parsons. N.Y.: Oxford University Press.

Winter, S. J., Stylianou, A. C., & R. A. Giacalone. (2004). Individual differences in the acceptability of unethical information technology practices: the case of Machiavellianism and ethical ideology. Journal of Business Ethics, 54(3): 273-301.

Young, I. M. (2011). Responsibility for justice. Oxford University Press. 아이리스 영. (2013). 「정치적 책임에 대하여」. 허라금 · 김양희 · 천수정 역. 서울: 이후.

〈부록 1〉 개인적 특성에 따른 부정적 행태 인식 차이

		경도된 법적 책임		경도된 계층적 책임		경도된 윤리적 책임		경도된 개인적 책임	
		평균	표준편차	평균	표준편차	평균	표준편차	평균	표준편차
연령대	20대	2.81	.732	2.50	.740	2.45	.858	2.36	.658
	30대	2.80	.760	2.66	.761	2.49	.774	2.61	.790
	40대	2.73	.739	2.68	.770	2.47	.783	2.61	.903
	50대	2.58	.895	2.56	.927	2.50	.958	2.47	.969
		2.513 (.058)†		–		–		–	
직급	4급 이상	2.42	.830	2.42	.962	2.33	.840	2.39	.850
	5급	2.55	.929	2.44	.935	2.39	1.007	2.43	1.038
	6급	2.71	.814	2.68	.850	2.59	.849	2.52	.929
	7급	2.75	.744	2.71	.810	2.51	.801	2.69	.816
	8급	2.79	.769	2.67	.699	2.50	.762	2.62	.845
	9급	2.70	.747	2.55	.744	2.32	.803	2.34	.783
		–		1.975 (.080)†		–		2.142 (.059)†	
근무연수	5년이하	2.71	.829	2.52	.782	2.24	.764	2.36	.848
	6–10년	2.82	.730	2.74	.683	2.60	.730	2.74	.778
	11–15년	2.91	.699	2.84	.829	2.68	.860	2.86	.720
	16–20년	2.67	.704	2.63	.759	2.36	.721	2.56	.837
	21년이상	2.61	.867	2.56	.888	2.52	.921	2.47	.977
		2.644 (.033)*		2.602 (.035)*		3.995 (.003)*		4.924 (.001)**	

**p<0.01, *p<0.05, † p<0.1

2 공무원의 책임성 딜레마 인지와 대응

지방자치단체 공무원을 중심으로[1)]

〈요 약〉

공무원이 져야 할 다양한 책임이 특정 상황에서 서로 모순될 수 있는데 이러한 책임성 딜레마의 상황을 공무원들이 어떻게 인지・대응하고 있는가를 탐색하는 것이 이 연구의 목적이다. 먼저, 공무원 책임성 딜레마의 형태에 어떤 것들이 있으며 공무원이 취할 수 있는 선택 대안은 무엇인가에 관하여 개념적 논의를 진행하였다. Romzek & Dubnick의 책임성 분류에 기초하여 여섯 가지 책임성 딜레마 상황(계층적 책임성 대 법적 책임성, 계층적 책임성 대 전문가적 책임성, 계층적 책임성 대 정치적 책임성, 법적 책임성 대 전문가적 책임성, 법적 책임성 대 정치적 책임성, 전문가적 책임성 대 정치적 책임성)을 도출하고 상황별 의미와 나타날 대응 모습을 이탈・항의・순종・태만의 포괄적 틀로써 추론하였다. 한편, 이러한 책임성 딜레마에 대한 공무원의 상황 인식과 선택 경향을 탐색하기 위하여 지방자치단체 공무원을 대상으로 설문조사를 추가하였다. 분석 결과, 전반적으로 책임성 충돌을 딜레마로 심각하게 인지하지 않고 있는 가운데, 책임성 충돌의 유형별로 다른 인식과 대응 의사를 보였다. 첫째, 책임성 간의 충돌로 인한 내적 갈등 수준은 높지 않았으나, 정치적 책임과 다른 책임이 충돌할 때 상대적으로 높았다. 둘째, 딜레마 상황에서 양자택일을 해야 할 때 법적 책임 → 전문가적 책임 → 계층적 책임→ 정치적 책임의 순서로 우선시하는 의사를 발견하였다. 셋째, 책임성 딜레마에 직면했을 때 대응 전략의 선호는 전체적으로 항의 → 순종 → 태만 → 이탈로 나타났으나 딜레마 유형별로 다소 차이가 있었다. 법적 책임과 계층적 책임, 정치적 책임과 전문가적 책임이 충돌할 때는 상대적으로 이탈을 선택하였고, 법적 책임과 정치적 책임, 법적 책임과 전문가적 책임이 충돌하면 항의를 선택하는 경향이 있었다. 탐색 수준의 결과이지만 책임성 딜레마에 대한 유형별 의미와 대응을 경험적으로 조사하였다는 의미가 있을 것이다.

1) 주재현・한승주. (2015). 「정부학연구」 21권 3호, 1-33.

Ⅰ. 문제 제기

관료제적인 조직구성과 운영을 주된 특징으로 하는 행정조직에서 중·하위직 공무원들은 계층제상의 직속상관 및 기관장의 명령에 순응할 것이 기대된다. 기관장·상관의 명령은 중·하위직 공무원이 수행할 임무를 알려주며, 기관장·상관은 이러한 임무의 수행을 토대로 중·하위직 공무원들에게 책임을 묻는다. 여기서 명령에 따른 중·하위직 공무원의 임무 수행은 공익의 실현에 부합된다는 것이 전제되고 있으며, 그러할 때 계층제적 책임성 확보에 정당성이 부여될 수 있다.

그러나 계층제적 책임성 확보가 사회 전체 차원에서의 공익 실현에 부합하지 못할 때, 다른 형태의 책임성 확보 노력은 그 의미가 더욱 부각된다. 즉, 행정부 조직의 외부기관(의회, 사법부 등)에 의한 행정부 통제, 개별 시민이나 시민단체의 활동을 통한 책임성 확보, 그리고 행정 공무원 개인의 윤리의식이나 전문성에 토대를 둔 책임성 확보 등 계층제적인 책임과 구별되는 또 다른 책임성의 차원이 요구된다. 하지만 이 때, 계층제적 책임과 여타 책임성의 차원들은 충돌관계에 놓일 수 있고, 공무원들은 기관장·상관의 명령을 수행해야 할지 또는 공익 실현을 위해 다른 책임성 확보를 추구해야 할지를 결정해야 하는 딜레마를 경험할 수 있다. 책임성과 관련된 딜레마 상황은 계층제적 책임과 여타 책임성 간의 충돌에 한정되지 않는다. 예컨대, 의회나 사법부의 판단이 전문가로서의 공무원의 판단과 일치하지 않거나, 시민들의 기대에 부합하지 않는 상황이 발생할 수 있다. 또한 공무원의 전문가적 또는 윤리적인 판단과 시민들 중 일부(특히 압력단체)의 요구사항이 충돌하는 경우도 발생할 수 있다. 이렇게 다양한 책임성의 충돌이 발생하면 공무원들은 어떤 행동 경로를 택해야 할지를 선택하기 어려운 객관적 딜레마 상황에 놓이게 된다.

공무원이 책임성의 딜레마에 처할 수 있음을 논의한 국내의 연구는 매우 제한되어 있으며, 아직 본격적인 분석으로 나아갔다고 보기 어렵다. 박천오(2011)는 1980년대 후반 이후의 정치적 민주화와 더불어 정치적 집행부(장관)의 의지와 차별화된 정책성향을 보이는 고위관료를 대상으로, 중·상위직 관료들이 정치적 충성 의무를 우선시 하면서도 전문직업적 접근을 강화하고자 하는 인식이 성장하고 있음을 주장했다. 한승주(2013)는 지방 공무원들이 지자체장에 대한 정치적 책임을 매우 중요하게 여기고 있지만, 한편으로 사회공익 실현, 정치적 부응, 민원인 만족 등 다른 성격의 책임의식을 지니고 있음을 보고하였다. 이는 지자체의 일선 공무원들이 복합적인 책임의식을 지니고 있으며, 그들이 관련 업무에 따라 갈등 상황에 처할 수 있음을 짐작하게 한다. 한상일(2013)은 공공부문의 다중 책임성이 더욱 요구되는 상황에서 계층제적 책임성과 개인적 책임성의 상충, 시장책임성과 정치적 책임성의 상충 등과 같은 책임성의 딜레마가 발생할 수 있기에 향후 다차원적 평가지표를 통한 명확한 진단이 필요하다고 제안하고 있다. 이 연구는 행정 책임성의 다차원성에 관한 최근의 성과를 기반으로 해서 진전된 논의를 제시하고자 한다.

공무원이 직면할 수 있는 딜레마 상황은 중앙행정기관 및 지방자치단체 모두에서 찾아볼 수 있지만, 이 연구는 지방자치단체 소속 공무원들의 딜레마 상황으로 연구 범위를 한정한다.[2] 이러한 맥락에서 다음과 같은 연구문제들을 제시한다. 첫째, 공무원의 책임성과 관련해서 발생할 수 있는 딜레마의 형태에는 어떤 것들이 있는가? 둘째, 책임성의 딜레마가 발생하는 경우, 공무원이 취할 수 있는 선택대안에는 어떤 것들이 있는가? 셋째, 책임성 딜레마 상황에 놓인 공무원은 그러한 딜레마를 인지하는가? 넷째, 책임성 딜레마 상황에서 공무원들의 선택은 어떤 경향성을 보이는가? 앞의 두 연구문제는 기존의 문헌에 토대를 둔 개념적인 논의를 통해서, 그리고 뒤의 두 연구문제는 자치단체 공무원들에 대한 인식조사를 통해서 그 답을 탐색하고자 한다.

아래의 2장에서는 먼저 이 연구의 수행을 뒷받침할 이론적 차원을 제시하고 공무원 책임성 딜레마의 형태와 선택대안들에 대해서 논의한다. 3장은 연구방법을 소개하고, 4장은 지방자치단체 공무원 인식조사의 분석을 통해서 책임성 딜레마 상황 아래 대응의 경향성을 살펴본다. 마지막으로 5장은 연구의 주요 결과를 정리하고, 그 함의를 토론한다.

---

2) 현재 자치단체 수준에서 나타나는 책임성의 상충은 특히 계층제적 책임과 여타 책임성 차원 간에 두드러져 보이는데, 예를 들어 자치단체장이 주도하는 사업에 문제가 있는 경우, 공무원들은 대체로 계층제적 책임과 여타 책임성 차원 — 법률, 전문윤리, 주민 요구 등 — 의 사이에서 딜레마에 처할 수 있다.

Ⅱ. 공무원 책임성의 유형 및 충돌: 책임성 딜레마

1. 책임성의 유형

공무원의 책임성은 공무원이 누구에게 무엇에 대해 책임을 져야 하는가("X is accountable for Y to Z.")에 관한 논의로(Finer, 1941), 널리 사용되는 개념임에도 포괄적 · 유동적 성격으로 인해 그 정의가 쉽지 않다(Hodgkinson, 1978; Sinclair, 1995; Kearns, 1994; Bovens, 2007; Dubnick & Justice, 2004). 학자마다 정의가 다양하지만 응답 의무(answerability) 및 결과 통제라는 요소를 대체로 포함하는 것으로 보인다(Behn, 2001; Heywood, 2000; Sinclair, 1995; 엄석진, 2009; 한승주, 2013). 간략히 정의한다면, 공무원의 책임성(accountability)이란 공무원 자신의 권한에 근거한 행위(작위 및 부작위)에 대해 조직 내 · 외로부터의 설명 요청에 대한 응답 의무 및 행위 결과에 대한 직 · 간접적 구속을 의미한다.

공무원을 향한 책임은 그 내용을 정의하기 쉽지 않은 까닭에 책임성의 차원에 관한 논의로 주로 전개되어 왔다. 책임의 내용을 유형화하려는 학술적 시도 속에서 학자마다의 기준으로 각각의 유형이 제안되고 있다.[3] 가장 대표적인 Romzek의 유형화에 근거하여 계층적 책임, 법적 책임, 전문가적 책임, 정치적 책임이라는 네 차원으로 살펴보고자 한다. Romzek & Ingraham(2000) 및 Romzek & Dubnick(1987; 1994)은 책임을 묻는 자의 위치(통제자 위치)와 묻고 있는 책임의 강도(통제 정도)를 기준으로, 내부의 강한 통제에 해당하는 것으로 계층적 책임을, 외부의 강한 통제에는 법적 책임을, 내부의 낮은 통제로 전문가적 책임을, 외부의 낮은 통제는 정치적 책임을 꼽고 있다. 유형별 내용은 아래와 같으며 <표 1>처럼 정리할 수 있다(Romzek & Dubnick, 1987; 엄석진, 2009; 주재현, 2013).

---

3) 그 외에도 책임성을 분류하는 기준, 분류한 유형의 명칭 등이 다양하게 제시되었는데, 분석하는 영역에 따라, 연구 초점에 따라 약간의 분류상 차이를 보인다(Cendón, 2000; Kearns, 1996; Sinclair, 1995). 대체로 Romzek(1987; 2000) 분류를 대표적인 유형으로 인용하고 있으며, 다른 유형의 예로 Dwivedi & Jabbra(1988)와 Dicke & Ott(1999)는 위 네 유형에 윤리적 책임성(moral/ethical accountability)을 추가하였고, Roberts(2002: 659)는 지시기반 책임성(direction-based accountability), 성과기반 책임성(performance-based accountability), 절차기반 책임성(procedure-based accountability)으로 분류한다. 한편, Behn(2001)은 재정 책임성(accountability for finances), 공정 책임성(accountability for fairness), 성과 책임성(accountability for performance)으로 분류하고 있다.

계층적(bureaucratic) 책임이란 조직 상사의 명령 및 지시, 내부의 운영 규정을 지킬 의무로, 관료제 내부의 위계적 질서를 따를 책임이다. 소위 베버식 관료제에서 강조하는 것으로 조직의 명령계통에 복종하여 행정의 효율성을 확보하려는 목적이다.

법적(legal) 책임은 법의 지배, 입법된 내용의 준수의무로 의회가 제정한 법률, 의회의 각종 통제, 법적 판단(판례), 입법 의도 등에 일치하도록 행동할 것을 요구한다. 행정에 부여된 고전적 역할로서, 공무원의 역할은 의회를 통해 결정된 정책의 충실한 집행자로 설정되고, 집행 상 무능하거나 비윤리적 행위에 대해 주로 사법부나 감사기관이 통제한다. 계층적 책임과 법적 책임이 통제의 강도가 높은 전통적 행정책임이라면, 아래의 두 책임성은 통제의 강도가 상대적으로 낮으며 자율적 의무에 가깝다.

전문가적(professional) 책임은 공무원에게 행정전문가의 위상에서 담당 정책분야에 관한 존중받을 만한 전문성을 보유하고 그에 따라 행위를 할 것을 요구한다. 전문가로서의 윤리 · 자격을 강조하면서 전문적 규범 및 기준에 따라야 할 의무이다.

정치적(political) 책임은 민주주의 체계 속 공무원이 행정부 외부의 다양한 정치사회적 요구에 대응해야 할 의무를 의미한다. 민주주의 실현을 위해서 행정은 이익집단, 시민단체, 선출직 공무원, 언론매체, 일반 시민의 여론 등과 같은 다양한 사회 요구에 부응해야 한다는 논리로부터 도출되는 의무이다. 공무원은 자신의 업무와 관련된 시민의 선호, 요구, 이해관계 등을 다면적으로 파악하여 정책에 반영하는 적극적 역할을 해야 하며 공익의 봉사자로 행동해야 할 의무를 지니는 것이다.[4)]

---

4) 이와 같은 책임성은 강조되는 차원이 변화해 왔는데, 1940년대 이전 전통 행정학 시대는 의회의 관료제 통제, 정치로부터 분리된 집행도구로서 행정이 강조되면서 법적 책임성과 계층적 책임성이 강조되었다. 1960년대 신행정학의 등장으로 정책전문가로서 공무원의 역할이 강조되고 시민의 참여를 긍정하면서 전문가적 책임성과 국민에 대한 정치적 책임성이 부각되었다. 한편, 1980년대 이후 신공공관리의 흐름은 상대적으로 공공서비스의 고객을 향한 정치적 책임성, 시장 및 계약관리가 강조되는 책임성, 계약과 관련된 법적 책임성을 강조한다고 볼 수 있다. 1990년대 거버넌스 논의는 시민사회 및 시장과의 파트너십을 중시하기에 부분적으로 정치적 책임성의 부각으로 보인다(엄석진, 2009; 한상일, 2010; Halligan, 2007). 법적, 계층적 책임성의 확립이 먼저 강조되었으나 점차 전문가적 책임성, 정치적 책임성이 추가되면서 행정 책임의 범위가 확장되었다고 할 것이다.

〈표 1〉 행정 책임성의 유형

		통제의 원천	
		내부	외부
통제의 정도	높음	1. 계층적(Bureaucratic) 상사 / 부하 감독, 규칙, 표준운영절차	2. 법적(Legal) 주인 / 대리인 수탁자 감독
	낮음	3. 전문가적(Professional) 일반인 / 전문가 전문지식에 대한 존중	4. 정치적(Political) 유권자 / 대변자 이해관계자에 대한 대응

출처: Romzek & Dubnick(1994: 271).

2. 책임성 간의 충돌: 역할 갈등의 딜레마

네 가지 책임성은 각기 다른 역할 기대와 가치를 추구하는 이론적으로 분리된 동등한 차원이지만, 현실의 많은 경우, 특정 상황에서 한 공무원에게 여러 책임이 동시에 중첩적으로 요구될 수 있다. 이 때 모든 책임성을 실현하라는 기대는 공직 현실에서 결코 녹록치 않은 요구다. 최소 2개 이상의 책임성이 중첩되는 상황에서 자신에게 주어진 다중적 부담을 어떻게 조정하고 무엇을 선택할 것인가가 공무원 책임성 논의의 핵심이 될 것이다(Romzek & Dubnick, 1994: 271).[5)]

더욱이 중첩된 책임 사이에 내용적 충돌이 있다면 선택과 조정은 더 쉽지 않다. 오늘날 정부를 향한 다양한 기대를 고려할 때 현실적으로는 책임성 충돌이 발생할 가능성이 매우 높고 일상적이기까지 한데(Cooper, 2012: 125), 그렇다면 특정한 상황에서 이질적인 책임 요구가 동시에 발생한다면 공무원은 어떻게 대응할 것인가.

먼저, 책임성 사이의 충돌 가능성을 살펴볼 필요가 있다(한상일, 2013: 142). 책임성의 충돌 상황은 책임성의 모순(accountability paradox)이나(Roberts, 2002; Harmon, 1995) 윤리적 딜레마(ethical dilemma)(Cooper, 2012) 등으로 표현되어 왔

5) Romzek & Dubnick(1987)은 요구되는 다양한 책임성 중에서 어떤 책임성을 선택할 것인지의 중요성을 챌린저호 폭발사건의 분석을 통해 논의한 바 있다. 미국 챌린저호 폭발사건의 한 원인은 미국 항공우주정책이 NASA의 전문가적 책임성을 강조하던 추세에서 정치·경제적 압력으로 인해 정치적, 계층적 책임을 강조하는 편향이 발생하였기 때문으로 본다. NASA에 가해졌던 정치·경제적 압력에 부응한 결과, 전문성에 대한 초기의 신뢰를 낮췄으며 NASA 업무의 기술적 속성과 맞지 않았다는 평가이다.

다. 앞서 본 책임성의 네 가지 유형은 본질적으로 배타적 관계는 아니며 오히려 상호보완적 관계로 이해되어야 하지만(Romzek & Ingraham, 2000) 많은 경우, 현실의 특정한 의사결정 상황은 책임성의 여러 가치를 각각 대표하는 대안들 사이에서 하나의 선택을 요구한다. 유사한 맥락에서 Harmon(1995)은 책임성의 상호 모순되는 요구(motives and forces)를 현명하게 관리하는 능력이 중요하다고 주장하는데 여러 정치적 · 조직적 압력 속에서 책임이 서로 모순(paradox)되는 경험 속에서 이 긴장을 관리할 수 있어야 한다는 것이다.[6] 결국 공무원에게 요구되는 중요한 능력의 하나는 책임성 간의 모순적 속성을 파악하고 관리하는 것이다.

한편, 이러한 모순은 책임성의 각 유형이 상정하는 역할 기대가 다른데서 비롯된다. <표 1>에서 보듯이 공무원은 부하로서의 역할, 대리인으로서의 역할, 전문가로서의 역할, 대변자로서의 역할을 수행할 것이라는 기대(role expectation)를 동시에 만족시켜야 한다. 역할 기대의 차이가 곧 역할마다 상대적으로 강조하는 책임성이다. 계층적 책임은 공무원이 상사/상급기관에 대해 부하로서의 역할을, 법적 책임은 법과 정책을 결정하는 주인에 대해 집행의 대리인으로서의 역할을, 전문가적 책임은 일반인/비전문가에 대해 전문가로서의 역할을, 정치적 책임은 시민(납세자)에 대한 대변자로서의 역할을 강조한다.

그러나 공무원은 여러 현실적 제약(시간적, 공간적, 재정적 제약 등)으로 한 상황에서 두 개 이상의 역할을 수행해야 하는 역할 갈등(role conflict)에 직면하고 있다. 역할 갈등은 다각적인 역할 관계 속에서 발생하는 충돌로 타자의 기대에 관련된 내적 갈등으로(Handy, 1999; Rizzo et al., 1970), 역할 수행자(focal person)를 향한 타자들의 기대가 상충되는 경험이다. 대표적 예로 직장인으로서 충실한 업무태도와 가정에서 어머니로서 보육책임 사이의 갈등이 꼽히며, 마찬가지로 공무원 책임성 충돌이란, 공무원이 두 개 이상의 역할을 수행해야 하는 역할 갈등의 한 예로 볼 수 있는 것이다(Biddle, 1986; Cooper, 2012).[7]

6) Radin(2012)의 비유를 빌면, 다중적인 책임을 동시에 수행해야 하는 상황 속 공무원은 마치 저글링을 하는 모습(accountable juggler)과도 같을 것이다. Bovens(2007)는 다양한 주체에게 책임을 져야 하는 이러한 상황을 '많은 눈들의 문제(the problem of many eyes)'로 표현하고 있다.

7) Cooper(2012)는 공무원은 책임의 충돌이라는 윤리적 딜레마를 일상적으로 경험하는데 이러한 충돌은 권위의 충돌, 역할의 충돌, 이해관계의 충돌로 구분할 수 있다고 보았다. 권위의 충돌은 법, 조직상사, 선출직 공무원, 시민 등과 같은 권위의 원천이 둘 이상이며 양립할 수 없는 행동을 명령하는 상황이고, 역할의 충돌은 공무원이 조직 내부 및 외부에서 맡은 특정한 역할에 대한 기대나 가치가 상이하여 한 상황에서 양립하기 어려운 상황이며, 이해관계의 충돌은 공무원으로서 공적

이 역할 갈등이 잠재적 상태로 끝나는 것이 아니라 특정한 선택을 해야 하는 상황 즉, 의사결정이 불가피한 상황에 놓이게 될 때, 의사결정자로서 딜레마가 발생된다. 딜레마(dilemma)는 '하나의 대안을 선택함으로써 포기된 다른 대안이 가져올 기회손실이 큰 상황'으로 정의되는데(이종범, 1994: 216), 두 개의 대안 존재, 대안 간 단절성, 대안 간 상충성, 결과가치의 등가성 및 선택을 전제로 하는(김태은·윤견수, 2011: 69) 특정한 의사결정 상황이다.[8] 개인의 내부에 서로 배타적인 두 개의 입장을 동시에 선택할 수 없고, 그렇다고 한 입장을 선택하기도 힘든 개인적 갈등 상황(윤견수, 2006: 76)에서 분절성, 상충성, 결과가치의 등가성, 선택불가피성이라는 조건이 충족된 경우가 딜레마 상황이라 할 수 있다(김태은·박종수, 2008).

충돌하는 두 대안이 각 책임성 유형마다 강조하는 동등한 가치와 역할을 표상하는 가운데 공무원이 하나의 선택을 해야 하는 불가피한 상황에 있다면 객관적 딜레마라 할 수 있다. 직접적으로 표현되진 않았으나 ―대체로 '윤리적 딜레마'라는 표현으로― 그간 선행연구를 통해서 책임성 충돌은 객관적 딜레마 상황으로 간주되어 왔다. 오늘날 행정에서 매우 중요하게 강조되는 법적 책임, 계층적 책임, 전문가적 책임, 정치적 책임이 상충하면서 하나를 선택해야 하는 딜레마에 공무원이 직면하고 있음이 인정되어 온 것이다.

그러나 객관적 딜레마 상황에 놓여 있는 공무원이 겪게 될 내적 갈등의 정도나 빈도, 긴장감은 개인과 상황에 따라 달라질 수 있다. 객관적으로 딜레마로 간주된다 하더라도 주관적으로 인지되는 딜레마의 경험은 충분히 다를 수 있다. 따라서 책임성의 역할 갈등이 특정한 의사결정 상황에서 대안의 충돌로 나타나 선택의 어려움을 조성한다면 '책임성의 딜레마'라 할 것이며, 이 때 딜레마에 직면한 공무원이 선택의 곤란함을 얼마나 느끼고 있으며 결국 어떤 선택을 하게 되는지 등은 이에 관한 경험적인 확인이 추가적으로 필요할 것이다.

역할과 자신의 사적 이해관계가 충돌하는 것이다. 이러한 모든 상황 아래 공무원은 어느 쪽을 선택하더라도 상당한 대가를 지불해야 한다는 갈등을 느끼게 되는 딜레마를 경험하는 것이다.

8) 모순(paradox)이 상호 배타적 요소들이 동시에 존재하는 현상(Cameron & Quinn, 1988: 2)이라면, 딜레마(dilemma)는 상충성의 공존에 더하여 하나의 선택이 강요되는 상황이다(소영진·안성민, 2011: 360).

3. 책임성 딜레마의 유형

앞서 제시한 Romzek & Dubnick(1994)의 책임성 유형을 기준으로, 각 책임성의 유형이 타 유형과 충돌할 수 있는 상황의 조합은 아래의 <표 2>와 같다.[9] 계층적, 법적, 전문가적, 정치적 책임성이 상호 충돌하는 상황이며, 각 유형의 상황별 의미를 살펴보면 다음과 같다.

〈표 2〉 책임성 딜레마의 유형

	계층적	법적	전문가적	정치적
계층적	–	–	–	–
법적	Ⅰ	–	–	–
전문가적	Ⅱ	Ⅳ	–	–
정치적	Ⅲ	Ⅴ	Ⅵ	–

1) 유형 Ⅰ: 계층적 책임성 대 법적 책임성

유형 Ⅰ은 계층적 책임성과 법적 책임성의 충돌 상황으로, 특정한 상황에서 조직의 충실한 구성원 및 부하로서의 역할 수행이 법규의 충실한 집행자로서의 역할 수행과 양립하기 힘든 상황을 의미한다. 조직 상사 혹은 상위 기관으로부터 내려온 명령 및 지시가 법규정 및 감사 기준과 다를 때, 혹은 조직의 표준적 운영 규정이 법적 판단 및 입법 의도와 다름을 알게 되었을 때 등이다.

이 상황에서 의사결정을 해야 할 때 공무원은 선택의 곤란함을 겪을 수 있다. 조직에서 지시하는 방향이 법과 다르다고 인식될 때, 명령과 법규라는 두 동등한 가치 사이에서 우선순위를 결정할 명료한 기준을 찾기 매우 어려울 것이다. 계층적 책임과 법적 책임의 충돌은 다른 책임성 충돌 상황에 비해 선택의 곤란함이 더 심할 수 있는데, 두 책임성 모두 통제의 정도가 높고 관료제와 법이라는 강력한 권위의 원천을 가진 객관적 책임이기 때문이다.

---

9) 셋 이상의 책임성 충돌도 충분히 가능하지만, 여기서는 두 유형간의 충돌로 범위를 좁혀서 살펴보았다.

2) 유형 II: 계층적 책임성 대 전문가적 책임성

유형 II는 계층적 책임성과 전문가적 책임성의 충돌 상황으로, 특정한 상황에서 조직의 충실한 구성원 및 부하로서의 역할 수행이 담당하는 업무의 전문가로서의 역할 수행과 양립하기 힘든 상황을 의미한다. 조직 상사 혹은 상위 기관으로부터 내려온 명령 및 지시가 업무의 전문적 규범 및 기준과 다르다고 인식할 때, 조직의 오랜 내부 규정을 따르는 것이 전문가로서 자신의 윤리와는 다르다고 느낄 때 등이다.

조직의 명령계통과 위계적 질서를 따라야 할 관료제 구성원으로서의 의무와 담당하는 정책분야에서 통용되는 전문적 판단기준과 규범을 따라야 할 전문가로서의 의무 사이에서 무엇을 선택해야 할지 쉽지 않을 것이다. 계층적 책임은 내부에서 강력한 통제를 받고 있어서 회피하기 쉽지 않고, 전문가적 책임은 행정이 더욱 복잡화, 전문화되어가는 오늘날 공무원에게 사회적으로 강력하게 요구되기 때문이다. 특히 정부가 전문가 충원의 개방형 임용제를 운영하고 있을 때 관료제 외부로부터 들어오는 다양한 분야의 전문직 공무원(변호사, 회계사, 사회복지사 등)이 이러한 충돌을 경험하기 쉬울 것이다.

3) 유형 III: 계층적 책임성 대 정치적 책임성

유형 III은 계층적 책임성과 정치적 책임성의 충돌 상황으로, 특정한 상황에서 조직의 충실한 구성원 및 부하로서의 역할 수행이 국민에 대한 공익 봉사자 및 대변자로서의 역할 수행과 양립하기 힘든 상황이다. 조직 상사 혹은 상위 기관으로부터 내려온 명령·지시가 일반 국민의 여론과는 다르다고 판단될 때, 조직 내부의 운영 규정에 따르는 것이 관련된 외부 이해관계자들의 요구와 다를 때 등이다.

명령에 복종해야 하는 부하로서의 의무와 궁극적으로 국민의 요구를 수용해야 할 공익의 실현자로서의 소명이 충돌한다면 공무원의 내적 갈등과 선택의 곤란함은 클 수 있다. 계층적 책임은 직접적이며 강력한 통제이므로 따르지 않을 수 없고, 정치적 책임은 공직자로서의 사명감과 밀접하며 오늘날처럼 행정의 민주성 요구가 높은 상황에서 외면하기 쉽지 않다. 예전보다 더욱 투명하고 개방적인 행정체계가 되어가면서 조직 외부의 정치적 참여를 보장하고 수용해야 할 의무가 더욱 공식화되고 있기 때문이다.

4) 유형 Ⅳ: 법적 책임성 대 전문가적 책임성

유형 Ⅳ는 법적 책임성과 전문가적 책임성의 충돌 상황으로, 법규의 충실한 집행자로서의 역할 수행과 담당하는 업무의 전문가로서의 역할 수행이 양립하기 힘든 상황을 의미한다. 공식적인 법규나 판례의 내용이 업무와 관련되어 통용되는 전문적 기준이나 규범과는 다르다고 판단될 때, 법규를 따르면 전문가로서 자신의 윤리를 위배한다고 느낄 때 등이다.

공무원의 기본 의무는 법규에 충실한 집행인 한편, 또 다른 중요한 의무는 업무의 전문가로서 적절한 판단을 제시하는 것이기에 선택의 갈등을 느낄 것이다. 법적 책임성은 이를 따르지 않을 때 강력한 통제를 받게 되므로 회피가 쉽지 않고, 전문가적 책임은 오늘날 성과에 책임지는 적극적 전문가로서의 역할이 강조되고 있기에 소극적으로 회피하기 쉽지 않다. 현실의 공무원은 법규의 내용과 전문가로서의 판단이 달라 선택의 갈등을 느낀다면 통제가 강력한 법적 책임을 선택하리라 추론되지만, 한편으로는 성과책임에 입각하여 적극적 법률 해석이나 재량 발휘의 가능성도 무시할 수 없다.

5) 유형 Ⅴ: 법적 책임성 대 정치적 책임성

유형 Ⅴ는 법적 책임성과 정치적 책임성의 충돌 상황으로, 특정한 상황에서 법규의 충실한 집행자로서의 역할 수행과 국민에 대한 공익 봉사자 및 대변자로서의 역할 수행이 양립하기 힘든 상황이다. 공식적인 법규 내용과 언론매체 및 시민사회단체가 요구하는 주장이 다를 때, 정치사회적 논란이 많은 법규가 의회에서 제정되어 집행하게 되었을 때, 이익집단들이 법규의 부당함을 주장하며 개정을 강력히 요구해올 때 등이다.

법적 책임성과 정치적 책임성이 충돌하여 선택이 곤란하다면 우선적으로 법규를 따를 것이지만 해당 업무가 외부 이해관계 집단이나 시민단체, 언론매체 등이 민감하게 관심을 가지고 적극적으로 주장한다면 이를 회피하기도 어려울 것이다. 민주주의를 지향하는 개방된 행정체제 아래서는 정치사회적 요구에 대응하지 않고 경직적으로 법규 준수의 의무만을 추구했을 때 오히려 국민에게 대응하지 못한 책임(responsiveness)을 묻는 경우가 자주 발생하기 때문이다. 외적 요구의 주체, 요구의 강도 등에 따라서 선택에 다른 영향을 줄 것이지만 이러한 충돌 속

우선순위의 결정은 쉽지 않을 것이다.

6) 유형 Ⅵ: 전문가적 책임성 대 정치적 책임성

유형 Ⅵ은 전문가적 책임성과 정치적 책임성의 충돌 상황으로, 특정한 상황에서 업무의 전문가로서의 역할 수행과 국민에 대한 공익 봉사자 및 대변자로서의 역할 수행이 양립하기 힘든 상황이다. 업무와 관련되어 통용되는 전문적 판단 기준과 외부 이익집단의 요구가 다를 때, 전문가로서 따라야 한다고 인식하는 윤리로는 수용하기 어려운 요구를 이익집단 및 시민단체가 요구할 때 등이다.

전문가적 책임과 정치적 책임은 모두 통제의 정도가 낮으며 오늘날 행정에 요구되는 주요 가치의 충돌(전문성 vs. 대응성)이라는 점에서 선택이 용이하지 않을 것이다. 전문가적 책임은 여러 이해관련자들의 입장을 검토하고 전문가로서 전문직업적·중립적 판단을 내려야한다는 측면에서 강조된다. 반면, 정치적 책임은 정책결정 및 집행의 폐쇄성에서 벗어나 관련된 여러 주체들이 적극적으로 자신의 요구를 주장하는 오늘날, 정부가 적극적으로 정치사회의 요구에 반응해야 한다는 측면에서 강조된다. 전문가적 책임을 선택하면 정치적 대응성이 희생되고, 정치적 책임을 선택하면 전문성이 포기될 수 있다는 혼란과 당혹스러움이 존재하는 것이다.

4. 책임성 딜레마와 공무원의 대응

1) 대응 전략

책임성이 충돌하는 상황에서 공무원은 갈등을 얼마나 인지하며, 어떻게 행동하는가. 책임성 충돌 상황에서 공무원의 행동 대안은 EVLN을 차용해 제시하였는데 (Hirschman, 1970; Farrell, 1983) 조직 문제에 대한 구성원의 대응 전략으로 가장 포괄적으로 사용되는 모형이다. EVLN으로 불리는 대응 전략은 제품에 불만이 있는 소비자의 대응, 조직의 쇠락 상황에서 구성원의 대응을 다루며 조직구성원의 대응 행태 분석에 폭넓게 사용되고 있다. 구성원은 이탈(Exit), 항의(Voice), 순종(Loyalty)의 전략을 사용할 수 있으며, 추가로 태만(Neglect) 전략을 선택할 수 있다는 내용이다(Rusbult et al., 1982; 1986; 김서용, 2005).

EVLN의 각 대응 전략을 딜레마 대응 양태(소영진·안성민, 2011: 370; 최흥석·윤견수, 2000)와 비교해보면 다음과 같다. 이탈(Exit) 전략은 구성원이 불만에 대한 대응으로 현재의 조직을 포기하고 다른 조직을 선택하는 것인데, 당면한 책임성의 충돌 상황에서 조직을 떠나거나 조직 내 보직을 변경하는 방식으로 대응하는 모습일 것이다. 대체로 이탈을 선택하는 경우는 현재의 불만족스러운 상황이 개선될 여지가 극히 적다고 느낄 때 나타나므로, 책임성의 충돌로 인한 선택의 곤란함이 지속되는데 그 해결이 어렵다고 인식할수록 이탈을 시도할 수 있다(Hirschman, 1970). 딜레마 이론은 딜레마의 선택 상황이 주는 압력을 버티지 못하고 결정권을 포기하는 행동으로 '포기'(escape) 양태가 있음을 주장한다(최흥석 · 윤견수, 2000). 책임성 딜레마에 자신의 결정권을 포기하고 업무변경, 보직변경, 퇴사 등으로 대응한다면 이탈 전략의 일종이라 할 것이다.

항의(Voice) 전략은 문제적 상황을 변화시키기 위해 적극적으로 행동하는 것으로, 책임성의 충돌 때 조직 상사 및 상위 기관을 향해 자신의 의견을 직접 개진하며 충돌의 완화 및 개선을 위해 적극적으로 행동한다. 문제 해결을 위해 적극적으로 문제 제기하거나 설득 노력을 하는 등이며 이는 딜레마 상황 속 딜레마 '해소'(resolution) 전략과 유사하다. 여기서 해소란 실질적으로 딜레마를 해결하는 것인데 딜레마의 속성 상 주어진 상황에서의 해결은 불가능하므로 필연적으로 추가적인 조건의 변화 노력이 수반된다. 외부로부터의 자원의 추가투입으로 양측을 다 만족시킨다든지, 새로운 정보의 투입이나 설득, 리프레이밍(reframing) 등을 통하여 요구의 내용이나 강도를 변화시킴으로써 딜레마를 해소하려는 방법 등이다(소영진 · 안성민, 2011). 해결을 위해 적극적 노력을 기울인다는 점에서 EVLN의 항의 전략에 해당할 수 있다.

순종(Loyalty) 전략은 우선 문제에 침묵하며 상황이 좋아질 것이라고 믿고, 당면한 책임성의 충돌로 발생하는 선택의 곤란함이 점차 개선되기를 인내심을 가지고 기다리는 것이다. 책임성 선택의 어려움이 만족스럽지는 않지만 상황 개선을 기다리는 수동적 · 소극적 태도이다. 나아가 이 전략은 능동적 · 적극적으로 소속 조직의 상사나 상급기관의 판단을 수용하고, 위로부터의 명령 및 지시에 순종하는 선택으로 나타날 수 있다. 딜레마 이론에서 '선택'(choice) 전략은 의사결정자가 상충하는 두 개의 대안 중 한 개의 대안을 선택하는 것으로, 절충안을 찾기 힘든 딜레마 상황에서 선택이 불가피할 때 어느 일방을 수용하는 양태이다. 딜레마 상황에서 선택은 아무래도 조직의 요구가 수용기준이 되어서 조직상사, 상위기관의 지시, 혹은 공식 법규에 가까운 방향으로 선택할 가능성이 높다. 이런 점에서 조직의 명령 및 지시를 수용하는 순종 전략에 가깝다.

태만(Neglect) 전략은 조직에서 이탈하지 않은 채 조직에 부정적인 영향을 주는 행위로, 책임성의 충돌로 인한 선택의 어려움을 왜곡된 방식으로 대응하는 것이다. 주어진 일을 형식적으로 처리한다거나 추가적 노력을 투입하지 않는 행동 등인데(Farrell, 1983), 딜레마 상황의 '결정 지연'(non-decision) 전략과 유사하다. 결정 지연은 제한된 시간이 지날 때까지 선택을 최대한 보류하거나 지연하는 것으로 선택을 지연하며 상황 변화를 꾀하는 것이다. 또한 딜레마에 대한 '유사 해결'(pseudo resolution) 방식도 태만 전략에 속한다고 볼 수 있는데, 딜레마가 실제로 해결되지 않았으나 겉보기에 잠정적으로 해소된 것으로 보이도록 하는 대응 양태(상징적 결정, 비일관적 결정, 형식주의 등)이며 조직에 부정적 영향을 주기 때문이다.

〈표 3〉 딜레마에 대한 공무원의 대응 전략

	대응 전략			
	이탈(Exit)	항의(Voice)	순종(Loyalty)	태만(Neglect)
딜레마 대응전략	딜레마 상황의 포기	딜레마 해소 노력	딜레마 상황을 수용 침묵하거나, 대안 중 하나를 일방 선택	딜레마 상황에서 결정지연, 유사해결
행태 예시	이직, 보직변경, 업무변경, 결정권 전가 등	해결위한 자원 요구, 새로운 정보 투입, 설득 노력 등	인내하며 침묵·대기, 상사 및 상위기관의 지시를 선택·수용 등	형식주의, 비일관된 결정, 상징적 결정 등

2) 책임성 딜레마 유형별 공무원의 행동 대안

책임성 딜레마의 유형별로 공무원의 대응 전략은 어떻게 달라질 것인가. 책임성 딜레마 유형별로 공무원의 대응 전략이 달라질 가능성을 추론해볼 필요가 있는데, 행동대안 중심으로 다양한 가능성들을 논의하여 딜레마 유형별로 정리한 것이 <표 4>이다.

첫째, 순종(Loyalty; 선택) 전략은 어느 딜레마 상황에서도 다른 전략들에 비해 채택될 가능성이 가장 클 수 있다. 특히 특정 공무원이 계층적 책임이나 법적 책임 중 하나와 여타 책임성(전문가적 책임, 정치적 책임) 간의 딜레마에 처했을 때 채택될 가능성이 크다. 공무원은 처벌의 강도가 높은 계층적 책임이나 법적 책임을 선택하는 전략을 채택할 가능성이 크기 때문이다. 단, 계층적 책임과 법적 책임이 충돌하는 상황에서는 승진권자인 조직상관의 지시(계층적 책임)를 선택하거나(순종 전략), 하나의 선택이 곤란하여 결정을 지연시키든지 형식적으로 둘 모두를 수용하는 듯 행동(태만 전략)할 수 있다.

둘째, 태만(Neglect; 결정지연) 전략도 어떤 딜레마 상황에서건 나타날 가능성이 상당히 크다. 위에서 논의한 대로 태만 전략은 법적 책임과 계층적 책임이 충돌하는 상황에서 채택될 가능성이 제일 크지만, 여타 딜레마 상황에서도 공무원들은 형식적으로 일을 처리하거나 결정을 지연시키는 등으로 행동할 가능성이 크다. 그러나 태만으로 인한 부정적 평판 발생을 우려할 것이기에 태만 전략이 채택될 가능성은 대체로 순종 전략보다 크지 않을 것으로 짐작된다.

셋째, 항의(Voice; 딜레마 해소) 전략은 전문가적 책임이나 정치적 책임과 여타 책임 형태(법적 책임, 계층적 책임)가 충돌할 때 나타날 가능성이 크다. 위에서 살펴본 대로 통제의 강도가 높은 계층적 책임이나 법적 책임이 선택될 가능성이 더 크지만, 전문가적 판단 기준이 명확하고 향후 결과에 대해 책임질 가능성이 큰 경우나 공무원 자신의 판단을 지지하는 자원을 확보한 경우는 문제 해결을 위한 적극적인 항의 전략을 채택할 수도 있다. 다만, 그 가능성의 정도는 계층적 책임이나 법적 책임보다 크다고 보기 어렵다. 한편, 정치적 책임과 전문가적 책임이 충돌하는 경우에는 어떤 경우가 되었건 항의 전략을 채택할 가능성이 매우 커지고, 반대로 법적 책임과 계층적 책임이 충돌하는 상황에서는 항의 전략을 채택할 가능성은 매우 작아진다. 법적 책임과 계층적 책임 모두 통제의 강도가 높은 객관적 책임이므로 적극적으로 항의하기 어려울 것으로 판단된다.

넷째, 이탈(Exit; 포기) 전략은 채택되기 쉽지 않은 행동 대안인데 공무원이 딜레마 상황을 견디지 못하고 이직을 선택할 개연성은 높지 않기 때문이다. 중 · 하위직 공무원이 자신의 의지대로 보직을 변경하거나 업무를 변경할 수 있는 가능성도 크지 않다. 다만, 통제의 강도가 높은 계층적 책임과 법적 책임이 충돌하는 상황이 계속되고 이러한 곤란함을 강하게 인지하는 경우라면 사용가능한 수단들을 모두 동원해서 업무나 보직의 변경을 시도할 가능성이 있을 것이다.

책임성 딜레마 상황 하 공무원의 대응에 대한 경험적 분석이 매우 미흡한 상황에서[10] 공무원 대응의 가능성을 추론해보았다. 주로 통제의 강도나 결과의 불

10) 딜레마의 대응 모습으로 김태은 · 윤견수(2010) 연구는 딜레마의 강도가 커질 때 처음에는 상황을 회피하려 하지만 더 이상 회피할 수 없는 임계점에 도달하면 결정을 하되 그 파급효과를 줄이는

확실성으로 인한 선택의 곤란함을 얼마나 느낄 것인지를 기준으로 살펴본 것인데, 대체로 순종 전략 및 태만 전략을 취할 가능성이 높아 보이며, 항의의 가능성은 정치적 책임과 전문가적 책임이 관련될 경우, 그리고 이탈의 가능성은 법적 책임과 계층적 책임이 충돌하는 경우에 상대적으로 더 나타날 것으로 보았다.

〈표 4〉 책임성 딜레마에 대한 공무원의 대응 추론

유형	딜레마 상황	행동 대안			
		이탈(Exit)	항의(Voice)	순종(Loyalty)	태만(Neglect)
Ⅰ	법적 책임 ↔ 계층제적 책임	M	L	H	H
Ⅱ	전문가적 책임 ↔ 계층제적 책임	L	M	H	M
Ⅲ	정치적 책임 ↔ 계층제적 책임	L	M	H	M
Ⅳ	전문가적 책임 ↔ 법적 책임	L	M	H	M
Ⅴ	정치적 책임 ↔ 법적 책임	L	M	H	M
Ⅵ	정치적 책임 ↔ 전문가적 책임	L	H	M	M

'H, M, L'는 채택될 가능성의 정도(high, intermediate, low)를 나타냄.

Ⅲ. 연구 방법

1. 조사대상 및 방법

앞서 이론적으로 추론한 책임성 딜레마 유형에 대한 공무원의 인지수준 및 대응 경향을 추가적으로 확인하는 차원에서 탐색적 조사를 실시하였다. 조사는 지방자치단체 공무원을 대상으로 한 설문조사 방식으로 진행되었다. 조사 범위는 수도권 기초자치단체 4곳[11]의 공무원이었으며, 2014년 11월 12일부터 12월 8일까지 총 200부를 배포하여 128부가 수거되었다(수거율 64%). 128명 표본의 특징은 아래의 <표 5>와 같다. 대체로 일반직 공무원이었으며(92.2%), 직급은 7급과 8급이 73.7%로 중·하위직 공무원이 대다수를 구성하고 있다. 연령대는 30대, 40대가 82.9%로 차지하였고, 근속년수는 1년 미만부터 25년 이상까지 비교적 고르게 분

전략을 사용한다고 주장하였다. 최흥석·윤견수(2000) 연구는 결정을 지연하거나 결정권을 포기하는 대신 우선 하나를 선택하는 경향이 있다고 주장하였다.

11) 연구자가 쉽게 접근할 수 있는 수도권의 기초자치단체 4곳으로 범위를 한정하였다.

포되었다.

분석은 책임성 딜레마의 인지 및 대응에 관한 응답을 기술통계 및 분산분석 결과를 중심으로 비교하며 경향성을 살펴보았다.

〈표 5〉 표본의 구성

항목	특성
성별 (n=128)	남자 63명(48.8%), 여자 65명(50.4%), 무응답 1명(0.8%)
직종 (n=128)	일반직 119명(92.2%), 특정직 3명(2.3%), 기능직 5명(3.9%), 계약직 1명(0.8%), 무응답 1명(0.8%)
직급 (n=127)	5급 1명(0.8%), 6급 24명(18.6%), 7급 61명(47.3%), 8급 34명(26.4%), 9급 7명(5.4%), 무응답 2명(1.6%)
근속년수 (n=128)	1년 미만 23명(17.8%), 5−10년 미만 36명(27.9%), 10−15년 미만 11명(8.5%), 15−20년 미만 18명(14%), 20−25년 미만 34명(26.4%), 25년 이상 6명(4.7%), 무응답 1명(0.8%)
학력 (n=126)	고졸 11명(8.5%), 전문대졸 20명(15.5%), 대졸 86명(66.7%), 대학원(석사)졸 8명(6.2%), 대학원(박사)졸 1명(0.8%), 무응답 3명(2.3%)
연령대 (n=128)	20대 6명(4.7%), 30대 52명(40.3%), 40대 55명(42.6%), 50대 이상 15명(11.6%), 무응답 1명(0.8%)

2. 조사내용

설문 문항의 구성을 보면, 여섯 가지 딜레마 유형별로 갈등 경험의 빈도를 질문하여 딜레마 인식 정도를 측정하였다. 딜레마 경험은 경험의 강도나 빈도로 질문할 수 있는데, 여기서는 '결정의 곤란함을 어느 정도로 경험하는지'로 묻고 5점 척도로 표기하도록 하였다.

딜레마 유형별로 2개씩 총 12개의 문항을 제시하였는데, 책임성 충돌을 유형별로 측정하는 지표가 거의 없기에 타당한 측정 문항을 도출하는 것이 필요했으나, 이 연구의 목적이 지표 구성 및 검증이 아닌 바, 다소 엄밀성은 떨어지나 각 유형을 반영할 것으로 판단되는 질문 두 가지를 제시하고 그 평균값을 이용하였다.

구체적으로 보면, 법적 책임과 계층적 책임의 충돌(유형Ⅰ)은 '상사나 상위 기관으로부터 내려온 명령, 지시, 의견이 공식적 법규정, 감사기준, 판례 등과 달라서 선택의 곤란함을 경험한다'와 '조직 내부의 관행적 운영 방침이 법규정, 감사기준, 판례 등과 달라서 선택의 곤란함을 경험한다'로 질문하였으며, 계층적 책임과 전문가적 책임의 충돌(유형Ⅱ)은 '상사나 상위 기관으로부터 내려온 명령·지시·의견이 업무의 전문적 규범 및 기준과 달라서 선택의 곤란함을 경험한다'와 '조직 내부의 관행적 운영방침이 업무 담당자로서 자신의 판단과 달라서 선택의 곤란함을 경험한다'로 질문하였다. 계층적 책임과 정치적 책임의 충돌(유형Ⅲ)은 '상사나 상위 기관으로부터 내려온 명령·지시·의견이 일반 주민의 여론과 달라서 선택의 곤란함을 경험한다'와 '조직 내부의 관행적 운영 방침이 업무와 관련된 외부 이해관계자들의 요구와 달라서 선택의 곤란함을 경험한다'로, 법적 책임과 전문가적 책임의 충돌(유형Ⅳ)은 '공식적 법규정·감사기준·판례 등의 내용이 업무와 관련되어 통용되는 전문적 기준이나 규범과 달라서 선택의 곤란함을 경험한다'와 '법적 기준을 따르는 것이 전문가로서 해야 할 바와 충돌하여 선택의 곤란함을 경험한다'로 질문하였다. 또한 법적 책임과 정치적 책임의 충돌(유형Ⅴ)은 '공식적 법규정·감사기준·판례 등의 내용이 일반 주민의 요구와 달라서 선택의 곤란함을 경험한다'와 '업무와 관련된 외부 이해관계자들이 법규의 부당함을 주장하여 의사결정의 곤란함을 경험한다'로, 마지막으로 정치적 책임과 전문가적 책임의 충돌(유형Ⅵ)은 '업무와 관련되어 통용되는 전문적 판단기준이 이익집단·시민사회단체 등 외부 이해관계자의 요구와 달라서 선택의 곤란함을 경험한다'와 '일반 주민의 요구가 전문가로서 따라야 할 바와 달라서 선택의 곤란함을 경험한다'로 질문하였다.

각 질문은 5점 척도(전혀 그렇지 않다(1점)－대체로 그렇지 않다(2점)－보통이다(3점)－대체로 그렇다(4점)－매우 그렇다(5점))로 답하도록 하였는데, 내적 갈등의 측정은 속성상 중간점수(3점)로의 수렴 가능성이 높으므로 4점 척도를 사용해 선택을 강제하기도 하는데, 이 연구는 선행연구가 거의 없는 상황의 탐색연구이므로 딜레마의 인지 여부도 중요하다고 판단하여 5점 척도를 적용하였다. 앞서 밝힌 대로, 각 유형별 갈등 경험의 수준은 해당하는 두 개 문항의 값을 평균하여 사용하였다.

딜레마 대응에 관한 문항으로 이탈 전략은 '결정을 상사에게 맡기거나, 업무 담당자 변경 혹은 보직 변경을 통해 상황을 벗어나려 한다'로, 항의 전략은 '문제 상황을 조직에 알리고 해결을 위해 적극적으로 발언을 하거나, 관련자를 만나 설명하고 설득하려 노력한다'로, 순종 전략은 '문제 상황이 사라질 때까지 참고 기다리거나, 상사나 상위 기관의 의견을 따른다'로, 태만 전략은 '선택 및 결정을 최대한 늦추거나, 둘 다 수용하는 듯한 태도를 보이며 적극적인 노력을 하지 않는다'

로 제시하였다. 또한 각 딜레마 상황마다 반드시 하나를 선택해야 한다면 무엇을 선택할 것인지 양자택일 문항을 추가하여 두 책임성 중에 무엇을 더 중요시 하는지 선호를 파악하였다.

Ⅳ. 분석 결과: 책임성 딜레마의 인지와 대응 특징

1. 책임성 딜레마에 관한 인식

1) 책임성 딜레마의 인지 수준

분석 결과, 책임성의 여섯 유형의 딜레마를 경험하는 수준은 높지 않았는데, 5점 척도에서 약 2점을 상회하는 수준이므로 딜레마를 높게 인식한다고 볼 수 없었다. 이론적으로 결과가치가 동일한 등가의 책임성이 충돌하는데도, 현실적으로 공무원은 선택상의 심각한 갈등으로 인식하지 않는 것이다.

유형별로는 <표 6>에서 보듯, 가장 강하게 인식된 딜레마는 2.5점인 전문가적 책임과 정치적 책임의 충돌이었고, 법적 책임과 정치적 책임의 충돌이 2.496점, 계층적 책임과 정치적 책임의 충돌이 2.415점, 계층적 책임과 법적 책임의 충돌이 2.275점, 법적 책임과 전문가적 책임의 충돌이 2.267점, 마지막으로 계층적 책임과 전문가적 책임이 2.240점이었다.

유형별 딜레마 인지 수준이 큰 차이가 나지 않았으나, 특이한 것은 책임성 딜레마를 강하게 경험하는 상위 세 유형이 모두 정치적 책임과의 충돌이라는 점이다. 지방자치단체 중·하위직 공무원은 주민이 제기한 민원 및 지역 여론 대 조직 상부의 지시, 법 규정, 전문적 기준이 다를 때 상대적으로 의사결정의 곤란함을 더 많이 인식한다는 의미이다. 이러한 결과는 일선 공무원은 지역 주민과 대면 업무가 많기에 주민의 요구에 상대적으로 민감하여 주민 요구와 다르게 업무를 처리할 때의 곤란함을 인식하는 것으로 해석될 수 있을 것이다. 지방자치단체 중·하위직 공무원이 책임성의 딜레마를 인식하는 중요한 축은 주민의 요구에 부응해야 한다는 책임감이 될 수 있으며 이러한 주민 요구가 업무상의 다른 기준과 충돌할 때 갈등을 느끼는 것으로 볼 수 있었다.

한편, 이론적으로 동등하게 취급되는 가치의 충돌이 실제로 공무원에게 갈등으로 인지되지 못하는 이유는 무엇일까. 주관적으로 딜레마 갈등을 강하게 인지하지 않는 결과가 곧 객관적으로 딜레마가 존재하지 않는다는 것을 의미하지 않으며 객관적 딜레마가 주관적으로 인지되는 조건과 영향요인은 충분한 검토와 또 다른 조사가 필요할 것이다. 다양한 해석의 가능성이 있으나 여기서는, 책임성 갈등의 발생 빈도가 빈번하지는 않을 것이므로 경험한 갈등 기억이 약화되었을 가능성, 갈등을 경험할 때 나름대로의 선택 기준이 존재하기에 갈등을 심각하게 인지하지 않을 가능성 등이다.[12)]

더불어 책임성 딜레마의 인식은 인적 특성에 따라 큰 차이를 보이지 않았다. 성별이나 학력에 따른 유의미한 인식 차이는 나타나지 않았으며 직급, 근속년수, 연령대에 따라 통계적으로 유의미한 차이가 부분적으로 나타나는 정도였다(<부록 1>(156면) 참고).

〈표 6〉 책임성 유형 간 딜레마 인지 수준

	계층적	법적	전문가적	정치적
계층적	–	–	–	–
법적	I 2.275	–	–	–
전문가적	II 2.240	IV 2.267	–	–
정치적	III 2.415	V 2.496	VI 2.5	–

2) 책임성 사이 우선순위 인지

책임성이 충돌하는 여섯 가지 경우마다 하나를 선택한다면 무엇을 따를지, 즉 양자택일의 요구 앞에서 응답자들이 밝힌 선호는, 법규를 가장 먼저 선택하고, 전문가적 규범, 그 다음으로 계층적 지시, 마지막으로 정치적 요구를 선택하려는 것으로 나타났다.

계층적 지시와 법 규정이 충돌할 때 법 규정을 따르겠다는 선택이 68.2%, 계

12) 또한 이 연구를 통해서 갈등의 빈도를 질문한 방식과 5점 척도를 제시한 방식도 적지 않은 영향을 미쳤으리라고 생각된다. 가치판단이나 갈등 측정은 중간 점수(여기서는 3점)로의 수렴 현상이 자주 나타나므로 강제적 선택을 요구하는 4점 척도가 자주 사용된다.

층적 지시를 따르겠다는 입장이 27.9%로 나타나, 법 규정이 크게 선호되고 있었다. 계층적 지시와 전문가적 규범이 충돌할 때는 전문가적 규범을 따르겠다는 선택이 76.7%, 계층적 지시를 따르겠다는 입장이 20.9%로 나타나, 전문가적 규범이 크게 선호되었다. 계층적 지시와 정치적 요구의 충돌 시에는 계층적 지시를 따르겠다는 선택이 66.7%, 정치적 요구를 따르겠다는 선택이 27.9%으로 계층적 지시가 더욱 선호되었다. 법 규정과 전문가적 규범이 충돌하는 경우는 법 규정의 선택이 48.8%, 전문가적 규범이 45.7%로 법 규정의 선택이 약간 더 선호되었다. 법 규정과 정치적 요구가 충돌할 때는 법 규정을 선택하겠다는 견해가 81.4%로 정치적 요구를 선택하겠다는 16.3%에 비해 압도적으로 높았다. 마지막으로 전문가적 규범과 정치적 요구가 상충될 때는 전문가적 규범을 선택하겠다는 견해가 80.6%, 정치적 요구를 선택하겠다는 견해가 17.8%로 전문가적 규범이 매우 강하게 선호되었다.

이상의 양자택일 결과를 종합하면, 법 규정 → 전문가적 규범 → 계층적 지시 → 정치적 요구의 선호 순서를 알 수 있다. 법 규정을 가장 중시하는 선호는 법과 정책의 일선 집행자로서 중 · 하위직 공무원의 역할을 고려할 때 자연스러운 결과이나, 계층적 지시보다 전문가적 규범을 우선적으로 선택하겠다는 결과는 다소 의외로 볼 수 있다. 중 · 하위 직급에서 상사의 지시보다 자신의 업무 전문성에 따른 대응을 하겠다는 내용이기 때문이다. 실제 책임성 딜레마 상황이 벌어진다면 이와 같은 선호로 대응할 것인가는 확인이 필요하나, 적어도 규범적으로는 자신의 전문가적 기준 및 윤리에 따른 대응을 중요시하고 있는 것이다. 하지만 전문가적 규범이 강조된 응답은 제시된 문항의 한계에서 비롯된 것으로도 보인다. 제시된 질문은 일회성 선택을 물어보았으나, 현실에서는 전문가적 판단을 우선시하더라도 이와 다른 상부의 지시가 계속된다면 전문가적 규범을 고수하기는 어려워 결국 계층적 지시를 선택할 가능성이 매우 높다. 이를 반영한 문항이 제시되지 못하였기에 초기 선택으로 전문가적 규범을 선택하겠다는 응답이 과잉된 것으로 보인다.

한편, 앞서 책임성 딜레마에 관한 인식에서는 주민의 요구와 지역 여론에 부응해야 한다는 정치적 책임과 여타 책임성과의 딜레마 인식이 상대적으로 높게 나왔었다. 그러나 막상 딜레마 상황에서 하나를 선택해야 하는 경우, 응답자들의 절대 다수는 정치적 책임이 아니라 법적 · 전문적 · 계층적 책임을 선택했다. 이러한 결과는 지자체 공무원들이 주민의 요구와 지역 여론에 부응해야 한다는 부담감을 느끼고 있으나, 그러한 요구와 여론이 법규 · 전문성 · 상관의 명령과 충돌하는 경우에는 행위기준으로 후자를 우선함을 보여준다.

그림 1 충돌하는 책임성 사이 양자택일 결과[13]

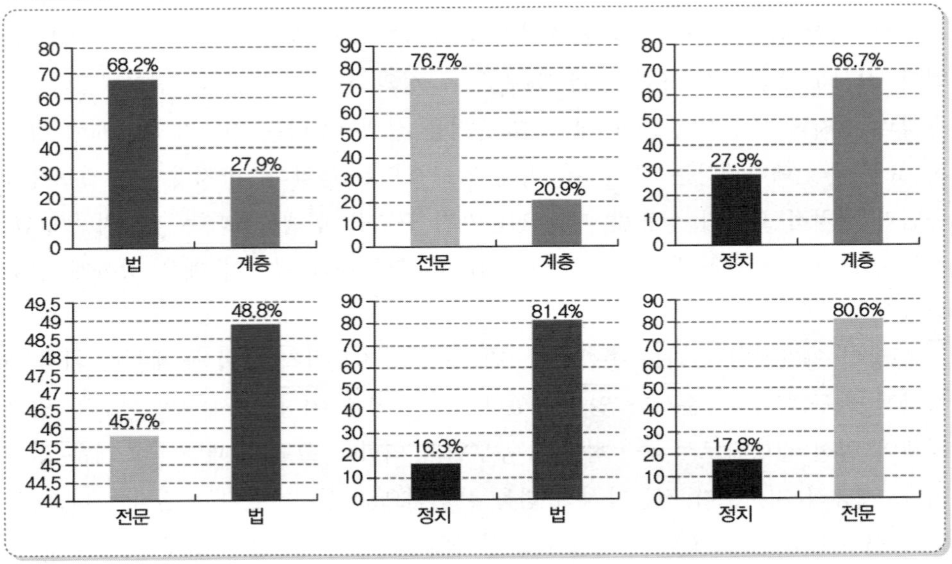

2. 선택된 대응 전략의 특징

1) 선호된 대응 전략: 항의 → 순종 → 태만 → 이탈

책임성 딜레마의 여섯 유형 모두에서 대응 전략의 선호는 항의 → 순종 → 태만 → 이탈의 순서였다. 약 50%의 응답자가 항의 방식을 선택하였으며 약 30%가 순종 방식을, 6% 내외가 태만 방식을, 약 5%가 이탈 방식을 선택하였고 나머지는 그 외를 선택하였다.

이 결과는 앞서 '중하위직 공무원이 주로 순종 방식으로 대응할 것'이라는 추론과 차이가 있다. 공직 사회의 위계적 구조와 문화로 짐작컨대, 상사의 지시를 따른다는 응답이 다수일 것으로 예측하였으나, 이와 달리 항의 방식이 가장 많이 선택

13) 결측치로 인해 전체 100%가 되지 않음.

된 것이다. 항의 방식으로 제시하였던 문항은 '문제 상황을 조직에 알리고 해결을 위해 적극적으로 발언을 하거나 관련자를 만나 설명하고 설득하는 것'이었다.

문제 해결을 위한 발언이라는 항의 방식이 공무원이 실제로 책임성 딜레마 상황에서 가장 앞서서 시도하는 전략으로 나타난 것이다. 그러나 앞서 양자택일 결과에서 언급한 바와 같이, 질문 상의 한계에 따른 결과로 보이는데, 초기 대응을 항의로 하더라도 항의 행태를 지속하기는 현실적으로 어렵기 때문이다. 자신이 하는 시도에 대한 질문이었으므로 우선적으로 시도하는 항의 전략을 선택했을 것이며, 이러한 시도에 대해 조직 내에 부정적 반응이 강하다면 이후에도 지속적으로 항의의 태도를 유지할 것인지, 아니면 순종의 방식으로 태도를 바꿀 것인지는 알 수 없다. 오히려 자신의 항의에 대한 조직의 부정적 반응을 경험한다면 항의보다는 순종의 방식으로 대응할 가능성이 클 것이다.[14] 한편 바람직한 대안을 선택했을 가능성도 있다. 질문은 책임성 충돌을 인식할 경우 자신의 실제 대응 방식을 물은 것이나, 응답자는 자신이 바람직하다고 생각하는 대안을 선택하는 편향이 반영되었을 수 있다. 구체적이지 않은 갈등 상황이 제시되었을 때 규범적으로 바람직하다고 여겨지는 전략을(여기서는 항의) 선택할 가능성이 크기 때문이다.

2) 이탈 대응

앞서의 추론대로 이탈 전략은 나머지 대응 전략에 비해 가장 적게 선택되어 책임성 간 갈등이 보직의 변경이나 업무 변경을 시도할 만큼 인식되지 않음을 짐작할 수 있다. 역시 추론대로 통제의 강도가 높은 계층적 책임과 법적 책임이 충돌할 때 다른 상황에 비해 이탈을 선택하는 비중이 높았다. 이와 함께 정치적 책임과 전문가적 책임이 충돌할 때에도 이탈의 선택 비중이 높았다.

이 결과는 통제의 정도가 유사한 책임성 사이의 갈등을 경험할 때 공무원은 이탈 전략으로 대응하려는 선호가 있는 것으로 해석할 수 있다. 법 규정과 계층적 지시는 통제의 수준이 높은 객관적 통제이며, 정치적 요구와 전문가적 규범은 통제의 수준이 낮은 주관적 통제이다. 그러므로 통제 수준이 높거나 혹은 낮은 유사한 권위끼리 충돌할 때 특정한 선택이 쉽지 않아서 그 상황을 되도록 회피하

---

14) 이러한 결과는 책임성 충돌 상황에서 대응을 묻는 질문에 이러한 특징이 반영돼야 함을 알려준다. 어떠한 대응을 할 것인가를 일회성 상황으로 묻는 것이 아니라 지속할 의지가 있는가를 중심으로 한 선택으로 질문되어야 할 것이다.

려는 태도를 취할 수 있을 것이다.

〈표 7〉 딜레마 유형별 이탈 전략의 선택 비중

Exit	Ⅰ 법↔계층	Ⅱ 전문↔계층	Ⅲ 정치↔계층	Ⅳ 전문↔법	Ⅴ 정치↔법	Ⅵ 정치↔전문
비중	**5.4%**	3.9%	3.9%	3.1%	3.1%	**5.4%**
빈도	**7명**	5명	5명	4명	4명	**7명**

3) 항의 대응

앞서의 추론과 달리 모든 책임성 딜레마 상황에서 가장 선호된 전략인 항의 방식은, 특히 법적 책임과 전문가적 책임이 충돌할 때(유형Ⅳ)와 역시 법적 책임과 정치적 책임이 충돌할 때(유형Ⅴ) 55.8%로 가장 많이 선택되었다. 이러한 결과는 통제 강도가 낮은 전문가적 및 정치적 책임이 통제 강도가 높은 법적 및 계층적 책임과 충돌할 때 항의가 나타날 것이라고 본 앞서의 추론과 부분적으로 부합한다.

전문가적 기준 및 윤리나 조직 외부의 정치적 요구가 법 규정에 비해 모호하고 불확실한 바, 책임을 걱정하는 중·하위직 공무원이라면 보다 명확한 법 규정을 근거로 이러한 모호함의 해결을 적극적으로 요구할 것으로 짐작된다. 즉, 명확한 기준과 불확실한 기준 사이의 갈등이라면 명확한 기준을 주장하며 불확실의 해결을 적극적으로 주장하는 방향으로 행동할 가능성이 있는 것이다.

〈표 8〉 딜레마 유형별 항의 전략의 선택 비중

Voice	Ⅰ 법↔계층	Ⅱ 전문↔계층	Ⅲ 정치↔계층	Ⅳ 전문↔법	Ⅴ 정치↔법	Ⅵ 정치↔전문
비중	44.2%	51.9%	53.5%	**55.8%**	**55.8%**	51.2%
빈도	57명	67명	69명	**72명**	**72명**	66명

4) 순종 대응

순종 전략은 모든 책임성 딜레마 상황에서 항의 전략에 이어 두 번째로 선호하는 대응 전략이었는데, 법 규정과 계층적 지시가 부딪힐 때 33.3%가 문제 상황이 사라질 때까지 참고 기다리거나, 상사나 상위기관의 의견을 따른다는 순종 전략을 선택하였다.

이와 같은 결과는 통제의 강도가 유사하게 강한 두 책임이 상충할 때 순종이나 태만 행태를 보일 것이라는 추론과 부분적으로 부합한다. 강한 통제의 두 책임인 계층적 책임과 법적 책임이 충돌하면 인사권자인 조직상관의 지시를 따르거나(순종) 하나의 선택이 곤란하여 결정을 지연하거나 형식적으로 둘 모두를 수용하는 행태를 보일(태만) 가능성이 큰 것이다.[15]

〈표 9〉 딜레마 유형별 순종 전략의 선택 비중

Loyalty	I 법 ↔ 계층	II 전문 ↔ 계층	III 정치 ↔ 계층	Ⅳ 전문 ↔ 법	V 정치 ↔ 법	Ⅵ 정치 ↔ 전문
비중	**33.3%**	28.7%	31%	28.7%	27.9%	27.9%
빈도	**43명**	37명	40명	37명	36명	36명

5) 태만 대응

앞서 추론에서 태만 전략은 법적 책임과 계층적 책임이 충돌하는 상황에서 채택될 가능성이 제일 크며, 태만 전략이 채택될 가능성은 순종 전략보다 낮을 것이라고 보았는데 이에 부합하는 결과가 발견되었다. 법 규정과 계층적 지시가 충돌할 때 선택 및 결정을 최대한 늦추거나, 둘 다 수용하는 태도를 보이며 적극적 노력은 하지 않는 태만 방식을 취한다는 응답이 10.9%로 다른 유형에 비해 약간 높게 나타났다. 또한 전체적인 태만 전략을 선택한 비중은 10% 안팎이지만 순종 전략을 선택한 비중은 40%로 순종이 태만에 비해 더 많이 선택되고 있었다.

〈표 10〉 딜레마 유형별 태만 전략의 선택 비중

Neglect	I 법 ↔ 계층	II 전문 ↔ 계층	III 정치 ↔ 계층	Ⅳ 전문 ↔ 법	V 정치 ↔ 법	Ⅵ 정치 ↔ 전문
비중	**10.9%**	10.1%	5.4%	6.2%	5.4%	7.0%
빈도	**14명**	13명	7명	8명	7명	9명

15) 앞서의 이탈 전략, 여기서의 순종 전략, 그리고 아래의 태만 전략도 모두 다른 딜레마보다 법적 책임과 계층적 책임의 딜레마에서 가장 높은 응답 비중을 보이고 항의 전략에서만 다른 딜레마 상황이 선택되었다.

6) 대응 전략별 책임성 딜레마 인지 수준의 차이

한편, 딜레마를 인지하는 수준과 대응 전략 사이에 통계적으로 유의미한 관계성이 있는가를 분석하였다. 각 책임성 딜레마에서 나타난 대응의 기술통계 상 특징은 위에서 살펴본 바와 같고, 책임성 딜레마의 인지 수준에 따른 대응의 차이가 나타나는지 통계적 상관성을 분석한 것이다.

＜표 11＞에서 보듯이 대응 전략별로 책임성 딜레마 인지 수준에 통계적으로 유의미한 차이가 있는가를 보면 첫째, 이탈 전략을 선택한 집단은 다른 전략을 선택한 집단에 비해 법적 책임과 계층적 책임의 갈등을 더 강하게 느꼈다($p<0.05$). 이탈을 선택한 집단은 법 규정과 계층적 지시가 다른 상황으로 인한 곤란함의 정도가 2.929로 나타나 항의 2.079, 순종 2.535, 태만 2.286에 비해 더 강하게 인식한 것이다. 즉, 보직 변경이나 업무 변경 같은 이탈 방식으로 대응하는 경우는 법적 책임과 계층적 책임 사이 선택의 곤란함을 주관적으로 강하게 느끼는 사람에게서 더 두드러졌다. 앞서 살펴본 대로, 통제의 강도가 강한 법 규정과 계층적 지시가 다를 경우 중・하위직 공무원이 하나를 선택하기 매우 어려울 것이기에 상황을 회피하려는 선택을 하는 것으로 짐작할 수 있다.

둘째, 순종 전략을 선택한 집단은 다른 전략을 선택한 집단에 비해 전문가적 책임과 계층적 책임 사이의 갈등을 더 강하게 경험하고 있었다($p<0.1$). 순종을 선택한 집단은 전문가로서 규범과 계층적 지시가 다른 상황으로 인한 곤란함의 정도가 2.5로 나타나 이탈 1.9, 항의 2.134, 태만 2.385에 비해 약간 더 높게 인지된 것이다. 내적 윤리인 전문가적 기준과 명령 불복종의 책임 통제가 강한 계층적 지시가 부딪히는 곤란함을 더 두드러지게 느끼는 경우는 상사 및 상위기관의 의견을 따르는 순종으로 대응을 하려는 것이다. 즉, 조직적 지시와 전문가로서의 윤리가 부딪히는 윤리적 딜레마의 상황에서 내적 갈등을 심각하게 느끼는 사람의 선택이 결국 순종일 가능성이 높다는 해석이 가능하다. 윤리적 딜레마 앞에서 결국 계층적 지시를 따르는 공무원의 수동적 행태가 이 결과에서도 나타난 것이다.

항의 전략과 태만 전략과 딜레마 상황 인식 사이에서 통계적으로 유의미성은 발견하지 못하였다.

〈표 11〉 대응 전략 간 딜레마 인지 수준: 분산분석

유형	딜레마 상황 인지		대응 전략 이탈 (Exit)	항의 (Voice)	순종 (Loyalty)	태만 (Neglect)
I	법적 책임 ↔ 계층적 책임	%	5.4%	44.2%	33.3%	10.9%
		M	2.929	2.079	2.535	2.286
		S.D	0.6075	0.6930	0.6114	0.5447
		F=4.927, p=0.001** (p<0.05)				
II	전문가적 책임 ↔ 계층적 책임	%	3.9%	51.9%	28.7%	10.1%
		M	1.9	2.134	2.5	2.385
		S.D	1.0247	0.6489	0.6972	0.5460
		F=2.270, p=0.066* (p<0.1)				
III	정치적 책임 ↔ 계층적 책임	%	3.9%	53.5%	31%	5.4%
		M	2.6	2.326	2.562	2.643
		S.D	0.9618	0.7217	0.7527	0.8997
		F=0.860, p=0.490				
IV	전문가적 책임 ↔ 법적 책임	%	3.1%	55.8%	28.7%	6.2%
		M	2.25	2.25	2.405	2.188
		S.D	0.5	0.7071	0.6544	0.7530
		F=0.583, p=0.676				
V	정치적 책임 ↔ 법적 책임	%	3.1%	55.8%	27.9%	5.4%
		M	2	2.583	2.431	2.357
		S.D	0.8162	0.7737	0.7086	0.7480
		F=0.791, p=0.533				
VI	정치적 책임 ↔ 전문가적 책임	%	5.4%	51.2%	27.9%	7.0%
		M	2.571	2.538	2.403	2.889
		S.D	0.9759	0.7957	0.7821	0.4167
		F=0.945, p=0.441				

V. 결 론

공무원이 져야 할 다양한 책임은 특정 상황에서 서로 모순되기도 한다. 복종해야 할 명령과 전문 윤리적 판단이 다르고, 법이 규정한 바와 사회의 요구가 다를 때 등의 상황을 지방자치단체 공무원들은 어떻게 인지하고 대응하려 하는가. 이러한 책임성의 충돌 상황을 체계적으로 분류하고 대응 의도를 탐색하는 것이 이 연구의 목적이었다.

공무원의 책임성은 계층적 책임, 법적 책임, 전문가적 책임, 정치적 책임으로 분류할 수 있으며 이 네 가지 책임성들은 각기 다른 역할 기대와 가치를 반영한다. 서로 다른 역할 기대와 가치는 경우에 따라 갈등할 수 있고, 이러한 갈등 상황은 의사결정을 어렵게 하는 딜레마로 나타나게 된다. 따라서 공무원들의 책임성과 관련해서 발생할 수 있는 딜레마의 형태는 여섯 가지로 정리될 수 있다(계층적 책임성 대 법적 책임성, 계층적 책임성 대 전문가적 책임성, 계층적 책임성 대 정치적 책임성, 법적 책임성 대 전문가적 책임성, 법적 책임성 대 정치적 책임성, 전문가적 책임성 대 정치적 책임성).

책임성의 딜레마가 발생하는 경우 공무원들이 취할 수 있는 선택대안에는 딜레마 상황에서 벗어나고자 하는 이탈(Exit), 딜레마를 적극적으로 해소하고자 하는 항의(Voice), 상황을 받아들이고 침묵하거나 통제의 정도가 강한 대안을 선택하는 순종(Loyalty), 그리고 결정을 지연하거나 유사해결 방안을 선택하는 태만(Neglect)으로 포괄적으로 나누어 살펴볼 수 있었다. 선행연구가 미흡한 상태에서 이 연구는 논리적 추론을 통해 우리나라 지자체의 공무원들이 대체로 순종 전략과 태만 전략을 취할 가능성이 높고, 항의 전략과 이탈 전략은 제한된 상황에서 나타날 것으로 보았다. 그리고 이러한 추론의 타당성을 검토하기 위해 탐색적인 설문조사를 실시하였으며, 설문조사 결과는 이 연구의 추론을 부분적으로 지지함과 더불어 예상하지 않았던 현상(공무원 인식)을 보여주었다. 조사결과의 주요 내용은 아래와 같다.

먼저 공무원은 요구되는 책임들이 충돌할 때 같은 대응을 나타내지 않으며, 충돌하는 책임의 내용에 따라서 다른 인지 수준과 대응 방식을 선택함을 알 수 있었다. 첫째, 딜레마로 인한 내적 갈등은 그간의 이론적 논의와는 달리 갈등의 수준은 높지 않았다. 이론적으로는 결과가치가 동등한 객관적 딜레마로 간주되고 있음에도 현실에서 주관적으로 인식되는 수준은 높지 않은 것이다. 그 가운데 정치적 책임과 다른 책임이 갈등할 때 갈등 인지 수준이 약간 더 높게 나타났다. 둘째, 자신에게 부여되는 여러 책임 중 '법적 책임 → 전문가적 책임 → 계층적 책임 → 정치적 책임'의 순서로 선택 기준의 우선순위를 부여하고 있었다. 셋째, 책임성 딜레마에 마주쳤을 때, 우선적으로 문제제기와 해결을 위한 적극적 노력으로 대응하려 하였고 그 후 조직의 지시를 따르는 순종 의사를 보였다. 넷째, 전체적으로 '항의 → 순종 → 태만 → 이탈'의 순서로 대응 전략을 선택하고 있었으나 딜레마 유형별로 차이를 보였는데, i) 법규와 조직의 명령이 다를 경우와 정치적 요구와 전문가적 규범이 다를 경우는 —통제의 강도가 유사한 책임 간의 충돌 상황— 이탈을 선택하는 정도가 상대적으로 높았다. ii) 법규와 같은 명확한 기준을 가진 책임과 정치적 요구 및 전문가적 규범과 같이 주관적이고 다소 불명확한 책임이 충돌하면 항의로 대응하려는 경향이 있었다. 그러나 전문가적 책임이 계층적 책임에 앞서서 선택된 결과와 순종보다 항의가 선택된 응답 결과는 현실의 경험과는 다른 결과인데, 이것은 초기의 일회적 선택 상황에서의 대응을 규범적 입장에서 선택한 것으로 짐작되며, 딜레마 대응에 관한 질문은 대응의 일관성을 고려하여 설계되어야 할 것으로 보인다.

한편, 같은 딜레마 상황에 놓여 있더라도 개인이 딜레마 상황의 곤란함을 얼마나 느끼는가에 따라서 다른 선택이 이뤄짐을 알 수 있었는데, 보직 변경이나 업무 변경 같은 이탈 방식으로 대응하는 경우는 법적 책임과 계층적 책임 사이 선택의 곤란함을 강하게 느끼는 집단에서 더 두드러지게 선택되었다.

이 연구는 오늘날 공무원에게 동등한 가치로 요구되는 다양한 책임성이 현실의 특정 상황에서 부딪힐 수 있음을 이론적으로 유형화하고 그 유형별 갈등 인지와 대응 양상이 다를 수 있음을 경험적으로 살펴보았다는 의미를 가진다. 관련된 선행연구가 미흡한 가운데 날로 높아지는 행정책임을 체계화하고 그 현실 행태의 문제점을 분석하고 해결책을 찾기 위해서는 이러한 연구가 가지는 중요성이 크다 할 것이다.

연구를 통해 향후 이론적·정책적인 면에서 몇 가지 함의를 찾을 수 있었다. 모든 책임성의 충돌 앞에서 공무원이 동일한 인지와 유사한 대응을 하지 않는다는 점, 딜레마의 인지 수준이 이론적 가정보다 높지 않은 점 등은 딜레마의 주관적 인지 여부가 중요함을 알려주며, 그렇다면 개인의 주관적 인지는 왜 달라지는가에 대한 연구가 필요하다고 할 것이다.

또한 우리가 바람직하다고 여기는 대응 전략은 항의인데, 항의를 선택하는 비중이 높더라도 항의의 전략이 받아들여지지 않는다면 순종으로 쉽게 돌아서는 것이 일반적이기에, 딜레마 상황에서 항의의 태도를 선택하고 유지하게 하려면 그들의 항의를 조직이 진지하게 받아들일 수 있어야 할 것이다. 적극적 항의와 문제해결 노력을 하는 책임 있는 행정인을 만들기 위해서는 그러한 항의 노력을 초기부터 진지하게 수용할 제도가 필요하다.

그리고 전문가적 규범을 기준으로 대응하겠다는 비중이 높게 나타난 것을 고려하면, 공무원들이 여기는 전문가적 기준 및 윤리가 무엇인지에 대한 추가 연구가 필요한 것으로 보인다. 직렬 전문성이 높다고 볼 수 없는 일반 행정직이 표본의 대다수였으며 하위직 공무원의 비중이 높았음에도 불구하고 전문가적 책임성을 강조하는 결과가 나온 것은 일반적인 예상과 괴리가 있다. 따라서 전문성에 대한 공무원의 주관적 인식을 구체적으로 연구하여 이러한 결과에 대해 추가 분석할 필요가 있다.

이 연구는 특정 지역의 일부 공무원을 대상으로 한 탐색적 연구로서, 기술통계와 상관성을 살펴보는 정도에 그치고 있다. 차후 엄정한 모형을 발전시키고 통계적 유의미성을 발견할 필요가 있다. 후속 연구를 통해서 이 연구의 함의와 한계에서 발견된 연구지점을 보완해나가야 할 것이다.

참고문헌

김태은 · 윤견수. (2011). "딜레마 강도와 딜레마 대응에 관한 연구: SSM 사례를 통한 역동적 딜레마 모형의 제시." <한국정책학회보>, 20(4): 67-103.

김태은 · 박종수. (2008). "합리성의 제약요인으로서 정책딜레마와 정책변화: 금산분리 관련 정책을 중심으로." <한국행정학보>, 42(2): 371-399.

박천오. (2011). "공무원의 정치적 중립: 의미와 인식." <행정논총>, 49(4): 25-50.

소영진 · 안성민. (2011). "형식주의의 재해석." <한국행정학보>, 45(3): 73-95.

엄석진. (2009). "행정의 책임성: 행정이론간 충돌과 논쟁." <한국행정학보>, 43(4): 19-45.

윤견수. (2006). "정부의 결정을 딜레마 상황으로 가게 하는 요인과 그에 대한 대응책에 관한 연구." <한국행정연구>, 15(1): 71-100.

이종범. (1994). "딜레마와 상징적 행동.", <딜레마이론: 조직과 정책의 새로운 이해>, 213~235. 서울: 나남.

주재현. (2013). <행정통제론>. 서울: 법문사.

최흥석 · 윤견수. (2000). "딜레마 상황에서의 의사결정 행동." <딜레마와 행정>, 29~54. 서울: 나남.

한상일. (2010). "한국 공공기관의 민주적 책임성과 지배구조." <한국조직학회보>, 7(1): 65-990.

______. (2013). "한국 공공부문의 다양화와 새로운 책임성 개념의 모색." <한국조직학회보>, 10(2): 123-151.

한승주. (2013). "공무원의 주관적 책임성: 지방자치단체 중하위직 공무원의 경험을 통한 탐색." <한국행정학보>, 47(1): 25-45.

Behn, Robert D. (2001). *Rethinking Democratic Accountability.* Washington D.C.: Brookings Institution.

Biddle, Bruce J. (1986). "Recent Development in Role Theory." *Annual Review of Sociology,* 12: 67-92.

Bovens, Mark. (2007). "Analysing and Assessing Accountability: A Conceptual Framework." *European Law Journal,* 13(4): 447-468.

Brewer, Gene A., Sally C. Seldon, & Rex L. Facer. (2000). "Individual Conceptions of Public Service Motivation." *Public Administration Review,* 60(3): 254-264.

Cameron, Kim S., & Robert E. Quinn. (1988). *Organizational Paradox and Transformation*. Ballinger Publishing Co/Harper & Row Publishers.

Cendón, Antonio Bar. (2000). "Accountability and Public Administration: Concepts, Dimensions, Developments." *Openness and Transparency in Governance: Challenges and Opportunities*, 22-61.

Cooper, Terry L. (2012). *The Responsible Administrator: An Approach to Ethics for the Administrative Role*. John Wiley & Sons.

Dicke, Lisa A., & Steven Ott. (1999). "Public Agency Accountability in Human Services Contracting." *Public Productivity & Management Review* 22(4): 502-516.

Dubnick, Melvin J., & Jonathan B. Justice. (2004). "Accounting for Accountability." In *Annual Meeting of the American Political Science Association*. September 2-5.

Dwivedi, O. P., & Joseph G. Jabbra. (1988). "Public Service Responsibility and Accountability." In Joseph G. Jabbra & O. P. Dwivedi (eds). *Public Service Accountability* (pp. 1~16), West Hartford, CT: Kumarian Press.

Farrell, Dan. (1983). "Exit, Voice, Loyalty, and Neglect as Responses to Job Dissatisfaction: A Multidimensional Scaling Study." *Academy of Management Journal*, 26(4): 596-607.

Finer, Herman. (1941). "Administrative Responsibility in Democratic Government." *Public Administration Review*, 1(4), 335-350.

Halligan, John. (2007). "Accountability in Australia: Control, Paradox, and Complexity." *Public Administration Quarterly*, 31(4): 430-452.

Handy, Charles. (1999). *Understanding Organizations*. UK. Penguin Books.

Harmon, Michael. M. (1995). *Responsibility as Paradox: A Critique of Rational Discourse on Government*. CA: Sage Publications.

______. (1971). "Normative Theory and Public Administration: Some Suggestions for a Redefinition of Administrative Responsibility." In Frank Marini (ed). *Toward a New Public Administration: The Minnowbrook Perspective* (pp. 172~185), New York: Chandler.

Heywood, Andrew. (2000). *Key Concepts in Politics*. London: Macmillan Press.

Hirschman, Albert. O. (1970). *Exit, Voice, and Loyalty: Responses to Decline in Firms, Organizations, and States*. Harvard University Press.

Hodgkinson, Christopher. (1978). *Towards a Philosophy of Administration*. New York: St. Martin's Press.

Kearns, Kevin P. (1994). "The Strategic Management of Accountability in Nonprofit Organization: An Analytical Framework." *Public Administration Review*, 54(2): 185-192.

______. (1996). *Managing for Accountability: Preserving the Public Trust in*

Public and Nonprofit Organizations. Jossey-Bass.

Radin, Beryl. (2002). *The Art of Leadership in a Federal Agency*. Washington, D.C.: CQ Press.

Rizzo, John R., Robert J. House, & Sidney I. Lirtzman. (1970). "Role Conflict and Ambiguity in Complex Organizations." *Administrative Science Quarterly*, 15(2): 150-163.

Roberts, Nancy C. (2002). "Keeping Public Officials Accountable Through Dialogue: Resolving the Accountability Paradox." *Public Administration Review*, 62(6): 658-669.

Romzek, Barbara S. & Melvin J. Dubnick. (1987). "Accountability in the Public Sector: Lessons from the Challenger Tragedy." *Public Administration Review*, 47(3): 227-238.

______. (1994). *"Issues of Accountability in Flexible Personnel Systems."* In Patricia Wallace Ingraham, & Barbara Romzek (eds). *New Paradigms for Government: Issues for the Changing Public Service* (pp. 263-294). Jossey-Bass.

Romzek, Barbara. S. & Patricia Wallace Ingraham. (2000). "Cross Pressures of Accountability: Initiative, Command, and Failure in the Ron Brown Plane Crash." *Public Administration Review*, 60(3): 240-253.

Rusbult, Caryl E., Isabella M. Zembrodt, & Lawanna K. Gunn. (1982). "Exit, Voice, Loyalty, and Neglect: Responses to Dissatisfaction in Romantic Involvements." *Journal of Personality and Social Psychology*, 43(6): 1230-1242.

Sinclair, Amanda. (1995). "The Chameleon of Accountability: Forms and Discourses." *Accounting, Organizations and Society*, 20(2): 219-237.

〈부록 1〉 개인적 특성에 따른 딜레마 인식 차이

		계층적-법적 책임 갈등	계층적-전문가적 책임 갈등	계층적-정치적 책임 갈등	법적-전문가적 책임 갈등	법적-정치적 책임 갈등	전문가적-정치적 책임 갈등
직급	5급	3.5	3	3.5	3	3	3
	6급	2	2	2.167	2.063	2.333	2.271
	7급	2.311	2.213	2.328	2.197	2.410	2.426
	8급	2.456	2.485	2.735	2.559	2.691	2.765
	9급	1.929	2.071	2.143	2.143	2.643	2.429
		$F=2.939$ $p=0.023$	–	$F=3.404$ $p=0.011$	$F=2.759$ $p=0.031$	–	–
근속년수	5년↓	2.370	2.391	2.609	2.587	2.761	2.783
	5-10년	2.403	2.417	2.514	2.306	2.583	2.514
	10-15년	2.273	2.045	2.273	2.182	2.318	2.182
	15-20년	2.417	2.417	2.500	2.333	2.778	2.667
	20-25년	2.118	2.044	2.191	2.118	2.162	2.353
	25년↑	1.833	1.750	2.250	1.833	2.250	2.167
		–	$F=2.416$ $p=0.040$	–	–	$F=2.975$ $p=0.014$	–
연령대	20대	2.083	1.833	2.5	2.167	2.333	2.417
	30대	2.404	2.471	2.510	2.423	2.712	2.644
	40대	2.3	2.209	2.336	2.227	2.364	2.382
	50대↑	1.9	1.8	2.3	2.0	2.267	2.433
		$F=2.286$ $p=0.082$	$F=5.258$ $p=0.002$	–	–	–	–

3 한국 공무원의 침묵 사유와 침묵 이슈에 관한 인식[1)]

〈요 약〉

행정기관의 성과 제고와 건전성 유지를 위해서는 공무원들이 직무와 관련하여 인지한 조직의 부정적 측면에 관해 문제 제기를 할 수 있어야 한다. 그러나 현실에서는 공무원들이 이에 대해 침묵함으로써 공익 실현을 저해하고 국가사회에 해악을 초래하는 결과가 빚어지는 경우가 적지 않다. 이 연구는 공무원 침묵에 관한 연구가 본격화되어야 한다는 전제에서, 공무원 침묵을 다양한 각도에서 논의하고, 한국 공무원들이 어떤 이유에서 어떤 이슈들에 대해 침묵하는지, 침묵이 공무원들의 직무태도에 어떤 부정적 영향을 미치는지의 의문을 국가 및 지방공무원 350여명을 대상으로 실시한 설문조사를 통해 밝힌다.

1) 박천오. (2015). 「한국인사행정학회보」 14권 4호, 25-50.

Ⅰ. 서 언

조직은 그 구성원들이 스스로 인지한 조직의 여러 문제점들을 표출하지 않고 침묵함으로써 위기에 처하거나 발전 기회를 놓치는 경우가 적지 않다(Morrison & Milliken, 2000: 707). 실제로 널리 알려진 비극적인 조직 사례들 가운데 상당수는 구성원들이 비정상적인 조직 상황에 대한 정보를 상관들에게 제대로 전달하지 않은 데서 비롯되었다(Morrison, 2011: 374).

그간 서구의 관련 연구들은 조직의 부정적 이슈들에 대해 침묵하는 것이 조직 구성원들의 일상적인 반응임을 밝혀왔다(Van Dyne et al., 2003: 1363; Morrison & Milliken, 2000: 707; Wang & Hsieh, 2013). 이들 연구 대부분이 민간조직을 조사대상으로 하였음을 감안하면, 폐쇄적 성격이 상대적으로 강한 공조직의 경우 구성원의 침묵 현상은 더욱 광범위하게 확산되었을 수 있다(고대유 외, 2015a: 225). 서구에 비해 한층 더 폐쇄적인 한국 관료제에서는 공무원들의 침묵 현상이 특히 더 심각한 현상으로 자리 잡고 있을 개연성이 크다(고대유・강제상, 2015b). 공무원의 침묵이 공익 실현을 저해하고 국가사회에 심각한 해악을 끼칠 수 있는 위험을 내포한다는 점에 비추어 볼 때(Brumback, 1991: 354-355), 한국 공무원의 침묵 문제를 연구해야 할 현실적 필요성은 분명하다. 그런데도 국내에서는 이에 관한 연구가 아직 드물다. 최근 소수 연구들이 발표되었으나(강제상・고대유, 2014; 고대유 외, 2015a; 고대유・강제상, 2015b), 이들 연구는 공무원이 왜 침묵하는지의 원인을 밝히는 데 주로 치중되어 있어 침묵의 다양한 측면들을 파악하지 못하고 있다.

이 연구에서는 경험적 연구를 통해 한국 공무원들이 침묵하는 주된 사유가 무엇인지와 함께, 어떤 이슈들에 대해 침묵하는지, 침묵으로 인해 어떤 부정적 영향을 받고 있는지, 어떤 방안이 침묵을 타개하고 발언을 증진시킬 수 있다고 믿는지 등의 의문을 조명하였다. 이 연구는 공무원 침묵과 관련하여 향후 보다 체계적인 연구가 이루어져야 할 이들 측면에 대한 탐색적 수준의 실증조사 결과를 제시한다.

Ⅱ. 이론적 배경

1. 침묵 사유(동기)와 침묵 이슈

1) 침묵 사유(동기)

침묵의 개념화 수준과 구체적인 초점은 연구에 따라 차이가 날 수 있다. 침묵의 개념정의와 관련하여 Pinder & Harlos(2001)는 정의롭지 못한 상황에 대한 조직구성원 개인의 반응으로서의 침묵에 초점을 둔 반면, Morrison & Milliken (2000)은 조직 수준의 집합적 현상(collective-level phenomenon)으로서의 침묵에 초점을 두었다. 구체적으로 Pinder & Harlos(2001: 334)는 침묵(silence)을 조직구성원들이 조직에서의 부정적 측면 등에 대한 정보를 가지고 있음에도 이를 책임 있는 위치의 상급자 등에게 알리지 않는 행위로 정의내렸다. Morrison & Milliken (2000: 707)은 구성원들이 잠재적 조직 문제들에 대한 의견과 우려(concern)를 표명하지 않고 억제하는 집합적 현상을 조직침묵(organizational silence)으로 칭하였다. 침묵 행위가 개인적 특성 외에 환경적 요인에 의해서도 영향 받는다는 점을 상대적으로 더 강조하는 것이 후자의 개념정의의 특징이라고 할 수 있다(고대유 · 강제상, 2014: 3). 그러나 양측이 공히 구성원이 발언을 스스로 억제(withholding)한다는 것을 침묵 행위의 특성으로 파악하고 있어(Van Dyne et al., 2003: 1364), 침묵 개념의 차이는 사실상 큰 의미가 없다고 할 수 있다(고대유 · 강제상, 2015b: 50). 침묵의 개념에는 조직을 위한 건설적인 방안을 제시하지 않는 행위 등도 포함될 수 있지만, 대부분의 학자들은 조직의 부정적 측면과 관련하여 구성원들이 의사표현을 하지 않는 행위를 중심으로 침묵을 논의 · 연구해 왔다(Morrison, 2011: 384).

침묵은 생각을 구두로 표현하여 다른 사람에게 전달하는 행위인 발언(voice)과 반대되는 개념으로서, 발언과 하나의 연속선상(continuum)에 존재한다. 조직구성원들은 조직에서 우려되는 이슈들을 인지하였을 경우, 이를 표출할지(발언) 아니면 표출을 억제할지(침묵)의 선택을 할 수 있다(Morrison, 2011: 380). 만약 그들이 침묵한다면 그 주된 사유나 동기는 무엇인가? 학자들은 조직구성원들의 침묵을 그 동기를 기준으로 몇 가지로 유형화한다. 예컨대 Pinder & Harlos(2001)는 조직구성원의 침묵을 묵종적 침묵(acquiescent silence)과 방어적 침묵(quiescent silence)의 두 부류로 나누었다. 전자는 순종과 체념(submission and resignation)에 의한 침묵으로서 관련 정보 등의 표출을 소극적으로 억제하는 행위이고, 후자는 발언이 자신에게 불이익을 초래할 것이란 두려움에서 비롯된 침묵으로서 관련 정보 등의 표출을 보다 적극 억제하는 행위라고 할 수 있다.

Van Dyne et al.(2003: 1360)은 조직구성원의 침묵 행위를 체념에 의한 유리된 행위(disengaged behavior based on resignation)로서의 침묵, 두려움에 의한 자기 보호적 행위(self-protective behavior based on fear)로서의 침묵, 타인과의 협력관계를 저해하지 않기 위한 타인 지향적인 행위(other-oriented behavior based on cooperation)로서의 침묵 등으로 분류하였다. 이와 유사하게 Wang & Hsieh(2013: 786)은 Pinder & Harlos(2000)의 연구와 Van Dyne et al.(2003)의 침묵 분류를 종합하여, 침묵을 체념에서 비롯된 묵종적 침묵(acquiescent silence), 불이익에 대한 두려움에 기인된 자기 보호적 행위로서의 방어적 침묵(defensive silence), 타인을 배려한 친사회적 침묵(prosocial silence)의 세 가지 유형으로 범주화하면서, 이들 유형을 측정할 수 있는 항목들을 제시하였다.

한편, Morrison & Milliken(2000: 707)은 구성원들이 침묵하는 가장 일반적인 이유로서, 발언이 초래할 수 있는 부정적 반향에 대한 두려움과 발언이 긍정적 효과를 가져오지 못할 것이란 불신 두 가지를 지목하였다. 전자는 자신들의 문제제기가 동료나 상급자들로부터의 보복과 불이익을 초래할 것이란 위협성의 기대(threat expectations)를, 후자는 자신들이 제기하는 문제들이 조직에서 대부분 무시될 것이란 무익성의 기대(futility expectations)를 뜻한다고 할 수 있다(Wang & Hsieh, 2013: 785; Morrison, 2011). Milliken et al.(2003)은 산업체 종사자들을 대상으로 한 실증조사를 통해 구성원들이 조직에서 발언을 하지 않는 주요 이유를 구체적으로 밝혔는데, '다른 구성원들 사이에 자신의 이미지가 부정적으로 구축되는 것,' 다른 구성원들과의 관계 손상', '보복의 두려움', '비지지적인(unsupportive) 조직문화' 등이 그것들이다.

조직구성원의 침묵 유형들을 부연 설명하면 다음과 같다. 먼저, 묵종적 침묵은 조직구성원이 조직의 부정적 이슈 등과 관련된 정보나 의견 등을 가지고 있지만 이를 표출하지 않는 행위를 가리킨다. 이러한 침묵은 문제 있는 현실을 바꾸려는 의지를 상실한 체념의 의미를 내포한 행위로서, Hirschman(1970)이 말하는 방관(neglect)과 유사하다고 할 수 있다. 다수의 경험적 연구들은 침묵을 방관적 행위의 핵심으로 강조한다. 묵종적 침묵은 발언을 하여도 소용이 없을 것이란 조직에 대한 불신과 문제 상황을 시정할 역량이 자신에게는 없다는 조직구성원의 자기효능(self-efficacy assessment)에 대한 저평가에 기인된 행위라고 할 수 있다. 방어적 침묵은 외부 위협으로부터 자신을 보호하기 위해 조직과 관련된 부정적인 정보나 의견을 억누르는 적극적인 성격의 행위라고 할 수 있다. 친사회적 침묵은 조직이나 다른 구성원들의 이익을 보호하려는 목적에서 조직과 관련된 부정적 정보나 의견 등을 표출하지 않고 억제하는 행위로서, 다른 사람들을 배려한 이타주의적인 침묵이라고 할 수 있다. 그러나 동료관계와 같은 자신의 사회자본(social capital)을 손상시키지 않기 위한 행위라는 측면에서 보면 친사회적 침묵도 자기방어적인 성격을 띤다고 할 수 있다.

2) 침묵 이슈

민간조직 구성원들의 침묵동기에 관한 연구들은 비교적 왕성하지만, 그들 구성원이 조직의 어떤 이슈나 문제점들에 대해 침묵하는지를 파악한 연구는 매우 드물다. 내부고발(whistle-blowing)이나 상향적 의사소통에 관한 연구들도 이에 관해 그다지 많은 정보를 제공하지 않는다. 앞서 밝힌 대로 국내에서도 이러한 이슈들을 다룬 연구는 찾기 어렵다.

다만 서구에서 극소수 연구가 예외적으로 침묵 이슈를 다루었다. 예컨대 Milliken et al.(2003)은 산업체 종사자들을 대상으로 한 실증조사를 통해 조직에서 문제 제기를 꺼리는 이슈들이 '동료나 상관의 역량이나 성과에 관한 우려 사항', 조직의 과정이나 성과와 관련된 문제점', '보수나 성과급에 관한 사항' 등인 것으로 파악하였다. Ryan & Oestreich(1991) 역시 민간조직 종사자들을 대상으로 한 실증조사를 통해 발언하기를 회피하는 이슈들(undiscussables)이 '의사결정 절차', '관리자적 역량부족', '보수의 불공평성', '조직의 비효율성,' '낮은 조직성과' 등인 것으로 파악하였다.

한편, Buchanan(1996)은 공무원들은 흔히 윤리나 책임 의식의 결여로 공익에 반하는 행위를 하는데, 자원을 낭비하고 불필요하게 예산과 인력을 증대하는 행위(자원의 비효율적 활용), 공적 자원을 유용하는 행위(자원의 오용), 일반시민이 원하는 본래의 목표에서 벗어난 새로운 목표를 추구하는 행위(목표대치), 상관의 정당한 정책이나 지시를 적시에 집행하지 않고 의도적으로 지연시키는 행위(수동적 반대),

근무 시간에 업무에 몰입하지 않고 여가활동 등을 하는 행위(회피), 자신들의 전문영역이 아닌 영역까지 불필요하게 활동반경을 확장시키는 행위(전문가적 팽창주의) 등이 그것이라고 지적하였다. Buchanan의 이 같은 지적에 의하면 공무원이 이들 행위와 관련된 자신의 행위는 물론 다른 공무원들의 행위에 대해서도 침묵할 가능성이 높다고 할 수 있다.

2. 침묵 배경: 집합적 현상과 개인적 변수

1) 집합적 현상

조직침묵에 관한 연구들은 왜 많은 조직에서 침묵이 구성원들의 조직문제들에 대한 일반적인 반응인지를 규명함에 있어, 침묵을 단순히 개인적 선택의 산물이 아니라 조직수준에서 조직문화와 고위관리자들에 의해 영향 받아 형성·구축된 집합적 현상으로 본다(Morrison & Milliken, 2000: 707-708).

조직문화는 구성원들이 당연시하는 규범과 가치들로 구성되며, 조직단위의 현상으로서 구성원들이 사회적 상호작용을 통해 인식과 경험을 공유하고 업무 맥락의 여러 측면들에 대한 공통된 이해를 가짐으로써 형성된다(Morrison & Milliken, 2000: 715). 조직문화는 특정 행위를 장려하거나 저지하는 환경을 창출함으로써 구성원들의 행동 패턴에 영향을 미친다. 조직문화는 구성원들로 하여금 조직이 다른 구성원들에게 어떻게 반응하는지를 관찰케 하고, 어떤 행동이 보상받거나 처벌받는지를 학습하게 만들기 때문이다(Whitener, et al., 1998: 520). Senge(1999)에 의하면 침묵이 규범인 조직에서는 구성원들이 조직의 문제를 인지하더라도 발언을 하지 않게 되고, 이런 패턴이 새로운 조직 멤버들에게 그대로 전수되게 된다.

조직 내 침묵문화가 조성되는 데는 고위관리자들의 태도가 크게 작용할 수 있다. Ashford et al.(2009)는 조직의 리더들은 스스로의 시간과 관심이 제약된 관계로 부하들의 목소리에 귀 기울이지 않거나 무뚝뚝하게 반응하는 등 의도하지 않게 발언에 대해 부정적 태도를 나타낸다고 지적하였다. 다른 학자들 역시 고위관리자들의 이런 경향을 밝히고 있다. 고위관리자들은 조직에 관한 부정적인 피드백을 받기 꺼리며(Athanassiades, 1973; Roberts & O'Reilly, 1974), 부하직원들의 진정성을 신뢰하지 못하는 경향을 보이기 쉽다는 것이다(Morrison & Milliken, 2000: 708-710). 뿐만 아니라 부하직원들 간 합의나 의견일치 등을 조직의 건전성으로 간주하고, 의견불일치나 이의제기 등을 조직의 병폐로 여기는 경향을 나타내는데(Gregory, 2007: 342), 이처럼 조직의 '단일 관점'을 중시하는 경향은 조직구성원들의 다양한 관점과 의견의 표현을 가로막게 된다고 한다.

고위관리자들이 이렇듯 이견과 부정적 피드백을 싫어하는 태도를 보일 때, 구성원들은 자신들의 발언이나 문제 제기가 위험하기만 할 뿐 어떤 효과도 기대하기 어렵다는 인식을 공유하게 된다(Morrison & Milliken, 2000: 710-715). 이와 관련하여 Redding(1985)은 많은 조직들이 은연중에 구성원들에게 조직의 정책이나 관리자의 특권에 도전하지 않아야 한다는 메시지를 전달한다고 하였고, Argyris(1977)는 조직에는 구성원들이 자신들이 인지한 것을 말하지 못하게 가로막는 강력한 문화적 규범이 존재한다고 지적하였다. Morrison & Milliken(2000; 707)은 침묵문화 하에서 조직구성원들은 자신들의 의견이 부정적인 반향을 불러일으키거나 의견으로서의 가치를 인정받지 못할 것이라는 인식 때문에 침묵한다고 하였다.

조직문화의 측면에서 볼 때 한국을 포함한 아시아 문화권에서는 권위에 대한 복종, 집단에 대한 충성, 집합적 정체성 강조와 같은 문화적 특성이 강해 구성원들이 조직의 부정적 측면에 대해 발언하기 쉽지 않다고 할 수 있다(West et al., 2013: 189). 한국 행정조직의 경우 행정문화의 전통적인 특성인 권위주의, 가족주의(온정주의), 순응주의 등이 공무원들의 발언을 저해하는 요인일 것이란 추측을 낳을 수 있다(고대유 · 강제상, 2015b: 52-53).

2) 개인적 변수

초기의 연구에서는 집합적 수준에서의 조직침묵 현상이 학자들의 주된 관심사였으나, 후속 연구들은 침묵을 개인 수준의 선택이라는 차원에서 주로 분석하였다(Morrison, 2011: 378-379). 예컨대 어떤 연구들은 동일한 침묵문화 하에서도 구성원에 따라 발언의 빈도에 차이가 있는 것은 조직에 대한 느낌과 조직개선에 대한 의지가 구성원에 따라 다르기 때문임을 밝혔고(Withey & Cooper, 1989; Rusbult et al., 1988), 다른 연구들은 직무만족, 전문직업적 몰입, 건설적 변화에 대한 의무감, 공정성에 대한 인식과 같은 다양한 개인적 태도들이 조직문제와 관련된 발언과 긍정적인 관계에 있고 침묵과는 부정적인 관계에 놓인 것을 파악하였다(LePine & Van Dyne, 1998; Tangirala & Ramanujam, 2008). Brewer & Sheldon(1998)은 공공서비스 동기와 연관하여 공익에 관심이 많은 공무원일수록 소속 기관의 불법적

이거나 낭비적인 활동에 침묵하지 않고 문제 제기를 할 가능성이 높다고 지적하였다.

일부 연구들은 성별에 따라 침묵과 발언 빈도에 차이가 있는 것으로 파악하였으나, 연구결과가 일관되지는 않다. 여성들이 남성들에 비해 상관들과의 상향적인 의사소통을 더 많이 하며 발언의 부정적 결과에 대해 덜 인식하는 것으로 밝힌 연구가 있는가 하면(Young, 1978), 남성의 발언 빈도가 여성에 비해 오히려 더 높은 것으로 조사한 연구도 있다(Detert & Burris, 2007; LePine & Van Dyne, 1998). 어느 경우든 남녀 구성원들 간 발언과 침묵에 차이가 나타나는 원인을 구체적으로 규명하지는 못하였다(Morrison, 2011: 393).

조직생활 경험의 과다에 따른 침묵과 발언의 빈도 차이를 다룬 연구들도 있다. 신입 구성원들이 고참 구성원들에 비해 발언을 적게 하는 경향을 보인다거나, 재직권(tenure)이나 경험이 없는 구성원들일수록 발언을 억제하고 침묵한다는 등의 주장이나 분석결과를 제시하는 연구들이 그것이다(Burris et al., 2008; Milliken et al., 2003). 이들 연구는 이런 차이가 발언과 관련된 능력과 요령의 차이에 기인된 것으로 파악하였다.

조직에서의 직위에 따른 침묵과 발언의 빈도 차이에 관한 연구들도 있다. 예컨대 업무흐름의 중심에 위치한 구성원일수록 스스로의 영향력을 더 크게 감지하므로 발언행위를 상대적으로 더 하는 것으로 파악한 연구(Venkataramani & Tangirala, 2010)가 있는가 하면, 지위가 높고 자원에 대한 접근이 용이한 구성원일수록 변화에 대한 책임감을 상대적으로 더 강하게 느껴 높은 발언 빈도를 보인다는 사실을 발견한 연구(Fuller et al., 2006)도 존재한다. 이와 유사하게 상위직 관리자들이나 재직권을 가진 구성원들이 보다 적극적으로 발언할 수 있는 것은 자신들이 업무에 대해 스스로 어느 정도 통제한다고 믿기 때문이라는 연구결과도 있다(Parker, 1993: 950).

조직구성원 개인의 직무에 대한 인식이 침묵과 발언 행위에 차이를 가져올 수 있음을 밝힌 연구도 있다. 예컨대 Van Dyne et al.(2008)은 발언을 하는 것을 자신의 본래 직무의 일부로 여기는 구성원들은 발언을 자신의 추가적 역할(extra-role)로 간주하는 구성원들에 비해 발언의 빈도가 높다는 것을 발견하였다.

3. 침묵의 부정적 효과와 발언 증진 방안

1) 침묵행위의 부정적 효과와 비윤리성

조직구성원들의 침묵이 조직에 도움이 된다는 주장도 없지 않다. 조직구성원의 침묵이 때로는 관리 관련 정보의 과부하(managerial information overload)를 줄이거나, 대인 갈등을 감소시키거나, 동료 구성원들의 정보 사생활(informational privacy)을 보호하는 효과를 가져올 수 있다는 것이다(Wang & Hsieh, 2013: 784). Nyberg(1993)는 언제나 진실을 말하는 것은 비현실적이며, 정보를 감추고 억제하는 것이 양질의 인간관계를 유지하는 데 필수적이라고 주장하였다. Grice(1989)는 효과적인 의사전달에는 어떤 것을 표출하고 어떤 것에는 침묵을 지킬 것인지의 판단이 요구된다고 지적하였다. Strauss(1969) 역시 사회관계는 위선과 일상적인 기만 그리고 생각과 느낌의 억제 없이는 존재할 수 없다고 지적하였다.

그러나 조직구성원의 침묵은 조직의 긍정적 변화를 저해하고 구성원들 자신에게도 부정적 결과를 빚는 것이 보통이다. 특히 앞서 조직구성원의 침묵 유형들 가운데 체념에 의한 묵종적 침묵과 자기보호적인 방어적 침묵은 조직변화를 저해하고 조직성과를 억제하는 역기능적 행위가 될 수 있다(Wang & Hsieh, 2013: 784-786). 조직구성원들이 조직의 부정적 측면에 대해 침묵하면 조직의 상층부에 긍정적 정보와 의견이 주로 전달되고, 만약 고위관리자들이 이런 왜곡된 피드백을 토대로 중대한 조치를 취한다면 조직은 위험에 빠질 수 있는 것이다(Morrison & Milliken, 2000: 719; Milliken et al., 2003: 1473). 조직구성원들의 침묵은 이처럼 오류를 포착하고 교정할 수 있는 조직의 능력을 손상시킨다(Morrison & Milliken, 2000: 719; Milliken et al., 2003: 1473). Collins(2001)는 조직은 현실에 관한 부정적인 사실(brutal facts)을 알지 못하고서는 합리적인 결정을 내릴 수 없다고 주장하였다(Vakola & Bouradas, 2005: 442). 구성원들의 침묵은 빠르게 변화하는 환경에 직면한 조직들에게 더욱 치명적일 수 있다. 환경 변화가 빠른 상황에서 고위관리자들은 하위직 구성원들의 피드백 없이는 결과의 불확실성 등에 관한 정보를 확보하기 어렵기 때문이다(Morrison & Milliken, 2000: 719). 공공부문에서도 정책과 행정의 합리성이 제고되고 공익이 실현되려면 소속 조직의 문제점들에 대해 공무원들이 침묵하지 않아야 한다(강제상 · 고대유, 2014: 2).

침묵은 구성원들 자신에게도 부정적 영향을 미칠 수 있다. 관련 문헌에 의하면 구성원들의 침묵 행위는 1) 스스로를 가치 없는 존재로 느끼게 만들고, 2) 스스로 관련 상황을 통제하지 못한다는 인식을 가지게 하고, 3) 스스로 인식에 혼란(cognitive dissonance)을 일으키게 함으로써, 자신들의 정신 건강과 신체에 악영향을 미칠 수 있다(Morrison & Milliken, 2000: 720). 구체적으로 조직구성원들은 자신들이 인지한 조직의 문제점들에 대해 침묵함으로 인해 스스로 동기저하, 직무 불만족 증대, 스트레스 발생과 같은 부작용을 겪을 수 있다(Greenberg & Strasser, 1986; Parker, 1993). 특히 자신의 믿음과 자신의 행위 간 불일치(discrepancy)로 인한 인식의 부조화는 분노를 야기하는 등 심각한 정신적 폐해를 초래할 수 있다(Morris & Feldman, 1996; Morrison & Milliken, 2000: 720).

기존 연구들은 침묵이 조직구성원들에게 미치는 이 같은 부정적 영향은 결국 조직 생산성의 저하로 이어진다고 밝힌다(Parker, 1993: 949). 교사, 산업체 종사자, 경찰 공무원 등 다양한 조직구성원들을 대상으로 실증조사를 실시한 Eisenberger et al.(1990)의 연구는 조직구성들은 자신들의 관점을 자유롭게 표현하지 못할 시에 스스로를 가치 없는 존재로 느끼게 되고, 이런 느낌은 조직몰입과 조직에 대한 신뢰에 부정적 영향을 미치는 것으로 파악하였다. 산업체 종사자들을 대상으로 한 Vakola & Bouradas(2005)의 연구 역시 침묵 행위가 조직구성원들의 몰입과 직무만족에 부정적 영향을 미친다는 사실을 밝혔다.

공무원들의 경우는 공익 구현의 의무가 있음에도 불구하고 공익을 저해할 수 있는 조직의 문제점들에 대해 발언하지 않는다면 윤리적 의무에 위배되는 행위라고 할 수 있다(Buchanan, 1996: 425-426). 공무원들의 행위는 비록 법에 저촉되지 않아 법적으로 책임을 물을 수 없는 행위일지라도 공익 실현을 저해한다면 비윤리적인 행위가 될 수 있는 것이다(Gregory, 2007; 박경원, 2009: 159; 이선우 · 오성호, 2003: 236-237; 박천오, 2014).

이와 관련하여 한국의 감사원은 공무원에게 요구되는 법적 · 도덕적 책임과 의무를 적정하게 이행하지 아니함으로써 국민 권익 침해, 국민생활 불편 초래, 정부 예산의 손실, 국가경쟁력 저하와 같은 부정적 · 비효율적인 결과를 초래하는 공무원의 행위 등을 모두 '무사안일' 행위로 규정하였다(감사원, 2010: 19). 감사원이 지적한 것과 같은 행위들이 조직에 만연된 상태임에도 불구하고 소속 공무원들이 이에 대해 침묵한다면 이는 비윤리적인 행위라고 할 수 있는 것이다.

2) 발언의 효과성과 증진 방안

조직구성원들의 침묵 행위와 대조적으로 조직구성원들의 발언은 조직과 구성원들 양측에 공히 긍정적 효과를 가져올 수 있는 행위라는 것이 관련 문헌들의 일반적 전제이다. Morrison & Milliken(2000)은 조직에서의 오류 예방과 포착에 있어서 상향적 발언의 중요성을 강조하였고, 다른 학자들도 최고 관리층이 조직의 주요 결정 등과 관련된 부정적 측면에 관한 정보를 충분히 확보하지 못하는 현실에서, 구성원들의 자발적인 발언이 매우 중요하다는 점을 강조하였다(Detert & Burris, 2007; Dutton & Ashford, 1993; Morrison, 2011: 381).

발언은 조직구성원 개인에게도 긍정적 영향을 미칠 수 있다. 관련 연구들에 의하면 구성원들은 발언을 함으로써 스스로 통제할 수 있다는 느낌(feelings of control)을 가지게 되어, 직무와 관련된 스트레스가 줄고 조직에 대해 보다 긍정적인 태도를 가질 수 있다(Morrison & Milliken, 2000). 그러나 다른 한편으로 발언은 구성원 개인에게 부정적인 영향을 미칠 수도 있다. 예컨대 현상(the status quo)에 대한 변화를 촉구하는 내용의 발언은 발언자의 조직 내 이미지를 실추시키거나 다양한 보복(성과평가에서의 불이익, 업무 배분에 있어서의 불이익 등)을 불러 올 우려가 없지 않다(Morrison, 2011: 397). 조직 내 비윤리적인 행위 등을 조직 외부에 노출한 내부고발자가 조직에서 다양한 형태의 보복을 당한다는 사실은 다수 연구들에 의해 밝혀졌다(Miceli et al., 2008; Milliken et al., 2003: 1467; Morrison, 2011: 396). 조직구성원들은 특정 이슈에 대해 발언할 것인지의 여부를 결정할 시에 이들 보복과 관련된 발언의 안전도(safety of voice)는 물론, 발언이 변화를 가져올 것인지의 발언의 효율성(efficacy of voice)을 함께 고려하게 된다(Milliken et al., 2003: 1456; Morrison, 2011: 388-390).

한편, 상당수 연구들은 조직에서의 문제점들이나 정의롭지 못한 상황과 관련하여 구성원들이 침묵을 깨고 발언토록 유도하는 요인들을 발견하고자 노력하였다(Morrison, 2011: 376; Van Dyne et al., 2003: 1364).[2] 특히 이들 연구는 발언의 효율성과 안전성에 대한 구성원들의 믿음에 긍정적 영향을 미치는 맥락 요인

2) 내부고발과 관련된 연구들도 왜 구성원들이 조직 내 침묵의 규범을 위배하면서 특정 이슈에 대해 목소리를 내는지를 설명할 수 있는 개인 변수나 맥락 변수들을 다루어 왔다(Morrison & Milliken, 2000: 708).

(contextual factors)을 밝히는 데 초점을 두었으며, 조직구조와 조직문화를 주요 맥락 요인으로 파악하였다(Miliken et al., 2003). 구체적으로 조직구조와 관련하여서는 관료적 특성이 상대적으로 약한 구조 하에서, 그리고 불만제기 절차(grievance procedures), 제안 체제(suggestion systems)와 같은 구성원들의 투입을 위한 구조적 메커니즘이 갖추어진 조직에서, 구성원들의 발언 빈도가 높은 것으로 밝혔다(Morrison, 2011: 387). Morrison & Milliken(2000)은 공식적·상향적 피드백 채널의 부재는 구성원의 침묵을 초래하는 핵심요인이 될 수 있음을 파악하였고, Glauser(1984)도 조직구조가 상관의 인품, 상관과 부하 간 관계, 전달 내용의 특성 등과 함께 조직 내 상향적 정보흐름을 촉진하거나 저해하는 요인이 될 수 있음을 확인하였다. 내부고발에 관한 연구들 역시 내적 보고를 위한 구제적인 채널이 구축되면 내부고발 행위가 증진된다는 증거를 제시하였다(Miceli et al., 2008).

조직문화와 관련하여서는, 조직구성원들은 자신들이 발언할 경우 고위관리자들이 올바르고도 적절한 조치를 취하거나 아니면 적어도 발언에 대해 보복은 하지 않을 것이란 믿음을 가질 수 있도록 민주적·개방적 조직문화를 조성하는 것이 효과적이며, 이를 위해서는 최고관리자를 포함한 고위관리자들의 인식과 역할이 무엇보다 중요한 것으로 파악되었다(Hassen & Wright, 2014: 334; Milliken et al., 2003: 1473; Vakola & Bouradas, 2005). 앞서 서술한 발언의 효율성과 안전성에 대한 구성원들의 판단에 가장 중요한 단서가 되는 것이 고위관리자들의 관련 인식과 행태인데, 고위관리자들은 발언의 상대방이 될 뿐만 아니라 조직상 발언의 효율성과 안전성을 좌우할 수 있는 위치를 점하고 있기 때문이라고 한다(Glauser, 1984; Morrison, 2011: 388-390). 이런 맥락에서 Detert & Burris(2007)은 변혁적 리더십(transformational leadership)은 집합적 목표에 대한 몰입과 책임감을 창출하고 구성원들에게 혁신적인 문제 해결자가 되도록 용기를 북돋우는 관계로 발언을 유도한다고 주장하였다. 행정기관의 경우는 공무원들 다수가 공익의 측면에서 조직의 문제점들에 대해 발언을 해야 할 도덕적·윤리적 의무가 스스로에 있다는 인식을 공유하는 윤리풍토(ethical climates)의 조성이 특히 중요하다. 윤리풍토는 조직문화의 윤리적 측면으로서(Wittmer & Coursey, 1996: 560), 무엇이 옳은 행동인지에 대한 구성원들 간 공유된 인식이라고 할 수 있다(Victor & Cullen, 1987: 51).

Ⅲ. 실증조사

1. 조사방법

본 장에서는 앞서 밝혔듯이 한국 공무원들이 침묵하는 주된 사유가 무엇인지와 함께, 어떤 이슈들에 대해 침묵하는지, 침묵으로 인해 어떤 부정적 영향을 받고 있는지, 어떤 방안이 침묵을 타개하고 발언을 증진시킬 수 있다고 믿는지 등을 실증조사하였으며, 침묵의 이들 측면에 대한 한국 공무원들의 인식을 설문조사하는 방식으로 이루어졌다.

설문조사는 한국 중앙부처 소속 공무원들과 자치단체 소속 공무원들을 대상으로 2015년 6월에 실시되었고, 총 400여부의 질문지가 배포되어 이 가운데 337부가 회수되었다. 중앙부처의 경우 16개 부처(행정자치부, 고용노동부, 해양수산부, 보건복지부, 법무부, 산업통상자원부, 기획재정부, 통일부, 국토교통부, 국무조정실, 문화체육관광부, 인사혁신처, 교육부, 국방부, 공정거래위원회, 국민권익위원회)에 10부씩 배포되었고, 지방자치단체의 경우는 수도권 4개 기초자치단체(서대문구, 양천구, 용인시, 고양시)에 각 80부씩 배포되었다. 자치단체의 경우 표본 확보의 현실적 제약으로 인해 조사가 가능한 4개 기초자치단체에 국한해 설문조사가 실시되었다.

〈표 1〉 조사대상자의 인적 배경

구분	세부구분	빈도(%)
성별	남성	223(66.2)
	여성	106(31.5)
	무응답	8(2.4)
연령	20－30대	131(38.9)
	40－50대	199(59.1)
	무응답	7(2.1)
직급	5급이상	111(32.9)
	6급이하	214(63.5)
	무응답	12(3.6)
소속	지방	206(61.1)

	중앙	131(38.9)
	무응답	0(0.0)
전체		337(100.0)

질문은 침묵 실태, 침묵 사유, 침묵 이슈, 침묵의 효과, 발언 증진 방안 등에 관한 인식을 묻는 것들로 구성되었으며, 앞서 논의되거나 소개되었던 기존 연구들에서 도출되었다. 침묵 사유에 관한 질문은 Milliken et al.(2003)의 산업체 종사자들에 대한 실증조사와 Van Dyne et al.(2003)의 연구에 제시된 세 가지 침묵 유형의 측정 항목들을 참고하여 작성되었다. 침묵 이슈에 관한 질문은 Milliken et al. (2003)의 실증연구에서 파악된 조직구성원들이 문제 제기를 어려워하는 항목들, Ryan & Oestreich(1991)의 실증조사에서 밝혀진 민간조직 종사자들이 발언을 회피하는 이슈들, Buchanan(1996)의 연구에 제시된 공익에 반하는 공무원의 행위들 등을 참고하여 구성하였다.

침묵의 부정적 효과와 관련된 질문은 인식된 조직 지지(perceived organizational support)와 구성원들의 조직몰입도 등 간 관계에 관한 Eisenberger et al.(1990)의 실증연구, 인식된 통제와 자기 효능감(self-efficacy) 등 간 관계에 관한 Parker (1993)의 실증연구, 침묵 행위가 조직구성원들의 몰입과 직무만족에 부정적 영향을 미치는 것으로 파악한 Vakola & Bouradas(2005)의 실증연구 등을 참고하여 작성하였다. 끝으로 발언 증진 방안과 관련된 질문은 조직 내 상향적 정보 흐름을 촉진하는 요인에 관한 Glauser(1984) 연구, Morrison & Milliken(2000) 연구에서의 관련 주장, 조직침묵에 관한 Vakola & Bouradas(2005)의 실증조사 등을 참고하여 작성하였다.

이 연구의 실증조사에서는 공무원들의 침묵에 관한 기본적인 인식조사와 함께, 성, 연령,[3] 직급과 같은 개인 수준의 요인들 및 소속기관의 차이에 따라 침묵 이슈와 침묵 사유에 대한 인식 차이가 있는지의 여부를 파악하였다. 앞서 문헌 검토에서 보았듯이 Detert & Burris(2007), LePine & Van Dyne(1998) 등의 연구는 성별에 따라, Burris et al.(2008), Milliken et al.(2003) 등의 연구는 조직생활 경험이 많고 적음에 따라, Venkataramani & Tangirala(2010) 등의 연구는 조직에서의 직위의 고하에 따라, Morrison & Milliken(2000) 등의 연구는 조직문화에 따

3) 본 장에서는 연령이 많은 공무원일수록 공직 경험이 상대적으로 많을 것으로 전제하였다.

라, 각각 침묵에 대한 인식과 반응이 다를 수 있음을 밝혔기 때문이다. 본 장의 실증조사는 차후 체계적 연구가 필요한 침묵 관련 측면들에 대한 탐색적 수준의 조사인 관계로, 빈도분석, 교차분석, t 검증 등 기초통계 분석 위주로 응답결과를 분석하였다.

〈표 2〉 조사 설계

관련 연구 및 조사	질문 범주	분석
Van Dyne et al.(2003), Morrison & Milliken(2000), Wang & Hsieh(2013)	침묵 실태	빈도(%)
Milliken et al.(2003), Ryan & Oestreich(1991), Buchanan(1996), Detert & Burris(2007), LePine & Van Dyne(1998), Burris et al.(2008), Milliken et al.(2003), Venkataramani & Tangirala(2010), Morrison & Milliken(2000)	침묵 사유	평균, t 검증
Milliken et al.(2003), Van Dyne et al.(2003), Detert & Burris(2007), LePine & Van Dyne(1998), Burris et al.(2008), Milliken et al.(2003), Venkataramani & Tangirala(2010), Morrison & Milliken(2000)	침묵 이슈	평균, t 검증
Eisenberger et al.(1990), Parker(1993), Vakola & Bouradas(2005)	침묵의 부정적 효과	빈도(%)
Glauser(1984), Morrison & Milliken(2000), Vakola & Bouradas (2005)	발언 증진 방안	빈도(%)

2. 분석 결과

1) 침묵 실태와 침묵 사유(동기)

<표 3>의 응답결과는 대다수 공무원(85%)이 자신이 인지한 조직의 문제점을 조직에서 발언하기 어렵다는 인식을 지니고 있음을 보여준다. 발언에 어려움을 느끼지 않는다는 응답자는 14.6%에 불과하다. 이러한 응답 경향은 성별, 연령, 직급, 소속기관의 차이에도 불구하고, 일관되게 나타나 있어, 한국 공무원들 사이에 침묵 현상이 광범위하게 자리 잡고 있는 실태임을 시사한다.

〈표 3〉 발언(문제 제기)의 난이도에 대한 전반적 인식

발언 난이도	전체 빈도(%)	성별		연령		직급		소속	
		남성	여성	20~30	40~50	5급이상	6급이하	지방	중앙
1) 어렵지 않음	49 (14.6)	35 (15.8%)	10 (9.4%)	12 (9.1%)	33 (16.7%)	22 (19.8%)	22 (10.3%)	28 (13.7%)	21 (16.0%)
2) 어려움	197 (58.8)	137 (61.7%)	57 (53.8%)	75 (57.3%)	120 (60.6%)	60 (54.1%)	131 (61.5%)	128 (62.8%)	69 (52.7%)
3) 매우 어려움	89 (26.6)	50 (22.5%)	39 (36.8%)	44 (33.6%)	45 (22.7%)	29 (26.1%)	60 (28.2%)	48 (23.5%)	41 (31.3%)
전체	335 (100.0)	222 (100.0%)	106 (100.0%)	131 (100.0%)	198 (100.0%)	111 (100.0%)	213 (100.0%)	204 (100.0%)	131 (100.0%)

<표 4>의 응답결과는 공무원들이 조직의 문제점을 인지하고도 침묵하는 가장 큰 사유가 다른 구성원들과의 관계 악화(3.62)나 다른 구성원들에게 부담이나 불이익을 주는 것을 원치 않는 데(3.52) 있음을 보여준다. 이는 한국공무원들 사이에 친사회적 침묵이 주된 유형으로 자리 잡고 있음을 시사하는 응답결과라고 할 수 있다. <표 4>에서는 자신의 이미지 실추(3.21), 보복이나 처벌에 대한 우려(3.15) 등도 공무원들의 발언을 가로막는 주요 요인으로 인식되고 있어, 방어적 유형의 침묵도 적지 않은 것으로 파악된다. 묵종적 침묵 유형에서는 발언의 무용성(3.39)만이 주요 요인으로 나타나 있다. 친사회적 침묵이 공무원의 주된 유형으로 나타난 <표 4>의 응답결과는 방어적 침묵을 조직구성원들 침묵의 주된 유형으로 파악한 Morrison & Milliken(2000)의 연구결과와 불일치한다. <표 4>의 응답결과는 권위적 조직문화가 공무원들이 침묵하는 주요 원인이 될 수 있는 반면, 책임 의식의 결여는 침묵의 주요 요인이 아닐 수 있음을 함께 시사한다.

조직경험(연령), 직급, 조직문화(소속기관)에 따라 침묵사유에 대한 인식 차이가 있는지를 파악하고자 t 검증을 실시하였으나, 통계적으로 의미 있는 응답 차이가 거의 나타나지 않아 분석결과를 여기에 별도로 제시하지 않았다. 다만 <표 4>에서 보듯이 성별에 따른 차이는 어느 정도 나타나고 있다. <표 4>의 거의 모든 항목에서 여성들이 남성들에 비해 침묵 사유의 중요도를 상대적으로 강하게 인식하고 있고, 일부 항목에서는 통계적으로 유의미한 차이가 나타나 있는데, '발언의 무용성(항목 1)', '스스로의 경험 부족(항목 2)', '보복이나 처벌에 대한 우려(항

목 5)', '다른 구성원들을 위한 배려(항목 6)', '비우호적인 조직문화(항목 8)' 등이 그것이다.

〈표 4〉 침묵 사유(동기)별 중요도 인식

범주	침묵 사유	전체평균* (표준편차)	구분		평균	표준편차	t 값	유의확률
묵종적 침묵	1) 문제를 제기하여도 소용없을 것 같아서	3.39 (1.004)	성별	남성	3.33	1.021	−2.043	.042
				여성	3.57	.916		
	2) 스스로 경험이 부족하여	2.84 (1.009)	성별	남성	2.62	1.022	−6.187	.000
				여성	3.28	.837		
	3) 늘 침묵해 왔기에	2.73 (.967)	성별	남성	2.67	1.028	−1.825	.069
				여성	2.87	.829		
방어적 침묵	4) 말썽을 일으키는 사람으로 낙인찍힐 것이 두려워서	3.21 (1.082)	성별	남성	3.22	1.130	−.205	.838
				여성	3.25	.954		
	5) 보복이나 처벌이 우려되어	3.15 (1.031)	성별	남성	3.06	1.073	−2.401	.017
				여성	3.35	.916		
친사회적 침묵	6) 다른 조직원들과의 관계를 해칠 것 같아서	3.62 (.916)	성별	남성	3.56	.929	−2.260	.025
				여성	3.79	.825		
	7) 다른 사람들을 곤란한 처지에 빠뜨리기 싫어서	3.52 (.988)	성별	남성	3.54	1.025	.205	.838
				여성	3.52	.886		
조직문화	8) 문제 제기에 비우호적인 조직문화 때문에	3.15 (.907)	성별	남성	3.07	.942	−2.788	.006
				여성	3.36	.774		
	9) 상급자의 권위적·독선적 태도 때문에	3.04 (.973)	성별	남성	3.00	1.023	−1.358	.175
				여성	3.16	.852		
	10) 다른 사람들도 문제 제기를 하지 않아서	2.97 (.952)	성별	남성	2.91	.966	−1.873	.062
				여성	3.12	.891		
책임의식	11) 문제 제기를 해야 할 법적 의무가 있는 것이 아니어서	2.74 (.964)	성별	남성	2.68	.987	−1.717	.087
				여성	2.87	.906		
	12) 문제 제기를 해야 할 책임을 느끼지 않아서	2.67 (.870)	성별	남성	2.63	.882	−1.177	.240
				여성	2.75	.849		

* 1 중요하지 않음; 5 매우 중요함.

2) 침묵 이슈

<표 5>의 응답결과는 침묵 이슈별로 공무원들이 인식하는 발언의 난이도를 보여준다. 응답자들은 '동료나 상급자의 역량이나 성과와 관련된 사항(3.62),'과 관련된 발언을 가장 어렵게 인식하며, '상급자의 부당한 정책 추진이나 지시(3.56)', '자신의 경력이나 인사와 관련된 사항(3.44)', '권력남용(3.40),' '보수나 성과급과 관련된 사항(3.30)' 등에 대해서도 발언하기 어렵다는 인식을 지닌 것으로 나타나 있다. 반면에 '자원의 남용(2.81)', '성희롱(2.86)', '윤리나 공정성과 관련된 사항(2.99)' 등에 대해서는 발언의 어려움을 상대적으로 약하게 인식하는 것으로 나타나 있다.

성별, 조직경험(연령), 직급, 조직문화(소속기관)에 따라 침묵사유에 대한 인식 차이가 있는지를 파악하고자 t 검증을 실시한 결과, 성별과 조직경험(연령)에서 통계적으로 유의미한 차이가 다수 나타났다. 구체적으로 성별에 있어서는 <표 5>의 모든 침묵 항목에서 일관되게 여성들이 남성들에 비해 어려움을 더 느끼는 것으로 나타나 있고, 이러한 차이는 상당 부분 통계적으로도 유의미하다. 조직경험(연령)에 있어서는 모든 항목에서 일관되게 연령이 낮은 층이 높은 층에 비해 발언의 어려움을 더 강하게 인식하는 것으로 나타나 있고 일부 차이는 통계적으로도 유의미하다. 직급에 있어서는 다수 항목에서 직급이 낮은 층이 높은 층에 비해 발언의 어려움을 더 강하게 인식하는 것으로 나타나 있지만, 통계적으로 유의미한 차이가 나는 항목이 소수에 불과하다. 조직문화(소속기관)별로는 대부분의 항목에서 중앙부처 공무원들이 지방정부 소속 공무원들에 비해 문제 제기의 어려움을 상대적으로 더 강하게 인식하고 있고, 일부 항목에서 이러한 차이가 통계적으로 유의미하다.

<표 5>의 응답결과는 남성의 발언 빈도가 여성에 비해 높은 것으로 파악한 Detert & Burris(2007), LePine & Van Dyne(1998)의 연구 결과, 신입 구성원들이 고참 구성원들에 비해 발언을 덜하고 재직권과 발언 간 긍정적 관계에 있다는 Burris et al.(2008)의 조사결과 및 Milliken et al.(2003)의 연구 결과 등과 일치한다. 반면, 조직에서의 지위와 영향력이 낮은 구성원일수록 발언의 빈도가 낮다는 기존 주장(Morrison, 2011: 394)의 타당성을 부분적으로 지지한다.

〈표 5〉 침묵 이슈별 난이도 인식

침묵 이슈	전체평균* (표준편차)	구분		평균	표준편차	t 값	유의확률
1) 동료나 상급자의 역량이나 성과와 관련된 사항	3.62 (1.086)	성별	남성	3.53	1.100	−2.886	.004
			여성	3.88	.992		
		연령	20−30	3.79	1.038	2.059	.040
			40−50	3.54	1.093		
		직급	5급이상	3.66	1.074	.078	.938
			6급이하	3.65	1.070		
		소속	지방	3.51	1.119	−2.386	.018
			중앙	3.79	1.013		
2) 조직의 절차나 성과와 관련된 사항	3.05 (1.015)	성별	남성	3.01	1.011	−1.185	.237
			여성	3.15	1.022		
		연령	20−30	3.13	.980	1.135	.257
			40−50	3.00	1.037		
		직급	5급이상	2.88	1.025	−2.342	.020
			6급이하	3.16	1.001		
		소속	지방	2.98	.950	−1.469	.143
			중앙	3.15	1.106		
3) 보수나 성과급과 관련된 사항	3.30 (1.046)	성별	남성	3.24	1.101	−1.595	.112
			여성	3.43	.908		
		연령	20−30	3.32	.950	.339	.735
			40−50	3.28	1.102		
		직급	5급이상	3.07	1.042	−2.937	.004
			6급이하	3.43	1.023		
		소속	지방	3.20	1.039	−2.313	.021
			중앙	3.47	1.039		
4) 조직의 정책이나 결정과 관련된 사항	3.08 (1.018)	성별	남성	3.00	1.002	−2.432	.016
			여성	3.29	1.016		
		연령	20−30	3.18	1.011	1.269	.205
			40−50	3.03	1.012		
		직급	5급이상	2.86	.933	−3.002	.003

침묵 이슈	전체평균* (표준편차)	구분		평균	표준편차	t 값	유의 확률
			6급이하	3.22	1.035		
		소속	지방	2.99	.952	−2.103	.036
			중앙	3.23	1.101		
5) 자신의 경력이나 인사와 관련된 사항	3.44 (1.035)	성별	남성	3.41	1.055	−1.094	.275
			여성	3.55	.967		
		연령	20−30	3.62	.988	2.388	.018
			40−50	3.34	1.044		
		직급	5급이상	3.50	1.127	.501	.617
			6급이하	3.44	.977		
		소속	지방	3.52	1.032	1.635	.103
			중앙	3.33	1.034		
6) 윤리나 공정성과 관련된 사항(부정행위, 차별 행위 등)	2.99 (1.004)	성별	남성	2.91	1.010	−2.097	.037
			여성	3.16	.958		
		연령	20−30	3.21	.959	3.132	.002
			40−50	2.86	1.033		
		직급	5급이상	2.87	1.019	−1.722	.086
			6급이하	3.08	.988		
		소속	지방	2.94	.998	−1.065	.288
			중앙	3.06	1.013		
7) 성희롱 등에 관한 사항	2.86 (1.120)	성별	남성	2.77	1.143	−2.213	.028
			여성	3.07	1.054		
		연령	20−30	2.99	1.113	1.551	.122
			40−50	2.80	1.113		
		직급	5급이상	3.01	1.049	1.405	.161
			6급이하	2.83	1.145		
		소속	지방	2.83	1.127	−.631	.529
			중앙	2.91	1.113		
8) 동료와의 갈등 사항	3.00 (.989)	성별	남성	2.88	.988	−3.126	.002
			여성	3.24	.936		
		연령	20−30	3.12	.962	1.679	.094

침묵 이슈	전체평균* (표준편차)	구분		평균	표준편차	t 값	유의 확률
			40－50	2.93	.995		
		직급	5급이상	2.99	.949	－.324	.746
			6급이하	3.03	1.002		
		소속	지방	2.90	.972	－2.325	.021
			중앙	3.15	1.000		
9) 자원의 남용이나 비효율적 활용	2.81 (1.006)	성별	남성	2.70	1.021	－3.018	.003
			여성	3.05	.940		
		연령	20－30	2.91	.948	1.404	.161
			40－50	2.75	1.040		
		직급	5급이상	2.69	1.025	－1.689	.092
			6급이하	2.89	.992		
		소속	지방	2.76	1.000	－1.287	.199
			중앙	2.90	1.014		
10) 권력남용	3.40 (1.125)	성별	남성	3.33	1.167	－2.048	.042
			여성	3.58	1.003		
		연령	20－30	3.55	1.009	1.982	.048
			40－50	3.31	1.184		
		직급	5급이상	3.38	1.121	－.481	.631
			6급이하	3.44	1.117		
		소속	지방	3.33	1.136	－1.408	.160
			중앙	3.50	1.105		
11) 상급자의 부당한 정책 추진이나 지시	3.56 (1.181)	성별	남성	3.52	1.228	－1.264	.208
			여성	3.69	1.054		
		연령	20－30	3.69	1.137	1.496	.136
			40－50	3.49	1.191		
		직급	5급이상	3.68	1.175	1.130	.259
			6급이하	3.53	1.160		
		소속	지방	3.60	1.211	.939	.349
			중앙	3.48	1.132		

* 1 어렵지 않음; 5 매우 어려움.

3) 침묵의 부정적 영향과 발언 증진 방안

<표 6>의 응답결과는 다수 공무원(87.2%)이 조직에서 인지한 문제에 대해 발언하지 못 할 시에 스스로의 직무태도 등에 다양한 부정적 영향을 받는 것으로 인식함을 알려준다. 부정적 영향을 받지 않는다는 응답자는 12.8%에 불과하다. <표 6>은 또한 응답자들이 침묵으로 인해 근무의욕과 조직몰입도가 저하되고, 조직에 대한 관심이 떨어지는 경험을 가장 많이 한 것으로(26%) 인식하고 있음을 보여준다. 이러한 응답결과는 조직구성원들이 발언하지 못하고 침묵하면 조직몰입도와 직무만족도가 저하되고 스트레스를 받으며, 조직에 대한 심리적 철회를 할 수 있다는 서구 학자들(Eisenberger et al., 1990; Morrison & Milliken, 2000: 720)의 연구 결과와 일치한다.

<표 6>의 응답패턴은 응답자들의 인적 배경의 차이에도 불구하고 일관되게 나타나고 있다. 즉 성별, 연령별, 직급별, 소속 기관별로 각 항목에 대한 응답 비율과 순위가 유사하다. 구체적으로 '근무의욕과 직무몰입도가 떨어진다'는 응답이 일관되게 1순위로, '조직에 무관심해 진다'는 응답이 대부분 2순위로 나타나 있다. '양심의 가책을 느낀다'는 답변은 대부분 마지막 6순위로 나타나고 있는데, 이는 공무원들 사이에 법에 요구된 것은 아니지만 옳은 일은 해야 할 의무가 있다는 이른바 적극적 윤리의식이 아직 확고히 자리 잡지 못한 탓으로 해석된다.

〈표 6〉 침묵의 부정적 영향 인식(다중 응답)

부정적 영향	전체		성별		연령	직급		소속	
	(%/순위)	남성	여성	20~30	40~50	5급이상	6급이하	지방	중앙
1) 늘 있는 상황이어서 별 느낌 없이 일한다.	87 (12.8/5)	59 (13.5/4)	26 (11.8/5)	28 (10.5/5)	56 (14.2/4)	29 (13.9/5)	53 (11.9/5)	55 (12.1/5)	32 (14.4/4)
2) 좌절감을 느끼고 스트레스를 받는다.	113 (16.7/3)	74 (16.9/3)	36 (16.3/3)	39 (14.7/3)	72 (18.2/2)	35 (16.7/2)	75 (16.9/3)	69 (15.1/3)	44 (19.8/2)
3) 양심의 가책을 느낀다.	78 (11.5/6)	53 (12.1/6)	24 (10.9/6)	27 (10.1/6)	51 (12.9/6)	34 (16.3/3)	43 (9.7/6)	54 (11.8/6)	24 (10.8/6)
4) 근무의욕과 직무몰입도가 떨어진다.	176 (26.0/1)	116 (26.5/1)	56 (25.3/1)	80 (30.1/1)	93 (23.5/1)	52 (24.9/1)	120 (27.0/1)	118 (25.9/1)	58 (26.1/1)
5) 조직에 무관심해 진다.	129 (19.0/2)	78 (17.8/2)	47 (21.3/2)	54 (20.3/2)	71 (18.0/3)	32 (15.3/4)	91 (20.5/2)	93 (20.4/2)	36 (16.2/3)

6) 다른 유익한 정보를 제공할 마음마저 없어진다.	95 (14.0/4)	58 (13.2/5)	32 (14.5/4)	38 (14.3/4)	52 (13.2/5)	27 (12.9/6)	62 (14.0/4)	67 (14.7/4)	28 (12.6/5)
전체	678 (100.0)	438 (100.0%)	221 (100.0%)	266 (100.0%)	395 (100.0%)	209 (100.0%)	444 (100.0%)	456 (100.0%)	222 (100.0%)

<표 7>의 응답은 인적 배경의 차이에도 불구하고 모든 응답자가 '문제 제기가 가능한 조직문화 조성(36.7%)'과 '문제 제기에 대한 상급자의 개방적 태도(29.6%)'를 발언 증진을 위한 1순위와 2순위 방안으로 꼽는 일관된 응답패턴을 보이고 있다. 이는 공무원들의 발언 행위를 증진시키기 위해서는 법 개정이나 제도 개선과 같은 하드웨어적 접근에 치중하기보다 조직문화를 변화시키고 상급자의 태도를 바꿀 수 있는 방안을 모색하는 것이 훨씬 더 효과적일 것이라는 응답자들의 인식을 보여준다. 이러한 응답결과는 공무원들이 발언할 수 있는 조직문화를 조성하는 것이 중요하고, 그러기 위해서는 발언에 대해 개방적이고 대응적인 리더의 인식과 태도가 필수적이라는 Milliken et al.(2003: 1473)의 지적과 상향적 의사전달은 전달 내용과 함께 상급자와의 관계에 의해 크게 영향을 받는다는 Glauser(1984)의 연구 결과가 타당함을 확인해 주는 것이라고 할 수 있다.

〈표 7〉 발언 증진 방안에 대한 인식(다중 응답)

발언 증진 방안	전체	성별		연령		직급		소속	
	빈도 (%/순위)	남성	여성	20~30	40~50	5급이상	6급이하	지방	중앙
1) 문제 제기 등이 가능한 조직문화 조성	186 (36.7/1)	120 (34.6/1)	66 (41.8/1)	72 (37.3/1)	113 (36.5/1)	59 (38.6/1)	125 (36.6/1)	118 (34.8/1)	68 (40.5/1)
2) 문제 제기자의 익명성 보장과 법적 보호	98 (19.3/3)	68 (19.6/3)	30 (19.0/3)	38 (19.7/3)	59 (19.0/3)	33 (21.6/3)	62 (18.1/3)	65 (19.2/3)	33 (19.6/3)
3) 문제 제기에 대한 상급자들의 개방적 태도	150 (29.6/2)	105 (30.3/2)	45 (28.5/2)	54 (28.0/2)	95 (30.6/2)	38 (24.8/2)	108 (31.6/2)	98 (28.9/2)	52 (31.0/2)
4) 옴부즈만 등 문제 제기를 위한 공식 기구의 설치	24 (4.7/5)	17 (4.9/5)	7 (4.4/5)	11 (5.7/5)	13 (4.2/5)	10 (6.5/5)	13 (3.8/5)	20 (5.9/5)	4 (2.4/5)
5) 문제 제기를 허용하는 법적 장치 마련	49 (9.7/4)	37 (10.7/4)	10 (6.3/4)	18 (9.3/4)	30 (9.7/4)	13 (8.5/4)	34 (9.9/4)	38 (11.2/4)	11 (6.5/4)
전체	507 (100.0)	347 (100.0%)	158 (100.0%)	193 (100.0%)	310 (100.0%)	153 (100.0%)	342 (100.0%)	339 (100.0%)	168 (100.0%)

Ⅳ. 조사결과의 정책적 함의

조직의 문제점들에 대한 구성원들의 침묵은 조직성과에 부정적인 영향을 적지 않게 미친다. 구성원들의 침묵으로 인해 조직이 역동적인 환경에 적절히 대응하고, 합리적인 결정을 하며, 문제가 확대·심화되기 전에 시정하기 위해 반드시 필요한 정보와 아이디어가 차단되기 때문이다. 그간 서구 학자들의 연구가 민간조직의 구성원들이 자신들이 인지하거나 보유한 조직의 문제점들을 표출하지 않고 침묵하는 경향을 보인다는 사실을 밝혀 왔으나, 공조직 구성원들의 침묵에 관한 연구는 국내외를 막론하고 아직 드물다. 공조직 구성원들의 침묵이 국가사회에 미칠 수 있는 부정적 영향을 감안하면, 이에 관한 연구는 행정학 분야의 시급한 과제라고 할 수 있다.

이 연구는 한국 공무원의 침묵 현상에 대해 기본적인 논의와 실태 조사가 아직 제대로 이루어지지 않았다는 인식에서, 이에 관한 논의와 함께 탐색적 실증조사 결과를 제시하였다. 실증조사의 분석결과는 다음 몇 가지로 요약될 수 있다.

첫째, 대다수 한국 공무원들은 자신들이 인지한 조직문제에 대해 발언하기 어렵다는 인식을 지니고 있고, 이러한 응답 경향은 성별, 연령, 직급, 소속기관의 차이에도 불구하고 일관되게 나타났다. 둘째, 한국 공무원들이 조직의 문제점에 대해 침묵하는 가장 큰 이유는 다른 구성원들에게 불이익을 주거나 그들과의 관계를 악화시키기를 원하지 않기 때문인 것으로 나타났고, 이러한 응답결과는 응답자의 인적 배경의 차이에도 불구하고 일관되게 나타났다. 셋째, 한국 공무원들은'동료나 상급자의 역량이나 성과와 관련된 사항', '상급자의 부당한 정책 추진이나 지시' 등을 발언하기 가장 어려운 사항으로 인식하는 것으로 나타났다. 이와 함께 대부분의 침묵 이슈에서 여성들이 남성들에 비해, 연령이 낮은 층이 높은 층에 비해, 중앙부처 공무원들이 지방정부 소속 공무원들에 비해, 발언의 어려움을 상대적으로 더 강하게 인식하는 것으로 나타났다. 넷째, 한국 공무원들은 자신들이 발언하지 못할 시에 근무의욕과 직무 몰입도가 떨어진다는 인식을 지닌 것으로 나타났다. 이러한 응답결과 역시 응답자들의 인적 배경의 차이에도 불구하고 일관되게 나타났다. 다섯째, 한국 공무원들은 조직문화를 변화시키고 상급자의 태도를 바꾸는 것이 자신들의 발언을 증진시킬 수 있는 가장 효과적인 방안으로 인식하는 것으로 나타났고, 이러한 인식은 응답자의 인적 배경 차이와 무관하게 일관되게 나타났다.

이상의 분석결과는 크게 볼 때, 인간관계의 악화 등을 우려하여 조직문제에 대해 침묵하는 경향이 한국 공무원들 사이에 상당히 광범위하게 자리 잡고 있고, 공무원들은 그러한 침묵으로 인해 자신들의 직무태도 등에 적지 않게 부정적 영향을 받고 있으므로, 조직문화의 변화와 고위관리자들의 태도 변화를 강구함으로써 침묵 현상을 완화시킬 필요성이 있음을 시사한다. 공조직의 생산성을 저해하고 국가사회에 부정적 영향을 적지 않게 미칠 수 있는 조직 문제들에 대해 공무원들이 침묵하는 것은 비윤리적인 행위라고 할 수 있으므로, 이 연구의 분석결과는 공무원들이 직무와 관련하여 인지한 조직의 부정적 측면에 관해 문제 제기를 할 수 있는 새로운 윤리풍토를 조성해 나가야 할 과제를 암시하기도 한다.

여성 공무원들, 낮은 연령층의 공무원들, 중앙부처 소속 공무원들의 침묵 경향이 상대적으로 더 강한 것으로 나타난 분석 결과는 이들 집단의 발언을 유도하기 위한 차별화된 관심과 노력이 요구됨을 시사한다. 이미 언급하였듯이 이 연구의 실증조사는 아직 조명되지 않은 한국 공무원들의 침묵 현상에 대한 기본 실태를 탐색적 수준에서 조사한 것이므로, 표본과 조사방법, 분석 수준, 결과 해석 등에서 적지 않은 한계를 안고 있다. 특히 표본과 관련하여 다수 지방자치단체를 조사대상으로 하지 못하고 조사가 가능한 수도권 4개 기초자치단체 소속 공무원들만을 조사한 것은 연구의 취약점이라고 할 수 있다. 따라서 이 연구에서 파악된 한국 공무원의 침묵에 관한 측면들은 향후 보다 광범위하고 심층적인 조사연구를 통해 정밀하게 재검증되어야 할 것이다. 이 연구의 내용은 단지 향후 체계적인 연구들의 출발점을 제공한다는 점에서 그 의의를 찾을 수 있을 것이다.

참고문헌

강제상 · 고대유. (2014). 공공조직의 문화가 조직침묵에 미치는 영향: 해양경찰조직을 중심으로. 「한국행정학보」, 48(2): 1-25.

감사원. (2010). 「무사안일 감사백서」.

고대유 · 강제상 · 김광구. (2015a). 조직공정성과 시민행동의 관계에 대한 조직침묵의 매개효과 분석. 「한국행정연구」, 24(1): 223-261.

고대유 · 강제상. (2015b). 한국의 행정현상의 개념화와 측정도구개발: 순응적 침묵을 중심으로. 한국정책학회 하계학술대회 발표논문.

박경원. (2009). 공무원의 공직윤리에 관한 탐색적 연구, 「서울여자대학교 사회과학 논총」, 16: 157-170.

박천오. (2014). 공무원 윤리의 확장: 행동윤리에서 정책윤리로, 「정부학연구」, 20(2): 155-184.

유민봉 · 박성민. (2014). 「한국인사행정론」, 서울: 박영사.

이선우 · 오성호. (2003). 「인사행정론」, 서울: 방송통신대학교 출판부.

Ashford, Susan C. et al. (2009). Speaking Up and Speaking Out: The Leadership Dynamics of Voice in Organizations. In J. Greenberg & M. Edwards (eds.), *Voice and Silence in Organizations*, 175-202. Bingley, England: Emerald.

Athanassiades, John C. (1973). The Distortion of upward Communication in Hierarchical Organizations. *Academy of Management Journal*. 16(2): 207-226.

Argyris, Chris. (1977). Double Loop Learning in Organizations. *Harvard Business Review*, 55(5): 115-129.

Brewer, Gene A. and Sally Coleman Selden. (1998). Whistle Blowers in the Federal Civil Service: New Evidence of the Public Service Ethics. *Journal of Public Administration Research and Theory*. 8(3): 413-439.

Brumback, Gary B. (1991). Institutionalizing Ethics in Government. *Public Personnel Management*. 20(3): 353-364.

Buchanan, Allen. (1996). Toward A Theory of the Ethics of Bureaucratic Organizations, *Business Ethics Quarterly*. 6(4): 419-440.

Burris, Ethan R. et al. (2008). Quitting before Leaving: The Meditating Effects of Psychological Attachment and Detachment on Voice, *Journal of Applied*

Psychology. 93(4): 912-922.

Collins, Jim. (2001). *Good to Great*. London: Random House.

Detert, James R. and Ethan R. Burris. (2007). Leadership Behavior and Employee Voice: Is the Door Really Open? *Academy of Management Journal*. 50(4): 869-884.

Dutton, Jane E. and Susan J. Ashford (1993). Selling Issues to Top Management. *Academy of Management Review*. 18(3): 397-428.

Eisenberg, Robert et al. (1990). Perceived Organizational Support and Employee Dilegence, Committment, and Innovation. *Journal of Applied Psychology*. 75(1): 51-59.

Fuller, Jerry Bryan et al. (2006). Promoting Felt Responsibility for Constructive Change and Proactive Behavior: Exploring Aspects of an Elaborated Model of Work Design, *Journal of Organizational Behavior*. 27(8): 1089-1120.

Glauser, Michael J. (1984). Upward Information Flow in Organizations: Review and Conceptual Analysis, *Human Relations*. 37(8): 613-643.

Greenberg, David B. and Stephen Strasser. (1986). The Development and Application of a Model of Personal Control in Organizations. *Academy of Management Review*. 11(1): 164-177.

Gregory, Robert. (2007). Accountability in Modern Government, in B. Guy Peters and John Pierre (eds.), *The Handbook of Public Administration*, 339-350. Los Angeles: Sage Publications.

Grice, Paul. (1989). *Studies in the Way of Wards*. Cambridge. MA: Harvard University Press.

Hall, Thad E. and Anthony Sutton. (2003). Agency Discretion and Public Ethics: The Case of the Immigration and Naturalization Service. *Public Integrity*. 5(4): 291-303.

Hassan, Shahidul and Bradley E. Wright. (2014). Does Ethical leadership Matter in Government? Effects on Organizational Committment, Absenteeism, and Willingness to Report Ethical Problems. *Public Administration Review*. 74(3): 333-343.

Hirschman, Albert. (1970). *Exit, Voice, Loyalty: Responses to Decline in Firms, Organizations, and States*. Cambridge, Mass: Harvard Universuty Press.

Lewis, Carl W. and Bayard L. Catron. (1996). Professional Standards and Ethics, in James L. Perry ed. *Handbook of Public Administration*, 699-712. San Francisco: Jossey-Bass Publishers.

Lepine, Jeffrey A. and Van Dyne Lee. (1998). Predicting Voice Behavior in Work Groups, *Journal of Applied Psychology*. 83(6): 853-868.

Miceli, Marcia P. et al. (2008). *Whistle blowing in Organizations*. New York:

Routlrdge.
Milliken, Frances J., Elizabeth W. Morrison, and Patricia F. Hewlin. (2003). An Exploratory Study of Employee Silence: Issues That Employees Don't Communicate Upward and Why. *Journal of Management Studies*. 40(6): 1453-1476.
Morris, J. Andrew and Daniel C. Feldman (1996). The Dimensions and Anticidents, and Consequences of Emotional Labor, *Academy of Management Review*. 21(4): 986-1010.
Morrison Elizabeth Wolfe and Frances J. Milliken. (2000). Organizational Silence: A Barrier to Change and Development in A Pluralistic World. *Academy of Management Review*. 25(4): 706-725.
Morrison Elizabeth Wolfe. (2011). Employee Voice Behavior: Integration and Directions for Future Research, *Academy of Management Annals*. 5(1): 373-412.
Nyberg, David. (1993). *The Vanished Truth: Truth-telling and Deceiving in Ordinary Life*. Chicago: University of Chicago.
Parker, Louise E. (1993). When to Fix It and When to Leave: Relationships among Perceived Control, Self-Efficacy, Dissent, and Exit. *Journal of Applied Psychology*. 78(6): 949-959.
Pinder, Craig C. and Karen P. Harlos. (2001). Employee Silence: Quiescence and Acquiescence as Responses to Perceived Injustice. *Research in Personnel and Human Resources Management*. 20: 331-369.
Redding, W. Charles. (1985). Rocking Boats, Blowing Whistles, and Teaching Speech Communication. *Communication Education*. 43(3): 245-258.
Robert, Karlene H. and Charles A. O'Reilly. (1974). Failures in Upward Communication in Organizations: Three Possible Culprits. *Academy of Management Journal*, 17(2): 205-215.
Romzek, Barbara S. (1996). Enhancing Accountability, in James L. Perry ed. *Handbook of Public Administration*, 97-114. New York: Jossey-Bass Inc.
Rusbult, Caryl E. et al. (1988). Impact of Exchange Variables on Exit, Voice, Loyalty, and Neglect: An Integrative Model of Responses to Declining Job Satisfaction. *Academy of Management Journal*. 31(3): 599-627.
Ryan, Kathleen D. and Daniel K. Oestreich (1991). *Driving Fear Out of Work Place: How to Overcome the Invisible Barrier to Quality. Productivity, and Innovation*. San Francisco: Jossey-Bass.
Strauss, Anslm L. (1969). *Mirrors and Masks: The Search for Social Identity*. Glen Co., IL.: Fr.
Tangirala, Subrahmaniam and Rangaraj Rammanujam. (2008). Employee Silence

on Critical work Issues: The Cross Level effects of Procedural Justice Climate. *Personnel Psychology*. 61(1): 37-68.

Vakola, Maria and Dimitris Bourandas. (2005). Antecedents and Consequences of Organizational Silence: an Empirical Investigation. *Employee Relations*. 27(5): 441-458.

Van Dyne, Linn, Soon Ang and Isabel C. Botero. (2003). Conceptualizing Employee Silence and Employee Voice as Multidimensional Constructs. *Journal of Management Studies*. 40(6): 1359-139.

Venkataramani, Vijaya and Subrahmaniam Tangirala. (2010). When and Why Do Central Employees Speak Up? An Examination of Mediating and Moderating Variables, *Journal of Applied Psychology*. 95(3): 582-591.

Wang, Yau-De and Hui-Hsien Hsieh. (2013). Organizational Ethical Climate, Perceived Organizational Support, and Employee Silence: A Cross-Level Investigation. *Human Relations*. 66(6): 783-802.

West, Joanthan P., LooSee Beh, and Meghna Sabharwal. (2013). Charting Ethics in Asian-Pacific HRM: Does East Meet West, Ethically? *Review of Public Personnel Administration*. 33(2): 185-204.

West, William F. (2005). Neutral Competence and Political Responsiveness: Uneasy Relationship. *The Policy Studies Journal*. 33(2): 147-160.

Whitener, Ellen M. et al. (1998). Managers as initiators of Trust: An Exchange Relationship Framework for Understanding Managerial Trustworthy Behavior. *Academy of Management Review*. 23(3): 513-530.

Withey, Michael J. and William H. Cooper. (1989). Predicting Exit, Voice, Loyalty, and Neglect. *Administrative Science Quarterly*. 34(4): 521-539.

Wittmer, Dennis and Divid Coursey. (1996). Ethical Work Climates: Comparing Top Managers in Public and Private Organizations. *Journal fo Public Administration Research and Theory*. 6(4): 559-572.

Young, Gerald W. (1978). The Subordinate's Exposer of Organizational Vulnerability to the Supervisor: Sex and Organizational Effects. *Academy of Management Journal*. 21(1): 113-122.

4 관료제의 정치적 중립 훼손: 2012년 국가정보원 정치개입 사건 분석[1)]

〈요 약〉

이 연구는 2012년 제18대 대통령 선거 당시 국가정보원이 온라인 공간에서 특정 정당 및 정치인을 지지 및 반대하는 활동으로 정치적 중립 의무를 위반하였던 사건을 분석한다. 파당적 행위가 한 정부 조직의 정상업무로 간주될 수 있었던 논리와 방식을 문헌 분석과 재판 참여관찰을 통해 귀납적으로 도출하였다. 분석 결과, 사건의 발생 조건은 과거부터 정권안보 업무를 수행해왔던 국정원의 운영이 여전히 불투명한 현실, 집권성이 강한 국정원에 대통령 최측근이 기관장으로 부임하면서 대통령과의 권력거리가 밀접해진 상황, 그리고 대북 사이버심리전이라는 선례 없는 새 업무의 내용과 기준이 여전히 모호한 상황 등으로 볼 수 있었다. 이러한 조건 속에서 국정원의 정치개입 활동이 작동했던 방식은 국정원장의 추상적 정치개입 지시가 조직위계에 따라서 구체적인 업무지침이 되었고, 외주화 및 실적평가, 대량 확산기술의 사용 등 효율적 업무실행 체계가 운영되면서 정상 업무로 취급되었다. 또한 정치개입 활동을 정당화한 논리는 국가 안보의 절대시, 국정원은 첩보기관으로서 타 기관과 다르다는 예외주의, 업무 범위의 지나친 확장 해석으로 볼 수 있었다. 그 결과 국정원의 사이버심리전 활동은 국정원 내부에서는 정상적인 업무 활동으로 간주되었고 이로써 국정원은 정치적 요구에 과잉 부응하고 전문직업적 중립 의무는 부차적·방계적 의무로 축소하면서 비파당적 중립성 유지에 실패하였던 것이다. 즉, 제도적 차원에서 외부통제 없는 독점적 지위, 행정수반의 강한 지배권이, 조직적 차원에서는 위계적 명령복종 구조와 왜곡된 조직정체성, 업무내용의 모호성이 정치적 중립을 어렵게 한 요인으로 볼 수 있었다.

1) 한승주. (2016). 「행정논총」 54권 1호, 103-137.

Ⅰ. 들어가며

이 연구는 2012년 제18대 대통령 선거 당시, 국가정보원이 온라인 공간에서 특정 정당 및 정치인을 지지 및 반대하는 활동으로 정치적 중립 의무를 위반하였던 사건을 분석한다. 이 사건으로 당시 국정원장과 2명의 고위직 관료(3차장, 심리전단장)는 국가정보원법 상 정치적 중립 의무 위반 등으로 1심 및 2심 법원에서 유죄 판결을 받았다. 권위주의적 조직 위계 속에서 정치화된 행정의 위험성을 보여주는 극단적 사례이며 정부 관료제 존립의 기본 질서인 정치적 중립성이 충분히 정착되지 못한 한국 행정의 민낯을 보여준다.

정치적 중립(political neutrality)은 정부 관료제의 근간이며 타협할 수 없는 당연하고 명확한 의무로 여겨지지만 그 의미 인식은 상당히 주관적이고 그 실행은 더욱 쉽지 않다(박천오, 2011; 최동훈, 2012). 기대에 비할 때 우리 현실은 공무원의 중립성이 많이 훼손되었다는 우려가 크며 지방자치단체는 공무원의 줄서기가 만연하여서 행정의 전문성이 위협받는 수준이라는 비판의 목소리가 높다. 이러한 상황에서 이 사건의 발생은 단순히 국가정보원이라는 특수한 조직의 우연한 일탈 행위로 치부하기에는 상징성과 시의성이 크며, 정부 관료제를 민주주의 실현에 부합하도록 합리적으로 통제하는 데 실패한 사례로서 분석할 가치가 있을 것이다.

이 연구는 재판 과정에서 밝혀진 사건 실체를 통해서 피고인 측(국정원)의 파당적 행위가 정부 조직의 정상업무로 간주될 수 있었던 자기합리화의 논리와 정치적으로 부당한 명령이 정상업무로 수행되었던 구조를 찾으려 한다. 과정 분석을 통해서 정치적 중립이 실패하였던 이유를 살펴보려는 것이다. 그간 국정원의 역사를 생각할 때 국정원의 정치적 활동은 그다지 놀라운 일은 아니었으며 이 논문에서 주목하는 바도 정치개입 그 자체가 아니라, 그것을 정당화했던 내적 논리 혹은 수행 방식이다.[2] 정치개입을 하면서도 정치적 중립을 어기지 않았다는 인식이 어떻게 가능했는지를 살펴보면서 왜곡된 자기합리화의 쟁점과 의미를 찾으려 한

---

2) 이러한 연구목적에 따라 이 사건의 유·무죄에 관한 법적 판단이 분석의 초점이 아님을 밝힌다. 사건은 현재 대법원 최종 판결을 남겨두고 있으나, 재판 과정에서 드러난 관련 공무원들의 인식과 방어논리가 분석의 초점이므로 최종심 결과가 분석에 영향을 미치지 않는다.

다. 국정원의 방어 논리는 파당적 행위를 정상업무로 간주했던 자기합리화 논리이자 자기 조직과 업무에 관한 왜곡된 인식의 고백일 것이다. 그것으로부터 정치성 통제에 실패하게 된 과정과 요인을 추론한다.

이를 위해 재판 과정을 관찰하고 재판 기록, 언론 보도, 동영상 등을 분석하여 대북 사이버심리전의 이름으로 행해진 정치개입 활동을 분석 및 재구성하였다. 관료제의 정치성과 그 통제의 어려움을 간략히 살펴본 후, 사건 분석을 통해서 국정원의 정치개입이 발생 및 전개된 구조를 귀납적으로 도출한다. 마지막으로 부당한 정치개입을 정당하게 간주하였던 자기합리화의 구조 속에서 드러난 쟁점을 숙고하였다.

Ⅱ. 관료제의 정치성 통제: 정치적 중립의 어려움

1. 관료제의 배태된 정치성

공무원의 정치적 중립(political neutrality)은 근대 정부 관료제의 본질로 여겨진다(박천오, 2011:25). 우리는 정당정치로부터 분리된 행정의 영역이 존재함으로써 전문적이고 안정적인 근대 행정이 가능하다고 믿고 있다. 정당정치의 지나친 개입으로부터 행정의 안정성·전문성을 추구하기 위해서든, 막강한 행정 권력으로부터 의회정치를 지키기 위해서든, 오늘날 삼권분립을 근거로 한 전문적 행정부의 성립은 정치적 중립을 떼고는 말할 수 없다(Overeem, 2005).

정치적 중립은 관료제에 배태된 정치성을 통제하려는 노력이다. 관료제는 그 구조와 운영의 원리상 정치적 속성을 가질 수밖에 없는데 관료제의 본래적 지위—즉, 행정수단을 점유하고 공적 자원을 배분하는 독점적 지위와 반복된 업무 처리를 통해서 구체화된 기술 및 정보를 점유한 지위—로부터 정치성은 잉태된다(Weber, 1947). 이념형으로서 관료제의 뚜렷한 특징인 위계적 명령 복종, 동일 업무의 반복 처리, 법규에 근거한 집행 등이 역설적이게도 관료제의 정치화 가능성의 근거가 되는 것이다.

공적 자원의 배분 과정을 전담하는 집행자로서 관료제는 자신이 처리하는 예산, 정보, 기술 등의 자원을 사적으로 전용하는 권력 집단이 될 수 있다. 공적 자원 배분을 둘러싼 정치 과정에서 스스로의 이익을 추구하며 특정 업무의 반복된 처리로부터 얻게 된 전문성을 활용해 자의적이고 폐쇄적 결정을 내리는(bureaucratic politics) 독자적인 세력이 될 수 있다. 정책의 공평무사한 집행자가 아니라 자신의 기득권과 조직적 이익을 극대화하는 행태를 추구하는 권력화된 관료제 문제는 오랜 우려였다. 조직화된 소수가 점유하는 권력과 이들에 의한 폐쇄적 지배 문제를 제기한 미헬스, 모스카 등은 소수의 지배계급으로서 관료제를 주목하였고(Mosca, 1939, Michels, 1962), 니스카넨, 다운스 등 공공선택론자 역시 사익 추구의 이기적 인간 본성을 공직자에게 적용하며 관료제가 독점적 지위로부터 사익을 추구함을 우려하였다(Niskanen, 1971; Downs, 1967).

또한 관료제의 정치화는 정치도구화의 모습으로 나타날 가능성도 크다. '기본적으로 관료의 역할은 목적이 아니라 수단이며 정치권력자의 정책을 충실히 집행하는 도구적 존재'(강원택, 2014: 67)로 묘사된다. 그러나 자원 배분 권한을 독점하고 전문적 처리기술을 보유한 상태에서 관료제가 선출된 정치권력에 도구적으로 복종할 때, 정치권력의 사유물이 될 수 있다. 정치권력의 요구를 효율적으로 실현하는 관료제는 특정 당파의 대리인이 되어 불공정한 결정을 기계적으로 집행하는 가운데 비정치적 도구임을 표방하지만 실제는 과잉된 정치도구가 된다(임의영, 2014; Hilberg, 1961; Arendt, 1963). 지시된 목표의 효율적 달성을 위한 도구임을 지향하지만, 사회를 지배하는 통제기관이 되는 것이다(Hummel, 1982).

이렇게 관료제에 배태된 정치성은 민주주의 체제 아래서 비민주성이 되고(박천오 · 주재현, 2007; Koven, 1994) 통제해야 할 대상이 된다. 관료제의 정치성이 통제된 상태를 추구하는 것이 바로 정치적 중립성이다. 개념적으로 정치적 중립은 정치와 행정의 분리를 전제하여 정치인은 정책결정 역할을, 공무원은 결정을 집행하는 역할을 분담하는 것에서 출발하지만(Caiden, 1996) 해석상으로는 보다 많은 의미를 포함하는 것으로 나타난다. 공무원이 실적을 기반으로 임명 · 승진하는 기준이며(Asmerom & Reis, 1996), 파당적 활동에 개입하지 않고 정책에 관한 자신의 사적 견해를 공개적으로 표출하지 않는 것이고(Kernaghan, 1986; Finer, 1961), 전문적 · 객관적 조언을 정치적 주인에게 진실하게 전달하는 것(Svara, 2006) 등이 모두 정치적 중립으로 여겨진다. 한국의 경험적 연구도 공무원들이 자율전문성 · 충성 · 비당파성을 각각 정치적 중립으로 이해하거나(최동훈, 2012) 선거개입 · 재량적 판단 · 노조활동 · 매체를 통한 사적 의견 표명 · 인맥 활용 · 불합리한 명령복종으로부터의 중립으로 이해하는(윤견수 · 한승주, 2012) 등 다의적 해석이 공존함을 밝히고 있다. 법적으로 정치적 중립의 근거는 헌법 제7조 제2항으로 "공무원의 신분과 정치적 중립은 법률이 정하는 바에 의하여 보장한다."고 밝히고 국가공무원법 제65조 및 제66조와 지방공무원법 제57조 및 제58조에 공무원이 정당 및 정치단체 결성 및 가입을 금지하고 선거에서 특정 정당 및 특정인을 지지 또는 반대하는 행위를 금지하며, 노동운동이나 공무 외 집단행위를 금지하고 있다. 또한 공직선거법 제9조는 선거에 부당한 영향력을 행사하거나 선거결과에 영향을 미치는 행위를 금지하고 있다. 법적으로 정치적 중립이란 정당정치와 밀접한 공무원 개인의 판단과 개입을 금지하는 정치적 자유의 제약 상태라 할 것이다.

2. 관료제 정치적 중립의 두 측면

민주주의 체제 아래 시민에게 대응하고 사회에 책임을 지는 관료제를 만들기 위해, 다시 말하면 정치화를 막기 위하여 관료제는 정치적으로 중립할 의무를 부여받는데, 이 정치적 중립은 두 가지 의무의 긴장과 균형으로 이뤄진다.

관료제의 정치화가 정치권력화와 정치도구화 두 측면으로 나타날 수 있음을 고려할 때 정치적 중립성은 두 측면으로 구성된다. 정치권력화를 막고 관료제의 복종을 유인하기 위한 정치적 대응 의무(responsiveness)와 정치도구화를 막고 관료제의 자율성을 확보하기 위한 전문직업적 의무(professionalism)이다. 관료제는 정치권력화를 막기 위해 정치적으로 종속되어야 하는 동시에, 정치도구화를 막기 위해 정치적으로 독립되어야 한다. 전자는 관료제에 정치권력에 복종할 의무를 부여하며 관료제를 통제하지만, 후자는 정치권력에 대항하는 전문가적 의무를 부여하고 자율과 책임윤리를 강조하는 관료제 통제를 주장한다. 따라서 정치적으로 대응할 의무와 함께 전문직업적으로 행동할 의무를 동시에 구현함으로써 관료제는 정치적 중립성을 확보하게 된다.

그러나 두 의무는 공무원에게 정치적 딜레마를 부여할 수 있다. 입법 배경과 법 규정을 살펴볼 때 정치적 중립은 정치적 영향력으로부터 공무원을 보호하는 개념인 동시에, 공무원의 정치적 권리를 제한하는 의무 개념이라는 역설이기에(윤견수 · 한승주, 2012: 239-244), 관료제가 정치로부터 독립되어야 하는 동시에 종속적이어야 하는 자체 모순, 이중 구속의 딜레마로 여겨진다(Etzioni-Halevy, 1983/1990:

126). 공무원은 파당정치로부터 벗어나 초당파적·비정파적 기준에 의거한 활동을 해야 하는 성숙되고 독립된 주체이어야 하는 동시에, 대의제 민주주의 체제에서 공무원은 선출된 정치인의 통제 아래 놓여 있어야 하며 선출된 정치인과 정무직의 정권 유지를 위한 활동에 동원되고 사용되어야 한다. 공무원은 정치적이어야 하는 동시에, 비정치적이어야 하는 것이다(박천오, 2011: 26; Posner & Schmidt, 1994; West, 2005: 147).

정치적으로 중립할 의무와 정치적으로 대응할 의무 사이에 균형 있는 태도란 풀기 힘든 과제이다. 정치적 대응 의무와 전문직업적 의무라는 두 가지 의미가 공존하며 그것이 상충할 수 있음을 책임성으로 바꿔 표현하면, 관료의 계층적 책임성(bureaucratic accountability)과 전문가적 책임성(professional accountability)의 충돌 가능성이며 조직구성원 및 부하로서 역할 수행이 업무 전문가로서 역할 수행과 양립하기 어려운 상황이다(Romzek & Dubnick, 1994).[3] 다시 말해, 관료제의 위계질서 속에서 상부로부터의 지시에 복종해야 할 계층적 책임과 담당하는 업무의 전문가로서 판단과 윤리를 따라야 할 전문가적 책임이 동시에 부여된 상황에서 이뤄야 하는 의무가 정치적 중립성인 것이다. 공무원에게 전문직업적 중립의무를 지나치게 강조하면 자의적인 행태 혹은 정치적 쟁점으로부터 무관심·무책임해질 수 있으며, 대응의무를 지나치게 강조하면 정치 도구화될 수 있다. 따라서 공무원에게 중립적 태도란 두 의무 사이의 균형을 유지해야 할 긴장 속에서 형성되는 것이다.

3. 정치적 중립의 어려움

관료제의 정치성을 통제하고 정치적 중립을 구현하기 위해서는 효과적인 통제장치가 마련되어야 한다. 정치적 대응 의무는 주로 정치적 통제를 통해서 확보될 수 있는데 관료제의 권력화를 막기 위해 선출직의 권한을 강화하는 방식으로 이뤄진다. 정치적 통제 방식은 대의민주주의에서 기본적 관료제 통제 수단으로 여겨졌다. 선출직의 참모진 강화, 정부조직 개편, 선출직 및 정무직의 인사권 행사, 성

3) Romzek & Dubnick(1994)은 행정의 책임성을 통제의 원천(조직 내부/위부)와 통제의 강도(강함/약함)에 따라 계층적 책임성(bureaucratic accountability), 법적 책임성(legal accountability), 전문가적 책임성(professional accountability), 그리고 정치적 책임성(political accountability)로 나누었다.

과관리 강화 등이 정치적 통제 수단으로 제시된다(양재진, 2003). 또한 국회의 인사권, 재정권, 조사권 등 행정부 통제 권한을 강화하여 행정부의 투명성을 높여 비밀주의에 근거한 '관료집단의 제국건설'(이종수, 2009: 35)을 견제하는 방식이 포함된다. 자의적 판단과 처분의 가능성을 봉쇄하기 위해 재량을 제한하는 법적 통제도 가능하다. 이러한 접근은 모두 관료제에 대한 정치우월성을 확보하는 접근방식이며 객관적 통제라 할 수 있다.

이에 비해 전문직업적 의무는 주로 전문가적 통제를 통해서 확보될 수 있는데 공무원에게 어느 정도 자율성을 부여하여 전문적 기준에 따라 판단하는 정책윤리를 강화하는 방식으로 이뤄진다. 공무원의 공공봉사 동기를 전제하고(Perry & Wise, 1990) 그들의 이타성과 정책윤리 확립을 통해서(박천오, 2011; 이종수, 2009) 정치권력의 관료지배(박광주, 1996)로 인한 관료제의 정치도구화를 막으려는 데 초점을 둔다. 또한 시민 참여와 같이 직접적 대응의 정치적 통제 방식도 제시된다. 관료제가 외부 시민사회의 정치적 요구를 수용하고 선출된 정치권력뿐 아니라 시민에게 책임을 지는 것이다(Medeiros & Schmitt, 1977). 이러한 접근은 모두 관료제의 전문직업적 재량을 인정하고 관료의 내적 규준을 고양하려는 접근방식이며 주관적 통제라 할 수 있다.

하지만 정치적 대응의무와 전문직업적 의무의 균형을 확보하여 관료제의 정치성을 통제하는 것은 쉽지 않다. 앞서 언급한 바와 같이 개념적 측면에서 정치적 중립은 상충적인 두 의무 사이의 균형이기에 모호성을 가질 수밖에 없다. 정치적 중립이 공무원의 의무로 당연시 되는 현실에 비할 때, 정치적 중립이 주관적으로 정의될 수 있음은 적잖은 우려를 일으킨다. 정치적 중립을 바라보는 측면, 얽혀진 이해관계에 따라 편의적으로 해석되고 왜곡될 가능성 때문이다. 그 모호성으로 인하여 구체적 상황에서 무엇이 정치적 중립인가에 대해 서로 다른 해석의 여지가 클 것이며 개인적 상황 혹은 조직적 영향으로 인한 편향이 중립으로 둔갑되어 암묵적으로 받아들여질 수 있다.

개념적 측면뿐 아니라 제도적 측면의 영향이 정치적 중립의 실현을 어렵게 할 수 있다.[4] 선출직의 권한 강화를 도모하는 정치적 통제 수단들이 효과적으로 작

4) 개인적 측면에서 공공봉사동기, 권력추구성향, 직급 및 직위 등도 관료제의 정치성에 영향을 미치는 중요 요인이 될 것이지만, 이 연구에서는 개인적 차원을 제외하였다. 정치적 중립의 왜곡된 이해와 공무원의 정치개입 문제는 제도적, 구조적인 측면의 영향이 크기에 개인적 요인으로 귀인하기보다는 이러한 측면을 우선적으로 살펴볼 필요가 클 것이다.

동하기 어려운 제도적 조건들은 선출된 정치권력의 교체 및 짧은 임기, 국회의 약한 행정부 통제권(강원택, 2014), 시민사회의 역량 부족(박광주, 1996) 등이다. 4~5년을 주기로 교체되는 정치권력은 관료 집단의 효율적인 지원 및 충성을 얻기 어렵고, 국회의 행정부 통제권이 확대되었지만 행정부의 활동 규모와 정보력에 비해 국회의 역량은 충분히 강하다고 보기 어렵다(강원택, 2014: 82). 시민사회가 정책결정을 실질적으로 감시·감독할 수 있을 때 관료제의 권력화 통제가 가능할 것이지만 시민사회의 역량과 참여제도는 여전히 실질적 통제 수준에 이르렀다고 보기 어렵다.

조직적 측면의 요인들도 정치적 중립에 제약을 줄 수 있는데 수직적·집단주의적 문화, 폐쇄적·불투명한 운영 구조, 업무적 재량, 조직자원의 권력성 등 정치적 중립의 긴장을 깨뜨릴 가능성이 크다. 정책윤리 확보의 현실적 어려움은 위계적·권위주의적 조직문화가 강한 공직 사회에서 공무원이 집권 정부에 대하여, 인사평가자인 상사를 향하여 자신의 전문가적 판단을 주장함으로써 발생할 개인적 부담과 불이익이 상당하는 점이다. 이러한 위험을 기꺼이 받아들이면서 정권 및 정무직 상관에 충성 대신 전문가로서 공익의 관점에서 업무를 수행하는 태도를 발휘하기란 매우 어려울 것이다(주재현·한승주, 2015). 명령복종의 위계에 따라 공식적 업무를 처리하는 하향적·수직적 관료제 질서에서 자신의 판단과 다른 명령에 직면했을 때, 대다수의 공무원들은 복종의무를 충실히 수행하는 '순수한 관료'(Weber, 1947) 행태 혹은 기계적 중립성을 보이기 쉽다. 또한 공무원이 행정 전문가의 위상에서 담당 정책분야에 관한 존중받을 만한 전문성을 보유하고 있다는 조직 내외의 인정과 그에 따른 재량적 판단은 관료제 중립에 영향을 줄 수 있다(Romzeck & Dubnick, 1994). 만약 권한이 조직 상부에 집권화되어 일선 공무원에게 판단과 집행의 권한이 엄격히 제약되어 있다면 공무원은 전문적 규범 및 기준에 따르기 힘들기에 정치도구화될 가능성이 높고, 만약 재량권한이 크게 주어졌다면 재량을 사적으로 유용하거나 관료정치 행태를 보이며 권력화될 가능성도 있다. 더불어 폐쇄적이고 불투명한 조직구조가 유지될 때 조직 외부로부터의 통제는 이뤄지기 힘들다. 관료제적 폐쇄성을 낮추고 조직에 관한 정보를 대외적으로 개방할수록 시민참여 등을 통한 외부적 통제의 실효성이 높아질 수 있다. 더불어 조직이 보유한 자원의 권력성도 강한 영향요인이 될 수 있는데, 조직이 보유한 법, 재정, 정보 등의 자원이 지니는 권력성이 강할 때 조직 스스로 권력화될 가능성 및 정치권력의 사적 권력기반으로 도구화될 가능성 모두 높다(오재록, 2014; 오재록·황문규, 2015).

요컨대, 두 가지 상충되는 요구를 품고 있는 정치적 중립의 긴장은 섬세하고 적극적인 사유를 통해서 유지되어야 하지만 현실 관료제는 개념적, 제도적, 조직적 측면 등의 다양한 요인들로 인하여 비파당적 객관성을 유지하기 위한 치열한 판단보다는 조직의 기득권 추구나 무비판적 순응으로 중립 의무를 협소화할 가능성이 적지 않다. 따라서 이 연구는 정치적 중립이 훼손되었던 사례의 분석을 통해서 어떠한 조건 속에서 정치개입이 발생하며 정치개입의 방식과 논리가 무엇이었는지 등을 파악하고 제도 개선 차원의 함의를 찾으려 한다.

〈표 1〉 관료제의 정치성 통제

정치성의 근원	정치화의 모습	통제의 방향	주요 통제 수단	통제의 어려움
행정수단의 독점, 전문적 처리기술 보유	정치 권력화	정치적 대응 의무 → 재량제한, 복종유인	정치적 통제(선출직), 법적 통제 등 객관적 책임 강조	개념적 측면 – 정치적 중립의 모호성, 상충성 제도적 측면 – 선출직의 짧은 임기, 약한 외부통제권, 시민사회의 역량 등 조직적 측면 – 수직적·집단주의적 조직문화, 폐쇄적 조직구조, 업무재량, 조직자원의 권력성 등
	정치 도구화	전문직업적 의무 → 재량허용, 자율성 확보	정치적 통제(시민), 전문가적 통제 등 주관적 책임 강조	

Ⅲ. 연구 방법

1. 연구의 범위

분석의 대상은 2012년 국가정보원의 사이버심리전 활동을 통한 정치개입 사례이다. 2012년 대선에서 공무원의 정치적 중립 문제는 국정원 외에도 경찰, 검찰, 군 등 매우 넓은 범위에 걸쳐 상당히 복잡하게 전개되었다. 국정원의 정치선거개입 사건과 직간접적으로 연결되는 사건들은 김용판 전 서울지방경찰청장의 수사방해 및 허위발표 논란(경찰), 사이버사령부를 통한 정치개입 활동(군), 수사 외압 및 항명 논란(검찰), NLL 남북정상대화록 유출 논란(정치권) 등 규모가 매우 크다.

이 사건들이 모두 정치적 중립과 밀접하지만 여기서는 연구 범위를 국정원의 정치선거 개입활동에 국한하였다.

이 연구는 사이버심리전단의 활동이 정치개입임을 전제로 분석을 진행한다.[5] 법적으로 1심 및 2심 재판부가 정치개입 활동으로 판단하고 피고인 및 기소유예된 국정원 직원들에 대해서도 국가정보원법상의 중립의무를 위반한 위법한 행위임을 밝혔다. 법적 판단이 아니더라도, 국정원 직원이 한 것으로 밝혀진 사이버상의 활동 내용이 특정 정당과 정치인을 매우 직접적으로 저급한 표현으로 지지 혹은 비난하고 있으므로 정치개입이라 판단하지 않을 수 없기에 정치적 활동이었음을 전제하고 논의를 진행하는 데 문제는 없다고 보았다.

분석의 대상은 국정원의 정치개입으로 기소된 국정원 세 명의 피고인과 기소유예되었으나 증인으로 출석하였던 국정원 직원들이며 이들의 발언을 분석한다. 이들의 발언이 책임 회피와 무죄 주장을 위한 조작 혹은 자기합리화일 가능성은 충분하지만, 피고인 측의 주장이 정치개입 활동을 정상업무로 볼 수밖에 없었던 자신들의 논리를 구성해 주장할 것이므로 연구에서 분석하려는 바에 부합한다. 자기 정당화의 논리를 분석하는 데 연구의 목적이 있기 때문이다. 국정원 직원들이 검찰조사 시의 진술을 일부 철회하고 기억나지 않는다고 한 것을 제외하면 피고인 측의 주장은 국정조사에 출석한 진술부터 재판까지 일관성이 있다. 이 연구는 일관된 그들의 자기 정당화 논리에 초점을 두고 분석할 것이다.[6]

2. 분석 자료 및 방법

분석 자료는 1심 및 2심 공판의 참여 관찰 및 재판 기록물, 공소장 및 판결문, 언론기사, 동영상, 국정조사 회의록 등이며 이러한 자료를 질적 분석하였다. 정치적 활동을 조직의 정상적 업무로 여기고 수행하였던 논리와 수행 방식을 찾기 위해 가장 적절한 조사의 방식은 국정원 직원을 직접 인터뷰하거나 설문조사하는 것이겠지만, 현실적으로 접근이 어려운 상황에서 이들의 인식을 확인할 수 있는 최선의 한 방식은 재판 및 국정조사 시의 발언, 언론 인터뷰 과정에서 드러난 발언 등을 분석하는 것이었다. 사건의 초기부터 현재까지 피고인 3인과 국정

5) 선거법상의 선거개입 여부는 1심과 2심이 다르고 최종심이 남아 있으므로 선거개입임을 전제하지 않는다.
6) 한편, 사건의 유무죄가 연구의 초점이 아니므로 법리적 부분 및 판결을 자세히 논하지 않았다.

원 직원들의 발언은 1) 2013년 8월 16일과 19일 국회 국정조사특위(국가정보원 댓글의혹사건 등의 진상규명을 위한 국정조사특별위원회)에 증인으로 출석하여 대답한 자료, 2) 재판의 진행과정에서 피고인 3인 진술 및 변호인의 변론, 3) 재판의 증인으로 출석한 국정원 직원들의 발언 등 직접 발언 자료와 4) 검찰이 수사과정에서 이들의 진술 내용을 인용한 것, 5) 원장님 지시강조말씀 녹취록 등 간접 발언 자료이다.

분석 자료는 일차로는 공판 참여 및 관찰로부터 획득하였는데 1심 재판 총 37회 공판 중 11회 참석 및 2심 공판 중 2회를 참석하여 피고인 및 국정원 직원들의 발언과 태도를 보고 기록하였고, 각종 언론에서 보도한 공판 기록 기사를 모아 분석 자료로 활용하였다. 일부 언론의 공판 기사는 단순한 보도기사가 아니라 기록에 의미를 두고 검찰과 피고인 측, 재판부 사이에 오간 대화까지 자세히 기록하였으며, 사건과 관련된 각종 문헌자료를 인터넷 상에서 제공하여서 분석 자료로 매우 유용하였다. 또 다른 자료는 국회의 국정조사특위 회의록으로 국회의 인터넷 사이트인 '대한민국 국회 회의록시스템'에서 검색하였으며 피고인 및 국정원 직원들이 출석하였던 국정조사 8차 및 9차 회의는 인터넷 상에서 동영상으로 제공되고 있어 이를 참고하였다. 그 외에도 경찰 및 검찰의 중간 및 최종 수사결과 발표문, 재판부의 판결문, 민주당 국정원국정조사 대국민보고서, 시민단체의 공판 요약 기록 등을 분석 자료로 포함하였다.

이와 같은 자료를 토대로 국정원의 정치개입이 어떻게 전개되었는지 조건, 현상, 결과 등을 귀납적으로 재구성하였다. 조건 차원은 사건 발생의 원인 및 맥락이 될 수 있는 요인들을 의미하며, 현상 차원은 국정원의 정치개입의 수행 방식과 수행 논리 측면에서 발생된 중심적인 모습을 분석하고, 결과 차원은 정치개입의 수용된 결과를 구체적으로 제시하려 한다. 이를 통해서 국정원 정치개입 사건의 구조를 파악할 수 있을 것이다. 분석 결과를 바탕으로 국정원의 정치성을 통제하지 못하고 실패하게 된 요인들을 제도적 및 조직적 측면에서 분석한다.

Ⅳ. 국가정보원의 2012년 정치개입 사건 개요

2012년 제18대 대통령 선거를 8일 앞둔 12월 11일, 야당(당시 통합민주당)에 국가정보원이 여당 후보를 홍보하고 야당 후보를 폄훼하는 흑색선전을 온라인 공간에서 조직적으로 수행한다는 제보가 접수되었다. 야당 국회의원들은 국정원 직원 A가 댓글 선거운동을 벌인다고 추정된 오피스텔로 찾아가 대치하였고 A를 공직선거법 위반 혐의 등으로 고소하였다. 그러나 12월 16일 경찰은 댓글 흔적을 발견하지 못했다는 중간 수사결과를 발표하였고, 이틀 후 제18대 대통령 선거가 치러져 여당 후보가 대통령으로 당선되었다.

선거가 끝나고 석 달 후인 2013년 3월 18일 야당은 원세훈 국정원장이 정치관여 및 선거개입을 지시한 국정원 문건을 입수해 공개하고 검찰에 원세훈을 국내정치 관여 및 직권남용 혐의 등으로 고발하였으며 이종명 국정원 3차장, 민병주 국정원 심리전단장을 국정원법 및 공직선거법 위반 혐의로 추가 고발하였다. 한편, 경찰의 최종 수사결과는 대선 이틀 전에 발표되었던 중간수사 결과와 달리, 국정원이 댓글 등으로 사실상 정치에 개입하였으므로 국정원 직원 A 등 3명을 국가정보원법 위반 혐의와 기소 의견으로 검찰에 송치하였다. 검찰 특별수사팀은 원세훈 국정원장, 이종명 3차장, 민병주 심리전단장을 소환조사하고 국정원 압수수색 등 본격적인 수사를 펼쳤다. 최종 수사결과, 이들은 국정원법 위반으로 기소되었다. 검찰 기소의 핵심은 이 3인의 조직수뇌부에게 국정원법 상 직무범위를 확대 왜곡하여 실질적 정치개입 활동을 조직적으로 전개한 책임을 물으려는 것이었다. 이로 인해 실제로 댓글 등 정치활동을 하였던 국정원 직원들은 기소되지 않았다.

절차적 문제를 제외하면 재판의 주요 쟁점은 크게 세 가지로 볼 수 있다. 사이버심리전단의 활동이 정당한 직무활동의 범위인지, 지시를 통한 조직적 행위인지, 선거운동 행위에 해당하는지이다. 1심 재판은 총 37회의 공판 동안 32명의 증인이 출석하며 820일에 걸쳐 진행된 끝에 2014년 9월 11일 마무리되었고 재판결과는 국정원이 수행한 사이버 활동 내용은 국책사업 및 국정성과 홍보와 야당을 비판하는 활동이므로 국정원법이 금지한 정치활동 관여 행위(제9조)에 해당한다며 유죄를 선고하였다. 사이버심리전단의 활동 내용은 정상업무로 볼 수 없고, 지시에 의한 조직적 행위였으므로 정치 관여에 해당한다고 판단한 것이다. 이 판단은 2심 재판부로 이어졌다. 그러나 선거개입에 해당하는지에 관한 판단이 달랐는데, 1심 재판부는 정치 관여는 맞지만 선거 개입은 아니라고 판결 내렸지만 2심 재판부는 정치개입뿐 아니라 공직선거법 상 선거개입 혐의까지 모두 유죄로 인정하였다.[7][8]

한편, 재판과 별도로 국회는 '국정원댓글 의혹사건 등의 진상규명을 위한 국정조사특별위원회'를 구성하고 세 차례의 기관보고와 29명의 증인에 대해 두 차례의 청문회를 실시하였으며, '국정원등 국가기관의 정치적 중립성 강화를 위한 제도개선특별위원회'를 운영하였다. 이 과정에서 국정원은 자체 개혁안을 발표하였으며[9] 국회는 국정원 직원이 부당한 정치활동 요구에 이의를 제기할 수 있도록 하는 등 정치적 중립을 강화하는 방향으로 국정원법을 개정하였다.

정치개입 활동을 구체적으로 살펴보면 다음과 같다. 국가정보원은 북한이 실시하는 대남심리전에 대응하기 위해 1965년 10월 심리전단을 창설하고 대북 공격심리전 및 방어심리전 활동을 주요 업무로 규정하였다. 문제가 된 '사이버 심리전'은 1997년 7월부터 시작된 활동이나 이 업무를 전담하는 팀은 2005년 3월에 설치되었으며, 사이버심리전이 본격적으로 펼쳐진 것은 원세훈의 국정원장 부임 이후이다. 원세훈 국정원장 취임 이후 2009년 3월, 국가정보원 3차장 산하 독립부서로 편제되고 사이버팀이 2개로 증편되었으며 2010년 10월에는 3개 팀으로, 2012년 2월에는 4개 팀 70여명으로 지속적으로 확대되었다(1심 판결문: 140).

심리전단 내 4개 팀의 역할은 안보1팀은 대북정책 홍보사이트인 안보포털 운

---

7) 1심은 원세훈 전 국정원장에게 징역 2년 6월, 자격정지 3년, 집행유예 4년을, 이종명 전 차장 및 민병주 전 심리전단장에게 징역 1년 및 자격정지 1년, 집행유예 2년을 선고하였다. 2심은 원세훈에게 징역 3년과 자격정지 3년을, 이종명에게 징역 1년과 집행유예 2년, 자격정지 1년, 민병주에게 징역 1년 6월과 집행유예 2년, 자격정지 1년 6월을 선고하였다. 그리고 2018년 4월 19일 대법원은 원세훈에게 징역 4년 및 자격정지 4년, 이종명 및 민병주에게 징역 2년 6개월에 집행유예 4년, 자격정지 2년 6개월의 형을 확정하였다.

8) 2015년 7월 16일, 대법원은 원세훈 전 원장에 대한 국정원법 및 선거법 위반 유죄를 선고한 고등법원의 판결을 파기 환송했다. 그 요지는 원심이 증거로 인정한 두 가지 파일의 증거능력이 인정되지 않으므로, 사실관계를 다시 심리하라는 것이며 대법원은 법률심임을 내세워 국정원법 및 선거법의 유무죄에 대해서는 판단하지 않았다.

9) 국정원이 자체적으로 마련한 국정원 개혁안의 주요 내용은 다음과 같다. 1) 국회·정당·언론사에 대한 IO(국내정보관) 상시출입제도 폐지, 2) 전 직원 정치개입 금지 서약 제도화, 3) 부당명령 심사청구센터 및 적법성 심사위원회 설치 운영, 4) 준법통제처 운영, 5) 방어심리전 시행규정 제정활용, 6) 심리전 시행실태 확인, 감독을 위한 심리전 심의회 설치운용.

영, 북한 주민 상대 대북심리전 담당, 안보2팀은 국내 포털사이트 북한 선동 대응 활동, 안보3팀은 국내 포털사이트 종북 세력 대응 활동, 안보5팀은 트위터에서 북한 및 종북 세력 대응 활동이었다. 안보3팀 및 5팀은 그 산하에 각 4개 파트를 두었고 파트장 밑에 4명의 파트원이 소속되었다.

사이버심리전단의 활동은 70여명의 국정원 직원 및 외부 조력자는 일반인을 가장한 다수의 계정으로, 인터넷 사이트에 글을 쓰거나 댓글 남기기, 찬반 클릭, 트위터 상에서 트윗 및 리트윗 활동 등이었다.[10] 주로 강남 일대 카페를 일주일 단위로 옮겨 다니며 작업한 것으로 밝혀졌다. 공소장에 소개된 내용을 보면 여당후보를 지지찬양하거나, 여당후보의 공약을 선전, 여당후보 지지자 결집을 소개하며, 야당 및 야당후보를 비난하며, 여당후보 우위의 지지도를 발표하는 등이다.[11]

Ⅴ. 국정원 정치개입의 방식 및 논리: 정치성 통제의 실패 분석

1. 발생 조건

1) 외부 통제가 어려운 독점적 지위

국가정보원(National Intelligence Service)은 1961년 5.16 군사 쿠데타 직후인 1962년 6월 설립된 중앙정보부가 전신으로, 1980년 12월 국가안전기획부로 개편되었다가, 김대중 정부가 들어선 1999년 1월 국가정보원으로 재개편되어 오늘에 이른다. 잘 알려진 대로, 국정원은 지난 군사정권 동안 정치사찰, 간첩조작, 무리한 공안수사와 인권 침해 등 국내 정치에 깊숙이 개입한 역사가 있다. 정권 유지를 위한 공안정국을 형성하며 한국 현대 정치사의 유명한 정치공작 사건에 직·간접적으로 연루되기도 하였다. 대표적으로 부일장학회 헌납 및 경향신문 매각 사건, 인민혁명당 및 민청학련 사건, 동백림 사건, 김대중 납치사건, 김형욱 실종사건, KAL 858기 폭파사건, 남한조선노동당 사건이 국정원 개입된 조작 및 인권 침

10) 심리전단의 인터넷 사이트 계정은 117개, 인터넷 찬반 클릭 1,214건, 인터넷 글 및 댓글 2,125건, 트위터 계정 1,157개(1심 법원 175개 인정), 트윗 및 리트윗 수 78만 6,698건(1심 법원 11만 361건 인정)으로 밝혀졌다.

11) 구체적인 내용은 <부록 1>(223면)에 예시하였다.

해의 사례로 밝혀진 바 있다.[12)] 집권당의 선거 운동을 위해 직접 개입했던 사건으로 상록 사업, 무지개 공작, 초원복집 사건이 있다.

민주화 이후 과잉 정치화된 국가정보기관을 향한 사회의 우려와 통제 요구는 커졌고, 문민정부 출범 직후인 1993년 국가안전기획부가 본연의 국가안보 기능에만 충실하도록 국가안전기획부법이 개정되었다. 국내 문제에 대한 관여 범위를 국가안보에 관한 정보의 수집·분석·제공 및 안보 범죄의 수사로 명확히 제한하고 정치관여죄를 신설하여 정당 활동, 정치적 여론 조성, 정치자금 모집, 선거운동에 관여하는 행위는 범죄로 규정하여 처벌하도록 하였다. 정권교체가 이뤄진 김대중 정부 시기인 1999년 1월 국가정보원으로 개명되면서 대북 및 해외정보 수집·분석·제공, 산업스파이 추적·색출 활동 등으로 주요 업무 전환을 선언하였다. 노무현 정부는 국정원의 정치도구화를 막고자 국정원장의 대통령 독대 보고를 폐지하고 참모가 배석한 형태의 보고로 운영하기도 하였다.

그러나 국정원 개편과 정치관여 금지의 노력에도 불투명한 조직 운영이 지속되면서 국내정치에 개입한다는 의혹은 여전히 제기되고 있다. 국가정보기관의 특성상 비밀 유지의 필요성으로 국정원은 조직 구조, 예산 규모, 구체적인 사업 내용 등이 공개되지 않으며 직원 임용, 교육 훈련, 처우 등도 보안 사항이 된다.[13)] 결국 국회 및 언론, 시민사회단체 같은 외부의 감시 및 통제가 실질적으로는 불가능한 상황이지만, 그에 비해 국정원의 독점적 지위는 상당히 높은 권력성을 보인다고 평가된다(오재록, 2014).[14)]

보수 여당에 편향된 정치 활동의 역사를 가진 국정원에 외부적 통제가 거의 없는 상황이라면, 그간 공식적·제도적인 정치적 중립은 강화된 듯 보일지라도 국내정치에 개입할 가능성은 여전히 높다. 그로 인해 야당 정치인과 민간인을 대상으

12) 2007년 국가정보원 과거사건 진실규명을 통한 발전위원회가 설립되어 3년간의 조사를 거쳐 국가정보원이 관련된 과거 의혹 사건에 대한 진실을 조사해 보고서를 발표하였는데 이 때 주요 조사 대상이었던 7대 의혹사건이 이와 같다.

13) 국정원은 국회 정보위에서 비공개로 예산안을 심사하고 예결특위에 총액만 통보하는 데 그친다(국회법 제84조 제4항). 국가정보원의 예산 일부는 다른 부처의 예상 항목으로 숨겨서 상정되기도 한다. 정확하지는 않으나 국정원 예산규모는 연 1조원 규모로 알려지고 있다(신경민, 2014; 한겨레, 2005.8.10). 특수활동비 등 사용한 내역을 밝히지 않은 지출이 대부분이고 영수증 제출 의무도 없다. 중앙정보부 시절부터 대통령 직속 기관으로 대통령이 지시하는 일만 하고 보고하면 되며, 타 부처와의 협의 없이 업무 추진이 가능하다.

14) 자원, 자율성, 네트워크, 잉여력, 잠재력의 차원에서 측정된 이명박 정부의 부처 권력 지수 분석 결과, 국가정보원이 8위로 나타났으나 자율성 측면은 97.06으로 압도적으로 높아 기획재정부에 이어 2위로 나타났다(오재록, 2014).

로 국정원의 불법도·감청 및 불법사찰 의혹이 거의 매 정권마다 제기되고 있다. 정보기관으로서의 전문성이 대통령의 정치도구로 활용되었던 지난 역사와 현재까지도 국회와 시민사회에 투명하게 공개하지 않는 조직운영으로 국정원의 정치 개입 가능성이 충분한 제도적 상황을 사건 발생의 한 맥락으로 볼 수 있었다.

2) 대통령과 밀접한 권력거리

이번 사건의 피고인이자 중심인물은 원세훈 전 국가정보원장이다. 원세훈은 이명박 정부 시기 2009년 2월 제30대 국가정보원장에 임명되어 2013년 3월까지 약 4년간 재임하였다. 이명박 대통령 재임기간 5년 내내 장관급인 국무위원을 지낸 건 그가 유일하여 이명박 정권 5년을 상징하는 인물이 되었다.

이명박 전 대통령과 원세훈 전 원장의 관계가 남다르게 막역한 것은 원세훈의 경력을 통해 짐작할 수 있다. 원세훈은 1973년 제14회 행정고시에 합격하고 1974년부터 서울특별시에서 고위 공무원으로 32년 근무하였다. 이명박 서울시장 때인 2003년 10월 서울특별시 행정제1부시장으로 선임되어 2006년 6월 이명박 시장의 퇴임 때까지 보좌하였는데 통상 부시장의 임기는 1년이지만 그는 3년 6개월 동안 부시장직을 유지하였다. 이후 2007년 초 이명박 예비후보의 상근특보로 발탁되었고 이명박 대통령이 당선되자 바로 2008년 2월 행정안전부 장관을, 그리고 2009년 2월부터 2013년 3월까지 국가정보원장을 역임한 것이다.

통치권자인 이명박 대통령의 정치적 최측근인 원세훈이 국정원장을 맡게 되었지만 보직 전문성은 매우 낮다는 평가였다. 정보 분야에 근무한 경험이 없고 군대 면제이며 행정공무원 경력인 원세훈을 국정원장으로 내정한 것은 파격이었다. 더욱이 국정원장으로 부임한 이후 대북 정보력에 심각한 문제가 발생하였음에도[15] 계속 유임됨으로써 대통령의 신임이 두터움을 보여주었다(시사IN, 2011.3.3). 또한 참모가 배석한 가운데 이뤄지는 대통령 보고를 독대 형태로 바꿔 국정원장과 대통령이 대략 일주일에 한 번씩 독대 보고를 하면서 대통령과 매우 가까운 권력거리를 확보하게 되었다.

한편, 부임 초기 강한 인사권 행사가 있었는데 직원들이 사석에서 나눈 발언으로 해임되거나 정치적 편향이 의심되는 인사조치 등이 있었고[16] 이는 전문성이

15) 김정일 국방위원장 사망의 뒤늦은 파악 및 김정은 방중 오보 등.
16) 2009년 3월에는 호남출신 국정원 전 간부가 (원세훈에 대해) '행정경험도 없는 민간인이 뭘 하느

낮은 기관장이 조직 장악력을 높이기 위한 무리한 행사로 논란이 되었지만, 위계성이 강한 정보기관에서 기관장의 영향력을 강화시키는 결과를 가져왔을 것이다. 행정수반과 정치적으로 가까운 각료를 임명하여 인사권을 통해 내부 통제를 하는 전략은 관료의 충성을 이끌어내는 데 효과적 수단으로 평가된다(양재진, 2003; 오재록, 2014). 그러나 인사권을 통한 관료통제는 조직 내 자발적 문제 제기를 크게 위축시키며 조직침묵을 낳을 수 있다. 대통령에 부응하려는 의지가 강한 정치적 최측근의 기관장이 행사한 강한 인사권을 경험한 직원들이 인사 상 보복 조치, 부정적 평판을 감수하면서 상사에 맞서는 부담을 지려할 리 없을 것이며, 조직 내 발생하는 현상과 상관의 결정에 대해 문제를 인지하더라도 체념하거나 순응하는 양태를 보일 것이다(강제상 · 고대유, 2014).[17] 이러한 상황은 선출직 정치권력의 관료통제를 넘어 관료지배를 가능하게 하는, 이번 사건 발생의 중요 조건으로 추론할 수 있었다.

3) 업무 내용 및 기준의 모호성

익명성 및 비밀 보장을 특징으로 하는 권력기관인 국정원의 직무 범위는 다음과 같다. 국가안전보장에 관련되는 정보 · 보안 및 범죄 수사에 대한 사무를 담당하는데(정부조직법 제17조) 첫째, 국외정보 및 국내보안정보(대공 · 대정부 전복 · 방첩 · 대테러 및 국제범죄조직)의 수집 · 작성 · 배포, 둘째, 국가기밀에 속하는 문서 · 자재 · 시설 · 지역에 대한 보안 업무, 셋째, 형법 중 내란의 죄, 외환의 죄, 군형법 중 반란의 죄, 암호부정사용죄, 군사기밀보호법에 규정된 죄, 국가보안법에 규정된 죄에 대한 수사, 넷째, 국가정보원 직원의 직무와 관련된 범죄수사, 다섯째, 정보 및 보안업무 기획 · 조정이다(국가정보원법 제3조 1항).

그런데 국정원 심리전단이 추진했던 활동은 법적 근거가 다소 모호한 신규 업

냐'고 한 말로 인해 사임하였고 2010년 11월에는 '원세훈은 이명박 똘마니' 발언을 사석에서 한 국정원 직원이 해임되기도 하였다. 정치적 편향을 드러낸 인사 조치로 2009년 5월 수사국의 윤모 단장은 제주 4.3진압이 정부쪽에서 심하게 한 측면이 있다는 발언이 감찰실 단속에 걸려 대기 발령되었으며 2009년 9월 수사국의 강모 파트장은 부하 직원의 보고 내용 중 '지난 좌파정권 10년'이라는 문구에서 '좌파'를 빼라고 지시했다가 감찰실에 이 발언이 전해지면서 지역 출장소로 좌천되기도 하였다(한겨레, 2013.7.1).

17) 강제상 · 고대유(2014)는 조직 구성원이 조직 내 발생하는 현상과 상관의 결정에 대해 문제나 개선사항을 인지하더라도, '상황에 체념 혹은 순응', '자신의 능력에 체념', '상관 혹은 동료와의 관계 악화에 대한 우려'를 이유로 의견이나 이의제기를 회피하는 현상을 한국적 조직침묵 현상으로 보았다.

무였다. 사이버 대북심리전은 대통령의 원활한 국정 수행을 방해하고 국정을 흔들기 위하여 온라인 공간에서 선전 · 선동하는 북한과 종북 세력들에 맞서기 위해, 북한의 사이버 대남심리전에 대응한 국가안보 활동이었다. 사이버심리전이 국정원법 상의 '국내보안정보의 수집 · 작성 · 배포'에 해당한다고 주장될 수 있으나, 국정원법에서 열거된 업무 범위를 한정적 · 제한적 규정으로 본다면 법적 정당성은 문제시된다.

2005년 무렵으로 본격적으로 시작된 대북 사이버심리전은 구체적인 기준 및 방침이 마련되지 못했던 것으로 보인다. 심리전단은 과거 중앙정보부 시절부터 대북심리전을 수행해왔지만 이것이 온라인 공간으로 확대되어 활동을 시작한 지 얼마 되지 않은 상황이었다. 인터넷 발달과 함께 북한과 종북 세력이 사이버 공간에서 벌이는 선전 · 선동에 국정원이 직접 대처해야 한다는 필요성으로 사이버 공간에서 직접 국민을 상대로 정부 당국의 입장을 옹호하거나 반대 주장을 공박하는 홍보활동을 수행하였고 이것은 기존 국정원이 수행하지 않았던 새로운 영역으로의 확장이었다.[18]

사이버심리전의 실체는 명확하지 않았다. 북한의 대남심리전을 생각할 때 댓글활동은 국가안보의 일환이라는 정당성은 얻었으나, 구체적 활동 방식과 범위는 선례가 없었을 것이다. 미국과 같은 다른 국가의 경우도 사이버전 대응 조직 설립은 우리와 비슷한 시기인 2000년대 초반임을 고려할 때 해외의 사례를 참고하기도 쉽지 않았을 것이다. 다시 말해, 원세훈의 국정원장 취임과 함께 심리전단의 확대로 업무는 확장되었고 자원도 확보되었으나 업무 방식과 절차, 판단 기준은 모호한 상황이었던 것이다. 실제로 심리전이 무엇이냐는 질문에 대해 국정원 직원들은 추상적인 표현 이상으로 업무를 설명하지 못하였다. 이렇게 사이버 상에서 대북심리전의 내용과 형태가 어떠해야 하는지 모호하기 때문에 자의적 · 정치적 확장과 해석, 왜곡된 인식이 가능하였을 것이다. 이러한 상황이 사건 발생의 또 다른 원인 조건이라 할 수 있다.

18) '북한은 인터넷 공간을 국가보안법 해방구로 규정하고 통전부, 225국 등 대남공작기구 전담부서를 운영하며 사이버 선전 활동에 주력해 왔다.... 2009년도에 북한이 대남공작부서를 개편하면서 사이버 쪽을 엄청나게 강화했다. 미국도 사이버사령부를 그때 만들었고 우리 국군도 사이버사령부를 만들었다. 전체적으로 북한의 사이버 공격이 아주 강화되는 시점이었기 때문에 거기에 대응해서 심리전단을 확충한 것이다.'(318회 8차 국정조사: 31-34)

“심리전이라는 것은 병법서에 나오는 상대의 내부를 휘저으라는 것이다. 내부갈등 일으키고 불필요한 공포감을 갖거나 내부혼란 기도하는.”(B직원. 29차 공판)

(재판장이 종북의 기준이 무엇인가 묻자)“다른 데는 있는지 몰라도 잘...” “종북세력의 국정폄훼 실상을 알리는 측면이어서 구체적인 타깃이 없다”(민병주. 3차 공판)

위와 같은 조건에서 발생한 국정원의 정치개입 활동은 두 측면으로 나누어 볼 수 있다. 국정원의 정치적 개입이 작동했던 수행 방식이 어떠했는가와 다른 한편으로 그러한 작동이 가능했던 인식이 무엇인가를 보아야 한다. 이로써 정치개입 활동이 조직 내부에서 어떻게 정상업무로 간주되었는지 설명될 것이다.

2. 수행 방식

1) 기관장으로부터 내려오는 정치적 편향

국정원의 정치개입 활동은 기관장인 국정원장의 정치적 편향이 조직업무 수행에 강한 영향을 미친 것에서 시작되었다. 재판의 주요 쟁점도 국정원장의 지시가 일선 직원들의 구체적 활동 지침이 되었는가였으므로 국정원의 정치개입 서사는 국정원장의 정치개입 지시로부터 풀어가는 것이 적절할 것이다.

원세훈 전 국정원장의 정치개입 여부를 묻는 주요 증거는 ‘원장님 지시 · 강조 말씀’(이하 ‘말씀’)이었는데, 매월 열리는 전부서장회의에서 국정원장의 모두(冒頭) 및 마무리 발언을 녹취해 보관하고 국정원 내부 전산망에 게시한 자료이다.

검찰은 원장님 지시 · 강조 말씀 자료에서 수차례에 걸친 정치개입 지시가 있었으며 이 ‘말씀’에 근거하여 국정원이 조직적으로 정치개입을 수행하였다고 주장하였다. 반면, 피고인 측은 ‘원장님 지시말씀이 원론적인 것이고 참고사항’이니 특정한 업무 지시가 아니었다고 주장하면서, 일선 직원들이 정치댓글 행위를 할 것으로 기대하지 않았고 일선의 구체적 실행 방법 및 기술을 알지도 못했다고 주장하였다. 원장님 지시 · 강조말씀은 대통령의 국정 수행성과를 홍보하는 것이 국정원의 업무임을 강조하고 선제적 · 적극적 대응을 일관되게 주문하며 친여당적 발언을 담고 있다. 하지만 그 내용이 상당히 추상적이고 선거 개입을 직접적으로 지시하지는 않고 있어 이를 어떻게 판단할 것인가가 관건이었던 것이다.

‘원세훈: 그러니까 저는 항상 뭐냐 하면 북한으로부터 오는 지령 같은 것 이렇게 해 가지고 인터넷에서 사이버 대응을 철저히 해라 하는 포괄적인 말은 해도 구체적으로 무슨 뭐 어떻게 하라는 그런 것은... 권성동 의원: 구체적인 어떤 지시를 내리거나 또 밑으로부터 보고를 받은 바가 없다는 내용이지요? 원세훈: 그렇습니다.'(318회 8차 국정조사: 94)

'말씀'의 내용을 살펴보면, 사이버 대북심리전의 사명화, 대통령 및 친여당적인 업무 방향의 설정, 선제적 업무 태도의 요구, 선거와 조직의 밀접성 강조 등이다. 사이버 활동 자체가 국정원의 중요 업무라고 부각하였으며 무엇이 종북 세력인가에 대한 구체적 규정 없이 대통령 및 국정 성과 홍보를 위한 공세적·적극적인 대응만을 직원들에게 강조하였다. 국정 성과의 온라인 홍보가 국정원의 업무 영역임을 의미하는 내용을 보면 아래와 같다.

'인터넷 자체가 종북 좌파 세력들이 다 잡았는데 점령하다시피 보이는데 여기에 대한 대책을 우리가 제대로 안세우고 있었다.... 전 직원이 어쨌든 간에 인터넷 자체를 청소한다, 그런 자세로 해서 그런 세력들을 끌어내야 됩니다'(2011.10.21) '종북 좌파 세력들이 국회에 다수 진출하는 등 사회 제 분야에서 활개치고 있는데 대해 우리 모두는 부끄럽게 생각하고 반성해야 함. 직원 모두는 새로운 각오로 이들이 우리 사회에 발붙일 수 없도록 함으로써 국정원의 존재의미를 찾아야 할 것임'(2012.6.15) '국정원의 업무를 좀 더 공격적으로 수행하고'(2009.5.15) '우리 원이 앞장서서 대통령님과 정부 정책의 진의를 적극 홍보하고 뒷받침해야'하며(2010.1.22) '좌파 교육감이 주장하는 무상급식의 문제... 이런 포퓰리즘적 허구성을 국민들에게 적극 홍보해야 함'(2010.11.19)[19)]

사이버 대북심리전의 대상이 구체적으로 누구이며 그들을 어떻게 확인할 수 있는지, 그들에 대한 대응 방식이 기술적으로 어떻게 이뤄지는 것인지가 모호한 가운데, 기관장이 지속적으로 행한 위와 같은 발언은 곧 사이버 활동의 지침으로 여겨질 수 있다. 원세훈은 '일반적 말의 종류이지 의미를 가지고 한 말이 아니다'라고 강변했지만 직원들은 '어떤 단체가 종북 단체인지 정해진 기준이 없다. 그러니까 이슈 및 논지를 벗어나지 않는 것이 기준'(C직원, 30차 공판)이라고 진술하였

19) 이에 더하여 아래와 같은 발언은 정치적으로 여당을 지원하라는 내용으로 충분히 해석될 수 있었다. '야당이 되지 않는 소리하면 강에 처박아야지 4대강 문제라 뭐 이렇게 떠들어도 뭐. 일은 죽도록 해놓고 여태까지 여러분들 보니까 일은 우리가 했는데 왜 우리 가만히 있어.. 그게 2010년도 지방선거의 전쟁과 평화에서 봤잖아요. 그런데도 지금도 거기서 정신 못 차리고 또 아직까지 그러고 있단 말이야. 그런 거를 우리가 좀 확실하게 조치를 하고 대응을 하는 금년 한 해가 돼야 되요. 우리 국정원은 금년에 잘 못 싸우면 국정원이 없어지는 거야 여러분들 알잖아.'(2012.2.17) '국민이 원하는 쪽으로 우리가 일하는 게 맞다. 국민의 의사가 많이 반영된 게 여당이다. 부서장들은 이 정권밖에 더 하겠어요, 다음에 이 정권 빼놓고 길게 할 거 같아요.'(2009.11.20)

다. '말씀'의 추상적 내용은 국정원 직원에게 정치개입 활동을 정당화하는 근거가 되었다는 것이다.

피고인 측은 원장님의 지시·강조 말씀이 구체성 및 특정성이 낮아 의도적인 정치 및 선거개입이 아니라고 주장하였지만, 업무의 범위와 활동방식이 불확실한 상황에서 국정원장의 정치적으로 편향된 발언과 지시는 업무상의 지시로서 정치개입 활동의 시작이며 사이버심리전단 직원들의 자기정당화 근거가 된 것이다.[20]

2) 조직위계에 따른 구체화 및 순차적 복종

원장님의 추상적인 '말씀'은 단계적 지시를 통해 구체적 지침이 되어 갔다. 매월 개최되는 부서장 회의에서 국정원장이 한 이야기는 팀장 회의와 각 팀장 산하 회의에서 국정원장의 지시 말씀으로 전파되어 모든 직원들이 숙지할 사항이었다. 직원들이 이행계획을 세우면 그 이행결과가 팀장이나 실국장의 계통을 밟아서 다시 국정원장에게 보고되었다. 관료제의 위계를 타고 내려오면서 지시는 점차 구체화되었고 그 위계를 다시 거슬러 올라가며 보고 및 통제가 이뤄졌던 것이다. 이 점은 정치개입 행위가 개인의 일탈이 아닌 조직적 활동이었음을 입증하는 핵심이 되었다.

지시의 불특정성, 추상성에도 불구하고 국정원장→3차장→심리전단장→팀장→파트장→파트원으로 이어지는 국정원 위계의 단계들은 '말씀'을 순차적으로 구체화하면서 담당 영역별로 활동 기준을 도출하였고 이를 기준으로 온라인 모니터링, 게시글과 댓글을 작성, 추천 및 반대 클릭과 같은 활동을 반복적으로 행하였다.

매일 아침 안보1팀 담당자가 지휘부 회의에서 거론된 현안과 모니터링 결과를 토대로 그날 활동 대상이 되는 주제와 관련해 '주요 이슈 및 대응 논지'라는 문건을 작성해 심리전단장에게 보고한 뒤 팀장, 파트장, 파트원에게 순차로 전달하였다. 파트원들은 이걸 참고하여 개인별로 활동논지를 준비한 뒤 국정원 외부로 나가 업무용 노트북을 이용해 사이버 활동을 했다. 심리전단장 주재로 매주 팀장이 참석하는 간부회의는 국정원장과 3차장의 지시사항을 전달했다. 현안이 발생한

20) '실제로 직원들이 작성한 글을 보면 원세훈이 지시한 쟁점이 빠짐없이 거론됐고 지속적으로 이행 실태가 보고됐다. 실제로 국정원은 원장님 지시사항을 위반한 직원을 징계한 적이 있는데 그것을 두고 다투는 소송에서 적법한 지시라고 주장해 국정원 스스로 원세훈 발언을 업무상 지시로 이해했다는 것이다. 그러면 원장님 말씀은 그 자체로 업무상 지시에 해당한다.'(1심 판결문)

때에는 국정원장이 직접 또는 3차장을 통해 특정 이슈 대응을 지시했고 심리전단장은 즉각 업무에 반영해 그 결과를 지휘계통에 따라 보고했다. 심리전단에서 작성한 '원장님 지시사항 실태'를 보면 1년 동안 국정원장의 모닝브리핑 지시사항에 관해 심리전단이 부서별 특성에 맞춰 세부 업무내역으로 구체화한 후 그 이행실태를 보고하고 있다(1심 판결문: 144).

업무 보고 체계는 파트원들이 자신들의 활동 내역을 파트장 및 팀장에게 보고하는데 안보3팀의 경우 매일 각자 작성한 글의 제목과 요지를 수기로 작성하여 1파트에서 관리하는 상자에 넣으면 1파트 담당직원이 취합하여 팀장에게 활동실적을 보고하는 한편, 파트원들이 각자 모니터링을 하여 담당 사이트에서 발견된 특이 동향 등을 파트장에게 보고하면 파트장이 특이동향 보고서를 작성하여 팀장에게 보고하였다. 안보5팀의 경우 비정기적으로 파트원들이 각자 작성한 트윗 및 리트윗 건수를 파트장에게 보고하는 한편, 각 파트원들은 자신들이 사용하는 트위터 계정을 팀장에게 보고하여 팀장이 트위터상에서 파트원들의 활동 내역을 수시로 확인하는 방법으로 활동 실적을 확인하였다. 이렇게 보고된 사이버 활동 실적은 심리전단 안보1팀에서 취합하여 심리전단장에게 보고했고 심리전단장은 보고의 필요성이 있는 사항은 3차장에게 보고했으며 3차장은 선별하여 원장에게 보고하였다.

'원장의 회의 발언을 직원들에게 옮긴다. 그러면 원장이 그런 발언을 계속하면 직원들에게는 전파, 축적된 상태로 지시사항을 이행하게 된다.'(민병주. 318회 국정조사 8차: 38)

"검사: 원장님 지시강조 말씀은 업무에 반영될 정도로 중요해서 민병주 단장이 원내 공지사항에 공지가 되(었다고 알려주)면 '숙독하려 노력했다'고 한건 사실이죠?
C직원: 예."(30차 공판)

"검사: 지휘체계에 따라 원장님 지시가 회의 때도 전달된 적이 있나?
D직원(안보3팀 5파트장): 회의 때 당연히 전달된다...
검사: 검찰 조사 때 증인이 '주로 내부 게시판을 통해 지시 계통으로 주제에 대해서는 각각 두세 줄 정도로 내려온다. 그러면 자신의 파트원에게 그 주제가 포함된 지시사항을 전달하고 파트원들은 각자 각색해서 오늘의 유머 등에 게시한다'고 답변한 적이 있나?
파트장: 그렇다."(6차 공판)

"검사: 증인이 시달 받은 이슈 및 논지의 주요 내용은 대부분 원장님 지시강조 말씀에 포함돼 있나?

E직원: 포함된 것도 있고 안 된 것도 있다. 구체적으로 파트장이 해석을 해서 준다."(5차 공판)

그림 1 국정원 사이버심리전단의 단계적 지시 체계

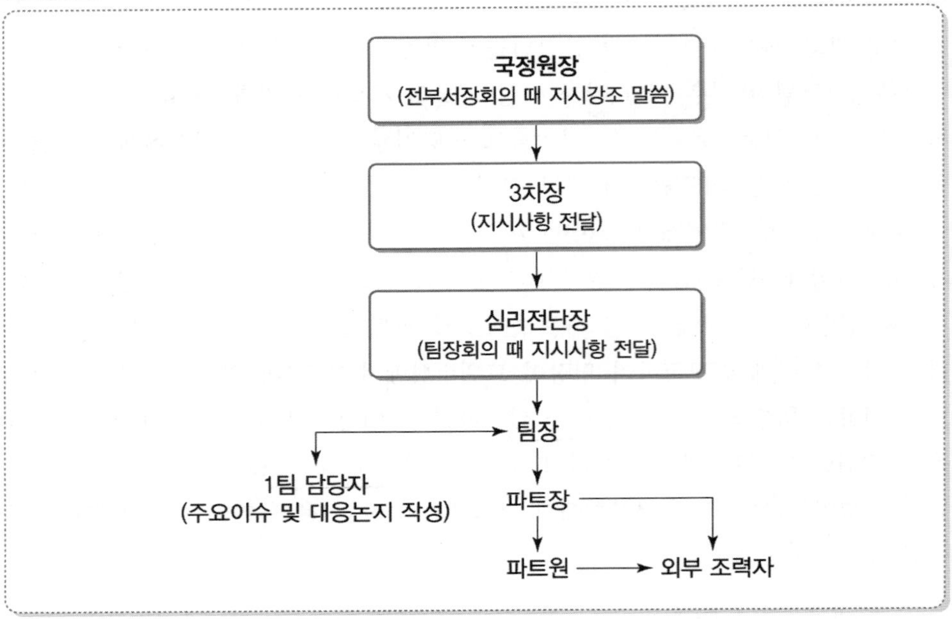

3) 효율적 실행 체계의 운용: 외주화 및 실적 평가

사이버심리전단의 일부 활동을 외부에 위탁하였고, 게시글의 확산을 위하여 대량확산 기술(트윗덱과 트위터피드)[21]을 사용하였다. 업무 처리의 효율성을 극대화하는 방식을 적용한 것으로 국정원 내에서 사이버심리전 활동이 정상적 업무로 진행되었음을 간접적으로 알려준다. 부서의 여느 정상 업무처럼 사이버심리전단의 사이버 활동 역시 효율적 방식이 동원된 것이다.

일반인으로 가장해야 하는 사이버 활동의 특성상 IP의 중복 및 추적을 피하기

21) 트윗덱(TweetDeck)은 여러 개의 트위터 계정을 동시에 관리할 수 있는 프로그램으로 이를 이용하여 트위터 계정들을 트윗덱 프로그램에 등록하면 트위터에 접속하지 않고도 트윗덱 프로그램상에서 여러 계정에 트윗, 리트윗 등의 활동이 가능하다. 트윗터피드(Twitter Feed)는 사전에 등록한 트위터, 블로그, 뉴스 사이트 등(피드 계정)에 새로운 게시글이 등록되면 그와 연결된 트위터 계정에 자동으로 해당 게시글이 트윗되는 서비스이다.

위해 직원들은 외근을 할 수밖에 없는데 이런 업무특성 상 적절한 집행 방식은 외주화이다(이들은 '외부조력자'로 표현되었다). 직원들이 밖으로 나가기보다 믿을 수 있는 외부인에게 업무를 맡기는 것이 시·공간적으로 더 효율적이며 일반인의 활동으로 보이기 쉽기 때문이다. 조사에서 확인된 외부조력자 F는 새누리당 현역 의원의 2004년 총선 때 기획업무를 담당한 사람으로 밝혀졌고 국정원 직원과 같은 대학 같은 과 동기생이었다. 안보5팀의 외부조력자로 고용된 F는 심리전단으로부터 한 달에 약 3백만 원을 받으며 총 9,234만원을 지급받았다(319회 9차 국정조사: 116). 팀 산하 파트 단위에서 이들을 관리했으며 비용은 현금 혹은 차명계좌를 사용해 지급하였고 팀장 전결로 결정된 것으로 알려졌다. 국정원 자금으로 보수를 지급하고 외부조력자는 심리전단 직원들과 계정을 주고받으며 동일한 활동을 하였다(G직원, 7차 공판).

또한 자동전송프로그램을 이용해 트위터 상에서 금지하는 대량 리트윗을 전파함으로써 인기글, 관심글로 여론에 영향을 주고자 하였는데 1회당 20~30개 계정을 설정해 원글을 동시에 리트윗하는 것이다. 트윗 자동전송프로그램의 활용은 짧은 시간에 보다 많은 영향력을 확보하는 효율적 수단이었다. 심리전단 직원들의 업무 실적 평가는 게시글의 수나 영향력을 기준으로 하였는데, 이 상황에서 자동전송프로그램을 사용해 대량의 트윗을 전파하는 것은 당연히 실적을 높이는 좋은 수단이었던 것이다. 효율적인 업무 수행을 위하여 트윗덱과 트위터피드를 사용하였다는 취지의 진술이 법정에서 진술되었다. 효율성과 결과를 중시하는 관리주의의 강화는 관료에 대한 정치적 통제력을 높이는 한 방편이 될 수 있지만(Peters, 1995; 양재진, 2003: 5), 이 사건에서는 관료통제를 넘어 관료지배의 결과를 낳는 한 요인이 된 것이다.

> "검사: 증인의 업무는 오로지 트윗과 리트윗이었나?
> H직원(안보5팀): 그렇다.
> 검사: 업무실적에 대한 평가는 오로지 증인이 쓴 트윗, 리트윗 건수로 하나?
> H직원: 팔로어 수도 반영되는 걸로 안다.
> 판사: 그럼 자동으로 트윗글 전파 프로그램을 사용했다는 것도 실적을 위해서였나?
> H직원: 인정한다."(18차 공판)

요약하면, 기관장의 정치적으로 편향된 업무 지시로 관료제의 위계에 따라 순차적으로 명령 및 보고가 이뤄졌으며 안정적·효율적인 체계를 운용하면서 정치개입 활동이 진행된 것이다. 이 과정에서 국정원 직원들이 사이버심리전 활동을 불법 부당한 활동으로 인식하고 저항하기란 쉽지 않았을 것이다. 적어도 조직 내부적으로는 공식적 구조에 따라 정상적으로 추진되는 업무를 정보기관의 권위주의적 조직문화 속에서 개인이 문제를 제기하기란 매우 어렵기 때문이다. 결국 조직적으로 전개된 심리전단의 활동은 내부적으로 이러한 구조를 통해 형식적 정당성을 확보하였던 것이다.

3. 수행 논리

조직적으로 전개된 사이버 활동은 내용적으로도 정상업무라는 정당화 논리를 구축하고 있었는데, 이러한 인식은 다음과 같은 국가·조직·업무에 관한 왜곡된 인식으로부터 도출된 것이었다.

1) 국가안보의 과잉 강조

국정원의 발언 속에서 찾을 수 있는 상황 인식은 국가안보의 가치를 절대화하는 것이었다. 국정원은 현재 국가 상황은 준전시 상태이지만, 사이버 공간은 전시상태로서 수사정보기관인 국정원이 국가안보를 위한 적극적인 방공방첩 활동을 전개해야 한다고 수차례 강조하였다. 따라서 전쟁을 수행 중인 국정원을 일반 공직 규범으로 판단하지 말라는 것을 반복적으로 주장하였다.

'제가 국정원에 와서 느낀 것은 155마일 휴전선뿐 아니라 첨예한 이념전선이 있다는 것을 느꼈습니다. 그런데 불행하게도 이 사이버 상에서의 이념전선은 이미 북한과 그 추종세력에 의해서 아주 위험한 상태에 이르렀다는 것을 절감하게 되었습니다. ... 이렇게 치열하게 전개되고 있는 이 사이버 상에서 만약 국정원이 이러한 역할을 하지 않았다면 과연 사이버상은 지금 어떻게 되어 있을 것인가 정말 심각하게 고민하지 않을 수가 없습니다.'(이종명. 319회 9차 국정조사: 27-28)

'지금 우리나라의 문제는 엄청난, 북한이 우리나라 인터넷이라든가 이런 부분을 해방구로 생각하고 있습니다. 해방구로 생각하고 있기 때문에 그런 데 대해서 우리가 적극적으로 대응을 해야 된다 이런 지시를 했습니다.'(원세훈. 318회 8차 국정조사: 31).

피고인 측의 발언을 보면 사이버 공간을 지속적으로 '전쟁' 상태에 비유하고 있다. 김동춘(2013)은 한국 정치의 중요한 메커니즘은 '분단체제의 만성적인 전쟁 위기 속에서 안보라는 국가 목표를 최우선시·절대시하면서, 외부의 적뿐만 아니라 내부의 적을 거의 전투현장에서 섬멸하듯이 색출, 감시, 진압하고 법과 절차를 무시하면서 체제를 유지하는 것'이며 이를 전쟁정치로 표현하고 있다. 한국 정치는 1953년 이후 정전이라는 준전쟁상태에서 외부의 적인 북한의 위협을 빌미로 내부의 반대세력을 적으로 취급하여 그들에 대한 폭력, 불법적인 공권력 행사가 정당화되어 왔으며 이 전쟁정치의 중심 주체가 국정원과 같은 수사정보기관이었다. 사이버 공간이 전쟁터로 인식되면 국정원은 합법 여부보다 전쟁승리 여부가 중요해질 수밖에 없다. 그러나 국가안보에 어느 정도 위험이 되는 존재인지, 누가 적인지는 이들에 의해 일방적으로 정해진다.

사이버 심리전을 전개하는 과정에서 국정원은 대통령의 정치적 반대자를 '종북'으로 표현하며 섬멸할 적으로 몰아갔다. 북한과 전면전이 진행되는 사이버 상황에서, 국가안보가 곧 정권안보이며 최고 권력자의 국정수행의 성공이 곧 조직의 사명이라고 믿으면서, 정치적 중립의 훼손은 안타깝지만 전쟁통의 부수적 피해(collateral damage)에 그친다고 인식한 것이다.

> "군으로 치면 군에서 적을 제압하라고 하면서 민간인을 사살하지 말라고 해도 군인이 현장에 가보면 적군과 민간인 구분이 곤란한 상황이 있고, 적군과 민간인을 구분하라고 한다고 하더라도 결국 민간인 피해가 생길 수 있지 않겠습니까? 그런 개별적 이슈에 대해서 정치적 오해가 있다고 하더라도 그 부분이 넓은 의미에서 종북 좌파 척결에 대한 지시에 따라 직원들이 업무를 수행한 것으로 보면 됩니다."(이종명. 3차 공판)

2) 조직 예외주의 및 우월의식

위와 같은 상황 인식은 자연스럽게 국정원은 타 공공기관과 다른 기준으로 운영되어야 한다는 '예외주의'로 이어진다. 대표적인 수사정보기관인 국정원의 업무 규범과 기준은 분명 타 공공기관과 같을 수 없는데, 비밀엄수를 위한 부서차단, 상명하복의 질서가 상당히 강조되기에 조직 민주주의 및 합법성 기반이 낮을 수 있고 정치적으로 보수적 경향을 띨 가능성이 있다.

국정원은 엄격한 중립성의 요구, 합법성의 요구로부터 벗어날 수 있다는 왜곡된 예외주의, 우월의식을 보였으며 나아가 정치적으로 보수 여당에 편향된 조직의 정치성향을 자연스럽게 생각하고 있었다. 이렇게 왜곡된 자기 허용이 존재함으로써 정치적 중립 의무를 업무 수행의 중요 가치로 여길 수 없었던 것이다.

> "합법과 비합법의 경계가 모호한 활동을 하는 국가정보기관을 인허가 기관과 동일시 할 수 없다." "조폭이 피해자를 목 졸라 죽이면 죄가 되지만, 판사가 조폭에게 사형선고를 내리고 교도관이 사형집행을 하면 죄가 아니다. 심리전단은 판사와 교도관 역할을 한 거지 조폭역할을 한 게 아니다."(원세훈 변호인. 1차 공판)

> '국민이 원하는 쪽으로 우리가 일하는 게 맞다. 국민의 의사가 많이 반영된 게 여당이다.'(2009.11.20. 원장님 지시강조말씀) "여당에 편향될 수밖에 없다", "직원들이 늘 생각하고 있는 안보 이슈에 대한 소신의 피력이다."(원세훈. 32차 공판)

수사정보기관에게 타 기관과 같은 수준의 준법성을 요구하는 것은 '달걀 깨뜨리지 말고 오믈렛 만들라는 주문'이라는 주장처럼,[22] 국정원 조직은 타 부처에 비해 정치성이 보장되어야 하며 합법성 요구가 완화되어야 하는 예외적 위상을 강조하는 등 왜곡된 조직정체성을 보여주는 발언을 다수 발견할 수 있었다.

3) 업무 범위의 과잉 확장

사이버심리전의 업무 목표이자 기준으로 반복적으로 언급된 것은 '종북 세력 척결'이었다. 그러나 종북 세력에 대한 명료한 기준은 없었고 그 대상이 구체적으로 누구인지, 어떤 방식으로 어디까지 대응해야 하는지 합의된 판단 없이 활동해야 하는 상황 속에서 자의적인 업무의 일탈과 정치적 확장은 필연적일 수 있다. 앞서 언급한 대로 사이버심리전 활동이 선례 없이 새롭게 발생된 상황에서 북한 및 종북 세력의 위협에 대처해야 한다는 조직의 미션은 '훈수를 두는 것이 아니라 직접 바둑까지 두는 자세로 일하라'는 선제적인 태도를 강조하는 국정원장의 지속적 요구 아래, 무리하게 확장된 것이다. '종북'을 키워드로 업무는 경계 없이 확장되었고 그 업무의 적절성을 묻는 질문에 대해 그들의 대답은 추상적으로 겉돌 수밖에 없었다.

재판부는 출석한 국정원 직원들에게 국정원의 적절한 업무 범위, 사이버 심리전단의 업무 정의를 여러 번 물었지만 그들의 대답은 매우 추상적이며 반복적일

22) 321회 3차 국정조사에서 참고인 발언.

뿐이었다. 정보기관의 속성 상 업무에 대해 말하지 않는 것이 불문율이며 직원 서로 간에도 무엇을 하는지 자세히 알 수 없는 상황에서, 이렇게 수행할 업무의 경계나 적절한 업무 기준이 모호하다면 업무 활동의 불법성을 판단하기 쉽지 않았던 것이다.

"검사: 종북 세력 개념, 국정원 업무활동의 대상이 되는 범위나 기준은?
이종명: 종북 세력을 어떻게 규정하자는 공론은 없었다... 종북과 재야를 구별할 판단의 기준이 없었음이 곧 비당파적 활동임을 의미한다."(3차 공판)

"변호인: 이런 활동이 정치인 이명박은 홍보하고 반대로 야당의 비판을 차단해 국정원 법 위반이 된다는 고민을 해본 적 없나?
민병주: 북한의 사이버 상 선전선동에 대한 대응활동이기 때문에 국정원 본연 활동의 한 부분이라고 생각했다."(2차 공판)

"검사: 글을 올리면서 이게 오해받을 소지가 있지 않을까 하는 걱정은 안했나?
J직원: 업무에 따라서 정치적 고려는 없었고 북한이 선전 선동하는 것에 대응한다는 차원에서 응했다."(5차 공판)

"검사: 종북 의미나 기준, 업무 매뉴얼을 받았나?
F(외부 조력자): 그런 건 없었다.
검사: 북한 선전선동 내용을 구체적으로 알 수 있는 위치에 있지 않는데?
F: 일베 사이트를 보면 그런 과거의 기사라든지 현재 일어나는 팩트 위주로 정리가 아주 잘 되어 있다.
검사: 일베의 북한 주장 팩트나 정리, 반박 논리 쓴 걸 보고 종북 대응이라 판단한 건가?
F: 그렇다." (6차 공판)

국가정보원의 정치개입 활동은 조직 내부에서 위와 같은 인식 속에 나름의 논리로 정당화된 것으로 보인다. 남북 관계의 현 상황에서 사이버 공간은 전쟁 상황이라서 외부의 적을 섬멸하고 내부의 적을 색출해 제거해야 한다는 과잉된 상황인식, 국정원은 최일선 첩보기관으로서 타 공공기관과 달리 중립성 및 합법성 요구가 국가안보를 위해 미뤄질 수 있는 예외적 조직이며 상부의 명령지시는 판단 없이 반드시 복종해야 한다는 과잉된 조직인식, 업무범위를 경계짓는 직무 내용 및 기준이 불분명하여 '종북 세력'이라는 모호한 개념으로 업무를 정치적으로 해석하고 확장시켰던 과잉된 업무 인식이 작동한 결과인 것이다.

그림 2 국정원 정치개입 사건의 구조

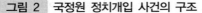

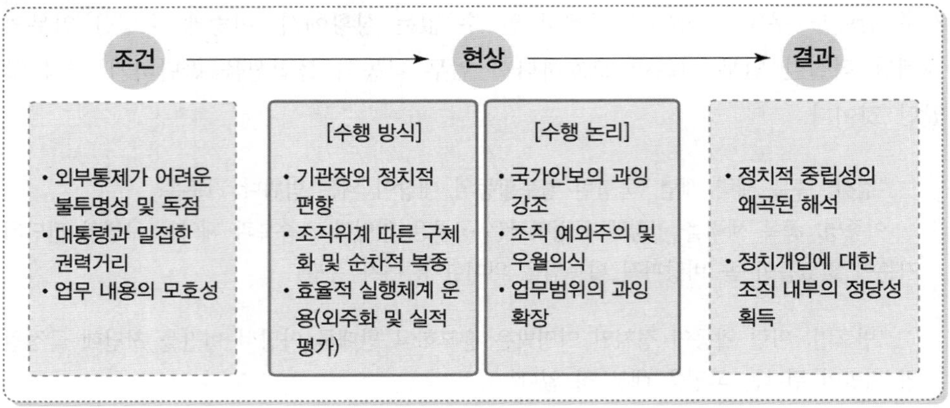

4. 정치적 중립의 실패

1) 정치적 중립 개념의 왜곡

국정원 내부에서 사이버 심리전단의 대통령 국정 홍보와 특정 정당 및 정치인에 대한 댓글 달기, 찬반클릭, 트윗 및 리트윗 활동은 정치적 중립을 훼손하지 않는 국정원의 정상 업무라는 정당성을 획득하였다. 그들이 정치적 활동을 하였음에도 정치적 중립을 지켰다는 주장을 할 수 있었던 것은, 정치적 중립의 상충적 측면(정치적 대응 의무와 전문직업적 의무)을 왜곡 해석하였기에 가능할 수 있었다. 선출직 및 정무직의 요구에 충실히 이행해야 하는 정치적 대응 의무 또는 계층적 책임은 확장 해석하고 과잉 강조한 반면에, 지시의 정치성·부당성을 판단해야 할 전문직업적 의무 또는 전문가적 책임은 축소 해석하고 최소화함으로써 심리적 딜레마를 겪지 않고 파당적 활동을 수행할 수 있었던 것이다.

이들에게 정치적 중립은 공직선거법이나 국정원법상 법조항을 소극적으로 해석한 한정적 개념이며 개인이 자신의 정치적 선호로 인해 조직과 규칙에서 벗어나는 다분히 개인의 윤리적 일탈을 의미하였다. 정치적 중립을 이렇게 최소화하면 특정 정치인 및 정당에 대해 선거의 당선과 낙선을 개인이 의도적, 직접적으로 언급한 활동만이 중립을 훼손한 것이 된다. 중립 의무 위반의 주체는 개인이며 개인의 사적인 판단과 활동만이 대상이 된다. 최소화된 정치적 중립 개념으로 인해 정치적 활동의 여지와 범위는 커진다.

반면, 정치적 대응 의미로서 정치적 중립은 광범위하게 확장하고 있었는데, 종북 척결 지시에 대응할 의무를 강조하면서 모호하고 불법이 의심되는 여타의 활동들, 대통령의 국정 수행에 반대하는 세력에 대한 비판까지 정치적 대응 의무의 범주에 포함한 것이다. 이렇게 확장된 정치적 대응 측면으로 인해 정당화되는 정치적 활동의 범위는 또 다시 커진다.

이로써 최소화된 전문직업적 측면의 중립은 훼손의 여지가 없을 만큼 줄어들었고, 최대화된 정치적 대응 측면의 정치성은 정상업무로 간주되면서, 중립을 지키면서도 정치적일 수 있다는 모순적 입장이 지속될 수 있었던 것이다. 정치적 대응 의무가 과잉 강조되는 조직에서 전문직업적 의무와의 공존을 성찰한 것이 아니라 중립성 개념을 왜곡하여 판단 및 사유의 의무를 부차적이며 방계적인 책임으로 만든 것이다.

〈표 2〉 정치적 중립 개념의 왜곡

전문직업적 의무로서 정치적 중립	정치적 대응 의무로서 정치적 중립
개인적 윤리 문제로 제한 법 조항에 한정된 소극적 · 보수적 해석 소극적인 법적 책임 ⇒ 최소화된 전문윤리적 판단 의무	조직적 소명으로 확장 모호한 업무범위의 왜곡된 확장 해석 계층적 책임 강조 ⇒ 최대화된 정치적 복종 의무

2) 정치적 중립 실패의 제도적·조직적 영향 요인

앞서 살펴본 발생조건과 수행방식 및 수행논리, 결과로부터 국정원의 정치적 중립이 실패한 요인을 추론한다면 다음과 같다.

제도적 측면에서 나타난 영향 요인은 무력한 외부통제 제도와 정치권력의 강한 지배력이었다. 국정원에 대한 외부통제 수준을 보면 국회나 시민사회의 접근이 거의 불가능한 수준으로 이들을 통한 외부 견제는 무력한 상황이었다. 국정원 업무 수행을 외부에서 실질적으로 감시할 제도가 거의 없는 상황에서 국정원 스스로 자신의 정치성을 통제할 가능성은 희박하다. 유사한 예로 검찰의 경우도 수사와 공소의 권한을 독점적 보유한 제도적 지위로 인해 권력의 도구라는 비판을 지속적으로 받고 있다(오재록 · 황문규, 2015). 이러한 국정원을 통제할 수 있는 유일한 수단은 행정수반의 인사권 및 조직권과 같은 정치적 통제였지만 이것은 오히려 행정수반의 정치권력이 국정원 지배를 가능하게 한 수단이 되었고 국정원의 정치도구화를 촉발하였다. 대통령의 최측근인 기관장은 통치이념을 구현하는 조직 운영이 아닌 대통령의 국정홍보를 위해 정치적으로 편향된 지시를 내렸으며 이것은 조직 외부에서 별다른 견제 없이 체계적으로 수행될 뿐이었다.

조직적 측면에서는 위계적 명령복종 구조, 왜곡된 조직정체성, 업무의 모호성이 정치적 중립을 어렵게 한 요인으로 추론되었다. 정보기관의 특성을 이유로 조직위계에 따른 상명하복의 엄격한 명령복종 질서로 운영되면서 기관장의 편향된 지시를 견제하지 못한 채 순차적으로 실행하였고 오히려 이를 정당화하는 기계적 중립성을 보였다. 또한 국가안보를 다른 모든 국가가치에 비해 절대시하면서 국정원의 임무와 역할을 우월시하는 왜곡된 조직정체성을 지닌 채 정치적 중립을 부차적 의무로 축소시키고 있었다. 군사·권위주의 정권을 지내면서 국정원은 다른 어떤 관료기구보다도 권위주의 권력의 통치수단으로 역할을 하였고 그 과정에서 구축된 권력적 지위(박광주, 1996)와 왜곡된 조직정체성이 민주화 이후에도 여전히 유지된 것으로 보인다. 한편, 사이버심리전이라는 업무가 그 내용과 기준이 모호한 상태로 지속되면서 정당한 업무 범위를 벗어나 국내 정치인에 대한 비난, 대통령 및 국정수행 지지여론 확산 등으로 과잉 확장되는 근거가 되었다.

〈표 3〉 정치적 중립 실패의 제도적·조직적 요인

제도적 차원	조직적 차원
• 외부통제없는 독립적 지위 • 행정수반의 강한 지배권	• 위계적 명령 복종 구조 • 왜곡된 조직정체성 • 업무내용의 모호성

↓

과잉된 정치적 복종
위축된 전문윤리적 판단

↓

정치적 중립성의 실현 실패

Ⅵ. 맺으며

정부 관료제는 기대만큼 정치적으로 중립해왔는가. 정치화된 행정의 위험성을 보여주었던 국정원의 2012년 정치개입 사건은 이 질문에 부정적인 대답이 될 것이다. 우리가 바라는 비정치적이며 독립적인 그리고 유능한 관료제라는 기대에 비해 드러난 현실은 당파적으로 동원된 활동에 자기최면적 의미를 부여하는 수준에 그쳤다. 국정원이 사이버 공간에서 정치적 중립을 위반한 활동을 어떻게 정상 업무로 여겼는지를 분석한 결과는 다음과 같다.

사건 발생의 조건은 과거부터 대통령의 통치를 돕고 정권안보 업무를 수행해왔던 국정원이 외부 통제 없이 여전히 불투명하게 운영되는 현실, 그리고 충분히 정치화될 수 있는 기반을 가진 국정원에 대통령 최측근의 비전문가가 기관장으로 부임하여 대통령과 밀접한 권력거리를 확보한 상황, 그리고 사이버 대북심리전이라는 선례 없고 기준이 모호한 새 업무가 발생하게 된 상황 등이었다.

이러한 조건 속에 발생된 국정원의 정치개입 활동이 작동했던 방식은, 국정원장이 정치적으로 편향된 발언을 일관되게 표현하면서 이것이 조직위계에 따라 구체적인 업무지침이 되어 실행되었으며, 효율적 업무실행을 위해 외부에서 계약직을 채용하고 직원의 활동 실적 평가 체계를 운용하는 것이었다. 이렇게 공식적·조직적으로 진행된 활동은 내부적으로는 정상 업무로 취급될 수 있었을 것이다. 한편 정치개입 활동을 정당화한 논리는 사이버 전쟁이라는 상황인식 속 국가안보의 절대 가치화, 첩보기관으로서 타 기관과 다르다는 조직 예외주의와 우월의식, 종북 세력의 기준조차 부재한 채 종북 대응을 하면서 확장된 업무 범위 인식이 자기합리화의 논리가 되었다. 결국, 정치적 중립은 정치적으로 대응해야 할 의무와 전문윤리적 판단 의무의 균형된 긴장 관계를 형성하지 못한 채 왜곡된 것이다.

관료제의 정치적 중립 실현은 당연하게 요구되지만 앞서 보았듯이 그 실현은 쉽지 않고 누구나 정치적 중립을 강조하지만 정치적 중립 능력에 가치를 두지 않았다. 관료제의 상층부는 정무직으로서 대통령을 정치적 주인으로 여기고 그에 부응하기 위해 정치화되고, 관료제의 하층부는 승진 욕구와 안정성 추구 속에서 정무직을 조직적 주인으로 여기고 그에 부응하기 위해 무리한 정치적 요구도 조용히 따르며 정치 도구화되기 쉬운 것이 현실이다. 다시 말해, 정부 관료제의 상층부는 정치적 중립의 범위 밖에 있으며 하층부는 계층적 책임성의 논리로 정치 도구화를 합리화하므로 현실 정부관료제는 중립성과 무관하게 작동될 수 있다. 이 상황에서는 우리의 믿음과 다르게 현재 공무원의 정치적 중립이란 실체 없는 허구이거나 암묵적으로 무시되는 허약한 가치일지도 모른다.

관료제가 정치적으로 오염되지 않으려면 제도적 및 조직적 차원의 기반이 마련되어야 할 것이다. 발견된 제도적·조직적 영향요인들을 고려할 때, 조직외부의 통제 수단을 강화할 필요가 크다. 국가안보의 특수성을 고려하더라도 국회 정보위의 권한 강화 등 국회를 통한 통제가 강화되어 국정원의 불투명성을 개선해야 한다. 혹은 현재와 같이 한 기관에서 안보정보를 독점한 통합형에서 분리형 기관으로(국내정보와 국외정보 분리) 구성하여 기관 간 견제할 방안도 고려되어야 한다. 또한 국정원의 과도한 위계적 구조와 왜곡된 조직정체성 개선을 위한 조치가 필요한데, 최근 국정원의 개혁 조치들을 볼 때 내부 민주성을 강화하는 방향으로 가는 듯하지만(부당명령 심사청구센터 등) 그 실효성은 여전히 의문이다. 왜곡된 조직정체성에서 벗어나 정보 전문성을 기반으로 움직일 장치로써 조직 외부의 안보전문가의 영입과 활용도 별도의 보안장치가 마련된다면 국정원 폐쇄성을 완화하는 하나의 시도가 될 것이다.

전문가적 책임으로서 정치적 중립은 통제의 수준이 약한 윤리에 가깝지만 국정원의 정치적 중립을 실현하기 위해 반드시 필요한 공준이다. 상관에 대한 충성심이 전문가적 양심과 시민적 의무를 무력화시키지 않고, 조직 내 파괴적 권위에 저항할 수 있는 제도를 설계할 것이 시급하다.

참고문헌

강제상 · 고대유. (2014). 한국적 조직침묵 (organizational silence) 의 개념과 측정도구 검증. 「한국인사행정학회보」, 13(1): 141-159.

강원택. (2014). 한국의 관료제와 민주주의: 어떻게 관료를 통제할 것인가. 「역사비평」, 65-90.

김동춘. (2013). 「전쟁 정치」. 서울: 길.

문정인. (2002). 「국가정보론」. 서울: 박영사.

박광주. (1996). 관료와 정치권력. 「정신문화연구」, 19(1): 55-72.

박천오. (2011). 공무원의 정치적 중립: 의미와 인식. 「행정논총」, 29(4): 55-118.

______. (2014). 공무원 윤리의 확장: 행동윤리에서 정책윤리로. 「정부학연구」, 20(2): 155-184.

박천오 · 주재현. (2007). 정부관료제와 민주주의: 정부관료제의 책임과 통제확보를 통한 조화의 모색. 「행정논총」, 45(1): 221-253.

서울중앙지방검찰청. (2013). 국가정보원 관련 의혹 사건 수사결과 발표문.

신경민. (2013). 「국정원을 말한다」. 서울: 비타베아타.

양재진. (2003). 정권교체와 관료제의 정치적 통제에 관한 연구: 국민의 정부를 중심으로. 「한국행정학보」, 37(2): 263-287.

엄석진. (2009). 행정의 책임성: 행정이론간 충돌과 논쟁. 「한국행정학보」, 43(4): 19-45.

오재록. (2014). 「관료제 권력의 이론과 실제」. 대영문화사.

오재록 · 황문규. (2015). 관료제 권력과 민주적 통제: 검찰의 경우. 「한국경찰연구」, 14(4): 269-300.

윤견수 · 한승주. (2012). 정치적 중립의 경험적 범주에 대한 연구: 지방자치단체 중하위직 공무원을 중심으로. 「행정논총」, 50(3): 237-261.

이종수. (2009). 한국의 정치-행정 맥락의 분석. 「한국사회와 행정연구」, 20(3): 17-39.

임의영. (2014). 행정의 윤리적 과제: 악의 평범성과 책임의 문제. 「한국행정학보」, 48(3): 5-25.

주재현. (2013). 「행정통제론」. 서울: 법문사.

주재현 · 한승주. (2015). 공무원의 책임성 딜레마 인지와 대응: 지방자치단체 공무원을 중심으로. 「정부학연구」, 21(3): 1-33.

최동훈. (2012). 한국 공무원의 정치적 중립 개념 인식. 「주관성 연구」, 24: 63-83.

한승주. (2013). 공무원의 주관적 책임성: 지방자치단체 공무원의 경험을 통한 탐색. 「한국행정학보」, 47(1): 25-45.

KBS. (2006). 수요기획 '최초공개, 국가정보원'.

뉴시스. (2014.10.28) '이병기, 댓글사건 심려 죄송…정치적 중립 지킬 것.'

시사IN. (2011.03.03) '레임덕 무서워 원세훈 유임.'

오마이뉴스TV. '국정원 고발 변호사의 국정원 정치 · 대선개입사건 1심판결 비판.'

한겨레. (2005.08.10) '국정원 예산 한해 9000억선.'

______. (2013.07.01) '김정일 사망 · 북 미사일 발사 등 원세훈 재임 때 번번이 정보 물먹어.'

Arendt, H. (1963). Eichmann in Jerusalem. 한나 아렌트. (2006). 「예수살렘의 아이히만」. 김선욱 옮김. 서울: 한길사.

Asmerom, H. & Reis, E. (1996). Democratization and Bureaucratic Neutrality. New York: St.Martin's Press.

Bauman, Z. (1990). Modernity and the Holocaust. Polity Press. 지그문트 바우만. (2013). 「현대성과 홀로코스트」. 정일준 옮김. 서울: 새물결.

Behn, R. (2001). Rethinking Democratic Accountability. Washington D.C.: Brookings Institution.

Caiden, G. (1996). The Concept of Neutrality. In. H. Asmerom & E. Reis(eds), Democratization and Bureaucratic Neutrality, 20-44. New York: St.Martin's Press.

Cooper, T. (1990). The Responsible Administrator: As Approach to Ethics for the Administrative Role. San Francisco: Jossey-Bass.

Donagan, A. (1984). Consistency in Rationalist Moral Systems. Journal of Philosophy, 81(June): 291-309.

Downs, A. (1967). Inside Bureaucracy. Santa Monica, CA, The Rand Corporation.

Dunleavy, P. (1985). Bureaucrats, Budgets and the Growth of the State: Reconstructing an Instrumental Model. British Journal of Political Science, 15: 299-328.

Etzioni-Halevy, E. (1983). Bureaucracy and Democracy: A Political Dilemma. London: Routedge & Kegan Paul. 에바 에치오니-할레비. (1990). 「관료제와 민주주의」. 윤재풍 옮김. 서울: 대영문화사.

Finer, H. (1961). The Case for Political Neutrality. In. D.C. Rowat(ed.), Basic Issues in Public Administration, 467-472. New York: MacMillan.

______. (1966). Administrative Responsibility in Democratic Government. In P. Woll(ed.), Public Administration and Policy: Selected Essays. Haper

Torchbooks.

Friedrich, C. J. (1966). Public Policy and the Nature of Administrative Responsibility. In P. Woll(ed.), Public Administration and Policy: Selected Essays. Haper Torchbooks.

Heywood, A. (2000). Key Concepts in Politics. London: Macmillan Press.

Hilberg, R. (1961). The Destruction of the European Jews. Yale University Press. 라울 힐베르크. (2008). 「홀로코스트 유럽유대인의 파괴 1, 2」. 김학이 옮김. 서울: 개마고원.

Hummel, R. P. (1982). The Bureaucratic Experience. Palgrave Macmillan.Peters.

Kernaghan, K. (1976). Politics, Policy and Public Servants: Political Neutrality Revisited. Canadian Public Administration, 19(3): 432-456.

______. (1986). Political Rights and Political Neutrality: Finding the Balance Point. Canadian Public Administration, 29(4): 639-652.

Koven, S. (1994). The Bureaucracy-Democracy Conundrum: A Contemporary Inquiry into the Labyrinth. In A. Farazmand(ed.), Handbook of Bureaucracy, 79-95. New York: Marcel Dekker, Inc.

Medeiros, J. A. & Schmitt, D. E. (1977). Public Bureaucracy: Values and Perspectives. Brooks/Cole.

Michels, R. (1962). Political Parties: A Sociological Study of the Oligarchical Tendencies of Modern Democracy. New York: The Free Pres.

Mosca, G. (1939). The Ruling Class. New York: McGraw-Hill.

Niskanen, W. A. (1971). Bureaucracy and Representative Government. Chicago & New York, Aldine-Atherton.

Overeem, P. (2005). The Value of the Dichotomy: Politics, Administration, and the Political Neutrality of Administrators. Administrative Theory & Praxis, 27(2): 311-329.

Perry, J. & Wise, L. (1990). The Motivational Bases of Public Service. Public Administration Review, 367-373.

Peters, G. (1995). The Politics of Bureaucracy. White Plains. New York: Longman.

Posner, B. & Schmidt, W. (1994). An Updated Look at the Values and Expectations of Federal Government Executives. Public Administration Review, 54(1): 20-24.

Romzek, B. & Dubnick, M. (1994). Issues of Accountability in Flexible Personnel Systems. In. P. Ingraham, P. & B. Romzek(eds.), New Paradigms for Government: Issues for the Changing Public Service. San Francisco, CA: Jossey-Bass.

Romzek, B. & Ingraham, P. (2000). Cross Pressures of Accountability: Initiative, Command, and Failure in the Ron Brown Plane Crash. Public

Administration Review, 60(3): 240-253.
Sinclair, A. (1995). The Chameleon of Accountability: Forms and Discourses. Accounting, Organizations and Society, 20(2): 219-237.
Svara, J. (2001). The Myth of the Dichotomy: Complementarity of Politics and Administration in the Past and Future of Public Administration. Public Administration Review, 61(2): 176-183.
______. (2006). Complexity in Political-Administrative Relations and the Limits of the Dichotomy Concept. Administrative Theory & Praxis, 28(1): 121-139.
Thompson, D. (1980). Moral Responsibility of Public Officials: the Problem of Many Hands. American Political Science Review, 74(4): 905-916.
______. (1987). Political Ethics and Public Office. Harvard University Press. 데니스 톰슨. (1999). 「공직의 윤리」. 황경식 · 정원규 옮김. 서울: 철학과현실사.
Walzer, M. (1973). Political Action: the Problem of Dirty Hands. Philosophy and Public Affairs, 2(2):161-180.
Weber, M. (1947). The Theory of Social and Economic Organization. Translated by A.M. Henderson & Talcott Parsons. New York: Oxford University Press.
West, W. (2005). Neutral Competence and Political Responsiveness: Uneasy Relationship. The Policy Studies Journal, 33(2): 147-160.
Young, I. (2011). Responsibility for Justice. Oxford University Press. 아이리스 영. (2013). 「정치적 책임에 대하여」. 서울: 이후.

http://news.khan.co.kr/kh_infographic/kh_storytelling.html (경향신문)
http://www.ohmynews.com/NWS_WEB/Event/nisre.aspx (오마이뉴스)
http://www.peoplepower21.org/Government/1043126#1 (참여연대)
http://likms.assembly.go.kr/record/index.html (대한민국국회 회의록시스템)
http://nis7452.sisainlive.com/crowd (시사IN)

〈부록 1〉 사이버 상 정치활동 혐의 내용(예시)

구분	내용(예시)
여당후보 지지/찬양형	• 후보들의 인상착의－박근혜의 친근한 미소, 문재인의 놀란 토끼눈, 안철수의 느끼한 능구랭이 얼굴...결론－사람은 미소짓는 모양이 아름답다(2012. 09.18) • 오늘도 기분좋게 5통화했어요~. 박근혜후보 후원계좌 안내 대선승리로 가는 큰 힘이 됩니다. ARS후원전화(1통화에 3000원)060－700－2013 여러통화해도 됩니다.(2012.10.28) • 박근혜의 신뢰와 브랜드 가치로 중국차기지도자 시진핑이나 후진타오를 움직일 수 있다.(2012.10.16) • 박근혜후보의 광주방문은 현장 반응이 뜨겁더군요. 호남 분들도 박후보의 국민대통합 의지에 진정성을 느꼈나 봅니다. 나만의 욕심일지 모르겠지만, 더도말고 덜도말고 20%정도의 표를 얻었으면 좋겠습니다(2012.11.13) • 준비된 여성대통령 기호1번 박근혜 ＜광고동영상＞무한RT바랍니다.^^*거친파도를 헤쳐 나가는 멋진 동영상입니다(2012.12.07)
여당 후보 공약 선전형	• 與정치쇄신위 남은 과제는 권력기관 신뢰회복(2012.10.02) • 박후보가 지난 11월 소방기본법 개정안을 발의(2012.10.02) • 박근혜 "정부, 교육기회 불평등 해소 적극 나서야"(2012.10.24) • 朴 "어머니같은 희생 필요...정부요직에 여성 중용"(2012.10.28)
여당 후보 지지자 결집소개형	• 박근혜, 소설가 이외수 찾아가(2012.10.02) • 새누리당, 이인제 선진통일당과 합당(2012.10.25) • 새누리 DJ조카 김수용 영입...부마항쟁특별법 처리(2012.10.30) • 김지하가 박근혜 지지의사표시..."안철수는 어린애"(2012.11.06) • 김대중 전대통령 비서 5인 박근혜후보 지지선언! 남편의 비서들은 박근혜 지지선언하는데 그 마누라는 문죄인에게 "꼭 당선돼 정권 교체하라" 뽐뿌질, 입 다물고 설화방지중인 봉화마을 권씨가 영악한건가? 더 통수굴리는 건가? 헷갈림!(2012.11.09)
야당 비난형	• 문재인, 김대중, 노무현 죽임이 mb탓? 노환의 김대중과 수백억 뇌물혐의로 자살한 뇌물현의 죽음이 나랏님 탓?(2012.09.16) • "靑보관용 '盧－김정일 회담록' 盧 지시로 폐기"(2012.10.18) • 노무현이 괜히 자살한게 아니다. 이런 자를 등에 업고 대선 후보로 나온 문재인은 참 뻔뻔하다.(2012.11.21) • 임수경이 北 '국기훈장 제1급' 수상을?(2012.11.02)
야당후보 비난형	• 폽~찰스와 원숭이는 왜케 뻔뻔한지(2012.09.01) • '목동 황태자' 안철수의 여자관계 의혹(2012.09.08) • 오만한 안철수, 국민을 졸(卒)로 본다!(2012.10.02) • 부동산 투기, 탈세, 위장전입, 논문표절, 병역비리... 文이 밝힌 공직 배제 기준 安, 5개중 4개 해당될 수도(2012.10.25) • 아이유의 처녀성문제 해결방안－안철수 스타일(2012.11.20) • 문재인응 대북관은 종북을 넘어서 간첩수준이었다(2012.11.23) • 문재인 안철수 자위행위 묘사 충격 그림 보니(2012.12.05)
여당후보 우위의 지지도 발표	• 3자 대결 박근혜 37%, 문재인 22.5%, 안철수 26.4% • 차기대통령지지도 박근혜 37.2%, 안철수 26.1%, 문재인 19.6%

*자료: 국정원 고발 변호사의 국정원 정치·대선개입사건 1심판결 비판(이광철, 오마이뉴스TV), 검찰 공소장의 공소내역 전체를 정리한 시사IN의 문서 자료.

제 3 장

재난과 책임성

1 Bureaucratic Accountability and Disaster Response:

Why Did the Korea Coast Guard Fail in Its Rescue Mission during the Sewol Ferry Accident?[1)]

〈요 약〉

2014년 4월 16일 서해에서 발생한 세월호 사고로 304명이 사망하였다. 이와 같이 과도한 사망자가 발생한 가장 큰 이유 중 하나는 해양경찰청이 수행한 재난 구조 작업이 시의적절하지 못하였으며 비효율적이었기 때문이라고 주장된다. 이 연구에서는 해양경찰청의 재난 구조 작업이 성공적이지 못했던 시스템적인 문제가 있었는지에 관해 설명하고자 한다. 이 연구에서는 관료의 책임성 이론을 활용하여 재난 관리의 광범위한 맥락에서 재난 구조 작업에서 발생한 해양경찰청 구성원들의 인지, 태도, 행태를 분석한다. 분석의 결과, 해양경찰청의 구성원들은 사고 당시 전문적 책임성보다는 계층적, 정치적, 법적 책임성에 더 의존하고 있었음을 알 수 있었다. 이러한 분석 결과를 바탕으로, 이 연구는 책임성의 이론적, 실제적 파급 효과를 논의한다.

1) Jin, J. & Song, G. (2017). *Risk, Hazards & Crisis in Public Policy* 8(3), 220-243.

Ⅰ. Introduction

On April 16, 2014, the Sewol ferry, owned and operated by Chonghaejin Marine Company (CMC), sank in the ocean nearby Byeongpungdo (i.e., Byeoungpung Island) in South Korea on a voyage from Incheon to Jejudo (i.e., Jeju Island). As a result, 295 passengers on board died and 9 passengers went missing. Since then, many have been questioning the causes of, and the responses to, this accident. Among the causes under speculation is the overloading of cargo and passengers —which was possible due to the construction of extra passenger cabins beyond the original loading capacity of the vessel— triggered by the CMC's intent of profit maximization and compounded by ineffective government oversight of related safety issues. Such ineffective oversight seemed possible mainly because of long-standing ties between a number of government bureaucrats and the CMC. Additionally, conjectures have arisen regarding how improper responses dealing with the sinking and capsizing ferry ship resulted in much preventable loss of life, from a post hoc disaster management perspective. Included amid these conjectures are the lack of professionalism and negligence of duty on the part of the ferry captain and some crewmembers in response to the emergency, and most crucially, the untimely and ineffective rescue operations led by the Korea Coast Guard (KCG).

There is no doubt that some of these causes and inadequate emergency management practices under scrutiny had a critical and direct impact on this calamitous event. However, overemphasizing personal-level responsibility in an incident of this sort, including government bureaucrats, the business leaders of the CMC, and the captain and crewmembers of Sewol ferry, would entrap the public in the 'bureaucrat-bashing' (McSwite, 2005). Such individual level scrutiny would temporarily lessen public outrage regarding the tragedy, but hamper us from comprehending it more systemically. As such, it is equally important to understand the institutional aspects of such cataclysmic events from an ex post disaster management perspective.

Many have claimed that one of the major reasons for the excessive number of fatalities in the Sewol accident was the KCG's ineffective response during rescue operations (Joongang Daily, 2015). According to the report from the special prosecutors released in May 2014, for instance, the KCG could have saved more-passengers had the rescue crew entered the ship immediately after arriving at the site of incident (Korea Prosecutor Service, 2014; Korea Board of Audit and Inspection, 2014; Korean Maritime Safety Tribunal, 2014). The captain of the KCG's patrol vessel on duty was given a four-year prison sentence for his negligence in initiating prompt rescue operations. However, the question still remains whether total responsibility can be attributed to the captain of one small patrol vessel. This research probes into systemic cause behind the unsuccessful disaster responses from the KCG. In doing so, we analyze the KCG's aptitudes, attitudes and behaviors vis-à-vis its rescue operations in the broader context of Sewol ferry disaster management, while utilizing classic theories of bureaucratic accountability.

The remainder of this paper is structured as follows: the next section offers conceptual definitions and an analytical model of bureaucratic accountability while referring to the studies of Romzek and Dubnick (1987) and Romzek and Ingraham (2000). Grounded on Romzek and Dubnick's model (1987), the sections that follow, then, discuss accountability emphasis within the KCG from an organizational perspective, and the KCG's reactions to the *Sewol* ferry accident. The final section summarizes the analytical findings from which we will draw our theoretical and practical implications.

Ⅱ. Bureaucratic Accountability

As the importance of the role of government bureaucrats has increased in various phases of policy and administrative processes, researchers have begun to direct attention to the concept of bureaucratic accountability (Cleary, 1980). However, a precise analysis of bureaucratic accountability is not an easy task. Definition of accountability is composed of various conceptual components, and the relationships among those components are not only complex but continuously changing, contingent upon various distinctive administrative contexts (Olive & Drewry, 1996; Drott et al., 2013). In fact, Magetti and Verhoest (2014) argue that bureaucratic accountability in a particular society or country is a historical construct generated with the establishment of a country-specific bureaucratic institution. This means that the conceptual definition and scope of accountability can be diverse due to the endemic and historical courses of national and institutional development. Nonetheless, accountability is considered one of the most important concepts in public administration (Marchant, 2001; Rothstein, 2003; Matten, 2004; Huber & Rothstein, 2013). More specifically, bureaucratic accountability is an essential standard for government service and is recommended for system wide institutionalization (Mulgan, 2000).

What is bureaucratic accountability? Rosen (1998) explains that the essence of bureaucratic accountability parallels with the citizens' interest in how bureaucrats exert power. Similarly, Gormley and Balla (2004) emphasize fairness as a core value embedded into the concept of bureaucratic accountability. They argue that as a group, bureaucrats often are not democratic representatives. Therefore, fairness ought to be the core value of bureaucratic accountability in the formulation of policy decisions and administrative practices. Bureaucratic accountability refers to 'desirable' attitudes, aptitudes, and behaviors of government agencies expected for the pursuit of the welfare of their citizens.

Romzek and Dubnick (1987) suggest a more deliberate conceptualization of bureaucratic accountability as an effective analytical framework enabling a systemic examination of bureaucratic behavior. They emphasize four important conceptual dimensions of bureaucratic accountability, including hierarchical, legal, professional, and political dimensions while analyzing the case of the 1986 Space Shuttle Challenger disaster in the United States. Synthesizing previous arguments, Romzek and Ingraham (2000, p. 242) further claim that four conceptually distinctive types of bureaucratic accountability (i.e., hierarchical, legal, professional, and political accountability) are often grounded in two fundamental organizational contingencies: (1) degree of bureaucratic autonomy and (2) source of expectations and/or control over bureaucratic behavior.

Hierarchical accountability is more likely to be emphasized in an organizational environment where there exists a low degree of bureaucratic autonomy to deal with internal expectations. This type of accountability is often characterized by an organizational setting wherein its members attempt to respond foremost to the expectations of top managers or higher rankers within a vertical and internal control system. Likewise, organizational members' performances are evaluated by how well they conform to written regulations, orders, and standard operating procedures.

Legal accountability becomes prevalent in an organizational contingency where the degree of bureaucratic autonomy is low and the source of expectation and bureaucratic control is external. Legal accountability often emerges in a situation where outside organizations in government bodies (excepting the executive branch), such as the legislature and judiciary, have constitution-bounded legal authority over executive agencies' administrative practices. These outside organizations can exert their legal authority through various institutional arrangements for which executive branches are to be accountable, including open hearings and audits.

When autonomy is high and expectation comes from outside of the organization, political accountability is often considered important. Public officials, for instance, should respond to voters' requests, even though the voters do not have legal authority. Likewise, bureaucrats are held accountable to politicians, elected public officers, interest groups, and public opinion (Romzek & Dubnick, 1987).

Professional accountability is based on high bureaucratic autonomy and internal expectations where technical experts within an organization help public managers apply the knowledge and skill that is needed to fulfill their duties. Professional accountability gains more importance when government bureaucracies have to deal with more complex and uncertain issues and technical experts require more discretion as politicians and public managers begin partially delegating their primary accountability (e.g., political accountability) to such experts (e.g., professional accountability). Experts are expected to be considerate of moral or ethical responsibility in a broader scheme of principal-agent relationship, as well (Dicke & Ott, 1999).

Romzek and Dubnick (1987) argue that the emphasis on a specific type (or combination) of bureaucratic accountability within an organizational setting is influenced by three major factors: institutional context of organization, manager's strategic motivation, and the nature of tasks. Ideally, government agencies are expected to equally sustain these various types of accountability when performing their organizational tasks. However, in reality, depending on the parameters of the three aforementioned organizational characteristics, agencies' accountability configurations vary, while, more often than not, disproportionally emphasizing one or two more dominant dimension(s) — or type(s) — of bureaucratic accountability in their daily administrative practices. For example, professional accountability would be considered the most important type of bureaucratic accountability within those government agencies whose primary tasks frequently involve highly scientific and technical matters, such as the U.S. Food and Drug Administration (FDA) and National Aeronautics and Space Administration (NASA). Furthermore, within the same government agency, those in top manager positions are more likely than middle managers or street level bureaucrats to emphasize political accountability, while aiming to maintain responsiveness toward key external stakeholders. This discussion is summarized in Table 1.

Table 1. Values and Behavioral Expectations of Different Accountability Types

Type of Accountability	Value Emphasis	Behavioral Expectation
Hierarchical	Efficiency	Obedience to organizational directives
Legal	Rule of law	Compliance with external mandates
Professional	Expertise	Deference to individual judgment and expertise
Political	Responsiveness	Responsiveness to key external stakeholders

Source: Romzek and Ingraham(2000, p. 242).

Ⅲ. Accountability Structure in the Korea Coast Guard (KCG): An Organizational Perspective

Romzek and Dubnick (1987) further explain that the three factors above are the determinants for which particular type(s) of accountability ultimately gain preference over others in the performance of organizational tasks. In this section, we attempt to understand the KCG's accountability structure from an organizational perspective, while focusing on how its institutional context and organizational leadership have historically informed the emphasis on hierarchical and political accountability within the KCG which often contradicts the nature of its primary tasks.[2)] In doing so, we pay particular attention to the KCG's organizational settings from a historical institutionalism perspective, which in essence claims that the nature of institutions — conceived of as formal and informal rules, norms, and culture as the products of historically iterative reinforcement of initial institutional character — affects organizational actors' behavioral decisions (Berman, 2013).

1. Sustaining Hierarchical Accountability

Historically, the KCG has maintained a very similar character to the South Korean navy, which itself focuses on maritime security rather than emergency management. After independence from Japanese rule in 1945, the 'modern' South Korean navy needed to defend its national sea jurisdiction and later intercept infiltrators sent by North Korea to the South. In addition to sustaining national security through these activities, the navy

2) In this section, we do not place considerable focus on discussing the KCG's legal accountability from an organizational history perspective mainly because the KCG, like any other government organization in a modern administrative state, has been established on a legal basis (i.e., Government Organization Act (2008)) and has sustained - at least "formally" - its organizational functionality according to the legal framework set up for the broader conception of accountable government. We will discuss the KCG's legal accountability in the context of its behavior shown in its unsuccessful rescue operations during and after the Sewol ferry accident in the subsequent section.

was also responsible for inspecting Japanese fishing boats crossing the sea border (Roh, 2011) to protect the South Korean fishing industry. However, such practices by the Korean navy could be interpreted as invasive military action as, conventionally, a foreign ship is considered a part of foreign territory, which could generate rising military tension with a neighboring country. Accordingly, the KCG, which used a similar rank system to the Korean navy as a part of the Maritime Police Unit within the National Police Agency in South Korea, was founded in 1953 to substitute for the Korean navy's duties of inspecting civilian ships (KCG, 2013c) while not instigating any unnecessary potential international conflicts. Because of these origins and its organizational nature as a police unit, hierarchical accountability, in which members are judged by how well they obey commands, has long been emphasized within the KCG.[3)]

As long as North Korea was hijacking South Korean fishing boats and Japanese fishing boats engaged in fishery activities near the Korean coast in the 1960s, when there were no clearly defined jurisdictional maritime borders, the KCG had to implement frequent sea patrols. Following the Korean-Japanese Fisheries Agreement in 1965, however, this inspection role, especially against Japanese fishing boats, gradually waned, as the agreement encompassed the establishment of a clear jurisdictional demarcation of the sea between South Korea and Japan. The KCG instead assumed the tasks of criminal investigation and law enforcement in the sea with the Maritime Police Force Act in 1962 (KCG, 2013c). The KCG increasingly concentrated on policing against violent crime and maritime pollution.

Shifting and varied geopolitical situations in the 1990s necessitated the KCG to refocus its role towards inspection and patrol. A temporarily peaceful mood was fostered by the inter-Korean reconciliation and peace agreement in 1992. In 1992, South Korea established diplomatic ties with the People's Republic of China, which inadvertently encouraged the development of an illegal Chinese fishing industry in Korean waters (Roh, 2011). Prior to the United Nations Convention on the Law of the Sea,

---

3) Hierarchical accountability that emphasizes the chain of command is typical in the military (Romzek & Ingraham, 2000).

passed in 1994, South Korea had no authority regarding maritime borders, but with this convention, all countries were granted special rights over the use of marine resources in an exclusive economic zone (EEZ) extending 200 nautical miles from their shores (KCG, 2013a). With the recognition of the growing importance of sea resources, the KCG became an independent agency in 1996 as a direct countermeasure against Chinese illegal fishing (KCG, 2013c). Since that period, the primary role of the KCG, as an independent government agency, has remained inspection and patrol. The KCG has expanded the size of its budget 5.2 times since 1996 and established many local branches, including 16 coast guard stations, 87 substations, and 240 local offices, along with the KCG Academy (KCG, 2013c). Meanwhile, the KCG, along with its military origin and continued duty of inspection and patrol, has sustained the hierarchical accountability of its core accountability structure.

2. Emphasizing Political Accountability

The KCG also became inclined towards political accountability as it shed the characteristics of the Korean navy and assumed those of a government agency. Typically, Korean bureaucracy has been fully supported by political elites. Bureaucrats and political elites have maintained a close communication system for the exchange of exclusive information (Im, 2013). Likewise, top managers within the KCG organizational hierarchy are typically more responsive to politicians, a key external stakeholder who may hold influence on its organizational sustainability by exercising government budget and personnel decision-making power, than to any other potential stakeholders, such as the issue public or related for-profit or non-profit entities, involved in various administrative practices. Due to such emphasis on political accountability, maritime security, including inspection and patrol, has become the primary priority for the KCG over any other duties to external stakeholders, though the KCG has been responsible for various additional duties, including search and rescue, marine environmental protection, maritime traffic safety management, and maritime pollution response (KCG, 2013a). Three specific contingencies illustrate why the KCG was inclined to prioritize political accountability: (1) the increasing illegal fishing activities of Chinese ships; (2) the 'jurisdictional' conflict with the National Police Agency; and (3) the dispute over equitable distribution of the increasing police human resources pool allocated by South Korean central personnel authorities.

First, the problem of illegal fishing by Chinese ships has strongly influenced the KCG's focus.[4] Material and financial damages suffered by Korean fishing boats have underscored the ongoing importance of this task, and the media has continuously emphasized the problem scaused by illegal Chinese fishing boats (Yonhap News, 2012; Park, 2014). This has also been a prime opportunity for the KCG to promote itself. News images, as well as documentary films portraying the hardships of staff patrolling waters against illegal Chinese fishing boats, were produced with the KCG's assistance (Munhwa Broadcasting Corporation, 2011; Korean Broadcasting System, 2012). Shocked by these dire scenes, members of the general public began to call for better equipment for KCG operations, which translated to more justifiable resources for the KCG.[5]

Politicians and legislators fell under pressure from fishermen, whose livelihoods were under threat and who fully supported the KCG as their 'guardians.' As a result, while attempting to become more politically accountable to its various external stakeholders, the function and organization of the KCG became increasingly hinged upon meeting maritime security obligations, to the detriment of other duties, including maritime search and rescue missions. For example, the KCG's budget for search and rescue missions in 2013 was about 9 million U.S. dollars, which constitutes only 1.6% of its total annual budget of 1.5 billion U.S. dollars. Meanwhile, in the same year, the KCG spent approximately 300 million U.S. dollars on maritime security (KCG, 2013c). The KCG's annual report released in 2014

4) The number of Chinese fishing ships captured inside of the EEZ in 2011 was 534, which increased 44% from 370 in 2010 (KCG, 2013c).

5) This serious conflict between the KCG and Chinese fishing boats has proven fatal; thus far, two policemen and one captain of a Chinese fishing boat have perished.

also shows that much of new personnel recruitment was related to the maritime security mission: 3,700 newly hired personnel (42.6% of total recruits) were assigned to maritime security. In contrast, only 482 personnel (5.6% of total recruits) were assigned to search and rescue functions. In addition, the KCG had purchased heavy vessels and aircraft rather than basic rescue equipment for search and rescue. It turned out later that 52 out of 328 field offices that take first action when maritime accidents occur, did not have basic rescue equipment, such as patrol boats or jet skis (Korea Board of Audit and Inspection, 2014).

Second, another major issue contributing to the KCG's orientation towards political accountability involves its 'jurisdictional' conflicts with the National Police Agency, which have further encouraged the KCG to focus on 'powerful' external stakeholders, such as legislators. As discussed briefly, although the term 'Korea Coast Guard' has been used since 1991, the KCG resided under the National Police Agency until 1996, the year when it became an independent government agency for the first time. For instance, from 1986 to 1989, the KCG assumed control over incoming and outgoing sea vessels, which previously were under the jurisdiction of the National Police Agency. However, the line of authority and responsibility between the two governmental entities was murky due to a lack of legal clarification during the structural reorganization process. In fact, a policy study regarding the restructuring of the KCG's branch offices led by the Korean Association for Policy Studies (2013) found — through personal interviews — that even some chief officers of the same KCG substation were unclear about their jurisdiction and interpreted it quite differently. One of the main goals of the KCG, as a government entity holding its own organizational 'sovereignty', was to establish a clear-cut line of authority and responsibility for itself, independent from the National Police Agency. For that end, the KCG needed more political support from its stakeholders, notably legislators, in exchange for a high degree of political accountability.

Third, the KCG has also stressed political accountability in order to justify and bolster its crusade for a better share of the recently expanded pool of police human resources allocated by central personnel authorities.

One of the promises extended by current South Korean president Park Geun-hye (2013-present) during her presidential election campaign involved the recruitment of 30,000 new policemen for the purpose of strengthening national security. However, the specific distribution of these human resources between the National Police Agency and the KCG was not specified in the campaign pledge. A lack of personnel and equipment remained the biggest problem in the KCG, even though it had over 10,000 personnel, 300 ships, and 23 aircraft. Therefore, the campaign pledge of the President was a crucial opportunity for the KCG, which had long suffered difficult working conditions in comparison with the National Police Agency.

A survey of a total of 325 KCG representatives from each of 87 KCG substations and 238 local offices conducted in 2014 confirms our findings.[6)] According to this survey, 75.5% of the respondents answered that the current number of personnel for the KCGs vital tasks is insufficient. Statistics from the KCG White Paper (2013c) also show that equipment is insufficient. Among 87 substations, only 53 substations have patrol ships, which are the most important equipment for search and rescue missions at sea[7)]. The KCG managed to increase by 10,000 personnel in 2014. To achieve these numbers, the guard was compelled to lobby legislators and earn political support to justify their quest.[8)]

The KCG's accomplishment of becoming an exemplary institution of the Balanced Scorecard (BSC) in 2006 is one earlier example of its efforts to gain political influence.[9)] The KCG was the first institution in the public sector to accept the BSC (in 2003), even though this required significant

6) The survey was distributed, one at each substation or local office, from August 1 - 31, 2013. In total, 280 surveys were collected (KCG, 2013b).

7) The KCG substations have equipment including patrol ships, patrol cars, personal watercraft, and two-wheeled vehicles (KCG, 2013c).

8) The number of personnel in the KCG is about 7.1% of the National Police Agency. Therefore, the expected increase in manpower was about 2,000. From the increase of 10,000 personnel, one can infer that the KCG put considerable effort into gaining support from politicians.

9) BSC is an integrated management control system starting in the early 1990s. It measures organizations' critical success factors such as financial performance, customer service, internal business processes, and the organization's capacity for learning and growth (Daft, 2010).

reform of their personnel system. The BSC was one of the main policies of the *Rho Moo-Hyun* administration (2003-2008) but many other government agencies were initially unwilling to accept the policy because they were wary of its effects. The case of the KCG was broadly touted as a good BSC model by the media.

3. Weak Professional Accountability

The low priority status of the Maritime Pollution Response Bureau within the KCG reflects that professional accountability was not appreciated in the KCG. One of the chief tasks of the KCG was the prevention of marine pollution and the management of related risks and hazards. The Maritime Pollution Response Bureau in the KCG oversaw accident prevention and disaster response related to sea pollution. However, the KCG did not provide enough human resources for the bureau, allowing it only 4.1% (334 personnel) of the total KCG personnel allocation in 2012. After the Marine Pollution Control Office, with a staff of 97, was established in 1978, the number of personnel was increased to 192 in 1981, to 204 in 2004, and to 334 in 2012.[10] This rate of growth reveals a great disparity in comparison with the rapid increases in staff within the other bureaus of the KCG. For instance, the number of police personnel was increased to 3,605 in 2004 and to 10,095 in 2012 (KCG, 2013a).

The Maritime Pollution Response Bureau was staffed not with police officers, but with civil service employees who presumably hold professional expertise in dealing with various sea pollution issues. However, the civil service employees rarely had any opportunity to demonstrate their own abilities and skills to manage related disasters, such as the *Hebei Spirit's* — a Hong Kong registered crude carrier — 10,800-ton oil spill occurring in the Yellow Sea (*Hwanghae*) of South Korea in 2007, an issue compounded by

10) The budget of the Maritime Pollution Response Bureau was 9.4 million dollars of the total budget of the KCG (1,038.5 million dollars) in 2012. More than 50% of the budget (543.8 million dollars) was earmarked for new equipment reinforcement, such as heavy vessels or aircrafts (KCG, 2013a).

the lack of budgetary and personnel support from the KCG to deal with such a catastrophic accident. According to a survey of 276 personnel of the Maritime Pollution Response Bureau conducted by the KCG in 2011, 235 (or 88% of) survey respondents answered that they wanted to switch to police positions because they felt unfairly treated in promotion, did not have proper authority to conduct their jobs, and were alienated by police officers (KCG, 2013a).[11] When civil service employees changed positions[12] and entered the job rotation system with police officers, their existing specialty in maritime pollution was increasingly compromised

Relatedly, the research and development center in the Maritime Pollution Response Bureau conducted only 20% of analyses regarding evidence of oil pollution. The remainder of related analyses, which require thorough evaluation, were consigned to outside institutes such as the National Scientific, Criminal & Investigation Laboratory. Additionally, original research done by the research and development center comprised only about 15% of the total; the other 85% of studies involved simple analysis tasks such as the chemical analysis of polluted water and the maintenance of protective suits (KCG, 2013a). The personnel in the research and development center were required to possess at least 5 years of research experience, but the majority moved to other departments within 2 to 3 years (KCG, 2013a) of appointment because many of them were disappointed by the poor working environment and lacked the motivation to continue their careers in the area.

This description of the Maritime Pollution Response Bureau case exemplifies the possibility of the KCG holding a somewhat unbalanced bureaucratic accountability structure wherein professional accountability was undermined. This characteristic of KCG's accountability structure was

---

11) The survey of the staff members of the Maritime Pollution Response Bureau was conducted from November 14 - 18, 2012. The remaining 30 personnel wanted to move to the other agencies. Two personnel wanted to retire (KCG, 2013a).

12) It is noteworthy that the KCG had discussed the change of position of this kind with the Ministry of Security and Public Administration quite seriously (KCG, 2013a). On April 15, 2014, the Commissioner General of the KCG formally requested the change of the position to the Korean National Assembly.

sustained through its rescue operation practices. Though the annual number of ships and boats involved in maritime accidents — ranging from 818 to 1,197 — had never shown any significant decrease from 2009 to 2013, for example, the KCG allocated only 1.86% of its total annual budget in 2014 and only 8.7% of its newly added personnel during the 2006-2014 period for the purpose of rescue operations, not to mention its provision of insufficient rescue tools and devices, including the failure to provide a helicopter devoted to rescue activities (Im and Jung, 2014). Furthermore, the KCG has never implemented organization-wide rescue drills and exercises for improving its skills for rescue operations in emergency situations - its annual drills were mostly dedicated to strengthening its maritime security and policing activities (Kee et al., 2017).

Based upon this discussion as to why and how the KCG, as a government organization with its own origins and history, has sustained its emphasis on hierarchical and political accountability to the detriment of professional accountability, in the following sections, we attempt to apply this background knowledge to achieve a deeper understanding of the KCG's aptitudes, attitudes, and behaviors vis-à-vis its rescue operations in the broader context of the Sewol ferry disaster management case.

Ⅳ. The Sewol Ferry Accident

The *Sewol* ferry accident occurred in the ocean near *Byeongpungdo* in South Korea at 8:48 in the morning on April 16, 2014. The 6,825-ton ferry carrying 476 passengers and crew capsized *en route from Incheon to Jejudo*. A total of 304 of those passengers died when the vessel sank. At 8:30 a.m., the Sewol passed through the middle of the *Maenggol* Channel, which has one of the strongest underwater currents in the ocean surrounding the Korean peninsula. According to the recorded track data and crewmen's testimony, the ferry, laden with heavy cargo, entered the channel at a high rate of speed and maneuvered a zigzag to maintain the ship's balance. The ship made a sharp turn to resume its normal course and the cargo, cars, and containers, which were not securely tied, tilted to the left side of the ferry. The ship lost stability and began to sink (Korean Maritime Safety Tribunal, 2014).

The first distress call from a passenger reached the *Jeollanam-do* fire station at 8:52 a.m., but the fire station did not promptly handle the passenger's call. The crew of the ferry made their first distress call to the *Jeju* vessel traffic service at 8:55 a.m. It was not until after the *Mokpo* KCG station accepted a distress call at 8:58 a.m. that the *Jindo* vessel traffic service[13)] began communication with the crew at 9:06 a.m. At 9:30 a.m., the first rescue helicopter and coastal patrol vessel arrived at the accident site. Civilian fishing vessels began to gather. The ferry had already listed about 45 degrees (Korean Maritime Safety Tribunal, 2014).

The KGC's coastal patrol vessel No. 123, the first government rescue ship to reach the site after the incident, announced for five minutes via loudspeaker for the *Sewol* ferry passengers to abandon ship. The coastal patrol vessel began rescue operations at 9:38 a.m. with the dispatch of a rubber boat, but communication between the *Jindo* vessel traffic service and the ferry was disconnected at that very time. The left side of the ship completely sank at 9:54 a.m. At 10:00 a.m., 110 passengers, most of whom had abandoned the ferry ship and jumped into the ocean, were rescued. Meanwhile, over the next 15 minutes, the ferry's communications officer repeatedly ordered his passengers not to move via the ship's intercom system. When the KCG rescue crew's order to abandon ship reached the passengers inside, it was difficult for them to escape, since the body of ship had tilted more than 60 degrees. The ship completely sank at 11:20 a.m., except for the bow, and only the 172 people who had jumped overboard were rescued (Korea Prosecutor Service, 2014; Korea Board of Audit and Inspection, 2014).

---

13) *Jindo* vessel traffic service and the KCG (and its regional rescue center), as organizations under the Ministry of Oceans and Fisheries, are parts of collaborative rescue operations during related maritime emergencies.

V. The Korea Coast Guard Reactions to the Sewol Ferry Accident

Local first responders are the key element in rescue operations and exert a large impact on the degree of damage, including the number of casualties, in an accident. The case of the *Sewol* ferry accident shows that there were missed opportunities for the KCG to reduce the number of casualties, revealing a lack of preparedness on the part of local first responders. Not only the local first responders, such as the coastal patrol vessel No. 123, the *Jindo* vessel traffic service, the *Mokpo* Coast Guard, and the *Jeju* Coast Guard, but also the KCG as a whole did not properly prepare for and respond to the accident. We argue that part of the reason for such unsuccessful responses to this emergency situation was the KCG's organization-wide accountability structure that overemphasizes hierarchical, political, and legal accountability, trivializing professional accountability. We elaborate this point of argument in the following subsections.

1. Weighing Hierarchical Accountability

In the midst of the Sewol ferry accident, every involved bureaucrat looked upon hierarchical accountability as highly important; the highest ranking officers continuously gave orders, middle managers delivered those orders, and at the scene of the accident, the lower ranking officers and street level bureaucrats singularly obeyed them. As a result, the KCG staff, without a thought to implementing their own discretionary rescue-related decisions and actions, which oftentimes can be more effective than "just" following orders issued from above, devoted their attention solely to the highest ranking reporting agencies. Encountering undesirable consequences during the rescue operations, accordingly, no one took responsibility at the accident scene, instead pointing to the upper level of command and control organizational hierarchy. A recorded tape of the communication between patrol vessel No.123 and the KCG station reveals that the crew of the patrol vessel did not immediately board the ferry (Korea Prosecutor Service, 2014). Though the patrol vessel arrived on the scene at 9:30 a.m., the KCG station waited until 9:48 a.m., 18 minutes after their arrival, to command them to go onboard. The KCG crew on the patrol vessel lost a crucial window of opportunity to save more passengers, not only because they were late to board the ferry, but also due to their inability to access the passengers' quarters (Korea Board of Audit and Inspection, 2014). One crewman of the patrol vessel attempted to enter the cabin at 9:49 a.m., when the ship was tilted about 62 degrees. However, he soon abandoned his mission, stating that the severe tilt of the ferry made entry impossible (Chosun Ilbo, 2014; Joongang Daily, 2015). From this point onward, the rescue crew was only able to rescue those passengers who had jumped off from the ferry ship.

According to the recorded tape, the first report from the KCG patrol vessel was at 9:44 a.m. (Korea Prosecutor Service, 2014). It stated, 'The passengers are not getting out of the ship because the ship is tilted too much. We are saving the passengers outside one by one.' Four minutes later, the patrol vessel reported again, 'We are anchored alongside the left side of the ferry, but the passengers cannot descend from the ferry because of the steep slope. The ferry is about to sink.' The KCG West Regional Headquarters finally ordered that the crewmen of the patrol vessel go inside the cabin and calm the passengers. However, it was too late and the answer from the patrol vessel was the same: 'We cannot go inside the ferry because of the steep slope.' Then, at 9:57 a.m., the chief of the Mokpo Coast Guard asked the patrol vessel to call over a loudspeaker for the passengers to jump out of the ferry. The reply from the patrol vessel was unaltered: 'The passengers cannot jump from the ferry because the left side is completely sunk. Only rescue by helicopter might be possible.' At 10:05 a.m., the chief of the *Mokpo* Coast Guard again ordered the crew to call over loudspeaker for the passengers to jump. However, the patrol vessel gave no response this time. Finally, the ferry tilted 77.9 degrees at 10:10 a.m., and turned over 108.1 degrees at 10:17 a.m. (Korea Prosecutor Service, 2014; Korea Board of Audit and Inspection, 2014). This timeline leads to the inference that the orders from the KCG West Regional Headquarters were neither timely nor appropriate during the rescue operations; they should have given the order for rescue crews to enter the sinking ship immediately after the incident was reported. To make matters worse, mainly due to hierarchical accountability concerns, the captain of the patrol vessel did not make any prompt discretionary decisions to rescue the passengers upon arrival at the scene with his rescue team during the vacuum of timely orders passed down the line of command within the KCG's organizational hierarchy (Korean Maritime Safety Tribunal, 2014). Finally, the KCG West Regional Headquarters made delayed orders, but they were not feasible for rescue crews to implement. Again, instead of suggesting and executing alternative means to help those passengers in the sinking ship, the rescue crews responded to their commanders in a passive manner while repeating that the orders were impossible to follow.

2. Prioritizing Political Accountability

On the morning of April 16, 2014, when the *Sewol* ferry sank, fulfilling those duties that would garner political accountability for gaining extended political support from its much broader external stakeholders was still the first priority for the KCG. Even with the occurrence of such an accident with potentially calamitous consequences, all medium-sized coast guard vessels were mobilized to intensely guard against illegal fishing by Chinese fishing boats. On the course of the Sewol ferry, there was only one small vessel with 13 crewmembers, the patrol vessel No.123 (Dong-A Ilbo, 2014). The security regulation that more than one 200 ton medium-sized coast guard vessel must be located in the inland sea was not obeyed. Consequently, for two hours, the captain of one small patrol vessel had to take on-the-spot commands for saving 476 passengers in a life-and-death emergency. There were only 9 rescue personnel on the patrol vessel, which had no satellite communication device.

The KCG seriously considered political accountability in the actual process of the rescue operations, as well. A number of episodes show that the KCG attempted to avoid blame from key outside stakeholders, such as politicians, elected public officers, and the general public. During the accident, no one within the KCG was willing to assume any "risk" for making immediate evacuation decisions that could have resulted in undesirable consequences. Instead, everyone awaited their superiors' initiation of rescue orders and action during the very short window of opportunity for a successful rescue operation. The *Jindo* vessel traffic service and the Sewol ferry shifted responsibility for the evacuation decision to one another. Surely, the captain of the Sewol ferry should have made such a decision immediately after the ferry began to sink. Yet, when the captain failed to act responsibly, the *Jindo* vessel traffic service, which possesses more experience with marine accidents, needed to take initiative and act as a 'control tower' in place of the captain and crew of the Sewol ferry. However, the KCG never seized control of the situation.

Also, the KCG struggled to escape censure by blaming other related agencies. Other commercial vessels at *Incheon* harbor canceled their departures because of a thick fog at 6:30 p.m. on April 15, 2014. Only the *Sewol* ferry pushed ahead, with its departure two and a half hours later than the original departure time.[14] The KCG, after receiving the weather report from the Korea Maritime and Port Administration, had finally authorized departure of the ferry and delivered their decision to the Korea Shipping Association. The *Sewol* ferry obtained departure authorization, although visibility on the sea was only 800 meters, which is 200 meters less than the regulation of 1 km visibility assurance for voyage. After the accident, the KCG stated that they authorized the departure because the Korea Maritime and Port Administration judged the weather condition as good. However, the Korea Maritime and Port Administration responded by stating that they had only confirmed the requirements for departure and that the KCG gave the final order. The Korea Shipping Association also defended themselves by insisting that they had simply transmitted the KCG's

14) This is a crucial episode; if the *Sewol* ferry had cancelled her departure from Incheon harbor like all other commercial vessels at that time, there would have been no possibility of the occurrence of this tragic accident later in her voyage.

order to the *Sewol* ferry (Korea Board of Audit and Inspection, 2014).

Furthermore, the KCG announced that the Sewol ferry did not follow the safe route that the Ministry of Maritime Affairs and Fisheries recommended at the Central Disaster Prevention and Countermeasures Headquarters briefing on April 17, 2014. That is, the Sewol ferry violated government regulations. However, the Ministry of Maritime Affairs and Fisheries remarked that there was no 'recommended route' in government regulations. The Ministry of Maritime Affairs and Fisheries complained, 'We do not understand why the KCG talks like that and shifts blame for the accident to us.' In response, the KCG finally admitted that there was no 'recommended route' (Central Disaster Prevention and Countermeasures Headquarters of Korea, 2014).

3. Holding Legal Accountability

In the aftermath, the *Jindo* vessel traffic service's behavior exposes the KCG's deep concern about a legislative or judiciary audit. The *Jindo* vessel traffic service remained very apprehensive about avoiding legal accountability. The special prosecutors discovered that the staff of the *Jindo* vessel traffic service fabricated the communication record to elude indictment — the chief and four staff members had removed the CCTV from inside their building and erased the recorded files. Additionally, it was eventually found that the *Jindo* vessel traffic service had not properly conducted sea traffic control over a long period of time. Some of the *Jindo* vessel traffic service staff (who were responsible for such misconduct) were later arrested and put under trial at the criminal court (Korea Board of Audit and Inspection, 2014).

The KCG also feared assuming legal accountability and focused more on their rules and regulations than rescuing passengers at risk. The *Jeju* Coast Guard[15] was ordered (by the KCG) to participate in the rescue mission at 9:10 a.m. but failed to make any response, even after receiving notice of

15) The *Jeju* Coast Guard was a regional branch of the KCG and its jurisdiction was nearby the *Sewol* ferry accident scene.

the accident from the *Jeju* vessel traffic service at 8:56 on the morning of the *Sewol* ferry disaster. Later, however, they defended themselves by responding that they had delayed the dispatch because the scene of the accident was not within their jurisdiction. In addition, a recorded tape of a telephone conversation between the *Jeollanam-do* fire station and the Mokpo Coast Guard revealed that the involved parties were more concerned with protocol than control of the accident.[16] Forinstance, the *Jeollanam-do* fire station, which received the first emergency call from a Sewol passenger, waited 21 minutes to dispatch a rescue helicopter based upon their initial judgment that the marine accident was not under their jurisdictional responsibility (Korea Prosecutor Service, 2014[17]).

4. Lacking Professional Accountability

The KCG did not exhibit professional accountability in the face of the accident. The KCG blindly followed preset rules without discretion, attempting to evade their organizational responsibility for rescue operations by leaning on a private expert from the Undine Marine Industries Co., a private company specializing in maritime engineering and salvage work. This was a consequence of the KCG's attempt to deal with the problem without providing its individual bureaucrats enough discretion or representation. The KCG's reactions during and after the disaster are closely related with its continued outsourcing endeavors, in which it tries to delegate not only its task-related duties but also any blame from ill-performance of these tasks. Although the KCG had a duty to rescue the passengers, it heavily relied on the Undine Marine Industries Co., a private entity, from the second day of the rescue operations. At first, the KCG commented that the Undine Marine Industries participated in the rescue

16) The *Jeollanam-do* fire station (under the Ministry of Security and Public Administration) and the Mokpo Coast Guard (a regional branch of the KCG (under the Ministry of Oceans and Fisheries)) would constitute major parts of the Regional Rescue Center in an accident occurring in the ocean nearby their regions.

17) One of the challenges in emergency management involves coordination problems across organizational boundaries (Han et al., 2011; Robinson et al., 2014; Kuipers et al., 2015).

operations only because *Chonghaejin* Marine held a contract with that company (Korea Prosecutor Service, 2014). However, the recording of the telephone conversation between the chief and the deputy head of the KCG and the National Police Agency discloses that the KCG already had a close connection with Undine Marine Industries. Later, the deputy head of the KCG was called in to investigate, as doubts were raised as to whether the KCG gave preference to the company in making its rescue operation related outsourcing decision (Korea Prosecutor Service, 2014). These issues illustrate how the KCG, lacking expertise in rescue operations, tried to shirk professional accountability by shifting responsibility to the private sector.

Table 2. Important events, KCG's accountability structure, and its rescue behaviors during the Sewol ferry accident

Important events	KCG's accountability structure and related behavioral tendencies	KCG's rescue behaviors during the Sewol ferry accident (2014)
- Foundation of KCG as a part of the Maritime Police Unit within the National Police Agency (1953) - Establishment of diplomatic ties with China (1992) - UN Convention on the Law of the Sea (1994) - Foundation of KCG as an independent agency (1996)	**Hierarchical accountability** - The KCG station gives orders and the lower ranking officers at the scene of an accident singularly obey them without exercising any significant discretion.	- The crew of the patrol vessel No.123 awaited orders from the KCG station for 18 minutes after their arrival at the scene of incident. - The delayed orders from the KCG West Regional Headquarters were inappropriate for the execution of effective rescue operations at the scene.
- Illegal fishing activities of Chinese ships (1992–Present) - 'Jurisdictional' conflict with the National Police Agency (1996-Present) - Dispute over distribution of the increasing police human resources pool allocated by South Korean central personnel authorities (2013–Present)	**Political accountability** - The KCG strives for political support to expand its organizational authority and size while focusing on "big" political events rather than on "mundane" rescue operations.	- The KCG did not follow the central government's security regulation that more than one medium-size (i.e., 200 ton) coast guard vessel must be located in the inland sea. - The Jindo vessel traffic service did not take responsibility for the evacuation decision. - The KCG denied that they were responsible for allowing the departure of the Sewol ferry from Incheon harbor in heavily foggy weather. - The KCG stated that the Sewol ferry did not follow the safe route that the Ministry of Maritime Affairs and Fisheries recommended, which turned out an incorrect statement.

	Legal accountability - The KCG is more concerned with abiding by formal rules and regulations than being innovative in achieving the chief aim of its organizational tasks, particularly with regard to its rescue operations.	- The Jeju Coast Guard delayed the dispatch for about 15 minutes because the scene of the accident was not within their jurisdiction. - The Mokpo Coast Guard was more preoccupied with following protocol than with effectively managing the accident. - The staff of the Jindo vessel traffic service fabricated the communication record to elude indictment to avoid any immediate possible legal accusations.
- The Marine Pollution Control Office has shown a very low rate of growth compared to the other bureaus of the KCG (1978-Present).	**Professional accountability** - The KCG, lacking aptitude and expertise in its rescue operations, attempts to shirk professional accountability by shifting related responsibilities onto non-governmental entities.	- For the Sewol ferry accident, the KCG heavily relied on the Undine Marine Industries Co., a private entity, from the second day of the rescue operations.

Note: The numbers in the parentheses represent year(s).

Table 2 summarizes our discussion in this section while focusing on how KCG's organizational environments historically shaped the character of KCG's accountability structure, and how such a structure translated into KCG's behavioral responses during its rescue operations in the midst of the *Sewol* ferry accident in 2014. Firstly, the KCG, which was originally a part of the South Korean navy organization, has mainly focused on its inspection and patrol related duties while sustaining the hierarchical accountability inherited from its organizational origin. As a result, the lower ranking officers, such as the crew members of patrol vessel No.123 at the scene of the *Sewol* ferry accident, did not take any discretionary actions during the crucial but small window of opportunity for their rescue operations due to their choice to continue awaiting delayed rescue orders issued from the upper rungs of KCG's ladder of command and control.

Secondly, a few "big" political events and related organizational circumstances made the KCG remain more politically oriented, alongside its motivation for organizational growth where political support from various sources was essential. Among such events faced by the KCG were the increasing illegal fishing activities by Chinese fishermen, the inter-organizational conflict (*e.g.*, with the National Police Agency) regarding political and administrative jurisdictions, and the rising inter-organizational competition over pulling the police human resources allocated by South Korean central personnel authorities. As a consequence, when encountering a "mundane" rescue operation situation during the *Sewol* ferry accident, the KCG was not able to function properly and adeptly. In fact, the KCG dispatched all large and medium-size coast guard vessels to patrol the water against illegal Chinese fishing activities, violating the central government's security regulation that more than one medium-size (i.e., 200 ton) coast guard vessel must always be located in the inland sea for emergency situations, which resulted in the lack of resources critical for effective rescue operations at the *Sewol* ferry scene. Furthermore, when its related rescue operations turned out a failure, the KCG tried to escape censure by denying their responsibility while allegedly blaming other involved parties.

Thirdly, the KCG has been conceived of as being more concerned with abiding by formal rules and regulations than being innovative in achieving the major aim of its organizational tasks (as many other Korean governmental organizations have been similarly criticized) particularly with regard to its rescue operations. While responding to the *Sewol* ferry accident, consequently, the *Jeju* Coast Guard delayed the dispatch for about 15 minutes because it assumed that the scene of the accident was out of their jurisdictional boundary. Similarly, the *Mokpo* Coast Guard was more concerned about following protocol than effectively managing the accident in all its urgency. In order to avoid any immediate possible legal accusations after the accident, the staff of the *Jindo* vessel traffic service went so far as attempting to fabricate the communication record.

Finally, the KCG, lacking aptitude and expertise in its rescue operations tends to shirk professional accountability by shifting related responsibilities to non-governmental entities. Relatedly, for the *Sewol* ferry accident, the KCG heavily relied on Undine Marine Industries Co., a private entity, from the second day of the rescue operations.

Ⅵ. Reaction of the Korean Central Government

As citizens began to search for answers and guilty parties, the Korean central government had to quickly respond.[18] On May 18, 2014, only one month after the accident, President *Park Geun-hye* announced a plan to break up the KCG. According to the *Park* administration's plan, the search and rescue mission and maritime security roles of the KCG were transferred to a newly established department for national safety that would function as a 'control tower' during national disasters. On November 19, 2014, the Ministry of Public Safety and Security was established and now has the combined roles of the KCG and the National Emergency Management Agency (Ministry of Public Safety and Security, 2015). This was a measure to accept and respond to severe criticism that there was no centralized national disaster or safety management system in South Korea.

The Korean central government might have wished to assert that such government reorganization would usher in a better disaster and safety management system, but some argue that this action is symbolic and will, once again, merely reinforce the old standards of hierarchical and political accountability within the newly established government agency. In fact, most of the personnel from the former KCG, except for 200 personnel with duties related to intelligence and investigation, moved directly to the new Ministry of Public Safety and Security. The ex-vice president of the Joint Chiefs of Staff of the Korean army was appointed as the first head of the Ministry of Public Safety and Security (Ministry of Public Safety and Security, 2015). Likewise, there seems to be little 'desirable' change in terms of professional accountability within this newly established government entity.[19]

---

18) Even in the United States, the general public expects quick presidential responses to major disasters (Kapucu et al., 2011).

19) Yet again, the Korean government was criticized for inappropriate action against Middle East Respiratory Syndrome (MERS). After a 68-year-old man returning from the Middle East was diagnosed with MERS on 20 May 2015, a total of 186 cases emerged, with a death toll of 36. The Korean government mishandled its duty to contain the virus by underestimating the danger of MERS coronavirus and hesitating to make a public announcement.

Ⅶ. Conclusion and Discussion

When examining the issues related to risk, disaster, and crisis management, previous literature generally holds two broad theoretical perspectives ('t Hart and Sundelius, 2013; Hwang and Park, 2016). The first perspective focuses upon macro-level institutional settings and political dynamics that surround disaster management organizations in the context of risk governance(Nohrstedt and Weible, 2010), which also offers knowledge about the organizational task environments within which the related organizations function and perform. Topics of previous studies rooted on this perspective include politics of risk and disaster (Song 2014; Song et al., 2014; Jones and Song, 2014; Moyer and Song, 2016; Tumlison et al., 2016; Boin et al., 2010), bureaucratic politics of crisis management (Preston and 't Hart, 1999), politics-administration relations embedded into crisis episodes (Boin et al., 2008), and the role of representative institutions in crisis management (Stark, 2010), to list a few. Meanwhile, the second theoretical perspective emphasizes technical and managerial issues that many disaster management organizations are dealing with in their day-to-day practices (Stark, 2011; 't Hart and Sundelius, 2013; Hwang and Park, 2016; Sadiq, 2017). The focus of the earlier research based on this tradition, for instance, includes more practical aspects of disaster management (Cigler, 2009), incident command system of crisis contingencies (Moynihan, 2009), and multi-actor cooperation in planning and responses (Rosenthal and Kouzmin, 1991; Egan and Tischler, 2010).

This study uses both perspectives to understand how a government organization's institutional context and political dynamics shape its organizational task environments and how such environments translate into its functional behaviors in the context of risk, disaster, and crisis management. In doing so, we attempt to examine the Korea Coast Guard's attitudes, aptitudes, and behaviors exhibited in its failed rescue operations during the 2014 *Sewol* ferry accident in South Korea, grounded on the bureaucratic accountability framework posited by Romzek and Dubnick (1987).

Our analysis reveals that the KCG's institutional context and the strategic motivation of its leadership shaped its enduring accountability structure, which, in turn, influenced its poor performance in its disaster management practices dealing with the Sewol ferry case. More specifically, the KCG, rooted in the command and control system of the Korean navy, has been chiefly influenced by hierarchical accountability. In addition, the KCG has consistently focused on political accountability in the process of organizational development. The KCG's reaction to the Sewol ferry disaster reflected those two types of accountability; there was much concern regarding hierarchical and political accountability, along with legal accountability, in the midst of the accident. Meanwhile, there was no place for considerations regarding professional accountability within the KCG, when it was most needed.

After the disaster, the *Park Geun-hye* administration dismantled the KCG and created the Ministry of Public Safety and Security to deal with national disasters. However, it is unlikely that a new organization consisting of the same personnel, with similar top managers and bureaucratic structure, would transform its type of bureaucratic accountability. In spite of such disaster-induced government reform, we expect that the Ministry of Public Safety and Security would not guarantee a much improved response to national disasters.

The *Sewol* ferry accident explicates that professional accountability is especially needed in disaster management organizations. One of the key countermeasures to mitigate disasters is to put the right experts in the right place who have enough training to properly use their technical knowledge and professional experiences. Well-trained experts with professional know-how (and the leeway and capability to improvise split-second independent decisions) are essential for predicting, assessing, and managing various disasters (Kolliba et al., 2011; Kapucu et al., 2009; Richardson et al., 2011). Romzek and Dubnick (1987), for example, claimed that decision-making relying upon professional accountability plays an important role in avoiding management failure in their analysis of the 1986 U.S. space shuttle Challenger disaster. Romzek and Dubnick (1987) also show that the political and bureaucratic accountability which had been developed at NASA in response to institutional expectations were not the appropriate mechanisms to respond to the 1986 U.S. space shuttle Challenger disaster. They insist that this management failure could have been avoided if NASA had made the decision to rely upon professional accountability. Likewise, Romzek and Ingraham (2000) claim that the culture emphasizing bureaucratic accountability rather than professional accountability within the military was one of the main culprits for the Ron Brown plane crash.

In South Korea, anecdotal examples indicate that holding professional accountability is an important contributing factor for a government organization's successful disaster management. In October 2010, for instance, after a routine food safety screening, the city of Seoul announced that octopus heads contain hazardous amounts of cadmium, a carcinogen that can generate severe negative health effects on the human body, especially on the liver and kidneys. Octopus has long been popular in South Korea (in part for its purported aphrodisiac properties) and such an announcement from the Seoul city government triggered a high-alert reaction — along with considerable confusion — among citizens. In responding to this situation, the Ministry of Food and Drug Safety, a South Korean central government agency, promptly tested the safety of octopus consumption — and other seafood — and announced that all parts of octopus are safe to eat, based upon its test results (Ministry of Food and Drug Safety, 2011). Due to the prompt intervention of the Ministry of Food and Drug Safety — which has long been well known for its scientific expertise on food and drug safety issues along with rigorous lab test methodology — the confusion regarding the safety of octopus consumption among citizens soon boiled down, and no further serious health concerns — due to the related risk perceptions — prevailed.

Another similar example can be found in the case of the Korea Forest Service, an independent government agency built up upon its task-relevant expertise and specialty while emphasizing professional accountability. Deforestation has been a serious global concern for several decades. In 2007, the Food and Agriculture Organization (FAO) of the United Nations evaluated South Korea as the only country that has fully achieved successful reforestation after World War II (FAO, 2007). The Korea Forest Service played a critical role in the reforestation process. The chief executive, as well as middle managers of the Korea Forest Service, were appointed based upon their professional merits for forestry management. At the same time, the Forest Training Institute of the Korea Forest Service continually retrained public officers who sought to acquire and update their knowledge and skills about forestry management (Korean Association for Public Administration, 2009). As a result, the Korea Forest Service, while putting an emphasis on professional accountability in its organizational structure and function, was successful in establishing and implementing a sustainable reforestation plan in South Korea over the past several decades.

Of course, an expert based disaster management system of this sort would not solve every possible problem. However, professional accountability, which emphasizes scientific rationality and technical professionalism, can greatly improve the responsiveness of bureaucrats during the crucial moments of an emergency (Sparrow, 2000), especially in the context of government disaster management practices in South Korea. Though professional accountability should not be bureaucrats' sole focus, an institution should be designed to consistently emphasize and foster an invested sense of professional accountability, as it is balanced with hierarchical, political, and legal accountability, in all of its members.

References

Berman, S. (2013). "Ideational Theorizing in the Social Sciences since Policy Paradigms, Social Learning, and the State." *Governance* 26(2): 217 - 237.

Boin, A., & Lodge, M. (2016). "Designing resilient institutions for transboundary crisis management: a time for public administration." *Public Administration*, *94*(2), 289-298.

Boin, A., McConnell, A., & Hart, P. T. (Eds.). (2008). *Governing after crisis: The politics of investigation, accountability and learning.* Cambridge University Press.

Central Disaster Prevention and Countermeasures Headquarters of Korea. (2014). *Briefing*. April 17, 2014.

Chosun Ilbo. (2014). "The Problem of the Korea Coast Guard: The Korea Coast Guard did not Control the Situation… They could not Help Passengers in the Cabin." April 18. <http://srchdb1.chosun.com/pdf/i_service/pdf_ReadBody.jsp?Y=2014&M=04&D=18&ID=2014041800152>. (April 23, 2015).

Cigler, B. A. (2009). "Mainstreaming Emergency Management Into Public Administration." *Public Administration Review* 69(6): 1172-1176.

Cleary, R. (1980). "The Professional as Public Servant: The Decision-Making Dilemma." *International Journal of Public Administration* 2(2): 151 - 160.

Daft, R. (2010). *Understanding the Theory and Design of Organizations.* Boston, MA: Cengage Learning.

Dicke, L., and S. Ott. (1999). "Public Agency Accountability in Human Services Contracting." *Public Productivity & Management Review* 22(4): 502 - 516.

Dong-A Ilbo. (2014). "The Korea Coast Guard gave Business Favors to the Undine Marine Industries Co." October 7. <http://news.donga.com/3/all/20141007/66990712/1>. (April 28, 2015).

Drott, L., L. Jochum, F. Lange, I. Skierka, J. Vach, and M. van Asselt. (2013). "Accountability and Risk Governance: A Scenario-Informed Reflection on European Regulation of GMOs." *Journal of Risk Research* 16(9): 1123-1140.

Egan, M. J., & Tischler, G. H. (2010). "The National Voluntary Organizations Active in Disaster. Relief and Disaster Assistance Missions: An Approach to Better Collaboration with the Public. Sector in Post Disaster

Operations." *Risk, Hazards & Crisis in Public Policy* 1(2): 63-96.

FAO. (2007). *State of the World's Forests*. Rome, Italy.

Gormley, W., and S. Balla. (2004). *Bureaucracy and Democracy: Accountability and Performance*. Washington: CQ Press.

Han, Z., X. Hu, and J. Nigg. (2011). "How Does Disaster Relief Works Affect the Trust in Local Government? A Study of the Wenchuan Earthquake." *Risk, Hazards & Crisis in Public Policy* 2(4): 1-20.

Huber, M., and H. Rothstein. (2013). "The Risk Organisation: Or How Organisations Reconcile Themselves to Failure." *Journal of Risk Research* 16(6): 651-675.

Hwang, K., & Park, H. J. (2016). "Dynamics of accountability in crisis management." *International Journal of Emergency Management* 12(1): 95-112.

Im, T. (2013). "Revisiting Confucian Bureaucracy: Roots of the Korean Government's Culture and Competitiveness." *Public Administration and Development* 33(4): 286-296.

Jones, M. D., & Song, G. (2014). "Making Sense Of Climate Change: How Story Frames Shape Cognition." *Political Psychology* 35(4): 447-476.

Joongang Daily. (2015). "The Ship, the *Sewol* Ferry, the Record of 100 Days." 〈http://joongang.joins.com/sewolho/part4.html〉 . (April 27, 2015).

Kapucu, N., Augustin, M. E., & Garayev, V. (2009). "Interstate Partnerships In Emergency Management: Emergency Management Assistance Compact In Response To Catastrophic Disasters." *Public Administration Review* 69(2): 297-313.

Kapucu, N., M. Van Wart, R. Sylves, and F. Yuldashev. (2011). "U.S. Presidents and Their Roles in Emergency Management and Disaster Policy 1950-2009." *Risk, Hazards & Crisis in Public Policy* 2(3): 1-34.

Kee, Dohyung, Gyuchan Thomas Jun, Patrick Waterson, and Roger Haslam. (2017). "A Systemic Analysis Of South Korea Sewol Ferry Accident-Striking A Balance Between Learning And Accountability." *Applied ergonomics* 59: 504-516.

Koliba, C. J., Mills, R. M., & Zia, A. (2011). "Accountability In Governance Networks: An Assessment Of Public, Private, And Nonprofit Emergency Management Practices Following Hurricane Katrina." *Public Administration Review* 71(2): 210-220.

Korea Board of Audit and Inspection. (2014). *An Inspection Report: The Action against the Sewol Ferry Accident*. Seoul, Korea: Board of Audit and Inspection.

Korea Coast Guard. (2013a). *A Study on the Function of Maritime Pollution*

Response and the Organizational Development. Incheon, Korea: Coast Guard.

______. (2013b). *A Study on the Functional Redesign of Substations and Local Offices in the Korea Coast Guard*. Incheon, Korea: Coast Guard.

______. (2013c). *Korea Coast Guard White Paper*. Incheon, Korea: Coast Guard.

Korean Association for Policy Studies. (2013). *A Study on the Restructuring of Branch Offices at Korea Coast Guard*. Seoul, Korea.

Korean Association for Public Administration. (2009). *The Case of Afforestation in Korea*. Seoul, Korea.

Korean Broadcasting System. (2012). *Tracking 60 Minutes: The War with Illegal Chinese Fishing Ships*. http://www.kbs.co.kr (December 29, 2012).

Korean Maritime Safety Tribunal. (2014). *Investigation Report of the Capsizing of the Sewol Ferry*. Seoul, Korea.

Kuipers, S., A. Boin, R. Bossong, and H. Hegemann. (2015). "Building Joint Crisis Management Capacity? Comparing Civil Security Systems in 22 European Countries." *Risk, Hazards & Crisis in Public Policy* 6(1): 1-21.

Lee, Samuel, Young Bo Moh, Maryam Tabibzadeh, and Najmedin Meshkati. (2017). "Applying The Accimap Methodology To Investigate The Tragic Sewol Ferry Accident In South Korea." *Applied Ergonomics* 59: 517-525.

Maggetti, M., and K. Verhoest. (2014). "Unexplored Aspects of Bureaucratic Autonomy: A State of the Field and Ways Forward." *International Review of Administrative Science* 80(2): 239-256.

Marchant, G. (2001). "The Precautionary Principle: An 'Unprincipled' Approach to Biotechnology Regulation." *Journal of Risk Research* 4(2): 143-157.

Matten, D. (2004). "The Impact of the Risk Society Thesis on Environmental Politics and Management in a Globalizing Economy." *Journal of Risk Research* 7(4): 377-398.

McSwite, O. C. (2005). "Taking Public Administration Seriously: Beyond Humanism and Bureaucrat Bashing." *Administration & Society* 37(1): 116-125.

Ministry of Food and Drug Safety. (2011). *White Paper 2011*. Osong, Korea.

Ministry of Public Safety and Security. (2015). "The Purpose of Establishment and History." http://www.mpss.go.kr/main/main.html (June 13, 2015).

Moyer, R. M., & Song, G. (2016). "Understanding Local Policy Elites' Perceptions On The Benefits And Risks Associated With High Voltage Power Line Installations In The State Of Arkansas." *Risk Analysis* 36(10): 1983-1999.

Moynihan, D. P. (2009). "The network governance of crisis response: Case studies of incident command systems." *Journal of Public Administration Research and Theory*, mun033.

Mulgan, R. (2000). "Research & Evaluation Comparing Accountability in the Public and Private Sectors." *Australian Journal of Public Administration* 59(1): 87-97.

Munhwa Broadcasting Corporation. (2011). *A Documentary Project for the Recovery of Sea Resources.* http://www.mokpombc.co.kr (December 15, 2011).

Nohrstedt, D., & Weible, C. M. (2010). "The Logic Of Policy Change After Crisis: Proximity And Subsystem Interaction." *Risk, Hazards & Crisis in Public Policy* 1(2): 1-32.

Oliver, D., and G. Drewry. (1996). *Public Service Reforms: Issues of Accountability and Public Law.* London: Pinter.

Park, I. K. (2014). *Coming aboard a Korea Coast Guard Vessel to Clamp down on Illegal Chinese Ships*··· Hankyoreh News. http://www.hani.co.kr/arti/society/society_general/660124.html (October 16, 2014).

Preston, T., & t Hart, P. (1999). "Understanding and Evaluating Bureaucratic Politics: The Nexus Between Political Leaders and Advisory." *Political Psychology* 20(1): 49-98.

Richardson, N. D., Macauley, M., Cohen, M. A., Anderson, R., & Stern, A. (2011). "Managing Risk Through Liability, Regulation, And Innovation: Organizational Design For Spill Containment In Deepwater Drilling Operations." *Risk, Hazards & Crisis in Public Policy* 2(2): 1-22.

Robinson, S., H. Murphy, and A. Bies. (2014). "Structured to Partner: School District Collaboration With Nonprofit Organizations in Disaster Response." *Risk, Hazards & Crisis in Public Policy* 5(1): 77-95.

Roh, H. R. (2011). "A Study on the Historical Changes of Modern Korean Maritime Police." *Journal of Korean Association of Public Safety and Criminal Justice* 45: 75-112.

Romzek, B., and M. Dubnick. (1987). "Accountability in the Public Sector: Lessons from the Challenger Tragedy." *Public Administration Review* 47(3): 227-238.

Romzek, B., and P. Ingraham. (2000). "Cross Pressures of Accountability: Initiative, Command, and Failure in the Ron Brown Plane Crash." *Public Administration Review* 60(3): 240-253.

Rosenthal, U., & Kouzmin, A. (1991). "The Bureau Politics Of Crisis Management." *Public Administration* 69(2): 211-233.

Rothstein, H. (2003). "Risk Management under Wraps: Self-Regulation and the Case of Food Contact Plastics." *Journal of Risk Research* 6(1): 61-74.

Sadiq, A. A. (2017). "Determinants Of Organizational Preparedness For Floods: US Employees' Perceptions." *Risk, Hazards & Crisis in Public Policy.*"

8(1): 28-47.

Song, G. (2014). "Understanding Public Perceptions Of Benefits And Risks Of Childhood Vaccinations In The United States." *Risk Analysis* 34(3): 541-555.

Song, G., Silva, C. L., & Jenkins Smith, H. C. (2014). "Cultural Worldview And Preference For Childhood Vaccination Policy." *Policy Studies Journal*, 42(4): 528-554.

Sparrow, M. (2000). *The Regulatory Craft: Controlling Risks, Solving Problems, and Managing Compliance*. Washington DC: Brookings.

Stark, A. (2010). "Legislatures, Legitimacy And Crises: The Relationship Between Representation And Crisis Management." *Journal of Contingencies and Crisis Management* 18(1): 2-13.

______. (2011). "The Tradition Of Ministerial Responsibility And Its Role In The Bureaucratic Management Of Crises." *Public Administration* 89(3): 1148-1163.

't Hart, P., & Sundelius, B. (2013). "Crisis Management Revisited: A New Agenda For Research, Training And Capacity Building Within Europe." *Cooperation and Conflict* 48(3): 444-461.

Tumlison, C., Moyer, R. M., & Song, G. (2016). "The Origin and Role of Trust in Local Policy Elites' Perceptions of High Voltage Power Line Installations in the State of Arkansas." *Risk Analysis*. (forthcoming)

Yonhap News. (2012). *The West sea Korea Coast Guard: Root out Illegal Chinese Fishing Boats*. http://news.naver.com/main/read.nhn?mode=LSD&mid=sec&sid1=102&oid=001&aid=0006042732 (December 27, 2012).

2 사회재난 이후, 정부의 대응과 책임 변화[1)]

〈요 약〉

이 연구는 국가적 규모의 재난 이후, 왜 정부의 재난 대응이 개선되지 않는지에 관한 의문을 가지고, 정부의 사후적 대응에서 나타난 특징을 찾으려 하였다. 지난 10년간 행정안전부에 중앙재해대책본부가 꾸려졌던 사회재난 사례 총 6건을 대상으로 재난 직후에 제정 및 개정된 관련 법률의 내용을 분석하였다. 그 결과, 재난 이후 정부의 직접적 책임 영역이 확장되고, 대응의 주체로 중앙부처, 전담기구, 외부 전문조직이 부각되었으며, 사전적 규제와 민간 당사자 책임을 강화하는 방식이 제도화된 것을 알 수 있었다. 이러한 결과에 따르면 정부가 재난관리의 근본적 변화를 추구하면서 적극적 책임을 다해왔다고 보기 어려웠으며 재난 거버넌스의 다원화로 인해 향후 재난관리의 협력체계 마련과 책임문제가 더욱 중요해질 것으로 판단된다.

1) 한승주. (2019). 「정부학연구」 24권 1호, 277-308.

Ⅰ. 서 론

최근 한국 정부는 대규모 사건·사고에 부적절하게 대응할 뿐 아니라 책임을 회피한다는 사회의 비판과 분노에 직면하였다. 세월호 침몰과 메르스 발병 등에 대응했던 정부 행태가 이러한 불신을 높인 계기가 되었지만 그 이후에도 상당한 인명 피해를 낳은 재난은 계속되고 있다. 물론 정부의 현실적 역량은 정부를 향한 국민의 기대와 차이가 있을 수 있고, 사회적 파급력이 큰 국가적 재난은 사회의 관심만큼 비난의 수준이 과도할 수도 있다. 더욱이 태풍이나 홍수, 가뭄 같이 예측과 통제의 한계가 있는 자연재난과는 달리, 사회재난은 인재(人災)이며 노력으로 예방할 수 있었으리라는 기대로 인해 정부에 대한 비판이 더 클 것이다. 그러나 유사한 재난이 반복적으로 발생하거나 상이한 재난에서 정부의 문제적 대응 행태 — 소관 다툼, 늑장대응, 비밀주의 등 — 가 개선되지 않고 반복된다면, 사회의 비난은 과도한 것으로 치부될 수 없을 것이다.

재난 이후(post-disaster), 여러 사후적 노력에도 왜 정부의 재난 대응은 개선되지 않는가. 정부는 재난관리 상의 문제점을 분석하여 유사 재난의 예방과 관리 개선을 도모해야 할 상당히 크고 무거운 책임을 지고 있다. 그러한 책임으로 재난이 발생한 이후에는 관련된 법령을 수차례 제·개정하며 재난정책을 개선해왔다. 그러나 유사한 재난은 반복되었고 정부의 대응은 이전보다 나아지지 않았다는 사회의 비판이 계속되고 있는 것이다.

이 연구는 정부의 재난 대응에 관한 이러한 의문의 일환으로, 사회재난 이후 정부의 대응양태를 분석하려 한다. 재난 사례에서 정부의 대응 과정을 진단하는 여러 연구들이 있어왔지만, 주로 재난의 진행 과정에서 나타난 정부의 행태를 분석하는 과정 분석(process analysis)이 초점이었다(김종환, 2011; 양기근, 2004; 이동규, 2011; 이상팔, 2002; 이종렬·손원배, 2012). 이와 달리, 이 연구는 재난이 수습된 이후, 정부가 무엇을 어떻게 변화시켰는지 그 사후적 대응 상의 특징을 찾으려 한다. 반복되는 재난 발생은 정부가 제대로 학습하지 못했기 때문이라는 비판을 확인하려면, 정부가 재난 이후에 정책을 어떻게 변화시켰는지 그 특징을 먼저 확인해야 하기 때문이다.

따라서 국가적 재난 이후에 정부의 대응을 관련 법률의 제·개정 내용 변화를 통하여 분석할 것이다. 관련 법률 상 무엇이, 어떻게 변화했는가를 살펴본다면 정부가 해당 재난의 주요 원인을 무엇에 귀인하고 재난 대응의 책임을 어떻게 분담하였는지 등을 분석할 수 있다. 동시에, 재난에 대응하는 정부의 행태가 재난을 예방할 수 있는 방향으로 개선되었는지, 책임 회피의 우려와 일차원적 학습에 그치지는 않았는지 등을 추론할 수 있을 것이다. 분석 대상의 범위는 지난 10년 간 발생했던 국가적 재난 중 사회재난의 사례 6건이다. 서로 상이한 재난사례에서 나타난 정부 대응의 유사성을 분석하고, 그 유사성이 책임성의 차원에서 어떠한 영향을 줄 수 있을지를 고찰한다.

Ⅱ. 사회재난에 대한 정부의 대응과 책임

1. 사회재난과 정부의 책임성

국가적 재난 또는 위기를 관리하고 대응하는 것은 전통적인 정부 역할과 책임이므로, 정부는 재난관리의 효과성을 높이려는 여러 정책을 추진해왔다. 재난관리(disaster management)는 "위험과 불확실성을 본질적 속성으로 지닌 재난의 발생을 예방하고 위협을 최소화하며, 발생한 재난에 대해 신속하고 효과적으로 대응하여 가능한 빠르게 정상상태로의 복귀를 돕는 것"이다(양기근, 2004: 50; Pickett & Block, 1991). 법률로는 재난및안전관리기본법 제3조 상 "재난의 예방·대비·대응 및 복구를 위하여 하는 모든 활동"으로 정의되고 있다.

정부는 재난을 자연재난과 사회재난으로 크게 구별하고 그 유형에 따라 관리체계를 달리하고 있다. 재난및안전관리기본법 상 자연재난은 '태풍, 홍수, 호우, 강풍, 풍랑, 해일, 대설, 낙뢰, 가뭄, 지진, 황사, 조류 대발생, 조수, 화산활동, 소행성·유성체 등 자연우주물체의 추락·충돌, 그 밖에 이에 준하는 자연현상으로 인하여 발생하는 재해'로, 이에 비해 사회재난은 '화재·붕괴·폭발·교통사고(항공사고 및 해상사고 포함)·화생방사고·환경오염사고 등으로 인하여 발생하는 대통령령으로 정하는 규모 이상의 피해와 에너지·통신·교통·금융·의료·수도 등 국가기반체계의 마비, 감염병의 예방 및 관리에 관한 법률에 따른 감염병 또는 가축전염병예방법에 따른 가축전염병의 확산 등으로 인한 피해'로 정의되고 있다.

이러한 구별은 자연으로 인한 재난과 인간사회에서 유발된 재난이라는 차이로 구별된 것이지만, 상황에 따라서는 사회재난과 자연재난을 명확히 구별하기 어렵다. '모든 재난은 어느 정도 사회적 재난'이라는 말처럼(Solnit, 2010/2012: 396) 자연재난이 사회적 문제와 결합되어 참사로 확장되기도 한다.

특히 사회재난은 인공적 구조와 제도의 결함, 인간의 부주의, 실수 등으로 인한 인재(人災)로 평가되므로 사회적 비난과 책임의 요구가 더 높을 수 있다. 자연재난에 비할 때 사회재난은 상대적으로 복잡성과 불확실성이 높고 그 위험 인지의 주관성이 높아서 관리상의 어려움이 큰, 현대 산업사회의 새로운 위험으로 주목받고 있다(Beck, 1992). 과거에는 홍수, 가뭄, 태풍, 지진 등 자연으로부터의 재난이 재난관리의 주요 대상이었다면, 현대는 사회, 산업기술, 환경 등 여러 요인이 결합되어 복합화, 대형화된 사회재난의 관리가 더욱 중요해지고 있는 것이다. 사회재난에 대한 시민들의 비판은 더욱 높아지는 가운데, 그 비판의 중심에 정부의 대처 능력에 대한 우려가 있다(서민송 · 유환희, 2017; 이동규 · 민연경, 2016). 그러므로 사회재난에 대한 정부의 대응 양태와 특성에 관한 관찰과 분석이 더욱 중요하다고 할 것이다.

한편, 여기서 사회재난에 대한 정부의 책임성을 논의할 때, 전제하는 것은 두 가지이다. 하나는 정부는 공동체의 '수호자' 라는 역할기대로부터 재난대응을 1차적, 직접적 책임을 진다는 것이며, 다른 하나는 이때의 책임이란 윤리적 차원이라기보다 제도적 차원의 의미이다.

먼저, 정부에게 부여된 재난의 예방, 대비, 대응, 복구라는 책임은 국민의 생명과 안전의 '수호자'라는 정부 역할로부터 도출된다(유현종, 2015: 420). 정부는 국가적 재난과 위기에 직면하여 '국민의 생명, 신체, 재산 등 공동체의 안전과 가치를 지키는' 대표적 수호자(guardians)이며, 책임 있는 수호자로서 사회의 요구에 부응해야 한다. 유현종(2015)은 재난에 대응하는 책임은 대통령, 국회, 임명직 공직자 등 정치적 수호자, 정부 관련 부처의 공직자 등 관리적 수호자, 지역 현장 기관 및 관련 공공기관 종사자 등을 포함하는 집행적 수호자에게 포괄적으로 부여되었고 이들 사이의 체계적 연결 구조에 배태된 것으로 해석하였다. 재난으로부터 공동체를 수호하기 위한 책임은 외적 및 내적 통제, 사전 및 사후 통제의 다양한 방식과 차이로 나타날 수 있지만, 재난에 응답할 의무(answerability)는 일차적으로 정부에게 있다고 할 것이다.

또한, 재난에 대한 정부의 책임은 제도적 차원의 책임으로서 개인·조직의 윤리적 책임을 의미하지 않는다. 일반적으로 정부의 책임성(accountability, responsibility)은 윤리적 차원과 제도적 차원으로 접근되는데(Bovens, 2010), 윤리적 접근이 사건사고나 정책실패에서 드러난 정부행태의 다면적·다중적 책임 — 법적, 위계적, 전문가적, 정치적 책임 — 을 정부가 어떻게 수행했는가를 고찰하고 책임윤리를 강화하는 데 초점을 둔다면, 제도적 접근은 거버넌스와 관리체계의 영향과 결과를 평가하고 효과적인 구조를 설계하는 데 초점을 둔다(조성식, 2014; 한상일, 2010). 책임성 논의가 윤리적 접근에서 주로 논의되는 데 비하여, 이 연구는 사회재난에 대한 정부의 사후적 대응에서 나타난 관리상의 주체, 구조, 방식 등의 제도적 변화에 주목한다. 대체로 정부의 재난관리에 관한 구조, 체계, 패러다임 등을 분석하며 책임성을 논의하였던 선행연구들도 이러한 제도적 접근으로 분류된다(박석희·노화준·안대승, 2004; 이우영, 2017; 변상호·김태윤, 2014; 이영희, 2014).

2. 재난에 대한 정부 대응의 차원

재난은 정책변화의 중요한 계기가 된다(Birkland, 2016: 389). 정책변화를 주도하는 초점 사건(focusing events)으로서 재난의 영향력은 이미 여러 연구에서 확인되고 있다(Birkland & Nath, 2000; Kingdon, 1995). 그동안 재난과 위기에 대응하는 정부의 행태는 정부의 비난회피(blame avoidance)라는 측면에서 주로 연구되었다. 사회재난에 직면한 정부의 대응 행태는 정치사회적 비난회피로 잘 설명될 수 있다는 접근으로, 위기에 직면한 정부가 적극적으로 책임을 수행하기보다는 사회적 비난을 회피하려 한다는 진단이다.[2] 이러한 관점으로 접근하는 Brändström & Kuipers(2003), Hood(2002) 등 여러 학자들은 주로 세 가지 측면에 주목한다. Hood(2002)의 경우, 위기에 대응하는 정부 행태는 해당 문제에 대한 규정, 조직 사이의 역할분담, 수행의 방식이라는 세 측면에서 전략적으로 나타난다고 보았다. 그리고 정부 전략의 세 측면을 표현전략(presentational strategy), 조직전략(agency strategy), 정책전략(policy strategy)이라고 명명하였다. Brändström & Kuipers (2003)는 위기가 발생하였을 때 정부는 정치사회적 비난을 크게 세 차원에서 관리

2) Hood(2002)는 책임성 연구는 곧 비난회피 연구라고 주장하는데 책임을 수용하는 행태란 결국 비난을 회피하는 행태가 나타나지 않는 것이며, 책임의 수용 행태와 비난의 회피 행태를 동전의 앞뒷면 관계로 파악하고 있다.

한다고 주장하는데, 해당 문제의 심각성, 대응책임자의 위치, 그리고 책임의 분산 정도이다. 이와 같은 선행의 분류에 근거하여 재난에 대한 정부의 대응 차원을 구성하면, 정부가 해당 재난을 규정하고 표현하는 정의(definition) 또는 프레이밍(framing) 차원, 정부가 해당 재난관리를 위하여 개인 또는 조직 등 행위자 사이에 역할을 분담한 구조, 그리고 정부가 해당 재난관리를 위하여 수행하는 절차와 방식이라는 세 차원으로 나누어 볼 수 있다. 차원별로 그 의미와 하위 차원을 살펴보면 다음과 같으며, 아래의 내용을 정리한 것이 <표 1>이다.

1) 대응의 영역: 문제 규정

사회재난에 대한 정부 대응은 우선, 그 재난의 원인 또는 본질을 규정하는 것으로 시작한다. 정부는 재난 이후에 문제의 본질에 대한 인식이나 정의(definition)를 변화시킴으로써 기존에 간과하거나 미처 파악하지 못했던 위험을 정부의 관리대상에 포함할 수 있다. 재난의 원인 또는 본질이 어떻게 변화하였는가를 파악하는 것은 정부 대응의 적극성·소극성을 이해하는 핵심일 수 있다. 공적으로 개입해야 할 문제의 범위를 넓게 인식하고 문제의 중요성과 심각성을 높게 규정한다면, 정부가 재난 관리의 책임영역을 넓히는 것으로 간주할 수 있기 때문이다.

Brändström & Kuipers(2003)는 정부는 정치사회적 비난을 관리하기 위해 문제발생의 첫 단계로서 해당사안이 심각한 가치를 침해하였는가(severity dimension)에 관한 인식을 관리한다고 주장한다. 정부가 해당 위기 또는 재난을 중요하고 심각한 문제로 규정할수록 정부의 재난관리 책임이 높아지고 정부에 대한 사회의 비난 강도도 높아질 수 있다. 그러므로 정부는 이러한 비난을 회피하기 위해 발생한 문제가 불가항력적인 것으로 규정하거나 정부 책임 밖의, 또는 우연하게 발생된 사건임을 강조하는 행태를 보이기 쉽다. 이러한 시각은 Hood도 마찬가지다. Hood(2002)는 위기에 직면한 정부의 전형적인 대응 방식이 해당 문제의 범위를 좁히거나 심각성을 낮추는 방향으로 문제를 프레이밍하는 것이라고 주장한다. 따라서 재난 이후에 정부가 재난의 범위와 심각성을 어떻게 재규정하는가를 살펴봄으로써 정부가 재난에 대한 책임 영역을 어떻게 변화시키고 있는지를 추론할 수 있을 것이다.

2) 대응의 주체: 조직 체계

사회재난에 대한 정부의 대응은 해당 재난관리에 관련된 여러 주체들 사이의 역할 분담 또는 배치(allocation)를 어떻게 변화시켰는가를 통해서도 살펴볼 필요가 있다. 역할 분담은 문제에 응답할 의무를 누가 가지는가를 결정짓는 것으로, 더 많은 권한과 의무가 부여된 주체가 해당 문제의 책임자로 여겨질 수 있다.

이러한 측면에서 Brändström & Kuipers(2003)는 정부는 사회적 비난에 대하여 행위자의 위계적 위치와 책임의 분산정도에 따라 다른 대응 전략을 보인다고 주장한다. 해당 문제를 일선/하급자/기술적 행위자의 의무로 편성할 것인지 혹은 전략/고위직/정치적 행위자의 의무로 편성할 것인지를 달리하거나, 관리 의무를 개별 행위자에게 집중시키거나 조직 전반(혹은 여러 조직간)에 걸쳐 분산시키는 선택을 할 수 있다. 그리고 상황별로, 정부가 일선의 개별자에게 책임을 귀인하는 경우를 희생양(scapegoat)전략, 일선의 여러 조직에 책임을 분산하는 경우를 조직적 실수(organizational mishap)전략, 고위의 개별자에게 귀인하면 정책결정자의 실패(failing policy-makers)전략, 고위의 여러 기관에 분산하면 정책/시스템 실패(policy/system failure)전략이라고 명명하였다. Hood(2002)도 비난 회피의 또 다른 차원으로 조직 전략(agency strategies)을 언급하면서 공식적 책임이 조직 내외에 어떻게 분포되었는가를 파악하는 것이 중요하며, 대체로 정부는 권한을 여러 조직에 위임하는 전략을 통해서 비난을 회피할 것으로 보았다. 특히, 재난관리는 특성상 '연계와 통합이 강조된 지역 거버넌스'이므로(박석희 · 노화준 · 안대승, 2004: 104), 정부 내의 다양한 기관뿐 아니라 민간과도 협력하는 네트워크가 나타날 가능성이 크기에, 정부는 민간으로의 위탁을 통해 책임을 회피하려는 대응 행태가 나타날 수도 있다. 반면, 정부 부처들은 조직 확장의 욕구를 가지고 있으므로, 재난을 기회로 삼아 정부가 조직을 신설하거나 확장하면서 조직 증대의 계기로 삼을 가능성도 있다. 재난 이후 조직 간 역할 분담 구조를 재편할 때 정부 조직의 확대 현상이 나타날 가능성도 큰 것이다.

따라서 발생한 사회재난에 관련된 조직들 사이에 역할 분담을 어떻게 변화시켰는지를 확인함으로써 정부가 재난에 대한 대응 주체를 어떻게 구성하고 있는지 특징을 확인할 수 있다. 사건을 처리하는 과정은 질문에 답하고 행위를 보고할 의무(information)와 조사를 통해서 설명하고 정당화하는 등 대화해야 할 의무

(discussion)로 구성되는데(Mulgan, 2003) 그러한 응답의무(answerability)를 공식적으로 어떤 주체에게 부여하는가를 파악해야 할 것이다. 그러므로 위계적 측면에서 상위기관－일선기관 간 역할분담, 조직의 신설－단일통합 여부, 더 나아가 공공－민간조직 간 역할분담, 외부조직의 활용 여부 등을 하위 차원으로 살펴보려 한다.

3) 대응의 방식: 관리 절차

사회재난에 대한 정부 대응은 해당 재난의 구체적인 관리 절차나 방식이 어떻게 변했는가를 통해서도 살펴볼 수 있다. 재난관리의 단계, 절차, 방식 등 구체적인 관리방식은 정부가 재난관리체계를 어떻게 운영하는지 알 수 있는 중요한 차원이 된다. 예를 들어, 재난대응을 매뉴얼에 따른 공식적 관리방식으로 편성하였는지, 현장 재량에 근거한 유연한 관리를 선택하였는지를 살펴봄으로써 대응 방식의 특성을 파악할 수 있다.

Hood(2002)는 정부가 위기에 대응하여 관련 정책변화를 추진하는 과정에서 보이는 비난 회피전략을 정책전략(policy strategies)이라고 표현하면서 대표적인 정책전략이 재량을 줄이고 표준화하는 것이라고 하였다. 정부가 재난과 같은 불확실한 위험을 관리해야 하는 상황에서 사회적 비난을 최소화할 수 있는 좋은 방법은, 표준화된 규정에 따르는 것이다. 이에 근거한다면 재난 이후, 정부는 관련 정책결정 및 집행 상의 재량을 발휘할 규정을 줄이고 문서화와 표준화 같은 공식성을 높일 가능성이 크다. 그러나 다른 한편으로, 재난의 불확실성과 다양성이라는 특성으로 인하여 공식화 및 집권성은 감소될 가능성도 있으며(Quarantelli & Dynes, 1977: 25) 표준화가 어려울 가능성도 크다(Drabek, 1985). 다시 말해, 재난 대응방식이 규제, 절차, 단계가 증가하는 관료제적 메커니즘이 되거나 현장 위임, 참여, 지원 등의 방식으로 개방형 관리체계가 될 수도 있는 것이다(변상호 · 김태윤, 2014). 따라서 재난 이후 관련 정책변화가 권한의 축소, 규제의 증가 방향으로 나타나는지, 하부조직의 자율화, 분권화 방향으로 나타나는지를 확인할 필요가 있다. 그러므로 대응의 방식, 재난의 관리 절차와 관련하여 공식성 측면에서 나타난 변화, 규제방식 및 재량권의 측면에서 나타난 변화를 통해 정부대응의 특징을 도출할 수 있을 것이다.

〈표 1〉 사회재난에 대한 정부 대응의 차원

차원		하위 차원	내용
대응의 영역	문제 규정	문제의 범위	해당 문제의 범위에 관한 판단
		문제의 심각성	해당 문제에 대한 정부의 심각성 판단
대응의 주체	조직 체계	민간-공공부문 관계	민간과 공공부문 사이의 역할 분담
		상위-일선 관계	상급기관·고위직과 하급기관·일선 사이의 역할 분담
		조직 신설·통합	단일기구의 신설 혹은 통합
		외부조직의 활용	정부 외부의 전문조직 활용
대응의 방식	관리 절차	공식성 수준	관리 규정이 구체적으로 공식화된 수준
		규제 및 재량 여부	사전규제, 인허가 절차, 재량 등의 수준

3. 한국 정부의 사회재난 대응에 관한 선행연구 분석

한국 정부의 사회재난 대응 연구는 주로 특정 사례분석을 통해 이뤄져왔다. 특히 태안 허베이스피리트호 기름유출 사고, 대구 지하철 화재사고, 구미 불화수소산(이하 '불산')누출사고, 세월호 침몰사고 등 국가적 규모의 사회재난 사례에서 나타난 정부 대응과정이 주로 분석되었는데, 사례분석의 결과를 정리하면 다음과 같다. 참여형 거버넌스의 부재(김도균·박재묵, 2012; 이훈래, 2015), 임시방편적 대응의 연속(이재석·최돈묵, 2015), 정부 내 재난관리 전문가의 부족과 재난정보 공유의 미흡(현석환, 2015; 윤건·최미혜·서정욱, 2017), 현장 지휘체계의 혼선(노진철, 2008), 조직학습의 부재(김종환, 2011; 양기근, 2004), 상명하복의 의사결정 문제(변상호·김태윤, 2014) 등이 정부의 사회재난 대응 상의 주요 문제로 제기되고 있었다.

김도균·박재묵(2012)은 태안 기름유출사고 분석을 통해서 참여형 재난관리 거버넌스의 부재를 지적한 바 있으며, 노진철(2008) 역시 허베이 스피리트호 기름유출사고에서 초동대응의 실패원인으로 현장 대응과정에서의 지휘체계 혼선을 지적하였다. 이훈래(2015)는 민관 재난안전네트워크를 분석한 결과, 조직간 협력수준은 단순 정보교환 및 업무교류 단계에 머물러 있다고 비판하였다. 이재석·최돈묵(2015)은 구미 불산누출사고에서 정부가 임시방편적 대응으로 일관한 점을 지적하며 국가적 시스템 정비가 필요하다고 주장하였으며, 김종환(2011)은 대구 지하철 화재사고 분석을 통해 사고 이후 시간이 지나면 개선 없이 원점으로 돌아가는 문제, 외부에서 제공되는 획일적 매뉴얼이 아닌 체득된 조직관리 기법의 부재 등 조직학습의 문제를 주장하였다. 양기근(2004) 역시 미국 세계무역센터 붕괴와 대구 지하철화재 사건을 비교하며, 재난관리에서 나타나는 우리의 반복적인 실패는 조직학습의 부재를 보여주는 것이라고 비판한다.

한편, 정부의 재난관리체계에 관한 선행연구의 주장을 살펴보면, 변상호・김태윤(2014)은 우리나라 재난대응의 구조는 계급제 구조의 관료적 메커니즘, 준군사적 현장활동 체계로 나타나는데, 이러한 구조는 오히려 재난대응에 취약할 수 있고 재난대응에 계층적 리더십이 효과적일 것이라는 생각은 오해라고 주장하였다. 이와 유사한 관점에서 박석희・노화준・안대승(2004)은 재난관리의 유기성 특성, 네트워크적 특성을 강조하며 재난의 효과적 관리를 위해서는 다수의 독립적인 행위자들의 연결과 통합이 이뤄지는 체계가 필요하다고 주장한다. 또한 재난관리의 기준이 되는 재난및안전관리기본법에 대해서 이우영(2017)은 재난관리의 영역별로 많은 법령이 분산되어 있고, 개념정의의 불명확성과 일관성 부족, 담당업무와 책임 주체의 불명확성과 중복, 법령 적용의 우선순위의 불명확성, 그리고 책임의 규명과 보상・배상 등의 규정 미흡 등이 입법적으로 정비되어야 한다고 보았다.

다시 말해 그동안 주요 사회재난에서 나타난 정부의 대응은 유사 문제의 재발을 막지 못했고, 발생 초기의 부적절한 대응, 관련 행위자들과의 협력 실패로 나타났다고 정리할 수 있다. 또한 재난관리의 현행 법제는 정부의 재난대응 구조를 중앙정부 주도적이며 위계적 관리구조로 편성하면서도 재난관리에 대한 법령 상의 중복, 모호, 분산 문제를 가지고 있음을 지적하고 있는 것이다.

그러나 이와 같은 선행연구의 발견이 주로 특정한 재난사례의 '진행 과정'에서 나타난 정부 대응을 분석하여서(노진철, 2008; 김종환, 2011; 김도균・박재묵, 2012; 양기근, 2004), 재난의 사후적(post-disaster) 대응 과정은 상대적으로 주목받지 못하였다. 이 연구는 정부 재난대응의 사후적 단계에 초점을 맞추려 하는데, 이러한 접근의 의미는, 책임성이란 사후적이고 회고적인 통제(Mulgan, 2002: 3)가 본질일 수 있으며, 사건이 진행되는 과정 측면뿐 아니라 사건이 잠정적으로 종료된 이후의 결과 측면 — 마련된 통제 장치, 조직적 대책 등 — 을 분석함으로써 정부의 책임 행태를 온전히 파악할 수 있기 때문이다. 더불어 그간 재난관리에 관련된 법률 분석이 재난및안전관리기본법을 분석하였을 뿐, 해당 재난과 관련하여 나타난 여러 법률상의 변화는 거의 포괄되지 못하였으므로, 이 연구는 재난으로 인해 변화된 여러 법률의 주요 내용변화까지 연구의 범위를 확장할 것이다.

Ⅲ. 분석사례 및 연구방법

1. 분석사례

이 연구의 조사기간 및 대상은 지난 10년(2006년부터 2015년까지) 동안[3] 발생된 국가적 규모의 사회재난이다. 국가적 규모의 재난 여부를 판단하는 기준은, 해당 재난에 대처하기 위하여 정부가 행정안전부에 '중앙재난안전대책본부'(이하 중대본)를 설치, 운영하였는가 여부였다. 중대본은 국가 차원의 심각한 재난이 발생했을 때 임시적으로 운영되는 기구이다. 사회재난의 경우, 법령에 따라서 재난이 '심각' 상태 이전으로 판단될 경우 주관부처에서 대응하고 행정안전부에서 통합 지원하지만, '심각'상태로 판단된 경우 행정안전부가 중대본을 구성하여 재난대응을 직접 총괄한다. 그러므로 정부가 행정안전부에 중대본을 운영하였다는 것은 해당 사건이 파급 규모 및 영향력이 상당히 심각하다고 판단한 것을 의미하기에 국가적 규모의 심각한 사회재난 사례의 선정 기준으로 적절하다고 판단하였다.

이를 기준으로 할 때, 지난 2006년부터 2015년까지 행정안전부에 중대본이 운영된(소방방재청이 운영한 사례 제외) 사회재난 사례는 총 6건으로 볼 수 있다. 분석사례명은 허베이스피리트호 기름유출 사고, 신종 인플루엔자 유행, 가축질병 구제역과 조류인플루엔자(AI) 확산(구제역과 AI는 중대본을 동시 운영하였으므로 1개 사례로 간주하였음), 구미 불산누출사고, 경주 마우나오션리조트 체육관 붕괴사고, 세월호 침몰사고이다. 각 재난이 발생하였던 시기와 해당 재난으로 인한 재산 및 인명피해 상황은 아래의 <표 2>와 같다.

허베이스피리트호 기름유출 사고는 2007년 충남 태안군 만리포 앞바다에서 악천후에 예인선과 유조선의 충돌로 유조선의 원유탱크로부터 대량의 기름이 해양으로 유출된 유류 오염사고이다. 신종 인플루엔자 유행은 2009년 세계적으로 유

3) 조사기간인 2006년부터 2015년까지는 3번의 정부교체가 있어서 정부에 따른 재난대응의 차이를 약간이나마 상쇄할 수 있을 것이다. 그러나 국가적 규모의 사회재난 발생이 흔치 않다는 점을 고려한다면 조사기간을 확대하여 정부대응의 경향성을 도출했어야 할 필요가 있다. 따라서 조사기간의 제약에 따른 연구결과의 확장에 한계가 있음을 밝힌다.

행했던 신종 인플루엔자의 빠른 확산으로 다수의 감염자와 사망자를 발생시켰던 사건이며, 가축질병(구제역과 AI) 확산 사건은 2010년 소와 돼지를 대상으로 한 구제역과, 닭과 오리를 대상으로 한 AI가 동시에 급속히 확산되어 약 375만의 가축을 도살·매몰하였던 사건이다. 구미 불화수소산 누출 사고는 2012년 구미공단 내 휴브글로벌이라는 기업에서 불산가스를 적재 탱크로리에서 공장 저장탱크로 옮기던 중 불산가스가 누출되어 공단 및 인근지역에 기체 상태로 확산된 사건이었으며, 경주 체육관 붕괴사고는 2014년 부산외국어대 신입생 오리엔테이션을 위해 경주 마우나오션리조트에서 행사를 진행하던 중 조립식 패널구조의 체육관 지붕이 폭설에 붕괴되었던 사건이다. 세월호 침몰 사건은 2014년 인천에서 출발하여 제주로 향하던 여객선 세월호가 진도해상에서 전복되어 304명의 인명피해가 발생했던 사건이었다.

〈표 2〉 분석사례

	사례명	일자	비고
1	허베이스피리트호 기름유출	2007.12.7~ 2008.3.14	재산피해: 원유10,9백톤 유출 충남 및 전남·북 11개 시군, 오염지역 해안선 375km 및 101개 도서 총 34,703.5ha
2	신종 인플루엔자 유행	2009.11.4~ 2009.12.10	인명피해: 사망자 270명, 감염 763,761명
3	가축질병 (구제역과 AI) 확산	2010.12.29~ 2011.3.31	재산피해: 가축매몰 3,754,316마리 (구제역과 AI 중대본은 동시운영)
4	구미 (휴브글로벌) 불산 누출	2012.9.27~ 2012.10.29	인명피해: 사망자 5명 재산피해: 554억원
5	경주 (마우나오션리조트) 체육관 붕괴	2014.2.17~ 2014.2.21	인명피해: 사망자 10명, 부상자 105명 재산피해: 체육관 붕괴(지상1층, 연면적 1,205㎡)
6	세월호 침몰	2014.4.16~ 2014.11.18	인명피해: 사망자 299명, 실종 5명 재산피해: 세월호(6,825톤)침몰

출처: 「2016년 재난연감」의 '중앙 · 지역 재난안전대책본부 운영현황' 자료를 재구성.

2. 연구방법

이 연구의 분석방법은 선정된 재난사례와 관련되어 변화된 법률의 내용분석이다. 주로 법률에 대한 분석이 법률의 항목과 내용을 해석하는 방법인 반면, 이 연구의 내용분석은 변화된 법률의 내용을 요약 및 범주화하여 앞서 제시한 분석틀에 맞춰 분류하는 방법으로 진행되었다. 정부의 사후대응을 법률 변화로 분석하는 것은 정부대응을 파악하는 가장 기본적이고 공식적인 방법이다. 향후 정부의 재난대응이 변화된 법률 규정에 근거하여 마련되기 때문이다.[4)]

해당 재난사례와 관련된 법률의 제정 및 개정 자료는 국가법령정보센터(www.law.go.kr)로부터 수집하였다. 우선, 관련 법률의 변화가 해당 재난에 의한 것임을 명확히 해야 하므로, 해당 재난이 종료된 직후 처음으로 제·개정되면서 제·개정 사유로 해당 재난이 언급된 경우를 대상으로 하였다. 해당 재난의 수습 직후에 관련 법률이 개정되었다면 그 재난의 영향으로 바뀌었다고 충분히 짐작할 수 있지만, 법률의 제정 및 개정이 이뤄진 이유를 밝히는 '제정 및 개정이유'에 해당 사건의 영향임을 공식적으로 밝혔다면 그 인과성이 보다 명확할 것이다. 국가법령정보센터의 '제정 및 개정이유'는 제정·개정 이유와 주요 개정 내용을 제공하고 있는데(<부록 1> 참고), 여기서 분석사례인 사건명이 언급된 경우로 한정하여 — 허베이스피리트호 기름유출 사고와 구미 불산누출 사고는 예외[5)]— 사건과 법률 개정의 인과성을 확보하였다. 한편, 해당 재난의 영향으로 개정되었으나 개정이유에 해당 재난을 직접 밝히지 않은 법률은 제외하였으므로 해당 재난으로 인한 간접적인 영향을 파악하지 못한다는 한계가 있다.[6)]

---

4) 그러나 공식적인 법률의 내용만을 분석할 때 정부가 추후 마련하는 세부 프로그램의 변화 등이 누락될 가능성이 커서 대응 상의 특징이 편향 분석될 우려가 있다.

5) 허베이스피리트호 기름유출사고의 경우는 관련 법률인 해양환경관리법이 사건 직후 시행되었으나 제정은 사건 발생이전이라 해당 사건의 영향으로 제정되었다고 말하기 어렵다. 허베이스피리트호 이전부터 연잇던 해상사고로 인한 해양오염 문제의 대책으로 제정되었고 시행이 유예되던 중 해당 사건이 발생한 상황이었다. 하지만 비슷한 시기에 반복된 해양오염 사건에 대한 정부의 대응으로 제정된 것이며 허베이스피리트호 사건으로 시행이 추가 유예되지 않을 수 있었다. 이러한 관점에서 특정 사건의 대응만이 아닌 유사사건에 대한 정부 대응을 살펴볼 필요가 있다고 판단하여 분석에 포함하였다. 한편, 구미 불화수소산 누출사고로 개정된 법률의 경우는 사건명이 개정 이유에 표현되지는 않았지만 화학물질관리법은 '최근 잇따라 발생한 화학사고로 인해...'라고 표현되는 등 당시 사건과의 인과성이 상당히 명확하다고 판단되어 분석대상에 포함하였다.

6) 예를 들어 세월호 침몰사건 이후 여러 분야의 법률들이 개정되었는데 그중 '공직자윤리법' 개정의 경우(2014.12.30.개정) '퇴직공직자의 취업제한과 업무취급제한을 강화함으로써 민관유착의 부작용

이에 따라 6건 사례와 관련된 총 10개 법률의 제·개정 내용을 분석하였다. 허베이스피리트호 기름유출 사고는 해양환경관리법(2008.1.20.시행), 신종인플루엔자 사고는 검역법(2009.12.29.개정), 가축질병 구제역/AI는 가축전염병예방법(2011.1.24.개정), 구미 불산누출 사고는 화학물질관리법(2013.6.4.개정), 경주 체육관 붕괴사고는 자연재해대책법(2014.12.30.개정)과 건축법(2015.1.6.개정), 세월호 침몰 사고는 해운법(2015.1.6.개정), 선원법(2015.1.6.개정), 선박안전법(2015.1.6.개정), 수상에서의 수색 구조 등에 관한 법률(2015.7.24.개정)이 대상이 되었다.[7)]

〈표 3〉 사례별 분석대상 법률

	사례명	분석대상 법률
1	허베이스피리트호 기름유출	해양환경관리법 2008.1.20.시행
2	신종 인플루엔자 유행	검역법 2009.12.29.개정
3	가축질병(구제역/AI) 확산	가축전염병예방법 2011.1.24.개정
4	구미 불산 누출	화학물질관리법 2013.6.4.개정
5	경주 체육관 붕괴	자연재해대책법 2014.12.30.개정 건축법 2015.1.6.개정
6	세월호 침몰	해운법 2015.1.6.개정 선원법 2015.1.6.개정 선박안전법 2015.1.6.개정 수상에서의 수색 구조 등에 관한 법률 2015.7.24.개정

을 방지하고 공무수행의 공정성을 제고하는 한편..'으로 개정이유를 밝히고 있으나 세월호 사건의 영향임을 직접 밝히지 않아 제외되었다. 세월호 침몰 사건 당시 해양수산부의 퇴직공직자가 선박안전검사를 위탁 수행하던 한국선급 등에 취업하면서 구조적으로 선박안전검사를 소홀히 할 수 있었던 관피아 문제가 개정의 중요한 계기가 되었다고 평가된다.

7) 한편, 해당 재난의 수습을 위해 제정된 특별법은 이 분석에서 제외하였는데, 특별법의 경우 해당 재난의 보상과 수습에 초점을 맞추고 있어서, 관련된 문제인식, 조직간 역할분담, 수행방식 등 정책내용의 변화를 보려는 이 분석의 목적과 부합하지 않다고 판단하였다.

Ⅳ. 분석결과

1. 문제 규정의 변화

1) 문제의 범위 확장

6개의 사건에 관련된 10개의 법률 변화 중 문제의 규정 측면에서 두드러진 특징은 해당 재난의 범위가 넓어졌으며, 관련 재난 문제의 심각성이 강화되었다는 점이다. 문제의 범위 변화를 살펴보면, 6건 모두 법률 상 해당 재난의 범위가 넓어졌는데, 허베이스피리트호 기름유출 관련한 해양환경관리법의 제정 내용을 보면 기존에는 문제를 해양의 '오염방지'로 규정하였으나 적극적인 해양관리를 의미하는 해양의 '환경관리'로 변화된 것을 알 수 있다. 신종인플루엔자 유행 이후 검역법에 검역대상인 감염병의 종류에 신종인플루엔자가 추가되었고, 구제역과 AI 확산 이후에는 가축전염병예방법의 가축전염병관리 범위에 '주변환경의 오염방지 및 사후관리'가 포함되었다. 또한 구미 불산누출 관련하여 개정된 화학물질관리법에서는 기존의 '유해화학물질' 관리가 '화학물질'관리로 변경되면서 관리의 범위가 확장되었음을 알 수 있다. 경주 마우나오션리조트 체육관 붕괴 이후는, 자연재해대책법 상 건축물관리자의 제설・제빙 책임범위에 '시설물의 지붕'이 추가되었다. 세월호 침몰과 관련하여 수상에서의 수색구조 등에 관한 법률은 '수상'의 정의를 신설하여 해수면과 내수면으로 규정하였고 조난사고의 정의를 확대하여 '선박 등과 관련 없는 사람의 사고'도 포함하였으며 이동 및 대피명령을 내리는 상황에 '풍랑'으로 조난사고가 우려되는 경우를 포함시켰다.

2) 문제의 심각성 강화

문제의 심각성에 대한 인식은 해당 재난에 관련한 제재・처벌 등이 강화되는 것을 통하여 추론할 수 있다. 개정된 내용 중 제재 강화가 확인되는 것은 구제역/AI 이후 가축 소유자를 대상으로 가축전염병관리 소홀에 관한 징역・벌금・과태료 강화, 구미 불산누출 이후 화학물질을 다루는 사업장의 법규위반에 대한 제재 강화, 그리고 세월호 침몰 이후 선박 위험시 인명구조에 미흡한 선장 등에 대한 처벌 강화, 선박안전관리 의무 위반에 대한 선주 등에 관한 처벌 강화, 여객운송사업자의 안전규정 위반시 과징금 부담 강화, 구조 조치 등을 하지 않아 피해자 사망 시 처벌 강화 등이다.

〈표 4〉 문제 규정의 변화

	문제 규정의 변화	
	문제의 범위	문제의 심각성
허베이스피리트호 기름유출	-해양오염방지에서 해양환경관리로 개념 확장	-
신종 인플루엔자 유행	-검역 대상 감염병에 신종 인플루엔자 포함	-
가축질병 (구제역/AI) 확산	-가축전염병관리에 주변 환경오염방지 및 사후 관리대책 포함	-가축소유자 대상 징역/벌금/과태료 강화
구미 불산 누출	-유해화학물질관리에서 화학물질관리로 확장 -화학물질 조사관리 대상 확대	-법규위반사업장 제재 강화
경주 체육관 붕괴	-제설제빙 책임 범위에 지붕 포함	-
세월호 침몰	-수상의 정의 신설(해수면+내수면 포함) -조난사고의 정의 확대(선박 등과 관련 없는 사람의 사고도 포함) -이동 및 대피명령의 범위에 풍랑 등 포함	-선박 위험시/충돌시 인명구조 미흡한 선장 등에 대한 처벌 강화 -복원성 유지의무 위반에 대한 처벌 강화 -선박의 불법/임의 변경 등에 대한 처벌 강화 -여객운송사업자의 안전규정 위반 시 과징금 부담 강화 -여객운송사업자와 선장의 고의 및 과실 등으로 중대한 해양사고 발생시 해상여객운송사업면허의 영구적 결격사유 도입 -조난 사실 신고하지 않거나 구조 조치하지 않아 피해자 사망한 경우 등 처벌 강화

해양환경관리법, 화학물질관리법, 수상에서의 수색구조 등에 관한 법률의 경우는 법률의 명칭까지 바꾸며(전면개정) 문제의 범위나 심각성을 강화시킨 것을 확인할 수 있지만, 나머지 사례에서는 해당 재난상황에서 새롭게 문제가 되었던 원인 또는 상황만이 법률의 관련 규정에 추가되었다. 그리고 해당 문제관리의 의무 위반

에 대한 처벌이 강화되면서 민간부문의 당사자(가축소유자, 사업장, 선장, 선박소유주, 여객운송사업자 등)가 강화된 재난관리의 의무를 부여받게 된 것을 알 수 있었다.

2. 조직 체계의 변화

재난관리를 위한 조직 체계 차원에서는 민간인(당사자)의 의무 강화, 상위조직의 권한 강화, 조직통합 및 신설, 외부 전문조직의 활용이라는 변화가 발견되었다. 재난관리에 연결된 매우 다양한 이해관계자 사이의 역할 분담이 이러한 방향으로 변화한 것이다.

1) 민간인/기업 의무의 강화

신종 인플루엔자 사례를 제외하면, 5건 재난사례는 모두 민간인/기업이라는 현장의 당사자가 존재하는데, 허베이스피리트호 기름유출과 세월호 침몰과 같은 해상사고는 선박소유 및 관리자, 가축질병의 확산은 가축 소유주, 불산누출사고와 체육관 붕괴사고는 공장 및 건물소유주 또는 관리자가 이에 해당된다. 바로 이러한 민간인 당사자들의 의무 강화가 법률 변화의 특징으로 나타났다.

재난 특성에 따라 약간의 차이가 있으나 구제역 및 AI 확산 이후, 관련 법령은 가축 소유자에게 가축전염병의 발생과 확산 방지를 위한 각종 신고·예방·관리·매몰토지의 선정 및 용도전환 금지 등의 의무를 새롭게 부과하였다. 구미 불산누출의 경우도, 화학물질취급자 등에게 신고·관리·등록·자료제출·보고 등의 의무를 강화하였고, 경주 체육관 붕괴의 경우는 시설물 소유자에게 건축물 안전에 관한 조사 및 보고 등의 의무를 부여하였다. 허베이스피리트호 기름유출의 경우, 특별관리해역의 사업자에게 할당된 오염배출량을 초과할 경우 시설개선 의무 등이 부여되었다. 세월호 침몰과 관련해서는, 선박소유주, 여객운송사업자, 운항관리자, 선장 등에게 각종 의무가 법률 상 추가·강화되었는데, 예를 들어 여객운송사업자의 사업권 보호를 박탈하고 공모경쟁 의무를 부여하였고, 안전정보 제공 의무, 면허결격사유 규제, 여객승선시 절차확인 의무 강화, 승선 거부 권한 등이 부여되었다.

당자사, 소유자 등 개인의 재난관리 의무를 강화하는 방향으로 정책변화가 발생한 것인데, 효과적인 재난예방을 위해서는 현장의 민간 당사자들이 높은 안전관리 의무를 가지고 일상적 예방을 수행하는 것이 일차적이라는 입장이 발견된 것이다.

2) 상위조직의 권한 강화

정부 내에서 상위기관과 일선기관 사이의 역할 변화를 살펴보면, 상위기관에게 포괄적·종합적 관리책임이 부여되고, 일선기관에게 재난 시 현장대응 권한이 일부 부여되는 방향으로 나타났으며, 상대적으로 (광역)지방자치단체와 같은 중간단계 기관의 역할 변화는 적었다.

상위기관의 권한 강화를 보면, 중앙부처의 장관에게 해당 문제의 정의와 대응기준을 구체적으로 정할 수 있는 권한, 일선기관과 직접 협의 및 보조받을 권한, 현장수습 권한 일부 등이 부여되면서 중앙부처가 해당 재난의 포괄적·종합적 예방자·관리자의 핵심 역할을 맡는 방향으로 변화하였다. 해당 재난에 관한 계획수립부터 재난 대응의 책임자로 중앙부처가 부각되었기에 집권적 관리가 강화되었다고 평가할 수 있다.

구체적으로 보면, 허베이스피리트호 기름유출과 같은 해양 오염과 관련해서, 해양수산부 장관은 해양환경관리의 종합계획 수립 의무, 해양환경기준 고시, 해역이용 허가시 협의권 등이 부여되었고, 신종인플루엔자의 확산에 관련하여, 복지부장관은 오염지역 지정 및 해제 권한 등을, 가축질병 확산의 경우는 농림부장관이 전염확산방지를 위한 관계기관 등에게 정보요청 권한 등을, 불산누출의 경우는 환경부장관에게 화학물질관리의 기본계획수립·통계조사·허가·사고현장 수습 등의 권한이 부여되었다. 체육관 붕괴와 관련해서는 국토부장관에게 특수구조건축물 관련 기준 강화 및 모니터링 권한이 부여되었고, 세월호 침몰의 경우는 해양수산부장관에게 연안여객현대화계획, 선원정책기본계획 수립의무가, 국민안전처장관에게는 수상구조사 자격부여권한이 부여되었다. 중앙부처의 권한이 축소된 내용은 세월호 침몰과 관련하여 해운법 개정으로 해양수산부장관의 전속고발권이 삭제된 정도에 그친다.

이에 비해, 일선기관인 기초자치단체나 일선지청의 권한은 긴급 시 대응 권한을 중심으로 강화되었다. 하지만 이들 기관의 자율성 및 독립성이 증가하였다고 보기는 어려웠다. 경주 체육관의 붕괴 이후 기초자치단체장에게 건축물대장 관리의무가 강화되었고, 불산누출의 사례에서는 사고지역의 지자체장에게 현장수습조정관의 업무수행 협조 및 협의의 의무, 구제역 및 AI 확산 사례의 경우는 시·군·구청장에게 매몰장소 선정 및 관리 의무, 농장 폐쇄 및 가축사육 제한명령 권한이 부여되었다. 신종인플루엔자의 경우는 검역소장에게 검역선과 검역차량 운영 권한이 부여되었고, 해상 기름유출에 관련해서는 지방해양항만청에게 해역이용 허가시 해수부장관과 협의가 의무화되었다. 세월호 침몰 이후 해상사고에서 구조본부장은 구난작업현장의 지휘를 위하여 장비지원요청, 인근선박의 항행안전조치 명령 등의 권한이 강화되었다. 이러한 변화는 재난 발생 때마다 지적되었던 부실한 초동 대응문제 극복을 위해 일선기관의 현장 관리 권한을 일부 강화하는 대응으로 볼 수 있었지만, 일선기관의 자율권이 크게 증가되거나 위임범위가 넓어졌다기보다는 안전관리점검이나 재난 시 현장관리 지원 등에 관한 의무가 강화된 것에 가까웠다.

한편, 기초자치단체에 비해서 광역자치단체의 역할변화는 두드러지지 않았는데 구제역/AI로 시·도지사에게 가축위생방역지원본부 보고 및 감독권한이 부여되었고 이동통제에 든 비용이나 방역활동 필요비용 등을 지원할 의무를 부여했으며, 해상 기름유출 사고와 관련하여 시·도지사 특별관리해역의 총량관리기본계획 수립권한을 부여 받은 정도였다. 상위기관과 일선기관의 권한과 의무를 강화하면서도, 중간의 광역자치단체의 권한 변화가 부각되지 않는 모래시계형의 변화는, 재난대응의 긴급성을 고려하여 상위기관은 종합적 기획과 대응 권한이 강화되고 일선기관은 일상적 점검과 현장대응 권한을 맡은 데 비해 중간단계인 광역자치단체에게는 지원 기능 일부만을 분담하는 구조로 재편된 것으로 판단된다.

3) 조직의 통합 및 신설

한편, 여러 기관에 분산되었던 해당 재난과 관련된 조직들을 통합하거나 새로운 전담조직을 설치하는 체계 변화가 발견되었다. 구체적으로 보면, 해상 기름유출 사고와 관련해서는 기존에 분산되었던 관련 위원회들 — 해양환경보전자문위원회, 해양오염조사평가위원회, 해양오염방제대책위원회 — 을 해양환경관리위원회로 통합하였고, 해양경찰청과 해양경찰서에 방제대책본부 및 지방방제대책본부를 설치한 것을 들 수 있다. 또한 구제역과 AI 확산 이후에는 농림부장관 소속으로 가축전염병기동방역기구가 신설되었으며, 구미 불산누출 이후에는 환경부장관 소속으로 화학물질관리위원회가 마련되었다.[8] 세월호 침몰 이후에는 해수부에 선원

정책위원회가 신설되었고 심해 수난구호전문가 양성을 위해 심해잠수구조훈련센터가 설치되기도 하였다.

주로 중앙부처 소속의 전담조직을 만들어 해당 재난에 대응하는 구조를 설계한 것이며, 이러한 조직 통합 및 신설은 문제에 대응하는 창구를 일원화하고 통합된 기관에게 재난관리의 책임성을 물을 수 있다는 특징이 있다.

4) 외부 전문조직의 활용

한편, 민간부문의 전문조직에게 재난관리의 역할을 분담하는 변화도 발견할 수 있었다. 전문적인 평가 및 인증 기능을 민간조직에게 위탁 수행하는 구조로 전환된 것인데, 신종 인플루엔자와 가축질병의 경우를 제외한 나머지 사례에서 해양환경 상태의 평가, 화학물질의 안전성 평가, 건축물 안전성 평가, 선박안전 평가관리 기능을 정부 외부의 전문조직을 활용하는 구조로 전환된 것이다.

구체적으로 보면, 해상 기름유출 관리와 관련하여 해양환경사업의 효율적 수행을 위한 민간전문기관으로 해양환경관리공단의 설립 근거 규정을 마련해 기존 한국해양오염방제조합을 확대 개편하여 새로운 공단을 설립하였다. 불산 등 화학물질 관리는 장외영향평가제도의 실시로 전문기관이 화학물질관리사업의 안전평가를 수행하도록 하였고, 경주 체육관 붕괴 이후에는 건축물의 구조 및 재료관련 적정성을 지정된 건축모니터링 전문기관을 통해 정기적으로 평가하도록 하였으며 특수구조건축물의 건축주는 건축사협회나 전문법인 등에서 안전평가를 받도록 하였다. 세월호 침몰사고의 경우는 이후 선박안전기술공단이 운항관리자를 선임할 수 있도록 하였으며 여객운송사업자가 안전관리대행업자에게 안전관리업무를 위탁 가능하도록 전환하였다.

---

8) 분석대상인 법률 변화에는 포함되지 않았으나 구미 불산누출 사고 이후, 화학재난합동방재센터가 설치되었는데 전국 주요 6개 국가산업단지 내에서 특수화학사고에 대비에 5개 관계부처의 협업 체계를 만들었다.

〈표 5〉 조직 체계의 변화

	조직 체계의 변화			
	민간/공공부분	상위/일선기관	조직신설·통합	외부전문조직
허베이 스피리트호 기름유출	-특별관리해역에서 할당된 오염부하량(지정배출량) 초과하는 사업자에 대한 제재 강화 -오염물 유출을 방지하기 위한 설비 마련 강화 -해양환경측정분석기관에 대한 정기적 평가검증 조치 등(능력인증제)	-해수부장관의 해양환경 관리 종합계획수립 의무, 해양환경 기준 고시, 해역이용 허가시 협의권 -시도지사는 기본계획수립 -해경의 국가긴급방제계획 수립시행, 긴급상황시 선박출입검사권 -지방해양항만청의 해역이용 허가시 해수부장관 협의 의무	-해양환경관리위원회로 일원화 -해양경찰청과 해양경찰서에 방제대책본부 및 지방방제대책본부 설치	-해양환경관리공단 설립(한국해양오염방제조합의 확대개편)
신종 인플루엔자 확산	-	-복지부장관의 오염지역의 지정/해제권한 -검역소장의 검역선과 검역차량 운영 권한 부여	-	-
가축 질병 (구제역 /AI) 확산	-가축소유자의 가축전염병발생 및 확산과 관련한 여러 신고, 예방, 관리 의무 강화 -가축매몰토지의 용도전환 금지	-농림부장관의 전염확산 방지를 위한 관계기관 및 지자체장에게 정보요청 권한 -시군구청장의 매몰장소 선정 및 관리 의무, 보고의무 부여 -시군구청장의 농장폐쇄 및 가축사육 제한명령권한 부여	-농림부장관 소속 가축전염병기동방역기구 신설	-
구미 불산 누출	-화학물질의 취급자에 대한 신고, 관리, 등록, 자료제출, 보고 등의 관련 의무 강화 -화학사고 장외영향평가 제도 도입 -화학사고 발생시 즉시 신고의무 부여	-화학물질의 유해성으로부터 건강과 환경보호 포괄적 의무 부여, 관련 행정 및 재정지원 의무. -환경부장관의 화학물질관리기본계획 수립의무, 통계조사, 화학물질관련 허가 권한, 사고현장에 현장수습조정관 파견권, 화학물질의 유행성 심사 및 유독물 등 지정고시 -사고지역의 지자체장에게 현장수습조정관의 업무수행 협조 및 협의 등 의무	-환경부장관 소속 화학물질관리위원회 신설	-장외영향평가제도의 실시로 전문기관의 평가를 받은 장외영향평가, 위해관리계획서 등 제출
경주 체육관 붕괴	-건축물관리자의 제설제빙 범위 지붕으로 확대 -특수구조건축물의 건축주 등은 건축사협회나 전문인력을 갖춘 법인 또는 단체에 구조안전여부 조사받고 지자체장에게 보고 의무 부여	-국토부장관의 특수구조건축물 관련 기준 강화 및 모니터링 의무 부여 -기초단체장의 건축물 구조내력정보 등 건축물대장 관리 의무 강화	-	-건축모니터링 전문기관 지정해 건축물 구조/재료관련 기준 적정성 정기 평가 -특수구조건축물의 건축주는 건축사협회나 전문인력을 갖춘 법인 또는 단체에게 건축물 구조

	조직 체계의 변화			
	민간/공공부분	상위/일선기관	조직신설·통합	외부전문조직
				안전여부 조사받고 지자체장에게 보고해야 함
세월호 침몰	-여객운송사업자의 사업권 보호 박탈, 공모경쟁 의무 부여, 안전정보 제공 의무, 면허결격사유 규제, 여객승선시 절차 확인 의무 강화, 승선거부 권한 부여 -운항관리자의 출항정지 명령 권한 부여 -선장의 직접조종지휘구간 확대 등 조정의무 강화, 인명구조 의무 강화, 적정심사기준 강화 -선박소유주의 비상훈련 실시 의무 강화, 여객안전확보에 필요한 선원 승무 의무, 선원제복착용 의무 등 -한국해양구조협회의 업무로 민간해양구조대원의 관리 추가	-국민안전처장관이 조난구조의 전문능력 인정되는 경우 수상구조사 자격부여 -해수부장관의 연안여객 현대화계획, 선원정책기본계획 수립 의무 -해수부장관의 전속고발권 삭제 -구조본부의 장의 권한 강화(장비지원요청, 인근 선박의 항행안전조치 명령, 현장지휘통제권한 강화 등) -지방해양수산청의 내항여객운송사업자 공모심사 권한 신설 -지자체장은 민간해양구조대원에게 필요한 경비 지원	-해수부에 선원정책위원회 신설 -심해 수난구호 전문가 양성을 위해 심해잠수구조훈련센터 설치	-여객운송사업자가 안전관리대행업자에게 안전관리업무 위탁 가능 -선박안전기술공단이 운항관리자 선임

3. 관리 절차의 변화

재난 이후, 해당 재난관리의 수행방식 및 관리절차의 변화를 보면, 전반적으로 공식성의 수준이 증가하고 평가·인증과 같은 사전규제 절차가 마련되었음을 알 수 있었다.

1) 관리의 공식성 증가

관리의 방식·절차에 관한 법률 변화는 모호하거나 부재했던 기준을 공식적으로 규정에 밝히며 명문화하는 방향으로 이뤄졌다. 이러한 기준의 공식화는 대통령령이나 부령의 형태로 나타났기에 중앙정부가 공식화를 주도하는 체계로 볼 수 있다. 또한 공식성이 증가한다는 것은 관행과 재량으로 채워졌던 영역이 줄어드는 것이므로 정부 하위기관이나 민간 이해관계자 등에게는 임의성 또는 유연성이 줄어드는 방향으로 관리절차가 바뀌었음을 의미할 수 있다.

허베이스피리트호 기름유출과 관련된 해양환경관리법은 잔류성 유기오염물질,

유해한 방오도료 등에 관한 관리기준과 방법 등을 해양수산부령으로 정하도록 하였고, 해양경찰청이 선박출입검사권의 행사 상황에 대한 판단기준을 대통령령으로 지정하도록 하였다. 신종인플루엔자와 관련하여 오염지역 지정절차는 보건복지부령으로 지정하도록, 검역선과 검역차량의 운용에 관한 세부사항은 보건복지부령으로 지정하도록 변경되었다. 가축질병의 경우는 가축의 사체 또는 물건의 매몰에 대비하여 매몰장소 후보지 기준을 농림수산부령으로 정하도록, 불산누출의 경우 화학물질의 관리(등록, 제조, 수입, 판매 등)에 관한 각종 지정, 고시, 관리 절차를 환경부령으로 정하도록 하였다. 폭설로 인한 체육관 붕괴의 경우 건축물 관리자가 제설 및 제빙 책임을 지는 범위를 지붕으로 확대하고 그 세부사항을 대통령령으로 정하도록 하였으며 특수구조건축물의 기준과 절차도 대통령령을 따르도록 하였다. 세월호 침몰 이후 관련된 여러 법령의 개정 내용 중에는 선박안전법에 선박소유자가 용도변경 및 설비개조를 할 때 해양수산부령으로 정하는 복원성 기준을 충족해야 하고, 해양수산부장관의 허가를 받도록 강화하였다. 이렇게 관리상의 공식성을 증가하면 ―관리규정이 명문화되면― 관리내용과 책임은 명료하게 밝혀지는 한편, 일선 및 현장 운영상의 자율성은 제한될 가능성이 있을 것이다.

2) 사전규제 및 절차의 증가

한편, 재난관리의 절차가 증가되는 것을 알 수 있는데 특히, 인증·평가 방식의 사전규제(pre-regulation)가 증가하는 것을 발견할 수 있었다. 사전규제 절차가 도입되는 것은 사전예방을 위한 원칙적 금지 방식으로 관리하려는 것이다.

허베이스피리트호 기름유출 사건과 관련해 유해한 방오도료의 사용을 원칙적으로 금지하였고, 해역이용허가 시 해양수산부장관과 해역이용협의절차를 추가하였으며, 해양환경의 측정 및 분석자료 확보를 위해 대학 및 연구소 등을 정기적으로 평가하여 적합한 기관을 인증하는 제도를 도입하였다. 구제역과 AI 확산 이후에는 가축전염병예방법에서 매몰토지 사전지정 및 관리, 가축소유자의 입국 시 가축방역관련 필요조치가 강화되었다. 구미 불산누출에서도 유해화학물질 취급자에 관한 규제가 대폭 강화되면서 장외영향평가제도 및 영업허가제도가 실시되었다. 신종인플루엔자의 유행과 관련해서 공중보건위기관리대상 환자가 발생한 지역을 오염지역으로 지정하는 절차를 마련하였고, 경주 체육관 붕괴와 관련해서는 건축구조기준의 적정성을 일정한 기간마다 재검토하도록 규제하였다. 세월호 침몰의 경우는, 퇴직 전 선박감사관으로 근무한 공무원의 선박감사원 취업을 2년간 제한하는 조치가 마련되었으며, 여객운송사업자 선발 시 공모경쟁절차를 도입하는 등의 변화를 발견할 수 있었다.

〈표 6〉 관리 절차의 변화

	관리 절차의 변화	
	공식성	사전 규제/절차
허베이스피리트호 기름유출	–잔류성 유기오염물질, 유해한 방오도료 등에 관한 관리 기준과 방법 등을 해양수산부령으로 정할 것을 규정 –해양경찰청이 선박출입검사권을 행사할 수 있는 긴급한 상황에 대한 판단 기준은 대통령령으로 지정	–해상기름유출 관련하여 유해한 방오도료 등의 사용을 원칙적으로 금지 –해역이용 허가 시에 해양수산부장관과 해역이용협의 절차를 추가 –해양환경측정분석기관의 능력인증제 실시
신종 인플루엔자 유행	–오염지역 지정절차는 보건복지부령으로 정함 –검역선과 검역차량의 운용 세부사항을 보건복지가족부령	–세계보건기구가 정한 공중보건위기관리대상 환자가 발생한 지역을 오염지역으로 지정하여 국내유입 신속대응
가축질병(구제역/AI)확산	–매몰장소 후보지 기준을 농림수산식품부령으로 정함	–시군구청장이 사전에 매몰토지 사전지정과 관리 –가축소유자의 입국 관련 가축방역 필요조치의 강화
구미 불산 누출	–화학물질의 관리(등록, 제조, 수입, 판매 등)에 관한 각종 지정, 고시, 관리 절차를 환경부령으로 정함. 유해화학물질 취급기준 구체화	–장외영향평가제도 및 영업허가제 신설
경주 체육관 붕괴	–건축물 관리자가 제설 및 제빙의 책임을 지는 범위를 지붕으로 확대하고 그 세부사항은 대통령령. –국토교통부장관이 특수구조 건축물에 관한 기준과 절차를 대통령령에 따라 운영	–국토교통부장관이 대통령령으로 정하는 기간마다 건축구조기준의 적정성 검토
세월호 침몰	–선박소유자가 용도변경 및 설비개조를 할 때 해양수산부령으로 정하는 복원성 기준을 충족해야 하고, 해양수산부장관의 허가를 받아야 함	–여객운송사업자 선발시 공모경쟁 절차 도입 –퇴직전 선박검사관 근무 공무원의 선박검사원 2년간 제한 –출항 전 안전점검관리 강화(누구든지 선박결함 발견시 신고) –중앙구조본부 주관으로 수난구호 협력기관 및 민간단체 등과 공동훈련 실시

V. 결 론

사회재난 이후 정부가 재난관리 책임을 어떻게 재편하였는지를, 변화된 법률의 내용분석을 통하여 살펴보았다. 정부의 대응은 첫째, 직전 재난을 통하여 경험한 문제를 정부 관리의 영역에 공식적으로 포함시키고 제재를 강화하였다. 문제의 범위와 심각성을 대폭 변화한 경우도 있으나 개별적 문제 상황이 정부의 관리대상에 하나씩 추가되는 방식이었다. 둘째, 재난 이후 중앙집권적 관리체계를 강화하였는데, 중앙부처가 관리계획을 수립하고 통합된 전담기구를 마련해 관리하면서 상위조직이 일선조직에 비해 종합적 기획과 포괄적 결정 권한을 가지는 방향으로 변화해갔다. 공공과 민간부문 사이의 책임은 민간영역의 당사자 책임을 강화하는 방향으로 전개되었고, 전문성 강화를 위해 외부 전문조직에게 인증, 평가 등 일부 관리권한을 외부에 위탁하는 민관협력구조를 형성하였다. 셋째, 정부가 해당 재난의 관리 기준을 시행령을 통해 구체적으로 정하고 사전인증 및 관리절차를 증가시킴으로써 규제의 방식과 절차를 강화하였다. 재난발생의 위험을 예방하기 위해 중앙부처가 사전규제, 원칙적 금지를 실행하면서 민간영역의 당사자는 위험관리의 의무가 강화되었다.

다시 말해, 상이하였던 국가적 규모의 사회재난이 수습된 후, 정부가 재난관리를 강화하는 방식은 일정한 특징이 있었던 것인데, 그것은 정부 대응의 영역을 확장하고 대응의 주체로 중앙정부를 내세우며 대응의 방식에서는 정부의 사전규제 강화를 주로 선택하면서 사전예방을 위해서 민간 당사자 책임을 강화하는 것이었다. 지난 십년 간 사회재난 때마다 내세웠던 '정부가 재난관리의 책임을 강화하겠다'는 의지는 이러한 방식으로 제도화되었던 것이다.

이러한 변화의 의미와 시사점을 고찰한다면, 우선, 사후에 문제가 발생한 만큼만 관리대상으로 추가했던 대응 방식을 볼 때 정부는 국가적 규모의 사회재난 발생이 규정의 사각지대 때문인 것으로 보는 듯하다. 이로 인해 재난으로부터 심층적인 학습이 이뤄지고 있는가에 대한 의문이 든다. 예를 들어, 폭설로 무너진 체육관 지붕으로 인한 피해에 대해 정부가 건축물관리자의 제설·제빙의 책임범위에 지붕을 포함시키도록 하는 것이 주요 대응이었던 것을 볼 때 정부가 재난예방을 위하여 보다 근본적인 원인을 찾아 대처했다고 보기 어렵다. 재난관리 분야에서 바람직한 정책학습이 이뤄지기 위해서는 Howlett(2012)의 주장처럼, 기술적·사업적 수준의 얇은 학습(thin learning)보다는 정치적 경험, 과정 수준까지 포함하는 두터운 학습(thick learning)이 필요하다. 그동안은 얇은 학습, 일차원적 학습, 경로의존적 학습을 넘어서는 두터운 학습이 이뤄지려면 너무 많은 유사사례가 축적되어야 했다. 재난 발생 직후 신속한 변화의 모습을 국민에게 보이기 위해 원인을 심층 분석할 시간이 충분하지 않았을 수도 있다. 발생한 재난을 여러 관점과 시점으로 분석하여 사회재난의 복잡성을 고려한 본질적인 대응을, 선제적・동태적으로 할 수 있도록 하는 제도가 필요해 보인다.

다음으로, 재난 거버넌스의 구성이 다원화되어 전통적인 정부조직이 아닌 외부 전문조직, 민간 당사자 등이 재난관리의 중요한 역할을 분담하게 되었으므로, 정부와 이들 사이의 원활한 협력 체계 마련이 더욱 중요해질 수밖에 없다. 하지만 정부의 재난대응 과정을 분석했던 선행연구에서 지적하였듯, 그간 정부의 조직간 협력 수준은 부정적으로 평가되고 있다. 종합적 기획권한을 가진 중앙부처, 현장대응 권한을 가진 지방정부, 그리고 민간 전문조직과 당사자까지 포함하는 재난 거버넌스가 구축될수록 관련 행위자간 협력은 중요해질 것이므로 정부가 다양화된 행위자 간 유연한 소통과 협력 체계를 설계해야 할 필요가 크다. 한편으로 이러한 재난관리 거버넌스 아래서는 책임의 전가가 발생할 수 있는데 특히 위험의 사전점검 및 인증권한을 가진 민간 전문기관과 정부 사이에 재난 발생의 책임 공방이 발생할 가능성이 있다. 더불어 민간의 당사자에게 사전규제를 부여하는 방식으로 예방책임을 강화하고 정부가 민간을 관리・감독하는 방식으로 이어질 경우에도 정부와 민간 사이의 책임 전가가 발생할 가능성이 있다. 이런 관점에서 정부 외부의 민간조직과의 협력과 책임에 관한 명확한 사전적 정리가 필요해 보인다.

한편, 중앙부처의 재난대응 권한이 강화되었는데 이러한 변화는 우리나라의 중앙집권적 재난관리체계를 보다 유연화・네트워크화해야 한다는 선행연구들의 주장과는 다른 방향이었다(변상호・김태윤, 2014; 박석희・노화준・안대승, 2004). 중앙부처의 권한 강화와 규제방식의 사용이 재난관리의 긴급성과 심각성을 고려할 때 현실적이라고 여겨질 수 있는 한편, 여러 선행연구가 주장하듯 재난대응의 경직성을 높일 가능성도 크기 때문이다. 어떠한 방향이 바람직한 것인가에 대한 판단을 여기서 내리기 어렵지만, 재난 사례에 따른 특성을 반영하여 대응 체계의 다원화를 고려해볼 필요가 있을 것이다.

마지막으로 이 연구는 사회재난 이후, 정부의 정책변화 상 나타난 특징을 법률의 제・개정 내용을 통해 분석하였으므로, 법률 외 조치에 따른 변화를 포함하지 못하였다. 재난사례로 인한 법률 변화임을 명확히 하려고 제・개정 사유에 해당 재난이 언급된 경우만을 대상으로 하였기에, 재난으로 인한 간접적인 영향을 종합적으로 다루지 못하였다는 한계가 있음을 밝힌다.

참고문헌

김도균 · 박재묵. (2012). “허베이 스프리트호 기름유출사고 이후 재난관리 거버넌스 구축 실패와 재난 복원력의 약화.” ≪환경사회학연구 ECO≫, 16(1): 7-43.

김종환. (2011). “재난관리조직의 조직학습 사례분석.” ≪한국컴퓨터정보학회논문지≫, 16(10): 211-218.

노진철. (2008). “허베이 스피리트호 기름유출사고의 초기대응과 재난관리의 한계.” ≪환경사회학연구 ECO≫, 12(1): 43-82.

박석희 · 노화준 · 안대승. (2004). “재난관리 행정에 대한 네트워크적 분석.” ≪행정논총≫, 42(1): 103-132.

변상호 · 김태윤. (2014). “재난과 재난관리정책의 재해석에 기반한 재난대응 수행원칙의 도출과 검증.” ≪한국행정학보≫, 48(2): 109-136.

서민송 · 유환희. (2017). “재난 관련 SNS 데이터를 이용한 감성도 분석.” ≪한국지형공간정보학회 학술대회 발표논문집≫.

안혜원 · 류상일. (2007). “행정학에서 재난관리 분야의 학문적 연구경향.” ≪한국콘텐츠학회논문지≫, 7(10): 183-190.

양기근. (2004). “재난관리의 조직학습 사례 연구.” ≪한국행정학보≫, 38(6): 47-70.

엄석진. (2009). “행정의 책임성: 행정이론간 충돌과 논쟁.” ≪한국행정학보≫, 43(4): 19-45.

이동규 · 민연경. (2016). “대규모 재난의 정책실패 현저성에 관한 탐색적 연구.” ≪지방정부연구≫, 19(4): 119-142.

유현종. (2015). “국가적 재난관리의 책임성과 확보방안.” ≪한국행정학보≫, 49(4): 419-450.

윤건 · 최미혜 · 서정욱. (2017). “정부의 재난안전정책 효과성 영향 요인 실증연구.” ≪한국정책과학학회보≫, 21(1): 1-23.

이동규. (2011). ≪초점사건 이후 정책변동 연구-한국의 대규모 재난 사례를 중심으로≫. 성균관대학교 대학원 박사학위 논문.

이상팔. (2002). “수해예방과 대응과정에서 정부조직의 정책학습.” ≪한국행정학회 학술발표논문집≫.

이상호. (2007). “행정학 연구에서 사용된 내용분석법의 방법론 분석.” ≪행정논총≫, 45(2): 2-23.

이영희. (2014). “재난 관리, 재난 거버넌스, 재난 시티즌십.” ≪경제와사회≫, 104:

56-80.
이우영. (2017). "재난 및 안전관리 기본법에 대한 입법평론." ≪입법학연구≫, 14(1): 71-95.
이재석 · 최돈묵. (2015). "국가재난관리체제 관점의 화학사고 대응체계 개선방안에 관한 연구." ≪한국화재소방학회논문지≫, 29(5): 73-78.
이종렬 · 손원배. (2012). "숭례문화재사건을 통해 본 정책학습과 변동에 관한 연구: Birkland의 정책학습 모형을 중심으로." ≪한국위기관리논집≫, 8(3): 45-66.
이훈래. (2015). "지방자치단체의 재난관리 협력적 거버넌스에 관한 연구." ≪한국정책연구≫, 15(4): 127-150.
조성식. (2014). ≪집행구조에 따른 제도적 책임성의 유형이 정책성공에 미치는 영향분석≫. 연세대학교 대학원 박사학위논문.
한상일. (2010). "한국 공공기관의 민주적 책임성과 지배구조." ≪한국조직학회보≫, 7(1): 65~990.
현석환. (2015). "한국의 재난관리 시스템의 문제점과 효율화 방안." ≪한국사회안전학회지≫, 10(1): 39-56.

Beck, Ulrich. (1992). Risk Society: Toward a New Modernity. London: Sage. 홍성태 역(1997). ≪위험사회: 새로운 근대성을 향하여≫, 서울: 새물결.
Bovens. Mark. (2010). "Two Concepts of Accountability: Accountability as a Virtue and as a Mechanism." *West European Politics*, 33(5): 946-967.
Brändström, Annika, & Sanneke Kuipers. (2003). "From 'Normal Incidents' to Political Crises: Understanding the Selective Politicization of Policy Failures1." *Government and Opposition*, 38(3): 279-305.
Drabek, Thomas. E. (1985). "Managing the Emergency Response." *Public Administration Review*, 45: 85-92.
Hood, C. (2002). "The Risk Game and the Blame Game." *Government and Opposition*, 37(01): 15-37.
Howlett, Michael. (2012). "The Lessons of Failure: Learning and Blame Avoidance in Public Policy-Making." *International Political Science Review*, 33(5): 539-555.
Kingdon, John. W. (1995). *Agendas, Alternatives, and Public Policies*. New York: Harpers Collins Publishers.
Mulgan, Richard. (2002). Accountability Issues in the New Model of Governance. https://digitalcollections.anu.edu.au/bitstream/1885/41701/3/No91Mulgan.pdf 검색일 2018년 4월 16일.
Mulgan, Richard. (2003). "One Cheer for Hierarchy: Accountability in Disjointed Governance." *Political Science*, 55(2): 6-18.

Pickett, John. H., & Barbara. A. Block. (1991). "Day-to-Day Management." *Emergency Management: Principles and Practice for Local Government* (pp. 263-310), Washington, DC: ICMA Press.

Quarantelli, Enrico. L., & Russell R. Dynes. (1977). "Response to Social Crisis and Disaster." *Annual Review of Sociology*, 3(1): 23-49.

Solnit, Rebecca. (2010). A paradise built in hell: The extraordinary communities that arise in disaster. Penguin. 정혜영 역(2012). ≪이 폐허를 응시하라≫. 서울: 펜타그램.

〈부록 1〉 법률의 제·개정 이유

해당 재난	법령	제개정 날짜	개정이유
허베이 스피리트호 기름 유출	해양 환경 관리법	2007. 1.19 제정 2008. 1.20 시행	환경 친화적 해양자원의 지속가능한 이용·개발을 도모하고 해양환경의 효과적인 보전·관리를 위하여 국가 차원의 해양환경종합계획을 수립·시행하고, 해양에 유입되거나 해양에서 발생되는 각종 오염원을 통합관리하게 하는 등 해양 분야에서의 환경정책을 종합적·체계적으로 추진할 수 있는 법적근거를 마련하며, 그 밖에 종전의 한국해양오염방제조합을 해양환경관리공단으로 확대·개편하여 기름방제사업 및 해양환경사업을 효과적으로 수행할 수 있도록 하는 등 해양환경의 훼손 또는 해양오염을 방지하고, 깨끗하고 안전한 해양환경을 조성하는데 기여할 수 있도록 해양환경관리체계를 전면 개편하려는 것임.
신종 인플루엔자	검역법	2009. 12.29	국제공중보건 문제로 대두되고 있는 중증급성호흡기증후군(SARS), 조류인플루엔자 인체감염증(AI) 및 **신종인플루엔자감염증**으로부터 안전한 국가를 만들기 위하여 이를 검역감염병에 포함하여 관리함으로써 국민의 건강을 보호하고, 세계보건기구에서 정한 공중보건조치 이행을 위한 법적 근거를 마련하도록 하는 한편, 그 밖에 현행 제도의 운영상 나타난 일부 미비점을 개선·보완하려는 것임.
가축 질병 (구제역/ AI) 확산	가축 전염병 예방법	2011. 1.24	2003년 이래로 국내에서 발생하지 않았던 **구제역**이 2010년1월,4월, 11월 등 3차례나 발생하여 축산농가 뿐 만아니라 국가 전체적으로 막대한 경제적·정신적피해를 초래하고 있으며, 역학조사결과에 따르면 해외여행자 및 외국인근로자를 통해 가축전염병이 외국으로부터 국내로 유입되어 확산된 것으로 추정되나, 현행가축전염병방역·검역제도는 해외로부터의 가축전염병의 국내유입 및 확산을 효과적으로 예방하지 못하고 있고, 가축소유자등의 방역·검역의식도 매우 낮은 실정임. 이에따라 해외로부터의 가축전염병의 국내유입 및 확산을 방지할 수 있는 제도적 장치를 마련하고, 방역·검역의무를 이행하지 않아 가축전염병의 유입 또는 확산되도록 한 가축소유자등에 대하여 형사상의 책임을 물을 수 있도록 하여 가축의 소유자등의 방역·검역의식을 높이려는 것임. 또한, 가축전염병에 대한초동대처를 강화하기 위하여 시·도 가축방역기관에 대한 지원을 강화하고, 농림수산식품부에 가축전염병기동방역단을 설치하며, 매몰장소후보지를 사전에 선정·관리함으로써 즉각적인 매몰이 가능하도록하고, 가축위생방역지원본부에 대한 지도·감독권한을 시·도지사에도 부여하는 한편, 가축사육시설의 폐쇄 또는 제한, 매몰한 토지의 사용제한, 이동제한에 따른 보상금지원대상확대, 살처분농가 등의 심리적 치료를 위한 의료지원등 가축전염병에 대한 사후관리를 보완함으로써 가축방역 업무의 추진을 강화하려는 것임.
구미 불산 누출 사고	화학 물질 관리법	2013. 6.4	**최근 잇따라 발생한 화학사고로 인해** 현행 「유해화학물질 관리법」으로는 화학물질 관리 및 화학사고 대응에 한계가 있다는 지적이 제기되고 국민들의 불안감이 가중되고 있는바, 화학물질에 대한 통계조사 및 정보체계를 구축하여 국민의 알권리를 보장하고, 유해화학물질 취급기준 구체화, 화학사고 장외영향평가제도 및 영업허가제 신설 등을 통해 유해화학물질 예방관리체계를 강화하며, 화학사고 발생 시 즉시 신고의무를 부여하고, 현장조정관 파견 및 특별관리지역 지정 등을 통해 화학사고의 신속한 대응체계를 마련하는 한편, 제명 「유해화학물질 관리법」을 「화학물질관리법」으로 변경하여 화학물질의 체계적인 관리와 화학사고의 예방을 통해 화학물질의 위험으로부터 국민 건강 및 환경을 보호하는 법률로서의 위상을 정립하려는 것임.
경주 체육관 붕괴	자연 재해 대책법	2014. 12.30	금년 겨울경주지역에 시간당 50센티미터의 적설량을 기록하기도 한가운데 **경주소재의 모리조트내 시설**이 적설하중을 견디지 못하고 붕괴되는 사고가 발생하였고, 이에 대하여 리조트 내 해당시설물의 지붕에 대한 제설작업이 행사전 이루어졌다면 사고를 미연에 방지할 수 있었을 거라는 지적이 있음. 현행법률은 설해대책일환으로 건축물관리자에 해당시설주변보도, 이면도로 및 보행자전용도로에 제설·제빙의무를 부여하고 있는바, 그 범위를 건축물

해당 재난	법령	제개정 날짜	개정이유
			의 지붕에까지 확대하여 적설하중(積雪荷重)에 대비할 필요가 있음. 또한, 가뭄방재를 위한 조사 및 연구를 위하여 관계행정기관의 장이나 기상관측연구기관의 장에게 자료협조를 요청할수 있도록 하고 있으나, 소장하고 있는 가뭄관련자료와 같은 문헌의 요청에 그치고 있어 전문적인 조사 및 연구가 이루어지지 못하고 있다는 비판이 있으므로 가뭄방재에 관한 자료협조체계를 개선하려는 것임.
	건축법	2015. 1.6	첫째, 2014년 2월 **경주 마우나리조트붕괴사고**에서 드러난 바와 같이 현행의 건축설계기준이 최근 기후이변을 반영하지 못하고 새로 개발된 특수구조건축물에 일반건축물과 동일한 건축기준이 적용됨에 따라 구조안전에 적합한 설계와 시공이 이루어지기 어렵고, 허가권자도 이를 제대로 관리하지 못하는 등의 제도적인 미비가 있었음. 따라서 특수구조건축물의 안전사고방지를 위하여 국토교통부장관이 건축구조기준을 정기적으로 모니터링하고, 특수구조건축물에 대해서는 설계, 인·허가 또는 시공시 건축구조기준을 강화하여 적용할수 있도록 하려는 것임. 둘째, 건축물의 화재안전성을 강화하고 화재에 따른 피해를 최소화하기 위하여 반자가 없는 건축물의 경우에는 지붕에도 방화(防火)에 지장이 없는 내부마감재료를 사용하도록 명시하고, 복합자재의 품질관리를 강화하기 위하여 건축물에 복합자재를 공급하는자, 공사시공자 및 공사감리자는 허가권자에게 복합자재품질관리서를 제출하도록하며, 허가권자는 필요한 경우 복합자재의 난연성능을 확인할수있도록 하려는 것임. 셋째, 집중호우로 인한 건축물의 침수피해를 방지하기 위하여 침수위험지구에 서건 축하는 공공건축물은 1층을 필로티로하고 국토교통부령으로 정하는 침수방지시설을 설치하도록하며, 고층건축물에 설치된 피난안전구역·피난시설 또는 대피공간에 대하여 화재등 발생시 피난용도로 사용되는 것임을 명시하도록하는 등 현행제도의 운영상 나타난 일부미비점을 개선·보완하려는 것임.
세월호 침몰	해운법	2015. 1.6	지난 4월16일 발생한 **세월호사고**는 화물과적, 선박평형수의부족, 화물고박불량 등 내항여객운송사업자의 안전관리소홀과 함께 내항여객선안전관리시스템 전반의 문제가 내재되어 발생하였던 것으로 나타난 바, 향후 이러한 참사가 다시는 발생하지 아니하도록 하기 위해서는 권한과 책임을명확히하고,안전관련규정을정비하며,처벌수준을강화하는등내항여객선안전관리체계를 혁신하는 한편, 노후여객선의 신조·대체활성화,수송수요기준등진입장벽의철폐등내항여객운송사업구조에대한전반적인개편이필요하다고할것임. 아울러, 내항 화물선은 2001년부터 유류세액 인상분에 대하여 정부가 지원해 주고 있으나, 최근 일부 내항화물운송사업자의 부정수급 문제가 제기되고 있어 이를 방지하기 위한 대책도 필요함. 이에 내항여객선 안전강화를 위하여 안전 관련 규정 및 면허체계를 전면 정비하고, 내항화물운송사업자의 유류세 지원금 부정수급 방지를 위한 처벌을 강화하는 한편, 그 밖에 현행 제도의 운영상 나타난 일부 미비점을 개선·보완하려는 것임.
세월호 침몰	선원법	2015. 1.6	지난 4월16일 발생한 **세월호사고**는 내항여객운송사업자의 안전관리소홀, 내항여객선의 안전관리시스템 문제와 함께 선원의 의무불이행 ,책임의식부족 등이 혼재되어 발생하였던 것으로 나타난바, 향후 이러한 참사가 다시는 발생하지 아니하도록 하기 위해서는 권한과 책임을 명확히하고, 선원의 자질과 능력검증을 강화하는 한편, 선원의 처우를 개선하는 등 체계적이고 종합적인 대책마련이 뒤따라야 할 것임. 이에 선장의 권한과 책임을 보다 분명히 하고 비상대비훈련을 강화할 수 있는 시스템을 마련하며, 안전관리승무원제도의 도입, 선장의 적성심사강화, 선박위험시나 충돌시 등에 인명구조조치를 다하지 아니한 선장등에 대한 처벌을 강화하는 한편, 그밖에 현행제도의 운영상 나타난 일부 미비점을 개선·보완하려는 것임.
세월호 침몰	선박 안전법	2015. 1.6	최근 발생한 **세월호사고**로 재발방지 및 문제척결을 위하여 선박안전을 도모하는 제도들의 전반적인 보완및대책마련이 시급하고, 선박사고는 그 특성상 육지에서 발생하는 사고에 비하여 그 위험과 피해가 매우 크나, 현행법률은

해당 재난	법령	제개정 날짜	개정이유
			선박안전관련검사 및 시험의 책임소재가 불명확하므로 이를 명확히 하는 한편, 세월호는 외국에서 도입된 중고선박으로 여객정원을 늘리기 위하여 여객실의 일부를 증축하였는데, 이러한 여객실증축은 선박의 복원성에 영향을 미칠수 있는 사항임에도 불구하고 현행법률에는 허가대상에서 제외되어있어 선박검사만 받으면 증축이 가능하게 되어있는바, 여객선의 경우복원성을 떨어뜨리면서 정원이나 화물량을 늘리기 위하여 여객실등 선박을 변경하거나 시설을 개조하는 것을 금지하고, 변경이나 개조를 위하여 선박소유자가 받아야 하는 허가사항을 현행 선박의 길이·너비·길이 및 용도의 변경뿐만 아니라 선박시설의 개조까지 확대할 필요가있 음. 또한, 국민의 안전과 재산을 보호하기 위한 선박결함 신고·확인업무의 실효성을 높이기 위하여 누구든지 선박의 감항성 및 안전설비의 결함을 발견한 때에는 해양수산부장관에게 신고하도록 의무화하고, 해양수산부 퇴직공무원들의 관련기관재취업문제와 관련하여 현행법률은 선주(船主)가 선박검사대행기관에서 선박검사원에 의하여 실시한 선박검사에 대하여 불복해 해양수산부에 재검을 요청하는 경우 선박검사관은 재검사를 하도록 규정하고 있는데, 퇴직한 선박검사관이 선박검사원이 되어 실시할 경우 엄정한 재검을 할수있을 것 인가에 대한 의구심이 있는바, 이를 방지할 수 있는 제도적 장치가 필요함 .아울러, 세월호 사고의 원인으로 지적되고 있는 복원성유지의무를 위반한 자에 대한 처벌의 강화는 물론 선박의 구조·시설을 불법으로 변경하거나 화물의 고박을 규정대로 하지 아니한 자에 대한 처벌을 강화하는 등 벌칙규정을 재정비할 필요가 있음.
세월호 침몰	수상에서의 수색구조 등에 관한 법률	2015. 7.24	**세월호침몰 참사** 이후 조난사고로부터 국민의 생명과 신체 및 재산을 보호하기 위하여 사고의 재발방지를 위한 안전관리의 강화, 사고발생시 신속한 구호조치실시, 사고에 대응하기 위한 시스템개선 등 대책마련의 필요성이 강조되고 있음. 이에 따라, 구조본부의 장으로 하여금 "풍랑"으로 조난사고가 우려되는 경우에도 이동 및 대피명령을 명할 수 있도록 하면서 그 대상을 어선에서 모든 선박으로 확대하고, 구난작업을 실시하기 위해 신고된 내용이 구난작업을 실시하는데 미흡하다고 인정되는 경우 필요한 사항을 보완한 후 다시신고하게 할 수 있도록 하며, 구난작업현장의 안전관리와 환경오염방지를 위하여 필요한 경우 안전관리조치를 명할수 있도록 하고, 민간해양구조대원으로하여금 국민안전처의 조난사고예방·대응활동을 지원할 수 있도록 하여 조난사고의 재발방지를 위한 안전관리를 강화하려는 것임. 또한, 구조본부의 장에 게인력의 파견외에 장비의 지원을 요청할 수 있는 권한을부여하고, 중앙구조본부로하여금 매년 수난구호협력기관 및 수난구호민간단체등과 공동으로 수난대비기본훈련을 실시한 후 그 결과를 국회소관상임위원회에 보고하도록 하며, 여객선비상수색구조계획서에 구명설비배치도를 기재하도록 하고, 조난현장에서의 수난구호활동의 지휘에 관한사항으로 수난구호요원의 안전확보를 위한 조치와 조난현장의 질서유지를 위하여 필요한 사항을 추가하며, 조난된 선박의 선장 및 승무원에 대한 구조의무를 명시하고, 국민안전처장관으로 하여금 수상에서 조난된 사람을 구조하기 위한 전문적인 능력을 갖추었다고 인정되는 사람에게 수상구조사자격을 부여할수 있도록 하며, 심해에서의 잠수 및 수난구호를 전문으로 하는 심해잠수사의 양성 및 관리를 위하여 심해잠수구조훈련센터를 설치할 수 있도록 하고, 조난사실을 신고하지 아니하거나 구조에 필요한 조치를 하지 아니하여 인명피해를 유발한 경우에 가중처벌을 할 수 있는 근거를 마련함으로써 사고발생시 신속하고 효율적인 구호조치를 실시할 수 있도록 하려는 것임. 아울러, 수난구호협력기관의 정의에 「재난및안전관리기본법」제3조제8호에 따른 긴급구조지원기관을 명시하여 유관기관과 체계적인 협력관계를 구축할 수 있도록 함으로써 사고에 대응하기 위한 시스템을 개선하려는 것임. 그밖에, 법률의 제명을 「수상에서의수색·구조등에관한법률」로 변경하고 선박관리인, 선박임차인 또는 선장을 대신하여 그 직무를 수행하는 사람에게도 이법 또는 이법에 따른 명령이 적용되도록 명시하여 법률의 목적과 내용을 명확하게 하는 등 현행제도의 운영상 나타난 일부 미비점을 개선·보완하려는 것임.

제 2 부

행정 부패와 통제

제 1 장

부패의 영향 요인: 정부 규모와 시계

1. 부패에 대한 개인의 인식과 부패 행위 • 진종순 · 서성아
2. 부패와 시계(Horizons)의 관계: 개발도상국과 미개발국을 중심으로 • 진종순
3. 정부의 규모와 부패 수준에 관한 연구 • 진종순 · 장지원

1 부패에 대한 개인의 인식과 부패행위[1)]

〈요 약〉

이 연구에서는 개인의 부패에 대한 인식이 실제 부패행위에 어떠한 차이를 가져오는지 실증적인 분석을 시도하였다. 주변의 많은 사람들이 부패행위에 연루되어 있다든가, 혹은 전 사회에 부패가 만연하다는 인식이 개인의 실제 부패행위를 부추기리라는 것은 어떻게 보면 너무도 당연한 주장이라고 볼 수 있겠다. 하지만 이러한 경우에도 이 연구는 어쩌면 당연한 공리(axiom)를 실증적·경험적으로 분석하려 했다는 점에서 의미를 찾을 수 있을 것이다. 이 연구에서는 분석의 논리를 위하여 사람들의 인식에 큰 변화를 가져오는 부패의 균형점인 티핑포인트(tipping point)를 제시하였다. 티핑포인트를 기준으로 한 단면에 해당되는 사회에 속한 사람들의 부패에 대한 인식이 티핑포인트의 다른 단면에 해당되는 사회에 속한 사람들의 인식과 큰 차이를 보일 수 있는데, 즉 한 사회에서 부패로 인식되는 행위는 다른 사회에서 부패로 인식되지 않을 수 있다는 것이다. 개인의 부패에 대한 인식과 함께, 이 연구에서는 통제변수로서 성별, 연령, 학력수준, 종사하는 사업체의 규모, 그리고 소득수준이 분석되었다. 분석에 의하면, 사회에 부패가 만연되어 있다는 전반적인 인식이 실제 금품제공으로 연결되지는 않는 것으로 추정되었으나, 금품제공의 효과를 인식할수록, 실제 금품제공으로 이어지는 것으로 추정되었다. 이 연구의 결과는 비록 제한적이기는 하지만, 타인의 부패행위에 대한 판단과 인식을 전환하는 것이 부패를 통제하는 데 매우 중요함을 암시한다.

1) 진종순·서성아. (2007).「행정논총」45권 3호, 233-247.

Ⅰ. 문제의 제기

개발도상국의 낮은 경제성장과 뒤처진 복지수준을 설명할 때, 부패는 항상 주요한 원인의 하나로 지적된다. 이러한 이유에서 개발도상국은 물론이고, 개발도상국의 채무이행에 관심이 있는 선진국에서도 부패는 중요한 문제로 주목되고 있다. 우리나라에서도 부패에 대한 관심은 지대하며, 부패의 수준을 낮추고 통제하기 위한 노력으로 국가청렴위원회가 활동을 하고 있다. 그럼에도 불구하고, 우리나라의 부패수준은 상당히 높은 것으로 평가된다. 기업인을 대상으로 조사하는 국제투명성기구(TI: Transparency International)의 '2006 뇌물공여지수(BPI: Bribe Payer Index)'에 의하면, 우리나라는 10점 만점에 5.83점으로 30개 조사대상국 중 21위를 차지했다. 우리나라는 이탈리아, 이스라엘, 브라질 등과 함께 '매우 부패한' 제3그룹으로 꼽혔다(국민일보, 2006.10.5).

부패는 개인적인 성격을 띤다. 물론 외부요인의 영향을 받을 것이나, 부패행위에 연루될 가능성이 있는 선택상황에서 개인이 어떠한 선택을 하는가가 부패의 가장 근본적인 원인이 되는 것이다. 대부분의 사람들은 주변사람들이 부패하다고 느낄 때, 양심의 가책을 덜 느끼고 거리낌 없이 부패행위를 저지를 것이며, 반대의 경우에는 부패행위에 연루되려 하지 않을 것이다(Klitgaard, 1988). 즉, 개인의 주변사람들에 대한 인식과 판단이 이들의 부패행위에 영향을 줄 것이다. 그렇다면, 언제 개인은 주변사람들이 부패하다고 인식할 것인가? 주변사람들의 부패행위에 대한 개인의 인식과 판단에 영향을 주는 요인으로서 부패의 균형점(corruption equilibrium), 혹은 부패의 티핑포인트(tipping point)는 의미를 가질 수 있다. 티핑포인트는 사람들의 인식이 전환되는 "시작점, 비등점, 결정적인 순간(the moment of critical mass, the threshold, and the boiling point)"을 의미한다(Gladwell, 2000). 즉, 개인의 주변에 대한 인식은 이러한 티핑포인트에서 큰 변화를 겪을 것이다. 이는 또한 티핑포인트를 기준으로 한 단면에 해당되는 사회에 속한 사람들의 부패에 대한 인식이 티핑포인트의 다른 단면에 해당되는 사회에 속한 사람들의 인식과 큰 차이를 보일 수 있음을 암시한다. 즉, 한 사회에서 부패로 인식되는 행위가 다른 사회에서는 동일하게 인식되지 않을 수 있다는 것이다.

또한 티핑포인트에서의 급격한 인식의 변화는 반대로 티핑포인트 이전과 이후의 경우에 매우 완만한 인식의 변화만이 있을 것임을 암시한다. 즉, 티핑포인트를 넘기 전까지 부패에 관한 인식변화는 미비할 것이며, 한 사회에서 부패에 대한 사람들의 인식은 크게 변화되기 어려울 것이다. 예를 들어, 부패의 티핑포인트를 지난 높은 부패수준의 사회에서는 사람들이 부패를 사회생활의 방식으로 이해하고 받아들일 것이다.

홍콩의 염정공서(廉政公署, ICAC: Independent Commission Against Corruption)의 예에서 보듯이, 부패의 통제를 위한 가장 유용한 방안은 강력한 수사권을 가진 독자적 반부패기구의 설립과 함께 장기적인 홍보를 통하여 국민의 인식을 바꾸는 것이다(Dininio, 2005). 이러한 홍보의 효과성을 제고하기 위해서는 현재 국민의 부패에 관한 인식뿐만 아니라 이러한 인식이 실제 부패행위에 어떠한 영향을 미치는지 파악해야 할 것이다. 즉, 사람들이 부패에 관하여 어떠한 인식을 가지고 있는지, 그리고 이러한 인식이 부패행위에 있어서 어떻게 반영되는가는 부패에 관한 가장 근본적인 연구주제가 되는 것이다. 이러한 관점에서, 이 연구는 개인의 부패에 관한 인식이 과연 실제 부패행위에 어떠한 차이를 가져오는지 경험적인 연구를 시도하고자 한다.

이 연구는 다음과 같이 구성된다. 우선 다음 장에서는 부패의 개념을 정의하고, 이 연구에서 사용된 부패에 대한 인식의 측정지표와 기존의 지표 간의 차이점을 살펴본다. 또한, 부패에 대한 개인의 인식을 설명하기 위하여 부패의 균형점(corruption equilibrium), 혹은 부패의 티핑포인트(tipping point)에 관한 논의를 한다. 이 연구에서 부패에 대한 개인의 인식은 '사회전반적인 부패인식'과 '금품제공의 영향인식'이라는 두 가지 변수를 추출하여 측정된다. 이와 함께, 통제요인으로 성별, 연령, 교육정도, 사업체의 규모, 소득수준 등이 부패행위에 미치는 영향에 대한 가설을 설정한다. 세 번째 장에서는 이들 가설을 경험적으로 증명해보기로 한다. 마지막 장에서는 분석결과를 정리하고, 정책적인 함의를 도출한다.

Ⅱ. 이론적 배경

1. 부패의 정의

부패의 연구에서 최초로 부딪치는 문제는 그 개념을 일률적으로 정의하기 어렵다는 것이다. 즉, 국가나 사회에 따라, 문화에 따라, 또는 논하는 사람에 따라 다양하게 부패가 정의되고 있다. 부패분야에서 가장 많이 인용되고 있는 정의 중 하나는 Heidenheimer(1970: 38-40)의 "Political Corruption"에서 Klaveren이 제시하고 있는 정의이다. Klaveren는 3가지 측면에서 부패를 포괄적으로 파악하고 있다. 즉 일상적으로 공직에서 일어나고 있는 부패로 공무원(civil servant)이 공공(the public)으로부터 과외의 소득을 얻기 위하여 자신의 권위(authority)를 남용하는 것이 첫 번째 측면이고, 두 번째 측면은 사회계약(social contract) 개념에 근거하여 모든 경제적 주체는 자신의 소득을 극대화하려고 하는 측면이 있음에 주목하고, 자유경쟁체제가 주어지면 다수의 구매자들과 다수의 판매자들간에 교환이 이루어지고 양자는 동등하게 강하게 되지만 일단 독점의 조건이 존재하게 되면 독점자는 자신의 이익을 극대화하게 되는 교환곡선을 선택하게 된다는 것이다. 마지막으로 공공자금(public treasury)이 존재하는 경우 집단적 형태로서 공무원이 조직적으로 사익을 극대화하는 경우를 제시하고 있다. 비교적 최근에 주목받고 있는 또 다른 논자로서 Ackerman(1991: 2)은 이기심(self-interest)이 어떻게 잘 관리되고 못 관리되는지를 이해함으로써 부패현상을 설명하고자 하였다. 즉, 사람들이 생산적 목적 및 경제적 활동의 이익을 분배하는 데 있어서 이득을 얻는 상황을 상정하고 경제학자들에 의해 지대추구(rent seeking)라고 불리어지는 행동으로 부패를 설명하였다. 국내에서의 주된 정의들을 찾아보면, 김해동(1974: 11-14)은 행위로서의 부패와 부패행위의 결과적 상태로서의 부패를 구분하여 고찰한 후 부패행위란 "직무와 관련하여 사적인 이익에 영향을 주기 위하여 공익을 침해하는 행위"로 정의하고 있다. 전수일(1984: 146)은 "공직자가 사리사욕을 위해 공직에 부수되는 공권력을 남용하거나 공직에 있음을 기회로 영향력을 직·간접적으로 행사함으로써 법규를 위반하는 경우(적극적 규정) 및 의무불이행 또는 부당행위 등으로 규범적 의무를 일탈하는 경우(소극적 규정)"로 규정하고 있다.

이상에서 살펴본 바와 같이 그간 제시되어 온 부패에 대한 다양한 정의들은 비교적 포괄적 관점에서 보는 경우와 직무나 직책을 중심으로 설명을 제한하는 경우, 마지막으로, 경제적인 관점이나 공공선택이론의 합리적 결정과정 관점에서 부패행위를 설명하는 경우로 대별해 볼 수 있다.

부패의 개념을 포괄적으로 다루고 있는 경우로는 앞에서 서술한 전수일(1984)의 정의나 Klaveren(1970)의 정의 외에 김영종(1985)의 정의 및 우리나라 부패방지법상의 정의에서도 찾아볼 수 있다. 김영종(1985: 143)은 도덕, 제도, 시장/교환, 공익, 기능주의 및 후기기능주의적 측면 등 부패정의에 대한 기존의 다양한 접근법들을 통합하는 관점에서 부패를 보고, 관료부패란 "사회문화적 규범위반의 결과로 발생하는 관료의 일탈행태 또는 행정현상"으로 정의하고 있다. 한편, 우리나라의 부패방지법은 부패를 다음 세 가지 항목을 포함하는 광범위한 의미로 파악하고 있다. 즉, 첫째로 "공직자가 직무와 관련하여 그 지위 또는 권한을 남용하거나 법령을 위반하여 자기 또는 제3자의 이익을 도모하는 행위"와 둘째 "공공기관의 예산사용, 공공기관 재산의 취득 · 관리 · 처분 또는 공공기관을 당사자로 하는 계약의 체결 및 그 이행에 있어서 법령에 위반하여 공공기관에 대하여 재산상 손해를 가하는 행위", 그리고 마지막으로, 이상에 규정된 행위나 그 은폐를 강요, 권고, 제의, 유인하는 행위를 부패로 규정하고 있다(부패방지법 제2조 제3항). 이상의 정의들은 부패를 하나의 측면에서 정의하기보다는 다방면의 측면에서 포괄적 · 통합적으로 규정하는 모습을 보이고 있다.

부패에 대한 개념을 직무나 직책을 중심으로 제한적으로 설명하고 있는 경우를 살펴보면, 앞에서의 김해동(1974) 외에도 윤태범(2000), 최영훈(2003)의 경우를 들 수 있다. 윤태범(2000: 2)은 "사적 이익의 획득을 위한 공적 권한의 위법부당한 사용"으로 정의하였고, 최영훈(2003: 151)은 부패의 개념을 설명함에 있어 레드테이프(red tape)와 연계하여 "행정부문에서 공무원이 직무와 관련된 권력을 부당하게 행사하여 사적인 이익을 추구하거나 또는 공공의 이익을 침해한 행위"로 정의하고 있어 이들 모두 공직의 직무나 직책을 중심으로 부패의 정의를 제한하고 있다.

경제적 관점에서 부패를 정의하는 학자들은 정치인, 혹은 공무원을 공공선택이론의 합리적 행위자로 파악한다. 따라서 통제기제가 없을 경우 합리적 행위자인 정치인, 혹은 공무원은 시민의 이익보다는 자신의 이익을 추구하기 위하여 불법적인 지대추구행위를 수행하게 되며, 이것이 바로 부패라고 정의하고 있다. 또한,

이러한 지대추구행위의 합법성 여부는 사회적인 여건에 따라 달라질 수 있다고 보고 있다(진종순, 2005: 180; Ades and Di Tella, 1999: 1). 이 연구에서 부패는 공공선택이론의 특정한 편익(special benefits)을 위한 로비를 의미하는 지대추구행위로 파악된다. 즉, 부패는 지대추구행위의 기제(mechanism)를 가지고 있다. 어떤 행위의 실현가능한 순편익(net benefits)이 순비용(net costs)을 상회할 때, 합리적인 개인은 자연적으로 지대추구행위를 하게 된다(Meier and Holbrook, 1992: 138; Huther and Shah, 2000: 2; Klitgaard, 1988: 22). 지대추구사회(rent-seeking society)에서뿐만 아니라 경쟁시장에서도 사람들은 독점지대(monopoly rents)를 획득하기 위하여 경쟁한다(Klitgaard, 1988: 41).[2] 이러한 지대추구행위의 개념은 부패를 이해하는 데 도움을 줄 수 있다. 하나의 영합게임(zero-sum game)인 지대획득을 위한 경쟁은 결과적으로 큰 사회적 비용을 가져온다(Hutchcroft, 1997: 649). 즉, 지대를 추구하는 로비스트(lobbyist)는 가치의 전이점(the value of the transfer)까지 자원을 소비하며, 이는 실질적인 자원을 생산하는 행위가 아니다. 결과적으로, 지대추구행위에 의하여 전 사회의 순이익은 줄어들게 되는 것이다. 불법적인 지대추구행위로서 부패는 이와 같은 지대추구행위의 특성을 가지고 있다. 즉, 부패행위에서 행위자는 가치의 전이점까지 자원을 소비하며, 이로 인하여, 전 사회적인 순이익은 줄어들게 된다(진종순, 2005). 이러한 논의에 바탕을 두고, 이 연구에서의 부패는 "정치인과 관료의 불법적인 지대추구행위(illegal rent seeking behavior by politicians and bureaucrats)"로 정의된다.

〈표 1〉 부패의 정의

분류	해당학자
포괄적 관점	Klaveren(1970), 전수일(1984), 김영종(1985)
제한적 관점	김해동(1974), 윤태범(2000), 최영훈(2003)
경제적 관점	Ackerman(1991), Klitgaard(1988), Ades and Di Tella(1999), 진종순(2005)

2) 예를 들어, 수입면허와 같은 권리는 종종 큰 수익으로 연결된다.

2. 부패에 대한 인식의 측정

부패에 대한 여러 인식조사들은 부패현상이 가지고 있는 객관적 정의와 측정의 어려움으로 인한 한계를 내포하고 있다. 즉, 부패는 사회와 문화에 따라 상이하게 정의되므로 하나의 일관된 척도에 따라 측정되기 어렵다. 더욱이 부패문제는 밖으로 드러나기보다는 은밀히 다루어지는 특성을 가지고 있으며, 경우에 따라서는 수집 및 발표주체에 의해 체계적으로 왜곡될 가능성도 있기 때문에, 각국에서 제공하고 있는 부패관련 경성자료의 신뢰성에는 한계가 있다고 할 수 있다. 이러한 관점에서 경성자료의 대안적으로 주목받은 것이 각종 설문조사에 근거한 부패인식관련 지수들이다(Lancaster & Montinola, 2001: 7). 부패인식관련 지수들의 대표적인 사례로는 국제적으로 가장 많이 통용되고 있는 국제투명성기구(TI: Transparency International)의 부패인식지수(CPI: Corruption Perception Index)와 국내적으로 국가청렴위원회의 공공기관청렴도지수 그리고 서울시의 반부패지수(Anti-Corruption Index)가 있다.

국제투명성기구(TI)는 1995년 처음으로 시작한 이래 각국의 부패실태에 대해 매년 부패인식지수(CPI)를 발표하고 있다. 부패인식지수(CPI)의 주요 특징을 살펴보면 우선, 이 지수는 다양한 조사기관들의 부패관련 설문조사의 결과값을 단순조합하여 평균한 값을 사용한다는 측면에서 설문조사의 설문조사(poll of polls)로 설명되고 있다. 2006년의 경우, 세계경제포럼(WEF: World Economic Forum), 프리덤하우스(Freedom House) 등을 비롯한 9개의 독립기구들에 의해 수행된 12개의 설문조사결과들 중 부패수준과 관련된 항목들만을 집계하여 지수를 산출하고, 가장 부패정도가 낮은 경우를 10, 가장 부패정도가 심한 경우를 1로 하여 각국의 부패정도를 평가하고 있다. 또한, 각 국가별로는 최소한 이전 3년간 3개 이상의 자료를 사용하여 특정시점의 사건이 부패지수에 미치는 영향을 줄이도록 하고 있다. 그러나 주된 정보원이 설문조사에 있기 때문에 결과적으로 이 지수는 인식에 초점을 맞춘 지수이며, 포함된 대부분의 설문조사들이 주로 경제인들을 대상으로 하고 있어서 그 초점이 주로 기업들의 경제활동 측면에 맞추어져 있는 점이 한계로 지적되기도 한다(박흥식, 2001: 76-77; 이상환, 2001: 6-7; Lambsdorff, 2006: 2-9). 또한, 이 지수는 객관적인 실측자료가 아닌 주관적인 인식자료를 사용하므로 국가간 비교기준으로는 무리가 있다는 측면, 자료사용의 일관성이 결여되어 있어 매년 부패인식지수의 변화가 각국의 부패정도만을 반영했다기보다는 설문조사대상과 사용자료의 변화에도 기인할 수 있다는 측면, 그리고 다양한 작성방법으로 측정된 상이한 통계자료들의 사용으로 인해 측정오차가 발생할 가능성이 있다는 측면 등 (박재완 · 박영원, 2002: 19-20; 이상환, 2001: 7)에서 비판을 받고 있다. 그러나 현재까지 국제적으로 가장 영향력 있는 부패관련 지수이며 각국 정부의 역량과 국가경쟁력 평가에 있어 부패분야의 대안적 기준으로 활용되고 있다.

〈표 2〉 2006 국제투명성기구 부패인식지수(CPI)의 자료원

조사기관	조사명	조사연도
세계은행 (World Bank)	국가정책 및 제도평가 (Country Policy and Institutional Assessment)	2005
이코노미스트 정보 연구소 (Economist Intelligence Unit)	국가재난서비스와 국가예측 (Country Risk Service and Country Forecast)	2006
프리덤 하우스 (Freedom House)	국가변동 (Nations in Transit)	2006
국제경영개발연구원 국제경쟁력센터 (IMD International, Switzerland, World Competitiveness Center)	세계경쟁력연감 (World Competitiveness Yearbook)	2005 2006
국제무역상그룹 (Merchant International Group)	회색지대 역동성 (Grey Area Dynamics)	2006
정치경제위험컨설팅 (Political & Economic Risk Consultancy)	아시아 정보 뉴스레터 (Asian Intelligence Newsletter)	2005 2006
유엔 아프리카 경제위원회 (UN Economci Commission for Africa)	아프리카 거버넌스 보고서 (Africa Governance Report)	2005
세계경제포럼 (World Economic Forum)	세계경쟁력보고서 (Global Competitiveness Report)	2005/6 2006/7
세계시장조사센터 (World Markets Research Centre)	위험평가 (Risk Ratings)	2006

출처: Johann Graf Lambsdorff. (2006). “The Methodology of the Corruption Perceptions Index.” p.12 표에서 발췌하여 재구성함.

국가청렴위원회에서 발표하고 있는 공공기관청렴도는 1999년에 청렴도 측정모형이 개발된 이래 현재까지 매년 발표하고 있는 지수로서 행정서비스의 수요자인 민원인과 유관기관 등을 대상으로 하여 공공기관별 부패실태 및 부패요인을 진단하는 한편, 측정결과 나타난 취약분야에 대해 효율적인 부패방지대책 수립을 지원하고 공공기관의 자율적인 개선노력을 유도하는 데 목적을 두고 있다. 주요 특징으로는 청렴도를 측정하는 데 있어 '대민 · 대관업무 청렴도'와 '내부업무 청렴도'로 구분하여 각각에 대해 체감청렴도와 잠재청렴도를 측정하고 이 두 가지 지수를 합한 값을 사용하는 점이다. 이는 우리나라의 부패현상이 제도와 업무환경, 문화, 사회적 구조와 관행에 의한 것으로 공직자 강요뿐만 아니라 민간인들의 관행, 적극적 역할에도 책임이 있다는 시각을 반영하고 있다(박흥식, 2001: 71). 2006년 공공기관 청렴도 측정은 대민과 대관 업무청렴도에 있어서 304개 기관의 부패가능성이 높은 대민 · 대관업무를 대상으로 하고 있고, 내부업무 청렴도에 있어서는 93개 기관의 인사, 예산집행 등 내부업무를 대상으로 총11개 항목을 각각 측정하고 있다. 국가청렴위원회의 공공기관 청렴도의 측정결과는 대민 · 대관 업무청렴도의 경우 대외에 발표하는 한편, 기관에 통보함으로써 자율적인 개선노력을 기울이도록 유도하고 있다. 다만, 내부업무 청렴도의 경우는 2006년이 시행초기로 종합분석 및 기관통보만하고 대외발표를 하지 않을 것임을 밝히고 있다(국가청렴위원회, 2006: 2).

〈표 3〉 대민 · 대관 업무 청렴도와 내부업무 청렴도의 비교

구분	대민 · 대관 업무청렴도	내부업무 청렴도
측정기관	· 304개 기관	· 93개 기관
측정대상업무	· 부패가능성이 높은 대민 · 대관 업무	· 인사, 예산집행 등 내부업무
측정항목	· 총11개 항목 – 체감청렴도 (3개 항목) – 잠재청렴도 (8개 항목)	· 총11개 내외항목 – 체감청렴도 (3개 항목) – 잠재청렴도 (8개 항목)
표본구성	· 기관별 500표본 원칙 · 기초자치단체는 185표본	· 기관별 70–90표본
조사방법	· 전화조사	· 온라인조사
결과의 활용	· 대외발표, 기관통보	· 시행초년으로 종합분석만 실시 · 기관 통보

출처: 국가청렴위원회. (2006). '06년도 공공기관 청렴도 측정 실시계획. p.2

서울시의 청렴지수는 1999년 개발되어 서울시의 5대 민생취약분야로 분류된 위생, 세무, 주택건축, 건설공사, 소방분야에 대해 측정이 실시되었다. 2000년에는 교통행정, 공원녹지 등 2개 분야가 추가되었고, 2001년에는 환경분야가 추가되어 총 8개 분야로 확대 · 실시되어 오고 있다(윤종설, 2002: 129). 또한, 2004년부터는 조사대상 연도기준을 전년도로 하던 것을 당해년도로 변경하고 명칭도 기존의 "반부패지수"에서 "청렴지수"로 변경하였다. 청렴지수 조사대상은 8개 민생분야 민원처리 경험이 있는 시민이나 업체로 하였고, 반부패지수 항목으로 부패유발요인과 부패수준으로 구분하여 측정하고 있다. 각 항목들은 비중을 달리하여 측정하고 있는데 부패유발요인 항목은 52.9%, 부패수준 항목은 47.1%로 비중을 차별화하였고, 부패유발요인 항목 내에는 부패유발요소로서 행정제도, 행정통제, 사회조직문화의 3가지 요소를 구분하여 각 요소별 평가지표에 대해 중요도를 달리하여 측정하고 있다(서울특별시. 2005: 6).

〈표 4〉 서울시 청렴지수 산정 평가지표

구분	항목	중요도	요소	중요도	평가지표	중요도
청렴 지수 (청렴성)	부패 유발 요인	52.9	행정제도	36.4	행정절차	34.9
					정보공개	30.0
					행정규제	35.1
			행정통제	27.1	불복 · 이의제기	52.4
					외부감시	47.6
			사회조직문화	36.8	부패방지 노력도	36.2
					금품제공 수용도	36.2
					조직문화	31.2
	부패 수준	47.1	–	–	부패발생 빈도	53.6
					부패규모	46.4

출처: 서울특별시. (2005). 「2004－2005 청렴지수」 조사결과. p.6.

이 논문에서 기초자료로 사용된 공직부패 실태조사는 한국행정연구원에서 2001년부터 실시해 온 부패관련 인식조사로서 크게 세 가지 측면에서 기존의 조사와 차이가 있다. 우선, 공직부패 실태조사는 조사대상자의 선정에 있어서 일반

국민을 대상으로 폭넓게 조사하기보다는 행정기관과 관련하여 업무처리경험이 있거나 관련이 있었던 자영업자를 비롯한 기업체의 업무담당자를 중심으로 설문대상자를 선정하였고, 조사내용에 있어서 부패현상에 대한 인식뿐만 아니라 실질적인 경험에 대해 조사하고 있다. 또한, 우리나라 공직사회의 부패에 대한 인식과 경험을 기능분야별로 구분하여 접근함으로써 공직사회를 포함한 사회전반에서의 부패실태와 함께 사회 각 분야별 부패현상을 파악하고 비교분석이 가능하도록 하고 있다. 마지막으로 공직사회 부패발생실태와 함께 부패유발요인과 그에 따른 부패문제 해소방안 등을 조사함으로써 민원인을 중심으로 한 설문응답자들이 인식하고 있는 부패유발요인과 반부패 정책방향제시에 초점을 맞추고 있다. 공직부패 실태조사의 주요내용은 부패에 대한 인식, 부패에 대한 개인적 경험 및 부패발생요인 및 해소방안에 대한 견해로 구분되어 있다. 부패에 대한 인식에서는 공직사회전반에서의 부정부패의 만연정도와 부패행위의 필요성, 행정기능 분야별 부정부패의 만연정도, 행정계층별 부정부패의 만연정도, 직업유형별 부정부패의 만연정도, 공직분야 내 직종유형별 부정부패의 만연정도 등을 조사하고 있고, 부패에 대한 개인적 경험에서는 부정부패 유발자로서의 주도적 역할수행자, 금품이나 접대의 제공동기, 금품제공의 실제적 경험, 금품의 규모와 제공한 행정기능분야 등

〈표 5〉 공직부패 실태조사의 주요내용

구분	세부내용
부패에 대한 인식	– 공직사회전반에서의 부정부패의 만연정도 – 부패행위의 필요성 – 행정기능 분야별 부정부패의 만연정도 – 직업유형별 부정부패의 만연정도 – 공직분야내 직종유형별 부정부패의 만연정도
부패에 대한 개인적 경험	– 부정부패 유발자로서의 주도적 역할수행자 – 금품이나 접대의 제공동기, 금품제공의 실제적 경험 – 금품의 규모와 제공한 행정기능분야
부패발생 요인 및 해소방안	– 부패유발요인 ‣ 업무환경측면 ‣ 행정제도측면 ‣ 공직자 인적측면 ‣ 부패에 대한 통제측면

출처: 박중훈 · 서성아(2005). 공직사회 전반에서의 부패실태 및 추이분석. p.4의 내용을 재구성함.

을 질문하고 있다. 부패유발요인 및 해소방안에서는 부패유발요인을 업무환경측면, 행정제도측면, 공직자 인적측면, 부패에 대한 통제측면으로 구분하여 세부항목을 분류하고 우선적으로 개선해야 할 항목을 조사하고 있다(박중훈 · 서성아, 2005: 2-4).

3. 부패의 균형점

부패의 균형점(corruption equilibrium), 혹은 티핑포인트(tipping point)에 관한 논의를 전개하기 전에 우선 개인이 어떻게 금품을 제공하는 결정을 내리는지에 관한 논의가 필요하다. Klitgaard(1988: 71)가 설명한 대리인(agent)의 의사결정트리(decision-making tree)는 부패행위에 연루되는 개인의 의사결정과정을 잘 보여준다. 부패에 관한 사람들의 인식과 의사결정은 부패의 도덕적 비용이 있는가 없는가에 의하여 묘사될 수 있을 것이다(Klitgaard, 1988: 69).

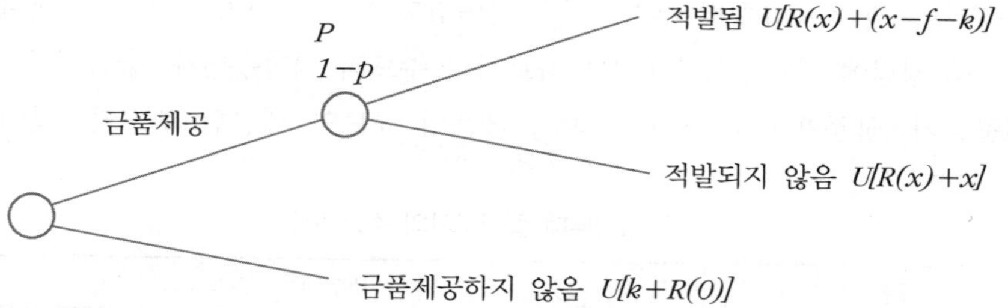

k: 합법적인 수입
x: 부패행위에서 얻는 이익
p: 부패행위가 적발되고 벌을 받을 확률
f: 벌금의 액수
$R(0)$: 부패행위에 연루되지 않음으로 인한 도덕적인 만족도
$R(x)$: 금품을 제공받음으로 인한 도덕적인 비용
U: 부패에 연관된 사람들의 효용

자료: Klitgaard, Robert(1988: 71).

이러한 의사결정트리에 의하면, 부패행위에 연루된 사람들의 기대된 효용은 다음의 공식으로 표현될 수 있다. 공식에서 계산된 기대효용이 부패행위에 연루되지 않을 경우의 효용보다 클 경우에 사람들은 부패행위를 저지르는 결정을 할 것이다.

$$EU = U / [R(x)+p(x-f-k)+(1-p)x]$$

이전의 부패수준은 현재의 부패수준과 선형관계를 갖는 것이 아니다. 그보다, 한 사회의 부패수준은 부패의 균형점, 혹은 티핑포인트에서 큰 변화를 겪게 된다.[3] Gladwell(2000: 12)은 티핑포인트를 “시작점, 비등점, 중요한 순간(the moment of critical mass, the threshold, and the boiling point)”이라고 표현한다. 사람들의 인식과 행태는 점진적으로 변화하는 것이 아니라, 한 순간에 극적으로 변화한다. 티핑포인트에서의 사람들의 작은 인식 · 행태 변화는 부패수준에 큰 영향을 줄 수 있다. 만약 어떤 한 사람이 주위의 어느 누구도 뇌물을 주고받고 있지 않다고 생각한다면, 그 사람에게 뇌물을 주고받는 결정은 매우 어려운 것이 될 것이다. 이와 반대로, 어떤 한 사람이 대부분의 주변 사람들이 뇌물을 주고받고 있다고 생각한다면, 그 사람에게 뇌물을 주고받지 않는 결정을 하는 것 또한 매우 어려울 것이다(Klitgaard, 1988). 이러한 관점에서, Rose－Ackerman(1999: 124), Andvig & Moene(1990)은 높은 그리고 낮은 부패의 균형점에 관해 언급한다. 부패의 균형점에서의 사람들의 인식 · 행태의 작은 변화는 부패의 균형점에서 위에서 아래로, 혹은 아래에서 위로의 이동을 가져올 수 있으며, 한 사회의 부패수준에 큰 변화를 가져올 수 있다. 티핑포인트를 포함한 과거의 부패수준과 현재의 부패수준 간의 관계는 $e^{-corruption_{t-1}}$과 같이 표현될 수 있다. <그림 1>은 이러한 관계를 보여준다.

그림 1 전년도와 현재 부패수준 간의 관계

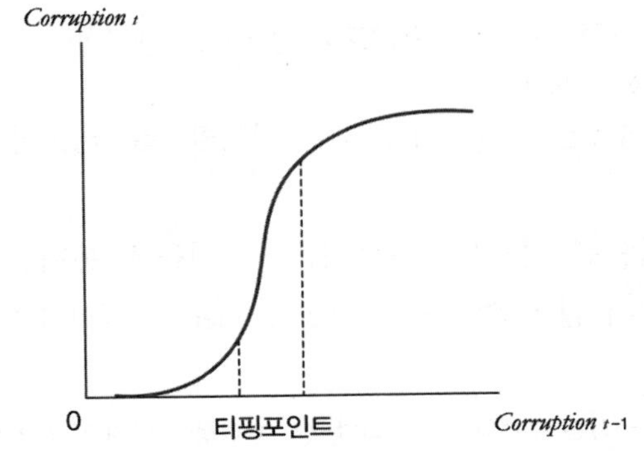

3) 티핑포인트(tipping point)에 관한 설명은 Gladwell(2000)을 참고할 것.

티핑포인트에서 사람들의 인식·행태의 변화는 부패가 왜 사회마다 다르게 인식이 되는가를 설명한다. 예를 들어서, 티핑포인트의 위에 해당되는 사회에 속한 사람들의 부패에 대한 인식은 티핑포인트의 아래에 해당되는 사회에 속한 사람들의 그것과 큰 차이를 보일 것이다.[4)] 즉 사회마다 사람들의 인식차가 크므로 한 사회에서 부패로 인식되는 행위가 다른 사회에서는 부패로 인식되지 않을 수 있다는 것이다. Rose－Ackerman(1999: 5)도 사회에 따라 부패의 개념이 상이하여 한 사회에서는 뇌물(bribe)인 것이 다른 사회에서는 선물(gift)이 되는 경우도 있고, 정치지도자나 관료가 가족이나 친인척을 돕는 것이 한 사회에서는 미덕이지만 또 다른 사회에서는 부패를 의미할 수 있다고 지적하고 있다. 다시 말해서, 부패의 티핑포인트를 넘어 높은 부패수준의 사회에서 생활하는 경우에, 사람들은 부패를 사회에서 살아가는 하나의 생활방식으로 이해하고 인내할 것이다.[5)] 이러한 사회에서 부패는 시장에서 물건을 사고파는 방법과 같이 학습되어, 젊은 세대들은 부패행위를 모방하게 될 것이다. 멕시코(Mexico)의 한 정치인의 말에서 이러한 예를 찾아볼 수 있다. 그는 "가난한 정치인은 불쌍한 정치인이다(a politician who is poor is a poor politician)"라고 자랑스럽게 얘기했다고 한다(Oppenheimer, 1996). 이러한 논의를 바탕으로 이 논문에서는 다음과 같은 가정이 제시된다. 두 가지 가설은 사람들의 부패에 대한 인식을 살펴본다는 점에서 차이가 없으나, 다만 사람들이 사회 전반적으로 느끼는 인식인지, 아니면 보다 자신이 처한 상황을 고려하고 있는지에 차이가 있다.

가설 1.1: 사회전반의 부패만연도가 높다고 인식할수록, 금품을 제공한 경험이 있을 것이다.
가설 1.2: 금품제공의 영향이 크다고 인식할수록, 금품을 제공한 경험이 있을 것이다.

이 연구에서는 분석을 위하여 다음의 요인들을 통제변수로 사용하였다. 우선, 부패현상에 있어서 많은 연구들이 성별(gender)을 영향요인으로 주목하고 있는 것

4) Husted(1999: 355)는 부패와 사회문화가 상호관련성을 가지고 있으며, 문화적 가치는 바뀌지기도 힘들 뿐만 아니라 바뀐 문화적 가치가 사회 모든 구성원들에게 공유되고 정착될 때까지는 오랜 세월이 소요된다고 지적하고 있다.
5) 사회적으로 통념상 정치가나 공무원이 자신의 가족이나 친지, 지지자들을 돕는 것이 자연스러운 문화로 받아들여지고 그것이 부정부패로 인식되지 않는 경우에는 부패가 일어날 확률이 높아진다(Rose-Ackerman, 1999: 5).

을 볼 수 있다. 이들 연구들은 여성노동력이 전체노동력에서 차지하는 비율이 부패수준과 관련이 있다고 보고, 여성의 사회참여율을 높이면 부패가능성을 낮출 수 있다고 주장하고 있다(Azfar, Knack and Lee, 1999: 34; Bryan W. Husted, 1999: 350-355; Swamy, Knack, Lee and Azfar, 2001: 53). 구체적으로 부패가 발생하는 기존의 남성중심적 인맥(bribe-sharing old boy networks)에 여성이 참여할 가능성이 적다는 것과(Azfar, Knack and Lee, 1999: 31), 남성이 여성보다 부패에 대한 관용정도가 높다는 것을 실증적으로 증명하고, 이러한 측면에서 이들은 성(gender)적 차별성(difference)이 정책에 반영된다면 실질적으로 부패를 줄일 수 있을 것이라고 강조하고 있다(Swamy, Knack, Lee and Azfar, 2001: 51-53). 한마디로, 여성의 사회활동이 증가될 경우, 부패의 수준도 낮아질 수 있다는 것이다. 이와 같은 논의를 바탕으로 연구자는 다음의 가설을 도출하였다.

가설 2: 남성이 여성보다, 금품을 제공한 경험이 많을 것이다.

연령 · 세대 간에 나타나는 사고방식이나 행태의 차이는 소위 세대차라 일컬어지며 사회집단을 구분하는 기준의 하나로 제시되고 있다. 일례로, 우리사회의 대표적인 특징인 유교문화적 가족주의 또는 연고주의는 개개의 구성원을 중시하기보다는 공동체로서의 가족 또는 지연, 학연, 혈연에 근거한 공동체를 중시하고, 이러한 공동체적 인간관계가 이웃을 거쳐 사회로 확대되는 행동양식, 사회관계 및 가치체계로 파악된다. 이러한 유교적 가족주의 내지 연고주의 문화는 우리사회의 혈연, 지연 및 학연 등에 연루된 비리, 혹은 조직에 대한 충성의 입증방법으로 내부의 부패를 은닉하는 양상으로 나타난다(김용철 · 윤종설, 2004: 52; 조은경 · 이정주, 2006: 491-493). 이러한 유교문화적 가족주의나 연고주의는 일반적으로 젊은 세대에서보다는 연령이 높은 세대에서 발견되고 있으며, 젊은 세대로 갈수록 유교문화적 가족주의는 희미해지고 있다. 또한 일반적으로 연령이 높은 사람일수록 보수적 성향을 띨 가능성이 많고, 사회풍조나 시류에 영합할 가능성이 많은 것으로 인식되고 있다. 이러한 논의를 배경으로 다음의 가설을 제시한다.

가설 3: 높은 연령대일수록, 금품을 제공한 경험이 있을 것이다.

일반적으로 한 사회의 교육수준은 사회발전이나 경제발전에 긍정적인 영향을 주는 한편, 부패문제를 줄이는 데 기여하는 것으로 나타나고 있다. 즉, 높은 교육수준은 한 사회에서 민주주의를 실현시키고, 경제·산업구조 고도화에 기여할 뿐만 아니라 시민들로 하여금 정부의 부정부패에 대해 보다 많은 관심을 갖게 한다. 따라서 시민들이 부패의 감시기능을 수행하게 됨에 따라 부패현상을 줄이는 효과를 가져온다(Gani Aldashev, 2004: 13). 이러한 측면에서 다음의 가설을 도출하였다.

가설 4: 학력수준이 낮을수록, 금품을 제공한 경험이 있을 것이다.

부패현상을 보는 다양한 관점 중 기능주의자들의 관점에 따르면, 부패는 사회의 소수(minority)가 목표를 달성하기 위한 수단으로 이용되어 왔다. 즉, 기존의 공식화된 제도 하에서 소수는 정책결정과정에서 소외될 가능성이 높고, 결과적으로 그들의 주장이 정책결정에 반영되기는 쉽지 않다. 따라서 이들은 정책결정에 대한 자신들의 영향력을 높이기 위해 정치머신(political machine)과 같은 각종 수단을 동원하게 되는데 여기서 부패가 일어날 수 있다. 이 과정에서 부패는 즉각적(immediate)이고 명확하며(specific) 구체적(concrete)인 이익을 제공한다는 것이다(Huntington, 1968: 64). 민간기업의 경우에도 소규모의 기업일 경우, 부패를 수반한 방법을 동원할 가능성이 높아진다고 이해할 수 있다. 이러한 관점에서 다음의 가설을 제시한다.

가설 5: 규모가 작은 기업체에 근무할수록, 금품을 제공한 경험이 있을 것이다.

개인의 소득수준 또한 부패의 요인이 될 수 있다. 일반적으로 한 국가의 소득수준과 부패의 영향관계는 부(-)의 관계로 나타나고 있고(Blake & Martin, 2006: 5; Husted, 1999: 351), 개인차원의 소득수준에 관한 연구의 경우에도 대체로 부(-)의 관계로 나타난다. 대부분의 연구는 공무원의 보수수준이 낮을수록 부패유발 가능성이 증가한다고 지적하고 있다(이상열·박종구, 2004; 173). 하지만 뇌물제공자의 소득수준과 관련해서는 뇌물제공자가 소득수준이 낮은 영세업자일 경우, 영업상 이해관계나 활동범위가 제한되고 결과적으로 관련 공무원에게 금품을 제공할 필요성이 낮을 수 있는 반면, 뇌물제공자의 소득수준이 높은 경우 사업상 이해관계나 활동범위가 보다 확대되며 결과적으로 관련 공무원에게 금품을 제공할 여지도 높을 수 있다. 이러한 논의를 바탕으로, 이 연구에서는 다음과 같은 가정이 제시된다.

가설 6: 소득수준이 높을수록, 금품을 제공한 경험이 있을 것이다.

Ⅲ. 자료의 구성과 분석방법

이 연구에서는 한국행정연구원에서 2004년과 2005년에 기업체 관계자 300명 및 자영업자 200명 등 500명을 대상으로 실시한 공직부패의 실태에 관한 설문조사를 분석을 위한 자료로 사용하였다. 표본으로 선정된 기업체의 경우, 제조업, 건설업, 숙박/위생, 사회복지, 서비스, 농수축산, 그리고 도소매 등 7개 업종별로 비율에 따라 추출되었고, 자영업의 경우에는 서울 등 5개 대도시의 도소매, 음식/숙박, 기타 서비스를 중심으로 도시규모에 따라 비례적으로 할당하여 모두 20개 지점에서 각각 10개씩 총 200개의 표본이 추출되었다. 선정된 자영업과 기업체에서 계약, 인허가, 납품 등 관공서와 연관된 업무를 담당하는 사람을 대상으로 대면면접을 실시하였는데, 설문조사는 2004년 9월 중순과 2005년 6월 말에서 7월에 실시되었다(한국행정연구원, 2004; 2005).[6)]

이 연구에 사용된 설문지는 총 66문항으로 구성되어 있는데, 이 가운데서 부패에 대한 개인의 인식에 따른 실제 부패연루 정도를 측정하기 위하여 13개의 문항이 사용되었다. 설문은 '매우 보편적', '매우 심각함', '매우 증가', '매우 필요함', '매우 긍정적' 등 현재 부패가 심각하다는 응답을 '1'로, '매우 예외적' 혹은 '전혀 심각하지 않음', '매우 감소', '전혀 불필요함', '매우 부정적' 등 현재 부패가 심각하지 않다는 응답을 '6'으로 하는 6점 척도를 사용하였다. 개인의 부패인식정도를 측정하기 위한 두 가지의 변수인 '사회전반적인 부패인식'과 '금품제공의 영향인식'의 평균값과 표준편차는 다음의 <표 6>과 같다. 두 개 연도를 비교하여 큰 의미를 도출하는 것은 무리가 있겠으나, 사회전반적인 부패인식에서 보면 2004년보다 2005년에 사회전반적인 부패인식이 개선된 것을 알 수 있다.[7)] 또한, 금품제공의 영향인식에서는 2004년과 2005년도에 큰 차이가 없는 것으로 판단된다.[8)]

---

6) 면접조사는 민간여론조사기관인 현대리서치 연구소에서 담당하였다(한국행정연구원, 2005).

7) 유의성검정(paired-difference test)에 의하면, 평균차이는 0.194이고 t값은 -4.052, p값은 0.000으로 나타났다.

8) 유의성검정에 의하면, 평균차이는 0.042이고 t값은 0.744, p값은 0.457로 나타났다.

〈표 6〉 설문문항의 평균과 표준편차(2004년/2005년)

변수	평균	표준편차
사회전반적인 부패인식	2.922/3.116	0.801/0.750
금품제공의 영향인식	3.759/3.717	0.938/0.931

2004년의 응답자 특성(<표 7> 참조)을 보면, 성별로는 남 49.0%(245명), 여 51.0%(255명)로 남녀 간 성별의 비율에 있어서 균형을 보이고 있다. 연령별로는 20대 20.4%(102명), 30대 37.2%(186명), 40대 28.2%(141명), 50대 13.0%(65명), 60대 이상 1.2%(6명)로 나타났다. 교육 정도에 있어서는 중졸 2.0%(10명), 고졸 31.6%(158명), 대졸 61.4%(307명), 대학원졸 5.0%(25명)로 대졸인 학력수준이 가장 많았다. 소득수준은 99만원 이하 5.6%(28명), 100~199만원 28.8%(144명), 200~299만원 34.8%(174명), 300~399만원 16.0%(80명), 400~499만원 9.2%(46명), 500만원 이상 5.6%(28명)이었으며, 200~299만원 사이가 가장 높은 빈도를 나타냄을 알 수 있다. 사업체규모로는 대기업 6.0%(30명), 중소기업 54.0%(270명), 자영업 40.0%(200명)로 나타났다.

〈표 7〉 설문응답자의 특성(2004년)

단위: %(명)

구분		비율	구분		비율
성별	남	49.0(245)	소득수준	99만원 이하	5.6(28)
	여	51.0(255)		100~199만원	28.8(144)
연령	20대	20.4(102)		200~299만원	34.8(174)
	30대	37.2(186)		300~399만원	16.0(80)
	40대	28.2(141)		400~499만원	9.2(46)
	50대	13.0(65)		500만원 이상	5.6(28)
	60세 이상	1.2(6)	사업체규모	대기업	6.0(30)
학력	중졸	2.0(10)		중소기업	54.0(270)
	고졸	31.6(158)			
	대졸	61.4(307)		자영업	40.0(200)
	대학원졸	5.0(25)			

2005년의 응답자 특성(<표 8> 참조)을 보면, 성별로는 남 68.8%(344명), 여 31.2%(156명)로 남녀 간 성별의 비율에 있어서 다소의 편차를 나타내고 있다. 이는 전체 기업활동에서 남성의 비율이 상대적으로 높은 모집단의 특성을 반영하는 것이라고 볼 수 있겠다. 연령별로는 20대 8.0%(40명), 30대 41.0%(205명), 40대 35.0%(175명), 50대 12.6%(63명), 60대 이상 3.4%(17명)로 나타났다. 교육 정도에 있어서는 중졸 3.6%(18명), 고졸 34.0%(170명), 대졸 58.0%(290), 대학원졸 4.4%(22명)로 대졸인 학력수준이 가장 많았다. 소득수준은 99만원 이하 3.8%(19명), 100~199만원 22.4%(112명), 200~299만원 40.0%(200명), 300~399만원 21.2%(106명), 400~499만원 8.8%(44명), 500만원 이상 3.8%(19명)이었으며, 200~299만원 사이가 가장 높은 빈도를 나타냄을 알 수 있다. 사업체규모로는 대기업 6.0%(30명), 중소기업 54.0%(270명), 자영업 40.0%(200명)로 나타났다.

〈표 8〉 설문응답자의 특성(2005년)

단위: %(명)

<table>
<tr><th colspan="2">구분</th><th>비율</th><th colspan="2">구분</th><th>비율</th></tr>
<tr><td rowspan="2">성별</td><td>남</td><td>68.8(344)</td><td rowspan="6">소득수준</td><td>99만원 이하</td><td>3.8(19)</td></tr>
<tr><td>여</td><td>31.2(156)</td><td>100~199만원</td><td>22.4(112)</td></tr>
<tr><td rowspan="5">연령</td><td>20대</td><td>8.0(40)</td><td>200~299만원</td><td>40.0(200)</td></tr>
<tr><td>30대</td><td>41.0(205)</td><td>300~399만원</td><td>21.2(106)</td></tr>
<tr><td>40대</td><td>35.0(175)</td><td>400~499만원</td><td>8.8(44)</td></tr>
<tr><td>50대</td><td>12.6(63)</td><td>500만원 이상</td><td>3.8(19)</td></tr>
<tr><td>60세 이상</td><td>3.4(17)</td><td rowspan="5">사업체규모</td><td>대기업</td><td>6.0(30)</td></tr>
<tr><td rowspan="4">학력</td><td>중졸</td><td>3.6(18)</td><td rowspan="2">중소기업</td><td rowspan="2">54.0(270)</td></tr>
<tr><td>고졸</td><td>34.0(170)</td></tr>
<tr><td>대졸</td><td>58.0(290)</td><td rowspan="2">자영업</td><td rowspan="2">40.0(200)</td></tr>
<tr><td>대학원졸</td><td>4.4(22)</td></tr>
</table>

분석을 위한 기법으로는 우선, 설문문항의 신뢰도와 타당도를 검증하기 위한 신뢰도 분석(reliability analysis), 그리고 동일 개념을 측정하는 설문문항들을 동일 요인으로 묶기 위한 요인분석(factor analysis)을 각각 실시하였다. 다음으로, 부패에 대한 개인의 인식에 따른 실제 부패연루 정도를 측정하기 위한 로지스틱회귀

분석(logistic regression)을 실시하였다.[9] 요인분석과 신뢰도분석에 의한 측정문항과 그 신뢰도는 다음의 <표 9>와 같다. 우선, 요인분석에서는 주성분분석(principle component analysis)을 통하여 고유값(eigenvalue)이 1이상인 두 개의 요인이 추출되었고, Varimax방식으로 3회 반복회전하여 보다 뚜렷한 요인구조와 요인적재값(factor loading)을 얻었다. 두 개의 요인은 각각 '사회전반적인 부패인식'과 '금품제공의 영향인식'으로 명칭이 주어졌다. 신뢰도분석의 결과, 사회전반적인 부패인식 변수의 경우에 Cronbach's alpha 계수가 모두 0.7이상(2004년의 경우 0.782, 2005년의 경우 0.724)으로 수용할 만한 것으로 판단되었으나, 금품제공의 영향인식의 경

〈표 9〉 요인분석 후의 측정문항(2004년/2005년)

측정문항		요인적재값	고유값 (분산비율)	Cronbach's alpha
사회 전반적인 부패인식	귀하께서는 행정기관에서 민원 등의 업무처리시 공무원들에게 금품 등을 제공하는 것이 어느 정도로 행해지고 있다고 생각하십니까?	0.774 /0.619	2.759 (39.415) /2.582 (36.884)	0.782 /0.724
	귀하께서는 공무원들이 직무와 관련하여 금품 등을 수수하는 부정부패가 사회문제로서 어떤 상태라고 생각하십니까?	0.735 /0.749		
	귀하께서는 공직자들이 직무수행과 관련하여 부정부패를 자행하는 정도나 수준이 1년 전과 대비하여 어떻게 달라졌다고 생각하십니까?	0.579 /0.659		
	귀하께서는 관공서 등 공공부문(행정기관과의 관계에서 업무처리)에 있어 부정부패가 어느 정도로 만연해 있다고 생각하십니까?	0.791 /0.622		
	공직분야(정치/사법/행정)에 있어 부정부패는 현실적으로 어느 정도로 자행되고 있다고 생각하십니까?	0.730 /0.712		
금품 제공의 영향인식	귀하께서는 행정기관에서 민원 등 업무를 처리하는 경우, 법령상 요구되는 요건을 갖추는 것과는 별도로 공무원에게 금품 등을 제공할 필요성에 대해 어떻게 생각하십니까?	0.834 /0.814	1.155 (16.495) /1.040 (14.859)	0.291 /0.306
	귀하께서는 공직자와의 관계에서 업무를 처리할 때 금품 등을 제공하는 경우, 그것이 업무처리에 어떠한 영향을 준다고 생각하십니까?	0.651 /0.650		

9) 이 설문의 종속변수는 "귀하께서는 지난 1년간 공무원에게 금품 등을 제공한 경험이 있습니까?"의 질문에 대한 1) 있다, 2) 없다의 응답(범주)이 두 개인 경우이므로 로지스틱 회귀분석을 실시하였다.

우에는 계수값이 낮아(2004년의 경우 0.291, 2005년의 경우 0.306) 신뢰성에 다소 문제가 있는 것으로 여겨진다.

Ⅳ. 분석결과

1. 2004년의 경우

부패에 대한 개인의 인식이 실제 부패행위에 미치는 영향력을 분석하기 위한 로지스틱회귀분석에서 우도(likelihood)비 전체 통계량 73.317의 유의확률이 0.000이므로 금품제공 경험을 설명하는데 사용된 변수들을 포함한 모형이 유의미한 것을 알 수 있다. 또한 독립변수가 포함된 모형의 적합성은 카이제곱의 값이 76.80이고 유의확률이 0.000으로서 모형이 유용하다고 판단될 수 있었다. 분류정확도는 87.8%로 나타났다. 이러한 분석결과를 보면, 로지스틱회귀분석상의 문제는 없는 것으로 여겨진다.

추정된 계수에 대한 해석은, 첫째 금품제공의 영향인식의 계수는 0.632이며, 통계적으로 유의하였다. 다른 변수의 값을 일정하게 놓고, 금품제공의 영향인식을 한 단계 증가시키면, 금품을 제공할 확률이 제공하지 않을 확률보다 1.881배 증가한다. 통제변수 중에서는 성별, 교육정도, 소득수준이 통계적으로 유의하였고, 계

〈표 10〉 부패에 대한 개인의 인식과 부패연루 정도의 로지스틱회귀분석(2004년)

종속변수: 금품제공 경험(금품제공 경험있다=0; 금품제공 경험없다=1)

독립변수	계수	표준오차	유의확률
사회전반적인 부패인식	0.037	0.198	0.853
금품제공의 영향인식	0.632	0.175	0.000
성별	1.175	0.364	0.001
연령	−0.092	0.175	0.600
교육정도	−0.819	0.298	0.006
사업체 규모	0.512	0.281	0.068
소득수준	−0.295	0.117	0.012

주: Chi−square=76.90 ($p<0.001$); 전체적으로 옳게 분류한 확률=87.8%; Nagelkerke R2=0.258

수는 각각 1.175, −0.819, −0.295로 나타났다. 즉, 다른 변수의 값을 일정하게 놓고, 성별이 남성일수록, 교육수준이 높을수록, 그리고 소득수준이 높을수록 금품을 제공할 가능성이 커지는 것으로 추정된다. 나머지 변수인 사회전반적인 부패인식, 연령, 사업체 규모는 통계적으로 유의하게 나타나지 않았다.

2. 2005년의 경우

2005년의 경우, 로지스틱회귀분석에서 우도(likelihood)비 전체 통계량 42.534의 유의확률이 0.000이므로 금품제공 경험을 설명하는 데 사용된 변수들을 포함한 모형이 유의미한 것을 알 수 있다. 또한, 독립변수가 포함된 모형의 적합성은 카이제곱의 값이 44.66이고 유의확률이 0.000으로서 모형이 유용하다고 판단될 수 있었다. 분류정확도는 87.8%로 나타났다. 이러한 분석결과를 보면, 로지스틱회귀분석상의 문제는 없는 것으로 여겨진다.

추정된 계수에 대한 해석은, 첫째 금품제공의 영향인식의 계수는 0.837이며, 통계적으로 유의하였다. 다른 변수의 값을 일정하게 놓고, 금품제공의 영향인식을 한 단계 증가시키면, 금품을 제공할 확률이 제공하지 않을 확률보다 2.310배 증가한다. 통제변수 중에서는 성별, 연령, 교육정도가 통계적으로 유의하였고, 계수는 각각 0.798, −0.481, −0.575로 나타났다. 즉, 다른 변수의 값을 일정하게 놓고, 성별이 남성일수록, 연령이 높을수록, 그리고 교육수준이 높을수록 금품을 제공할

〈표 11〉 부패에 대한 개인의 인식과 부패연루 정도의 로지스틱회귀분석(2005년)

종속변수: 금품제공 경험(금품제공 경험있다=0; 금품제공 경험없다=1)

독립변수	계수	표준오차	유의확률
사회전반적인 부패인식	0.107	0.218	0.624
금품제공의 영향인식	0.837	0.182	0.000
성별	0.798	0.405	0.049
연령	−0.481	0.186	0.010
교육정도	−0.575	0.283	0.042
사업체 규모	0.307	0.278	0.269
소득수준	0.124	0.137	0.368

주: Chi−square=44.66 (p<0.001); 전체적으로 옳게 분류한 확률=87.8%; Nagelkerke R2=0.167

가능성이 커지는 것으로 추정된다. 나머지 변수인 사회전반적인 부패인식, 사업체 규모, 소득수준은 통계적으로 유의하게 나타나지 않았다.

이러한 분석결과는 가설1.2를 뒷받침한다. 추정결과에 의하면, 2004년과 2005년 모두 금품제공의 영향을 인식할수록, 실제 금품제공의 경향을 가짐을 알 수 있었다. 하지만 가설1.1에서 가정했던 사회에서 특히 공공부문에 부패가 만연되어 있다고 느끼는 전반적인 인식이 실제로 금품제공까지 연결되지는 않는 것으로 판단된다. 2004년과 2005년 모두 가설2와 같이 남성일수록, 금품을 제공할 가능성이 커지는 것으로 추정되었다. 하지만, 2004년과 2005년 모두 가설4와는 반대로 학력수준이 높을수록, 금품을 제공할 가능성이 커지는 것으로 추정되었다. 또한, 2004년의 경우에는 소득수준이 높을수록, 금품을 제공할 가능성이 커지는 것으로(가설6), 2005년의 경우에는 연령이 높을수록, 금품을 제공할 가능성이 커지는 것으로 추정되었다(가설3). 기업체의 규모에 관한 가설5의 경우에는 2004년과 2005년 모두 통계적으로 유의한 값을 나타내지 못하였다.

V. 결 론

이 연구에서는 개인의 부패에 대한 인식이 실제 부패행위에서 어떠한 차이를 가져오는지 실증적인 분석을 시도하였다. 주변의 많은 사람들이 부패행위에 연루되어 있다든가, 혹은 전 사회에 부패가 만연하다는 인식이 개인의 실제 부패행위를 부추기리라는 것은 어떻게 보면 너무도 당연한 주장이라고 볼 수 있겠다. 하지만 이러한 경우에도 이 연구는 어쩌면 당연한 공리(axiom)를 실증적 · 경험적으로 분석하려 했다는 점에서 의미를 찾을 수 있을 것이다.

이 연구에서 활용된 500개의 자영업자와 기업체를 대상으로 한 설문조사는 부패에 대한 일반인의 막연한 인식이 아닌 업무담당자가 업무 중에 실제로 겪은 행정기관과의 경험에 기초하고 있으므로, 개인의 인식이 실제 부패행위에 주는 영향을 살펴보고자 하는 이 연구의 목적을 위한 매우 적절한 자료로 판단되었다. 이러한 설문조사를 기반으로, 이 연구는 타인이 부패행위에 연루되어 있는가에 대한 개인의 판단과 인식이 실제 금품제공에 어떠한 영향을 주는가를 분석하였다. 이러한 분석의 논리를 위하여 개인의 인식에 큰 변화를 가져오는 부패의 균형점인 티핑포인트(tipping point)를 제시하였다. 개인의 부패에 대한 인식과 함께, 이 연구에서는 통제변수로서 성별, 연령, 학력수준, 종사하는 사업체의 규모, 소득수준을 분석하였다.

분석에 의하면, 사회에 부패가 만연되어 있다는 전반적인 인식이 실제 금품제공으로 연결되지는 않는 것으로 추정되었으나, 금품제공의 효과를 인식할수록, 실제 금품제공으로 이어지는 것으로 추정되었다. 이 연구의 결과는 비록 제한적이기는 하지만, 부패를 통제하기 위해서 타인의 부패행위에 대한 판단과 인식을 전환하는 것이 매우 중요함을 암시한다고 하겠다. 즉, 티핑포인트에 대한 설명이 암시하듯이, 높은 수준의 부패에서 낮은 수준의 부패 사이에 존재하는 부패의 티핑포인트를 넘는 것이 부패를 통제하는 데 매우 중요한 문제가 된다는 것이다. 부패의 티핑포인트를 넘어 낮은 수준의 부패로 나아가기 위해서는 점진적인 부패의 통제전략은 효과적이지 못할 것이다. 그보다는 단기간에 많은 자원과 노력을 들여 부패의 티핑포인트를 넘어설 수 있도록 해야 한다. 왜냐하면, 부패의 티핑포인트를 넘지 못한다면, 부패통제의 노력 후에도 사회의 부패수준은 기존의 상태와 큰 차이가 없을 것이며, 부패의 통제를 위해 사용된 자원은 결과적으로 낭비된 것이기 때문이다.

이 연구에서는 또한, Azfar, Knack and Lee(1999), Husted(1999), Swamy, Knack, Young and Azfar(2000) 등 기존의 연구와 같이 성별에서 남성일수록, 부패의 가능성은 높아지는 것으로 분석되었다. 이는 우리나라에서도 부패행위가 "뇌물을 공유하는 남성의 인맥(bribe-sharing old boy networks)"에 의하여 주도되고 있음을 암시하는 것이라고 볼 수 있겠다(Azfar, Knack and Lee, 1999). 이렇게 볼 때, 현재 정부에서 강조되고 있는 균형인사정책의 일환인 남녀고용평등제가 사회적인 평등뿐만 아니라, 부패의 통제에도 긍정적인 영향을 줄 것이라고 생각할 수 있을 것이다. 다음으로, 일반적인 인식과는 반대로 교육수준이 높아질수록, 실제 금품제공의 가능성이 높아지는 것으로 분석되었다. 이러한 결과는 교육수준과 부패수준에 관한 기존의 연구들이 전 사회에서의 상호관계에 주목한 반면, 이 연구는 개인적인 수준에서의 교육수준과 부패행위를 대상으로 한다는 점에서 그 결과의 차이를 이해할 수 있을 것이다. 전 사회의 수준에서는 교육수준이 민주주의와 시민사회의 발전에 긍정적인 영향을 줌으로써 사회의 부패수준을 낮출 수 있을 것이지만, 개인의 높은 교육수준은 고위직에의 혹은 사회지도층에의 진입가능성을 높이고 상대적으로 부패행위의 가능성을 높인다고 판단할 수 있겠다.

참고문헌

국가청렴위원회. (2006). 「'06년도 공공기관 청렴도 측정 실시계획」. 국민일보. 2006. 10. 5.

김영종. (1985). 개발도상국가들의 관료부패 모형정립 : 한국을 중심으로. 한국행정학보. 19(2). 141-163.

김해동. (1974). 행정쇄신과 사회병리. 한국행정학보. 10. 9-44.

김용철 · 윤종설. (2004). 공직자 부패의 발생원인과 극복방안: 역대 정부를 중심으로. 한국부패학회보. 9(1). 45-63.

김태룡 · 안희정. (2000). 부패의 결정요인과 통제수단에 관한 연구: 한국지방정부의 적용사례를 중심으로. 한국사회와 행정연구. 12(2): 3-18.

박재완 · 박영원. (2002). 부패수준의 측정모형: MICMIC과 DYMIMIC. 한국부패학회보. 17-34.

박중훈. (2004). 「공직사회 전반에서의 부패실태 및 추이분석」. 서울: 한국행정연구원.

박중훈 · 서성아. (2005). 「공직사회 전반에서의 부패실태 및 추이분석」. 서울: 한국행정연구원.

박흥식. (2001). 반부패 정책성과의 평가: 부패지수를 중심으로. 한국행정연구. 10(1): 67-69.

서울특별시. (2005). 「2004-2005 청렴지수」 조사결과.

윤종설. (2002). 서울시 ACI측정 성과와 개선방안. 서울시립대 반부패행정시스템연구소 연구보고서.

______. (2002). 행정부패 측정모형의 분석을 통한 새로운 대안모형 구축. 한독사회과학논총. 12(1). 119-146.

윤태범. (2000). 부패방지를 위한 NGO와 정부간 역할체계. 행정학회 세미나 자료

이상열 · 박종구. (2004). 경찰부패의 영향요인에 관한 연구. 한국부패학회보. 9(2): 153-178.

이상환. (2001). 부패지수의 국제정치경제: 국제투명성기구의 부패지수에 대한 경험적 분석을 중심으로. 사회과학논총. 19(1).

전수일. (1984). 관료부패연구 : 사회문화적 접근. 한국행정학보. 18(1). 143-163.

조은경 · 이정주. (2006). 부패친화적 연고주의 문화의 국가별 비교분석. 한국행정학보. 40(4). 491-509.

진종순. (2005). 부패와 시계(Time Horizons)와의 관계: 개발도상국과 미개발국을 중

심으로. 한국행정연구. 14(1): 178-204.
최영훈. (2003). 정보기술, 레드테이프 그리고 부패의 관계성 : 업무분야를 중심으로 한 탐색적 고찰. 한국부패학회보. 8(1): 147-173.

Ades, Ralberto, Rafael Di Tella. (1999). Rents, Competition, and Corruption. *The American Economic Review*. 89(4). 982-993.
Andvig, Jens Chr., Karl Ove Moene. (1990). How Corruption may corrupt. *Journal of Economic Behavior and Organization*. 13(1). 63-76.
Azfar, Omar, Steve Knack, and Young Lee. (1999). "Gender and Corruption." *Journal of Development Economics*. 64. 25-55.
Azfar, Omar, Young Lee and Anand Swamy. (2001). The Causes and Consequences of Corruption. *The Annals of the American Academy*. 43-56.
Blake, Charles H., Christopher G. Martin. (2006). The Dynamics of Political Corruption: Re-examining the Influence of Democracy. *Democratization*. 13(1). 1-14.
Dininio, Phyllis. (2005). "Reform and Breakdown: Resisting Recorruption in Government." In *Fighting Corruption in Developing Countries: Strategies and Analysis*, ed. Bert Spector, 1-15. West Hartford, CT: Kumarian Press.
Diog, A., S. Riley. (1998). Corruption and Anti-Corruption Strategies: Issues and Case Studies from Developing Countries. In *Corruption and Integrity Improvement Initiatives In Developing Countries*, ed. Sahr J. Kpundeh and Irene Hors. New York: United Nations Development Program.
Gani Aldashev. (2004). Voter Turnout and Political Rents: Theory and Evidence. http://www.delta.ens.fr/junior/aldashev/RESEARCH.HTM.
Gladwell, Malcolm. (2000). *The Tipping Point: How Little Things can make a Big Difference*. Little, Brown and Company.
Huntington, Samuel P. (1968). *Political Order in Changing Societies*. Yale University Press.
Husted., Bryan W. (1999). Wealth, Cultrue, and Corruption. *Journal of International Studies*. 30(2). 339-359.
Hutchcroft, Paul D. (1997). The Politics of Privilege: Assessing the Impact of Rents, Corruption, and Clientelism on Third World Development. *Political Studies*. 45. 639-658.
Huther, Jeff and Anwar Shah. (2000). "Anti-Corruption Policies and Programs: A Framework for Evaluation." Policy Research Working Paper 2501, The World Bank.
Klaveren, Jacob Van. (1970). The Concept of Corruption. in Heidenheimer(1970).

Political Corruption. 38-40.

Klitgaard, Robert. (1988). *Controlling Corruption*. Berkely: University of California Press.

Lambsdorff, Johann Graf. (2006). *The Methodology of the 2005 Corruption Perceptions Index*. Transparency International and University of Passau.

Lancaster, Thomas D., Gabriella R. Montinola. (2001). Comparative Political Corruption: Issues of Operationalization and Measurement. *Studies in Comparative International Development*. 36(3). 3-28.

Meier, Kenneth J. and Thomas M. Holbrook. (1992). I Seen My Opportunities and I Took "Em: Political Corruption in the American States." *Journal of Politics* . 54(1). 135-155.

Oppenheimer, Andres. (1996). *Bordering on Chaos: Guerrillas, Stockbrokers, Politicians, and Mexico's Road to Prosperity*. Boston: Little, Brown and Company.

Rose-Ackerman, Susan. (1999). *Corruption and Government*. Cambridge.

Swamy, Anand, Stephen Knack, Young Lee and Omar Azfar. (2001). Gender and corruption. *Journal of Development Economics*. 64(1), 25-55.

2 부패와 시계(Time Horizons)의 관계: 개발도상국과 미개발국을 중심으로[1)]

〈요 약〉

한 사회의 부패수준은 행정가의 동기구조(incentive structure)에 큰 영향을 받는다. 이 연구는 행정가가 부패에 연루되는 동기(incentives) 중에서, 특히 행정가의 시계(time horizons of administrators)의 중요성을 강조한다. 일정한 정치제도(government institutions)하에서, 단기적 관점(short-term horizons)을 가진 행정가는 사유재산권(property rights)을 보호하는데 관심을 갖지 않는다. 왜냐하면, 보호된 사유재산권이 자신의 이익을 증대시키리라고 기대하지 않기 때문이다. 행정가는 장기적인 큰 이익보다 단기적인 이익을 증가시키는 비효율적인 정책이나 제도를 선호할 것이다. 이와 반대로, 장기적 관점(long-term horizons)을 가진 행정가는 사유재산권을 보호하는 효율적인 정책이나 제도를 지원할 동기를 갖게 된다. 증대된 경제파이(economic pie)로부터 보다 큰 미래의 편익을 얻기를 기대하기 때문이다. 하지만, 역설적으로(paradoxically), 보호된 사유재산권으로 인하여 행정가가 부패에 연루될 가능성은 낮아지고, 그로 인하여 사회의 전반적인 부패수준은 낮아지게 될 것이다.

1) 진종순. (2005). 「한국행정연구」 14권 1호, 178-204.

Ⅰ. 문제의 제기

개발도상국뿐만 아니라 선진국에서도 부패는 하나의 주요한 관심사가 되어왔다(Shleifer and Vishny, 1993: 599). 대부분의 설문조사에서 부패는 쟁점이 되어왔고(Bardhan, 1997: 1330), 사회복지나 경제성장을 설명할 때 항상 주요한 변수로서 다루어지는 것이다(Rose-Ackerman, 1999: 2; Mauro, 1995; Ades and Di Tella, 1999: 982; Shleifer and Vishny, 1993: 600). Rose－Ackerman(1999)은 "부패에 관한 분석은 어떤 정부가 경제성장을 지원하는가에 관한 끊임없고 결론 없는 논쟁"(Rose-Ackerman, 1999: 113)이라고 언급한다.

무엇이 사회의 부패수준에 영향을 주는가? 지금까지의 경험적인 연구는 1인당 GNP, 시민참여에 의한 감시, 기업의 영업이익, 여성의 공공부문 참여율, 총인구, 국토면적, 기업규모, 관료제규모, 분권화, 인종의 다양성, 사기업화, 그리고 정치정당의 경쟁과 같은 다양한 요인을 들고 있다(Ades and Di Tella, 1999; Dollar, Fisman and Gatti, 2001; Mauro, 1995; Shleifer and Vishny, 1993; Meier and Holbrook, 1992; Clarke and Xu, 2002). 하지만 기존의 연구는 중요한 내적 요인인, 부패행위의 "동기(incentive)"를 언급하고 있지 않다. 대부분의 연구는 이보다는 부패의 외적 요인에 주목하고 있다. 이에 이 연구는 행정가의 심리에 영향을 주는 요소인 행정가의 시계(time horizons of administrators)와 부패와의 관계를 탐색해보기로 한다. — "행정가의 단기적(short-term) 혹은, 장기적(long-term) 관점이 사회의 부패수준에 어떤 영향을 주는가?" 행정가의 시계는 행정가가 자신의 지위에 얼마나 머물지의 전망(expected stay in office)을 의미한다.

Olson을 포함한 여러 연구자가 사회제도의 설계가 그 사회에 살고 있는 시민의 삶에 결정적인 영향을 준다고 논해왔다(Olson, 1965; Clague, Keefer, Knack and Olson, 1999; Olson, Sarna and Swamy, 2000: 355; La Porta, Lopez-de-Silanes, Shleifer and Vishny, 1999: 264). 제도적인 틀은 사회의 부패수준에도 큰 변화를 주게 된다. 이 연구는 행정가의 동기구조, 특히 시계가 이러한 제도적인 틀에 영향을 미친다고 주장한다. 단기적 관점(short-term horizons)을 가진 행정가는 경제발전을 위하여 시민의 사유재산권(property rights)을 보호하지 않을 것이다. 이들은 사유재산권의 보호로 인한 장기적인 이익을 기대하지 않기 때문에 획득가능한 단기적인 이익을 증가시키기 위하여 노력할 것이다. 이와 반대로, 장기적 관점(long-term horizons)을 가진 행정가는 미래의 이익을 위하여 경제를 발전시키고자 하는 동기를 갖게 된다. 하지만, 역설적으로 경제를 발전시키기 위하여 고안된 사유재산권을 보호하는 효율적인 정책이나 제도는 불법적인 지대추구행위(illegal rent seeking)인 부패를 줄이게 될 것이다. 이 연구는 시계가 행정가에게 정부제도(government institutions)를 일정한 방향으로 설계할 동기를 부여함으로써 사회의 부패수준에 변화를 주게 된다고 주장한다.

Ⅱ. 부패, 사유재산권, 정부제도

부패에 대한 정의를 내리기 전에, 우선 개인이 어떤 동기에 의해서 행동하는가에 관한 가정이 필요하다. 이 연구의 논의는 공공선택이론의 "개인은 합리적인 이익 추구자"라는 가정에 기반을 둔다[2]. 개인으로서의 행정가도 동일한 동기구조를 가질 것이다. 즉, 통제기제가 없을 경우 합리적 행위자(economic man)로서 행정가는 시민의 이익보다는 자신의 이익을 추구하기 위하여 지대를 창출할 것이다.[3]

부패에 관한 불분명한 정의는 경험적인 연구에 혼란을 가져올 수 있다. 그러므로 이 연구는 부패의 경제적인 정의, 즉 "시민에게 부담을 주는 행정가의 불법적인 지대추구행위(illegal rent seeking behavior by administrators)"로 부패를 정의내린다.[4] 지대추구행위는 기업가가 금전적인 보상이나 개인적인 연계를 이용하여 특혜를 얻고자할 때 이루어진다. 지대추구행위가 합법적(예를 들어, 미국의 로비)인지 불법적(예를 들어, 부패, 뇌물, 절도)인지는 사회적인 여건에 달려 있다(Klitgaard, 1988: 3). 즉, 일반시민의 정서와 인식이 사회에서 무엇이 부패행위인지를 결정하는 것이다. 부패는 한 특정사회에서 용인되지 않는 불법적인 지대추구행위이다.

앞서 보았듯이 모든 지대추구행위(rent seeking behavior)가 부패인 것은 아니다.

2) 이는 개인이 항상 자신의 이익을 최대화한다는 것을 의미하는 것은 아니다. 개인은 자신의 이익을 최대화하려고 "노력"한다.

3) 행정가가 집단에 소속됨으로써 개인과는 상이한 동기구조를 가질 수 있다. 하지만, 이 연구에서 행정가는 최상위층의 행정관료를 의미한다. 그러므로 집단적인 요인보다는 개인적인 동기에 더 영향을 받을 것이라고 가정되었다.

4) 부패를 문화, 역사 등으로 설명하는 경우에는 동의어반복(tautology)의 오류에 빠질 가능성이 커진다.

그러나 모든 부패는 지대추구행위의 기제(mechanism)를 가지고 있다. 그러므로 지대추구행위의 정의는 부패를 이해하는 데 도움을 줄 수 있다. 지대추구행위는 특정한 편익을 위한 로비를 의미한다[5]. 어떤 행위의 실현가능한 순편익(net benefits)이 순비용(net costs)을 상회할 때, 합리적인 개인은 자연적으로 부패에 연루되게 된다(Meier and Holbrook, 1992: 138; Huther and Shah, 2000: 2; Klitgaard, 1988: 22). 그러므로, 지대추구사회(rent-seeking society)에서뿐만 아니라 경쟁시장에서도 사람들은 독점지대(monopoly rents)를 획득하기 위하여 노력한다(Klitgaard, 1988: 41). 하지만, 하나의 영합게임(zero-sum game)인 지대획득을 위한 경쟁은 결과적으로 큰 사회적 비용을 가져오게 된다(Hutchcroft, 1997: 649). 지대를 추구하는 로비스트(lobbyist)는 가치의 전이점(the value of the transfer)까지 자원을 소비하며, 이런 행위는 아무런 자원을 생산하지 않는 것이다. 다시 말해서, 지대추구행위에 의하여 전 사회의 순이익은 줄어들게 된다.

사유재산권(property rights)은 거래비용(transaction costs)의 필요수준을 결정하고, 사회구성원의 지대추구행위를 포함한 기회구조를 형성한다(North, 1990: 52). 사유재산권은 "개인이 자신의 노동과 재산을 통하여 획득하는 권리"로서 "사용권, 사용하여 이익을 획득하는 권리, 타인을 배제할 수 있는 권리, 그리고 교환권"을 의미한다(North, 1990: 28, 33). Pearce(2001: 24)는 사유재산권을 "재산, 물화와 수익을 처분할 수 있는 권리"로 정의한다. John Locke에 의하면, 사유재산권은 "... 개인이 자신의 노동을 더하여 가치를 더할 수 있으며, 후손에게 물려줄 수 있는 대지나 자원에 대하여 갖는 자연권"으로 정의된다(Self, 2000: 35). 마지막으로, Self(2000: 55)에 의하면, 사유재산권을 소유한 개인은 자원을 효율적으로 사용하고자 하는 동기를 갖게 되며, 이러한 사유재산권은 자본시장을 유지하는 기본요소라고 정의된다.

시민의 사유재산권을 보장하기 위해서는 제도(institutions)가 필요하다. 제도는 팀스포츠에서의 게임룰과 매우 유사한 역할을 한다(North, 1990: 4). 우선, 제도는 사회구성원간의 관계에서 규칙을 설정함으로써 불확실성을 줄일 수 있다. 사회구성원은 제도에 의지함으로써 의사결정비용을 경감하게 되는 것이다. 이와 같이 제도는 대안의 수를 줄일 뿐만 아니라, 사회 내의 동기구조도 결정한다. 사회구성원

5) 예를 들어, 수입 또는 교환면허와 같은 특권은 종종 큰 수익으로 연결된다.

은 어떤 행위가 자신에게 이익을 가져올지 제도에 기준하여 판단을 하게 되는 것이다(North, 1990: 47). 장기적으로 볼 때, 제도는 사회구성원이 지식과 기술을 습득하는 방향을 설정함으로써 국가발전에 영향을 미치게 된다. 이러한 제도와 같이 정부제도도 또한 시민들의 행위의 잠재적인 비용과 효과를 결정한다(North, 1990). 이러한 관점에서 Pearce(2001: 30)는 정부제도(government institutions)를 법규(rule of law)와 동일시한다.

사유재산권이 보장되었다는 것은 그만큼 시장이 효율적으로 운영됨을 의미한다. 시장이 효율적으로 운영될 때, 사회에서 지대의 규모는 줄어들게 될 것이다. 이는 지대추구행위의 여지가 줄어듦을 의미하며, 전반적인 사회의 부패수준은 낮아질 것이다. 이러한 사유재산권을 보장하는 효율적인 정부제도는 지대추구행위인 부패를 통제하기 위한 필요조건이 된다. 사익을 추구하는 개인으로서 행정가는 "지대의 천국(rental heaven)"을 추구할 충분한 이유를 가지고 있다(Evans, 1989: 565). 이러한 상황에서, 행정가의 사익추구행위를 통제하지 못하는 불안정하고 비효율적인 정부제도는 부패의 기본적인 원인이 되는 것이다. 즉, 높은 수준의 부패는 한 사회에 효율적인 정부제도가 존재하고 있지 않다는 명백한 증거이다(Rose-Ackerman, 1999: 226).[6)]

Ⅲ. 행정가의 시계(Time Horizons of Administrators)

행정가의 행위가 정부제도(government institutions)에 의하여 통제를 받지 않을 때 그의 시계(time horizons)는 영향력을 가질 것이다. 안정적인 정부제도 하에서는 행정가가 어떠한 관점을 갖더라도 자신의 이익을 위하여 지대를 창출하기 힘들다. 즉, 정부제도가 확립되지 못한 개발도상국(developing countries)이나 미개발국(least-developed countries)의 경우에 행정가의 시계는 보다 큰 의미를 가질 수 있다.

합리적인 개인은 비용과 효과를 염두에 두고 일정 행위를 하게 되는데, 이때 또한 자신에게 허용된 시간을 고려하게 된다. 행정가가 부패에 연루될 때도 동일

6) 제도비평(Institutional Reviews), 국가재정책임성평가(Country Financial Accountability Assessments), 공공지출평가(Public Expenditure Reviews) 등의 많은 연구는 정부의 실패가 실제로 부패의 가장 큰 원인임을 보여준다.

한 기제를 가질 것으로 예상할 수 있다. 즉, 시계는 행정가가 부패연루 여부를 결정할 때 영향을 주게 될 것이다. North (1990: 7), Rose-Ackerman(1999: 118-9), 그리고 Knack(2001: 311) 등이 주장하듯이, 자신의 이익을 추구하는 합리적인 행정가가 단기적 관점(short-term horizon)을 가질 때, 이들은 의도적으로 미래의 장기적 이익을 포기하고 단기적 이익을 증가시키는 비효율적인 제도와 정책을 선택한다. 즉, 관직을 오랫동안 유지하지 못하리라고 예상할 때, 행정가가 신속하게 부패행위를 저지를 가능성은 높아질 것이다. 단기적 관점을 가진 행정가는 장기적인 이익에 대하여 전혀 관심이 없고, 단기적인 이익에만 관심을 갖게 된다. 예를 들어, 단기적 관점을 가진 틴팟독재자(tinpot dictators)는 폭력조직의 두목과 유사한 행태를 보일 것이다. 폭력조직의 두목과 같이 시민의 사유재산권을 보호할 동기를 갖지 않는 것이다.

이와 대조적으로, 장기적 관점(long-term horizon)을 가진 행정가는 "공공영역을 포괄하는 이익(encompassing interest in the common domain)"에 관심을 두게 된다(De Long and Shleifer, 1993: 679). 합리적인 개인으로서 행정가는 그가 오랫동안 관직을 유지할 것으로 예상할 때, 단기적인 작은 이익보다는 장기적인 큰 이익에 관심을 가질 것이다. 개인의 이익극대화라는 관점에서 볼 때, 장기적인 큰 이익을 위해서는, 지대의 단기적인 획득을 용이하게 하는 비효율적인 제도(조직적인 부패를 허용하는)보다는 효율적인 제도를 설계하는 것이 유리하다. 왜냐하면, 증대된 경제파이(growing economic pie)가 더 큰 지대를 획득 가능함을 의미하기 때문이다(Wedeman, 2002: 55). 장기적 관점을 가진 행정가는 증대된 경제파이로부터 더 큰 지대의 조각을 얻기 위하여 집합적인 사유재산권과 시장을 보호하고 공공재를 공급하여 경제발전을 지원하는 성향을 띠게 되는 것이다(McGuire and Olson, 1996: 73; Rose-Ackerman, 1999: 122). McGuire와 Olson(1996: 74)에 의하면, 장기적 관점을 가진 행정가의 의도는 시장의 "보이지 않는 손(invisible hand)"과 같은 역할을 하게 된다. 즉, 장기적 관점은 행정가에게 경제를 발전시킬 동기를 부여하게 되고, 경제발전을 위해 보호된 사유재산권과 효율적인 시장은 역설적으로(paradoxically) 불법적인 지대추구행위인 부패의 가능성을 줄이게 되는 것이다.[7]

---

7) 행정가가 장기적 관점을 가질 때, 사회의 부패수준이 높아진다고 일반적으로 인식되어 왔다. Shelley(2001, 2002)는 멕시코의 제도혁명당(Institutionalized Revolutionary Party: PRI), 2차 세계대전 이후 이탈리아의 기독교-민주연립(Christian Democratic coalition), 일본의 자민당, 미국 뉴욕과 시카고의 민주당을 예로 들면서 강력한 정치집단이 국가를 장기간 통제할 때, 부패의 수준

지금까지 행정가의 시계와 부패 간의 관계에 관하여 직접적인 연구는 없었으나, 몇몇 경험적인 연구가 부패에 관한 연구에서 시계의 중요성을 언급하고 있다. 우선, Keefer와 Knack(2002: 129)은 선진국의 경우에도 행정가가 재임가능성이 적을 때 마지막 임기의 세입을 증가시키는 경향이 있음을 발견하였다. 다음으로, Hutchcroft(1998)는 마르크스(Marcos)정권시기(1965-1986) 필리핀의 금융제도를 설명하면서, "정권의 재임권보장(regime's security of tenure)"의 중요성을 언급하고 있다. 만약 정권이 장기간 지속될 것이라는 감(feeling)이 있다면, 단기이익을 최대화할 필요가 없다. 계엄령을 선포한 이후, 장기집권을 확신한 마르코스는, 더 효율적으로 운영되는 국가기관으로부터 더 많은 이익을 뽑아낼 수 있다고 본 듯하다(Hutchcroft, 1998: 141).

즉, 정권이 충분히 안정되고 장기집권이 가능하다고 본 마르코스행정부는 필리핀의 금융제도가 어느 정도 효율적으로 운영되도록 지원하였다는 것이다. 이어, Manzetti와 Blake(1996: 665-6)의 정의도 부패의 연구에서 시계의 중요성을 암시하고 있다. 그들은 부패가 두 가지의 개념 —자발성(willingness)과 기회(opportunity)— 으로 구성된다고 주장한다(Manzetti and Blake, 1996: 665). 이 두 가지 개념 중에서 자발성이 시계의 요소를 띠고 있다.[8] Manzetti와 Blake(1996: 665)에 의하면, 자발성에는 개인적 탐욕(personal greediness), 권력추구(power seeking), '가능할 때 획득(get-it-while-you-can)'의 세 가지 양식(patterns)이 있다. 행정가가 이러한 세 가지의 양식에 더 노출될수록 부패행위에 연루될 가능성이 커지는데, 이 가운데에서 '가능할 때 획득'의 태도가 부패행위에서 시계가 갖는 의미를 암시한다. 즉, 행정가는 기본적으로 '가능할 때 획득'의 성향을 가지고 있으며, 이러한 성향으로 인하여 부패의 수준이 높아질 수 있다. 마지막으로, Klochko

이 높아진다고 보았다. Rose-Ackerman(1999: 127)은 "안정성의 패러독스(paradox of stability)"를 언급하면서, 너무 길거나 짧은 재임권의 보장(security of tenure)이 행정가의 부패행위를 조장할 수 있다고 보았다. 즉, 행정가의 시계와 사회의 부패수준은 U자곡선의 관계를 갖는다는 것이다. 하지만, 지금까지 이러한 주장을 뒷받침하는 경험적인 연구는 없었으며, 하나의 검증되지 않은 가설이었다고 보아도 타당할 듯하다. 즉, 이들 사례의 부패수준이 실제로 다른 유사한 사례와 비교하여 높았는지, 또한 그러한 부패수준에서 행정가의 시계가 어떤 의미를 갖는지 검증이 없었던 것이다. 본격적인 연구를 시작하기 전에 연구자는 정치적인 안정성과 부패수준 간의 산포도를 그려보았는데, 이는 두 변수 간에 선형의 관계가 있음을 보여주었다.

8) "자발성(willingness)"은 개인적인 수준(individual level)에서의 목표와 선호를 의미한다. 또한, 개인은 거시수준(macro-level)에서 뇌물을 얻기 위한 "기회(opportunity)"를 가지고 있다. Manzetti와 Blake(1996: 666)는 기회의 예로서 "자율(discretion), 구조적인 개혁(structural reforms), 체포의 가능성(likelihood of capture), 그리고 국가의 재원(state resources)"을 들고 있다.

와 Ordeshook(2003)은 행정가의 시계를 설명하기 위하여 할인율(discount rate)의 개념을 사용하였다.[9] Klochko와 Ordeshook(2003)에 의하면, 개인이 투자나 소비를 결정할 때와 같이, 할인율이 높을 때(또는, 단기적 관점을 가질 때), 행정가는 부패에 더욱 연루되게 된다.

앞서의 논의와 같이, 행정가의 시계는 사회의 부패수준과 인과관계를 갖고 있다. 장기적 관점을 가진 행정가는 효율적인 정부제도를 지원하고 사유재산권을 보호하려는 동기를 가질 것이다. 이 결과, 효율적인 정부제도는 사회의 부패수준을 낮출 것이다. 이와 반대로, 행정가가 단기적 관점을 갖게 되어, 결과적으로 정부제도가 사유재산권을 보호하지 않을 때 사회의 부패수준은 높아질 것이다. 아래의 그림은 행정가의 시계가 사회의 부패수준에 미치는 영향을 보여준다.

그림 1 행정가의 시계가 사회의 부패수준에 미치는 영향

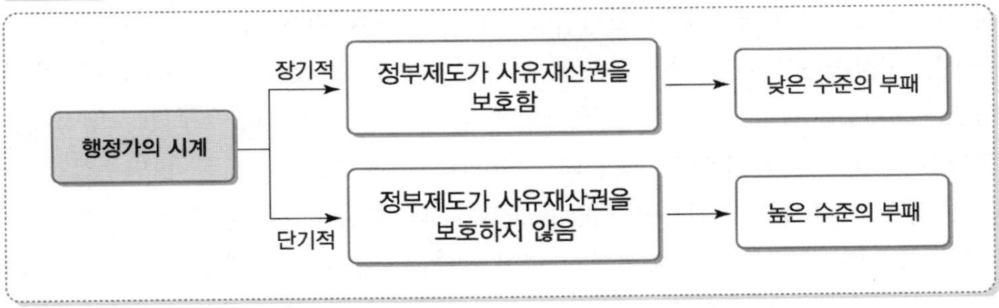

이와 같은 논의에 의한 이 연구의 첫 번째 가정은 다음과 같다.

가정 1: 행정가의 단기적(또는, 장기적) 관점은 높은(또는, 낮은) 수준의 부패와 연관이 있다.

이 연구에서는 정치적인 안정(political stability)과 정권의 유형(regime types)이 행정가의 시계를 측정하기 위한 지표(proxy)로서 사용되었다.[10] 우선, 정치적인 안

9) 할인율(discount rate)은 "사람들의 소비/투자 결정"에 영향을 주는 "미래에 주어진 가중치"를 의미한다(Klochko and Ordeshook, 2003: 264, 261).

10) 이 연구를 위한 초기의 분석에서는 행정가의 시계를 측정하기 위하여 대통령의 연임가능성(단임제, 중임제)과 집권당이 국회의 다수당인가, 소수당인가의 보다 직접적인 두 가지 변수가 사용되었다. 하지만 분석의 결과, 이들 지표는 모두 유의미한 결과를 보이지 않았다. 그러므로 이 연구에서는 정치적인 안정과 정권의 유형이 행정가의 시계를 측정하기 위해 사용되었다. 정치적인 안정과 행정가의 시계와는 별개라는 주장이 제기될 수 있을 듯하다. 하지만, 정치적인 안정이 행정가의

정이 행정가의 시계의 측정지표로 사용될 수 있다. 불안정한 정치상황 때문에 자신의 지위가 불안하다고 여길 때, 행정가는 단기적 관점을 갖게 된다. Kaufmann, Kraay와 Zoido-Lobaton(1999: 7)은 정치적인 안정을 "정권이 위헌적이거나 폭력적인 수단에 의하여 전복될 가능성에 대한 인식"으로 정의한다. 이와 유사하게, 국제국가위험지표(International Country Risk Guide: ICRG)는 정치적인 안정을 "정부가 표방한 계획을 수행하고 정권을 유지하는 능력"이라고 정의한다(ICRG, 2004. 8. 12). 이는 "정부의 효용, 입법능력, 그리고 대중의 지원"을 포함한다(ICRG, 2004. 8. 12). 이와 같은 논의에 의한 이 연구의 첫 번째 하위가정은 다음과 같다.

하위가정 1.1: 낮은(또는, 높은) 정치적인 안정은 높은(또는, 낮은) 수준의 부패와 연관이 있다.

이 연구에서 정권의 유형(regime types)은 행정가의 시계를 측정하기 위한 다른 하나의 지표로서 사용된다. 틴팟정권(tinpot regimes) 하에서 사익을 극단적으로 추구하는 행정가는 단기적 관점을 갖고 있다고 예상할 수 있다.[11] 반면에, 전체주의 정권(totalitarian regimes) 하에서 전 사회에 걸친 완전한 통제를 추구하는 행정가는 장기적 관점을 가질 것이다. Islam과 Winer(2004)에 의하면, 모든 비민주적인 정권은 정권을 유지하기 위하여 억압(repression)과 충성(loyalty)을 통치수단으로 이용하는데, 이러한 억압과 충성의 수준에 따라서 정권은 틴팟(tinpot), 전체주의(totalitarian), 그리고 민주(democratic)정권으로 구분될 수 있다.[12] 억압은 "연설, 언론, 그리고 야당과 반대세력에 대한 억압"을 의미하고, 충성은 "독재자 또는 정권에 대한 시민의 신뢰정도를 의미하며, 투자에 의하여 축적되거나(예를 들어, 지대의 배분에 의하여) 소비될 수 있는 주요한 자산이다"(Islam and Winer, 2004: 291). Islam과 Winer(2004)는 이 두 가지 개념을 이용하여 정권을 네 가지의 비민주적인 정권으로 구분하고 있다.

시계와 밀접한 관련을 갖는 하나의 요소이며, 이를 통하여 행정가의 시계를 유추할 수 있다는 사실 또한 부정하기 힘들 것이다. 정치적인 안정만으로 행정가의 시계를 유추하기에는 무리가 있을 듯하나, 다른 하위변수인 정권의 유형과 함께 사용된다면 타당성을 가질 수 있다는 것이 연구자의 생각이다.

11) Kirkpatrick(1982)은 틴팟(tinpots)을 "전통적인 독재정권"으로 부른다.

12) 이 개념은 Wintrobe의 *The Political Economy of Dictatorship*(1998)에서 처음 사용되었다.

〈표 1〉 네 가지의 비민주적인 정권

충성도 / 억압의 정도	낮음	높음
높음	전제군주(tyrant): 정치제도의 도움없이 권력을 최대화하려 함.	전체주의자(totalitarian): 억압과 충성을 모두 이용하여 권력을 최대화하려 함.
낮음	틴팟(tinpot): 정권에 머무는 비용을 최소화하려 함.	금권정치자(timocrat): 시민의 복지를 최대화하려 함.

자료 : Islam, Muhammed N. and Stanley L. Winer. (2004). p.291.

틴팟(tinpots)의 목적은 정권에 머무는 동안 사적인 소비를 최대화하는 것이다. 그러므로 이들은 시민의 충성을 획득하기 위하여 자원을 사용하지 않으며, 최소한의 비용으로 정권을 유지하려 한다(Wintrobe, 1990). 이와 반대로, 이상적인(utopian) 목표에 동화된 전체주의자(totalitarians)는 권력을 최대화하여 시민의 모든 일상에 간섭하려고 한다. 이 결과, 전체주의자는 시민에게서 많은 충성을 획득하고, 동시에 시민을 억압하게 된다. Islam과 Winer(2004)는 전제주의(tyrany)와 금권정치(timocracy)는 곧 틴팟이나 전체주의 정권으로 변모하기 때문에 현실적으로 존재하기 힘들다고 설명한다.[13] Islam과 Winer의 연구(2004)가 이 연구에 주는 중요한 시사점은 틴팟이 정권을 유지하기 위한 최소한의 수단만을 추구한다는 것이다. 즉, 시민의 충성을 요구하지 않는 틴팟은 권력을 장기적으로 유지하려고 하지 않으며 (다시 말해서, 단기적 관점을 가질 것이며), 그 결과, 사회의 전반적인 부패수준은 높을 것이다.[14] 이와 반대로, 사회를 통제하고 변화시키려는 의도를 가진 전체주의자는 장기적 관점을 가질 것이고, 결과적으로 사회의 전반적인 부패수준은 낮을 것이라고 가정할 수 있다. 이와 같은 논의에 의하여, 이 연구의 두 번째 하위가정은 다음과 같이 추론된다.

13) 전제주의자(tyrant)는 "권력을 최대화하려고 한다. 그러나 이들은 전체주의자와 다르다. 왜냐하면, 이들의 권력은 충성을 끌어낼 수 있는 정치제도에 기반을 두고 있지 않기 때문이다." 금권정치자(timocrat)는 "시민에게 최대한의 복지를 제공하지만, 권력을 생산하기 위하여 필요한 투입인 '억압'을 사용하지 않는다. 이 결과, 금권정치자는 언제든지 (비판을 용납하지 않는) 억압정치자에 의하여 전복될 가능성이 있어 모든 비민주적인 정권 중에서 가장 불안정하다"(Islam and Winer, 2004: 292).

14) 틴팟정권은 다른 사회분야(other social sectors)에 비하여 절대적인 권력을 갖지 않는다.

하위가정 1.2.1: 틴팟(tinpot)정권은 높은 수준의 부패와 연관이 있다.
하위가정 1.2.2: 전체주의(totalitarian)정권은 낮은 수준의 부패와 연관이 있다.

Ⅳ. 부패의 수준에 영향을 주는 다른 요인들

이 연구에서 시민참여(citizen participation), 외국자본의 직접투자(foreign direct investment), 여성의 노동참여도(female labor force), 총인구(total population), 천연자원(natural resources: 원유, 원목과 천연다이아몬드의 생산) 등이 통제변수(control variables)로서 고려된다. Kaufmann, Kraay와 Zoido-Lobaton(1999)은 “한 국가의 국민이 정부의 선택에 참여할 수 있는 정도”를 발언권(voice)과 책임(accountability)으로 정의한다. 이 연구에서, 이는 시민참여로 정의된다. 시민은 ‘자유로운 언론’에서 오는 정보와 신뢰(trust)에 바탕을 둔 ‘사회 망(social network)’이 없이는 공무(public affairs)에 참여할 수 없다. 그러므로 시민참여는 자유로운 언론과 사회 망의 확립여부에 의하여 설명될 수 있다.

우선, 자유로운 언론이 사회의 부패수준을 낮추는 데 중요한 역할을 할 수 있다(Shelley, 2000: 73; 2001: 253; 2002: 46, 51). Putnam(1995: 665)은 정부의 통제를 받지 않는 자유로운 언론이 사회규범에서 일탈하는 구성원에 관한 정보를 유포시킴으로써 구성원 간에 효율적인 관계를 성립시킬 수 있다고 단언한다. 또한 Broadman과 Recanatini(2000: 13)는 독립적인 언론이 행정가의 부패연루가능성을 줄일 수 있음을 경험적으로 보여준다. Rose-Ackerman(1999)은:

> 만약 사적으로 소유되고, 보복의 두려움 없이 정부를 비판할 수 있다면, 언론은 사회 내의 토론을 활성화할 수 있다... 언론의 자유는 행정가와 관료를 억제하는 별다른 수단이 없는 비민주적인 국가에서 부패를 통제하는 필수적인 제어장치인 것이다(Rose-Ackerman, 1999: 165).

Ades와 Di Tella(1999: 985) 그리고 Rose-Ackerman(1999: 143) 등은 신뢰에 기반을 둔 사회 망이 부패의 통제에 있어서 큰 역할을 한다고 강조한다. 특히, Ades와 Di Tella(1999: 983)에 의하면, 지대의 증대로 인하여 일반대중이 부패에 관심을 갖게 되고, 이렇게 높아진 일반대중의 관심과 함께 강화된 사회 망이 부패의 수준을 낮춘다(Ades and Di Tella, 1999).[15] 이와 유사하게, Langbein과 Jorstad(2002)는 사회 망이 반복된 게임의 가능성을 높임으로써 지대추구행위를 감소시킬 수 있다고 주장하였다. 또한 Shelley(2002: 53)는 러시아의 부패를 통제하기 위하여 시민사회에 바탕을 둔 정부와 민간의 협력이 요구된다고 주장한다. 사실상, 사회 망의 중요성은 러시아의 사례에 국한되지 않는다. 예를 들어, 소액주주가 발언권을 가질 때 기업의 부패는 줄어들 수 있다. Kang(2002: 166)은 소액주주가 의사결정과정에 참여함에 따라 경영자는 더욱 더 효율성에 관심을 갖게 된다고 주장한다. 이와 같은 논의에 의하여, 이 연구의 두 번째 가정은 다음과 같다.

가정 2: 낮은(또는, 높은) 시민참여는 높은(또는, 낮은) 수준의 부패와 연관이 있다.

투자와 부패는 밀접한 관련이 있다. 공공투자사업은 부패한 행정가가 기업으로부터 뇌물을 받기 위하여 종종 이용된다.[16] 부패한 행정가는 지대를 획득하기 위하여 시장에 개입하는 것이다. 지금까지 다양한 연구가 정부의 시장개입으로 인하여 나타나는 부정적인 효과로서 부패를 언급해왔다. Schamis(1999: 240), Hutchcroft(1997: 640)와 Kang(2002: 12)뿐만 아니라, 노벨상 수상자인 Buchanan (1980)은 정부의 시장개입이 지대획득의 가능성을 열어주기 때문에 행정가의 지대추구행위(rent seeking behaviors)와 직접적으로 연관이 있다고 주장한다. Broadman과 Recanatini(2000: 4-5), Geddes와 Neto(1999), 그리고 Lee와 Azfar (2001: 18) 등은 정부의 시장개입이 행정가의 부패에 연루될 가능성을 증가시키는 것을 발견하였다.[17]

국내기업의 수익은 부패수준과 밀접한 관계를 갖고 있다. 국내기업의 수익이 증대될수록 그 사회의 지대는 증대된다(Ades and Di Tella, 1999: 985). 국내기업에 비하여 다국적기업은 한 국가의 정부에 의해 통제될 가능성이 낮다. 그러므로 특정국가에서 외국자본의 직접투자가 차지하는 비중이 클 때, 그 나라의 부패수준은

---

15) 대부분의 개발도상국에서 공무(public affairs)에의 시민참여는 허용되지 않았다(Jin, 2003). 그러므로 지대의 증대는 특히 개발도상국에서 높은 수준의 부패로 이끌 것이라고 가정할 수 있다.

16) 이것은 아프리카에서 "흰 코끼리(white elephant)" 사업으로 불린다(Faruqee and Husain, 1994: 6; Mehlum, Moene and Torvik, 2003; Sachs and Warner, 1995; Rose-Ackerman, 1999: 30). 이러한 사업은 세계은행(World Bank)의 미개발국에 대한 재정지원을 낭비하는 하나의 중요한 요인으로 지적된다.

17) 예를 들어, Broadman과 Recanatini(2000: 12)는 물품에 따라서 관세가 매우 차이 날 때, 세관원이 어떻게 재량을 발휘할 기회를 갖게 되는가를 연구하였다. 이외에도, Lee와 Azfar(2001: 18)은 무역규제가 특히 부패와 부정적으로 연관을 맺고 있음을 경험적으로 보여주었다.

상대적으로 낮을 수 있다. 게다가 외국자본의 직접투자로 인하여 국내시장에서 경쟁은 강화될 것이고, 시장제도는 보다 합리적으로 운영될 것이다. 결과적으로, 이는 사회전반적인 부패의 수준을 낮출 것이다(Broadman and Recanatini, 2000: 12; Ades and Di Tella, 1999: 985). 이 연구에서 외국자본의 직접투자는 세계발전지수(World Development Indicators, 2001: 323)에서 사용되는 "외국투자의 유출입의 실제가치"로 정의된다. 이와 같은 논의에 의하여, 이 연구의 세 번째 가정은 아래와 같다.

가정 3: 적은(또는, 많은) 외국자본의 직접투자는 높은(또는, 낮은) 수준의 부패와 연관이 있다.

전체노동력에서 여성노동력이 차지하는 비율도 부패수준과 관련이 있다(Azfar, Knack and Lee, 1999: 34; Dollar, Fisman and Gatti, 2001). 여성의 노동참여는 사회의 부패수준을 낮출 수 있다. 한마디로, 여성은 "뇌물을 공유하는 남성의 인맥(bribe-sharing old boy networks)"에 참여할 가능성이 적다는 것이다(Azfar, Knack and Lee, 1999: 31). 만약 여성이 남성보다 사적이익을 위하여 공공재를 사용할 가능성이 적다면, 여성의 노동참여로 사회의 부패수준은 낮아질 것이다(Dollar, Fisman and Gatti, 2001: 427). Azfar, Knack와 Lee(1999: 27)는 여러 사회분야에서 여성의 역할을 확대시키는 정책이 사회적 평등을 증가시킬 뿐만 아니라, 사회의 부패수준을 낮춤을 경험적으로 증명하였다. 이와 같은 논의에 의하여, 이 연구의 네 번째 가정은 다음과 같다.

가정 4: 높은(또는, 낮은) 여성의 노동참여도는 낮은(또는, 높은) 수준의 부패와 연관이 있다.

국가의 규모가 사회의 부패수준에 미치는 영향은 제도나 사회자본(social capital)이 "규모의 비경제(diseconomies of scale)"의 특성을 갖고 있음에 의하여 설명될 수 있다(Azfar, Knack and Lee, 1999: 34; Langbein and Bess, 2002: 440).[18] 사회구성원이 비정기적으로 접촉하여 상호통제가 불가능한 큰 공동체 내에서는 사회자본을 설립하기 위한 기반인 제도적인 망(network)이 쉽게 형성될 수 없다. 그러므로,

18) 사회자본(social capital)은 비공식적 네트워크와 상호간의 규범을 발달시킨다(Langbein and Bess, 2002: 440).

큰 공동체에 속할 때, 구성원은 적발가능성이 낮다고 여기게 되어 부패에 더욱 연루되는 경향을 띤다. Pearce(2001: 128)가 강조하듯이, "부정행위의 가능성은 사회범위가 확장되고 사회가 복잡해짐에 따라 높아진다." Hardin(1982)의 "n－수 죄수의 딜레마(n-person prisoner's dilemma)"도 또한 큰 공동체 내에서 집단행동이 형성되기 어려움을 보여준다(North, 1990: 13). Treisman(2000)도 또한 주로 대규모의 국가인 연방제 국가에서 높은 수준의 부패가 존재함을 경험적으로 증명하였다. 이와 같은 논의에 의한 가정은 아래와 같다.

가정 5: 많은(또는, 적은) 총인구는 높은(또는, 낮은) 수준의 부패와 연관이 있다.

천연자원의 규모, 특히 원유, 원목, 그리고 천연다이아몬드의 생산량은 사회의 부패수준에 큰 영향을 준다. 지대추구행위는 부존자원규모와 밀접한 연관을 갖고 있다. "기본적으로 공유할 큰 경제파이가 존재하므로, 제조업을 발전시켜 부를 창출할 필요성이 적기 때문에" 천연자원이 풍부한 국가의 경제발전은 더디고 부패수준은 높게 나타난다는 것이다(Kang, 2002: 46). 천연자원이 풍부한 국가에서, 국민은 경제파이를 고정된 것으로 인식한다. 따라서 사회구성원의 심리뿐만 아니라, 사회적인 상호작용도 영합게임(zero-sum game)의 양상을 띠게 된다(Eifert, Gelb and Tallroth, 2003). 이런 상황에서는 정치활동도 천연자원을 확보하기 위한 경쟁이 되는 것이다.[19] 특히, 정부가 자원생산을 독점하는 경우에 이러한 성향은 더욱 높게 나타난다. 이와 같은 논의에 근거하여, 이 연구의 마지막 가정은 다음과 같다.

가정 6: 많은(또는, 적은) 천연자원(원유, 원목, 그리고 천연다이아몬드)의 생산량은 높은(또는, 낮은) 수준의 부패와 연관이 있다.

지금까지의 논의를 바탕으로 한 이 연구의 분석모형은 <그림 2>와 같다.

---

19) 이와 같은 이유로, 천연자원이 풍부한 국가는 그렇지 않은 국가보다 경제발전에서 뒤처지는 경향이 있다(Tsalik, 2003). Acemoglu, Robinson과 Verdier(2004: 165)는 불안정한 정부제도가 콩고, 라이베리아, 시에라레온, 나이지리아와 같이 천연자원이 풍부한 국가에서 보다 일반적임을 보여주었다. Ross(1999)는 풍부한 원유를 보유한 국가에서 독재정권의 설립가능성이 높음을 발견하였다.

그림 2 연구 분석모형

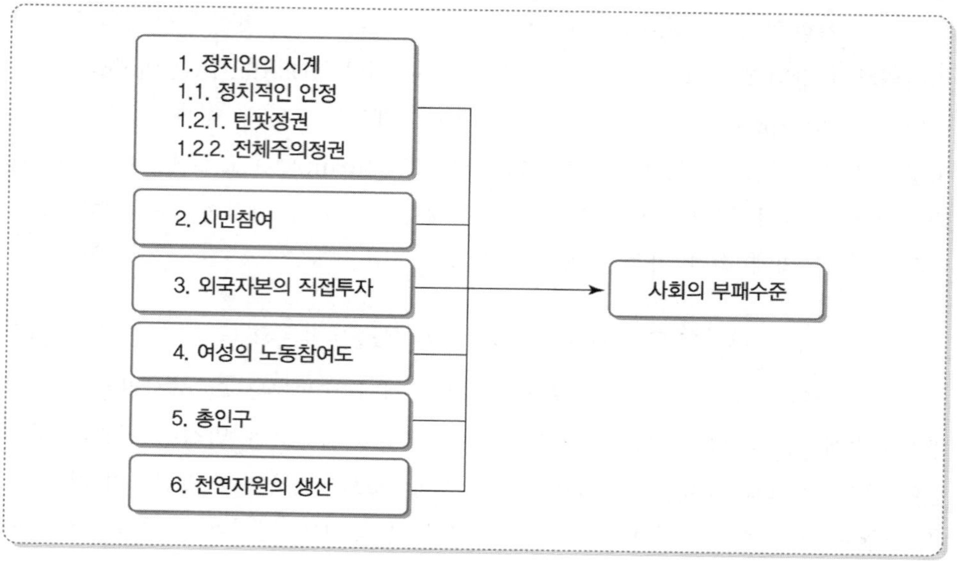

V. 시계가 부패수준에 주는 영향분석

이 연구에서는 82개국의 개발도상국(developing countries)과 24개국의 미개발국(least-developed countries)을 포함한 총 106개국이 분석되었다.[20] 개발도상국과 미개발국만을 분석대상으로 한 이유는, 이들이 선진국과 비교하여 불안정한 정부제도를 가짐으로써 행정가의 시계(time horizons of administrators)가 상대적으로 강한 영향력을 가질 것이라는 가정 때문이다. 안정적인 정부제도 하에서 행정가는 재량권의 한계를 가질 것이며, 이들의 시계는 큰 의미를 갖기 힘들 것이다.

이 연구에서는 내적 타당성을 높이기 위하여 1996, 1998, 2000, 2002년의 패널자료(panel data)가 분석된다. 종속변수인 '사회의 부패수준'과 독립변수인 '정치적인 안정'과 '시민참여'는 세계은행(World Bank)의 세계정부연구지수(World Governance Research Indicators: WGRI)의 자료(2003)를 이용하여 측정되었다. 이 연구에서의

20) 개발도상국과 미개발국의 구분은 세계무역기구(World Trade Organization: WTO)와 유엔(United Nations: UN)의 분류에 따른다. 또한, 평균GNI가 $25,703인 23개의 OECD회원국은 선진국으로 구분된다. 보다 자세한 분류방법은 Corruption and the Time Horizons of Politicians(Routledge Publication, 2005)를 참조하기 바란다.

'사회의 부패수준'은 부패에 대한 일반인의 인식도를 측정한다(Kaufmann, Kray, and Zoido-Lobaton, 2003: 4). 이는 인·허가를 얻기 위하여 재화를 추가적으로 지불하는 빈도수, 업무환경에 부패가 주는 영향, 국가포획(state capture)을 위하여 엘리트가 공모하는 거대부패(grand corruption)까지 망라한다(Kaufmann, Kray, and Zoido-Lobaton, 2003: 4). WGRI의 자료는 다양한 단체의 설문조사를 종합하여 작성되었으므로, 단일의 설문조사보다 상대적으로 신뢰도가 높은 자료라고 여겨진다.[21] 이들 변수는 −3에서 +3의 척도를 가진 부호색인(point-indexes)으로 구성되어 있는데, 높은 수치는 더 높은 수준의 부패, 정치적인 안정, 그리고 시민참여를 의미한다. 다음으로, 독립변수인 '외국자본의 직접투자, 순도입(GDP에서 차지하는 비율),' '여성의 노동참여도(총노동참여도에서 여성이 차지하는 비율),' 그리고 '총인구수'를 측정하기 위하여 세계은행(World Bank)의 세계발전지수(World Development Indicators: WDI)의 자료가 사용되었다.[22] '원유생산량(일일생산량: 천 배럴),' '원목생산량(일일생산량: 천 입방미터),' 그리고 '천연다이아몬드(원석)생산량(일일생산량: 천 캐럿)'을 위해서는 에너지정보부(Energy Information Administration)의 국제에너지연간보고서(International Energy Annual), 국제열대목재정보시스템(International Tropical Timber Information System)의 목재데이터베이스(Timber Databases), 그리고 지질조사원(Geological Survey)의 천연다이아몬드 세계생산평가(Estimated World Production of Natural Diamonds)의 자료가 이용되었다.

마지막으로, 민주정권, 틴팟(tinpot)정권, 그리고 전체주의정권을 측정하기 위한 가변수(dummy variable)를 구성하기 위하여 프리덤하우스(Freedom House)에서 출판된 세계자유색인(Freedom in the World)의 자료가 재정리되었다. 세계자유색인은 Raymond Gastil의 시민자유색인(Civil Liberties)으로도 불리는데, 각국의 정치권리와 시민자유의 평가순위를 1972년부터 출판하여 왔다. 세계자유색인은 1부터 7까지의 척도를 가지고 있는데, 1과 7은 각각 가장 높은 수준과 낮은 수준의 정치권리와 시민자유를 의미한다. Islam과 Winer(2004: 296)는 세계자유색인의 순위를 바탕으로 국가들을 세 개의 집단으로 분류하는데, 정치권리색인과 시민자유색인을 합한 수치(즉, 최소값은 2이고, 최대값은 14이다)가 4 이하의 국가는 민주정권으로,

21) 자료에 관한 보다 자세한 설명은 "Government Matters III"(Kaufmann, Kray, and Zoido-Lobaton, 2003)를 참조하기 바란다.
22) "총노동력은 국제노동조직(International Labour Organization)의 정의인, 경제활동인구의 조건에 맞는 모든 인원을 의미한다"(WDI, 2004.10.11.).

13이나 14인 국가는 전체주의정권으로 본다. 통합된 색인의 수치가 5에서 12 사이인, 중간에 위치한 국가는 틴팟(tinpot)정권으로 구분된다. Islam과 Winer(2004: 296)는 이러한 분류를 위하여 1988년의 세계자유색인을 이용하였으나, 이 연구에서는 정확도를 높이기 위해 2000년의 색인이 이용되었다. 이러한 기준에 의하면, 106개국 가운데서 24개국이 민주정권으로 분류되고, 74개국과 8개국이 각각 틴팟(tinpot)정권과 전체주의정권으로 분류된다.[23)]

이 연구에서 변수는 다음과 같이 구성된다. 패널자료(panel data)의 표본 수는 424개이다. '사회의 부패수준,' '정치적인 안정,' 그리고 '시민참여' 변수는 최소값 −2.8에서 최대값 2.2 사이에 분포하며, 각각의 평균값은 0 부근에 위치한다. 우선, 각 국가의 상대적인 위치를 파악하기 위하여 각 국가의 4년간 수치의 평균을 구하였는데, 콩고공화국(1.562), 라이베리아(1.297), 타지키스탄(1.217), 투르크메니스탄(1.205), 그리고 나이지리아(1.147)가 가장 부패한 국가들로 나타났다. 이와 반대로, 싱가포르(-2.340)의 부패수준은 가장 낮았다. 불가리아(0.360), 기아나(0.360), 그리고 아르헨티나(0.352)는 평균값 부근에 위치한다. 대체로 정치적으로 불안정한 국가가 부패한 국가로 나타나며, 이와 반대로, 정치적으로 안정적인 국가의 부패수준은 매우 낮았다. 가장 정치적으로 불안정한 국가는 콩고공화국(-2.392)과 함께 수단(-2.240), 알제리아(-2.092), 앙골라(-1.987), 타지키스탄(-1.875), 그리고 라이베리아(-1.755) 등이다. 반면에, 가장 정치적으로 안정적인 국가는 싱가포르이다. 브라질, 벨라로스, 그리고 마다가스카르와 같은 국가의 수치는 평균값 부근에 위치한다.

---

23) 각각의 분류에 속한 국가명(영문)은 다음과 같다. 민주정권(24개국): Argentina, Bolivia, Botswana, Chile, Costa Rica, Cyprus, Czech Republic, Dominican Republic, Estonia, Guyana, Hungary, Israel, Jamaica, Latvia, Lithuania, Mauritius, Panama, Poland, Portugal, Romania, Slovak Republic, Slovenia, South Africa, Trinidad and Tobago, Uruguay; 틴팟(tinpot)정권(74개국): Albania, Algeria, Angola, Armenia, Azerbaijan, Bangladesh, Belarus, Brazil, Bulgaria, Burkina Faso, Cambodia, Colombia, the Democratic Republic of the Congo, Croatia, Ecuador, Egypt, El Salvador, Ethiopia, Gabon, Gambia, Georgia, Ghana, Guatemala, Guinea, Guinea- Bissau, Haiti, Honduras, India, Indonesia, Iran, Jordan, Kazakhstan, Kenya, Kuwait, Kyrgyz Republic, Lebanon, Liberia, Macedonia, Madagascar, Malaysia, Malawi, Mali, Mexico, Moldova, Mongolia, Morocco, Mozambique, Nepal, Nicaragua, Niger, Nigeria, Oman, Pakistan, Papua New Guinea, Paraguay, Peru, Philippines, Russian Federation, Senegal, Sierra Leone, Singapore, Sri Lanka, Tajikistan, Tanzania, Thailand, Togo, Tunisia, Turkey, Uganda, Ukraine, Venezuela, Zambia, Zimbabwe, Yemen; 전체주의정권(8개국): Cameroon, China, Congo Rep., Sudan, Syria, Turkmenistan, Uzbekistan, Vietnam.

'외국자본의 직접투자, 순도입(GDP에서 차지하는 비율)' 변수의 평균값은 3.01퍼센트이고 −82.87퍼센트에서 52.92퍼센트 사이에 분포한다. 외국자본의 투자수준은 시장의 변동에 민감하게 반응하는 듯하다. 그 수치는 연도별로 급격한 변동을 보여준다.[24]'여성의 노동참여도(총노동참여도에서 여성이 차지하는 비율)'는 14.38퍼센트에서 52.92퍼센트 사이에 위치하며, 평균값은 40.56퍼센트이다. 베트남, 러시아, 우크라이나, 체첸공화국, 슬로바키아공화국, 조지아를 비롯한 대부분의 구소련국가에서 여성의 높은 노동참여도를 보여주었다. 이와는 반대로, 이란, 요르단, 레바논, 그리고 파키스탄을 비롯한 중동국가에서는 매우 낮은 여성노동참여도를 보여준다. '총인구수'는 27만 명부터 12억8천만 명 사이에 분포하며, 평균인구수는 4천4백3십만 명이다. 이 연구에서는 국가 간의 큰 차이로 인하여 총인구수 대신에 자연로그를 취한 값이 사용된다. '원유생산량'은 0부터 7백만 배럴 사이에 위치하며, 일일 평균생산량은 40만7천 배럴이다. 106개국 가운데서 중국, 이란, 멕시코, 나이지리아, 러시아, 아랍에미리트, 그리고 베네수엘라 등 15개미만의 국가가 대부분의 원유를 생산하고 있다. 이와는 대조적으로, 46개국은 전혀 원유를 생산하지 못하고 있다. '원목생산량'은 0에서 4억2천7백만 입방미터의 사이에 위치하며, 일일 평균생산량은 9백만 입방미터이다. 마지막으로, '천연다이아몬드(원석)생산량'은 0에서 2천만 캐럿의 사이에 분포하며, 일일 평균생산량은 47만2천 캐럿이다. 앙골라, 보스와나, 콩고(킨샤사), 러시아, 그리고 남아프리카공화국과 같은 극소수의 국가에서 대부분의 천연다이아몬드가 생산되고 있다. <표 2>의 요약통계(summary statistics)는 각 변수들의 표본수, 최소값, 최대값, 평균, 그리고 표준편차를 보여준다.

〈표 2〉 요약통계

구분	최소값	최대값	평균	표준편차
부패수준	−2.580	1.850	−0.012	1.042
정치적인 안정	−2.840	1.770	−0.017	0.960
민주정권	0	1	0.350	0.480
틴팟정권	0	1	0.583	0.494

24) 예를 들어, 1997년 아시아재정위기 이후 인도네시아에서 외국자본의 직접투자는 급격히 감소하였다.

전체주의정권	0	1	0.063	0.243
시민참여	−1.910	1.720	0.024	0.925
외국자본의 직접투자	−82.873	52.920	3.005	6.880
여성의 노동참여도	14.380	52.100	40.556	7.007
총인구수*	270	1,280,000	44,300	144,000
원유생산량*	0	7,049	407.430	1,041.600
원목생산량*	0	427,654	9,007.250	41,898.170
천연다이아몬드생산량*	0	20,100	472.310	2,364.550

주 : *의 단위는 천, N=424.

이 분석에서 모수추정량(parameter estimates)은 고정효과항(fixed effects terms)을 더한 일반화최소제곱(generalized least squares: GLS)이 사용된다. 고정효과는 변수가 생략될 때 나타날 수 있는 추정량의 편중(bias)가능성을 낮춘다. 이 분석에서는 고정효과항과 패널자료를 사용함으로써, 분산추정량(variance estimates)의 표본수와 내적 타당성(internally valid)을 증가시켰다(Langbein and Bess, 2002: 442). 또한, 고정효과 가변수(dummy variable)가 개별단위(unit)의 측정되지 못한 특성을 통제하기 위해 사용되었다(Langbein and Bess, 2002: 442). 고정효과항은 패널자료(panel data)를 분석하기 위하여 일반적으로 사용된다. 하지만, 고정효과항을 사용한다고 하더라도 항상 효율적인 추정량이 보장되는 것은 아니다. 그러므로 이 분석에서 사용된 고정효과항(fixed effects)이 임의효과항(random effects)보다 내적 타당성이 높은지 검증하기 위하여 하우스만검증(Hausman test)을 시도하였다. 하우스만검증의 결과, p값(P-value)이 유의(0.000)하였으므로, 이 연구에서는 고정효과항을 사용하기로 한다. 다음으로, 확률항(stochastic terms)의 자기상관(autocorrelation)과 이분산성(heteroscedasticity)으로 나타날 수 있는 문제를 해결하기 위하여 패널 내의 1차 자기상관(first-order autocorrelation)과 패널 간의 이분산성(heteroscedasticity)이 통제되었다.[25]

대부분의 외국투자자는 부패의 수준이 높은 국가에 대한 투자를 꺼리는 경향

25) 전년도의 효과가 현재까지 지속될 수 있으므로, 오차항(error terms)이 시간별(time-wise)로 자기상관을 보일 수 있다. 또한, 오차항이 횡단면적으로(cross-sectionally) 이분산성을 보일 수 있다. 즉, 개별국가의 규모 등이 큰 차이를 보일 수 있으므로, 추정량이 다른 분산(variance)을 가질 수 있다.

이 있다. 즉, 외국자본의 투자가 한 사회의 부패수준에 영향을 미칠 뿐만 아니라, 부패수준이 외국자본의 투자에 영향을 줄 수 있는 것이다. 이러한 독립변수와 종속변수 간의 동시성(simultaneity)으로 인하여, 추정량이 편향(biased)될 가능성이 존재한다. 이 분석에서는 외국자본의 투자와 사회의 부패수준 간에 동시성이 없음을 검증하기 위하여 하우스만검증(Hausman test)이 사용되었다. 하우스만검증의 결과, 계수(coefficients)간의 차이가 체계적(systematic)이 아님을 알 수 있다. 그 차이가 유의하지 않으므로($p=0.410$), 외국자본의 직접투자와 부패수준 간에는 동시성의 관계가 없다고 결론내릴 수 있다. 하지만 동시성으로 인하여 발생될 수도 있는 문제(endogenous relationship)를 철저히 통제하기 위하여 이 연구에서는 시차(lagged)변수인 외국자본의 직접투자가 사용되었다.

이 연구의 분석결과는 <표 3>에 제시되어 있다. 분석에 의하면 행정가의 시계가 사회의 부패수준에 주는 영향을 측정하기 위한 세 변수 중에서 두 변수가 통계적으로 유의하고 기대되는 부호를 보여준다. 즉, 정치적으로 불안할 때(하위가정 1.1)와 정권의 유형이 틴팟(tinpot)일 때(하위가정 1.2.1), 사회의 부패수준은 높아졌다. 하지만, 분석결과는 전체주의정권 하에서 부패의 수준이 낮아진다는 가설(하위가정 1.2.2)을 지원하지 않았다. 그러나 전체적으로 추정결과는 이 연구의 "행정가가 장기적(또는, 단기적) 관점을 가질 때, 부패의 수준이 낮아진다(또는, 높아진다)"는 가설과 일치하였다. 즉, 행정가가 자신의 지위에 얼마나 머물 것인가 하는 예상치는 사회의 부패수준에 영향을 주었다. 이 분석의 결과는 장기적 관점(long-term horizons)을 가진 행정가가 정부제도를 효율적으로 설계하고 경제파이(economic pie)를 증대시키고자 하는 동기를 갖고 있음을 보여준다. 그 결과, 정부제도에 의하여 보장된 집단적 사유재산권이 사회의 부패수준을 낮추는 것으로 볼 수 있다. 이와 반대로, 단기적 관점(short-term horizons)을 가진 행정가는 단기간에 지대를 최대한 획득하려는 행태를 보인다. 결과적으로, 집단적인 사유재산권이 보장되지 않았고 사회의 부패수준은 높아진다고 볼 수 있다.

통제변수를 살펴보면, 우선 외국자본의 직접투자의 추정값이 이론적인 기대와 상이한 결과를 보여준다. 분석결과에 의하면, 외국자본의 직접투자가 사회의 부패수준을 높이는 것으로 나타났다. 이와 같은 결과는 다국적기업이 정부의 간섭으로부터 자유롭지 못함을 암시한다. 국내기업뿐만 아니라 다국적기업도 각국 정부의 지대규모를 증대시킨다는 것이다. 또한 분석결과는 국내시장이 국제경쟁의 강화로 인한 수혜를 얻지 못함을 보여준다. 다국적기업과 각국 정부 간의 지대를 공유하는 공모적인(collusive) 관계가 지금도 존재한다고 볼 수 있을 것이다.

다음으로, 여성의 노동참여도의 추정값도 이 연구의 가설과 달리 사회의 부패수준을 높이는 것으로 나타났다. 이와 같은 결과를 설명하기 위해서는 추가연구가 필요할 것이지만, 우선 이는 국가 간의 상이한 고용양식에서 기인하는 듯하다. 선진국의 여성은 대부분 관리직이나 행정직에 종사한다. 그러므로 직·간접적으로 부패의 네트워크에 부정적인 영향을 줄 수 있다. 이와 반대로, 주로 육체노동자로 일하는 개발도상국과 미개발국의 여성은 부패의 고리에 연루될 가능성이 적을 것이다.

〈표 3〉 부패수준에 대한 GLS분석결과

독립변수	계수(표준오차)
정치적인 안정	−0.146**(0.010)
틴팟정권	0.074**(0.029)
전체주의정권	0.038(0.041)
시민참여율	−0.073**(0.013)
전년도 외국자본의 직접투자	0.002**(0.001)
여성의 노동참여도	0.011**(0.001)
대수(log)총인구수	0.001(0.012)
원유생산량	0.001*(0.000)
원목생산량	−0.001**(0.000)
다이아몬드생산량	−0.001**(0.000)
개발도상국*전년도의 부패	0.741**(0.018)
미개발국*전년도의 부패	0.482**(0.033)
상수	−0.434**(0.087)
국가의 가변수	(포함됨)
왈드(Wald)의 카이제곱(12)	83014.000
카이제곱확률	0.000
N	318

주 : 종속변수는 부패수준. ** $p<.05$, *$p<.10$ ( )안의 수치는 표준오차임.
패널 내의 1차 자기상관(first−order autocorrelation)과 패널 간의 이분산성(heteroscedasticity)이 통제됨.

마지막으로, 천연자원의 생산량의 추정값도 기대와는 상이한 결과를 보여준다. 우선 이 연구의 가정과 같이, 원유의 생산량이 많을수록 부패의 수준이 높아졌다. 반면에, 가정과 달리 원목과 천연다이아몬드의 생산량이 많을수록 사회의 부패수준은 낮아지는 것으로 나타났다. 이와 같은 상이한 분석결과는 천연자원이 사회의 부패수준에 주는 영향력이 특정 자원별로 고려되어야 함을 암시한다. 대부분 몇몇 소수의 국가가 특정의 자원을 독점적으로 생산하기 때문에, 천연자원 생산량이 부패의 수준에 주는 영향은 이들 국가의 개별여건에 좌우될 것이라고 예상할 수 있다.

Ⅵ. 결 론

부패를 어떻게 통제할 것인가? 아마도 이 질문에 대한 자연스러운 대답은 "'악한' 사람을 '선한' 사람으로 교체하는 것"일 것이다. 그러나 이와 같은 방법으로 실질적이고 지속적인 성과를 기대할 수 없다는 데서, 부패는 난제가 된다. 이 연구는 합리적 행위자(economic man)인 개인이 이익극대화를 추구한다는 공공선택이론의 인식에 바탕을 둔다. 이와 같은 관점에서 보면, 물론 다소의 차이는 있겠으나, 악한 혹은 선한 행정가는 큰 의미를 갖지 못한다. 부패한 행정가를 새로운 인물로 교체한다고 하더라도 사회의 전반적인 부패수준은 낮아지지 않을 것이다. 이러한 주장의 실례를 라틴아메리카의 국가에서 찾아 볼 수 있다. 주로 스페인의 식민지였던 라틴아메리카 국가에서는 영국의 식민지와는 달리 정부제도의 중요성을 강조하는 전통이 세워지지 못했다. 이 결과, "효과적인 제도"가 아니라 "선한 행정가"에게 국민은 믿음을 주었다. 라틴아메리카의 국민은 페로니즘(peronism)과 같은 이상주의(idealism)에 기반을 둔 정치운동(political movements)이 모든 사회문제를 일거에 해결할 것으로 기대한 것이다. 하지만, 이와 같은 정치운동은 실제적인 성과를 가져오지 못하였고, 정권이 바뀜에 따라 부패수준이 오히려 높아지는 악순환이 계속 되어왔다. 즉, 정치운동의 도움으로 강력한 권력을 획득하게 된 행정가는 기존의 정부제도를 무너트리려 한 것이다.[26] 이 결과, 정부제도의 규제에서 벗어나게 된 행정가가 자신의 이익을 추구할 여지는 더욱 커졌고, 사회의 전

26) 전반적인 사회개혁에 있어서 기존의 정부제도는 하나의 장애물과 같다고 볼 수 있다.

반적인 부패수준은 높아지게 되었다.

기본적으로 정부제도와 정책을 기획하는 사람은 행정가이다. 이는 "어떻게 행정가가 효율적인 정부제도를 설계하도록 동기를 부여하는가?"하는 문제를 제기한다. 시계(time horizons)는 행정가에게 이와 같은 동기를 부여할 수 있다. 장기적 관점(long-term horizon)을 가진 행정가는 사유재산권을 보호하는 효율적인 정부제도를 설계하고자 하는 동기를 가질 것이다. 이들은 선한 행정가라기보다는, 단지 보다 큰 조각의 지대(a bigger slice of rents)를 얻기 위하여 경제파이(economic pie)를 증대시키고 싶어 할 뿐이다. 하지만, 행정가의 이익극대화 시도는 역설적으로(paradoxically) 사회의 부패수준을 낮추며, 일반국민에게 이익을 가져다준다. 이와 반대로, 단기적 관점(short-term horizon)을 가진 행정가는 장기적인 보상을 고려하지 않기 때문에 단기간에 가능한 한 큰 지대를 획득하려 한다. 결과적으로, 이러한 선택과 행위는 사회의 부패수준을 높일 것이며, 일반시민에게 손해를 주게 된다. 이 연구결과는 행정가가 장기적(혹은, 단기적) 관점을 가질 때, 부패에 대한 일반인의 인식도, 즉, 인・허가를 얻기 위하여 추가적으로 지불하는 빈도수가 낮아지고(또는, 높아지고), 업무환경에서 부패가 주는 부정적인 영향은 줄어들고(또는, 늘어나고), 국가포획(state capture)을 위하여 엘리트가 공모하는 거대부패(grand corruption)의 수준이 실제로 낮다(또는, 높다)는 것을 보여준다.

다음 문제는 "어떻게 행정가에게 장기적 관점을 부여하는가?"가 될 것이다. 장기적 관점을 부여하기 위해, 단순히, 행정가가 원하는 만큼 관직을 유지하도록 허용할 수는 없을 것이다. 하지만, 행정가의 시계를 측정하기 위한 지표인 "정치적인 안정"에서 하나의 시사점을 얻을 수 있다. 이 연구에서 보듯이, 행정가가 부패에 연루될 가능성은 지위가 불안정할 때 높아진다. 즉, 안정적인 정치제도가 부패통제의 선행조건임을 알 수 있다. 지금까지 정치적인 불안정은 경제적인 실패와 밀접한 연관을 갖고 있다고 일반적으로 인정되어 왔다. 이 연구는 이와 함께 정치적인 불안정이 사회의 부패수준에도 영향을 줌을 보여준다.

행정가가 "명성(reputation)"에 관심을 가질 때, 장기적인 관점을 가질 가능성은 높아진다. 즉, 좋은 평판을 유지한다면 퇴직이후에 민간분야에서 좋은 직업을 가질 수 있다고 전망하는 행정가는 장기적인 관점을 가질 것이다. 브라질의 코러(Fernando Collor: 1990-1992)행정부와 프랑코(Itamar Franco: 1992-1995)행정부의 비교에서 보듯이, 실제로 좋은 직업전망(job prospects)을 가진 행정가는 자신의 명성을 고려함으로써 부패에 적게 연루되었다. 유사한 상황 하에 있었으나, 코러행정부의 부패수준은 프랑코행정부에 비해 월등하게 높았다. Geddes and Neto(1999)는 그 원인으로 코러대통령이 비전문가인 자신의 친구들을 관직에 임명하였다는 점을 지적한다. 이와 반대로, 프랑코대통령은 전문행정가를 관직에 임명하였고, 퇴직 후 직업을 고려한 이들 전문행정가는 상대적으로 부패에 적게 연루되었다는 것이다.

참고문헌

Acemoglu, Daron, James A. Robinson, and Thierry Verdier. (2004). "Alfred Marshall Lecture, Kleptocracy and Divide-and-Rule: A Model of Personal Rule." *Journal of the European Economic Association* 2(2-3): 162-192.

Ades, Alberto and Rafael Di Tella. (1999). "Rents, Competition, and Corruption." *American Economic Review* 89 (September): 982-993.

Azfar, Omar, Steve Knack, and Young Lee. (1999). "Gender and Corruption." *Journal of Development Economics* 64 (February): 25-55.

Bardhan, Pranab. (1997). "Corruption and Development: A Review of Issues." *Journal of Economic Literature*35 (September): 1320-1346.

Broadman, Harry G. and Francesca Recanatini. (2000). "Seeds of Corruption: Do Market Institutions Matter?" Policy Research Working Paper 2368, The World Bank (June).

Buchanan, James M. (1980). "Rent Seeking and Profit Seeking." In *Toward a Theory of the Rent-Seeking Society*, ed. James M. Buchanan, Robert D. Tollison, and Gordon Tullock, 3-15. College Station: Texas A & M University Press.

Clague, Christopher, Philip Keefer, Stephen Knack, and Mancur Olson. (1999). "Contract-Intensive Money: Contract Enforcement, Property Rights, and Economic Performance." *Journal of Economic Growth* 4 (June): 185-211.

Clarke, Gorge R. G. and Lixin Colin Xu. (2002). "Ownership, Competition, and Corruption: Bride Takers versus Bribe Payers." Policy Research Working Paper 2783, The World Bank (February).

De Long, J. Bradford and Andrei Shleifer. (1993). "Princes and Merchants: European City Growth before the Industrial Revolution." *Journal of Law and Economics* 36: 671-702.

Dollar, David, Raymond Fisman, and Roberta Gatti. (2001). "Are Women Really the "Fairer" Sex? Corruption and Women in Government." *Journal of Economic Behavior and Organization* 46: 423-429.

Eifert, Benn, Alan Gelb, and Nils Borje Tallroth. (2003). "Managing Oil Wealth." *Finance and Development* 40, no. 1, March, 40-44.

Evans, Peter B. "Predatory, Developmental, and Other Apparatuses: A Comparative Political Economy Perspective on the Third World State."

Sociological Forum No. 4 (December 1989): 561-587.

Faruqee, Rashid and IshratHusain. (1994). "Adjustment in Seven African Countries." In *Adjustment in Africa: Lessons from Country Studies*, ed. Ishrat Husain and Rashid Faruqee, 1-10. Washington, DC: World Bank Regional and Sectional Studies.

Geddes, Barbara and Artur Ribeiro Neto. (1999). "Institutional Source of Corruption in Brazil." In *Corruption and Political Reform in Brazil*, ed. Keith Rosenn and Downs Rosenn, 21-48. Richard Coral Gables, FL: North-South Center Press.

Hardin, Russell. (1982). *Collective Action*. Baltimore: Johns Hopkins University Press.

Hutchcroft, Paul D. (1997). "The Politics of Privilege: Assessing the Impact of Rents, Corruption, and Clientelism on Third World Development." *Political Studies* 45: 639-658.

_______. (1998). *Booty Capitalism: The Politics of Banking in the Philippines*. Ithaca, New York: Cornell University Press.

Huther, Jeff and Anwar Shah. (2000). "Anti-Corruption Policies and Programs: A Framework for Evaluation." Policy Research Working Paper 2501, The World Bank (December).

Islam, Muhammed N. and Stanley L. Winer. (2004). "Tinpots, Totalitarians (and Democrats): An Empirical Investigation of the Effects of Economic Growth on Civil Liberties and Political Rights." *Public Choice* 118: 289-323.

Kang, David C. (2002). *Crony Capitalism Corruption and Development in South Korea and the Philippines*. New York: Cambridge University Press.

Kaufmann, Daniel, Aart Kraay, and Pablo Zoido-Lobaton. (2003). "Governance Matters III." Policy Research Working Paper, The World Bank.

Keefer, Philip and Stephen Knack. (2002). "Polarization, Politics and Property Rights: Links between Inequality and Growth." *Public Choice* 111: 127-154.

Kirkpatrick, Jeane. (1982). *Dictatorships and Double Standards: Rationalism and Reason in Politics*. New York: Simon and Schuster.

Klitgaard, Robert. (1988). *Controlling Corruption*. Berkeley: University of California Press.

Klochko, Marianna A. and Peter C. Ordeshook. (2003). "Corruption, Cooperation and Endogenous Time Discount Rates." *Public Choice* 115, iss. 3 (June): 259-283.

Knack, Stephen. (2001). "Aid Dependence and the Quality of Governance: Cross-Country Empirical Tests." *Southern Economic Journal*68

(October): 310-329.

La Porta, Rafael, Florencio Lopez-de-Silanes, Andrei Shleifer, and Robert Vishny. (1999). "The Quality of Government." *Journal of Low, Economics and Organization* 15: 222-279.

Langbein, Laura I. and Roseana Bess. (2002). "Sports in School: Source of Amity or Antipathy?" *Social Science Quarterly*83, no. 2 (June): 436-454.

Langbein, Laura I. and Connie M. Jorstad. (2002). "Productivity in the Workplace: Cops, Culture, Communication, Cooperation and Collusion." Working paper (January).

Lee, Young and Omar Azfar. (2001). "Does Corruption Delay Trade Reform?" IRIS Working Paper 258, Center for Institutional Reform and the Informal Sector.

Manzetti, Luigi and Charles H. Blake. (1996). "Market Reforms and Corruption in Latin America: New Means for Old Ways." *Review of International Political Economy* 3:4 (Winter): 662-697.

Mauro, Paolo. (1995). "Corruption and Growth." *Quarterly Journal of Economics* 110 (August): 681-712.

McGuire, Martin C. and Mancur Jr. Olson. (1996). "The Economics of Autocracy and Majority Rule: The Invisible Hand and the Use of Force." *Journal of Economic Literature* 34 (March): 72-96.

Mehlum, Halvor, Karl Moene, and Ragnar Torvik. (2003). "Predator or Prey? Parasitic Enterprises in Economic Development." *European Economic Review* 47, iss. 2 (April): 275-294.

Meier, Kenneth J. and Thomas M. Holbrook. (1992). "I Seen My Opportunities and I Took 'Em: Political Corruption in the American States." *Journal of Politics* 54, no. 1: 135-155.

North, Douglas C. (1990). *Institutions, Institutional Change and Economic Performance*. New York: Cambridge University Press.

Olson, Mancur Jr. (1965). *The Logic of Collective Action: Public Goods and the Theory of Groups*. Cambridge, Massachusetts: Harvard University Press.

Olson, Mancur Jr., Naveen Sarna, and Anand V. Swamy. (2000). "Governance and Growth: A Simple Hypothesis explaining Cross-Country Differences in Productivity Growth." *Public Choice* 102: 365-367.

Pearce, Jone L. (2001). *Organization and Management in the Embrace of Government*. London: Lawrence Erlbaum Associates, Publishers.

Putnam, Robert D. (1995). "Turning in, Turning out: the Strange Disappearance of Social Capital in America." *Political Science and Politics* (December): 664-682.

Rose-Ackerman, Susan. (1999). *Corruption and Government: Causes, Conse-*

quences, and Reform. New York: Cambridge University Press.

Ross, Michael L. (1999). "The Political Economy of the Resource Curse." *World Politics* 51 (January): 297-322.

Sachs, Jeffrey D. and Andrew M. Warner. (1995). "Natural Resource Abundance and Economic Growth." Development Discussion Paper, no. 517a, Harvard Institute for International Development (October).

Schamis, Hector. (1999). "Distributional Coalitions and the Politics of Economic Reformin Latin America." *World Politics* 51: 2: 236-268.

Self, Peter. *Rolling Back the Market: Economic Dogma and Political Choice*. New York: St. Martin's Press, 2000.

Shelley, Louise I. (2000). "Corruption in the Post-Yeltsin Era." *East European Constitutional Review* 9, no. 1/2 (Winter/Spring): 70-74.

_______. (2001). "Crime and Corruption." In *Developments in Russian Politics 5*, ed. Stephen White, Alex Pravda, and Zvi Gitelman, 239-253. Houndsmills, Hampshire: Palgrave.

_______. (2002). "Can Russia Fight Organized Crime and Corruption?" *Tocqueville Review* 23, no. 2: 37-55.

Shleifer, Andrei and Robert W Vishny. (1993). "Corruption." *Quarterly Journal of Economics* 108 (August): 599-617.

Treisman, Daniel. (2000). "The Causes of Corruption: A Cross-National Analysis." *Journal of Public Economics*76: 399-457.

Tsalik, Svetlana. (2003). *Caspian Oil Windfalls: Who will Benefit?* New York: Open Society Institute.

Wedeman, Andrew. (2002). "Development and Corruption: the East Asian Paradox." In *Political Business in East Asia*, ed. Edmund Terence Gomez, 34-61. London: Routledge.

Wintrobe, Ronald. (1990). "The Tinpot and the Totalitarian: An Economic Theory of Dictatorship." *American Political Science Review* 84, no. 3 (September): 849-872.

3 정부의 규모와 부패수준에 관한 연구[1)]

〈요 약〉

일반적으로 작은 정부는 정부의 시장 개입 가능성을 줄임으로써 부패 수준을 낮추는 것으로 간주된다. 하지만 이러한 해석이 언제나 옳은가? 오히려 정부의 구조를 변경하지 않고 예산을 삭감할 경우, 부패 수준은 높아질 수도 있다. 즉 업무 프로세스가 개선되지 않으면 부패 수준이 변화될 것이라고 기대하기 어렵다. 여전히 복잡한 서비스 프로세스가 필요한 고객은 대기 시간을 줄이기 위해 지름길을 찾을 것이다. 그리고 지름길을 찾아야 할 필요성은 창구의 수가 적기 때문에 더욱 높아질 것이다. 이러한 논의를 위해 이 연구는 노무현 정부(2003-2007)와 김대중 정부(1998-2002)의 부패 수준과 정부 규모 간의 관계를 비교 분석한다. 이 연구의 분석에 의하면, 김대중 정부가 추구한 작은 정부에서는 정부의 구조가 간소화됨을 알 수 있었다. 또한 정부의 규모와 부패 수준 간의 관계를 살펴봄으로써 정부 개혁의 효과성을 평가할 수 있었다.

1) 진종순 · 장지원. (2009). 「한국부패학회보」 14권 1호, 29-47.

Ⅰ. 서 론

개발도상국뿐만 아니라 선진국에서도 부패는 큰 관심사가 되어 왔다. 대부분의 설문조사에서 부패는 쟁점이 되어 왔고(Bardhan, 1997), 사회복지나 경제성장을 설명할 때 항상 주요한 변수로서 다루어지고 있다(Rose-Ackerman, 1999; Mauro, 1995; Ades and Di Tella, 1999; Shleifer and Vishny, 1993). Rose－Ackerman(1999)은 "부패에 관한 분석은 어떤 정부가 경제성장을 지원하는가에 관한 결론이 나지 않은 계속된 논쟁"이라고도 언급한다.

개발도상국의 낮은 경제성장과 뒤처진 복지수준을 설명할 때, 부패는 항상 그 주요한 원인으로 지적된다. 이러한 이유에서 개발도상국은 물론이고, 개발도상국의 채무이행에 관심이 있는 선진국과 세계은행, IMF와 같은 국제기구에서도 부패는 큰 이슈로 간주되고 있다. 우리나라에서도 부패의 수준을 낮추고 통제하기 위한 노력으로 국민권익위원회가 활동을 하고 있다.

무엇이 한 사회의 부패수준에 영향을 주는가? 지금까지의 경험적인 연구는 1인당 GNP, 시민참여에 의한 감시, 기업의 영업이익, 여성의 공공부문 참여율, 총인구, 국토면적, 기업규모, 분권화, 인종의 다양성, 사기업화, 그리고 정치정당의 경쟁과 같은 다양한 요인이 부패수준에 영향을 준다고 언급하고 있다(Ades and Di Tella, 1999; Dollar, Fisman and Gatti, 2001; Mauro, 1995; Shleifer and Vishny, 1993; Meier and Holbrook, 1992; Clarke and Xu, 2002).

김대중 정부에서는 작은 정부를 목표로 내세워 정부의 규모를 축소하기 위하여 공무원 인력의 감원, 규제의 철폐, 그리고 예산의 삭감을 단행하였다. 김대중 정부의 이러한 정부규모 축소정책은 20세기 종반 이후 세계적인 신자유주의 경향에 발맞춘 것이다. 특히 1997년의 경제악화와 IMF 구제금융 이후, 이러한 시장지향적인 개혁방향은 김대중 정부의 어쩔 수 없는 선택이었다. 결과적으로, 다른 정부와 달리 김대중 정부에서는 행정개혁에 의한 실질적인 정부규모의 축소가 단행되었다.

일반적으로 작은 정부는 정부의 시장개입을 줄임으로써 부패의 수준을 낮출 것이라고 인식된다. 하지만 이러한 일반적인 인식이 과연 옳은 것인가? Rose－Ackerman(1999)에 의하면, 정부정책의 축소가 항상 부패의 수준을 낮추는 것은 아니다. 예를 들어 정부의 수출입 허가권(export-import license), 보조금(subsidy), 그리고 가격규제(price control) 등의 감소는 부패의 근원을 없앰으로써 부패의 수준을 낮출 가능성을 높인다. 하지만 반면에 한 분야에서의 정부정책의 축소는 오히려 다른 정부분야에서 부패를 증가시킬 가능성이 있다. 즉 정부 창구의 감소는 정책접근의 희소성(scarcity)을 높임으로써 뇌물수수의 가능성을 높일 수 있는 것이다. 희소한 정책에 접근하기 위하여 정당하지 않은 방법을 사용할 가능성, 즉 부패에 연루될 동기(incentive)가 높아질 수 있다. 이러한 논리에 따를 경우, 작은 정부가 항상 부패수준을 줄이리라고 예측하기는 어렵다.

정책의 축소가 부패에 대한 동기를 높이는 대표적인 경우가 정책의 틀을 그대로 놓아둔 채 단순히 예산만을 삭감하는 것이다. 즉 정부의 규모를 축소시킬 때 적어진 예산을 반영하여 정부의 조직구조를 변경하지 않는다면, 이는 부패의 수준을 오히려 높일 것이다. 다시 말해서, 정부규모의 감축이 업무구조의 개선과 병행되지 않을 경우, 부패의 수준은 높아질 것이다. 고객에게 복잡한 신청절차와 긴 처리시간이 여전히 요구되는 경우, 정부규모의 축소는 창구의 수를 줄이는 효과를 가져와 오히려 부패행위에 대한 동기를 강화할 것이다.

이러한 관점에서 보면, 김대중 정부에서의 정부규모 감축이후 부패수준을 살펴봄으로써 정부규모의 감축이 단순히 규모를 줄인 것인지, 아니면 정부정책과 조직의 구조를 적절하게 개혁한 효과적인 변화였는지 판단할 수 있다. 결과적으로 부패의 수준은 단순한 부패만을 나타나는 것이 아니라, 정부의 구조가 효과적인지를 판단하는 기준이 되는 것이다. 이러한 관점에서 Rose-Ackerman(1999)은 부패가 정부의 관리와 업무에서 무언가 잘못되고 있음을 보여주는 대표적인 증상(symptom)이라고 언급하기도 한다. 국제기구들도 정부제도가 부패통제에서 갖는 중요한 역할을 강조하여 왔는데, IRs(Institutional Reviews), CFAAs(Financial Accountability Assessments), PERs(Public Expenditure Reviews) 등의 국제기구에서 발간된 연구보고서들은 정부실패가 부패를 가져온다고 설명한다. 또한 세계은행(World Bank)은 부패가 실패한 정부의 대표적인 증상이라고 설명한다(World Bank, 2003. 10.5).

이 연구에서는 작은 정부를 추구한 김대중 정부(1998-2002)와 이와 정반대로 큰 정부를 추구한 노무현 정부(2003-2007)의 정부규모와 부패수준을 살펴보고, 이러한 정부규모와 부패수준이 어떤 관계를 보여주는지 경험적으로 분석한다. 이렇게 부패수준의 변화를 살펴봄으로서, 김대중 정부의 정부규모 축소가 정부정책과 조직구조의 변화와 적절히 병행되었는지 판단할 수 있을 것이다. 한 걸음 더 나아가 정부개혁의 효과성에 관한 간접적인 분석도 가능할 것이다. 이 연구는 우선 부패와 정부규모에 관한 이론과 연구를 살펴보고, 2000년부터 2007년까지의 부패수준과 정부규모를 분석한다. 마지막으로 결론에서는 정책적 함의를 도출한다.

Ⅱ. 이론적 배경

1. 부패의 정의

부패의 개념정의는 부패의 연구에서 항상 화두로 떠오른다. Rose-Ackerman (1999)의 지급(payments)에 관한 논의는 부패를 이해하는 데 있어서의 어려움을 잘 설명한다. 그녀는 명백한 보상(quid pro quo)의 유무에 대한 개인들의 상이한 인식에 의하여 어떤 지급이 뇌물인지 아닌지 결정된다고 말한다(Rose-Ackerman, 1999). 지급에는 가격(market price), 뇌물(bribe), 선물(gift), 팁(tip)의 네 가지 종류가 있는데 명백한 보상이 존재할 때, 지급은 가격과 뇌물이 된다. 특히, 주인(principal)이 아니라 대리인(agent)에게 지급을 할 경우에 바로 뇌물이 되는 것이다. 사람들이 이 상황에 대하여 동일하게 인식한다면 문제는 없을 것이다. 하지만 문제는 지급을 한 자와 지급을 받은 자와의 인식이 다르다는 점이다. 동일한 지급 상황을 경험한 경우에도 어떤 개인(대부분 지급인)은 반드시 그에 대한 보상을 할 의무가 있다고 생각할 것이며, 다른 개인(대부분 수뢰인)은 반드시 보상을 할 의무가 없다고 생각할 것이다. 같은 사회에 사는 사람들의 인식차가 있다고 할 때, 다른 사회에 사는 사람들의 뇌물여부에 대한 인식차는 더욱 더 크리라고 생각할 수 있다.

대부분의 연구들은 부패에 대한 상이한 인식의 원인을 문화적 · 역사적 요인에서 찾는다. 하지만 여기서 얻은 부패에 대한 정의를 부패수준의 국제적인 비교를 위한 경험적인 연구에 적용하는 데에는 한계가 있다. 경험적인 연구를 위해서 우리는 여러 사회에 적용할 수 있는 부패의 정의가 필요한 것이다. Klitgaard(1988: 3)는 부패의 정의가 다른 문화를 가진 사람들에 의해서 달리 해석되기 때문에 경험적인 연구를 위해 사용되기 어렵다고 말한다. 이와 같이, 다수의 연구자들은 부패의 분석을 위해 보다 좁은 의미의 정의가 필요하다고 주장한다(Nas, Price & Weber, 1986: 107; Meier & Holbrook, 1992: 136).

지금까지 부패의 다양한 정의가 존재해왔다. "개인적인 이득을 얻기 위한 공공 권력의 사용"(Kaufmann, Kraay & Zoido-Lobaton, 1999: 8; Huther & Shah, 2000), "정부의 권력과 자원에 대한 통제의 남용"(Key, 1937: 5-6), "개인의 이득을 위한 공무원의 정부재산의 판매"(Shleifer & Vishny, 1993: 599), "자신에게 올 수도, 혹은 오지 않을 수도 있는 이득을 얻기 위해 공무원에게 주는 불법적인 지불"(Li, Xu & Zou, 2000: 155), "개인의 금전적인 혹은 지위의 획득 때문에 공공역할의 공식적 임무로부터 벗어난 행위"(Nye, 1967: 419) 등의 정의가 있다. 이와 같이, Rose-Ackerman(1978)은 뇌물을 "그 관리자에게 전달되지 않는 정치인에 대한 어떤 형태의 지불"을 의미한다고 말한다. 이것은 지불이 공공의 자원으로서 사용되지 못함을 뜻한다. 마지막으로, Meier & Holbrook(1992: 135)은 부패가 다양한 정치적인 현상에 걸친 비윤리적인 행태라고 정의내린다. 결과적으로, 대부분의 연구자는 모든 부패가 비합법적인 지불이라는 특성을 가지고 있다는 데 동의하고 있다.

Thompson(1993: 369)은 일반적인 부패의 정의에는 공무원의 감추어진 획득(gain), 국민 개인의 때때로 감추어진 이익(benefit) 획득, 그리고 획득과 이익 간의 관계라는 세 가지 주요한 요소가 있다고 말한다. 이에 더해서, Peters & Welch (1978)는 합법성에 기반을 둔 정의, 공공이익에 기반을 둔 정의, 그리고 대중의 의견에 기반을 둔 정의라는 세 가지의 기준에 따라서 정치적인 부패를 유형화한다. 하지만 이러한 보다 좁은 정의들은 비교를 위해서 사용될 수 없기 때문에, 아직도 경험적인 연구를 위해 사용되기에 불충분하다. 우리는 비교연구를 위해 어느 사회나 국가에서도 사용할 수 있는 부패의 정의를 가져야 한다.

부패에 관한 불분명한 정의는 경험적인 연구에 혼란을 가져올 수 있다. 그러므로 이 연구는 부패의 경제적인 정의, 즉 '정치인과 관료의 불법적인 지대추구행위(illegal rent seeking behavior by politicians and bureaucrats)'로 부패를 정의한다.[2] 지대추구행위는 기업가가 금전적인 보상이나 개인적인 연계를 이용하여 특혜를 얻고자 할 때 이루어진다. 지대추구행위가 합법적(예를 들어, 미국이나 캐나다의 로비)인지 불법적(예를 들어, 부패, 뇌물, 절도)인지는 사회여건에 달려 있다(Klitgaard,

2) 부패를 문화, 역사 등으로 설명하는 경우에는 동의어반복(tautology)의 오류에 빠질 가능성이 커진다.

1988: 3). 즉 일반국민의 정서와 인식이 사회에서 어떤 행위가 부패인지를 결정하는 것이다. 부패는 한 특정사회에서 용인되지 않는 불법적인 지대추구행위이다. Klitgaard(1988: 3)는 지대추구행위가 어느 사회인가 따라서 합법적(로비) 또는 비합법적(부패, 뇌물, 장물)일 수 있다고 말한다. 이는 다시 한 번 한 사회에서 무엇이 부패인가를 결정하는 것은 일반 인식(general perception)임을 의미한다.

앞서 보았듯이 모든 지대추구행위(rent seeking behavior)가 부패인 것은 아니다. 그러나 중요한 것은 모든 부패는 지대추구행위의 기제(mechanism)를 가지고 있다는 점이다. 그러므로 지대추구행위의 정의는 부패를 이해하는 데 도움을 줄 수 있다. 지대추구행위는 특정한 편익(special benefits)을 위한 로비를 의미한다.[3] 어떤 행위의 실현가능한 순편익(net benefits)이 순비용(net costs)을 상회할 때, 합리적인 개인은 자연적으로 부패에 연루되게 된다(Meier & Holbrook, 1992: 138; Huther & Shah, 2000: 2; Klitgaard, 1988: 22). 지대추구사회에서뿐만 아니라 경쟁시장에서도 사람들은 독점지대(monopoly rents)를 획득하기 위하여 경쟁한다(Klitgaard, 1988: 41). 하지만 하나의 영합게임(zero-sum game)인 지대획득을 위한 경쟁은 결과적으로 큰 사회적 비용을 가져온다(Hutchcroft, 1997: 649). 지대를 추구하는 로비스트는 가치의 전이점(the value of the transfer)까지 자원을 소비하며, 이런 행위는 아무런 자원을 생산하지 않는다. 다시 말해서, 지대추구행위인 부패에 의하여 전 사회의 순이익은 줄어들게 된다.

2. 정부의 규모와 부패수준

현재까지 국가의 규모[4]와 부패수준과의 관계에 관한 여러 연구가 진행되어 왔다. 국가의 규모가 사회의 부패수준에 미치는 영향은 제도나 사회자본(social capital)이 규모의 비경제(diseconomies of scale)의 특성을 갖고 있음에 의하여 설명되고 있다(Azfar, Knack & Lee, 1999; Langbein & Bess, 2002). 사회구성원이 비정기적으로 접촉하여 상호통제가 불가능한 공동체 내에서는 사회 자본을 설립하기 위한 기반인 제도적인 네트워크가 쉽게 형성되기 힘들다. 그러므로 큰 공동체에 속

3) 예를 들어, 수입 또는 교환면허와 같은 특권은 종종 큰 수익으로 연결된다.

4) 정부규모는 크게 정량적, 정성적인 기준으로 구분된다. 정량적 기준은 공무원의 수(예: 인구 1,000명당 공무원 수)와 예산의 규모(예: GDP대비 정부예산)를 들 수 있고, 정성적 기준으로는 규제의 정도나 법령의 수, 시장에 대한 정부의 영향력 등이 있다(문명재 외, 2007).

할 때, 구성원은 적발가능성이 낮다고 여기게 되어 부패에 더욱 연루되는 경향을 띤다고 주장된다.

부패는 정부규모를 확대 또는 축소시킬 수 있는 양면을 갖고 있다고 할 수 있다. 부패로 인해 정부의 비효율성이 증가하면 불필요한 인력이나 부처의 증가로 인해 정부규모가 확대될 수 있다. 또한 철의 삼각형(iron triangle) 등 부패의 증가로 인해 비효율적인 대규모 사업이 시행될 경우 정부규모도 확대된다. 반면에 관료의 횡령이나 착복으로 인해 탈세가 증가하고, 부패가 증가할수록 정부의 조세수입이 감소하게 된다. 또한 부패로 인한 기업의 비용증가는 사회적 불확실성의 증가를 초래하고, 이로 인한 투자 감소로 정부규모가 축소될 수 있다(Tanzi, 1998; 권남호, 2007).

Pearce(2001)가 강조하듯이, 부정행위의 가능성은 사회범위가 확장되고 사회가 복잡해짐에 따라 높아진다. Hardin(1982)의 n－수 죄수딜레마(n-person prisoner's dilemma)도 또한 큰 공동체 내에서 집단행동이 형성되기 어려움을 보여준다. Treisman(2000)도 주로 대규모의 국가인 연방제 국가에서 높은 수준의 부패가 존재함을 경험적으로 증명하였다.

대체로, 부패의 통제와 관료의 레드테이프(red tape)는 혼동되어 왔다. 즉 부패의 통제가 결과적으로 관료의 레드테이프를 가져올 것이라고 가정된다. 이러한 가정을 뒷받침하는 논리는 부패를 통제하기 위해서는 관료의 재량권을 줄이는 것이 요구된다는 것이고, 정부 관료의 업무를 통제하는 규제가 결국 레드테이프로 축적된다는 것이다. 하지만 부패통제의 선행조건은 관료의 레드테이프가 아니고 효율적인 정부제도이다. 너무 많은 재량권은 부패의 원인이 될 수 있다. 따라서 부패통제노력은 정치인의 과도한 재량을 줄이는 데 중점을 두어야 할 것이다. 하지만 이것은 부패를 통제하기 위하여 관료의 레드테이프가 필요하다는 것을 의미하는 것은 아니다. 너무 많은 규제점(checking points)을 가진 과도한 규제는 부패의 또 다른 원인이 될 수 있는 것이다. 종합하면, 간소화된 능률적인(streamlined) 관료규제는 부패를 통제하기 위한 최선의 수단이다. 부패통제의 노력이 레드테이프를 줄이는 데 도움이 된다는 사실이 반드시 강조되어야 할 것이다. 홍콩의 염정공서(Independent Commission Against Corruption, ICAC)는 하나의 좋은 사례이다. ICAC의 주요한 임무의 하나는 불필요한 규제를 없애고, 정부기관을 단순화하는 것이었다. 결과적으로, 이러한 전략은 ICAC의 성공에 큰 기여를 하였다(Klitgaard, 1988:

111). 또 하나의 예로, 엘리트제도와 함께 과도한 관료제의 레드테이프(red tape)는 소련(Soviet Union)의 뿌리 깊은 부패의 중요한 요인으로 작용하였다.

Ⅲ. 경험적 연구

1. 김대중 정부와 노무현 정부의 부패수준 비교

1) 자료의 분석방법

이 연구에서는 부패수준에 대한 인식을 살펴보기 위하여 한국행정연구원에서 1999년부터 매년 실시되고 있는 부패인식도 설문조사를 활용하였다. 부패수준에 관한 한국행정연구원의 설문조사에서는 15개 광역지방자치단체에 거주하고 있는 일반기업체 관계자(제조업, 건설업, 숙박위생업, 사회복지업, 서비스업, 농수축산업, 도소매업 등) 600명, 자영업자 400명을 대상으로 국정전반에서의 부패실태와 관련하여 국민들의 인식을 조사하고 있다(모집단은 매일경제신문 기업체 DB). 설문지는 1999년에 개발되었고, 크게 네 개 부문으로 나누어 구성되어 있다. 설문내용은 공직부패의 정도 및 심각성, 분야별 부패 만연정도에 대한 인식, 부패발생 고리 및 개인적 경험, 부패발생요인 및 해소방안 등에 관한 것이다.

조사대상 선정에 있어서, 제주도는 대인면접조사의 어려움으로 인해 제외된다. 각 기업체와 자영업자의 지역별 인원배분에 있어서는 기본적으로 비례배분법을 사용하되, 세부 업종이 고루 포함되도록 인원을 조정하고 있다. 특히 일반기업체의 경우에는 기획부서 및 총무부서에서 근무하는 구성원을 중심으로 조사되고 있다. 조사방법은 1:1 대인면접조사를 활용하며, 분석내용 서술은 설문조사가 6점 척도로 조사된다.

이 연구에서는 김대중 정부(1998년~2002년)는 2000년과 2001년 자료를 활용하여 살펴보았고, 노무현 정부(2003년~2007년)는 2004년부터 2007년까지의 자료를 가지고 분석하였다. 그리고 2002년과 2003년에는 부패실태 추이분석 설문조사가 실시되지 못하였으므로 이 연구 분석에서 제외되었다. 김대중 정부에서는 2000년~2001년(1,005명)을 분석하였으며, 노무현 정부에서는 2004년~2007년(2,000명)을 대상으로 분석하였다. 이 연구에서는 부패수준의 변화를 분석하기 위하여 다섯

개의 설문문항이 활용되었는데, 그 내용은 행정기관 업무처리시 금품제공의 보편성, 부정부패로 인한 사회문제의 심각성, 1년 전 대비 부정부패 자행정도, 금품제공 필요성, 금품제공시 업무처리에 미치는 영향 등이다.

2) 부패수준의 변화

(1) 행정기관 업무처리시 금품제공의 보편성

일반기업체와 자영업자를 대상으로 행정기관 업무처리시 공무원에게 금품 등을 제공하는 것이 어느 정도로 행해지는지에 관해 조사한 결과(2000년~2007년), "보편적"이 59.57%로 예외적(40.48%)보다 높게 나타났다. 김대중 정부에서는 보편적이 65.6%로 나타나고, 특히 2000년에는 68.8%로 가장 높게 나타났다. 노무현 정부에서는 보편적이 56.5%로 나타나고, 2004년에 60.6%에 가장 높고, 2006년에는 50.4%로 가장 낮게 나타났다. 행정기관 업무처리시 금품제공의 보편성의 측면에서 보면 전반적으로 김대중 정부에서 노무현 정부보다 높게 나타나고 있음을 알 수 있다(<표 1>과 <그림 1> 참조).

〈표 1〉 금품제공의 보편성에 대한 인식

연도	매우 보편적 1	2	3	4	5	매우 예외적 6	종 합	
							보편적 (1–3)	예외적 (4–6)
2000	3.8	22.0	43.0	17.0	11.6	2.6	68.8	31.2
2001	6.9	21.2	34.3	22.6	11.5	3.6	62.4	37.6
평균(1)	5.35	21.6	38.65	19.8	11.55	3.1	65.6	34.4
2004	6.0	19.0	35.6	25.0	9.0	5.4	60.6	39.4
2005	5.2	18.8	32.2	24.6	14.0	5.2	56.2	43.8
2006	5.4	10.0	35.2	22.0	18.6	9.0	50.4	49.6
2007	4.0	14.4	40.4	22.6	14.8	3.8	58.8	41.2
평균(2)	5.15	15.55	35.85	23.55	14.1	5.85	56.5	43.5
총평균	5.22	17.57	36.78	22.30	13.25	4.93	59.57	40.48

참고: 평균(1)은 2000년과 2001년의 평균을, 평균(2)는 2004~2007년의 평균을 의미함.
설문문항: 귀하께서는 행정기관에서 민원 등의 업무 처리시 공무원들에게 금품 등을 제공하는 것이 어느 정도로 행해지고 있다고 생각하십니까?

그림 1 금품제공 등의 보편성에 대한 인식

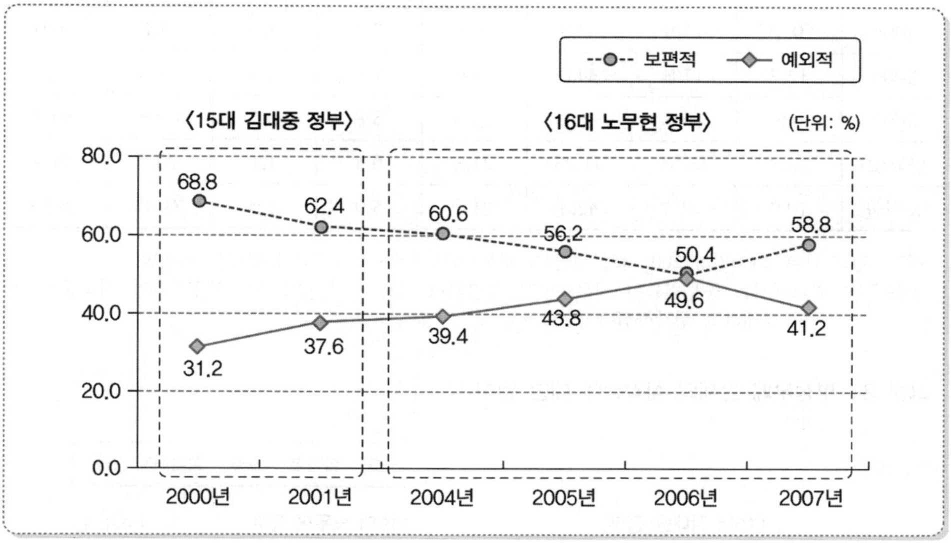

(2) 부정부패로 인한 사회문제의 심각성

일반기업체와 자영업자에게 공무원이 직무수행과 관련하여 금품 등을 수수하는 부정부패가 사회문제로서 어떤 상태인지 조사한 결과(2000년~2007년), "심각함"이 71.45%로 심각하지 않음(28.55%)보다 높게 나타났다. 김대중 정부에서는 심각함이 72.9%로 나타나고, 2000년에는 75.6%로 가장 높게 나타났다. 노무현 정부에서는 심각함이 70.7%로 나타나고, 특히 2004년에 77.2%로 가장 높고, 2006년에는 60.4%로 가장 낮게 나타났다. 2004년을 제외하면, 부정부패로 인한 사회문제의 심각성의 측면에서는 전반적으로 김대중 정부에서 노무현 정부보다 높게 나타나고 있음을 알 수 있다(<표 2>와 <그림 2> 참조).

〈표 2〉 부정부패 문제의 심각성에 대한 인식

연도	매우 심각함 1	2	3	4	5	전혀심각 하지않음 6	종 합	
							심 각 (1–3)	심각않음 (4–6)
2000	9.6	18.6	47.4	19.4	4.4	.6	75.6	24.4
2001	11.9	17.0	41.4	23.2	5.5	1.0	70.3	29.7
평균(1)	10.75	17.8	44.4	21.3	4.95	0.8	72.95	27.05

2004	15.2	21.8	40.2	17.6	4.8	.4	77.2	22.8
2005	9.4	17.8	43.8	20.8	7.2	1.0	71.0	29.0
2006	12.2	17.8	34.8	25.0	7.8	2.4	64.8	35.2
2007	6.8	16.8	46.2	23.8	5.8	0.6	69.8	30.2
평균(2)	10.9	18.55	41.25	21.8	6.4	1.1	70.7	29.3
총평균	10.9	18.3	42.3	21.6	5.9	1.0	71.45	28.55

참고: 평균(1)은 2000년과 2001년의 평균을, 평균(2)는 2004－2007년의 평균을 의미함.
설문문항: 귀하께서는 공무원들이 직무수행과 관련하여 금품 등을 수수하는 부정부패가 사회문제로서 어떤 상태라고 생각하십니까?

그림 2 부정부패 문제의 심각성에 대한 인식

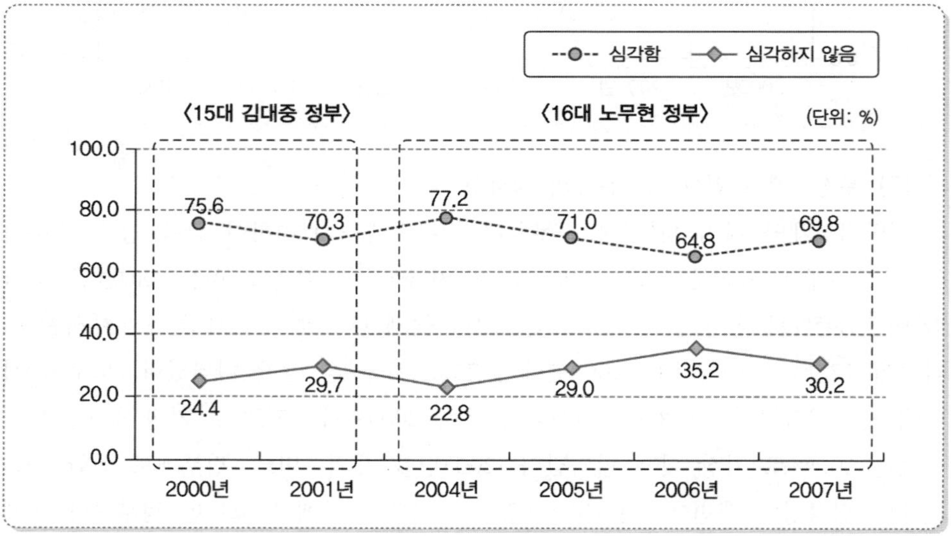

(3) 1년 전 대비 부정부패 자행정도

일반기업체와 자영업자에게 공직자가 직무수행과 관련하여 부정부패를 자행하는 정도나 수준이 1년 전과 비교하여 어떻게 달라졌는가를 조사한 결과(2000년~2007년), "감소"가 69.5%로 증가(30.5%)보다 높게 나타났다. 김대중 정부에서는 감소가 69.6%로 나타나고, 특히 2000년에는 78.4%로 가장 높게 나타났다. 노무현 정부에서는 감소가 69.2%로 나타나고, 2006년에는 73.4%로 가장 높고, 2004년에는 64.6%로 가장 낮게 나타났다. 평균값을 비교하면, 1년 전 대비 부정부패 자행정도의 측면에서 보면 전반적으로 김대중 정부와 노무현 정부 간의 큰 차이가 없는 것으로 보인다(<표 3>과 <그림 3> 참조).

〈표 3〉 1년 전 대비 부정부패의 자행정도 및 수준변화

연도	매우 증가 1	2	3	4	5	매우 감소 6	종 합	
							증 가 (1–3)	감 소 (4–6)
2000	.6	5.0	16.0	59.6	16.2	2.6	21.6	78.4
2001	2.8	12.3	24.2	44.4	13.1	3.4	39.2	60.8
평균(1)	1.7	8.7	20.1	52.0	14.7	3.0	30.4	69.6
2004	.6	13.4	21.0	50.8	13.0	.8	35.0	64.6
2005	2.8	6.8	20.4	55.0	12.0	3.0	30.0	70.0
2006	1.0	8.2	17.0	46.8	21.6	5.0	26.2	73.4
2007	1.2	7.2	22.8	51.2	15.2	2.4	31.2	68.8
평균(2)	1.4	8.9	20.3	51.0	15.5	2.8	30.6	69.2
총평균	1.5	8.8	20.2	51.3	15.2	2.9	30.5	69.5

참고: 평균(1)은 2000년과 2001년의 평균을, 평균(2)는 2004~2007년의 평균을 의미함. 2004년 조사는 설문내용을 "1년 전과 대비"가 아니라 "참여정부 출범이후"로 질문하였음.

설문문항: 귀하께서는 공무원들이 직무수행과 관련하여 부정부패를 자행하는 정도나 수준이 1년 전과 비교하여 어떻게 달라졌다고 생각하십니까?

그림 3 1년 전 대비 부정부패의 자행정도 및 수준변화

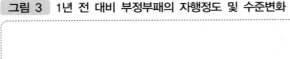

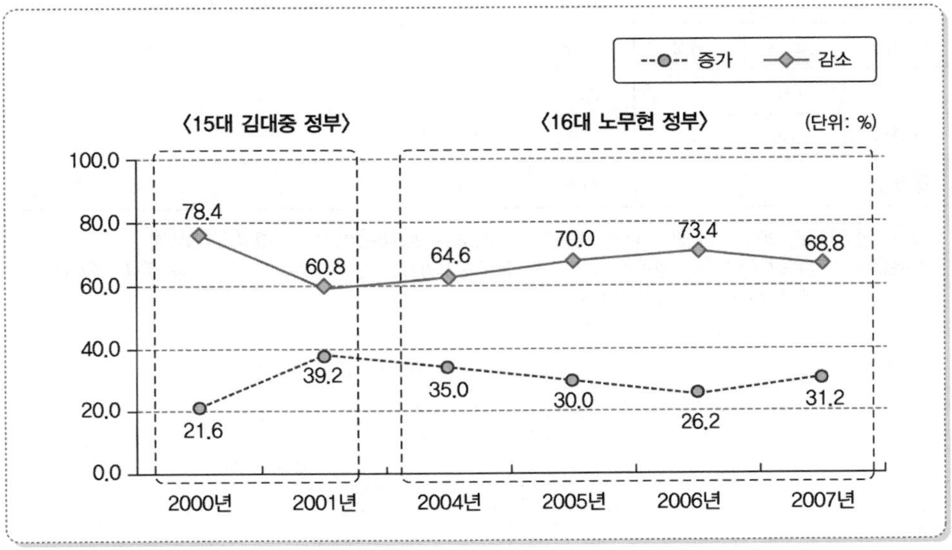

(4) 금품제공 필요성

일반기업체와 자영업자에게 행정기관에서 민원 등 업무를 처리하는 경우 공무원에게 금품 등을 제공할 필요성이 있는지에 대한 조사결과(2000년~2007년), "불필요"가 71.82%로 필요(28.18%)보다 높게 나타났다. 김대중 정부에서는 불필요가 67.5%로 나타나고, 2001년에는 71.3%로 가장 높게 나타났다. 노무현 정부에서는 불필요가 74.0%로 나타나고, 2004년에는 77.2%로 가장 높고, 2007년에는 70.0%로 가장 낮게 나타났다. 금품제공 필요성의 측면에서 보면 전반적으로 김대중 정부에서 노무현 정부보다 높게 나타나고 있음을 알 수 있다(<표 4>와 <그림 4> 참조).

〈표 4〉 행정기관 업무처리시 금품제공 필요성

연도	매우 필요 1	2	3	4	5	전혀 불필요 6	종 합	
							필요 (1-3)	불필요 (4-6)
2000	1.2	7.4	27.8	24.6	20.2	18.8	36.4	63.6
2001	0.6	4.4	23.8	28.1	26.1	17.0	28.7	71.3
평균(1)	0.9	5.9	25.8	26.35	23.15	17.9	32.55	67.45
2004	1.6	4.0	17.2	24.4	24.4	28.4	22.8	77.2
2005	1.2	4.4	20.0	30.8	24.6	19.0	25.6	74.4
2006	2.2	3.2	20.2	21.8	24.6	28.0	25.6	74.4
2007	1.6	6.4	22.0	31.4	22.4	16.2	30.0	70.0
평균(2)	1.65	4.5	19.85	27.1	24	22.9	26	74
총평균	1.4	5.0	21.8	26.9	23.7	21.2	28.18	71.82

참고: 평균(1)은 2000년과 2001년의 평균을, 평균(2)는 2004~2007년의 평균을 의미함.
설문문항: 귀하께서는 행정기관에서 민원 등 업무를 처리하는 경우, 공무원에게 금품 등을 제공할 필요성에 대해 어떻게 생각하십니까?

그림 4 행정기관 업무처리시 금품제공 필요성

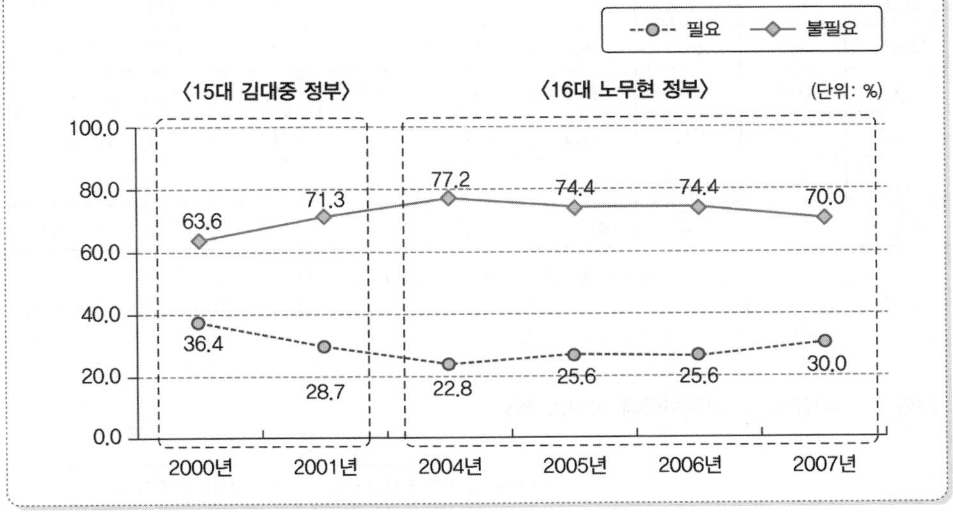

(5) 금품제공시 업무처리에 미치는 영향

일반기업체와 자영업자에게 행정기관에서 민원 등 업무를 처리할 때 금품 등을 제공한다면 업무처리에 어떠한 영향을 미친다고 인식하는지에 대한 조사결과(2000년~2007년), "긍정적 영향을 미침"이 75.2%로 영향을 미치지 않음(24.8%)보다 높게 나타났다. 김대중 정부에서는 긍정적 영향을 미침이 75.6%로 나타나고, 2000년에는 79.4%로 가장 높게 나타났다. 노무현 정부에서는 긍정적 영향을 미침이 74.9%로 나타났다. 2004년에 80.0%로 가장 높고, 2005년에는 68.2%로 가장 낮게 나타났다. 금품제공시 업무처리에 미치는 영향의 측면에서 보면 전반적으로 김대중 정부에서 노무현 정부보다 약간 높게 나타나고 있음을 알 수 있다(<표 5>와 <그림 5> 참조).

〈표 5〉 금품제공시 업무처리에 미치는 영향

연도	매우 긍정적 1	2	3	4	5	매우 부정적 6	종 합	
							긍정적 (1–3)	부정적 (4–6)
2000	5.6	21.0	52.8	14.2	5.2	1.2	79.4	20.6
2001	3.8	20.4	47.7	14.9	10.9	2.4	71.9	28.1

평균(1)	4.7	20.7	50.25	14.55	8.05	1.8	75.65	24.35
2004	8.0	21.2	50.8	8.0	6.8	5.0	80.0	19.8
2005	9.0	20.4	38.8	15.6	12.6	3.6	68.2	31.8
2006	10.8	20.2	43.4	10.8	9.0	5.8	74.4	25.6
2007	7.4	17.2	52.4	16.0	5.2	1.8	77.0	23.0
평균(2)	8.8	19.75	46.35	12.6	8.4	4.05	74.9	25.05
총평균	7.43	20.07	47.65	13.25	8.28	3.30	75.2	24.8

참고: 평균(1)은 2000년과 2001년의 평균을, 평균(2)는 2004~2007년의 평균을 의미함.
설문문항: 행정기관에서 민원 등 업무를 처리할 때, 귀하께서 금품 등을 제공한다면 그것이 업무처리에 어떠한 영향을 준다고 생각하십니까?

그림 5 금품제공시 업무처리에 미치는 영향

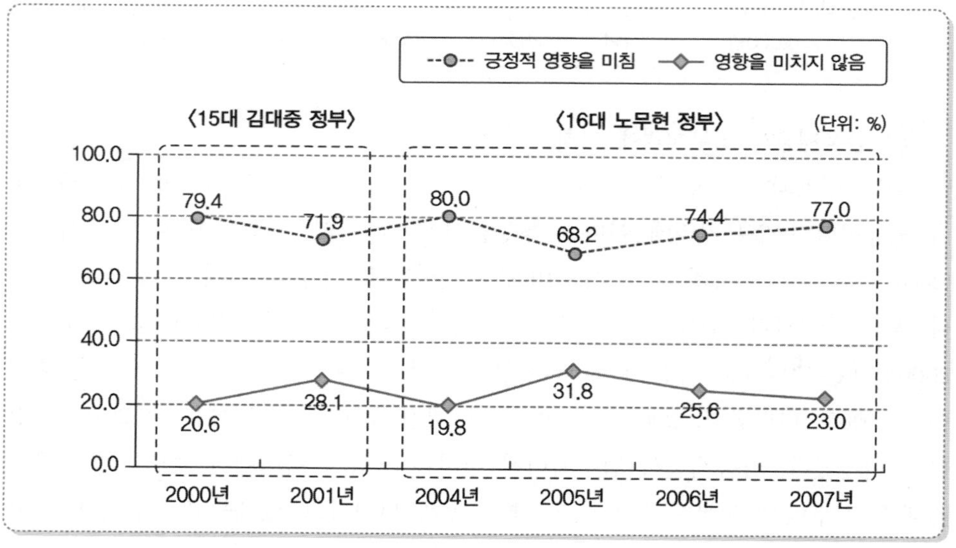

2. 김대중 정부와 노무현 정부의 정부규모 비교

1) 자료의 분석방법

이 연구는 김대중 정부와 노무현 정부의 정부규모를 비교하기 위하여 정부의 재정규모, 공무원 인력규모, 그리고 규제건수의 세 가지 지표를 활용하였다. 이 세 가지는 정부규모에 관한 대부분의 연구에서 일반적으로 사용되고 있는 지표이다. 재정규모와 공무원 인력규모는 높은 상관성을 갖고 있으나, 동시에 다른 특성도 갖고 있다. 정부의 간접서비스 형태로 지출이 이루어질 경우, 큰 재정규모를 갖지만 공무원 인력규모는 작아질 수 있다(문명재 외, 2007). 따라서 규제건수를 포함한 세 가지 지표를 동시에 살펴보는 것이 유용할 것으로 판단되었다. 이 연구의 자료는 통계청 홈페이지, 정부규제개혁위원회에서 제공되고 있는 통계자료를 연도별로 재정리하였다.

2) 정부규모의 변화

1998년부터 2007년까지 정부 재정규모는 차츰 증가하는 경향을 보이고 있다. 이러한 경향은 GDP 대비 재정규모에서도 나타나는데, 김대중 정부와 노무현 정부는 큰 차이를 보인다. 김대중 정부의 GDP 대비 재정규모는 전년도(김영삼 정부)에 결정된 예산규모인 1998년의 37.7% 이후 34－36% 대를 꾸준히 유지하고 있으나, 노무현 정부는 마지막 해인 2007년의 35%를 제외하고는 37－40% 대를 유지하고 있다(<표 6>과 <그림 6> 참조). 결과적으로, 김대중 정부에 비해서 상대적으로 노무현 정부의 재정규모가 큼을 알 수 있다.

〈표 6〉 연도별 재정규모와 GDP대비 비율

구분	연도	재정규모(억원)			GDP 대비(%)	GDP(억원)
		중앙정부	지방정부	총계		
김대중 정부	1998	1,154,000	674,694	1,828,694	37.7	4,841,028
	1999	1,210,000	714,346	1,924,346	36.3	5,294,997
	2000	1,293,000	749,862	2,042,862	35.3	5,786,645
	2001	1,368,000	899,207	2,267,207	36.4	6,221,226
	2002	1,360,000	1,008,558	2,368,558	34.6	6,842,635
노무현 정부	2003	1,643,000	1,125,799	2,768,799	38.2	7,246,750
	2004	1,735,000	1,195,030	2,930,030	37.6	7,793,805
	2005	1,879,000	1,261,731	3,140,731	38.7	8,105,159
	2006	2,059,000	1,377,895	3,436,895	40.5	8,478,764
	2007	2,098,000	1,057,894	3,155,894	35.0	9,011,886

자료: 통계청 홈페이지(http://www.nso.go.kr/) 재정리.

그림 6 연도별 재정규모와 GDP대비 비율

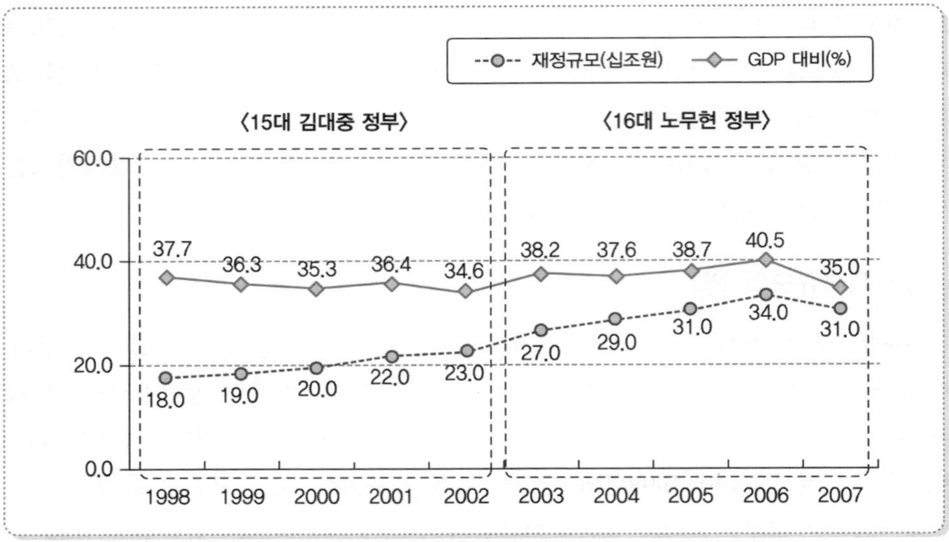

김대중 정부와 노무현 정부의 공무원 인력규모는 큰 차이를 보인다. 김대중 정부의 경우에는 대체로 86~88만명 규모이나, 노무현 정부에서는 91만 명에서 시작하여 2007년에는 97만 명으로 정점을 이룬다. 이러한 경향은 공무원 증가율에서도 나타나는데, 김대중 정부에서는 2002년을 제외하고 계속 마이너스 증가율을 보이지만, 노무현 정부에서는 2005년의 −0.57%를 제외하고는 계속 2% 이상의 증가율을 나타낸다. 인구대비 공무원 비율에서도 김대중 정부는 1.8명 가량인 반면 노무현 정부에서는 1.9명 가량으로 차이를 보인다(<표 7>과 <그림 7> 참조). 결과적으로, 노무현 정부의 공무원 인력규모는 김대중 정부에 비해 상대적으로 큼을 알 수 있다.

〈표 7〉 연도별 공무원 인력규모와 총인구대비 비율

구분	연도	총인구(명)	공무원 인력규모(명)	공무원 증가율(%)	인구대비 공무원비율(%)
김대중 정부	1998	46,991,171	886,582	−5.10	1.89
	1999	47,335,678	877,720	−1.00	1.85
	2000	47,732,558	872,106	−0.64	1.83
	2001	48,021,543	868,120	−0.46	1.81

	2002	48,229,948	889,993	2.52	1.85
노무현 정부	2003	48,386,823	915,945	2.92	1.89
	2004	48,583,805	936,387	2.23	1.93
	2005	48,782,274	931025	−0.57	1.91
	2006	48,991,779	957208	2.81	1.95
	2007	49,268,928	975274	1.88	1.98

자료: 통계청 홈페이지(http://www.nso.go.kr/) 재정리.

그림 7 **연도별 공무원 인력규모와 총인구대비 비율**

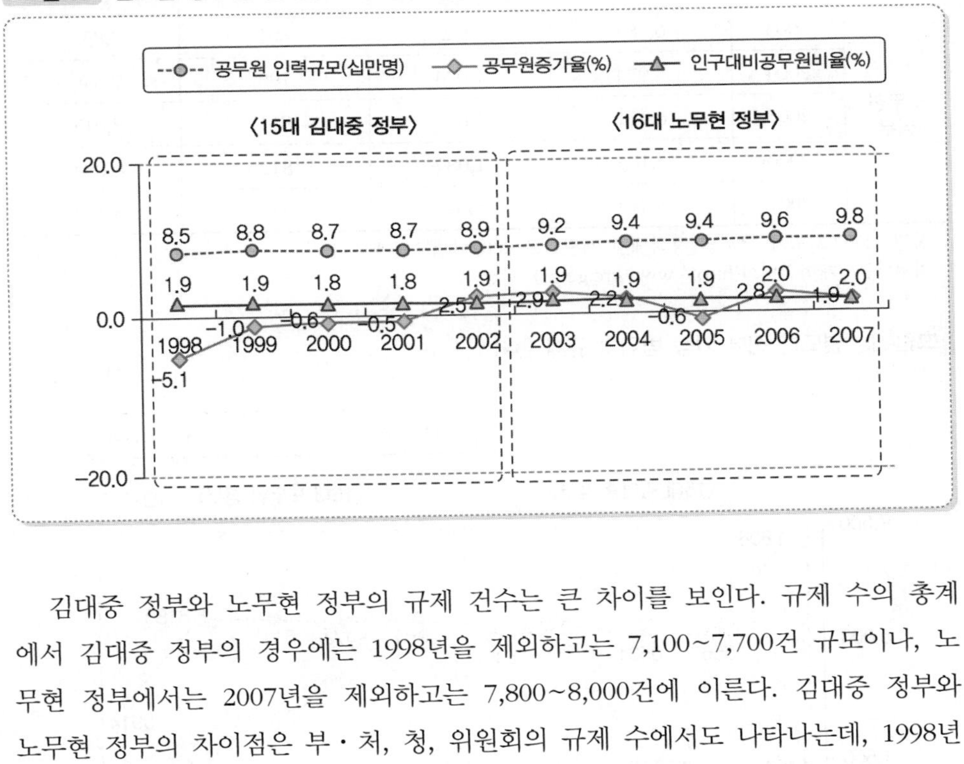

김대중 정부와 노무현 정부의 규제 건수는 큰 차이를 보인다. 규제 수의 총계에서 김대중 정부의 경우에는 1998년을 제외하고는 7,100~7,700건 규모이나, 노무현 정부에서는 2007년을 제외하고는 7,800~8,000건에 이른다. 김대중 정부와 노무현 정부의 차이점은 부 · 처, 청, 위원회의 규제 수에서도 나타나는데, 1998년과 2007년을 제외하고는 큰 차이점을 보인다. 부 · 처의 경우에는 김대중 정부에서 5,500~5,800건 가량이며, 노무현 정부에서 5,900~6,100건 가량이다. 또한 청의 경우에는 김대중 정부에서 950건 가량이지만, 노무현 정부에서는 950~1,000건에 이른다. 마지막으로 위원회의 경우에는 김대중 정부에서 610~790건 가량, 노무현 정부에서 790~810건 가량이다(<표 8>과 <그림 8> 참조). 결과적으로,

노무현 정부의 규제건수가 김대중 정부보다 상대적으로 많았음을 알 수 있다.

〈표 8〉 연도별 정부 기능 범위의 규제 건수

구분	연도	부・처	청	위원회	총계
김대중 정부	1998	8,085	1,454	646	10,185
	1999	5,567	942	619	7,128
	2000	5,531	947	690	7,157
	2001	5,800	966	701	7,461
	2002	5,492	946	792	7,724
노무현 정부	2003	6,084	952	801	7,837
	2004	5,974	1,074	798	7,846
	2005	6,111	1,002	811	8,017
	2006	6,183	1,089	812	8,084
	2007	3,914	559	641	5,114

참고: 2007.2 규제분류 및 등록체계 개편으로 2007년 중 규제수 조정.
자료: 규제개혁위원회(http://www.rrc.go.kr) 재정리.

그림 8 연도별 정부 기능 범위의 규제 현황

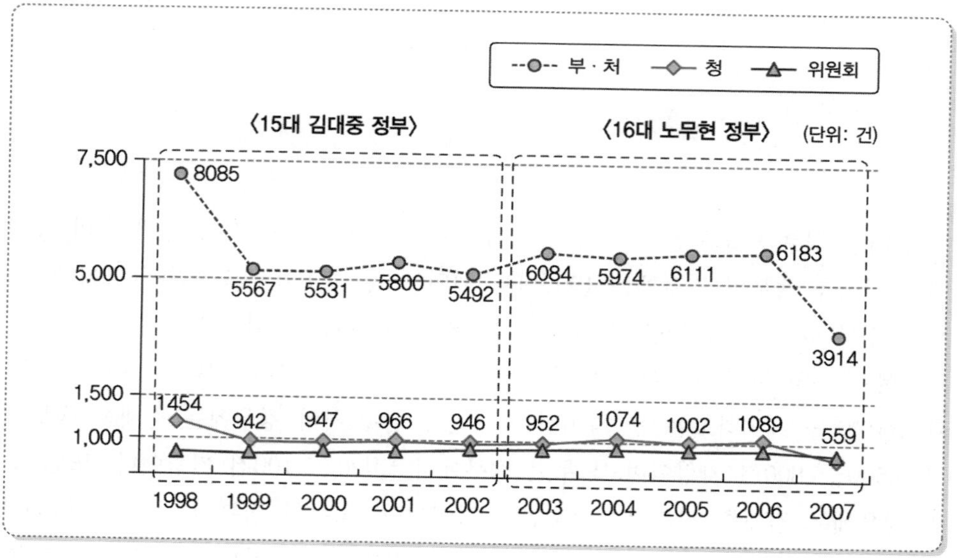

3. 정부규모와 부패수준의 관계

정부 재정규모, 공무원인력, 그리고 규제건수를 살펴본 결과, 전반적으로 김대중 정부와 비교할 때 노무현 정부의 규모가 커진 것을 알 수 있다. 이를 보면, 작은 정부를 추구한 김대중 정부에서 실제적인 정부규모의 감축이 이루어졌으며, 반면에 큰 정부를 추구한 노무현 정부에서 실제적인 정부규모의 확대가 이루어졌음을 알 수 있다. 또한 노무현 정부와 비교하여 김대중 정부의 부패수준에 대한 인식이 높음을 알 수 있다(<표 9> 참조). 이를 종합하면, 작은 정부인 김대중 정부에서의 부패수준이 큰 정부인 노무현 정부보다 상대적으로 높았다고 판단할 수 있다. 이러한 결과를 보면, 이 연구에서 가정한 정부의 규모와 부패수준과의 관계를 검증할 수 있다. 즉 이 연구의 결과에 의하면, 작은 정부가 부패수준을 반드시 낮추는 것이 아니라고 말할 수 있다. 혹은, 김대중 정부에서 추진한 작은 정부가 정부조직의 적절한 변화를 수반하지 않았다고도 주장할 수 있다. 이러한 상대적으로 높은 부패수준을 살펴볼 때, 시장중심적인 작은 정부였던 김대중 정부가 높은 정부제도의 효과성을 수반하지는 못하였다고 말할 수 있다.

〈표 9〉 김대중 정부와 노무현 정부의 정부규모 및 부패수준 비교

정부 명	김대중 정부					노무현 정부				
연도	1998	1999	2000	2001	2002	2003	2004	2005	2006	2007
재정규모	37.7	36.3	35.3	36.4	34.6	38.2	37.6	38.7	40.5	35.0
공무원인력	1.89	1.85	1.83	1.81	1.85	1.89	1.93	1.91	1.95	1.98
규제건수	10,185	7,128	7,157	7,461	7,724	7,837	7,846	8,017	8,084	5,114
부패수준변화	–	–	3.16	3.21	–	–	3.28	3.39	3.66	3.36
부패문제 심각성	–	–	2.71	2.96	–	–	2.76	3.01	3.05	2.96
1년 전 대비 부정부패 자행정도	–	–	3.99	4.59	–	–	3.64	3.75	3.93	3.79
금품제공 필요성	–	–	3.91	4.08	–	–	4.51	4.30	4.47	4.15
금품 제공시 업무 처리에 미치는 영향	–	–	2.96	1.87	–	–	2.90	3.13	3.04	2.99

참고: 재정규모＝재정규모기준/GDP×100; 공무원기준＝공무원 수/인구수×100

Ⅳ. 결 론

지금까지 총인구, 국토면적과 같이 전체 '국가'의 규모와 부패의 수준과의 관계를 연구한 연구는 있었으나, '정부'의 규모와 부패의 수준과의 관계를 연구한 연구는 많지 않았다. 또한 대부분의 연구는 국가 간 비교분석과 같은 국가수준에서의 연구였다. 이 연구는 우리나라의 정부규모와 부패수준을 시계열적으로 분석함으로써 보다 실제적이고 경험적인 연구를 하였다는 의의가 있을 것이다.

이 연구에서는 정부의 규모를 측정하기 위하여 정부의 재정규모, 공무원 인력규모, 그리고 규제건수의 다양한 척도를 사용함으로써 오류의 가능성을 줄이고, 연구의 신뢰성을 높이고자 하였다. 또한 단순히 정부의 규모와 부패수준 간의 관계를 분석하는 것에서 한걸음 더 나아가, 현재 신자유주의 하에서 시도되고 있는 '작은 정부' 혹은 시장 중심적 정부의 효과성을 부패의 수준을 통하여 평가해본다는 의의도 있었다. 즉, 부패의 수준을 정부제도의 효과성을 측정하는 하나의 척도로 사용하고자 하였다. 이 연구의 결과, 김대중 정부에서의 부패수준이 노무현 정부보다 상대적으로 높음을 알 수 있었다. 이는 김대중 정부에서 추구한 작은 정부가 정부조직의 적절한 변화를 수반하지 못하였으며, 효과적인 정부 제도를 구축하지 못하였음을 보여준다.

이 연구는 하나의 탐색적 연구로서 분명한 한계를 갖고 있다. 우선은 충분한 자료가 축적되지 못하여 통계분석을 시도할 수가 없었으며, 동시에 정부의 규모 이외에도 부패의 수준에 영향을 주는 변수를 고려할 수 없었다. 또한 반드시 그렇다고 주장할 수는 없으나, 우리나라의 부패수준이 시간이 지남에 따라 차츰 감소하는 경향을 띠리라고 충분히 예상이 가능하다. 즉, 노무현 정부에서 부패의 수준이 낮은 것은 시간의 변화에 따른 하나의 자연스러운 경향이며, 정부규모가 큰 요인이 아닐 수도 있다는 점이다. 다른 말로 정부규모 이외에도 많은 중요한 영향요인들이 있을 것이다. 이러한 여러 가지 한계에도 불구하고, 이 연구는 정부의 규모와 부패수준 간의 관계를 경험적으로 분석하고자 했다는 점에서 의의를 찾을 수 있을 것이다.

참고문헌

권남호. (2007). 부패가 정부규모에 미치는 영향 : 민주주의를 고려한 실증분석, 서울대학교 행정대학원 석사학위논문.

김근세. (2005). 김대중 행정부의 정부규모에 관한 실증분석. 「행정논총」 43(2).

김근세 · 권순정. (1997). 작은 정부?: 김영삼 행정부의 정부규모에 관한 실증적 분석. 「한국행정학회보」 31(3).

김태일. (2000). 우리 나라와 OECD 국가의 공무원 규모 비교분석. 「한국행정학회보」 34(1): 117-135.

문명재 · 주기완. (2007). 정부의 규모, 기능, 역량에 대한 탐색적 연구. 「행정논총」 45(3).

윤영진. (2001). "작은 정부론"에 대한 지대추구이론적 접근. 「한국사회와 행정연구」 12(4).

한국행정연구원. (2000, 2001, 2004, 2005, 2006, 2007). 「부패실태 추이분석」.

Ades, Alberto and Rafael Di Tella. (1999). "Rents, Competition, and Corruption". *American Economic Review* 89 (September). 982-993.

Bardhan, Pranab. (1997). "Corruption and Development: A Review of Issues". *Journal of Economic Literature* 35 (September): 1320-1346.

Clague, Christopher, Philip Keefer, Stephen Knack, and Mancur Olson. (1999). "Contract-Intensive Money: Contract Enforcement, Property Rights, and Economic Performance". *Journal of Economic Growth* 4 (June). 185-211.

Clarke, Gorge R. G. and Lixin Colin Xu. (2002). "Ownership, Competition, and Corruption: Bride Takers versus Bribe Payers". Policy Research Working Paper 2783, The World Bank (February).

Dollar, David, Raymond Fisman, and Roberta Gatti. (2001). "Are Women Really the "Fairer" Sex? Corruption and Women in Government". *Journal of Economic Behavior and Organization* 46: 423-429.

Hutchcroft, Paul D. (1997). "The Politics of Privilege: Assessing the Impact of Rents, Corruption, and Clientelism on Third World Development". *Political Studies* 45: 639-658.

Huther, Jeff and Anwar Shah. (2000). "Anti-Corruption Policies and Programs: A Framework for Evaluation". Policy Research Working Paper 2501, The

World Bank (December).

Kaufmann, Daniel, Aart Kraay, and Pablo Zoido-Lobaton. (2003). "Governance Matters". Policy Research Working Paper, The World Bank.

Klitgaard, Robert. (1988). *Controlling Corruption*. Berkeley: U of California Press.

Knack, Stephen. (2001). "Aid Dependence and the Quality of Governance: Cross-Country Empirical Tests". *Southern Economic Journal* 68 (October). 310-329.

Mauro, Paolo. (1995). "Corruption and Growth". *Quarterly Journal of Economics* 110 (August). 681-71

Meier, Kenneth J. and Thomas M. Holbrook. (1992). "I Seen My Opportunities and I Took 'Em: Political Corruption in the American States". *Journal of Politics* 54, no. 1. 135-15.

Nas, Tevfik F., Albert C. Price, and Charles T. Weber. (1986). "A Policy-Oriented Theory of Corruption". *American Political Science Review* 80, no.1: 107-119.

Peters, John G. and Susan Welch. (1978). "Political Corruption in America: A Search for Definitions and a Theory, or If Political Corruption is in the Mainstream of American Politics Why is it Not in the Mainstream of American Politics Research?". *American Political Science Review* 72. no.3: 974-984.

Rose-Ackerman, Susan. (1978). *Corruption: A Study in Political Economy*. Harcourt, Brace, Jovanovich: Academic Press.

______. (1999). *Corruption and Government: Causes, Consequences, and Reform*. New York: Cambridge University Press.

Schacter, Mark and Anwar Shah. (2000). "Anti-Corruption Program: Look Before You Leap". The International Conference on Corruption, Seoul, South Korea (December).

Shleifer, Andrei and Robert W Vishny. (1993). "Corruption". *Quarterly Journal of Economics* 108 (August). 599-617.

Tanzi, Vito. (1998). "Corruption, Public Investment and Growth". Reprinted in *Bed and Gupta*(2002). Chapter 11.

규제개혁위원회 홈페이지. http://www.rrc.go.kr

통계청 홈페이지. http://www.nso.go.kr/

제 2 장

부패와 여성 참여 및 윤리경영

1 Female Participation and Corruption in the Public Sector[1)]

〈요 약〉

이 연구의 목적은 공공 부문에서의 여성 참여를 확대하기 위한 경험적 토대를 구축하는 데 기여하는 데 있다. 구체적으로, 이 연구는 여성 참여가 공공 부문의 부패 수준에 미치는 영향에 대한 실증적 증거를 제공한다. 2000년부터 2010년까지의 패널 데이터를 사용하여 120개 국가의 ordinary least square(OLS)와 generalized least squares(GLS) 분석 결과, 여성 참여가 공공 부문의 부패 수준을 낮추는 것으로 나타났다. 이는 공공 인사관리, 특히 인적 자원 계획이 부패 통제의 관점에서 여성의 참여를 증가시키기 위해 전략적으로 고안될 필요가 있음을 암시한다.

1) Jin, J. (2016). *International Review of Public Administration* 21(4), 305-319.

Ⅰ. Introduction

Since the 1990s, family-friendly policies, such as flexible work schedules, diversity management, and work-life balance policies have been emphasized to increase productivity in the public sector by supporting quality of life (Dex & Scheibl, 1999). Most of the developed countries have initiated gender-mainstreaming policies, along with the UN, the EU, and the OECD countries. These countries started gender-equality employment initiatives or creative female government employee hiring goals to achieve gender equality (O'Reilly & Fagan, 1998). Along with this trend, various studies identify positive effects and performance enhancement in organizations that support female participation in the public sector. However, there has been relatively little focus on the following notion: female participation in the public sector has a positive effect on corruption control. This study empirically analyzes that higher levels of female participation in the public sector are associated with a lower level of corruption.

Many social science studies have noted that women have higher ethical standards in general than men are (Beu et al., 2003; Roxas & Stoneback, 2004; Michailova & Inna, 2009; Bampton & Maclagan, 2009). It is also suggested that the different characteristics of women influence the general ethical behavior of people (McMahon & Harvey, 2007; Alatas et al., 2009). On top of these arguments, some researchers suggest that enhanced female participation in the public sector affects levels of corruption on the state level. However, not all studies agree with this hypothesis (Goetz, 2007; Alhassan-Alolo, 2007). According to these studies, the ratio of women to men does not directly influence the actual level of corruption and that the empirical analyses are flawed (Shukralla & Allan, 2011). For instance, they insist that exogenous variables, such as democratization, influence the ratio of women to men but also the level of corruption (Cheung & Hernandez-Julian, 2006). Others have also argued that the participation of women does not lower the level of corruption absolutely (Mukherjee & Gokcekus, 2004; Samimi & Hosseinmardi, 2011). In other words, levels of corruption will rise in cases where women become the majority in society.

The purpose of this study is to contribute toward building an empirical foundation for enhanced female participation in the public sector with ordinary least square (OLS) and generalized least squares (GLS) analyses of 120 countries' panel data (from 2000 to 2010) with increased statistical validity. The study addresses the question, "How does increased female participation in the public sector affect levels of corruption?" Stemming from this research question, the main hypothesis investigated was that *higher levels of female participation in the public sector would be associated with a lower level of corruption*. Based on the results of this study, policies to enhance gender equality could be justified not only by the requirements of social equity and performance enhancement but also by the need to control corruption.

The outline of this paper is as follows. Section 2 discusses three current managerial explanations that support female participation in the public sector. Section 3 and 4 offer a definition of corruption and the relationship between female participation in the public sector and levels of corruption respectively. Section 5 discusses other major factors influencing levels of corruption such as legal structure, citizen participation and a free press, economic freedom, and population. Section 6 empirically demonstrates the effect of female participation in the public sector on the levels of corruption. The final section summarizes the findings and suggests policy implications.

Ⅱ. The Explanations for Female Participation in the Public Sector

Broadly speaking, female participation is significant for two reasons: social equity and national competitiveness. Social equity can be improved by increasing female participation in the public sector. However, the affirmative action policies that are often instrumental in increasing female participation are criticized because they violate the principles of the merit system, which is one of the basic tenets of personnel administration (Peterson, 1994). The merit system is based on the idea that people who possess the same level of ability and skill must subsequently be provided with the same opportunities. This implies that the areas of emphasis for hiring in the public sector primarily relate to ability, skill, and performance (Nigro et al., 2007). Therefore, affirmative action and the idea of representative bureaucracy to enhance female participation stands in opposition to the merit system.

The merit system, which replaced the spoils system and the patronage system, guarantees procedural equality before the law. However, the merit system has been criticized because it has replaced the spoils system and patronage system with a class system that is based on ability. If ability and performance alone were to determine promotion and employment opportunities, minorities, females, and disabled individuals, who have long suffered from various discriminatory practices, would not likely have the opportunity to participate in the public sector. As a result, they would likely become economically and socially disadvantaged. To overcome the passive stance of a merit system that creates potentially vicious cycles, gender equality policy can be regarded as enhancing minority participation in the public sector and, in turn, enhancing social equity.

It is argued that women's participation in the public sector positively influences national competitiveness. Because of the increased sophistication and diffusion of information technology, women have become more competitive than they were in the past. In an era of information technology, creativity and the capacity to engage in innovative behaviors are thought to be of great importance. It is commonly believed that women are more creative than men. If the government, as a model employer, is successful in demonstrating the benefits of expanding female participation to improve national competitiveness, this trend could spread to the private sector. Gender equality and female economic empowerment are also said to reduce poverty and stimulate economic growth (Morrison et al., 2007), whereas gender inequality in education is said to affect economic growth negatively (Dollar & Gatti, 1999). So important is this factor that an index that assesses the female workforce was included in an index of enterprise efficiency that was used by the World Competitiveness Yearbook published by the International Institute for Management Development (IMD) to evaluate national competitiveness. To this end, a growing body of research has asserted that the increase of female participation in economic activity, the reduction of the pay gap between men and women, and the fairness of employment opportunities are very important determinants of national competitiveness.

Ⅲ. Corruption

It is well recognized that a definition of corruption is difficult to agree upon because corruption as a value-loaded term is closely related to time, culture, and history (Philp, 1997; Johnston, 1998). The difficulty in creating a definition also comes from a failure to agree on the measurability of an "uncorrupt state" (Heywood, 1997, p. 6). Given the difficulty of creating a definition, researchers today define corruption in a similar way for empirical study. The World Governance Research Indicators dataset of the World Bank, studied by Kaufmann et al. (2003, p. 8), define corruption as "the frequency of additional payments to get things done." According to Public Choice Theory, corruption can be defined as a type of illegal rent-seeking behavior by public officers that brings about costly consequences for the general public (Tullock, 1967; Meier & Holbrook, 1992; Huther & Shah, 2000).[2] Corruption is also defined as the exercise of public power for private gain (Klitgaard, 1988), the misuse of control over the power and resources of government (Treisman, 2007), the sale by government officials of government property for personal gain (Shleifer & Vishny, 1993), and an illegal payment to a public agent to obtain a benefit that may or may not be deserved (Li et al., 2000).

While somewhat different, the empirical definitions of corruption listed

2) Rent-seeking is defined as lobbying for special benefits.

above converge upon one general theme: corruption as "the abuse of public office for private gain" (Transparency International, 2012). Corruption can also be categorized as either political or bureaucratic corruption, although in reality it is difficult to differentiate between them because of the close relationship that can exist between politicians and bureaucrats. Indeed, the problem of corruption can be made worse purely by virtue of this relationship (Caiden, 1994). Therefore, most of studies do not distinguish between political and bureaucratic corruption. Corruption in the present study is defined using this definition produced by the Corruption Perception Index (CPI) of Transparency International (2012).[3)]

Ⅳ. The relationship between female participation in the public sector and levels of corruption

So far, research into gender difference has generated contradictory results (Roxas & Stoneback, 2004). After analyzing the papers on the gender perception gap in ethics from 1996 to 2003, O'Fallon and Butterfield (2005) found that 60% of papers argue that the gender difference has an impact on ethical behaviors while 40% do not. The studies of workers show that women make more judgments that are ethically based than men do (Beu et al., 2003; Michailova & Inna, 2009). However, studies of students show no difference between men and women in this regard (Mukherjee & Gokcekus, 2004; Goetz, 2007; Alatas et al., 2009; Lambsdorff & Frank, 2011).

Some researchers insist that there is no strong relationship between gender and ethics. Women in general do not have the same economic independence and decision-making power as men in most countries because of the gender roles reinforced by existing cultural, economic, and social institutions (Marston, 2006). After studying the case of Ghana, Alhassan-Alolo (2007) concludes that it is hard to insist that women are less corrupt than men are without considering opportunity and the network of

---

3) The surveys used in the CPI do not distinguish between political and bureaucratic corruption (Transparency International, 2012).

corruption. According to Mukherjee and Gokcekus's study (2004) of 4,000 public officers in Argentina, Bolivia, Bulgaria, Guiana, Indonesia, and Moldova, the ratio of women has a positive effect on reducing corruption when women remain as a minority. However, the ratio of women above a certain point produces a negative effect. In other words, too few or too many women in the public sector fails to reduce the level of corruption.

Shukralla and Allan (2011) analyze the effects of gender equality on the level of corruption in politics measured by the ratio of women in parliaments. They found that the ratio of women in parliament does not significantly affect the level of corruption. In their analysis of the United States, Cheung and Hernandez-Julian (2006) show that the states with the highest ratios of female participation have the lowest levels of corruption. However, they doubt that the correlation between female participation and corruption is as strong as previous studies have suggested.

By contrast, other studies argue that women reduce the level of corruption because they have different characteristics from men. This argument is based on the socialization approach, in which women come to have different characteristics from men in the process of their socialization. Women have characteristics, such as being more likely to protect others, harmonizing with others, having a modest attitude, following rules and, ultimately, behaving more ethically (Roxas & Stoneback, 2004; Bampton & Maclagan, 2009). In addition, women are more altruistic than men are: Women are willing to help others (Eagly & Crowley, 1986), to vote on the basis of social issues (Goertzel, 1983), to get better scores on integrity tests (Ones & Viswesvaran, 1998), and to take an ethical stand for the common good (Reiss & Mitra, 1998).

Staudt (1998) explains that governments' slow response to citizens' requests is closely related to the prevalence of male-centered governments. Increased female participation in the public sector would be a good way of remedying the ineffectiveness of governments. Tishkov (1993) says that female bureaucrats have contributed to raising the accountability and integrity of the Russian government. According to his study, women do not easily yield to authoritarian behavior and do not like informal networks of men. The existence of women in public office affects the immoral behavior of men. McMahon and Harvey (2007) and Samimi and Hosseinmardi (2011) claim that gender has a significant effect on ethical judgment.

According to the extant body of research, women exhibit a lower propensity than men do to engage in corrupt acts (Kaufmann et al., 2003). Nyamu-Musembi (2007) says that men and women have different tendencies in bribe-taking in the arena of justice administration. Women are less likely to be involved in bribe-sharing old-boy networks (Azfar et al., 1999). The World Bank's Engendering Development (2001) asserts that the inclusion of more women in public affairs can help to lower levels of corruption in the public sector. Dollar et al. (2001) analyzed 100 countries find that a higher percentage of female parliamentarians gives a statistically significant negative effect for corruption. After the traffic police force in Lima, Peru, became an all-female force in 1998, petty bribery was successfully eliminated (Goetz, 2007). On the basis of this evidence, the hypothesis of this study is as follows: *Greater female participation in the public sector is likely to be associated with less corruption.*

Ⅴ. Other factors affecting levels of corruption

Distorted institutions distort the people who comprise it (Olson et al., 2000). Of course, in addition to institutional factors, many cultural or historical factors can affect corruption. However, it is hard to identify and categorize cultural or historical factors for empirical studies, and many empirical studies show that these factors do not have relatively significant effects in international analyses (Sandholtz & Koetzle, 2000; Treisman, 2000). Thus, institutional variables, such as legal structure, citizen participation and a free press, and economic freedom along with population are included in this study as variables that affect the level of corruption.

1. Legal structure

Legal structures in this study are understood in terms of their judicial independence, reliability of their legal framework, the protection of intellectual property, the amount of military interference with the rule of law, and the integrity of the legal system (Gwartney et al., 2012), features that affect corruption incentives not only for politicians but also for those in business. Therefore, weak legal structures, which give more discretion to public officers and more opportunity to firms, encourage bribe-giving and -taking behaviors. The separation of powers and the institution of checks and balances improve the accountability of public officials and limit abuses of power. An unbiased judicial system is critical for supporting social trust and rule of law (Rose-Ackerman, 1999). In underdeveloped legal and judicial institutions, the possibility of abusing government authority for the pursuit of personal interests is considerable, and government corruption is particularly common (Doh et al., 2003; Lee et al., 2010).

2. Citizen participation and a free press

The monitoring of the power and discretion of public officers is a prerequisite for the control of corruption because the information asymmetry between citizens and public officers is one of the main causes of corruption (Holmstrom, 1979; Hood, 2001). Agent theory describes the relationship between citizens and governments in terms of a relationship between principals, who delegate authority, and agents, who acquire that authority (Klitgaard, 1988; Hood, 2001). The reason why this moral hazard happens is that public officers have more information than citizens do. This presents a good opportunity for public officers to become involved in corrupt behaviors because the danger of being caught is very low (Bliss & Di Tella, 1997). An active citizenry and the existence of a free press are important factors in monitoring public officers (Langton, 1978). Active citizen participation in politics generates a positive effect on corruption control

(Treisman, 2000). Likewise, McLaren (2000) argues that the institutions for transparency and citizen participation are the most important way of controlling corruption.

3. Economic freedom

In this paper, economic freedom refers to a lack of government interference in the private sector, including in the areas of business, trade, finances, investment, labor, and property rights (Gwartney et al., 2012). The government secures and distributes property rights to the members of society using government interference in the private sector to maintain a desirable economic and social order. Economic rent is a by-product of this process. People within a given society engage in rent-seeking behaviors, and these behaviors can easily result in corruption (Tullock, 1967). Lambsdorff (2006) insists that corruption is caused by a lack of economic competition caused by too much government intervention in the private sector. Ades and De Tella (1997) show that countries with heavy government interference in industry experience high levels of corruption. Okhotskii (2001) and Halim (2008) find that the more open trade is, the lower the level of corruption. In the same manner, Gerring and Thacker (2004) show that the level of corruption is low when countries have open trade policies and less regulation. Lipset and Lenz (2000) state that a free-market economy is closely related to low corruption levels. Finally, Sandholtz and Koetzle (2000) argue that trade size, as well as economic freedom, are important factors in controlling corruption.

4. Population

People have more incentive to act in a corrupt manner when they are not likely to be caught easily. Pearce (2001, p. 128) notes that “opportunities to cheat rise with increasing scope and complexity.” The institutional networks for social capital, defined as shared norms to promote cooperation among people (Ostrom, 2000), cannot be easily created within a large group whose members have occasional contact with one another and who cannot monitor each other. Treisman (2000) finds that countries with federal political systems, which are usually large states, have high levels of corruption. Various studies also show that the possibility of bribery increases as the size of government becomes larger because public officers' discretion in relation to permissions and regulations is also increased (Shleifer & Vishny, 1993; Tanzi & Davoodi, 1997; Goel & Nelson, 1998, 2010; Fisman & Gatti, 2002; Lambsdorff, 2006).

Ⅵ. Influence of female participation on levels of corruption

1. Data

This analysis includes 120 countries and employs a panel data set to increase internal and statistical validity. There are 1,057 observations for the countries made between 2000 and 2010. The data is taken from the Quality of Government Standard Dataset (2013), produced by the Quality of Government Institute (Teorell et al., 2013). The percentage of women in parliament is used as a proxy for female participation in the public sector.[4] The data on women in parliament is found in the World Development Indicators (WDI) of the World Bank (2013). Women in parliament means "the percentage of parliamentary seats in a single or lower chamber held by women" (World Bank, 2013). This analysis also takes population data from the WDI dataset.

The original data on corruption is taken from the CPI of Transparency International (2012). Corruption in this index measures "the abuse of public office for private gain" and focuses on corruption in the public sector (Transparency International, 2012). The index is composed of survey responses from business people, risk analysts, and the general public and is

4) The percentage of female legislators in a national parliament is good index of the participation of women in government as a whole (Azfar et al., 1999).

constructed with an ordinal score index that varies ranges from 0 to 10, with higher values representing a lower perception of corruption (Transparency International, 2012).

The data on legal structure is taken from the Fraser Institute. The index consists of the following indicators: "Judicial independence (the judiciary is independent and not subject to interference by the government or parties in dispute), impartial courts (a trusted legal framework exists for private businesses to challenge the legality of government actions or regulations), protection of intellectual property, military interference in rule of law and the political process, and integrity of the legal system" (Gwartney et al., 2012). The index ranges from 0 to 10, where 0 corresponds to no independent legal structure, meaning no judicial independence; no trusted legal framework; no protection of intellectual property; a high level of military interference in rule of law; and no integrity in the legal system. By contrast, 10 corresponds to a strong legal structure, featuring a high level of judicial independence; a trusted legal framework; protection of intellectual property; no military interference in rule of law; and integrity in the legal system (Gwartney et al., 2012).

The data on citizen participation and a free press is taken from the World Governance Research Indicators dataset of the World Bank studied by Kaufmann et al. (2009). This index (voice and accountability) consists of a number of indicators measuring various aspects of the political process, civil liberties, and political rights. It measures the extent to which citizens of a country are able to participate in the selection of governments, and the independence of the media, which serves an important role in monitoring those in authority and holding them accountable for their actions (Kaufmann et al., 2009). The index ranges from −3 to +3, where −3 corresponds to less voice and accountability and +3 corresponds to greater voice and accountability (Kaufmann et al., 2009).

The data regarding economic freedom is obtained from the Heritage Foundation (2013). The economic freedom index uses 10 specific freedoms: "business freedom, trade freedom, fiscal freedom, monetary freedom, investment freedom, financial freedom, labor freedom, freedom from government, freedom from corruption, and property rights" (Heritage

Foundation, 2013). The index ranges from 0 to 100, with higher values representing more freedom (Heritage Foundation, 2013).

I use the mean values of observations from 2000 to 2010 for each country as the basis from which to determine the following descriptive statistics for each country's overall relative positions for each variable. In this analysis, the variables were constructed with ordinal score-indices. For corruption, with higher values representing reduced perceptions of corruption, the figures ranged from a minimum of 1.20 (Bangladesh and Nigeria) to a maximum of 10 (Finland), with a mean of 4.57. The percentage of women in parliament ranged from a minimum of 0 (Bahrain, Belize, Jordan, Kuwait, Oman, and the United Arab Emirates) to a maximum of 56.30 (Rwanda), with a mean of 17.05. The legal structure ranged from a minimum of 1.46 (Venezuela) to a maximum of 9.62 (the Netherlands), with a mean of 5.96. The figures for citizen participation and a free press ranged from a minimum of -2.08 (Myanmar) to a maximum of 1.83 (Denmark), with a mean of 0.22. Economic freedom ranged from a minimum of 21.40 (Zimbabwe) to a maximum of 88.90 (Singapore), with a mean of 62.39. Because of the large variance between countries, it is necessary to straighten what is otherwise likely to be a non-linear relation; therefore, I use the log form of the population variable. The log population ranged from a minimum of 12.51 (Barbados) to a maximum of 21.01 (China), with a mean of 16.36. Table 1 provides a summary of the descriptive statistics for all of the variables.

〈Table 1〉 Data summary and descriptive statistics

Variable	Min.	Max.	Mean	Std. dev.
Corruption	1.20	10	4.57	2.29
Women in parliament (%)	0	56.30	17.05	10.42
Legal structure	1.46	9.62	5.96	1.97
Citizen participation and a free press	−2.08	1.83	0.22	0.91
Economic freedom	21.40	88.90	62.39	9.99
Log population	12.51	21.01	16.36	1.62

2. Empirical analysis

Using this data with respect to corruption, the most corrupt countries are Bangladesh and Nigeria (1.2), followed by Myanmar and Haiti (1.4); Ukraine (1.5); Paraguay (1.6); the Democratic Republic of Congo and Indonesia (1.7); Burundi, Cameroon, Chad, Iran, and Zimbabwe (1.8); and the Congo, Cote d'Ivoire, Kenya, Guinea-Bissau, and Samoa (1.9). At the other end, Finland (10), Denmark (9.8), Iceland (9.7), New Zealand (9.6), and Singapore and Sweden (9.4) are the least corrupt countries. Countries such as the Czech Republic, Greece, Italy, Jordan, Kuwait, Lithuania, Poland, South Africa, Trinidad and Tobago, Tunisia, and Turkey (4.6) lie in the middle.

The descriptive results are consistent with the expectation that female participation in the public sector lowers level of corruption. The countries that have the lowest percentage of women in parliament are the most corrupt countries. The countries that have the lowest percentage of women in parliament are Bahrain, Belize, Jordan, Kuwait, Oman, and the United Arab Emirates (0); Morocco (0.6); Papua New Guinea (0.9); Egypt (1.8); Bangladesh and Haiti (2.0); Oman (2.4); Bahrain and Paraguay (2.5); Iran (2.8); Nigeria (3.4); and Kenya (3.6). Bangladesh, Haiti, Paraguay, Iran, Nigeria, and Kenya have the highest levels of corruption.[5)]

By contrast, the countries that have the highest percentage of women in parliament are Rwanda (56.3), Sweden (47.3), South Africa (44.5), Iceland (42.9), the Netherlands (42.0), and Finland (41.5). Finland, Iceland, and Sweden are also among the least corrupt countries. Countries such as Botswana, the Czech Republic, Latvia, Mauritius, Venezuela, the Dominican Republic, Greece, Italy, Nepal, and Slovakia are located in the middle in terms of female participation, with the percentage of women in parliament close to 17.0%. Among them, the Czech Republic, Greece, and Italy are

5) As we know, female participation in the political process in Arab states is extremely low because of religious, cultural, and social factors. Therefore, those countries, such as Bahrain, Jordan, Kuwait, Oman, the United Arab Emirates, Morocco, Egypt, and Bahrain should be omitted from the argument.

close to the mean corruption score (17.0%).

Overall, the descriptive picture is that the percentage of women in parliament and corruption go hand-in-hand. However, readily observable correlations are not causal. Figure 1, a plot of episodes of corruption as a function of women in parliament (%), provides a preliminary look at the data. The graph indicates that the level of corruption is relatively high in those countries that have the lowest percentages of women in parliament.

Figure 1 Episodes of corruption as a function of the percentage of women in parliament (%)

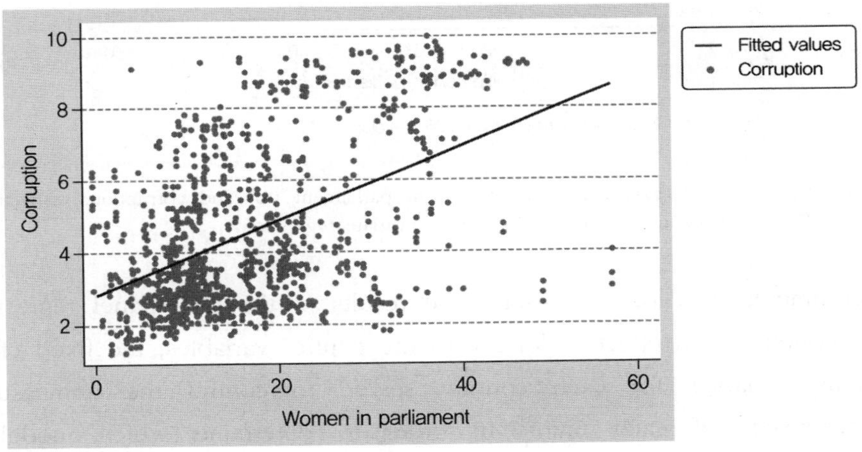

Note: The X and Y axes represent women in parliament (%) and corruption, respectively.

As predicted by the previous descriptive results, the coefficient of a bivariate regression of corruption against women in parliament (%) is positive. Figure 2 plots the predicted probability of corruption as a function of the percentage of women in parliament. The trend is similar to that in Figure 1: The level of corruption is more likely to be lower when the percentage of women in parliament is higher. By contrast, the level of corruption increases when the percentage of women in parliament is lower. Figure 2 does not account for other factors that may affect the level of corruption.

Figure 2 Predicted likelihood of corruption over time

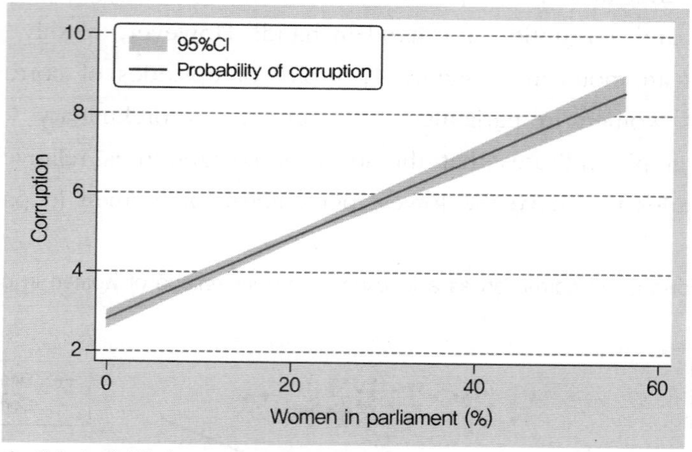

Coefficient = 0.103, Standard Error = 0.006, T-value = 17.21

Note: The X and Y axes represent women in parliament (%) and corruption, respectively. These predictions are generated from a bivariate regression.

Column 1 of Table 2 presents the results of the OLS panel regression with country fixed effects. Along with the control variables, the fixed effect dummy variables for each country served to control the unmeasured characteristics of each unit.6) In order to determine which model is preferred for the equation estimation among the fixed effects and the random effects methods, a Hausman test is conducted (Wooldridge, 2009). The statistics from the Hausman test suggest that using fixed effects is better than using random effects for the model because $\chi2$-statistics are significant at the 1 percent level.

The results of the analysis in column 1 indicate that the percentage of women in parliament is statistically significant and in agreement with the expected results. This suggests that, as the number of women in parliament increases, the level of corruption decreases, as seen in the perceived corruption level data.7) The respondents increasingly recognize that the

6) Specifically, the fixed effects estimates are expected to improve the goodness of fit of the model.

7) The estimates indicate that, when controlling for other variables, for each one percent

public servants of their countries are less likely to engage in corrupt behavior as the percentage of women in public office increases. In terms of the control variables, the estimated results confirm the theoretical expectations. First, the results of the analysis suggest that the better the legal structure, the lower the corruption level. Second, the results also suggest that the corruption level decreases in countries that have better citizen participation and a freer press. Third, the results verify that the greater the economic freedom, the lower the corruption level. Fourth, the corruption level increases as the population increases.

The modified Wald test result shows there is panel heteroscedasticity ($\chi 2(120)=3889.99$, p-value=0.000), and a Wooldridge test reveals the presence of autocorrelation ($F(1, 117)=249.18$, p-value=0.000). Even though the autocorrelation is not a serious problem in a fixed effect model of less than 20 years, this analysis conducted generalized least squares (GLS) in order to control both heteroscedasticity between the panels and autocorrelation within each country-panel.[8)] The parameter estimates of the GLS analysis in column 2 indicate that the percentage of women in parliament is statistically significant and in agreement with the expected results. This suggests that, as the number of women in parliament increases, the level of corruption decreases.[9)] In terms of the control variables, the estimated results confirm the theoretical expectations again. The variables presented as significant in the previous test are also significant in this one.

In Table 2, it is clear that the level of corruption in countries decreases when the percentage of women in parliament increases. Overall, the research hypothesis that *greater female participation in the public sector is*

---

increase of women in parliament, the corruption index rises by 0.008 points on the 0 - 10 point corruption scale.

8) The error terms may be auto-correlated temporally because of the (uncontrolled) persistence of influences from previous years. In addition, the error terms may be cross-sectionally heteroscedastic; the countries differ substantially in uncontrolled aspects of their size and other characteristics and as a result have a stochastic term of differing variance.

9) The estimates indicate that, when controlling for other variables, for each one percent increase of women in parliament, the corruption index rises by 0.022 points on the 0 - 10 point corruption scale.

likely to be associated with lower levels of corruption can be confirmed by this analysis. No matter what the functional form, all sets of results uphold the prediction in the hypothesis. The coefficients in columns 1 and 2 are consistently significant and positive. Furthermore, the magnitude of the estimate remains substantially unchanged from the estimates reported in columns 1 and 2. The estimates of the percentage of women in parliament are 0.008 in column 1, compared to the reported estimates of 0.022 in column 2.

〈Table 2〉 Regression of corruption on the women in parliament (%)

	OLS	GLS
Women in parliament (%)	0.008 (2.43)*	0.022 (9.38)**
Legal structure	0.154 (5.22)**	0.416 (23.66)**
Citizen participation and a free press	0.422 (5.30)**	0.546 (13.38)**
Economic freedom	0.033 (7.59)**	0.061 (16.19)**
Log population	−0.852 (−3.84)**	−0.063 (−3.39)**
Constant	15.290 (4.30)**	−1.283 (−2.90)**
Country fixed effects	Yes	Yes
Number of observations	1,057	1,055
R−squared (Within)	0.138	
F−value	0.000	
Hausman test (prob Chi−square)	72.66**	
Wald Chi−square (5)		3730.11
p−value		0.000
Log likelihood		−246.396

Note: The variables are described in more detail in the text. The dependent variable is corruption. T−values and Z−values in parentheses. **, * Significant at the 1% and 5% levels, respectively.

In summary, the estimation results support the hypothesis; the greater the female participation in the public sector, the more likely there is to be a lower level of corruption. The results also show that institutions matter. Institutions such as legal structure, citizen participation and a free press, and economic freedom have an important role in reducing levels of corruption. The result for the other control variable is also informative. Countries with large populations appear to be more corrupt. It may be that the networking that reduces corruption is less likely to emerge in nations with large populations. However, I cannot make a strong claim that these are causal estimates.

Ⅶ. Conclusion

This study aimed to examine the effect of an increase in female participation in the public sector on levels of corruption by analyzing the causal relationship between the two. The results of the analyses show that female participation lowers the level of corruption in the public sector. The hypothesis of this study was verified by the OLS and GLS analysis, which included 120 countries and approximately ten years of panel data sets (total of 1,057 samples). This study strongly infers that males are more likely to be involved in the taking of bribes. The result implies that "a bribe-sharing old boy network" (Azfar et al., 1999) could be one of the main reasons for corruption in the public sector.

The policies that support female participation in the public sector are now considered a prerequisite for excellent human resource management. In addition, the results of this study thus suggest a need to bolster the participation of women in public sector not only for performance in organizations but also for corruption control. Along with various managerial explanations such as a resource-based approach, an institutional approach, and a diversity approach, corruption control can be introduced as a reasonable explanation to justify female participation in the public sector.

The results of this analysis also suggest that public personnel administration, especially human resource planning, needs to be strategically designed from a corruption control perspective. Gender-equality policies and job training programs designed exclusively for women should be provided to give them more opportunities to be selected for the public sector. First of all, the equal employment policies that encourage women to apply for public jobs should be developed for corruption control. Governments need to keep sending women the signal that there is no discrimination, and equal treatment is a very important value in the public service. Job training programs designed exclusively for women should be provided to give them better opportunities to be selected in the public sector. In addition, the policies not only help women to be hired in government agencies but also to be promoted to higher positions should be developed. Women in higher positions will make men less willing to take part in the corrupt networks, which will be a very effective means to control corruption in the public sector.

The present study has a certain limitation, which should be considered when interpreting the findings. The study is taken from an international level dataset, the Quality of Government Standard Dataset (2013) produced by the Quality of Government Institute, and therefore could not reflect the perspectives of public employees. The results of the analysis which reflect the views of general public might be different from the views of public employees. Future studies might more clearly identify the relationship between female participation in the public sector and the level of corruption by conducting surveys to question organizational members' perceptions and the corruption level at the same time. This empirical study might be possible for a single government agency with a very delicate survey design.

References

Ades, A., & Tella, R. (1997). National champions and corruption: Some unpleasant interventionist arithmetic. *Economic Journal*, 107(443): 1023-1042.

Alatas, V., Cameron, L., Chaudhuri, A., Erkal, N., & Gangadharan, L. (2009). Gender, culture, and corruption: Insights from an experimental analysis. *Southern Economic Journal*, 75(3): 663-680.

Alhassan-Alolo, N. (2007). Gender and corruption: Testing the new consensus. *Public Administration and Development*, 237: 227-237.

Azfar, O., Knack, S., & Lee, Y. (1999). Gender and corruption. *Journal of Development Economics*, 64: 25-55.

Bampton, R., & Maclagan, P. (2009). Does a 'care orientation' explain gender differences in ethical decision making? A critical analysis and fresh findings. *Business Ethics: A European Review*, 18(2): 179-191.

Beu, D., Buckley, R., & Harvey, M. (2003). Ethical decision-making: A multidimensional construct. *Business Ethics: A European Review*, 12(1): 88-107.

Bliss, C., & Di Tella, R. (1997). Does competition kill corruption? *Journal of Political Economy*, 105(5): 1001-1023.

Caiden, G. (1994). Dealing with administrative corruption. In T. Cooper (Ed.), *Handbook of administrative ethics* (pp. 305-422). New York: Marcel Dekker.

Cheung, A., & Hernandez-Julian, R. (2006). *Gender and corruption: A panel data analyses* (SSRN working paper No. 691468).

Dex, S., & Scheibl, F. (1999). Business performance and family-friendly policies. *Journal of General Management*, 24(4): 22-37.

Doh, J., Rodriguez, P., Uhlenbruck, K., Collins, J., & Eden, L. (2003). Coping with corruption in foreign markets. *Academy of Management Executive*, 17: 114-127.

Dollar, D., & Gatti, R. (1999). Gender inequality, income, and growth: are good times good for women? World Bank Policy Research Working Paper on Gender and Development Working Paper series 1, World Bank, Washington, DC.

Eagly, A., & Crowley, M. (1986). Gender and helping behavior: A meta-analytic review of the social psychological literature. *Psychological Bulletin*, 100:

283-308.

Fisman, R., & Gatti, R. (2002). Decentralization and corruption: Evidence across countries. *Journal of Public Economics*, 83: 325-345.

Gerring, J., & Thacker, S. (2004). Political institutions and corruption: The role of unitarism and parliamentarism. *British Journal of Political Science*, 34: 295-330.

Goel, R., & Nelson, M. (1998). Corruption and government size: A disaggregated analysis. *Public Choice*, 97: 107-120.

______. (2010). Causes of corruption: History, geography and government. *Journal of Policy Modeling*, 32: 433-447.

Goertzel, T. (1983). That gender gap: Sex, family income, and political opinions in the early 1980s. *Journal of Political and Military Sociology*, 11: 209-222.

Goetz, A. (2007). Political cleaners: Women as the new anti-corruption force? *Development and Change*, 38(1): 87-105.

Gwartney, J., Lawson, R., & Hall, J. (2012). *Economic freedom of the world: 2012 annual report*. Vancouver: The Fraser Institute.

Halim, N. (2008). Testing alternative theories of bureaucratic corruption in less developed countries. *Social Science Quarterly*, 89(1): 237-257.

Heritage Foundation. (2013). 2013 index of economic freedom. http://www.heritage.org/index. Accessed 22 January 2013.

Heywood, P. (1997). Political corruption: Problems and perspectives. In P. Heywood (Ed.), *Political corruption* (pp. 1-19). Oxford: Blackwell.

Holmstrom, B. (1979). Moral hazard and observability. *The Bell Journal of Economics*, 10: 74-91.

Hood, C. (2001). Transparency. In P. Clarke & J. Foweraker (Eds.), *Encyclopedia of democratic thought* (pp. 700-704). London: Routledge.

Huther, J., & Shah, A. (2000). *Anti-corruption policies and programs: A framework for evaluation* (World Bank policy research working paper No. 2501).

International Institute for Management Development. (2006). *World competitiveness yearbook*.

Johnston, M. (1998). Fighting systemic corruption: Social foundations for institutional reform. The European Journal of Development Research, 10: 15-39.

Kaufmann, D., Kraay, A., & Zoido-Lobaton, P. (2003). *Governance matters* (World Bank policy research working paper No. 2196).

Kaufmann, D., Kraay, A., & Mastruzzi, M. (2009). *Governance matters VIII: Aggregate and individual governance indicators for 1996-2008* (World

Bank policy research working paper No. 4978).

Klitgaard, R. (1988). *Controlling corruption*. Los Angeles, CA: University of California Press.

Lambsdorff, J. (2006). Cause and consequences of corruption: What do we know from a cross-section of countries? In S. Rose-Ackerman (Ed.), *International handbook on the economics of corruption* (pp. 3-51). London: Edward Elgar.

______. (2007). *The institutional economics of corruption: Theory, evidence, and policy*. Cambridge, UK: Cambridge University Press.

Lambsdorff, J., & Björn, F. (2011). Corrupt reciprocity: Experimental evidence on a men's game. *International Review of Law and Economics*, 31(2): 116-125.

Langton, S. (1978). *Citizen participation in America*. Lexington, MA: Lexington Books.

Lee, S., Oh, K., & Eden, L. (2010). Why do firms bribe? Insights from residual control theory into firms' exposure and vulnerability to corruption. *Management International Review*, 50: 775-796.

Li, H., Xu, L., & Zou, H. (2000). Corruption, income distribution, and growth. *Economics and Politics*, 12: 155-181.

Lipset, S., & Lenz, G. (2000). Corruption, culture, and markets. In L. Harrison & S. Huntington (Eds.), *Culture matters: How values shape human progress* (pp. 112-124). New York: Basic Books.

Marston, A., & Barrett, K. (2006). *Women in the economy: A review of recent literature*. Arlington, VA: USAID.

McLaren, J. (2000). Law and economics. *Journal of Economic Literature*, 38: 969-971.

McMahon, J., & Harvey, R. (2007). The effect of moral intensity on ethical judgment. *Journal of Business Ethics*, 72: 335-357.

Meier, K., & Holbrook, T. (1992). I seen my opportunities and I took 'em: Political corruption in the American states. *Journal of Politics*, 54: 135-150.

Michailova, J., & Inna, M. (2009). *Gender, corruption and sustainable growth in transition countries* (MPRA paper No. 17074).

Morrison, A., Raju, D., & Nistha, S. (2007). Gender equality, poverty and economic growth. World Bank Policy Research Working Paper 4349, World Bank, Washington, DC.

Mukherjee, R., & Gokcekus, O. (2004). Gender and corruption in the public sector. In R. Hodess & T. Wolfe (Eds.), *Global corruption report* (pp. 337-339). Cambridge: Cambridge University Press.

Nigro, L., Nigro, F., & Kellough, E. (2007). *New public personnel administration*. Belmont, CA: Thompson Wadsworth.

Nyamu-Musembi, C. (2007). Gender and corruption in the administration of justice. In R. Hodess & T. Wolfe (Eds.), *Global corruption report* (pp. 121-128). Cambridge: Cambridge University Press.

O'Fallon, M., & Butterfield, K. (2005). A review of the empirical ethical decision-making literature: 1996 - 2003. *Journal of Business Ethics*, 9(4): 375-413.

Okhotskii, E. (2001). The nature of corruption and measures to combat it. *Sociological Research*, 50(4): 42-56.

Olson, M., Sarna, N., & Swamy, V. (2000). Governance and growth: A simple hypothesis explaining cross-country differences in productivity growth. *Public Choice*, 102: 365-367.

Ones, D., & Viswesvaran, C. (1998). Gender, age, and race differences on overt integrity tests: Results across four large-scale job applicant data sets. *Journal of Applied Psychology*, 83: 35-42.

O'Reilly, J., & Fagan, C. (1998). *Part-time prospects: An international comparison of part-time work in Europe, North America and the Pacific Rim*. London: Routledge.

Ostrom E. (2000). Social capital: A fad or a fundamental concept. In P. Dasgupta & I. Serageldin (Eds.), *Social capital: A multifaceted perspective* (pp. 172-214). Washington, DC: World Bank.

Pearce, J. (2001). *Organization and management in the embrace of government*. London: Lawrence Erlbaum Associates Publishers.

Peterson, S. (1994). Sources of citizens' bureaucratic contacts: A multivariate analysis. *Administration and Society*, 20: 152-165.

Philp, M. (1997). Defining political corruption. Political science, 45: 436-462.

Reiss, M., & Mitra, K. (1998). The effects of individual difference factors on the acceptability of ethical and unethical workplace behaviors. *Journal of Business Ethics*, 17: 1581-1593.

Rose-Ackerman, S. (1999). *Corruption and government: Causes, consequences, and reform*. New York: Cambridge University Press.

Ross, L. (1986). *Deterring the drinking driver*. Lexington, MA: Lexington Books.

Roxas, M., & Stoneback, J. (2004). The importance of gender across cultures in ethical decision-making. *Journal of Business Ethics*, 50(2): 149-165.

Samimi, A., & Haniyeh, H. (2011). Gender and corruption: Evidence from selected developing countries. *Middle-East Journal of Scientific Research*, 9(6): 718-727.

Sandholtz, W., & Koetzle, W. (2000). Accounting for corruption: Economic structure, democracy, and trade. *International Studies Quarterly*, 44: 31-50.

Shleifer, A., & Vishny, R. (1993). Corruption. *Quarterly Journal of Economics*, 108: 599-617.

Shukralla, E., & Allan, W. (2011). Foreign aid, women in parliament and corruption: Empirical evidence from the 2000s. *Economics Bulletin*, 31(1): 519-533.

Staudt, K. (1998). *Policy, politics and gender: Women gaining ground.* West Hartford, CT: Kumarian Press.

Tanzi, V., & Davoodi, H. (1997). *Corruption, public investment and growth* (IMF working paper 97/139).

Teorell, J., Charron, N., Dahlberg, S., Holmberg, S., Rothstein, B., Sundin, P., & Svensson, R. (2013). The quality of government dataset (Version 2013.12.20). http://www.qog.pol.gu.se. Accessed 2 January 2015.

Tishkov, V. (1993). Women in Russian politics. *Economic and Political Weekly*, 28: 2837-2840.

Transparency International. (2012). Corruption perception index 2012. http://www.transparency.org/research/cpi/overview. Accessed 29 January 2013.

Treisman, D. (2000). The causes of corruption: A cross-national analysis. *Journal of Public Economics*, 76: 399-457.

______. (2007). What have we learned about the causes of corruption from ten years of cross-national empirical research? *Annual Review of Political Science*, 10: 211-244.

Tullock, G. (1967). The welfare costs of tariffs, monopolies, and theft. *Western Economic Review*, 5: 224-232.

Wooldridge, J. (2009). *Introductory econometrics: A modern approach*. Mason, OH: South-Western (Cengage Learning).

World Bank. (2001). *Engendering development: Through gender equality in rights, resources, and voice*. New York: Oxford University Press.

______. (2013). World development indicators. http://data.worldbank.org/ data-catalog/world-development-indicators. Accessed 24 January 2013.

2 여성의 공공부문 참여와 부패수준[1)]

〈요 약〉

이 연구에서는 우리나라 여성의 공공부문 참여가 점차 확대되고 있는 상황에서 이러한 경향이 공공부문의 부패수준에 어떠한 영향을 주는지 인과관계를 규명하고, 정책적 함의를 도출하고자 한다. 이러한 연구목표를 달성하기 위한 이 연구의 문제의식과 연구질문은 다음과 같다. 여성의 공공부문 참여가 공공조직의 부패수준에 어떤 영향을 주는가? 여성의 공공부문 참여는 부패의 수준을 낮추는 데 도움을 주는가? 이 연구는 여성의 사회참여에 선행되는 공공부문에의 참여와 공공조직의 부패수준 간 관계를 실증적으로 분석함으로써 첫째, 여성의 사회참여를 뒷받침하는 또 하나의 새로운 기반을 제시하며, 둘째, 부패에 대한 국내연구의 다양화에 기여하며, 마지막으로 보다 구체적으로는 부패수준에 영향을 주는 하나의 변수를 제시하여 정부기관의 부패수준에 대한 설명력을 높이고자 한다.

1) 진종순. (2009). 「한국행정연구」 18권 3호, 77-96.

Ⅰ. 서 론

무엇이 한 사회의 부패수준에 영향을 주는가? 지금까지 1인당 국민소득(GNP), 시민참여, 총인구, 국토면적, 기업규모, 기업의 영업이익규모, 분권화, 인종의 다양성, 민영화(privatization), 경쟁적인 정치정당의 존재, 여성의 공공부문 참여율과 같은 다양한 요인이 부패수준에 영향을 준다고 주장되어 왔다(Ades & Di Tella, 1999; Dollar, Fisman & Gatti, 2001; Mauro, 1995; Shleifer & Vishny, 1993; Meier & Holbrook, 1992; Clarke & Xu, 2002). 그런데 이 가운데 가장 주목해야 할 변수가 바로 '여성의 공공부문 참여율' 혹은 '여성의 노동참여율'이다(Azfar, Knack & Lee, 1999: 34; Dollar, Fisman & Gatti; 2001). 만약 남성과 비교하여 여성이 개인의 이익보다 공익을 더 고려하는 특성을 갖는다면, 여성의 공공부문 참여는 정부 부패의 수준을 낮출 수 있다는 것이다(Dollar, Fisman & Gatti, 2001: 427).

세계적인 경향에 발맞춰 우리나라에서도 양성평등제도, 균형인사정책 등의 이름으로 여성의 공공부문과 사회참여가 강조되어 왔으며, 현재 적어도 공무원의 신규채용에 있어 어느 정도 양성평등이 달성되었다고 평가되고 있다.[2] 또한 여성의 공공부문을 포함한 사회참여 경향은 앞으로도 계속될 것이다. 지금까지 대부분의 연구는 대표관료제(representative bureaucracy)에서 주장하는 사회적인 형평성의 제고와 고급 여성노동력의 노동시장 참여로 인한 국가경쟁력의 강화 등의 측면에서 여성의 공공부문 참여문제에 접근하고 있다. 하지만 여성의 사회참여가 부패의 통제에 실제로 도움이 된다면, 여성의 공공부문 참여는 또 하나의 정당성과 경험적인 기반을 갖게 될 것이다.

이 연구에서는 우리나라 여성의 공공부문 참여가 갈수록 확대되고 있는 상황

2) 다음의 <표 1>은 1998년 이후 연도별 일반직 여성공무원의 신규채용비율을 보여준다. 해마다 여성 신규채용자의 비율은 높아졌으며, 2008년에는 약 47%에 이른다.

〈표 1〉 일반직 공무원 연도별 신규채용 현황 및 여성비율 (단위: 명, %)

구분	1998	1999	2000	2001	2002	2003	2004	2005	2006	2007	2008
전체	3,176	3,178	4,846	3,596	4,222	3,305	4,592	3,988	8,353	7,314	6,755
여성	586	554	1,202	994	1,305	1,136	1,613	1,586	3,225	3,308	3,196
비율	18.5	17.4	24.8	27.6	30.9	34.4	35.1	39.8	38.6	45.2	47.3

* 출처: 행정안전부 2008년 인사통계.

에서 이러한 경향이 공공부문의 부패수준에 어떠한 영향을 주는지 인과관계를 규명하고, 정책적 함의를 도출하고자 한다. 이러한 논거에 의한 이 연구의 문제의식과 연구질문은 다음과 같다. 여성의 공공부문 참여가 공공조직의 부패수준에 어떤 영향을 주는가? 여성의 공공부문 참여는 부패의 수준을 낮추는 데 도움을 주는가? 이러한 연구 질문에 바탕을 둔 이 연구의 가정은 다음과 같다.

> 연구가정: "여성의 더 높은(낮은) 공공부문 참여는 더 낮은(높은) 공공조직의 부패수준과 연관될 것이다."

이 연구는 여성의 사회참여, 특히 사회참여에 선행되는 공공부문에의 참여와 공공조직의 부패수준 간 인과관계를 실증적으로 분석함으로써 첫째, 여성의 사회참여를 뒷받침하는 하나의 새로운 기반을 마련하며, 둘째, 부패에 대한 국내연구의 다양화에 기여하며, 마지막으로 보다 구체적으로는 부패수준에 영향을 주는 하나의 변수를 제시하여 정부기관의 부패수준에 대한 설명력을 높이고자 하는 목적을 갖고 있다.

Ⅱ. 이론적 배경

1. 여성의 공공부문 참여

여성의 공공부문 참여는 크게 두 가지 의의를 갖고 있다. 첫째, 여성의 공공부문참여로 사회적인 형평성을 제고할 수 있다. 여성의 고용기회 확대를 위한 적극적 조치(affirmative action)는 타고난 특성에 따라 분류된 집단에 의한 인사정책으로, 현대 인사정책의 기본 원칙인 실적주의(merit system)를 훼손한다는 비판을 받는다(Peterson, 1994: 96). 실적주의는 동일한 능력과 자질을 가진 사람에게는 동일한 기회를 주어야 한다는 원칙에 기반을 두며, 인사행정의 기준이 개인이 지니고 있는 능력・적성・자격・실적임을 의미한다(박동서, 1994: 79-81; Nigro & Nigro, 2006).

따라서 여성참여확대를 위한 적극적 조치, 대표관료제(representative bureaucracy)와 실적주의는 갈등관계에 놓여 있다고 할 수 있다. 실적주의는 사회적 연고나 계급에 바탕을 둔 엽관주의(spoils system)와 정실주의(patronage system)를 대체함으로써 법 앞에 절차적 평등을 보장하였으나, 결과적으로 엽관주의와 정실주의를 능력에 근거한 새로운 계급제도로 대체하였다는 비판을 받고 있다(강정인, 1991: 7-8). 만일 실적이나 능력에 의해서만 승진·임용 등의 인사가 이루어진다면 오랜 사회적 차별이나 장애로 고통을 받고 있는 소수민족과 인종, 여성, 장애인 등은 사회참여의 기회를 상실하여 결과적으로 경제적·사회적으로 최하위층에 처하게 될 것이다. 양성평등제도, 균형인사정책은 이러한 문제를 해결하기 위해 실적주의의 소극적·중립적 태도를 뛰어넘어 소수집단의 사회참여를 적극적으로 유도하고 사회적인 형평성을 증진하기 위한 정책이다.

둘째, 여성의 공공부문참여는 국가 경쟁력을 향상시키는 데 도움이 된다. 산업화 시대에 비하여 지식정보화 시대에 여성은 보다 경쟁력을 갖는데, 여성은 디자인경영, 디자인행정, 터치, 센스, 감성경영 등에 있어 비교우위를 점한다. 하나의 모범고용주로서 정부가 경쟁력을 향상시키기 위해 여성인력을 적절히 활용하는 사례를 보여준다면, 여성의 사회참여는 확산될 수 있다. 여성인력의 활용은 선진국 진입에 있어서도 필수적인 요소 중 하나로 강조되고 있다(곽선화, 2007: 2). 스위스 국제경영개발원(IMD: International Institute for Management Development)에서 매년 발간되는 세계경쟁력연감(World Competitiveness Yearbook)의 평가항목 가운데 하나인 기업효율성 지표에는 여성인력의 활용에 관한 지표도 포함된다. 여성의 경제활동 참여율 증가, 남녀간의 임금격차 축소, 취업기회에 있어서 형평성 실현은 국가경쟁력을 높이는 중요한 요인으로 인식되고 있다(곽선화, 2007 재인용).

2. 부 패

부패에 관한 연구에서 처음 부딪치는 어려움은 부패의 정의가 쉽지 않다는 점이다. 이러한 이유로 지금까지 연구자마다 다양한 정의를 주장해왔다. Key(1937: 5-6)는 부패를 '정부의 권력과 자원에 대한 통제의 남용'이라고 정의하며, Nye(1967: 419)는 '개인의 금전적인 혹은 지위의 획득 때문에 공공역할의 공식적 임무로부터 벗어난 행위'라고 주장한다. Klaveren(1970: 38-40)은 세 가지 측면에서 부패를 파악하는데, 첫째, 공무원이 국민으로부터 과외의 소득을 얻기 위하여 자신의 권위(authority)를 남용하는 것이다. 둘째, 독점의 조건이 충족되면 독점자는 자신의 이익을 극대화하는 교환곡선인 부패행위를 선택하게 된다. 마지막으로,

공공자금(public treasury)이 존재하는 경우에 공무원은 조직적으로 사익을 극대화하는 집단적인 행위를 보인다. Shleifer & Vishny(1993: 599)는 부패를 '개인의 이득을 위한 공무원의 정부재산의 판매'라고 정의내리며, Kaufmann, Kraay & Zoido-Lobaton(1999: 8), Huther & Shah(2000)는 '개인적인 이득을 얻기 위한 공공권력의 사용'이라고 정의한다. Thompson(1993: 369)은 부패의 세 가지 요소로 공무원의 감추어진 획득(gain), 국민 개인의 때때로 감추어진 이익(benefit) 획득, 그리고 획득과 이익 간의 관계를 제시하기도 한다(진종순 · 장지원, 2008 재인용).

Klitgaard(1988: 3), Nas, Price & Weber(1986: 107), Meier & Holbrook(1992: 136) 등 다수의 연구자들은 경험적인 분석을 위해 보다 세밀하고 여러 사회에 적용가능한 정의가 필요하다고 주장한다. 따라서 부패는 '정치인과 관료의 불법적인 지대추구행위(illegal rent seeking behavior by politicians and bureaucrats)'로 경제적인 정의가 사용되기도 한다(진종순, 2005). 모든 지대추구행위가 부패는 아니다. 하지만 중요한 것은 모든 부패는 지대추구행위의 기제(mechanism)를 가지고 있다는 점이다. 그러므로 지대추구행위의 정의는 부패를 이해하는 데 도움을 줄 수 있다. 지대추구행위는 특정한 편익(special benefits)을 위한 로비를 의미한다. 어떤 행위의 실현가능한 순편익(net benefits)이 순비용(net costs)을 상회할 때, 합리적인 개인은 자연적으로 부패에 연루되게 된다(Meier & Holbrook, 1992: 138; Huther & Shah, 2000: 2; Klitgaard, 1988: 22). 지대추구사회에서뿐만 아니라 경쟁시장에서도 사람들은 독점지대(monopoly rents)를 획득하기 위하여 경쟁한다(Klitgaard, 1988: 41). 하지만 하나의 영합게임(zero-sum game)인 지대획득을 위한 경쟁은 결과적으로 큰 사회적 비용을 가져온다(Hutchcroft, 1997: 649). 지대추구행위는 사회의 생산성을 증가시키지 않고, 경우에 따라서는 생산성을 감소시키는 행위를 통해 지대인 특권을 획득하고자 한다(Tullock, 1967; 진종순 2005 재인용).[3)]

마지막으로, 「국민권익위원회의 설치와 운영에 관한 법률」 제2조에 의하면, 부패행위는 다음과 같이 정의된다. 첫째, '공직자가 직무와 관련하여 그 지위 또는 권한을 남용하거나 법령을 위반하여 자기 또는 제3자의 이익을 도모하는 행위',

---

3) 지대추구행위(rent seeking behavior)는 기업가가 금전적인 보상이나 개인적인 연계를 이용하여 특혜를 얻고자 할 때 이루어진다. 지대추구행위가 합법적(예를 들어, 미국이나 캐나다의 로비)인지 불법적(예를 들어, 부패, 뇌물, 절도)인지는 사회여건에 달려 있다(Klitgaard, 1988: 3). 즉, 일반국민의 정서와 인식(general perception)이 사회에서 어떤 행위가 부패인지를 결정하는 것이다. 부패는 한 특정사회에서 용인되지 않는 불법적인 지대추구행위이다(진종순, 2005 재인용).

둘째, '공공기관의 예산사용, 공공기관 재산의 취득·관리·처분 또는 공공기관을 당사자로 하는 계약의 체결 및 그 이행에 있어서 법령에 위반하여 공공기관에 대하여 재산상 손해를 가하는 행위' 그리고 '이상에 규정된 행위나 그 은폐를 강요, 권고, 제의, 유인하는 행위'를 부패로 규정하고 있다. 이 연구에서 사용된 부패는 '청렴도'로 측정되며, 행정의 고객인 민원인과 공직자의 입장에서 인지하는 '공직자가 부패행위를 하지 않고 투명하고 책임있게 업무를 처리한 정도'를 의미한다(국민권익위원회, 2009. 3).

3. 여성의 공공부문참여와 부패수준 간의 관계

선진국에서는 여성의 사회참여, 공공부문참여와 부패수준 간의 관계에 관한 경험적인 연구가 소수이긴 하지만 어느 정도 진행되어 왔다. 연구들에 따르면, 여성은 '뇌물을 공유하는 남성의 오래된 네트워크'에 잘 관여하지 않는다고 주장된다(Azfar, Knack & Lee, 1999: 31). Peters & Welch(1978)는 동일한 수준의 부패에 대해 남성이 여성보다 더 관대한 태도를 보인다고 증명하였으며, Azfar, Knack & Lee(1999: 27)는 상공분야와 정치에서 여성의 역할을 증가시키는 정책이 사회적인 형평성뿐만 아니라 부패의 감소에도 도움을 준다는 사실을 발견하였다. 또한 Dollar, Fisman & Gatti(2001)는 여성 국회의원의 비율이 높을수록 부패의 수준이 낮아진다고 경험적으로 증명하였다. 이러한 연구와 함께, 남성과는 상이한 여성의 사회적인 태도에 관한 연구들도 부패에 관한 연구들과 유사한 결과를 보여주고 있다(Dollar, Fisman & Gatti, 2001: 423). Eagly & Crowley(1986)는 여성이 남을 돕는 태도를 표출할 가능성이 높다고 보여주었으며, Goertzel(1983)은 여성이 사회이슈에 바탕을 두고 선거권을 행사하고, Ones & Viswesvaran(1998)은 여성이 정직성 테스트(integrity tests)에서 남성보다 상대적으로 높은 점수를 얻음을 증명하였다. 또한 Glover, Bumpus, Logan & Ciesla(1997), Reiss & Mitra(1998)는 여성이 윤리적인 태도를 보일 가능성이 높음을 증명하였고, Eckel & Grossman(1998)은 여성이 경제적인 결정을 해야 할 때 보다 관대한 태도를 보임을 보여준다(Dollar, Fisman & Gatti, 2001: 423). 이와 같은 관점에서 Shelley(2001: 223)는 멕시코에서 부패행위를 줄이기 위해 주차위반 단속업무에 여성이 고용된 결과, 부정적으로 발행된 주차티켓의 수가 감소되었고 재정수입이 증가되었다고 제시하기도

하였다. 다음으로, 진종순(2005)의 127개 국가에 대한 비교연구에 의하면, 선진국의 경우 여성의 노동참여도(female labor force)가 높을수록 부패수준이 낮은 것으로 분석되었다.

우리나라에 관한 연구는 한국행정연구원에서 2004, 2005년도에 실시한 부패인식도 조사에 바탕을 둔 진종순 · 서성아(2007)의 연구가 있는데, 이에 의하면 여성이 남성보다 부패행위에 연루될 가능성이 낮은 것으로 분석되었다.[4] 여성의 공공부문 참여와 부패수준 간의 인과관계에 관한 연구는 아니지만, 대부분의 부패인식에 관한 설문조사에서는 남성과 여성의 부패에 관한 인식도를 나누어 조사하고 있다. 이 가운데 박광국(1996)의 연구도 여성이 남성보다 관료부패에 대해 좀 더 부정적 시각을 갖고 있다고 분석한다. 즉 부동산 투기, 올바른 시민의식 결여, 공무원 매수 등 우리사회의 병리현상에 대해서 여성이 더 부정적으로 인지하고 있는 것으로 조사되었다.[5] 이와 같은 논의에 의한 이 연구의 가정은 다음과 같다.

가정: "여성의 더 높은(낮은) 공공부문 참여(여성공무원 인원)는 더 낮은(높은) 공공조직의 부패수준과 연관될 것이다."

4. 부패수준에 영향을 주는 다른 요인

1) 부처의 규모

현재까지 국가의 규모와 부패수준과의 관계에 관한 여러 연구가 진행되어 왔는데, 대체로 사회 혹은 조직의 규모가 커질수록 부패수준이 높아지는 것으로 주장된다.[6] Azfar, Knack & Lee(1999), Langbein & Bess(2002) 등의 연구자는 제도(institution)나 사회자본(social capital)이 갖는 규모의 비경제(diseconomies of scale)를 적용하여 국가의 규모가 사회의 부패수준에 미치는 영향을 설명하고 있

4) 연구자는 여성의 사회참여 혹은 공공부문 참여와 부패 간의 관계를 설명하는 다른 국내문헌을 탐색해보았으나, 현재까지 발견할 수 없었다. 이는 여성의 사회참여가 강조되고 있는 현 시점에서 어쩌면 여성의 사회참여에 대한 이론적 기반이 부족한 현실을 반영한다고도 하겠다.

5) 우리나라의 국민 중 응답자의 인구학적 특성이 여성, 40대 이하, 고학력자, 공무원 집단, 저소득자, 중소도시 혹은 농 · 어촌지역 출신자, 불교 혹은 종교를 갖지 않은 범주에 속할수록 미약한 차이지만 부정적 견해를 더 많이 갖고 있었다.

6) 실제 사례로는 대부분의 연구자들이 싱가포르나 홍콩의 작은 규모가 부패의 통제에 긍정적인 영향을 주었다고 인정하고 있다.

다. Pearce(2001)는 부정행위의 가능성은 사회범위가 확장되고 사회가 복잡해짐에 따라 높아진다고 주장한다. Hardin(1982)의 n-수 죄수딜레마(n-person prisoner's dilemma)도 또한 큰 공동체 내에서 집단행동이 형성되기 어려움을 보여준다. Treisman(2000)도 주로 대규모의 국가인 연방제 국가에서 높은 수준의 부패가 존재함을 경험적으로 증명하였다. 사회구성원이 큰 규모의 공동체에 속할 때, 상호 접촉할 기회가 줄어들게 되어 결과적으로 사회자본을 형성하기 위한 제도적인 네트워크가 형성되기 어렵다. 이 경우, 사회구성원은 부패행위에 연루될 경우에 적발가능성이 낮다고 인식하게 되어, 부패행위에 연루될 여지가 커지게 된다(진종순, 2005 재인용).

2) 규제의 수준

정부규제(government regulation)는 바람직한 경제사회질서를 유지하기 위해 정부가 법률과 제도의 형태로 사회구성원의 재산권을 확정, 배분하는 주요한 방법이다.[7] 그러므로 정부규제의 과정에서 경제적 지대(rent)가 창출되므로, 항상 일종의 지대추구행위(rent seeking behavior)인 부패가 발생하게 된다. 정부규제는 특수이익집단에 대한 특권부여(Tullock, 1967), 동종 산업 내 경쟁자의 제거(Becker, 1974), 재산권의 불법사용을 묵인하고 복잡한 규제절차를 면제하는 등의 형태로 부패와 연결된다(김일중 · 조준모, 1999). 정부규제와 부패를 관련시켜 부패는 '번문욕례의 선별적 면제'(Bozeman, 1993) 혹은 '재량적 미집행(discretionary nonenforcement)'(Posner, 1992)으로 정의되기도 한다(김일중 · 조준모, 1999 재인용).

불합리하고 비현실적인 규제는 부패의 가장 큰 원인이 된다(최병선 · 사공영호, 1996). 즉 너무 많은 규제점(checking points) 혹은 번문욕례(red tape)는 부패의 원인이 될 수 있다(Krueger & Duncan, 1993; 김태윤, 1998). 행정서비스 고객의 입장에서는 많은 규제점을 지나기 위해 요구되는 시간 · 비용을 피하기 위해, 그리고 규제점을 신속히 통과하기 위해 비용(speed money)을 지불할 동기가 커지게 된다. 한편으로, 과도한 규제는 행정서비스의 불확실성을 증가시킴과 동시에 공무원의 재량권을 확대시키며, 다른 한편으로, 복잡한 규제로 인해 증가된 불확실성을 회피하기 위해 고객이 재량권을 가진 공무원에게 접근하여 부패행위를 저지를 가능성이

7) 대부분의 경제적 규제(economic regulations)는 시장경쟁을 제약하게 된다(최병선 · 사공영호, 1996: 3).

높아진다. 결론적으로, 과도한 규제가 아닌 최소한의 합리적・능률적인(streamlined) 규제가 부패를 통제하기 위한 최선의 수단이다.[8)]

Ⅲ. 공공부문의 여성참여현황

우리나라는 1987년 「남녀고용평등법」이 제정되면서 여성공무원의 임용확대를 위한 실질적인 계기가 처음으로 마련되었다(<표 2> 참조). 이후 1995년 제정된 「여성발전기본법」에 따라 여성들을 정책결정과정에 포함시켜 여성의 시각과 관점을 반영하기 위해 1996년부터 「여성공무원채용목표제」가 도입되었다.[9)] 「여성공무원채용목표제」는 공무원 채용시험의 여성합격자가 선발예정인원의 일정 비율 미만일 경우 선발예정인원을 초과하여 여성을 합격시키는 것을 내용으로 하고 있는데, 5~7급을 대상으로 여성합격자 비율 10%를 목표로 2002년까지 한시적으로 도입되었다.

「여성공무원채용목표제」의 적용기간이 만료된 이후 도입된 「양성평등채용목표제」는 공무원 임용시 남성이나 여성 합격자 비율이 30% 이하일 때 합격선 범위 내에서 해당 성의 응시자를 추가 합격시키는 제도로 2012년까지 시행될 예정이다.[10)] 이 제도가 적용되는 직급은 5・7・9급 공채시험으로 「여성공무원채용목표제」가 10명 이상을 채용하는 직렬을 대상으로만 적용했던 것과 달리 모집단위 5명 이상을 채용하는 모든 임용시험에 적용되고 있다. 이 제도로 인해 그동안 여성의 진출이 어려웠던 과학기술직 분야에 여성 진입이 확대되었으며, 최근 여성합격자 비율이 급격히 증가되고 있는 일부 직종의 성비 불균형 해소에도 큰 도움이 되고 있다(박천오 외, 2007: 215).

---

8) 홍콩의 염정공서(ICAC; Independent Commission Against Corruption)는 하나의 좋은 사례이다. ICAC의 주요한 임무의 하나는 불필요한 규제를 없애고, 정부기관을 단순화하는 것이었다. 결과적으로, 이러한 전략은 ICAC의 성공에 큰 기여를 하였다(Klitgaard, 1988: 111; 진종순・장지원, 2008 재인용).

9) 「여성발전기본법」의 제6조에는 "국가 및 지방자치단체는 여성의 참여가 현저히 부진한 분야에 대하여 합리적인 범위 안에서 그 참여를 촉진하기 위하여 관계법령이 정하는 바에 따라 잠정적인 우대조치를 취할 수 있다"는 잠정적 우대조치 조항이 신설되었다(배득종・김영미, 2002).

10) 당초 2003년부터 2007년까지 한시적으로 도입하였지만 다시 그 효력을 2012년까지 5년 더 연장하였다.

〈표 2〉 우리나라 여성인사제도 연혁

연도	주요 여성인사제도
1948	헌법제정시 "여성근로자 특별보호" 명시
1987	「남녀고용평등법」 제정
1993	「여성공무원관리지침」 제정
1994	육아휴직 · 가사휴직제도 도입
1995	「여성공무원 채용목표제」 도입('96~'02)
1999	군가산점 제도 위헌결정으로 폐지
2002	「여성관리자 임용확대 5개년 계획」 수립 · 시행('02~'06)
2003	「양성평등채용목표제」 도입('03~'07)
2005	부분공무원제 · 업무대행공무원제 · 대체인력뱅크제 도입
2007	「2차 여성관리자 임용확대 5개년 계획」 수립 · 시행('07~'11)
2008	「양성평등채용목표제」 연장('08~'12)

출처: 행정안전부(2009) 내부자료.

전체공무원 중 여성공무원의 비율은 2004년부터 2008년까지 꾸준히 증가하여 2008년 현재 전체공무원의 40%를 초과하고 있다(<표 3> 참조).

〈표 3〉 전체공무원 중 여성 현황

구 분	전체 공무원		여성 공무원		여성 비율	
	인원수	전년대비	인원수	전년대비	비율	전년대비
2004년	915,689	+23,740	324,576	+21,746	35.4%	+1.4%P
2005년	915,221	−468	348,710	+24,134	38.1%	+2.7%P
2006년	940,397	+25,176	365,178	+16,468	38.8%	+0.7%P
2007년	963,132	+22,735	385,759	+20,581	40.1%	+1.3%P
2008년	968,836	+5,704	395,464	+ 9,705	40.8%	+0.7%P

* 전체공무원: 행정부(국가 · 지방), 입법, 사법, 헌법기관의 공무원을 포함함.

유엔개발계획(UNDP: United Nations Development Programme)에서는 인간개발보고서(HDR: Human Development Report)를 매년 발표하고 있다. 이 가운데 정치, 경제 분야의 여성참여 수준을 지표화한 여성권한위임척도(GEM: Gender Empowerment

Measure)의 우리나라의 순위는 2004년부터 2008년까지 꾸준히 상승하고 있다.

〈표 4〉 우리나라의 GEM 순위 변화(2004-2008)

연도	순위/대상	점수	여성의원 비율(%): 1/3	여성행정 관리직(%): 1/6	여성전문 기술직(%): 1/6	남 녀 소득비: 1/3
2004	68/78	0.377	5.9	5	34	0.46
2005	59/80	0.479	13.0	6	39	0.48
2006	53/75	0.502	13.4	7	38	0.46
2007	64/93	0.510	13.4	8	39	0.40
2008	68/108	0.540	13.7	8	40	0.52

출처: UNDP Human Development Report(2004~2008).

Ⅳ. 여성참여가 부패수준에 주는 영향분석

여성의 참여가 공공조직의 부패수준에 주는 영향을 분석하기 위한 이 연구의 연구방법은 크게 인터뷰와 설문조사를 활용한 질적인 분석과 2차 자료의 회귀분석에 의한 계량적인 분석으로 구성된다.

1. 인터뷰와 설문조사의 분석결과

이 연구에서는 여성의 공공부문 참여가 정부조직의 부패수준에 주는 영향에 관한 심층인터뷰(FGI)를 시도하였다. 인터뷰 대상자를 선정함에 있어 남녀 인사담당자, 최고위관리자, 관리자, 실무자 등을 인터뷰 대상으로 선정함으로써 보다 대표성 있는 조사결과를 획득하고자 하였다.[11] 인터뷰는 주로 2009년 4월 10~15일

11) 이 연구에서는 단속, 점검, 수사업무 등으로 인해 부패행위에 민감한 소방, 검찰공무원을 인터뷰 대상으로 하였다. 인터뷰 대상자의 개요는 다음 <표 5>와 같다.

〈표 5〉 인터뷰 대상자의 개요

대상기관(일시)	대상자	
소방방재청 (2009. 4. 10)	· 인사담당자 1명 · 관리자급(소방령 여 1명)	· 고위직(소방서장 1명) · 실무급(현업근무 여 1명)
경찰청 (2009. 4. 15)	· 인사담당자 1명 · 중간관리자(경정~경위 여 1명)	· 고위직(총경이상 여 1명) · 실무급(경사이하 현장근무 여 1명)

사이에 이루어졌는데, 응답자들은 여성의 공공부문 참여가 부패의 통제에 매우 긍정적인 영향을 주는 것으로 응답하였다. 인터뷰 결과를 정리하면 다음과 같은데, 우선 강남구와 광진구 소방서의 경우, 여성소방관을 건물점검업무에 투입함으로써 큰 효과를 거두었다고 한다.

> 소방공무원들은 큰 뇌물을 받는 것은 아니지만, 건물주로부터 5－10만원 가량의 수고비(?)를 받는 것이 하나의 관행으로 이루어지고 있었다. 이러한 돈으로 출장비를 대신한다는 것이다. 그런데 아무래도 부유한 지역의 경우에는 이 액수가 커지는 경우가 많았으며, 소방공무원들이 뇌물의 유혹에 빠지기 쉽다는 문제점이 있었다. 따라서 강남구와 광진구가 각각 청렴도 최하위를 차지해왔다. 이 상황에서 여성소방관을 소방점검 업무에 투입한 결과, 다음년도에 이들 구는 청렴도 최우수 기관으로 선정되었다. 그 이유는 여성이 섬세하고 규정을 준수하며 타협이 없다는 점을 들 수 있다. 즉 유흥업소 점검을 할 경우 소방법에 따라 꼼꼼한 검수를 시행한다는 것이다(○○소방서 소방서장 인터뷰, 2009.4.10).

여성공무원의 경우에는 뇌물에 대하여 상대적으로 심한 거부감을 보이며, 이러한 행위가 주변의 남성공무원에게도 영향을 준다는 주장도 있었다.

> 여성공무원의 경우 뇌물 등에 있어 분명한 거절의사를 표시한다. 여성 선임자와 남성 하위직원이 점검을 나가도 마찬가지이다. 여성공무원의 비율이 높아짐에 따라 청렴도가 높아진다는 말은 현실적으로도 타당성이 있는 얘기이다(○○소방서 여성 소방령 인터뷰, 2009.4.10).

또한 여성이 금품수수행위에 연루되지 않는 이유는 여성이 남성의 '술자리 문화'에 익숙하지 않으며, 규정을 엄수하는 특성에 기인한다는 주장이 있었다.

> 강력이나 마약 분야의 수사는 여성들이 약한 분야이지만 치밀성, 공정성은 여성 검사들에게 더 강점이 있다(검찰공무원 인터뷰, 2009.4.15).

> 민원업무에서 여성공무원의 친절로 분위기가 순화된다. 섬세한 면과 청렴문제에서 긍정적이다. 서울시 청렴도 부분 1위를 차지하였다. 여성은 술자리를 생각하지 않는다. 타협하지 않고 규정대로 행동한다. 그래서 청렴도가 우수하고 부드러운 말투로 분위기를 순화시킨다(○○소방서 인사담당자 인터뷰, 2009.4.10).

다음으로 이 연구에서는 여성과 남성공무원의 청렴도와 관련된 특성 차이를 파악하기 위한 설문조사를 실시하였다. 설문조사 기간은 2009년 4월 8~20일까지였으며, 설문조사 방식은 행정안전부 협조 하에 각 해당기관 인사담당자에게 할당된 설문지를 송부한 후, 인사담당자가 표본에 해당되는 남녀공무원에게 설문지를 배포・회수하는 방식을 활용하였다.[12] 설문지는 11개 중앙행정기관에서 근무하는 일반직 공무원을 대상으로 한 450부와 경찰청, 소방방재청, 외교통상부, 검찰청에서 근무하는 특정직 공무원인 경찰, 소방, 외무, 검사를 대상으로 한 650부가 배포되었다. 일반직과 특정직 공무원별로 선정된 기관과 표본수는 다음의 <표 6>과 같다.

〈표 6〉 설문조사 대상기관과 표본수

구 분	기관명
일반직(450부)	기획재정부(40), 교육과학기술부(50), 행정안전부(50), 여성부(30), 보건복지가족부(50), 환경부(40), 통일부(30)
	통계청(50), 특허청(40), 식품의약품안전청(50)
	법제처(20)
특정직(650부)	경찰청(200), 소방방재청(150), 외교통상부(150), 검찰청(150)

측정을 위한 척도는 남성이 훨씬 높음(1점), 남성이 높은 편(2점), 남녀 똑같음(3점), 여성이 높은 편(4점), 여성이 훨씬 높음(5점)의 Likert type의 5점 척도로 구성되었다. 설문응답자 가운데 여성이 46.6%, 남성이 53.4%로 남성이 비율이 약간 높다.[13] 설문조사결과를 보면, '원칙과 규정의 준수'의 경우에 평균값은 3.39로 여성이 높은 것으로 평가되었으며, 여성은 평균 3.62, 남성은 평균 3.20으로 성별에 따른 평균차이가 있다. '공과 사의 구분'의 경우에 평균값은 3.03으로 여성이 약간 높다고 할 수 있으며, 여성은 평균 3.23, 남성은 평균 2.87로 성별에 따른 평균차

12) 선정된 기관별로 여성공무원 수를 고려하여 표본 수를 할당한 이후에 직급별 정원을 고려하여 비례층화표본추출을 하고, 설문 대상 공무원을 무작위로 선정하는 단계별 표본추출기법을 활용하였다. 부처별 표본 수 배당은 여성공무원의 인원이 500명 이상인 조직은 50개(남성 25, 여성 25), 100명 이상 500명 미만인 조직은 40개(남성 20, 여성 20), 50명 이상 100명 미만인 조직은 30개(남성 15, 여성 15), 50명 미만인 조직은 20개(남성 10명, 여성 10명)의 표본을 배당하였다. 부처별 인사담당자는 해당 기관에 배당한 전체 표본 수의 1/10을 배당하였다.

13) 설문응답자의 인구통계학적 특성은 다음과 같다. 연령별로는 20대가 14.4%, 30대가 41.0%, 40대가 34.5%, 50대가 10.1%로 30대가 가장 많았으며 그 뒤로 40대가 대다수를 이루었다. 직급별로는 고위공무원이 6.3%, 4급이 8.2%, 4.5급이 3.4%, 5급이 31.8%, 6급이 26.1%, 7급이 18.7%, 8급이 2.4%, 9급이 1.3, 기타 1.8%로 5급이 가장 많고 5급과 6급이 전체의 57.9%를 차지하고 있다.

이가 있다. 청렴도와 가장 관련이 높은 문항인 '부당한 금품수수를 하지 않음'의 경우에 평균값은 3.59로 나타났으며, 여성은 평균 3.88, 남성은 평균 3.34로 성별에 따른 평균값의 유의한 차이를 보인다(<표 7> 참조).

〈표 7〉 여성과 남성공무원의 청렴도와 관련된 특성 차이

설문내용	전체평균 (표준편차)	성별	평균 (표준편차)	t-값	유의확률
원칙과 규정의 준수	3.39(0.76)	여성	3.62(0.74)	−7.52	.000
		남성	3.20(0.72)		
공과 사의 구분	3.03(0.84)	여성	3.23(0.80)	−5.67	.000
		남성	2.87(0.82)		
부당한 금품수수를 하지 않음	3.59(0.75)	여성	3.88(0.78)	−9.93	.000
		남성	3.34(0.63)		

N = 1,000

결과적으로, 설문조사결과는 남녀간에 청렴도와 관련된 특성의 차이가 존재함을 보여준다. 특히 '원칙과 규정의 준수'와 '부당한 금품수수를 하지 않음'에 있어서는 여성이 남성보다 높은 평가를 받았다. 이들 항목에서는 남성의 경우에도 여성이 남성보다 상대적으로 높은 것으로 응답하였다. 이는 앞서의 인터뷰의 결과와 동일하며, 여성의 경우에는 원칙을 지킴으로써 청렴도에 있어 상대적인 장점을 갖는 것으로 이 연구의 가설을 뒷받침한다고 주장할 수 있다.

2. 계량적인 분석

이 연구에서는 여성의 공공부문 참여가 부패수준에 주는 영향을 회귀분석을 통해 증명하였다. 이 분석에서는 2004년부터 2007년까지 4년간의 패널자료(panel data)를 분석하여 내적 타당성을 높이고자 하였다.[14] 종속변수인 '부패수준'을 측정하기 위해서는 국민권익위원회에서 매년 발간되는 '공공기관 청렴도' 측정결과가 활용된다. 국민권익위원회에서 조사되는 공공기관 청렴도지수는 국제투명성기구(Transparency International)의 부패인식지수(Corruption Perception Index) 등 과거

14) 국민권익위원회에서는 2002년부터 매년 부처 · 기관별 청렴도 조사를 실시하고 있다.

의 부패측정지수와는 달리 우리나라의 부처와 기관별로 청렴도가 측정된다는 큰 장점을 갖고 있다. 이를 활용하면, 부패의 원인과 결과에 대한 보다 구체적이고 실증적 연구와 분석이 가능한 것이다.

공공기관 청렴도는 해당 연도 내에 공공기관의 대민·대기관 업무를 경험한 국민(민원인/공직자)이 고객의 입장에서 경험·인식한 공공기관의 청렴도를 측정하는 외부(대민·대기관)청렴도와 소속직원을 대상으로 조사한 내부청렴도를 종합한 지표이다(국민권익위원회, 2008).[15] 이 연구에서는 외부청렴도와 내부청렴도 가운데, 부패가 현실적으로 발생하고 있는 정도를 측정하는 외부청렴도의 세부지수를 활용한다.

독립변수인 '여성의 공공부문 참여도'는 행정안전부의 부처별 여성임용현황 자료의 '여성공무원 비율'이 활용되며, 통제변수인 '부처의 규모'는 기획재정부에서 매년 발간되는 '세출예산내역'의 예산규모와 통계청의 '부처별 인력규모'가, '정부규제의 수준'은 규제개혁위원회의 '부처별 규제등록건수'와 국가청렴위원회의 세 가지 중앙행정기관 구분(총괄·조정, 조성·지원, 단속·규제)이 더미변수로 활용된다. 총괄·조정기관은 인사·예산·조직 등 정책 및 정부업무에 대한 총괄·조정 기능을 수행하는 기관을 의미하며, 조성·지원기관은 국민생활에 필요한 경제·사회기반을 조성하거나, 민간 부문에 대한 인적·물적자원 및 관리를 수행하는 기관을 뜻한다. 마지막으로, 단속·규제기관은 국민의 경제·사회적 활동을 제한하거나 각종 의무 부과기능을 수행하는 기관이다(국민권익위원회, 2008).

이 분석을 위해서 39개 중앙행정기관이 표본으로 선정되었으나, 자료의 미비로 인해 30개 기관과 패널자료의 표본 수는 109개가 사용된다. 청렴도(1점에서 10점 사이에 분포하며, 10점에 가까울수록 청렴도가 높음을 의미)는 최소값 6.70점(해양경찰청)에서 최대값 9.87점(법제처) 사이에 분포하며, 평균값은 9.27점이다. 규제건수는 최소값 0건(청소년위원회, 조달청)에서 최대값 867건(건설교통부) 사이에 존재하며, 평균값은 205.32건이다. 총인원은 최소값 44명(청소년위원회)에서 최대값 22,349명(법무부) 사이에 분포하며, 평균값은 2,492.97명이다. 여성비율은 최소값 3.3%(금융감독

---

15) 설문조사는 한국갤럽과 한국리서치에 의해 전화조사로 실시되었다. 2004년(9.22-12.29)의 경우에 313개 기관, 1,324개 업무, 75,317명을 대상으로 조사되었으며, 2005년(8.25-10.27)의 경우에는 325개 기관, 1,330개 업무, 86,892명을 대상으로 조사되었다. 2006년(8.28-11.3)의 경우에는 304개 기관, 1,369개 업무, 89,941명을 대상으로 조사되었고, 마지막으로 2007년(10.1-11.29)에는 333개 기관, 1,347개 업무, 90,272명을 대상으로 조사되었다(국민권익위원회, 2009.3).

위원회)에서 최대값 60.4%(보건복지부) 사이에 분포하며, 평균값은 21.06%이다. 마지막으로, 예산규모는 최소값 9,408백만원(중앙인사위원회)에서 최대값 30,500,000백만원(교육부) 사이에 존재하며, 평균값은 4,240,289백만원이다. <표 8>의 요약통계는 각 변수들의 최소값, 최대값, 평균, 그리고 표준편차를 보여준다.

〈표 8〉 요약통계

구분	최소값	최대값	평균	표준편차
청렴도	6.70	9.87	9.27	0.52
규제건수	0	867	205.32	228.33
총인원(명)	44	22,349	2,492.97	4,402.43
여성비율(%)	3.3	60.4	21.06	13.50
예산규모(백만원)	9,408	30,500,000	4,240,289	7,030,539

더미변수로 활용되는 국가청렴위원회의 총괄조정, 조성지원, 단속규제의 세 가지 중앙행정기관구분과 해당기관들은 다음의 <표 9>와 같다.

〈표 9〉 중앙행정기관 구분(39개)

구분	정부 부처명
총괄조정	국무총리실, 법제처, 기획재정부, 행정안전부, 여성부,
조성지원	방송통신위원회, 국가보훈처, 교육과학기술부, 외교통상부, 통일부, 국방부, 문화체육관광부, 농림수산식품부, 지식경제부, 보건복지가족부, 국토해양부, 조달청, 통계청, 방위사업청, 소방방재청, 문화재청, 농촌진흥청, 산림청, 중소기업청, 기상청, 행정중심복합도시건설청
단속규제	공정거래위원회, 금융위원회, 법무부, 환경부, 노동부, 국세청, 관세청, 대검찰청, 병무청, 경찰청, 특허청, 식품의약품안전청, 해양경찰청

출처: 국민권익위원회. 2008. 12; 부처/위원회: 21개 기관, 청: 18개 기관

이 분석에서 모수추정량(parameter estimates)은 고정효과항(fixed effects terms)을 더한 일반화최소제곱(GLS: generalized least squares)이 사용된다. 고정효과는 변수가 생략될 때 나타날 수 있는 추정량의 편중(bias)가능성을 낮춘다. 이 분석에서는 고정효과항과 패널자료를 사용함으로써, 분산추정량(variance estimates)의 표본

수와 내적 타당성(internally valid)을 증가시켰다(Langbein & Bess, 2002: 442). 또한, 고정효과 더미변수(dummy variable)가 개별단위(unit)의 측정되지 못한 특성을 통제하기 위해 사용되었다(Langbein & Bess, 2002: 442). 이 분석에서는 사용된 고정효과항(fixed effects)이 임의효과항(random effects)보다 내적 타당성이 높은지 검증하기 위하여 하우스만 검증(Hausman test)을 시도하였다. 하우스만 검증의 결과, p 값이 통계적으로 유의하였으므로(0.000), 이 연구에서는 고정효과항을 사용하기로 한다. 다음으로, 확률항(stochastic terms)의 자기상관(autocorrelation)과 이분산성(heteroscedasticity)으로 나타날 수 있는 문제를 해결하기 위하여 패널 내의 1차 자기상관(first-order autocorrelation)과 패널 간의 이분산성(heteroscedasticity)이 통제되었다.

분석에 의하면, 여성비율의 추정값이 통계적으로 유의하고 기대되는 부호를 나타내 이 연구의 가정과 동일한 결과를 보여준다. 여성의 공공부문 참여율이 높을수록 행정의 고객인 민원인과 공직자의 입장에서 공직자가 부패행위를 하지 않고 투명하고 책임있게 업무를 처리한다고 인지하는 정도가 높아지는 것으로 분석되었다. 즉, 부처에서 여성비율이 높을수록 청렴도가 높아지는 것으로 나타났다. 따라서 여성의 더 높은(낮은) 공공부문 참여는 더 낮은(높은) 공공조직의 부패수준과 연관된다는 이 연구의 가정은 검증되었다.

다음으로 통제변수에 관한 분석결과를 살펴보면, 이 연구의 이론적인 기대와 동일한 결과를 보여준다. 첫째, 총괄·조정부처 혹은 조성·지원부처의 추정값이 청렴도를 높이는 것으로 나타났다. 즉, 단속이나 규제기능이 아닌 총괄·조정부처 혹은 조성·지원부처일 경우, 부패수준이 낮아지는 것으로 분석되었다. 둘째, 규제건수의 추정값이 청렴도를 낮추는 것으로 나타났다. 즉, 정부부처의 규제건수가 많을수록, 부패수준이 높아지는 것으로 분석되었다. 셋째, 예산규모의 추정값이 청렴도를 낮추는 것으로 나타났다. 예산규모가 클수록, 부패수준이 높아지는 것으로 분석되었다. 마지막으로, 총인원의 경우에는 통계적으로 유의하게 분석되지 않았다(<표 10> 참조).

〈표 10〉 청렴도에 대한 GLS분석결과

종속변수 : 청렴도

독립변수	계수	표준오차	유의확률
총괄 · 조정(더미변수)	0.645	0.106	0.000
조성 · 지원(더미변수)	0.470	0.073	0.000
규제건수	−0.001	0.001	0.026
예산규모	−0.001	0.001	0.001
총인원	0.001	0.001	0.069
여성비율	0.007	0.002	0.000
상수	8.874	0.097	0.000
부처의 가변수	포함됨		
Wald의 카이제곱	79.00		
카이제곱확률	0.000		
N	109		

참고: 패널 내의 1차 자기상관(first-order autocorrelation)과 패널 간의 이분산성(heteroscedasticity)이 통제됨.

V. 결 론

이 연구에서는 우리나라 여성의 공공부문 참여가 갈수록 확대되고 있는 상황에서 이러한 경향이 공공부문의 부패수준에 어떠한 영향을 주는지 인과관계를 규명함으로써, 앞으로 어떠한 변화를 가져올지 예측하고자 하였다. 이 연구의 질적 분석(인터뷰, 설문조사)과 계량적 분석결과(제2차 자료의 GLS분석)에 의하면, 여성의 공공부문 참여는 부패의 수준을 낮추는 데 영향을 줌을 알 수 있었다. 인터뷰에서는 여성의 공직참여로 부패수준을 낮추는 사례들이 제시되었으며, 남녀의 특성 차이에 관한 설문조사에 의하면, 여성은 보다 청렴도에 민감한 특성과 성향을 갖고 있음을 알 수 있었다. 또한 여성의 공공부문 참여가 정부부처의 부패수준을 낮출 것이라는 이 연구의 가정은 GLS분석에 의해 증명되었다.

이러한 결과는 Azfar, Knack & Lee(1999), Fisman & Gatti(2001), Peters & Welch(1978), 진종순(2005) 등의 외국사례와 국제비교연구의 결과와 일치한다. 또

한 한국행정연구원의 공직부패실태에 관한 설문조사(2004, 2005년) 자료를 활용한 진종순 · 서성아(2007)의 연구에서 남성일수록 금품을 제공할 가능성이 커지는 것으로 추정된 연구결과와 유사한 결과이다.

이 연구의 분석결과에 의하면, 다음과 같은 주장을 할 수 있다. 첫째, 이 연구의 결과는 부패에 대한 국내연구의 다양화에 기여할 수 있을 것이다. 여성의 사회참여와 공공부문 참여가 부패수준에 주는 영향에 관한 연구는 아직 국내에서 시도되지 않았으며, 이 연구는 부패의 새로운 경험적 원인을 규명함으로써 부패연구의 이론적 기반을 공고히 하는데 도움이 될 것이다. 또한 이 연구에서 시도되었던 여성의 공공부문 참여율과 함께 다른 사회분야(노동, 민간기업, 사회복지기관 등)에의 참여가 부패수준에 주는 영향에 관한 다양한 후속연구가 시도될 수 있을 것이다.

둘째, 이 연구를 통해 여성의 사회참여를 뒷받침하는 또 하나의 기반이 제시될 수 있을 것이다. 지금까지 우리나라에서 여성의 사회참여를 뒷받침하는 이론은 대표관료제가 가장 일반적이며, 현재 한 걸음 더 나아가 지식경제사회에서 여성의 사회참여가 국가경쟁력에 도움이 된다는 주장이 제기되고 있다. 이 연구는 여성의 공공부문 참여가 부패수준에 주는 영향을 경험적으로 규명함으로써 여성의 사회참여를 경험적 · 이론적으로 뒷받침하는 하나의 계기가 될 것이다.

마지막으로, 이 연구를 통해 정부부처나 기관 수준에서 부패수준의 차이를 설명하는 새로운 변수를 제시할 수 있을 것이다. 이 연구에서도 증명되었듯이 일반적으로 부처나 기관의 부패수준을 설명하는 변수로는 예산규모, 인력규모, 규제건수, 부처의 성격 등이 제시될 수 있다. 이 연구는 이에 덧붙여 여성공무원 비율이라는 새로운 변수가 갖는 영향력을 경험적으로 증명함으로써 부처의 부패수준에 대한 설명력을 높일 수 있을 것이다.

참고문헌

강정인. (1991). 계급과 평등: 기회균등과 능력주의의 문제점 및 그 한계. 「한국과 국제정치」, 7(1): 1-35.

곽선화. (2007). 여성친화적 인적자원관리가 여성인력의 노동시장 지위 향상에 미치는 영향. 「인적자원관리연구」, 14(4): 1-16.

국민권익위원회. (2009. 3). 「공공기관 청렴도 측정 실무 매뉴얼」.

김일중 · 조준모. (1999). 규제와 부정부패: 한국관료의 전직패턴에 관한 이론 및 계량분석. 「경제학연구」, 47(3): 99-141.

김태윤. (1998). 관료부패 통제를 위한 전략: 규제개혁과 부정부패. 「한국행정연구」, 7(4): 76-95.

박광국. (1996). 「행정부의 과업성과와 정책불신에 미치는 영향을 중심으로」. 한국행정연구원.

박동서. (1994). 「인사행정론」. 서울: 법문사.

박천오 외. (2007). 「현대인사행정론」. 서울: 법문사.

배득종 외. (2000). 관리직 여성공무원 육성을 위한 기관별 Target-Base 인력관리방안. 「한국행정학보」, 34(1): 137-158.

조경호 · 진종순 · 문미경. (2008. 2). 「여성과학기술인력 승진목표제 발전방안 연구」. 전국여성과학기술인 지원센터.

진종순. (2005). 부패와 시계(Time Horizons)와의 관계. 「한국행정연구」, 14(1): 178-204.

______. (2005). 부패, 정치인의 시계, 그리고 정부제도. 「한국사회와 행정연구」, 14(1): 117-138.

진종순 · 서성아. (2007). 부패에 대한 개인의 인식과 부패행위. 「행정논총」, 45(3): 233-257.

진종순 · 장지원. (2009). 정부의 규모와 부패수준에 관한 연구. 「한국부패학회보」, 14(1): 29-47.

최병선 · 사공영호. (1996). 부정부패와 정부규제. 「한국행정연구」, 5(4): 49-71.

국민권익위원회 홈페이지. http://www.acrc.go.kr/acrc/index.do

규제개혁위원회 홈페이지. http://www.rrc.go.kr

기획재정부 홈페이지. http://www.mosf.go.kr/index.jsp

통계청 홈페이지. http://www.nso.go.kr/

행정안전부 홈페이지. http://www.mopas.go.kr

Ades, Alberto, Rafael Di Tella. (1999). Rents, Competition, and Corruption. American Economic Review 89 (September): 982-993.
Azfar, Omar, Steve Knack, Young Lee. (1999). Gender and Corruption. Journal of Development Economics. 64: 25-55.
Becker, G. (1983). A Theory of Competition among Pressure Groups for Political Influence. Quarterly Journal of Economics 96: 371-400.
Bozeman, B. (1993). A Theory of Government Red Tape. Journal of Public Administration Research and Theory 3: 273-304.
Clarke, Gorge R. G., Lixin Colin Xu. (2002). Ownership, Competition, and Corruption: Bride Takers versus Bribe Payers. Policy Research Working Paper 2783, The World Bank (February).
Dollar, David, Raymond Fisman, Roberta Gatti. (2001). Are Women Really the "Fairer" Sex? Corruption and Women in Government. Journal of Economic Behavior and Organization 46: 423-429.
Eagly, A. H., M. Crowley. (1986). Gender and helping Behavior. Psychological Bulletin 100: 283-308.
Eckel, C. C., P. J. Grossman. (1998). Are Women less selfish than Men? Evidence from Dictator Experiments. Economic Journal 108: 726-735.
Glover, S. H., M. A. Bumpus, J. E. Logan, J. R. Ciesla. (1997). Reexaming the Influence of Individual Values on Ethical Decision-making. Journal of Business Ethics 16(12/13): 1319-1329.
Goertzel, T. G. (1983). That Gender Gap: Sex, Family Income, and Political Opinions in the early 1980s. Journal of Political and Military Sociology 11: 209-222.
Hardin, Russell. (1982). Collective Action. Baltimore: Johns Hopkins University Press.
Hutchcroft, Paul D. (1997). The Politics of Privilege: Assessing the Impact of Rents, Corruption, and Clientelism on Third World Development. Political Studies 45: 639-658.
Huther, Jeff, Anwar Shah. (2000). Anti-Corruption Policies and Programs: A Framework for Evaluation. Policy Research Working Paper 2501, The World Bank (December)
International Institute for Management Development. (2006). World Competitiveness Yearbook.
Kaufmann, Daniel, Aart Kraay, Pablo Zoido-Lobaton. (2003). Governance Matters. Policy Research Working Paper, The World Bank.
Key, V. (1937). The Techniques of Political Graft in the United States. Chicago:

University of Chicago Libraries.

Klaveren, Jacob Van. (1970). The Concept of Corruption. in Heidenheimer (1970). Political Corruption: 38-40.

Klitgaard, Robert. (1988). Controlling Corruption. Berkeley: University of California Press.

Knack, Stephen. (2001). Aid Dependence and the Quality of Governance: Cross-Country Empirical Tests. Southern Economic Journal 68 (October): 310-329.

Krueger, Anne, Duncan Roderick. (1993). The Political Economy of Control. NBER Working Paper Series No. 4351.

Langbein, Laura I., Roseana Bess. (2002). Sports in School: Source of Amity or Antipathy? Social Science Quarterly 83(2): 436-454.

Mauro, Paolo. (1995). Corruption and Growth. Quarterly Journal of Economics 110 (August): 681-712.

Meier, Kenneth J., Thomas M. Holbrook. (1992). I Seen My Opportunities and I Took 'Em: Political Corruption in the American States. Journal of Politics 54(1): 135-150.

Nas, Tevfik F., Albert C. Price, Charles T. Weber. (1986). A Policy-Oriented Theory of Corruption. American Political Science Review 80(1): 107-119.

Nigro, Lloyd G., Felix A. Nigro, Edward J. Kellough. (2006). New Public Personnel Administration. 6th ed. Wadsworth.

Nye, J. S. (1967). Corruption and Political Development: A Cost Benefit Analysis. American Political Science Review 61(2): 417-427.

Ones, D. S., C. Viswesvaran. (1998). Gender, Age, and Race Differences on overt Integrity Tests: Results across Four Large-Scale Job Applicant Data Sets. Journal of Applied Psychology 83(1): 35-42.

Pearce, Jone L. (2001). Organization and Management in the Embrace of Government. London: Lawrence Erlbaum Associates, Publishers.

Peters, John G., Susan Welch. (1978). Political Corruption in America: A Search for Definitions and a Theory, or If Political Corruption is in the Mainstream of American Politics Why is it Not in the Mainstream of American Politics Research?. American Political Science Review 7(3): 974-984.

Peterson, S. A. (1994). Sources of Citizens' Bureaucratic Contacts: A Multivariate Analysis. Administration and Society 20.

Posner, R. (1992). Economic Analysis of Law. Boston: Little, Brown and CO.

Reiss, M. C., k. Mitra. (1998). The Effects of Individual Difference Factors on the Acceptability of Ethical and Unethical Workplace Behaviors. Journal of Business Ethics 17(14): 1581-1593.

Schacter, Mark, Anwar Shah. (2000). Anti-Corruption Program: Look Before You Leap. The International Conference on Corruption, Seoul, South Korea (December).

Shelley, Louise I. (2001). Crime and Corruption. In Developments in Russian Politics 5, ed. Stephen White, Alex Pravda, and Zvi Gitelman, 239-253. Houndsmills, Hampshire: Palgrave.

Shleifer, Andrei, Robert W Vishny. (1993). Corruption. Quarterly Journal of Economics 108 (August): 599-617.

Thompson, Dennis F. (1993). Mediated corruption: The Case of the Keating Five. American Political Science Review 87(2): 369-381.

Treisman, Daniel. (2000). The Causes of Corruption: A Cross-National Analysis. Journal of Public Economics 76: 399-457.

Tullock, Gordon. (1967). The Welfare Costs of Tariffs, Monopoly, and Theft. Western Economic Reivew 5: 224-232.

United Nations Development Programme. (2004-2008). Human Development Report.

3 공공기관의 윤리경영 실태 분석과 개선방안: 한국광해관리공단을 중심으로[1)]

〈요 약〉

세계가 점점 더 개방되고 세계화(Globalization)되면서 공공기관과 민간기업 모두에서 윤리 경영이 강조되고 있다. 특히 1990년대 중반부터 일부 글로벌 선두 기업들은 윤리 경영의 글로벌 스탠더드를 구축하기 위해 노력해왔으며, 글로벌 경쟁환경에서 생존을 위해 윤리 경영 수준을 높이기 위해 노력하고 있다. 따라서 국내 공공기관들도 기관의 사회적 책임을 다하기 위한 글로벌 스탠더드의 윤리 경영 시스템을 구축해야 할 필요성이 높아지고 있다. 이러한 배경에서 이 연구는 윤리 경영과 관련성이 매우 높은 공공기관인 한국광해관리공단의 전반적인 윤리 경영 특성을 분석하고 공공기관에 적합한 모형 및 지수로 윤리 경영 수준을 측정하였다. 그리고 이러한 분석을 바탕으로 공공기관의 윤리 경영 시스템을 개선하기 위한 대안을 제시하였다.

1) 박석희 · 조경호 · 진종순. (2009). 「한국부패학회보」 14권 1호, 105-128.

Ⅰ. 서론: 배경과 목적

윤리경영(Ethical Management)은 세계화와 개방화의 급속한 진전과 함께 국제사회에서 모든 기관의 핵심가치로 부각되고 있고, 1990년대 중반부터 해외 선진기업을 중심으로 윤리경영을 국제표준화하려는 움직임이 강화되었으며, 이러한 시대적 흐름에 맞추어 윤리경영을 도입하고 운영하는 기업들이 점차 늘어나고 있는 추세이다. 그러나 국내기업들의 윤리경영수준은 다소 낮은 상황이며, 더욱이 벤치마킹을 위한 해외모델의 경우 국내기업들의 경영환경에 부합하기 어려운 측면이 적지 않은 상황이다(국가청렴위원회, 2006). 이에 따라 국내 공공기관들에 있어서도 기업의 사회책임라운드(Corporate Social Responsibility Round: CSR Round)에 대비한 글로벌 수준의 윤리경영시스템을 구축하고, 체계적인 윤리경영목표 설정을 통한 성과관리 합리화를 위해서는 기존의 이론 지향적 모형보다는 공공기관의 현장에서 체감할 수 있는 실질적인 윤리경영모형 개발의 필요성이 높은 상황이다.

따라서 공공기관의 윤리경영모형은 임직원들에게 가시화된 윤리경영 목표를 제시하여 윤리경영에 대한 동기를 부여하고, OECD 등에서 추진하고 있는 윤리경영의 국제규범화 동향에 능동적으로 대응할 수 있도록 공공기관 스스로 윤리경영 실천활동을 점검하여 개선점을 파악하도록 하고, 향후 윤리경영의 수준 향상에 기여할 수 있어야 한다. 이를 위해서는 공공기관에 적합한 윤리경영의 모델을 개발하고 공공기관 스스로 진단할 수 있는 윤리경영 자가진단 매뉴얼을 개발하며, 윤리경영을 지속할 수 있는 제도적 방안 등을 마련해야 한다. 이러한 배경 하에서 이 연구는 한국광해관리공단을 중심으로 공공기관의 윤리경영 현황을 분석하고, 이를 토대로 공공기관의 특성에 적합한 윤리경영모형을 개발하였다. 또한 내부평가에 반영되는 등의 체감할 수 있는 실용적인 윤리기준을 마련하며, 창의적인 윤리경영지수 구축을 통해 공공기관의 윤리경영을 내재화할 수 있는 제도적 개선방안을 제시하였다.

한국광해관리공단(舊 광해방지사업단)을 선정한 이유는 광산지역의 개발 및 지원, 건설과 관련된 업무가 국제투명성기구(Transparency International: TI) 등에서 말하고 있는 '부패에 취약한 업무'에 해당하기 때문이다.[2] 즉, 지역개발 및 지원

2) TI의 2002년 뇌물공여지수(Bribe Payers Index)는 공무원의 뇌물수수 정도(당신 국가의 고위공무

사업은 개별사업 내지 공사에 막대한 재원이 투입되고, 다수의 민간업체가 수주경쟁을 벌이기 때문에 부패발생가능성이 상존한다고 볼 수 있다. 이에 따라 한국광해관리공단은 다른 기관에 비해 윤리경영모델 개발과 점검활동의 필요성이 더욱 높다고 할 수 있다. 따라서 한국광해관리공단의 윤리경영지수 개발의 필요성은 첫째, 실용적 윤리 기준을 마련하고, 둘째, 윤리경영의 확산을 위한 발판을 제공하며, 셋째, 한국광해관리공단에 특성화된 창의적 윤리측정 기준을 제시하며, 넷째, 윤리경영의 지속적인 발전을 위한 개선방안을 마련하며, 다섯째, 윤리경영 자기진단 시스템 및 지표를 마련하는 데 있다.

이를 위해 이 연구는 이론적 논의와 타 기관 사례분석, 임직원 면접 및 워크숍 등을 통해 공공기관 윤리경영모형과 지수를 개발하여, 공단 임직원들의 윤리경영 수준을 진단 · 평가하고, 분석결과를 토대로 향후 공공기관 윤리경영방향에 대해 논의하였다. 즉, 윤리경영모형을 정기적인 성과－리스크 관리방안으로 체계화하는 방안을 제시하고, 또한 개인－부서－조직 차원의 실천수준에 영향을 주는 요인들을 탐색함으로써 윤리경영 촉진요소를 발굴하여 개선사항을 도출하였다. 특히 이 연구는 공공기관 윤리경영진단지표가 포괄해야 할 영역과 범위를 도출하여 설문문항을 개발함으로써 보다 객관적인 공공기관 윤리경영수준 진단에 노력하였다. 이러한 연구를 토대로 향후 타 공공기관들도 윤리경영지수 개발을 통해 윤리경영을 지속할 수 있는 기반을 마련하고, 대외적인 선진 윤리기업으로의 이미지를 제고함으로써 기업의 사회책임 구현을 통한 지속가능경영의 토대를 마련할 수 있을 것이다.

Ⅱ. 공공기관 윤리경영의 이론적 논의

1. 윤리경영의 의의

과학과 기술이 고도로 발달한 현대사회는 다양한 위기가 산출될 수 있는 위험사회(Risk Society)로 규정될 수 있고(Beck, 1997), 과학과 기술력에 기초한 기업의

원들이 다음의 비즈니스분야에서 어느 정도 뇌물을 요구하거나 받을 것으로 보입니까?)를 측정하여 발표하고 있는데, 광업 및 공공사업 분야는 최고 수준의 뇌물수수 가능성이 있는 것으로 보고되고 있다(대한석탄공사, 2004).

생산활동 역시 위험사회를 조장할 가능성이 크기 때문에 기업은 사회적 책임을 요구받고 있다(Badaracco, 1995; Childs, 1995; 박효종, 2008). 근대의 윤리학이 자유의 윤리학이었다면 현대의 윤리학은 책임의 윤리학이라고 할 수 있으며, 이러한 패러다임의 전환은 기업경영 및 정부운영에도 반영되고 있는 추세이다(De George, 1990; Burke, 1986; 변순용, 2007). 즉, 기업의 합법적인 이윤추구의 자유가 부각되던 상황에서 기업 활동의 윤리적·사회적 책임을 강조하는 상황으로 전환되고 있다. 21세기 들어 국제경제 질서를 재편하고 있는 큰 흐름은 모든 기업이 국적을 초월하여 평등한 입장에서 경쟁하는 공정한 경제 질서의 확립과 함께 기업윤리의 정립을 통한 기업경쟁력 강화에 있다(Gilbert, 1996).

최근 들어 발생하였던 Enron, Worldcom, SK 등의 회계부정사건으로 기업의 비윤리적 관행은 기업의 생존까지도 위협할 수 있는 치명적인 위험영역이라는 인식이 확산되고 있으며, OECD, UN 등 국제기구를 중심으로 반부패 및 기업윤리에 대한 지침·제도를 규정하여 이를 준수하지 않은 기업에 대해서는 국제시장으로의 진입을 차단하여 더 이상 생존할 수 없도록 규제를 강화하고 있다(EC, 2000). 한편 우리나라도 1990년대 이후 민주화 과정에서 기업들에게 윤리경영을 요구하는 목소리가 높아졌으며, 특히 IMF 경제위기 이후 윤리경영에 대한 관심이 증대되고 기업환경의 투명성과 공정성 확보로 생존 경쟁력을 갖추고자 하는 움직임이 강화되고 있는 바, 이를 위하여 기업의 회계기준이 강화되고, 기업지배구조의 개선 및 기업의 사회적 책임에 대한 인식이 고조되고 있다(이종영, 1996; Post, 1996).

이 같은 흐름 속에서 윤리경영은 단순한 기업의 사회공헌 등 기업이미지 제고 차원이나 수사학적인 개념을 뛰어넘어 전략경영의 일부로 아이덴티티를 확립하고 있다. 최근 전국경제인연합회의 조사결과(2007)를 보면 전체 응답자의 99.2%가 윤리경영이 기업 경쟁력에 기여할 것이라고 보았으며, 윤리경영을 실천한 기업 중 87%가 매출액이 증가한 것으로 나타났다. 또한, 윤리경영을 실천하고 있는 기업 중 62.8%가 고객 및 소비자 단체의 만족부분에서도 긍정적 효과를 보였으며, 기업이미지 향상과 종업원의 애사심 고취 등을 통해 고객 신뢰성을 증대시키고 작업능률을 향상시켜 궁극적으로 기업의 장기적 이익의 증대를 가져오는 것으로 확인되었다. 더욱이 최근 윤리경영은 민간기업뿐 아니라 공공기관에도 활발하게 도입되고 있는데 그 이유는 공공기관의 도덕적 해이현상을 타파하고 지속가능경영

체제를 구축하지 않고서는 궁극적으로 공공기관의 존립목적이 정당화되기 어렵고, 성과를 달성하기 불가능하다는 인식 때문이라고 할 수 있다(Cooper, 1990; French, 1983; Gorta, 1994).

이에 전 세계적으로 윤리경영을 국제표준화(global standardization)하려는 경향이 증가하고 있다. 윤리경영을 '협의의 윤리경영을 포함한 지속가능한 발전(sustainable development)'으로 볼 때, 기업의 지속가능성에 대한 국제 표준은 시대에 따라 변화해 왔다. 과거에는 인권, 환경, 노동환경 등의 특수한 이슈가 주를 이루었고 1990년대 후반부터는 기업의 경제, 사회, 환경적 측면을 동시에 고려하는 스탠더드가 대두되었고, 2000년대부터 지속가능성에 대한 국제 표준이 생겨났으며, 이후 미국을 중심으로 하는 '윤리산업(Ethics Industry)'의 규모가 점차 확대되는 추세이다. 즉, 기업 및 공공기관의 비중과 역할이 커지면서 투명경영 및 사회적 책임에 대한 요구가 증대되고, 국제기구를 중심으로 윤리라운드가 강화되면서 윤리경영의 국제표준화가 강화되고 있는 것이다(국가청렴위원회, 2006; Whitton, 1996).

최근 OECD를 중심으로 비윤리적 기업의 제품과 서비스는 국제거래에서 규제하자는 윤리라운드가 강화되고 있다. 윤리라운드의 기본취지는 뇌물, 탈세, 환경오염, 허위과대 광고 등 비윤리적 기업의 제품이나 서비스의 거래는 국제시장에서 진입 자체를 차단하자는 것이다. 윤리라운드 강화를 위해 1999년 2월에 'OECD 국제상거래뇌물방지협약'을 발효하여 외국에서의 뇌물제공 기업도 국내법에 의해 처벌하도록 규정하고, 국제공통의 기업윤리강령 제정을 권장하여 이에 동조하지 않는 기업과 국가는 국제거래에서 차별하는 등 국제사회의 움직임이 활발하다. 국내기업들도 최근 위기관리 차원에서 윤리경영을 기업 활동의 핵심요소로 인식하기 시작하였다.[3] 과거에는 기업의 경쟁력이 가격과 품질이었지만 향후에는 기업의 윤리준수를 통한 소비자 · 투자자로부터의 신뢰확보가 필수적 경쟁요소로 부각될 전망이므로 앞으로 기업은 본연의 경제적 활동 이외에도 사회적 책임을 다해야 하는 상황이다.

3) 국내에서도 외환위기 이후 기업의 역할에 대한 국민들의 기대심리가 더욱 높아지고 있고, 분식회계 · 세금포탈 등 기업의 불법행위에 대한 반감이 심화되고 있다. 특히 인터넷 확산으로 소비자들이 불만사례를 쉽게 공유하고 집단행동을 도모하는 사이버파워가 형성됨에 따라 이러한 국민들의 반감은 바로 행동으로 표출되는 단계에 이르고 있다(부패방지위원회, 2004).

〈표 1〉 국제기구의 윤리라운드 추진현황

기구	활동내용
WTO (세계무역기구)	정부조달구매의 투명성 협정체결(1996.1)
ICC (국제상공회의소)	국제상거래상의 금품강요와 뇌물수수방지에 관한 행동규칙 발표(1997.6)
UN (국제협력기구)	국제상업거래에 있어 부패와 뇌물에 관한 선언문 채택(1996.12)
OECD (경제개발협력기구)	뇌물방지협약 체결(1997.12), 공직사회 윤리인프라 추진, 다국적기업 가이드라인 권고, 돈세탁금지, 공정경쟁 진행
TI (국제투명성기구)	부패지수와 뇌물성향지수 발표, 국제반부패회의 주재, 세계은행에 부패기업 블랙리스트 작성 요구
World Bank (세계은행)	반부패연구센터 설립, 부패관련 정책개발 지원, 부패기업 블랙리스트 작성
EOA (윤리임원협의회)	국제표준화기구(ISO)와 기업윤리 세계표준화 추진

출처: 한국토지공사(2008).

2. 윤리경영지수에 관한 선행연구

조직에서 구성원으로 일하다 보면 조직관행이나 조직문화, 가치에 흡수되고 이런 이유로 개인적으로는 윤리적일지라도 직무수행과정에서 많은 비윤리를 일으킨다는 견해가 일반적이다(Niehuhr, 1960). 이는 조직 내 윤리실천을 저해하는 요인들이 있음을 의미하며 따라서 반대로 윤리실천과 의지를 촉진하는 요인을 생각해 볼 수 있다. 윤리경영에 대한 이해, 시스템에 대한 긍정적 평가, 조직과 상사에 대한 신뢰는 윤리실천을 촉진하는 요인일 수 있으며, 반대로 과거 지향적이고, 대화와 변화·혁신에 저항적인 문화는 윤리실천 저해요인으로 작용할 수 있다. 윤리경영과 관련된 기존문헌들은 대체로 두 가지 유형으로 분류할 수 있는데 하나는 윤리경영의 정착, 윤리실천 행동에 영향을 주는 조직 내 요인에 대한 탐색을 논의하고 있고, 다른 하나는 이와 달리 윤리경영의 성과로서 직무만족, 조직몰입, 비윤리적 행위가 얼마나 증가 혹은 감소하였는지를 평가하고 있다(<그림 1> 참조).

서창적·이경룡(1999)은 기업윤리지수를 개발하고 그것을 이용하여 실제로 우리나라의 대표적 기업을 대상으로 윤리수준을 측정하고 그 결과를 분석 · 평가하였다. 이 연구모형은 기업의 전반적인 윤리수준과 기업의 주요 활동영역인 마케팅부문, 생산관리부문, 재무관리부문, 인사관리부문, 회계부문, 기타부문 등의 6가지 부문에 대한 세부문항으로 구성되었다. 이를 기초로 응답자들의 인식도를 측정하고, 이것들을 종합하여 기업의 윤리지수를 분석하였다. 1997년도 연간 매출액 기준으로 국내 10대 그룹을 선정하여, 이들 10대 그룹의 기업윤리 인지도를 조사하기 위해 국내 대학의 경영학 관련 교수들을 대상으로 설문을 실시하였는데, 분석결과에 의하면 국내 10대 그룹기업들의 윤리수준은 평균적으로 윤리성과 도덕성에 대해 개괄적으로 이해는 하고 있으나 실천의지가 약한 것으로 나타났다.

그림 1 윤리경영실천 영향요인과 성과의 관계

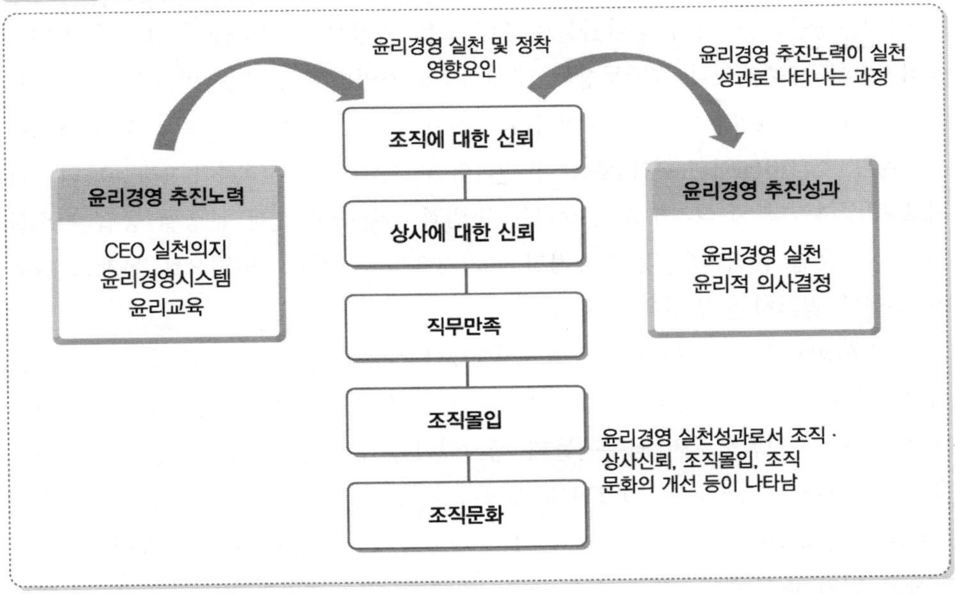

주: 선행연구 논의를 토대로 작성.

산업자원부(2002)는 기업윤리경영 실태 조사를 토대로 평가지표를 개발하고자 하였다. 보고서에 의하면 윤리경영평가기준을 설계할 때에 고려되어야 하는 것은 한 가지 내용에만 의존하기보다 윤리경영과 관련된 내용을 여러 가지 설정하여 평가자가 그 내용들을 종합적으로 인식하면서 평가하도록 해야 한다는 것이다. 이 연구에서 기업의 윤리성을 평가하기 위하여 제시된 설명항목은 ① 전반적 도덕성, ② 타인의 권리, 사회적 정의, 공리론적 행위, ③ 법률적 합법성, ④ 이기심, ⑤ 기업의 사회적 책임 등 다섯 가지로 특정 기업의 윤리수준을 평가할 때 이 다섯 가지 사항을 토대로 평가하였다. 이를 토대로 다수의 평가자가 특정 기업의 윤리수준을 평가한 결과를 종합하여 그 기업의 윤리수준을 객관적으로 제시하였는데, 윤리수준을 종합적 · 전반적 차원에서 평가했을 뿐 아니라 기업윤리의 유형에 따라 분리하여 평가하기도 하였다.

이경룡 · 서창적(2002)은 기업의 윤리지수를 두 가지 방법을 사용하여 분석하였다. 첫 번째로는 응답자들에게 기업의 전반적인 윤리수준에 관한 인식도를 조사하였고, 두 번째는 기업의 활동 영역을 크게 마케팅부문, 생산관리부문, 재무관리부문, 인사관리부문, 회계부문, 기타부문 등 6가지 부문으로 분류하여 분야별로 각각 세부문항을 구성하여 응답자들의 인식도를 측정하고 이것을 종합하여 기업의 윤리지수를 도출하였다. 각 문항에 대해 10개 기업별로 응답을 받았으며, 척도는 ① AAA(최상위 윤리수준), ② AA(상위 윤리수준), ③ A(상하위 윤리수준), ④ BBB(중위 윤리수준), ⑤ BB(중하위 윤리수준), ⑥ B(하위 윤리수준), ⑦ C(최하위 윤리수준)의 7가지로 구성하였다. 윤리지수를 산정하는 방법과 관련하여 설문 문항별 응답 자료를 기초로 부문별 윤리지수 및 전체적인 윤리지수를 계산하는 방법으로 통계를 활용한 추세를 평가하는 방법을 사용하였다.

이선우(2002)는 공무원들의 정책결정행태나 업무수행태도 등을 결정짓는 기본적인 요소가 그들이 소유하고 있는 윤리라고 가정하고, 공무원 윤리를 개념화하고 계량적으로 측정함으로써 공무원들의 행태변화를 유도할 수 있을 것으로 보았다. 윤리지표 개발은 Lewis가 1991년에 개발한 지표를 근간으로 하였는데, 그 이유는 Lewis의 지표들이 논문이 지향하고 있는 개인과 업무차원의 지표를 균형 있게 포함하고 있기 때문이다. 즉, 개인의 사적 행태에 대한 평가와 정책결정 및 집행에 있어서의 공적 행태에 대한 평가로 양분되어 있으며, 사소한 질문에서부터 윤리적 정책결정에 관한 질문까지를 포함하며, 법적 책임성, 민주성, 신뢰를 평가하는 항목도 존재한다. Lewis가 제시하는 개인적 기준, 윤리적 정책결정 기준, 법적 책임성 · 민주성 · 신뢰 기준을 우선적인 가치로 선정하여 고려하였다.

3. 타 기관의 윤리경영모델 현황

1) 한국관광공사의 윤리경영지수(KEDEX)

한국관광공사의 윤리경영 성과관리시스템(KEDEX)은 네 가지 영역으로 구성된다. 첫째, 윤리경영 실천노력지수는 윤리경영을 위한 경영진의 의지 전파 및 솔선수범을 통한 윤리경영 조기 확산과 체계적인 윤리경영 추진을 위한 인프라 구축을 위해 도입되었다. 이는 경영진의 윤리경영 커뮤니케이션 활동, 추진인프라 구축 및 운영실태, 각종 성금·기부금 등 개인 단위로 측정할 수 없는 전사적 차원의 공헌 노력 등을 지수화하였다. 둘째, 사업의 윤리성지수는 CEO의 경영과 사업 전반에서 윤리적 성과 측정을 통해 전사 윤리경영실천을 유도하고 사회공헌도가 높은 사업을 개발함으로써 윤리경영을 실천하며, 공사 설립목적에 부합하는 고객중심의 사업을 발굴하고, 체계적인 사업평가를 통해 불필요한 사업을 제거하고자 하는 목적에서 도입되었다. 이는 CEO의 부정행위 적발, 처벌건수, 산업재해지수, 노동법규 위반사항, 불공정거래행위 관련 등의 부분을 지수화하였다.

셋째, 윤리경영 인지도 지수는 윤리경영 인식도 조사 후 결과 분석을 통해 윤리경영 추진방향 설정 및 개선점을 파악하고 정기적인 조사 결과를 통해 윤리경영 홍보·교육 활동의 효과를 측정하기 위해 도입되었다. 이는 윤리경영 유익 체감도, 투명사회협약 인지도 및 참여의지, 윤리경영취지 동조도, 내부공익신고 인식도, 자원봉사 자발성 등을 측정한다. 넷째, 개인별 사회공헌지수는 사회공헌활동을 개인단위로 지수화하여 경쟁 유발을 통해 사회공헌 활동을 촉진할 수 있는 여건을 조성하고 윤리경영의 성과를 계량적으로 제시하고자 도입되었다. 이는 사회공헌활동, 모니터링 참가횟수, 물품 기부 및 구매, 헌혈횟수 등을 통하여 지수를 측정한다. 이처럼 4가지 영역을 중심으로 한국관광공사는 전자화된 전사적 윤리경영지수를 개발하여 윤리경영실천을 점차 강화하고 있다.

그림 2 한국관광공사 윤리경영지수

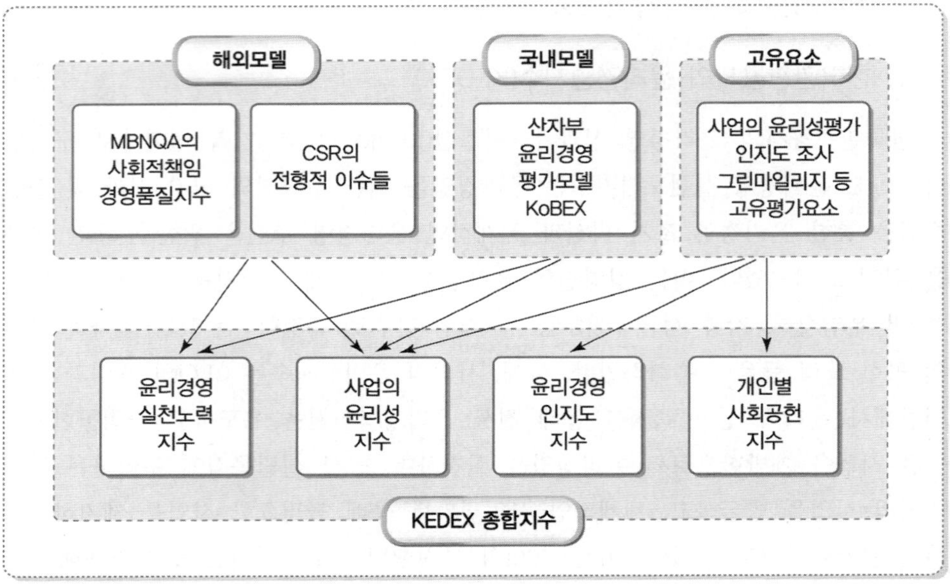

출처: 한국관광공사 내부자료(2008).

2) 에너지관리공단의 윤리경영지수(KEMDEX)

에너지관리공단은 단계별 발전 로드맵을 수립하여 윤리경영을 추진하고 있다. 윤리경영이 선포되고 처음 도입·시행된 2004년에는 도입·확산단계로 정하여 행동강령 제정, 윤리경영 기반조성, 임직원 공감대 형성 활동을 전개한 바 있으며, 2005년에는 윤리경영을 조직에 정착시키기 위해 다양한 실천 프로그램 추진, 윤리경영 실천규정 제정을 통한 운영제도 개선, KEMDEX(Kemco Ethics Management Index)를 통한 윤리경영 성과 측정, 사회공헌활동 강화 등에 중점을 두어 추진한 바 있다. 에너지관리공단은 2007년 하반기에 내부직원윤리경영지수와 고객윤리경영지수인 KEMDEX를 개발하였는데, KEMDEX 지수는 총 42개 문항으로 구성되어 있다. 내부직원 윤리경영지수는 윤리경영 추진전략 및 리더십, 윤리경영 제도화, 윤리경영 실천 및 교육, 감시·감독체계, 평가·보상·피드백 활동, 사회공헌활동·각종 제도개선활동의 각 5문항씩, 그리고 브랜드 인지도·활용도 조사의 2문항으로 총 32개 문항으로 구성되었고, 고객윤리경영지수는 총 10개 문항으로 구성되었다.

3) 한국토지공사

한국토지공사는 2000년 11월에 '윤리규범'과 2003년 5월에 '행동강령'을 제정하는 등 윤리경영과 투명경영을 위한 다양한 활동을 전개하고 있다. 지속적으로 고객만족경영, 환경경영, 사회공헌활동 등을 전개하여 왔으며, 이의 일관성 있고 통일적인 추진을 위해 윤리경영시스템을 구축하였다. 2004년에는 윤리경영을 전사적이고 체계적으로 추진하기 위해 윤리경영체제의 구축을 완료하고 윤리경영을 대내외에 선포하는 등 본격적으로 시행하고 있다.

〈표 2〉 한국토지공사 윤리경영시스템

공익신고 및 보상제도	내부공익신고제도	공사전산망: '신문고' 및 'CEO HOT-LINE' 공사홈페이지: '윤리경영 콜센터'
	외부공익신고제도	공사홈페이지: '민원광장' 및 '윤리경영 콜센터'
	공익신고 보호 및 보상제도 도입 · 시행	내 · 외부 공익신고자에 대한 보호 및 보상제도 도입 · 시행 중
부패위험성 자율진단	개인 및 조직에 대한 부패위험도 자가진단	매월 첫째 주 월요일 공사통신망 로그인 시 점검 실시
	기업윤리 자기점검	매주 수요일 공사통신망 로그인 시 점검 실시
사회공헌 대상제도	전 부서 대상 사회공헌대상제도 시행	매년 전 부서를 대상 사회공헌활동실적 평가를 실시하여 포상하고 평가결과는 내부평가에 반영

출처: 국가청렴위원회(2006.2).

4) 한국전력공사(KEPCO)의 윤리경영지수

한국전력공사는 2003년 4월부터 윤리경영 정착을 위해 미연방조직범죄판결지침의 '준법프로그램 구성요소'와 미국윤리담당관협회(EOA)의 '기업행동관리시스템 표준가이드'를 준용하여 한국전력의 실정에 맞는 10개 항목으로 구성된 '윤리경영시스템'을 구축하였다. 한국전력공사의 윤리경영시스템은 우선 공사의 비전 및 전략과 윤리경영을 연계하여 추진방향을 설정한 다음 최고경영자의 강력한 추진의지를 더하여 전략적으로 윤리경영을 추진하는 단계별 추진전략을 수립하도록 하였다. 윤리기준과 가이드 제공을 통해 직원행동의 기본원칙을 제공하고, 윤리경영 업무를 전담할 전담조직을 구성하여 감독하고 교육할 뿐만 아니라 위반행위에 대한 신고를 통해 비위자(非違者)에 대하여는 엄격하게 제재를 하도록 하였다. 특히 이러한 모든 노력들에 대한 평가와 보상을 통해 윤리경영 추진노력을 피드백함으로써 지속적으로 윤리경영 수준을 향상시킬 수 있도록 구성되었다. 사회공헌활동을 윤리경영시스템의 한축으로 구성하여 경영적인 측면에서 사회적 책임을 강조하고 있고, 3단계에 걸쳐 윤리적 기업문화의 정착과 윤리적 기업이미지를 강화하기 위한 추진전략을 수립하였다.

〈표 3〉 한국전력공사의 윤리경영시스템

1. 회사 비전/전략과의 연계	3대 핵심가치(고객존중, 수익중시, 변화지향)와 윤리경영의 연계
2. 최고경영자의 의지 표명	CEO 경영방침으로 설정 윤리확립을 위한 시범사업 협약" 체결(국가청렴위원회) 전력그룹사 공동"윤리경영 CEO결의문" 서명
3. 전략적 윤리경영 추진	3단계 추진 로드맵 설정
4. 윤리기준 및 윤리가이드	윤리강령, 행동규범 제정 운영
5. 윤리경영 전담 조직	전사 윤리경영 업무총괄
6. 감독 및 감시/감사 체계	본사: 노사공동 혁신윤리위원회 사업소: 윤리위원회, 윤리경영 리더
7. 교육/훈련 프로그램	중앙교육원 윤리교육 의무화, 현장순회교육 사이버 윤리경영 교육
8. 위반행위 신고제도	사장 직통 부조리 신고 Hot Line 운영 불법하도급 신고 포상제도 내부 신고자 포상제도, 자율신고 포상제도
9. 윤리경영실천 평가/보상제도	경영진: 경영계약에 반영 직원: 근무성적 평가에 반영 사업소: 경영평가항목에 반영, 자체청렴도조사
10. 사회공헌 활동	사장 및 경영진 자원봉사활동 승진예정자 자원봉사활동

출처: 국가청렴위원회 보고서(2006.2).

5) 전국경제인연합회 한국윤리리스크진단의 윤리경영지수

전국경제인연합회가 2007년 발간한 "윤리경영 자율진단지표" 보고서에 의하면 한국윤리리스크진단지표(KERA)가 제시되어 있다. 이는 임직원에 의한 윤리경영

진단 및 리스크 진단을 통하여 고객사들의 윤리경영 추진방향과 개선방안을 도출하는 것을 목적으로 개발한 진단툴이다. 민간기업에 적용하기 위해 개발된 윤리경영지수이지만 공공기관들은 이를 활용하여 윤리경영 활동을 점검하고 개선안을 도출하는 한편 기업의 윤리지수를 체계적으로 관리하고 윤리경영 총 진단의 일부로 활용할 수 있다. 한국윤리리스크진단지표(KERA)에 포함된 평가지표영역은 윤리경영 이해, 윤리경영실천의지, 윤리성, 준법성, 윤리경영시스템, 이해관계자, 기업시민정신 등 7가지로서 매우 포괄적으로 구성되어 있다. 각 평가지표별 진단내용과 도출내용은 아래와 같은데 이는 공공기관에 그대로 활용하기에는 다소 복잡한 특성을 지니고 있다는 한계가 지적될 수 있다.

그림 3 한국윤리리스크진단(KERA) 개요

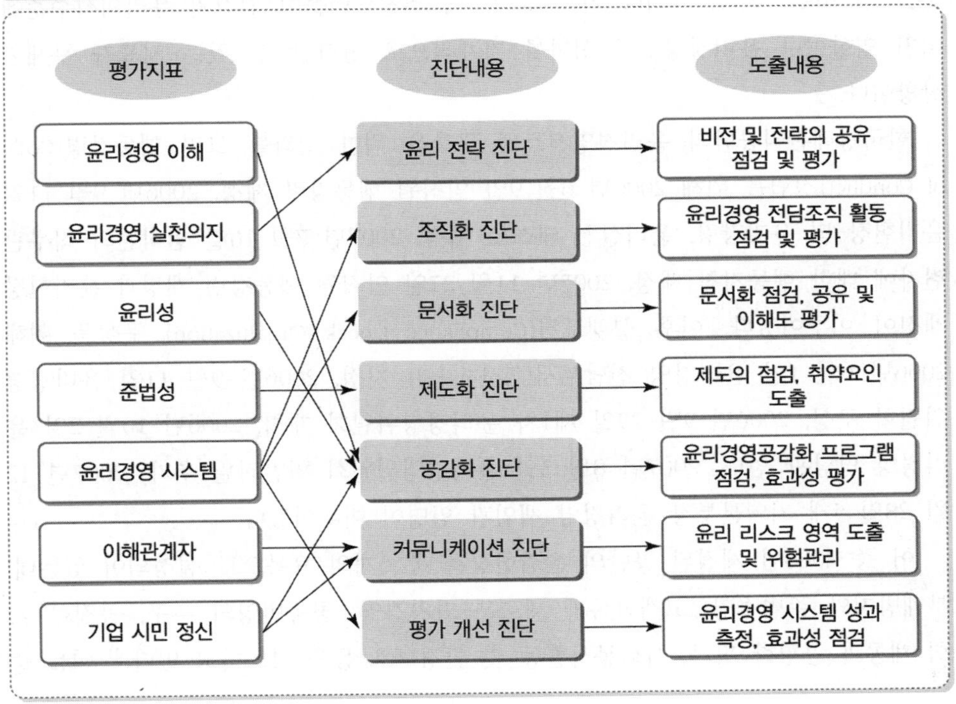

출처: 전국경제인연합회(2007).

Ⅲ. 한국광해관리공단 윤리경영모델 구성 및 분석

1. 한국광해관리공단의 윤리경영 추진현황

한국광해관리공단은 '광산지역의 풍요로운 삶을 실현하는 세계수준의 광해방지 전문기관'이라는 기관의 미래비전 하에 5대 경영전략을 구축하고 윤리경영 전략목표를 세워 2007년부터 윤리경영을 도입하여 2009년도 이후까지의 로드맵을 수립하였다. 한국광해관리공단은 윤리경영시스템 도입을 기점으로 공단의 직무미션과 역할을 적극적으로 수행하도록 하기 위해 윤리경영을 추진하여 왔다. 그동안 전략적이고 체계적인 윤리경영의 추진방향을 도출하였으며, 이에 기초하여 윤리경영활동을 추진하고 있다. 그러나 기존 윤리경영 추진노력들이 임직원 윤리의식수준에 미친 영향이나 윤리경영추진 성과를 자체적으로 판단할 수 있는 지표가 부재한 상황이다.

한국광해관리공단의 윤리경영시스템 구축을 위한 경과를 보면 행동강령(Code of Conduct)정립을 위해 2006년 6월 9일 임직원 행동강령 제정, 2006년 9월 11일 윤리헌장 및 윤리강령, 윤리실천 테스트 제정, 2007년 7월 16일 임직원의 직무관련자에 대한 행동지침 제정, 2007년 11월 27일 임직원 행동강령 개정과 윤리헌장 개정이 이루어졌다. 이후 실행조직(Compliance Check Organization) 구성을 위해 2006년 6월 1일 윤리경영 전담부서(혁신전략팀) 지정, 2006년 9월 11일 윤리경영 위원회 구성, 2006년 9월 29일 제1차 윤리경영위원회 개최, 2006년 10월 2일 윤리경영 담당관 임명, 2007년 8월 3일 윤리경영위원회 일반직원 추가, 2007년 12월 28일 5개 지역본부장 윤리경영 책임관 임명이 이루어졌다.

이 중 2006년 제정된 공단의 윤리헌장은 총 6개의 요목으로 설정되어 있는데, 부패방지와 준법경영, 고객만족과 새로운 가치경영, 공동번영의 추구, 공정한 기회 제공과 공평한 평가, 사회봉사활동 및 환경보호 등을 강조하고 있다.[4] 이를 중

---

4) 한국광해관리공단의 윤리헌장은 1. 우리는 이러한 긍지와 자부심을 가지고 윤리경영과 준법경영을 통해 국민의 사랑과 신뢰를 받는 공단이 되고자 한다. 이에 우리는 창의적 사고와 도전정신으로 우리의 사명을 달성하고 높은 윤리적 가치관을 바탕으로 정직하고 공정한 자세로 업무를 처리하며 부패방지와 깨끗한 공직풍토를 위해 노력한다. 2. 우리는 광산지역에 쾌적한 생활환경을 조성하고 경제 활성화에 기여하기 위하여 고객만족과 새로운 가치경영을 실천한다. 3. 우리는 국내법과 국제 규정을 준수하고 자유경쟁시장 질서를 존중하며, 모든 이해관계자와 상호 협력하는 공동체적인 관

심으로 공단은 윤리경영을 전략적으로 추진하고 있는데, 공단 윤리경영의 목표와 지향점을 보면 첫째, 부패방지와 청렴한 조직풍토와 관련성이 높고, 둘째, 광산지역 주민의 가치 재창조 활동을 의미하며, 셋째, 국내외 법적 규범을 준수하는 것을 의미하며, 넷째, 광산지역 주민의 생명을 존중하고 쾌적한 생활환경 조성에 기여하는 활동을 의미한다(광해방지사업단, 2008).

그림 4 한국광해관리공단의 윤리경영 전략

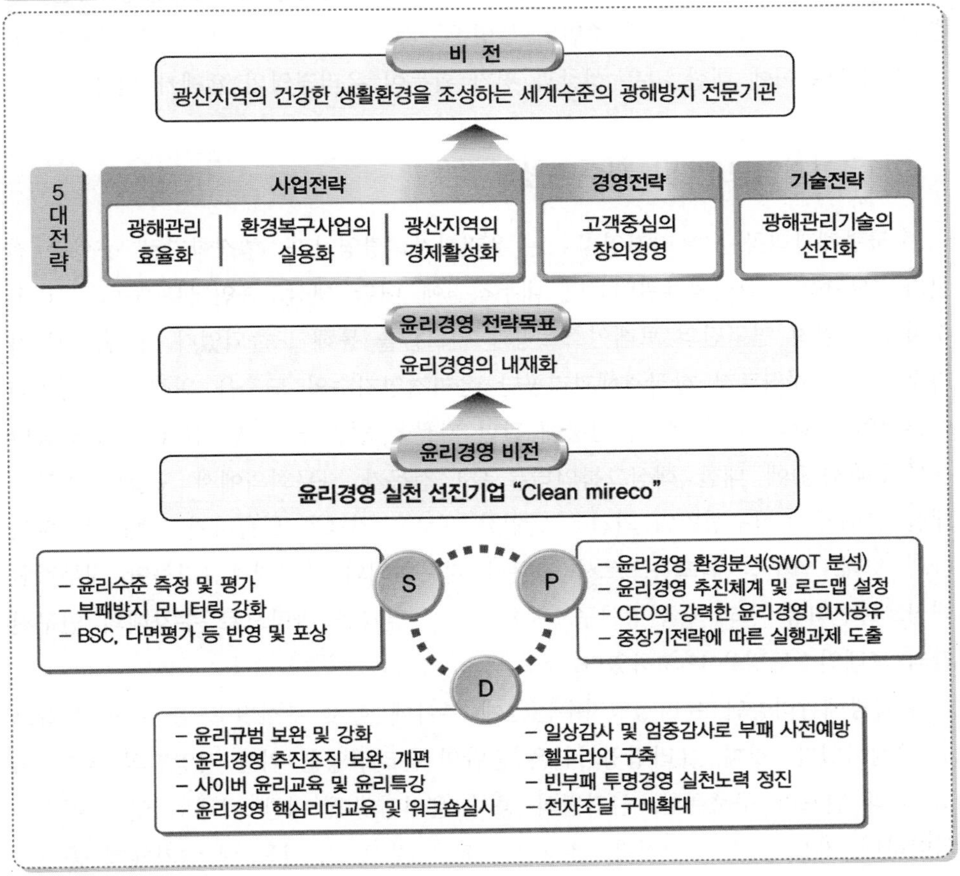

출처: 한국광해관리공단 홈페이지(http://www.mireco.or.kr/).

계를 구축하여 공동의 번영을 추구한다. 4. 우리는 고객의 인격을 존중하고 차별대우 하지 않으며, 공평한 기회와 공정한 평가를 받도록 노력한다. 5. 우리는 사회봉사활동에 적극적으로 참여하고, 끊임없이 새로운 가치를 창조하여 국가와 사회의 발전에 공헌한다. 6. 우리는 생명을 존중하고 자연과 환경보호 활동에 앞장서서 쾌적한 생활환경을 조성하여 국민의 건강 증진에 노력한다.

첫째, 부패방지와 청렴한 조직풍토로서 금품, 향응, 선물접대 및 수수관련 세부 지침을 마련하여 운영하는 것을 말한다. 궁극적으로 윤리경영 활동의 고도화를 통해 부정부패 등 최악의 사태가 발생하지 않도록 하는 것이다. 둘째, 광산지역 주민의 가치 재창조로서 광산지역 주민에 대한 다양한 사회공헌 활동을 의미한다. 사회공헌활동은 사업주체인 공단과 지역주민간의 공동체 의식의 함양을 목적으로 한다. 셋째, 국내외 법적 규범의 준수로서 국내외 법적 규범의 준수로 기관의 사회적 정당성(social legitimacy) 확보에 있다. 넷째, 생명존중 및 생활환경 개선으로 윤리경영의 기본목적은 지역 주민의 생명존중과 삶의 질 증진 및 건강 증진에 있는 것이므로 이에 대한 깊은 성찰과 평가 활동이 윤리경영의 요체가 된다.

2. 윤리경영모델 및 지수 구성

한국광해관리공단 윤리경영지수는 윤리학자, 경영학자, 행정학자로 구성된 전문가 자문회의, 한국광해관리공단 내부직원에 대한 핵심그룹인터뷰(FGI), 그리고 수차례에 걸친 연구진의 브레인스토밍과 워크숍을 통해 도출되었다. 첫째, 전문가 자문회의의 개최로서 한국광해관리공단 윤리경영지수의 도출을 위해 윤리경영의 이론적인 바탕과 민간분야의 현황에 관한 자문을 얻었다. 둘째, 한국광해관리공단 내부직원(32명)에 대한 핵심그룹인터뷰로서 전문가 자문회의에서 도출된 지표에 대한 검토와 조직구성원의 의견을 반영한 새로운 지표를 도출하기 위해 실시하였다.[5] 셋째, 연구진 워크숍으로서 전문가 자문회의와 한국광해관리공단 내부직원 핵심그룹인터뷰 결과와 선행연구, 벤치마킹의 결과를 바탕으로 수차례의 연구진간의 브레인스토밍을 수행하였다.

한국광해관리공단 윤리경영지수는 3개 분야에 걸쳐 부서별로 총 49개 문항으로 구성하였다. 첫째, 윤리경영기반은 공단의 윤리경영을 위한 경영진의 의지, 제도 등의 인프라 구축현황, 임직원의 공사 윤리경영에 대한 이해도 및 참여도를 의미하며, 제도화 및 추진전략, 윤리경영 교육 및 훈련, 감독 및 평가체계 등 3개 부문에서 총 21개의 문항으로 구성하였다. 둘째, 윤리경영분야별 성과란 사회공헌도가 높은 사업을 개발함으로써 윤리경영을 실천함과 동시에 사회공헌활동을 촉

5) 임원급 3명(이사장 및 본부장 2명), 간부급 14명(행정 및 기타, 사업, 기술팀장), 직원급 14명(행정 및 기타, 사업, 기술팀원)을 대상으로 실시하였다.

진할 수 있는 여건을 조성하며, 공단 설립목적에 부합하는 고객중심의 사업을 시행하며, 친환경적인 업무와 서비스를 제공함을 의미한다. 이는 사회공헌활동, 협력업체 만족, 환경경영 등 3개 부문에서 총 21개의 문항으로 구성하였다. 셋째, 윤리의식수준이란 공단의 구성원이 윤리, 청렴도와 관련한 가치판단을 요하는 상황에 처했을 경우에 이를 돕기 위한 제도적인 기반을 의미하는데, 이는 행정부서, 사업부서, 연구부서별로 3개의 공통문항과 4개의 고유문항 등 부서별로 7개 문항으로 구성하였다.

그런데 윤리의식 수준은 세 가지 부서의 유형에 따라 달리 구성하였다. ① 행정부서는 공단 임직원들의 윤리경영에 대한 이해도 및 참여도를 나타내기 위한 지표로 ⅰ) 윤리경영인식도 조사 후 결과 분석을 통해 윤리경영 추진방향 설정 및 개선점 파악, ⅱ) 정기적인 인식도 조사 결과를 통해 윤리경영 홍보 및 교육활동의 효과성을 측정하였다. ② 사업부서는 사회공헌도 높은 사업 개발을 통한 윤리경영 실천, 공단 설립목적에 부합하는 고객중심의 사업발굴, 체계적인 사업평가를 통한 불필요한 사업 제거를 위한 지표로 ⅰ) 사업 전반의 윤리적인 성과 측정을 통해 전사 윤리 경영실천 유도, ⅱ) 사회공헌도가 높은 사업을 개발함으로써 윤리경영 실천, ⅲ) 공단 설립목적에 부합하는 고객중심의 사업 발굴, ⅳ) 체계적인 사업평가를 통해 불필요한 사업 제거를 측정하였다. ③ 연구부서는 공단의 활동이 환경에 미치는 영향의 정도와 범위를 사전 · 사후에 평가하고 그 대처방안을 마련하여 환경영향을 최소화하기 위한 기술부서의 목표에 대한 임직원의 이해도 및 참여도 정도를 측정하였다(<표 4>와 <그림 5> 참조).

〈표 4〉 한국광해관리공단 윤리경영모델 구성내용

분야	부문(문항수)	지수 내용
윤리경영 기반	제도화 및 추진전략(7)	윤리기준과 윤리강령의 명확성, 내부고발제도 등 리스크 관리시스템 운영, 윤리딜레마 상황의 대처기준 및 방법, 윤리경영 실천의지, 부서별 전략과제, 경영전략과의 연계, 윤리경영추진조직
	윤리경영교육 및 훈련(7)	교육 빈도, 교육체계 적절성, 윤리경영매뉴얼 제공, 우수사례벤치마킹 및 제공, 딜레마교육, 신입직원 교육, 최고경영진교육
	감독 및 평가체계(7)	윤리경영 공시, 윤리경영 감독, 감독체계, 자가진단 등 내부통제, 윤리경영성과평가, 윤리경영리스크분석체계, 윤리경영체계 점검
윤리경영 분야별	사회공헌 활동(7)	사업연계 공헌활동, 공헌활동 지원/장려, 경영전략과 연계, 공헌네트워크, 사회적 책임 이해도, 공헌활동 전략수립, 공헌활동 평가

성과	고객만족(7)	고객의견 이행수준 점검, 고객의견평가, 의견수렴체계, 불만처리운영, 불만처리시스템, 사업수행에의 고객참여, 청렴도 측정
	환경경영(7)	환경경영평가, 친환경 제품 구입·보급, 환경경영전략, 환경영향평가/관리, 환경경영 외부공시, 환경경영네트워크, 친환경경영 시설투자
윤리의식 수준	행정부서(7)	정보공개, 고객정보보호, 금전의 제공여부, 금품수수행위, 업무진행정보공개, 정당한 업무수단, 책임소재의 명시
	사업부서(7)	정보공개, 고객정보보호, 금전의 제공여부, 공평한 기회보장, 피해 집단의 참여보장, 지역주민의 요구수용, 구체적인 정보의 제공
	연구부서(7)	정보공개, 고객정보보호, 금전 제공여부, 내외부연구자와의 협의, 내외부 연구자의 정보접근, 내외부연구자의 참여기회보장, 지적재산의 보호

그림 5 한국광해관리공단 윤리경영모델 구축방향

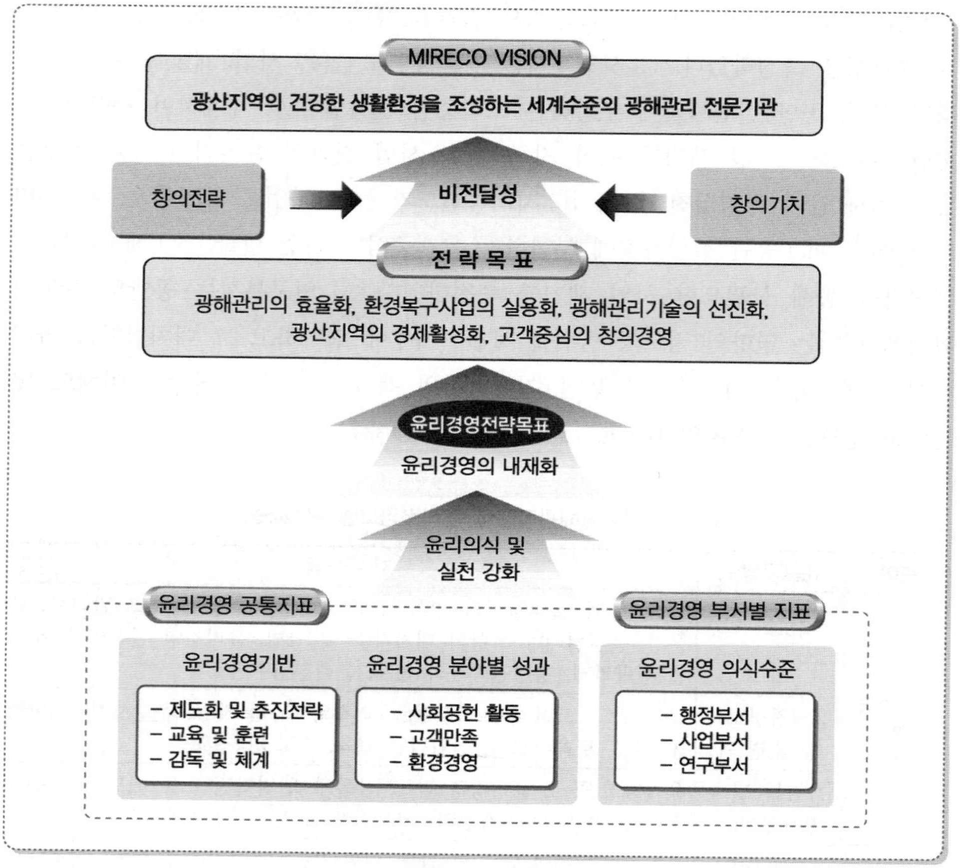

주: 광해방지사업단(2008)의 내용을 토대로 필자가 재작성.

3. 윤리경영지수 분석결과

1) 조사 표본

한국광해관리공단 직원의 윤리경영 의식수준을 평가하기 위한 본 설문은 2008년 11월 중순에 약 일주일간 이루어졌으며, 총 165매의 설문지가 분석 자료로 사용되었다. 한국광해관리공단 직원의 윤리경영 의식에 관한 설문의 모든 문항은 '매우 아니다'를 '1', '매우 그렇다'를 '5'로 하는 리커트 척도를 사용하여 측정하였다. 응답자의 특성을 보면, 남성이 76.36%(126명), 여성이 21.21%(35명)로 남녀 간 성별의 비율에 있어서 큰 편차를 나타내고 있는데 이는 남성의 비율이 상대적으로 높은 모집단의 특성을 반영하는 것이라고 볼 수 있다. 연령별로는 20대가 20%(33명), 30대가 40.61%(67명), 40대가 22.42%(37명), 50대 이상이 13.94%(23명)로 나타나 30대 응답자가 주를 이루고 있다.

재직연수로는 3년 미만 56.36%(93명), 3~8년 18.79%(31명), 9~14년 5.45%(9명), 15~20년 8.48%(14명), 21년 이상 7.27%(12명)로 나타났다. 60% 가량의 응답자가 3년 미만의 신규직원이고, 직급별로는 본부장급 3.03%(5명), 팀장급 16.36%(27명), 중간관리자급 19.39%(32명), 사원급 51.52%(85명), 계약직 6.67%(11명)로 사원급이 가장 높은 빈도를 나타내고 있다. 부서별로는 행정부서 18.2%(30명), 사업부서 65.5%(108명), 그리고 영업부서 16.4%(27명)로 사업부서의 응답자가 65% 이상의 과반수를 차지하고 있다. 이 연구의 설문응답자는 본사와 지역본부, 부설기관을 망라하여 구하였는데, 본사의 15팀과 지역본부의 14팀, 그리고 부설기관의 4팀을 포함하였다.

〈표 5〉 윤리경영지수 설문지 응답자 특성

변수	구분	빈도(명)	비율(%)
성별	남자	126	76.36
	여자	35	21.21
	무응답	4	2.42
연령	30세 미만	33	20.00
	30세-39세	67	40.61
	40세-49세	37	22.42

	50세 이상	23	13.94
	무응답	5	3.03
재직연수	3년 미만	93	56.36
	3－8년	31	18.79
	9－14년	9	5.45
	15－20년	14	8.48
	21년 이상	12	7.27
	무응답	6	3.64
직급	본부장급	5	3.03
	팀장급	27	16.36
	중간관리자급	32	19.39
	사원급	85	51.52
	계약직	11	6.67
	무응답	5	3.03
부서	행정부서	30	18.2
	사업부서	108	65.5
	연구부서	27	16.4
	합계	165	100.0

2) 분야별 가중치(배점) 도출

이 연구에서는 AHP(Analytic Hierarchy Process, 계층적 분석방법)기법을 이용하여 각 지수별 가중치를 도출하였다. AHP에서의 판단자료는 계층 내 요소간의 쌍대비교를 통하여 도출한 요소간의 상대적 중요도를 나타내는 점 추정치를 사용하는데, 비교를 통한 계량적인 판단을 수행하기 위해서는 신뢰할 만하고 이용 가능한 척도가 필요하며, 이를 위하여 통상 9점 척도를 사용하였다. 이 연구에서는 각 지수별 가중치가 산출된 후 지수별 점수를 100점 만점으로 변환하여 최종 한국광해관리공단 윤리경영지수를 도출하였다.

먼저 윤리경영지수의 3개 분야별 가중치 분석을 위해 각 분야의 상대적인 중요도를 AHP를 통해 분석하였다. 분석결과의 일관성 확보를 위해 평가 후 일관성 지수 및 일관성 비율을 통해 조정하는 방안이 고려되어야 한다. 이 연구에서 사용된 가중치는 모두 일관성 지수(Consistency Index)가 0.1 이하이므로 일관성이 있다.[6] 분석결과 윤리경영기반 분야, 윤리의식수준 분야, 윤리경영성과 분야의 순서로 중요도가 파악되었다. 즉, 한국광해관리공단의 윤리경영을 확립하기 위해서는 윤리경영 기반이 가장 중요한 것으로 파악되었는데, 윤리경영기반의 가중치는 42%, 윤리경영성과 분야의 가중치는 18%, 윤리의식수준 분야의 가중치는 40%로 나타났다. 이러한 상대적 중요도를 토대로 윤리경영기반 분야는 40점, 윤리경영성과 분야는 40점, 윤리의식수준 분야는 20점의 가중치를 부여하였다. 이것은 윤리경영지수의 7개 부문 중 어느 한 부문의 가중치가 최대 20점을 넘지 않도록 조정한 것이다.

다음 윤리경영지수의 하위 부문별 상대적 중요도를 분석한 결과 첫째, 윤리경영기반 분야는 제도화 및 추진전략, 교육훈련, 감독 및 평가체계의 순서로 중요도가 파악되었다. 즉, 윤리경영기반 분야의 전체 가중치 40점 중 제도화가 50%, 교육훈련이 30%, 감독 및 평가가 17%로 상대적 중요성이 제도화가 가장 높고, 감독 및 평가체계가 가장 낮게 나타났다. 둘째, 윤리경영성과 분야는 사회공헌활동, 환경경영, 협력업체 만족도의 순서로 중요도가 파악되었다. 다만 윤리경영성과 분야의 전체 가중치 20점 중 사회공헌이 40%, 협력업체만족이 30%, 환경경영이 30%로 나타나 상대적 중요성이 비교적 고른 것으로 나타났다.

〈표 6〉 한국광해관리공단 윤리경영지수의 분야별 최종가중치

1차 수준	중요도	2차 수준	중요도	최종중요도	최종가중치
윤리경영기반	0.42 (1)	제도화 및 추진전략	0.52 (1)	0.223 (2)	20점
		교육훈련	0.31 (2)	0.134 (3)	10점
		감독 및 평가체계	0.17 (3)	0.071 (4)	10점
윤리경영성과	0.18 (3)	사회공헌활동	0.40 (1)	0.070 (5)	15점
		협력업체	0.29 (3)	0.052 (7)	10점
		환경경영	0.31 (2)	0.055 (6)	15점
윤리의식수준	0.40 (2)	윤리의식 수준	1.00 (1)	0.398 (1)	20점

주: 1차 수준의 일관성비율은 0.08377, 2차 수준은 0.01061과 0.00376로 일관성 있음.

6) 일관성(consistency)은 평가자가 내린 판단의 논리적인 모순을 측정하는 것을 말하는데, 일관성을 검정하기 위해 일관성지수(consistency Index: CI)를 평균 무작위지수(Random Index: RI)로 나눈 일관성비율(Consistency Ratio: CR)을 사용한다. CR이 0의 값을 갖는다는 것은 응답자가 완전한 일관성을 유지하며 쌍대비교를 수행하였음을 의미한다. CR값이 0.1 이상이면 일관성이 부족한 것으로 재검토가 필요함을 의미한다.

1차와 2차의 상대적 중요도 분석결과를 바탕으로, 한국광해관리공단 윤리경영 지수의 7개 부문별 최종 중요도는 윤리의식 수준, 제도화 및 추진 전략, 교육훈련, 감독 및 평가체계, 사회공헌활동, 환경경영, 협력업체의 순으로 분석되었다. 당초 7개 분야별 가중치는 20점, 13점, 7점, 7점, 5점, 5점, 40점으로 분석되었지만, 윤리의식수준의 가중치를 40점으로 할 경우 윤리의식수준을 측정하는 7개 지표들의 배점이 최소 5점이 되어, 다른 6개 부문의 지표들의 가중치가 최대 3점인 것에 비해 상대적으로 매우 커지는 문제가 있다. 이에 따라 이 연구에서는 이를 조정하여 부문별로 가중치 최대값이 20점 이하가 되도록 조정하였다. 즉, 최종가중치는 제도화 및 추진전략이 20점, 교육훈련이 10점, 감독 및 평가체계가 10점, 사회공헌활동이 15점, 협력업체만족도 10점, 환경경영 15점, 윤리의식수준 20점으로 하였다.

3) 부서유형별 윤리경영지수 분석결과

한국광해관리공단 윤리경영 전체 지표의 점수는 100점 만점에 77.6점으로 분석되었다. 5점 만점 척도의 설문으로 나온 평균을 100점으로 환산하기 위하여 각 지표의 평균에 5를 나누고 가중치를 곱해 환산점수를 도출하였다.[7] 윤리경영 제도화 및 추진전략은 평균 3.7로 20점 중 15.0점, 윤리경영 교육 및 훈련은 3.8로 10점 중 7.5점, 윤리경영 감독과 평가체계는 3.5로 10점 중 7.1점, 사회공헌활동은 3.9로 15점 중 11.8점, 협력업체 만족은 3.9로 10점 중 7.7점, 환경경영은 3.8로 15점 중 11.5점, 윤리의식 수준은 4.2로 20점 중 17.0점을 득점하였다.[8] 부서별 윤리경영 지표 점수를 보면 행정부서의 윤리경영 지표 점수는 100점 만점에 72.3점, 사업부서의 윤리경영 지표 점수는 100점 만점에 79.7, 연구부서의 윤리경영 지표 점수는 100점 만점에 75.0점으로 분석되었다.[9]

---

7) 환전점수 계산 방법은 '각부문별가중치 $\times \frac{\text{부문별평균점수}}{5}$'와 같다.

8) 한국광해관리공단의 윤리경영지수에 대한 전체 점수는 윤리경영기반, 윤리경영 분야별 성과, 그리고 윤리의식 수준 지표의 환산점수를 합한 값이다. 윤리의식 수준 지표의 경우, 부서 유형별로 고유지표의 문항(4개)이 상이하므로 전 문항의 평균으로 계산하지 않고 공통지표(3개)를 평균하여 계산하였다.

9) 각 팀별 윤리경영지수 점수는 공개하지 않아도 논지 전개상 무리가 없기 때문에 연구윤리문제 등을 고려하여 본 논문에서 밝히지 않았다.

〈표 7〉 부서유형별 윤리경영지수 점수

평가항목	행정부서(n=27)			사업부서(n=97)			연구부서(n=24)		
	가중치	평균	환산점수	가중치	평균	환산점수	가중치	평균	환산점수
윤리경영 제도화 및 추진전략	20	3.6	14.4	20	3.8	15.3	20	3.5	14.1
윤리경영 교육 및 훈련	10	3.6	7.2	10	3.9	7.7	10	3.6	7.1
윤리경영 감독과 평가체계	10	3.3	6.5	10	3.7	7.4	10	3.2	6.5
사회공헌활동	15	3.6	10.9	15	4.0	12.1	15	3.9	11.7
협력업체 만족	10	3.5	6.9	10	4.0	8.0	10	3.7	7.4
환경경영	15	3.5	10.5	15	4.0	11.9	15	3.8	11.3
윤리의식 수준	20	4.0	15.9	20	4.3	17.3	20	4.2	16.9
합계	100	–	72.3	100	–	79.7	100	–	75.0

4. 분석결과의 해석

대체로 한국광해관리공단의 윤리경영 활동에 대한 직원의 인식은 긍정적으로 평가되었으나, 전반적으로 체계화된 윤리경영의 필요성이 큰 것으로 나타났다. 따라서 다음과 같은 모델을 바탕으로 윤리경영을 제도화하여 감독과 평가체계를 정비하고, 동시에 전략적이고 장기적인 윤리경영 전략을 확립해야 할 것이다. 첫째, 윤리경영 감독과 평가체계의 향상이 가장 필요한 것으로 나타났으므로 인사평가, 보상, 승진 시스템에 윤리경영의 이념을 반영하고, 인사시스템의 공정성과 투명성을 제고해야 한다. 둘째, 행정부서와 사업 · 연구부서 직원 간에 큰 인식차가 존재하는 것으로 나타났다. 행정부서 직원의 경우에 윤리경영 제도화 및 추진전략이 대체로 잘 완비되어 있다고 인식하지만, 사업 · 연구부서 직원은 윤리경영 제도화 및 추진전략의 개선이 필요하다고 응답하였다. 이러한 인식차는 아직 행정부서에서 기획한 제도와 추진전략이 타부서의 직원들에게 확산, 전파되지 못하였음을 보여주는 것이다. 따라서 직원에게 윤리경영시스템에 대한 홍보를 통해 인지도를 향상시켜야 하고, 단기성 · 일회성이 아닌 장기적인 관점에서의 체계적인 윤리경영 추진전략이 요구된다.

셋째, 행정부서 직원의 경우 협력업체의 만족과 환경경영 부문에서 개선의 필요성을 강조하였으며, 사업 · 연구부서는 윤리경영 제도와 추진전략, 교육훈련의 개선 필요성을 언급하였는데, 이는 각 부서별로 자기 부서보다는 상대방 부서의 문제점을 지적하였다고도 볼 수 있다. 이러한 부서간의 인식차는 바람직하지 못한 것으로 판단되는데, 따라서 부서간의 인식을 공유하기 위한 방안이 요구된다고 하겠다. 넷째, 한국광해관리공단의 핵심 업무라고 할 수 있는 사업부서의 윤리경영 의식이 높은 것은 매우 바람직한 결과라고 할 수 있다. 그러나 향후 이렇게 내재화된 높은 윤리경영 의식을 뒷받침할 수 있는 윤리경영의 제도화와 장기적인 추진전략이 요구되는 시점이라고 할 수 있다.

향후 이 연구에서 제시한 한국광해관리공단의 윤리경영지수를 활용하여 공단 윤리경영성과를 고도화하기 위해서는 아래와 같이 지수 운영방안을 구체적으로 수립해야 할 것이다. 1단계는 제시된 윤리지수를 자가진단 목적으로 활용해야 한다. 평가의 관대화를 방지하기 위하여 상대평가 방식을 적용하되, 최상평점을 부여할 경우와 최하평점을 부여하지 않을 경우에는 각각 그 근거를 구체적으로 적도록 하여 '성찰형 윤리경영' 문화를 형성해나가야 할 것이다. 2단계는 2~3년 동안의 자가진단 활동을 고도화한 이후에는 외부 이해관계자도 공단 윤리경영성과를 평가할 수 있도록 해야 할 것이다. 경영지원 부서 등 외부 이해관계자 접점이 약한 부서는 내부 고객의 평가 대상이 되도록 해야 한다. 1단계의 자가진단 결과는 관리자의 개인평가에 참고하도록 하고, 2단계에서는 자가진단 평점과 외부 이해관계자 평점을 합산하여 부서 윤리경영성과점수로 활용할 수 있도록 해야 한다.

Ⅳ. 결론: 함의와 시사점

1. 공단 윤리경영의 개선방안

이와 같이 윤리경영의 각 분야별로 공단 임직원들의 인식도를 분석한 결과 한국광해관리공단의 윤리경영시스템은 일정한 성과를 보이고 있으나, 다음과 같은 부분에서 향후 지속적인 개선노력이 필요하다는 점을 확인할 수 있다.

첫째, 윤리경영전략과제에 대한 실행력 제고와 공감대 확산 노력이 확대되어야 한다. 따라서 정기적으로 윤리경영전략위원회를 운영하고, 본부별 워크숍을 개최하는 등의 노력이 확대될 필요가 있다. 또한 직원들과의 다양한 공감대 형성 프로그램 마련과 경영진의 적극적인 참여를 통한 실천이 필요하고, 본부별로 추진되는 윤리경영전략을 본부 간 연계해서 추진하고 본부간의 영역을 통합시킬 필요가 있다. 또한 경영환경 분석을 토대로 경영비전 재설정에 따른 중장기 윤리경영전략 과제를 수립하는 프로세스가 필요하다. 이를 위해 윤리경영의 핵심분야에 공단의 역량을 집중할 수 있는 근거를 마련하고, 전략과제별 중점 추진과제에 대한 목표를 구체화함으로써 윤리경영의 실행력 제고와 성과측정을 명확히 해야 한다.

둘째, 체계적이고 실효성 있는 중장기 윤리경영전략 수립이 요구된다. 따라서 윤리경영비전 설정, 중장기 윤리경영전략, 윤리경영 연간사업계획, 실행목표, 평가 등으로 연결하는 메커니즘을 확보하여 윤리경영전략을 체계화할 필요가 있다. 또한 윤리경영비전 및 전략목표를 중장기경영목표와 연계하기 위해서 중장기경영목표를 체계적으로 구성하고, 중장기경영목표 달성을 위한 이행프로세스도 윤리경영비전, 중장기 윤리경영계획, 단기 윤리경영전략, 윤리경영성과모니터링, 평가 및 보상 등으로 연결되도록 할 필요가 있다. 중장기 윤리경영전략을 수립하는 과정에서 공공기관으로서의 정체성을 확보하기 위해 기관의 경영비전과 전략 및 사업 등이 윤리경영전략에 체계적으로 연계되도록 하고, 공공기관으로 추구해야 할 공익성의 가치를 구체화하는 노력이 요구된다.

셋째, 공단의 윤리경영 실천역량을 강화해야 한다. 따라서 청렴혁신추진기획단, 실무추진반, 실천리더 등 청렴혁신 3대 모니터링체계를 상시 가동하는 등 전사적 청렴혁신 참여시스템을 강화할 필요가 있다.[10] 또한 기업의 사회적 책임, 윤리 및 청렴 강화 등을 목표로 하는 UN Global Compact(UN GC) 등에 참여함으로써 국제적 기준의 윤리경영체제 구축을 통해 공단의 윤리경영 실천기반을 더욱 강화해야 한다. 또한 예산집행의 투명성 확보를 위한 실천결의대회, CEO 특강 등 내·외부 윤리 및 청렴교육을 적극적으로 실시함으로써 전 임직원이 참여하는 윤리문화를 확산시키는 노력이 요구된다. 그리고 윤리역량 강화를 위한 다양한 교육과 홍보를 실시하여 윤리경영역량을 강화하고 윤리경영마인드를 제고해야 한다. 이 밖에 윤리청렴에 대한 평가보상체계를 강화하기 위해서 윤리청렴 추진실적을 내부경영평가에 반영하여 실천력 있는 윤리경영을 정착시키도록 노력할 필요가 있다.

넷째, 글로벌 스탠더드에 부합하는 윤리경영 마스터플랜을 마련해야 한다. 향

10) 공단은 e-감사시스템, 청렴혁신 제도개선 제안관리시스템 등을 구축하여 운영하고 있으나, 아직 윤리경영의 실천역량이 그다지 높지 않은 것으로 분석되고 있다.

후 국제기준에 부합하는 윤리경영계획을 수립함으로써 기관 특성에 맞는 차별화된 윤리경영모델을 구축함으로써 윤리경영의 글로벌 스탠더드를 실현해야 한다. 이를 위해서 윤리경영 수준진단을 통한 문제점 및 이슈를 도출하여 전략방향별로 전략과제 및 실천과제를 도출하여 윤리경영을 추진해야 한다. 또한 윤리경영비전의 구체화된 과제를 설정하고, 과제별 세부 이행계획을 수립하여 체계적인 중장기 윤리경영 추진 로드맵을 구축해야 한다. 또한 UN GC 원칙에 기반한 제도개선 노력과 투명윤리경영을 위한 시스템 개선 노력을 지속해야 하며, 윤리의식의 내재화를 위한 윤리경영 교육을 강화하고 실천을 강화해야 한다.

다섯째, 윤리경영을 위한 전략적 사회공헌활동을 보다 활성화해야 한다. 향후 기업사회책임(CSR)의 지속적 확대를 위해서 사회공헌활동 전담조직을 보강하고, 분야별로(행정, 연구, 사업) 프로그램에 의거한 체계화된 사회공헌활동을 추진할 필요가 있다. 또한 사회공헌활동기금을 조정해서 운영하거나 사내대응자금을 확대해야 할 것이다. 무엇보다 사회공헌활동 영역을 공단의 경영전략에 부합하는 방향으로 새롭게 확장하고 사회전문단체와 연계해서 사회공헌활동을 활성화해야 한다. 그리고 사회적 책임 실천시스템을 고도화하여 사회공헌활동에 대한 직원들의 참여를 증가시켜야 한다. 특히 사회서비스헌장 준수노력을 강화하여 프로세스 점검체계를 도입함으로써 공단의 잠재적 이해관계자들에 대한 만족도를 제고하고, 사회적 책임의 이행과정을 개선해 나가야 한다.

여섯째, 윤리경영을 평가하기 위한 지표체계를 안정화해야 한다. 향후 윤리경영지수의 지표들을 추가적으로 개발하고, 평가방법을 개선하며, 평가영역을 재정립함으로써 윤리경영 평가를 경영 일선에 내재할 필요가 있다. 무엇보다 윤리경영 평가의 필요성을 직원들이 공감할 수 있도록 윤리경영비전 및 최고경영자의 의지를 공유하기 위해서 윤리경영문화의 확립, 교육 및 제도 개선 등 대내외의 다양한 채널을 활용할 필요가 있다. 특히 공단의 윤리경영전략이 명확히 정립되어 있지 못하다는 점을 감안할 때 새로운 경영비전에 부합하는 각 부서별 윤리경영 기능을 재정립하고, 이를 윤리경영 평가에 유기적으로 반영함으로써 각 부서별로 윤리경영 실천력을 강화해야 할 것이다.

마지막으로 내부감사제도의 운영을 보다 내실화할 필요가 있다. 향후 윤리경영을 정착시키기 위한 내부감사제도의 체계화와 감사패러다임 변화가 요구된다. 가령 e－감사시스템 등을 통해 온라인에서 실시간으로 필요자료를 수집 · DB화하고, 고객과 직원이 참여하는 통합형 제안제도를 통해 내 · 외부 의견수렴을 활성화해야 한다. 또한 홈페이지의 '고객제안센터'를 통해 고객의 소리(Voice of Customer: VOC)를 지속적으로 모니터링하고, 계약업무는 '계약업무 개선제안 코너'를 통해 별도로 관리할 필요가 있다. 그리고 비위행위자에 대한 인사조치 강화를 위한 규정 개정 그리고 관련 교육활동 등을 강화해야 할 것이다.

2. 공공기관 윤리경영체제의 구축방향

현재 윤리적이라 여겨지는 대부분의 민간기업이나 공공기관들은 오랜 시간을 걸쳐 윤리경영을 추진한 결과 윤리경영이 기업문화에 내재되어 있다(전수일, 1998). 그러나 윤리조직체계를 갖추고 있지 않은 경우가 많지 않기 때문에 윤리경영모형에 윤리경영제도 여부를 포함할지에 대해 고려해야 한다. 그런데 국제적인 추세가 윤리경영시스템 구축과 준수를 권장하고 있고, 또한 기업의 규모와 세력이 막강해짐에 따라 윤리경영의 연속성을 위해 조직적이고 체계적인 윤리경영 체제의 필요성을 인정하여 이 부분은 윤리경영 평가영역으로 포함하는 것이 바람직하다고 할 수 있다. 윤리경영지수 이외에 공공기관의 윤리경영을 확산시키기 위한 방안을 다음과 같이 몇 가지로 정리할 수 있다.

첫째, 기업윤리 인센티브제도를 강화할 필요가 있다. 단순히 조직범죄에 대한 처벌을 강화하는 데 그치지 말고 미국의 연방판결기준(FSGO, The Federal Sentencing Guidelines for Organizations) 형태의 인센티브제도를 도입하여 기업의 자발적 윤리준수 노력을 이끌 필요가 있다. 또한, 기업에게 윤리준수프로그램의 기준을 제시해 기업이 효율적인 준법시스템을 개발할 수 있도록 지원해야 한다. 둘째, 다자간 윤리경영확산모임을 추진해야 한다. 세계경제포럼(World Economy Forum: WEF)의 다보스 포럼(Davos Forum)처럼 기업윤리의 모든 이해관계자가 참석하는 포럼을 매년 정기적으로 개최하여 윤리인식 확대 및 모범사례 교류를 촉진해야 한다.[11] 위와 같은 목적에서 설립된 포럼을 확산시켜 윤리경영과 관련된 모든 이해관계자가 서로의 입장과 필요를 토의할 수 있는 장을 마련할 필요성이 크다.

셋째, 윤리경영교육과정 개발이 요구된다. 윤리경영교육관련 지식 및 역량을

11) EU는 2002년 11월 기업, 노조, 시민사회, 정부가 참여하는 기업의 사회적 책임과 관련한 포럼을 발족하여 기업의 사회적 책임의 확산 및 발전방향, 기준 확립, 집행위원회 차원의 역할과 관련된 주제를 논의하였다.

강화시키기 위한 기업 및 이해관계자 훈련과정 및 훈련자료개발을 지원해야 한다. 최근 조사에 따르면, 기업들은 윤리경영의 필요성을 인식하면서도 윤리경영 실천에 어려움을 겪고 있는 것으로 조사되었다. 현재 윤리경영을 담당하는 임직원에게 매뉴얼 개발, 윤리경영평가시스템 구축 가이드라인, 선진사례에 관한 체계적인 교육이 시급하다.[12] 넷째, 윤리경영의 접근법에 따라 기업윤리평가모델체계를 구성해야 한다. 이를 위해 기업윤리와 관련된 모든 이해관계자를 포함하여 기업윤리 행동지도원리인 '공정성 · 투명성 · 건전성'(Fairness, Transparency, and Soundness: FTS)의 차원에서 평가항목을 개발하는 방안이 고려되어야 한다.

다섯째, 윤리경영의 이해관계자 범위(Scope of Stake holders in Business Ethics)를 구체화해야 한다. 기업의 이해관계자를 기본으로 이를 내부이해관계자, 1차 외부이해관계자, 2차 외부이해관계자로 구분하여, 내부이해관계자는 종업원, 중간관리자, 최고경영자, 1차 외부관계자는 제품시장과 자본시장의 이해관계자, 즉 주주, 고객, 협력업체, 경쟁자, 2차 외부관계자는 정부, 지역사회가 포함될 수 있다. 여섯째, 윤리경영의 평가영역을 기본으로 윤리경영 평가모델 프레임워크를 개발해야 한다. 기업윤리의 평가영역으로 기업 내외 · 부 이해관계자를 모두 포함하고, 윤리경영시스템 유무를 평가항목으로 포함해야 한다.

12) EU집행위원회 조사(2002) 결과에서 알 수 있듯이, 기업윤리가이드라인이 기업 스스로 개발되고 자율적으로 실행될 경우, 사외이해관계자, 즉 소비자, 노조, 시민사회의 신뢰성을 얻기 힘들므로 제3자에 의해 훈련과정, 커리큘럼, 훈련자료 등이 개발되어야 한다.

참고문헌

광해방지사업단. (2008). 「2007년도 경영실적보고서」.

국가청렴위원회. (2006). 「공기업 윤리경영 모델」.

대한석탄공사. (2004). 「기업윤리규정」.

박효종. (2008). 현대사회에서 요구되는 윤리는 무엇인가, 「현대사회와 윤리문제」. 제 16회 한중윤리학 국제학술대회 (한국학중앙연구원 대강당, 2008.7.14).

변순용. (2007). 「책임의 윤리학」. 서울: 철학과 현실사.

부패방지위원회. (2004). 「공직유관단체 윤리경영지원 매뉴얼」.

산업자원부. (2002). 「기업윤리경영 실태조사 및 평가지표개발에 관한 연구」.

서창적 · 이경룡. (1999). 기업윤리 지수의 개발 및 측정에 관한 연구. 한국경영학회 하계학술대회 발표논문집, pp.557-571.

Beck, Ulrich, 홍성태 옮김. (1997). 「위험사회: 새로운 근대성을 향하여」. 서울: 새물결.

이경룡 · 서창적. (2002). 기업윤리지수의 개발 및 측정에 관한 연구. 「서강경영논총」, 13(2): 173-194.

이선우. (2002). 공무원 윤리지수측정을 위한 지표개발과 임상실험. 「한국부패학회보」. 7(1): 103-130.

이종영. (1996). 「기업윤리: 이론과 실제」, 삼영사.

전국경제인연합회. (2007). 「윤리경영 자율진단지표」.

전수일. (1998). 행정윤리에 관한 연구: 그 속성과 기대효과. 「한국부패학회보」, 제2호.

한국토지공사. (2008). 「지속가능보고서」.

에너지관리공단 홈페이지. http://www.kemco.or.kr/.

한국광해관리공단 홈페이지. http://www.mireco.or.kr/.

Badaracco, J. L. Jr. (1995). Business Ethics: Role and Responsibilities, Irwin

Burke, John P. (1986). Bureaucratic Responsibility. Baltimore, MD: The Johns Hopkins University Press.

Childs, J. (1995). Ethics in Business: Faith at Work, Fortress Press.

Cooper, Terry. (1990). The Responsible Administrator. CA: Jossey-Bass Publishers.

De George, R. T. (1990). Business Ethics(4th ed). Prentice Hall, 1990.

EC. (2000). Recommendation of the committee of Ministers to member States on codes of conducts for public officials. committee of Ministers.

French, Peter A. (1983). Ethics in Government. Englewood Cliffs, NJ: Prentice-

Hall.

Gilbert, D. R. Jr. (1996). Ethics Through Coporate Strategy, Oxford University Press.

Gorta, Angela. (1994). Unravelling Corruption: A Public Sector Perspective, NSW: ICAC.

Lewis, Carol W. (1991). The Ethics Challenge in Public Service. CA: Jossey-Bass Publishers.

Niehuhr, Reinhold. (1960), Moral Man and Immoral Society, NY: Charles Scribner's Sons.

Post J. E. (1996). Business and Society(8th ed.), McGraw-Hill, Inc.

Whitton, Howard. (1996). Ethics and Principled Dissent in the Queensland Public Sector, Australian Journal of Public Administration.

제 3 장

행정 통제의 기제

1 정부관료제와 민주주의: 정부관료제의 책임과 통제 확보를 통한 조화의 모색[1]

〈요 약〉

20세기 중반 이후 정부관료제가 막강한 권력을 배경으로 정치적 기관으로서의 역할을 수행하고 있음에도 불구하고 의회나 정치적 집행부가 이를 제대로 통제할 수 없는 현실은 정치적 민주주의와 관련하여 많은 논란을 야기해 왔다. 이 연구는 정부관료제와 민주주의 간의 관계, 특히 정부관료제의 책임과 통제 확보를 통해서 관료제와 민주주의의 조화를 모색하는 제도적 방안들의 논리적·현실적인 가능성과 유용성 및 한계를 이론적으로 검토함으로써 정부관료제의 정당한 역할(legitimate role)을 규명하는 데 그 목적을 둔다. 이 연구에서 검토된 관료제 통제의 제도적 방안들은 관료들의 자기이익 추구활동과 재량을 허용하되 그것이 사회전체의 집합적 이익에 기여할 수 있도록 하는 접근(① 대표관료제, ② 다원주의적 조직편성, ③ 시민참여, ④ 성과주의 인사)과 관료들의 자기이익 추구활동과 재량을 제한함으로써 정부관료제와 민주주의의 조화를 추구하는 접근(① 관료행위지침 정교화, ② 엽관인사, ③ 민간위탁)으로 구분된다. 검토 결과, 이들 방안은 나름대로 문제 해결의 실마리를 제공하지만 그 현실적 타당성은 아직 미흡한 수준인 것으로 보인다. 이 연구는, 이러한 조건 하에서 정부관료제가 수행할 정당한 역할을 발전시키기 위해서는, 정부관료제의 역할 증대가 민주주의 이념과 본질적으로 상충된다고 보거나 정부관료제를 사회적 부담으로 간주하는 기존의 가치전제에서 벗어나, 정부관료제를 사회문제 해결을 위한 유익한 사회자산으로 적극 활용하려는 인식의 전환이 요구된다는 점을 강조한다.

1) 박천오 · 주재현. (2007). 「행정논총」 45권 1호, 221-253.

Ⅰ. 문제의 제기

오늘날 정부관료제는 정책과정 전반에 심대한 영향을 미친다. 행정기관과 소속 직업관료들을 포괄하는 의미로서의 정부관료제는 대부분의 국가에서 정책집행은 물론 정책결정과정에서도 주요 주체가 되고 있다.2) 현대 국가가 흔히 관료국가(modern bureaucratic state)로 불리는 것은 이렇듯 정부관료제의 영향력이 막강하기 때문이다(Krislov & Rosenbloom, 1981: 76).

20세기 초 이래 정부관료제의 규모와 기능은 전쟁, 경제적 위기, 외부 고객집단의 요구, 복잡한 사회문제의 증대 등 다양한 요인들로 인해 지속적으로 팽창해 왔고(Koven, 1994: 80-82), 학자들은 일찍부터 정부관료제의 이러한 영향력 팽창을 주목해 왔다. 예컨대 Appleby(1949: 7, 170)는 관료들이 지속적으로 규정을 만들어 내며, 법이 실제로 무엇을 의미하는지를 끊임없이 결정한다면서, “행정은 곧 정책결정이다”라고 단언하였다. Hummel(1977: 26) 역시 행정기관은 서비스 조직이라기보다 막강한 힘을 가진 통제도구(control instruments)라고 지적하였다.

정부관료제의 역할 증대에 대한 다수 학자들의 인식과 평가는 대체로 부정적이다. 다수 학자들은 의회가 아닌 정부관료제가 정책과정을 실제로 장악하는 현상을 민주적 정치과정의 전복으로 간주하면서, 정부관료제에 대한 견제 방안을 모색해왔다(Lowi, 1979; Hood et al., 2004). 이들의 기본적 논리는 정부관료제가 국민대표 기관과 선출직 공직자들의 뜻을 충실히 따름으로써 정책과 행정의 민주성이 확보된다는 것이다. 하지만 현대 사회의 복잡한 문제들을 해결하기 위해서는 전문지식과 능력을 갖춘 정부관료제가 선출직 공직자들과 정책결정 기능을 공유하는 것이 오히려 바람직하다는 입장을 취하는 학자들도 적지 않다(Long, 1949; Aberbach & Rockman, 1988: 606).

정부관료제의 정책과정상의 영향력 확대를 둘러싼 논쟁은 결국, 정부관료제가 민주적 틀(scheme) 속에서 민주주의와 조화를 이루면서 작동할 수 있는지, 정부관료제의 현대적 기능과 역할을 위축시키지 않으면서도 관료적 책임을 확보할 수 있는지 등의 문제를 둘러싼 것이라고 할 수 있다(Wood & Waterman, 1994: 10;

---

2) 미국에서는 연방관료제가 강력한 힘을 가진 정부의 제4부(fourth branch of government)로 인식된 지 이미 오래이다(Dye & Zeigler, 1986: 269).

Krislov & Rosenbloom, 1981: 1).

정부관료제가 민주주의라는 정치적 가치와 능률이라는 행정적 가치를 조화시킬 수 있는가와 관련된 위와 같은 사항은 행정의 본질적 문제로서 행정학자들이 끊임없이 해결을 모색해야 할 과제라고 할 수 있다. 그런데도 정부관료제에 관한 최근의 국내외 연구들은 주로 행정기관과 관료들의 규모나 권력행사, 비효율적 기능수행 등과 관련된 실증적 연구에 치우쳐, 이러한 규범적 측면의 연구를 상대적으로 소홀히 해왔다.[3)]

이 연구는 정부관료제와 민주주의간의 관계, 특히 정부관료제의 책임과 통제 확보를 통해서 관료제와 민주주의의 조화를 모색하는 제도적 방안들의 논리적 · 현실적인 가능성과 한계를 이론적으로 검토함으로써 정부관료제의 정당한 역할(legitimate role)을 규명하는 데 그 목적을 둔다. 이하에서는 먼저 정부관료제의 비민주적 속성 및 그에 따른 책임과 통제의 문제에 대해 논의한 후, 관료제의 책임과 통제 확보방안들에 대해 검토한다.

Ⅱ. 정부관료제의 비민주적 속성과 책임 및 통제

1. 정부관료제의 비민주적 속성

1) 정부관료제의 속성과 활동성향

일반적으로 민주주의는 국민에 의한 지배를 말하며, 민주정부는 피통치자의 동의와 정치적 평등성에 토대를 둔 정부를 뜻한다. 민주정부에서 시민은 정치적 · 경제적 · 사회적 선호를 스스로 형성할 수 있어야 하고, 이들 선호를 정부에 효과적으로 전달할 수 있어야 하며, 정부 활동에 반영시킬 수 있어야 한다(Krislov & Rosenbloom, 1981: 10). Redford(1969: 8)는 민주주의는 개인주의 · 평등 · 참여 등의 개념에 기초한다고 전제하면서, 참여의 경우는 ① 정보에 대한 접근, ② 의사결정 과정에 대한 직 · 간접적 접근, ③ 이슈를 공론화시킬 수 있는 능력 등을 포함한다고 하였다.

---

3) 정부관료제 관련 문헌들의 연구경향 검토는 안병영(1994), 하태권(1995), 김병섭(1995), 권경득(1996), 주상현(2002) 등을 참조.

정부관료제는 이러한 민주주의의 기본정신에 반하는 속성을 적지 않게 내포하고 있다. 우선 행정기관과 관료들은 업무수행에 있어서 시민의 선호나 정치적 평등성보다는 전문성을 우선시하는 경향을 보인다. 또한 정책과정상 비밀을 유지하거나 관료적 이념과 이해에 의해 착색된 정보를 제공하기도 하며, 전문화된 언어(specialized languages)를 개발·사용함으로써 시민들이 정책과 행정을 이해하기 어렵게 만들기도 한다. 이 같은 성향은 시민들이 정책선호를 형성하고 표현하는데 지장을 주며, 정부관료제의 대응성을 의문케 한다(Krislov & Rosenbloom, 1981: 11-14).

정부관료제는 정책과정상 중립적인 행위자가 아니라 나름대로의 선호와 효용극대화를 추구하는 합리적 이익추구자의 행태를 보이기 쉬운데, 이 또한 민주주의 정신에 위배된다. 공공선택이론(public choice theory)이나 관료정치(bureaucratic politics)이론은 이 점을 특히 강조한다. 공공선택론자들은 관료들이 자기이익을 추구한다는 사실을 강조한다. 예컨대 Downs(1967)는 관료들이 자신들의 소속 단위에 자원을 증대시키고자 끊임없이 노력한다고 하였고, Niskanen(1971)은 행정기관은 스스로의 예산을 극대화하기를 원한다고 하였으며, Dunleavy(1991)는 고위관료들이 자신들의 이익과 편의를 지키기 위해 조직구조의 변경을 추구한다고 주장하였다. 관료들의 이러한 자기이익 본위의 행위가 비효율과 공익의 훼손이라는 비합리성을 낳는다는 것이 공공선택론자들의 논점이다. 관료정치 이론 역시 행정기관과 관료들이 자기중심적인 전략을 강구하는 현상과 관련된 것으로서, 예컨대 Yates(1982: 90)는 관료들의 행태를 소속기관의 영역(turf)을 보호하고, 기존 프로그램을 유지하며, 관할권을 확립하려는 것으로 특징짓는다. 관련 연구들은 대체로 관료정치가 정부관료제의 합리적 의사결정을 저해하는 주요 변수임을 부각시킨다(Brewer, 2003: 145).

요컨대 정부관료제에 대해서는 국가이익이나 사회 후생 증진에 노력하기보다 스스로의 이익 추구에 더 큰 관심을 가진다는 비난과, 정책이나 프로그램의 결정에 있어서 해당 기관이나 소속관료들의 협소한 관점(narrow perspectives)에 집착한다는 비판이 가해지고 있다. Downs(1967: 279)는 어느 행정기관이라도 다음과 같은 관료적 이념(bureau ideology)을 발전시키는 경향이 있다고 지적한다. ① 당해 행정기관의 활동이 가져오는 혜택은 강조하는 반면 그에 수반되는 비용은 평가절하 한다. ② 당해 기관의 서비스 팽창은 언제나 바람직하며, 어떤 경우라도 감축은 바람직하지 못하다고 한다. ③ 당해 기관이 제공하는 서비스는 특정 이익(special interests)이 아니라 사회 전체에 혜택이 된다고 강조한다. ④ 당해 기관이 능률적으로 작동하고 있음을 강조한다. ⑤ 당해 기관의 성과와 미래의 능력을 강조하는 반면, 실패와 무능의 측면은 무시하거나 최소화하고자 한다. Downs는 행정기관의 이러한 이념이 그 구성원들에게 쉽게 전파된다고 하면서, 이는 관료들이 스스로의 신분과 경력이 달려있는 소속기관에 대해 강한 충성심을 가지기 때문이라고 한다. Downs에 의하면 행정기관에서의 전문화와 사회화는 소속 관료들의 세계관을 채색하는 주요 변수라고 할 수 있다.

한편, 관료들은 기존 정책에 이해관계가 있는 고객집단들과의 호혜관계나 기존 정책에 관한 스스로의 전문성과 경험 등을 매몰비용으로 인식하는 관계로 새로운 집권 세력이 시도하는 정책변화에 적극 협조하지 않는 경향을 보이기도 하는데, 이것 역시 민주주의 원칙에 반한다(양재진, 2003: 267). 이 밖에도 대부분의 관료들이 사회의 중산층 출신이어서 정책 활동에 있어 출신 사회계급에서 비롯된 편견을 보일 수 있다는 지적도 제기되고 있다(Rosenbloom & Kravchuk, 2005: 516).

2) 정부관료제의 내부 특성

민주주의와 연관하여 정부관료제를 다룰 때 논의의 초점이 되는 것은 정부관료제의 조직형태가 아니라 정부관료제의 정책과정상의 기능이다(Wamsley et al., 1992: 67). 그러나 정부관료제의 민주성은 행정기관 내적 차원에서 논의되기도 하는데, 이는 행정기관 대부분이 관료제 조직의 특성을 지니고 있기 때문이다(DeLeon & DeLeon, 2002: 231). Gajduschek(2002)는 관료제의 계층적 구조와 엄격한 규정 등을 관료들의 자의성을 줄이고 공익목표를 어느 정도 달성할 수 있도록 보장하는 일종의 불확실성 감소 장치로 간주하면서, 이것이 대다수 행정기관이 여전히 관료제적 특징을 내포하는 핵심 이유라고 주장한다.

관료제 조직의 권위구조는 민주적 권위구조와 대칭된다. 관료제 조직 내의 의사결정 절차는 소수 관리엘리트들에 의해 하향적으로 지배되므로 기본적으로 민주주의 이념이나 자유주의와의 상합성이 낮다(Thompson, 1964; Rockman, 1992: 152; Koven, 1994: 79). 관료제 조직의 계층제는 평등의 원리에 반하고, 규칙과 정확성의 강조는 자유의 원리에 배치된다(Waldo, 1981: 85-92). 또한 관료제 조직에서는 계층제와 명령체계 그리고 하향적인 문제해결과 효율성을 추구하는 데 우선순위를 두는 데 반해, 민주주의는 조직구성원을 포함한 관련자들의 참여와 분권화를 중시한다(Koven, 1994: 92; Kirlin, 1996: 421).

그렇다면 비민주적인 관료제 조직의 특징을 지닌 행정기관들이 정치적 민주주의의 실현에 기여할 수 있고 민주주의와 조화를 이룰 수 있는 것인가? 바꿔 말해 행정기관들은 민주적 가치실현을 위한 수단이므로 내적으로 정치적 민주주의와 거리가 먼 행정관리 원리들에 의해 운영되어도 무방한 것인가? 이 문제와 관련하여, Levitan(1943: 359)은 민주적 정부는 민주적 원리들에 토대를 두어야 할 뿐만 아니라 민주적으로 관리되어야 하므로 민주적 철학이 관리장치(administrative machinery)에도 투영되어야 한다고 주장한다. Waldo(1948)도 조직 내부의 운영을 단순히 행정관리 차원의 문제를 넘어선 사회적 문제로 간주하면서, 행정체제 내의 민주주의와 행정체제 외부와의 관계에 있어서의 민주주의를 엄격히 구분할 수 없다고 보았다. 그는 정의를 정의롭지 못한 방식으로 추구할 수 없듯이 민주적인 목표를 비민주적인 조직을 통해 추구할 수 없다고 지적하면서, 민주사회의 이상에 부합되는 민주적 형태의 행정조직을 모색할 것을 주장한다. Waldo가 말하는 민주적 형태의 조직은 분권화나 민주적 리더십과 같은 이른바 후기관료제(post-bureaucratic) 조직의 특징을 지닌 것이라고 할 수 있다(Denhardt, 1993: 30). 상당수 학자들은 공조직 내부의 민주주의가 정치적 민주주의 정신과 부합됨은 물론, 구성원들의 자기발전이나 조직의 생산성 향상과 같은 다른 여러 긍정적 효과를 가져올 수 있다고 본다(DeLeon & DeLeon, 2002: 236-238; Smith, 1984: 458-459).

공조직 내 민주주의(organizational democracy)는 정치적 민주주의(political democracy)의 핵심 신조(central tenets)와 상충되지 않는다. 구성원들이 조직 내에서 가지는 통제권을 외부의 선출직 공직자들이 설정한 제약과 테두리 안에서 행사할 수 있을 것이기 때문이다. 뿐만 아니라 조직 내 민주주의는 구성원들에게 자신들의 정책활동에 대한 도덕적 책임 의식을 고취시킬 것이므로 오히려 정부관료제에 대한 외부적 통제체제의 한계를 보완할 수 있을 것이다(Smith, 1984: 456-457).

2. 정부관료제의 책임과 통제

1) 정부관료제의 책임

대다수 학자들은 정부관료제의 책임성(responsibility)과 대응성(responsiveness)을 강조한다(Morrow, 1980: 79; Denhardt, 1993: 153). 먼저, 정부관료제의 책임이란 행정기관 또는 관료들이 주권자인 국민의 기대와 요망에 부응하여 공익 · 법령 · 직업윤리 등 일정한 기준에 따라 기능하거나 행동하여야 할 의무를 뜻한다. 민주국가에 있어서 정부관료제의 책임은 ① 국민의 수임자로서 지는 도의적 · 규범적 책임, ② 법령에 따라야 할 법적 책임, ③ 국민과 그 대표기관에 대한 민주적 · 정치적 책임, ④ 국민과 여론에 따라야 할 대응적 책임 등을 포함한다. 이러한 책임 문제는 정부관료제가 정책과정상 가지고 있는 재량적 성격의 능력과 권한을 남용할 우려 때문에 제기되며, 정부관료제가 정책의 전 과정에서 스스로의 선호나 이해관계보다 우위에 있는 요구들을 충족시켜야 할 의무를 의미한다(김규정, 1997: 847). 정부관료제의 대응성은 정부관료제가 외부의 요청에 신속히 반응하는 것으로서, 위에서 언급한 국민 여론에 따라야 할 대응적 책임과 유사한 의미이다(오석홍, 1998: 212; 백완기, 2006: 328).

그렇다면 민주국가에서 정부관료제에 대해 책임을 묻는 궁극적 주체는 누구인가? 바꿔 말해 정부관료제는 구체적으로 누구에게 책임을 지는가? 정부관료제는 의회나 대통령 등 국민대표기관에 대해 책임을 지는가? 아니면 시민 · 이익집단 등 여러 사회세력들에 대해 직접적으로 책임을 지는가? 만약 후자의 경우라면 정부관료제는 그 자체가 대표성을 띤 하나의 제도로 인정받게 된다(Wood & Waterman, 1994: 9-11).

초기 학자들은 위로부터의 민주주의(overhead democracy)에 입각하여 정부관료제의 책임성을 국민대표기관들과 선출직 공직자들의 정책결정을 충실히 집행하는 것으로, 그리고 정부관료제의 대응성을 국민대표기관과 선출직 공직자들의 필요와 요청에 대해 적시성 있게 반응하는 것으로 보았다. 이러한 책임 논리는 선출직 공직자들은 차기 선거에서 국민들의 심판을 받는 형식으로 정치적 책임을 추궁당하기 때문에 국민들의 뜻을 충실히 정책에 반영하고자 노력할 것이므로, 신분보장을 받는 행정 관료들은 이들 선출직 공직자들의 뜻을 따름으로써 간접적으로 국민에게 책임을 지게 되어 민주주의 이념이 실현된다는 것이다(Redford, 1969; Denhardt, 1993: 144; 정정길 , 2000: 227).[4]

---

4) 그러나 이러한 간접적 행정책임 논리에는 한계가 있다. 미국이나 한국과 같이 행정수반이 국민에 의해 직접 선출되는 대통령제 하에서는 의회와 정치행정부(political executives)가 별도로 구성되므로, 의회 다수 정파와 정치행정부가 각각 상이한 정당에 의해 장악되어 서로 대립되는 결정을 하는 상황이 발생될 수 있다. 이처럼 이른바 '분리된 정부'(divided government)하에서는 정부관

정부관료제의 책임은 크게 관료들 스스로 특정한 방식으로 행동하고자 느끼는 주관적 책임(subjective responsibility)과 외부로부터 주어진 행동기준에 따라야 하는 객관적 책임(objective responsibility)으로 나누어지는 것으로 논의되어 왔다. 전자는 사회화, 훈련, 전문가적 기준 등을 통해 관료들의 인품(characteristics)으로 형성되는 것으로 양심・충성심・일체감 등을 포함한다. 후자는 관료들에 대한 불신을 전제로 외재적으로 설정되는 것으로서 법령을 준수할 책임, 조직의 상하계층관계에 대한 책임 등을 포함한다. 주관적 책임은 관료들이 객관적 책임을 지는 데 대한 기반이라고 할 수 있다(김규정, 1997: 848). 정치적 민주주의와 관련하여 논의되는 정부관료제의 책임은 주로 후자의 객관적 책임을 뜻한다.

이들 양 차원의 책임은 상호 배타적이지 않지만(Denhardt, 1993: 144), 일부 학자들은 주관적 책임감을 특히 더 강조한다. Fredrich(1972)와 Mosher(1968)는 오늘날 관료들은 상부의 지시나 관행에 의해서가 아니라 자신들의 기술 전문성이나 국민정서에 대한 이해를 토대로 의사결정을 하는 경우가 많으므로, 관료들 스스로의 책임감 즉 내적 견제(inner check)가 결정적인 변수가 된다고 한다. 하지만 Finer(1972), Lowi(1979) 등의 다른 학자들은 관료들의 개인적 윤리의식에만 의존하여서는 책임성 확보에 한계가 있다고 지적하면서, 객관적 책임 확보를 위한 제도적 장치의 중요성을 상대적으로 더 강조한다. 그러나 객관적 책임 확보에도 정부관료제의 통제 문제와 관련하여 적지 않은 제약과 한계가 있다. 의회나 행정수반이 방대한 규모를 토대로 고도로 전문적이고 복잡한 사회문제를 다루는 정부관료제를 효과적으로 통제한다는 것은 불가능에 가깝기 때문이다(김규정, 1997: 853).

2) 정부관료제에 대한 통제

정부관료제의 정책활동에는 재량권의 일탈과 남용 위험이 적지 않으므로, 행정통제의 필요성이 크다. 행정통제는 정부관료제의 객관적 책임을 확보하기 위한 수단으로서 정책과정상 정부관료제의 일탈행위를 억제하는 여러 조치를 말한다(이승종, 2000). 정부관료제에 대한 통제에는 아래로부터의 시장통제와 위로부터의 계층적 통제가 가능하지만 어느 것도 효과적이지 못하다(Peters & Savoie, 1994: 422).

료(제)가 어느 쪽을 따르는 것이 민주주의에 부합되는지를 알 수 없다는 문제가 추가적으로 제기될 수 있다. 영국과 일본 등 의원 내각제를 운영하는 국가에서는 의회의 다수 정파가 행정수반과 장관들을 포함한 정치행정부를 구성하여 정부관료제를 직접 통제하지만, 이때의 정치행정부는 의회 다수정파의 정책정향을 반영하는 것이 되므로 이 같은 문제는 발생되지 않는다.

후자가 정부관료제 활동의 효율성을 확보하기 위한 관리적 차원의 통제라면, 전자는 정부관료제 활동의 민주적 책임성을 확보하기 위한 정치적 차원의 통제라고 할 수 있다. 대개의 경우 정부관료제에 대한 통제는 양 쪽 모두를 목적으로 하지만(정광호, 2005: 302), 보다 중요한 것은 국민대표기관과 선출직 공직자들에 의한 위로부터의 계층적 책임의 확보이다. 정부관료제에 대한 통제는 정부관료제 활동의 민주성을 확보하는 데 그 주된 목적이 있기 때문이다.

민주사회에 있어서 정부관료제의 본래 역할은 국민으로부터 통치를 위임받은 집권세력에 대해 통치에 필요한 중립적인 전문능력을 제공하는 것이라고 할 수 있다. 그러나 현실에 있어서 정부관료제는 나름대로의 이해관계와 가치판단을 토대로 정책과정에 임하므로, 업무에 대한 헌신도와 국정운영방향에 대한 협력 수준은 정권의 성격에 따라 차이가 날 수 있다. 정치이념적 스팩트럼이 넓어 좌 · 우 정권교체가 적지 않게 이루어지는 유럽 국가들에 있어 정부관료제에 대한 통제 문제가 더 큰 관심사가 되는 것은 이 때문이다(양재진, 2003: 265-266).

Wilson(1887)의 정치-행정 이원론이 비현실적인 것으로 판명된 지 오래지만, 많은 학자들은 여전히 위로부터의 민주주의를 실현하기 위해 정부관료제를 통제할 것을 강조한다(Meier, 1993: 144; Behn, 2001: 42). 이는 행정수반의 계선적 명령체제를 통한 통제, 의회의 예산 심의 및 결정 등을 통한 통제를 주로 의미하지만, 의회나 대통령에 의한 감시와 통제는 전문성 부족, 자원부족, 동기결여 등의 현실적 한계가 있어 소기의 성과를 거두기 어렵다(Rourke, 1984; Wilson, 1989; Aberbach, 1990).

정부관료제에 대한 위로부터의 통제의 어려움은 흔히 주인-대리인 이론(principal-agent theory)으로 설명된다. 선출직 공직자들로 구성된 집권세력들과 정부관료제 간의 관계에 이 이론을 적용할 수 있는 것은, 양 측의 목표와 선호가 상이하고, 정보 격차가 현격하기 때문이다. 많은 학자들의 지적대로 양측은 효용 극대화를 모색하는 합리적인 존재로서, 정치인들은 재선기회의 극대화를 추구하고 관료들은 예산의 극대화 등을 모색한다. 또한 양 측을 비교할 때 관료들이 정치인들에 비해 정책에 관한 정보와 경험 및 전문성 면에서 비교우위를 점한다. 무엇보다도 정부관료제의 규모가 매우 방대하여 누구도 조직 · 예산 · 인력 · 규제 · 기능 등을 세밀히 파악하기 힘들다. 더구나 최근 제3자 정부(third-party government)의 출현으로 정부관료제에 대한 통제는 더욱 어려워지고 있다. 정부의 많은 기능이 외부 계약(contracting out) 등에 의해 이루어짐에 따라 정책집행과 관련하여 문제가 발생할 경우 누가 어느 부분에 대해 책임져야 하는지를 파악하기 힘들기 때문이다(Hague & Harrop, 2004: 303).[5)]

이렇듯 양측 간에 목표의 갈등과 정보의 비대칭성이 존재하고 양측이 추구하는 목표가 상이한 상황에서, 관료들은 집권세력이 원하는 대로 움직이지 않을 수 있는 것이다(Waterman & Meier, 1998). 정부관료제가 정책과정에서 자율권을 행사하는 수준만큼 선거와 정책 내용간의 연결고리는 약화된다. 이는 선거가 더 이상 시민들의 정책선호(policy preferences)를 정치체제에 전달하여 정책과정에 반영하는 효과적인 장치가 되지 못하고, 단지 정치권력에 정통성을 부여하는 수단으로 전락될 수 있음을 의미한다(Krislov & Rosenbloom, 1981: 14-16).[6)]

Ⅲ. 정부관료제의 책임과 통제 확보방안

1. 접근의 기본 구도

정부관료제에 대한 위로부터의 통제가 어렵다는 인식이 확산되면서 정부관료제의 구성과 활동에서 직·간접적으로 민주성을 확보하려는 논리와 방안들이 강구되어 왔다. 이하에서는 정부관료제의 책임과 통제를 확보하기 위한 기존 방안들의 가능성과 한계에 대해 검토한다.

정부관료제와 민주주의 간의 조화를 추구하는 접근은 크게 두 범주로 나눌 수 있다(그림 1 참조). 이들 접근은 공히 정부관료제의 실체인 관료들을 스스로의 이익을 추구하는 행위자로 전제한다. 앞서 여러 이론에서 가정하듯이, 관료들도 자신의 이익을 추구하는 행위자로 보고 해결책을 모색하는 것이 이들 접근의 공통점이라고 할 수 있다. 이하에서 살펴볼 두 접근 중 하나는 정부 관료들의 자기이

5) 민간위탁에 대한 보다 자세한 논의는 다음 장을 참조.
6) 미국 의회의 경우도 정보의 부족 등으로 이들 통제장치를 제대로 활용하지 못하고 있다(박찬욱, 1995). 미국 의회는 정부관료제와의 결탁으로 정부관료제를 동지로 인식하는 탓에 통제하려는 의지가 강하지 못하다는 약점도 안고 있다. 미국의 대통령도 정부관료제에 대한 통제 장치로서 정무직 공무원의 임명권, 예산관리청과 같은 막료조직, 행정조직 개편권, 예산권 등을 가지고 있으나 역시 시간과 정보의 부족, 의지 부족 등으로 이들 통제장치를 제대로 활용하지 못한다고 한다(Meier, 1993: 147-186). 반면, 정부관료제를 통제하기 어렵다는 이 같은 시각에 대한 반박도 존재한다. 예컨대 Kaufman(1981)은 많은 관료들이 선출직 공직자들의 강력한 통제 때문에 업무수행에 있어 자율성을 침해받으며, 오늘날의 정보화 사회에서 행정기관이나 관료들만이 정책과정상의 전문성을 독점한다는 주장도 현실과 거리가 멀다고 지적한다.

익 추구활동과 재량을 허용하되 그것이 사회전체의 집합적 이익에 기여할 수 있도록 함으로써, 나머지 한 접근은 정부 관료들의 자기이익 추구활동과 재량을 제한함으로써, 정부관료제와 민주주의 간의 조화를 꾀한다. 앞의 접근은 다시 정부관료제의 구성과 대표성의 조화를 모색하는 것과 정부관료제의 문제해결 능력과 책임성의 조화를 추구하는 것으로 구분될 수 있다.[7] 물론 이러한 구분은 상대적인 것이다. 어느 접근도 정부관료들의 자기 이익추구를 정면으로 허용하거나 전적으로 금한다고 할 수 없기 때문이다.

이 연구가 제시하는 기본적 접근 구도(그림 1)는 현실 세계에 이미 적용되고 있는 여러 방안들을 공공선택론, 다원주의이론, 관료정치론, 신공공관리론에 기초하여 재구성한 것이다(Dunleavy & O'Leary, 1987; Osborne & Gaebler, 1992). 이를 부연 설명하면, 첫째 관료들이 자기이익과 재량을 추구한다는 전제는 위 여러 이론의 공통분모이다. 둘째, 관료제 구성과 운영의 대표성을 지향하는 접근(인적 구성, 조직편제, 시민참여)은 사회세력들과 행정기관들 및 관료들 간의 상호 견제를 유도하는 것으로서, 다원주의이론 및 관료정치론과 관련이 깊다. 셋째, 성과주의와 민간위탁은 공공부문에 시장 경쟁의 원리를 도입하려는 신공공관리론 및 공공선택론에서 도출된 것이다. 마지막으로 관련 법규의 정교화와 엽관인사의 활성화는 관료들의 행태에 제약을 강화하는 것으로서, 관료들의 재량행위를 제한하려는 다원주의이론과 공공선택론에서 근거를 찾을 수 있다. 이상의 접근을 좀 더 자세히 기술하면 다음과 같다.

우선, 정부관료제의 구성과 대표성의 조화를 지향하는 접근은 관료제의 인적·조직적 구성에서 대표성을 확보함으로써 그들 활동의 최종적 결과가 민주주의적 가치에 부응할 수 있도록 하는 방안이다. 이 접근법은 민주적인 사회는 필연적으로 다양한 세력들로 구성되어 있고, 이들 세력 간의 공정한 경쟁으로부터 귀결된 결과의 정당성을 인정한다는 전제하에, 이러한 다원사회의 기본틀을 정부관료제의 운영에 반영한 것이다. 여기에는 ① 관료제의 인적 구성을 통해 대표성을 확보하는 방안, ② 행정조직의 편제를 통해 대표성을 확보하는 방안, ③ 시민참여를 통해 대표성을 확보하는 방안이 포함된다.

다음, 조직성과와 연계하는 접근은 정부관료제가 인적 구성과 조직편제 측면에

7) 이익추구와 재량이 반드시 논리적인 등치관계에 있는 것은 아니지만, 재량이 이익추구의 가능성과 위험을 높인다는 전제에서 유사 분류기준으로 삼았다.

서 대표성을 결여하고 있더라도, 자기 이익을 추구하는 '대리인'인 관료들의 활동이 결국에는 '주인'인 집권세력의 요구와 이익에 부합될 수 있도록 만드는 것이다. 구체적인 방안으로는 성과급여제 등 성과주의 인사제도를 들 수 있다. 이는 관료들의 직무수행실적을 그들이 갈망하는 급여상승이나 승진 등과 직접 연계시킴으로써 '주인'과 '대리인'의 이익이 같은 방향으로 향하도록 의도하고 있다.

끝으로, 자기이익을 추구하는 관료들의 재량행위를 제한하는 접근에는 세 가지 방안이 가능하다. 첫째, 각종 법규·지침의 내용을 세밀하게 작성하여 관료들이 이를 준수토록 하는 방안이다. 둘째, 행정기관의 최상위직에 엽관제(spoils system)에 의해 정치적으로 임명하는 정무직 공무원(political appointees)의 수를 늘임으로써 관료들을 통제하는 방안이다. 셋째, 행정기관이 기왕에 수행하던 기능 중 상당부분을 민간에 위탁하여 수행토록 하는 방안이다. 이 경우 행정기관과 관료의 역할은 민간위탁사업을 관리하는 데 그치며, 이 관리에 있어서도 매뉴얼을 정교화함으로써 그들의 자의적 개입을 극소화하고자 한다.

그림 1 정부관료제의 책임과 통제 확보를 위한 접근 구도

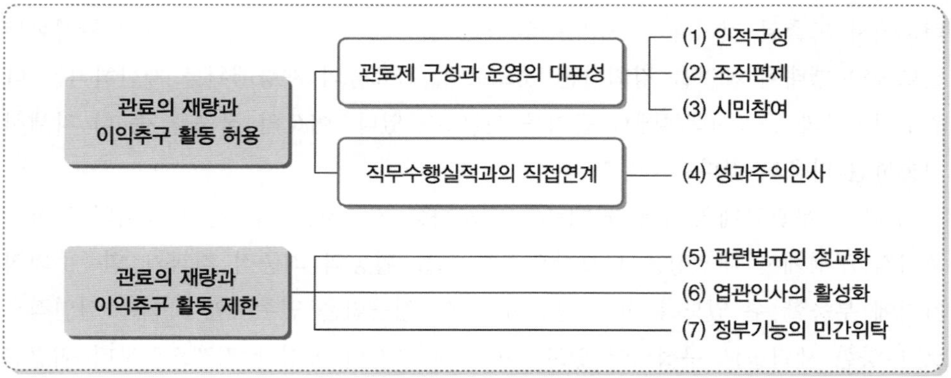

2. 구체적 접근 방안

1) 관료제의 인적 구성을 통한 대표성 확보

인적 구성의 대표성(representation by personnel)은 관료들을 사회의 인구 분포와 다양한 사회적 배경을 반영하도록 충원함으로써 정부관료제를 대표성 있는 정치제도로 변신시키려는 접근방안이다. 여기서 대표성은 사회적 특성과 구성원의 가치관이라는 측면에서의 대표성을 말하다. 이른바 대표관료제(representative bureaucracy) 개념을 처음 소개한 Kingsley(1944)는 이러한 측면을 특히 강조하면서, 행정기관의 관료들을 일반국민의 인구학적 특성을 반영하도록 구성할 수 있다면, 행정기관의 결정 사항이 국민의 선호와 요구에 근접할 것으로 보았다. 이는 인적 구성 면에서 다양한 사회세력을 고루 끌어들여 상호견제하게 하는 대중통제 방식을 정부관료제에 내장시킴으로써 정책과정과 행정의 민주주의를 실현하려는 시도라고 할 수 있다(오석홍, 1999: 266).

그러나 대표관료제의 전제에 대해서는 관료들이 자신들의 본래의 사회적 배경에서 연유된 가치관과 태도를 공조직 내에서 그대로 유지할 수 있느냐의 의문이 제기될 수 있다(Krislov & Rosenbloom, 1981: 23). 이는 정부관료제의 구성에 있어서의 인구학적인 소극적 대표성(passive representation)이 정부관료제의 의사결정에 출신 집단별 의사와 이익이 실제로 반영되는 적극적 대표성(active representation)으로 전환될 수 있느냐의 문제라고 할 수 있다. 그동안 양자 간의 연관성을 경험적으로 평가하려는 연구 노력이 적지 않게 이루어져 왔다. 예를 들면 흑인경찰과 백인경찰이 소수민족 시민을 대함에 있어서 태도의 차이를 보이는지, 유색인 의사가 유색인 환자에 대해 심정적으로 공감하는 경우가 더 많은지 등에 관한 연구가 그것들이다. 하지만 이들 연구가 일관된 결과를 내놓지 못하고 있어, 적극적 대표성의 실현성 여부는 여전히 논쟁대상으로 남아 있다(Shafritz, 1998: 1958-1960).

공무원들이 업무수행에 있어서 자신들과 출신 배경을 같이하는 사람들의 입장과 이익을 적극적으로 옹호하는 적극적 대표성을 실현하기 어려운 것은 정부관료제 내의 사회화 과정 등이 관료들의 본래 가치관을 변질시킬 수 있기 때문이다(Thompson, 1976). 이로 인해 현실에서 관료들은 자신들이 본래 속한 인구학적 집단의 이익보다 소속 행정기관이나 전문가 집단의 입장과 이익을 우선시하는 경향을 보이기 쉽다(Denhardt, 1993: 151).

한편, 대표관료제는 능력과 자격을 기준으로 공무원을 임용하는 실적제(merit system)와의 관계에서도 문제를 낳을 수 있다. 대표관료제의 실천 수단 가운데 여성이나 소수집단을 위한 모집망 확대, 채용시험의 타당성 제고, 교육훈련기회의 확대, 각종 인사 조치에서의 차별금지와 같은 부드러운 방안은 실적제를 보완하거나 수정하는 성격을 지니지만, 비례적 대표성을 강제적으로 확보하는 임용할당제와 같은 강경한 방안은 실적제의 원리와 정면으로 충돌하게 된다(오석홍, 1999:

266). 이러한 방안을 수반하는 대표관료제는 공직수행의 전문성과 합리성을 저해할 수 있을 뿐만 아니라, 실적제를 적용하였더라면 임용될 수 있는 사람들을 희생시키는 이른바 역차별(reverse discrimination)의 문제를 야기할 수 있다. 뿐만 아니라 사회 인적 구성을 토대로 임용되는 관료의 비율이 어느 수준일 때 정부관료제 활동의 민주성과 전문성 간에 균형이 유지될 수 있는지에 대한 해답은 아직 없다.

요컨대 대표관료제는 일반시민들의 구성과 유사하게 관료들을 구성함으로써 정부관료제가 대표기관으로서의 성격을 띠게 되고 일반시민과의 연결고리가 강화된다는 것을 전제로 하지만, 사회학적 대표성(sociological representation)이 정치적 대응성(political responsiveness)과 일치하느냐의 문제, 사회적 형평성과 능률성 간의 적절한 균형문제 등의 해결과제를 안고 있다(Pitkin, 1967; Koven, 1994: 86). 이러한 여러 우려와 의문이 해소되지 않고 있지만, 관료들 특히 고위관료들의 구성에 있어서 대표성 증진은 그 자체가 민주적 가치에 부합될 뿐만 아니라 관료들의 정책 시각을 확대시킬 수 있다는 인식에 힘입어 현재 대표관료제는 인사행정의 주요 제도의 하나로 자리 잡고 있다.

2) 행정조직의 편제를 통한 대표성 확보

행정조직 편제를 통한 대표성(representation by administrative organizations)은 정부관료제의 조직구조와 임무를 통해 정치공동체의 다양한 이익과 사회세력을 대표토록 하려는 접근방안이다. 이러한 접근은 농림·노동·교육 등 사회 각 부문을 대표하는 행정 각 부처의 명칭에서도 나타나 있듯이 현실 세계에 이미 상당 부분 구현되고 있다(Krislov & Rosenbloom, 1981: 75). 많은 국가의 행정기관들이 다원주의적 사회의 경쟁하는 여러 세력들의 이익을 반영하는 정치적 기능을 지닌 탓에, Seidman(1970: 13)은 행정부의 구조는 사회의 축소판이라고 지적하였다. 행정조직 편제의 대표성은 정부관료제의 정책과정에 사회의 다양한 세력들을 광범위하게 반영시킬 수 있다는 장점을 내포한다. 관료정치(bureaucratic politics) 이론은 이러한 관료제적 분산이 기관들 간에 상호 경쟁과 제도화된 갈등을 유발시킴으로써 관료권 행사를 제약하는 내부장치가 될 수 있음을 지적한다(Yates, 1982: 71-88; Fesler & Kettle, 1991: 90-94). 상이한 시각과 이해관계를 지닌 다수 행정기관과 소속관료들이 분산된 관료제적 구조 속에서 기능하면서 정책결정과정상 상호 갈등을 빚고 경합하게 되는 현실이 관료정치의 핵심 내용인 것이다(Allison, 1971; Smith et. al., 1993: 583).

그러나 다수 행정기관들이 특정 정책영역에 중첩적으로 연루되어 상호 경쟁할 경우 과다 서비스나 중복 규제를 초래하여 인력과 예산의 낭비를 가져 올 수 있다. 특히 이들 기관이 복합적인 성격의 정책 사안들을 다룸에 있어 균형감각과 종합적인 시각이 결여된 채 힘겨루기를 한다면, Pressman & Wildavsky(1973)가 정책집행과정과 관련하여 지적한 이른바 '합동행위의 복잡성'(complexity of joint action)으로 인한 정책과정의 지연과 혼란을 피하기 어렵다. 또한 개별 기관의 책임을 모호하게 함으로써 국민대표 기관들과 선출직 공직자들에 의한 통제를 어렵게 만든다. 뿐만 아니라 부처 간에 이익대변 구도의 골이 깊게 형성될수록 부처 간의 협력이 점점 더 어려워지는 결과를 낳게 된다(Allison, 1972; 이달곤, 2000).

이러한 역기능에도 불구하고 다원주의적 조직편성이 정부관료제의 사회이익 대표성을 제고시킨다는 점은 부인하기 어렵다(Krislov & Rosenbloom, 1981: 83). Long(1965: 17-18)은 정부관료제에 의한 이러한 대표성이 의회의 대표성과 비교하여 결코 뒤지지 않는다고 주장한다. 정부관료제의 조직구성과 임무에 의거한 대표성 확보는 Janowitz 등(1977)에 의해 개발된 민주적 균형이론(theory of democratic balance)과 맥을 같이 한다. 민주적 균형이론은 민주주의는 다양한 집단들, 정당들, 후보자들 간의 끊임없는 경쟁을 통해 어느 누구도 정치체제의 모든 이슈 영역들을 지배하지 못하도록 할 때 보장된다는 이론이다. 이 이론에 의하면 정부관료제는 정치체제에서 단일의 지배세력이 되지 못하도록 구성되어야 하며, 이를 위한 가장 효과적인 방법은 정부관료제 내에 경쟁의 원리를 제도화시키는 것이다. 즉 행정기관들 간에 그리고 프로그램들 간에 경쟁을 유발시켜 정부관료제 내부에 관료적 권력에 대한 강력한 상호 견제가 이루어지도록 하는 것이다(Krislov & Rosenbloom, 1981: 18).

정부관료제의 다원주의적 조직편성은 사회 여러 관련 이익집단들에 의해 타협 · 조정된 의견을 추상적인 국민들의 의견이 실체화된 것으로 간주하는 다원주의론자들의 주장에 근거한 것이다(정정길, 2000: 232). 다원주의적 민주주의(pluralist democracy) 이론에 의하면, 정부관료제 혹은 행정기관은 ① 권력의 중심이 여러 기관(혹은 부서)에 분산되도록 구성되고, ② 다양한 이익집단들 특히 소수집단(minority interests)에게 스스로의 이익을 표출할 수 있는 접근 기회를 다수 제공하고, ③ 조직 내적으로 분권화와 경쟁의 요소들을 내포하고, ④ 개방적이면서 참여의 범위를 확대하고, ⑤ 기능 수행에 있어 협상지향적인 정향을 강화하는 방향으로 변신해 나갈 때, 어느 정도 민주제도로서 인정받게 된다. 정부관료제에 대한 이러한 다원주의적 주문은 정부관료제의 권력에 대한 의혹에서 비롯된 것이라고 할 수 있다(Yates, 1982: 13). 그러나 이러한 주문에 대해서는 정부관료제의 합리적이고도 가치중립적인 의사결정이 저해 받게 된다거나, 정부관료제의 이익조정 기능에 대한 통제는 시민의 이익을 대표하는 선출직 공직자들에 의해 이루어져야 한다는 반론이 제기되고 있다(Yates, 1982: 20-30).

3) 시민참여를 통한 대표성 확보

시민참여를 통한 대표성(representation through citizen participation)은 정부관료제의 주요 결정과정에 시민을 직접 참여시킴으로써 민주행정의 이념을 실현하려는 접근방안이다(Van Styke et al., 2005). 여기서의 시민은 공동체의식을 지닌 일반시민으로서 특수 이익을 대변하는 사람들과 구분된다. 이들은 이익집단의 구성원이 아님은 물론이고, 자신의 요구만을 강하게 주장하는 고객도 아니다. 이러한 성격의 일반시민이 정부관료제의 정책과정에 참여하게 되면 직접민주주의 이념이 실현 가능하다는 것이다. 문제는 일반시민에게는 많은 시간과 노력을 들여 정부관료제의 정책과정에 참여할 동기가 없는 점이다. 일부 헌신적인 시민이 있을 수 있겠지만, 이들은 대부분 시간과 경제적 여유가 있는 중상층 사람들일 것이고, 따라서 사회적 하층의 입장과 이익을 대표하기 어려울 것이다(정정길, 2000: 231).

정부관료제가 주도하는 정책결정과 집행에 있어서는 사회적 하층(lower-class)에 속하는 사람들의 참여가 오히려 더 큰 의미를 지닐 수 있다. 이들이야말로 정부관료제를 불신하고 정부관료제와의 관계에서 소외되기 쉽기 때문이다. 이는 정부관료제가 중간계층의 가치와 이익을 과도하게 대표하기 때문일 수도 있겠지만, 하층에 속하는 사람들이 관료적 구조와 규범에 익숙하지 않은 데도 그 원인이 있을 수 있다.[8] 하층 사람들의 이러한 부적응은 정책집행상의 어려움을 초래하기도 한다. 예

8) 사회적 하층에 해당하는 사람들과 달리 중간계층 사람들은 스스로의 이익을 위해 관료적 규칙 등을 어떻게 이용할 것인지를 잘 알고 있는 것이 일반적이다. 더구나 중간계층 사람들은 몰인격적인 맥락(an impersonal context) 속에서 타인들과 관계를 맺는 데 비해, 하층 사람들은 사적인 성격(personal manner)의 관계를 맺는다. 이 또한 하층 사람들이 관료제 체제의 작동방식과 상황을 제대로 인식하지 못하는 이유 중의 하나이다(Sjoberg, et al., 1972).

컨대 저소득층에 도움을 주기 위한 정부 프로그램들은 해당 수혜자들의 무관심과 비협조로 소기의 성과를 거두지 못하는 경우가 많다(Krislov & Rosenbloom, 1981: 160-161).

시민참여에는 관료조직 내부의 타성이나 전문가들의 거부감과 같은 장애요인들도 작용할 수 있지만(McSwite, 1997), 정보기술의 혁신 등으로 정부와 정책정보에 대한 시민들의 접근이 날로 용이해지고 있는 현실로 미루어 볼 때 앞으로 시민참여가 활성화될 수 있는 가능성은 매우 크다(Vigoda, 2000; Thomas & Streib, 2005).

이 밖에도, 최근에는 정부관료제의 업무수행 과정을 통해 정부관료제의 역할과 기능에 민주성을 부여하려는 논리가 새롭게 등장하였다. 이는 이른바 고객지향적 행정을 말하는 것으로, 행정기관과 관료들이 주로 정책집행 과정에서 고객들의 다양한 요구를 충족시키고 고객에게 만족을 줄 수 있는 좋은 서비스를 제공함으로써 정부관료제의 민주성이 제고될 수 있다는 논리이다(정정길, 2000: 230). 그러나 행정서비스 전달체제 향상을 통한 고객과의 관계(customer relations) 개선에 초점을 맞춘 이러한 접근에 대해서는 정부관료제에 의한 정책활동의 민주성 제고를 위한 본질적인 접근이 되지 못한다는 비판이 가해지고 있다(박천오, 1997).

전체적으로 시민참여를 통해 정부관료제 의사결정에 대표성을 부여하려는 시도는 시간과 비용 등 각종 비용을 유발시켜 정책과정의 능률성을 저해하거나, 다수 시민들이 무관심한 가운데 이익집단과 직접적 이해당사자들만 참여함으로써 일반 시민의 보편적 이익을 해칠 수 있는 위험을 수반한다(Peters, 2000; Callahan, 1999).

4) 성과주의 인사

성과주의 인사는 관료들의 자기이익 추구활동이 선출직 공직자들의 정책실현에 기여하도록 유도함으로써 책임성을 확보하고자 하는 접근방안으로서 주로 성과급제도로 대표된다. 인사행정에 있어서 성과주의는 목표의 실현과 결과를 중시하는 대신 절차와 수단에 의한 목표대치를 배격하는 산출중심적 관리를 뜻한다(오석홍, 2005: 60). 성과주의는 관료들의 업무와 활동을 평가함에 있어서 조직전체의 임무완수나 정책의 구체적 실현 등을 강조함으로써, 관료들이 우수한 성과를 내고 그에 따라 상대적으로 높은 수준의 급여를 받거나 승진하려고 노력하는 활동의 자연스러운 결과로서 집권층의 정책추진이 강화될 수 있게 한다(Hood, 1986: 114-

115).[9] 즉 성과주의 인사제도는 보수와 승진을 정책지향적인 직무수행실적과 결부시킴으로써 관료들에게 집권층의 정책실현에 협력토록 동기를 부여하는 제도적 장치라고 할 수 있다. 관료들의 입장에서 본다면 집권층의 정책추진에 공헌하는 것이 곧 보수증대와 승진이라는 스스로의 효용을 극대화하는 길인 것이다.

뉴질랜드, 영국, 캐나다, 호주 등 세계 각국은 신공공관리론에 토대를 둔 정부혁신의 흐름 속에서 관료들을 통제하고 정부의 경쟁력을 향상시키려는 두 가지 목적에서 공공부문에 직무성과계약제도 등 성과주의 인사관리를 광범위하게 확대 적용하고 있다(Christensen & Legreid, 2003; Ingraham, 1997; Hood, 1990). 이들 국가에서 공히 고위공무원단제도를 도입하고 있는 이면에는 비협조적이거나 성과가 낮은 고위공무원을 해직할 수 있는 권한을 정무직 공직자들에게 부여하고, 고위공직을 개방하여 민간인의 진입이 가능토록 함으로써, 고위공무원들에 대한 통제를 강화하려는 정치적 목적이 포함되어 있다(Huddleston, 1991: 178-184; Durant, 2003: 1089).

이러한 접근은 정치적 책임성보다는 관료제적 또는 관리적 책임성을 강조하는데 그 주된 특징이 있다(Hughes, 2003: 246-254; Hood, 1994: 129-132). 우리나라의 경우도 2006년부터 4급 이상 국가직 공무원 및 고위공무원단 소속 공무원들은 의무적으로 성과계약 평가를 받게 하고 있다. 직무성과계약제는 통상 장·차관 등 조직의 책임자와 실국장, 과장 간에 성과목표와 지표에 대해 공식적인 성과계약을 체결하고, 계약의 이행도를 평가하여 인사와 보수 등에 반영하는 인사관리시스템을 말한다(중앙인사위원회 내부자료, 2006). 이러한 직무성과계약제는 피평가자인 관리자들에게 업무에 대한 긴장감을 가지게 하고 정무직 공직자들에 정책방향 및 집권층의 의도에 주의를 기울이게 만드는 효과를 거둘 수 있다.

전체적으로 성과주의 인사관리는 관료들의 업무와 활동을 평가함에 있어서 조직전체의 임무완수나 정책의 구체적 실현 등을 강조하므로, 관료들의 재량과 자의적 행태를 정책목표의 추진으로 유도하는 유용한 수단이 될 수 있다. 그러나 성과주의는 명확한 성과지향적 목표가 설정되고 그에 대한 직무수행실적이 측정될 수 있을 때 효과적으로 적용될 수 있는 것인데, 정부조직에 있어서는 이에 대한 객관적인 측정과 계량화가 어려운 경우가 많으며 조직임무완수나 정책추진 성과

---

9) 이러한 성과주의에 입각한 성과급(pay-for-performance)은 직무수행의 실적을 결정기준으로 삼는 보수로서, 기초적인 보수(base pay) 위에 추가하여 지급하는 보수를 말한다(오석홍, 2005: 60).

에 대한 개인별 기여도를 구분하기 곤란하다는 한계가 있다(오석홍, 2005: 433-434).

〈표 1〉 외국의 성과계약제도 운영 실태

구분	영국	캐나다	호주	뉴질랜드
계약 당사자	장관/고위공무원단 (SCS) 간	장관/고위공무원단 (Executive Group) 간	인사처 처장/ 고위공무원단 간	장관/차관/ 고위공무원단 간
계약내용	업무목표, 수행방법, 평가방법 등	핵심/지속 수행과제, 성과지표 등	직무기술서, 성과책임, 성과표준 등	단위기간내 달성할 기대성과
결과활용	성과상여금 지급 등	기본급/성과급 등에 반영	보수와 인사 평가에 반영	인사, 성과급 등에 반영

출처: 중앙인사위원회 내부 자료(2006).

뿐만 아니라 평가지표는 원래 성과를 측정하기 위한 수단적 의의를 지닌 것이지만, 평가의 대상이 되는 관료들은 평가지표 그 자체를 활동의 목표로 삼을 수 있다. 따라서 그들은 성과평가를 통해서 궁극적 가치 — 공익의 증진, 책임성의 제고 — 를 추구하기보다 자신들의 행위동기 즉 급여의 증대에 도움이 되는 활동에 주력할 수 있고, 이는 공익의 증진이나 책임성의 제고와는 거리가 먼 결과를 가져 올 수 있다.

5) 관련 법규의 정교화

이는 관료들의 재량과 자율, 이익추구 등을 제한하기 위해 관련 법규의 내용을 정교화하는 접근방안이다. 이와 관련하여 Lowi(1979)는 정부관료제가 정책과정상 너무 많은 재량권을 가짐으로써 정책의 공식성과 방향성을 저해한다고 지적하면서, 입법부가 보다 세밀한 법규를 제정하고자 노력함으로써 집행과정에서의 관료제의 재량과 협상 범위를 축소시킬 수 있다고 주장한다. Lowi의 이러한 주장은 행정에 대한 정치의 우선 내지 우월성을 전제로 정치가 행정을 통제해야 한다는 논리를 강조하는 정치행정이원론적 입장을 재천명하는 것이라고 할 수 있다.

그러나 오늘날과 같이 복잡 · 다기한 현대사회에서 입법부가 법의 내용을 관료제의 재량행위를 대폭 제한할 수 있을 만큼 정교하게 구축하는 것은 실질적으로 기대하기 어렵다. 입법부가 전문성과 정보의 한계를 극복하기 어려울 뿐만 아니라, 법의 내용이 구체적일수록 현실의 상황변화에 따라 이를 빈번히 수정하여야 하는 정치적 부담을 감당하기 벅차기 때문이다. 뿐만 아니라 다수 학자들은 정책 입안 단계에서는 새로운 정책수단이 어떤 효과를 야기할지 결과 예측이 불확실하므로 관료들이 정책집행 과정에서 정책내용을 상황에 부합되게 구체화하고 지속적으로 재조정할 수 있는 재량을 가지도록 법의 내용을 추상적이고 개략적으로 규정하여야 한다는 점을 강조한다(Elmore, 1980; Ham & Hill, 1993). 법규의 내용을 세부적으로 규정함으로써 현실에 존재할 수 있는 예외적인 상황을 인정하지 않을 경우, 자칫 법 자체의 정당성과 현실적 타당성에 대한 의문이 제기될 우려마저 없지 않다(Hood, 1986: 20-22).

정부관료제에 대한 행동지침을 정교화하기 어렵다는 점은 일선관료들(street-level bureaucrats)의 정책집행 현장에서 보다 분명해진다. 여기서 일선관료들은 일반 시민과 직접적으로 접촉하며, 직무수행에 있어서 상당한 재량권을 가진 현장근무 공무원들을 말한다(조일홍, 1996: 171). 일선관료들은 업무수행과 관련하여 조직계층 구조상 상위에 위치한 중상위층 관료들의 통제를 받아야 하지만, 다른 하위직 공무원들과 달리 직무의 자율성이 광범위하다. 일선관료들의 경우 집행현장에서 당면하는 상황과 접촉하는 고객의 다양성으로 말미암아 업무수행의 표준화가 어려워 재량적 판단이 불가피하기 때문이다(Lipsky, 1980).

법규나 지시가 아무리 정교하여도 일선관료들이 집행현장에서 취해야 할 조치 모두를 획일적으로 규정하기란 불가능한 것이다. 일선관료들이 행사하는 재량권에는, 추상적이고 일반적인 정책지침이나 정책내용을 현실에 맞게 구체화시켜서 적용하기 위한 재량권, 구체적인 정책내용이나 지침이 현실에 맞지 않는 경우 광범위하게 예외를 인정할 수 있는 재량권, 현장에서 예상하지 못했던 사태가 발생할 경우에 대비한 재량권 등이 있다(정정길, 2003: 707).

일선관료들은 이러한 재량권 행사를 통해 정책에 입각한 편익과 제재의 적용을 실제로 결정짓는 관계로 현실정책(real policy)의 궁극적 결정자라고도 할 수 있다(Palumbo & Maynard-Moody, 1991: 123). 정책은 일선관료들에 의한 해석의 프리즘을 통해 여과되는 과정을 거쳐 실행되는 것이 보통이다.

일선관료들의 재량이 문제가 되는 것은 일선관료들이 우월한 입장에서 행동하고 고객들은 종속적 입장에서 이들의 임의적 처분에 따르는 경우가 많아, 일선관료들은 고객과의 관계에 있어서 자기이익 중심적 행태나 목표대치(goal displacement)와 같은 행정편의적 행태와 병리현상을 보인다는 데 있다(Lipsky, 1980). 더 큰 문제는 이들이 상급자들의 직접적 감독이 물리적으로 불가능한 원거리에서 고객에 대한 서비스나 제재와 관련된 의사결정을 한다는 사실이다. 최근 컴퓨터화된 관리체제에 힘입어 일선관료들에 대한 관리적 통제력이 증대되고는 있지만 여기에도 일정한 한계가 있다(Palumbo & Maynard-Moody, 1991: 123).

6) 엽관인사의 강화

오늘날 엽관인사는 행정수반이 책임정치의 구현을 위해 상위직에 자신과 신념이 갖거나 자신이 신뢰할 수 있는 사람을 정치적으로 임용하는 형식으로 운영된다. 엽관인사의 강화는 이런 식으로 임명하는 정무직 공무원들의 수를 증대시킴으로써 행정기관과 관료들을 장악하려는 접근방식이다. 정무직 공무원들은 자신을 임용한 집권 정치인의 정책이념이나 정책방향에 충실하고자 한다. 그것이 자신을 임용한 정권이 다음 선거에서 승리할 수 있게 하고 자신의 기득권을 유지할 수 있는 길이기 때문이다. 따라서 엽관인사의 핵심적 요소는 정치적인 '주인'인 정권의 명운과 정무직 공무원의 임기 또는 보직을 연계시키는 것이라고 할 수 있다(Hood, 1986: 112).

선출직 공직자 — 특히 대통령제하의 대통령, 의원내각제하의 수상/장관 등 — 의 입장에서는 자신에게 전달되는 정보의 원천이 직업 관료들에 국한될 경우, 정보협착(information impactedness)[10]으로 인해 부하 관료들에 대한 통제를 수행하는 데 있어 제한을 받을 수 있다. 이 경우 정무직(또는 별정직) 공무원은 경력직 관료들과는 구분되는 또 하나의 정보 원천이 됨으로써 관료들에 대한 집권층의 권력을 증대시키고 통제력을 높이는 기능을 수행할 수 있다(Hague & Harrop, 2004: 299-300).

그러나 정무직 공무원들은 주로 정치적 이유에서 임용되는 관계로 사회적 배경이 다양한 반면, 해당 정책영역에 관한 전문지식이 부족하거나 자신들이 이끌 행정기관과 관련된 경험을 갖추지 못한 경우가 많아 관료들을 제대로 통제하기

10) 정보협착은 '주인'(master or principal)이 '대리인'(agent) 또는 '수하'(servant)의 행태를 평가 · 통제하는 데 필요한 정보가 평가 · 통제를 받아야 할 대리인(수하)으로부터 나오는 상황을 말한다(Hood, 1986: 106).

어렵다(Palumbo & Maynard-Moody, 1991: 110; 박경효, 2005). 뿐만 아니라 미국에서 보듯이 정무직 공무원의 수를 늘릴 경우 관료들의 반발을 불러일으킬 위험이 크다(Durant, 1990). 독일이나 핀란드에서처럼 장관에게 더 많은 개인 보좌관들(personal advisory staff)을 제공함으로써 직업관료들에 대한 통제력을 강화하려는 시도는 어느 정도 효과를 거둘 수 있겠으나 보좌관들 스스로에 대한 책임문제를 수반하게 된다(Hague & Harrop, 2004: 299-300).[11)]

게다가 정무직 공무원의 재임기간은 대부분 매우 짧아 선진국에서도 이들의 재임기간은 평균 2－3년을 넘는 경우가 드물다(Stillman, 1992: 156). 때문에 Heclo (1977)는 이들을 '정치적 철새'라고 부른다. 철새처럼 잠시 머물다 떠나는 일과성이 이들의 신분상 특징이라는 것이다. 정무직 공무원들이 안고 있는 시간적 제약은 행정기관에 대한 그들의 통제력을 특히 더 감소시킨다. 정무직 공무원들은 짧은 재임기간으로 인해 임용되는 순간부터 레임 덕(lame ducks)이 된다고 한다. 때문에 정무직 공무원의 정책방향에 동의하지 않는 관료들은 그가 떠나기만을 기다리면 되며, 그 기간은 그리 길지 않은 것이 보통이다(Palumbo & Maynard-Moody, 1991: 112).

이렇게 볼 때 엽관인사를 강화함으로써 행정기관과 관료들을 통제하고 그들의 대응성을 증진시키기는 쉽지 않다고 할 수 있다. 뿐만 아니라 정치적 임용의 증대는 정부관료제가 수행하는 정책 · 행정업무의 능률성과 효과성을 저해하는 부작용을 가져 올 수 있다(Pfiffner, 1987). 대표관료제의 경우와 마찬가지로 여기서도 정치적으로 임용되는 정무직 공무원의 비율이 직업관료들과 비교하여 어느 수준일 때 정부관료제 활동의 대응성과 능률성이 균형을 이룰 수 있는지에 대한 해답은 아직 제시되지 않고 있다.

7) 정부기능의 민간위탁

관료의 자기이익 추구활동을 상당부분 제한할 수 있는 또 하나의 방안은 정부가 수행하던 기능을 민간에 위탁하는 접근방안이다(Mintro, 2003). 민간위탁(contracting out, outsourcing)이란 공공서비스의 생산과 공급을 정부 또는 공공부문이 직접 수행하지 않고 민간부문에 맡기는 것을 말한다. 민간위탁은 공공서비스 공급의 민영

---

11) 이와 유사한 맥락에서, 노무현 정부가 장관을 보좌하는 별정직 정책보좌관제도를 도입한 것은 이러한 엽관인사의 긍정적 측면을 기대한 것이라고 하겠다.

화 전략 가운데 가장 널리 사용되는 방법으로서, 서비스 공급의 세 가지 요소 — 서비스의 공급결정, 서비스의 생산, 서비스의 대가지불(재정부담) — 중 서비스의 공급결정과 대가지불은 정부가 담당하고 서비스의 생산만을 민간부문이 담당하는 방법이다.[12] 바꿔 말해, 민간위탁은 정부가 최종적인 관리책임과 비용부담을 보유하면서 재화나 서비스의 생산·공급기능을 민간부문에 맡기는 것이다(서정섭, 2001: 36-37). 민간위탁은 관료행위의 재량범위를 크게 제약함으로써 관료제 통제의 의의를 지니지만, 다음과 같은 조건이 갖추어지지 않으면 책임성과 능률성의 증진이라는 궁극적 취지를 달성하기 힘들다(Williamson, 1975).

먼저, 수행되어야 할 과제와 관련하여 불확실성 또는 복잡성의 정도가 과도하게 높지 않아야 한다. 정부관료제가 아니라 민간위탁을 통해서 특정 기능을 수행할 경우, 정부는 민간의 수탁기관 — 기업 또는 NGO — 과 계약을 체결하여야 한다. 그런데, 해당 기능 또는 과제와 관련하여 불확실성의 정도가 매우 높아서 앞으로 발생할 상황을 예측하기 어려운 경우, 정부는 이러한 상황들을 계약내용에 모두 반영하기 힘들게 된다. 계약내용에 반영되어 있지 않은 상황의 발생으로 인해 위탁된 과제의 수행에 문제가 발생한 경우, 정부는 수탁기관에 그 책임을 물을 수 없게 된다. 이러한 상황은 오히려 해당 기능을 관료제에 의해 수행할 때 발생할 수 있는 부작용보다 심각한 것일 수 있다. 따라서 민간위탁 방식이 적용 가능하기 위해서는 해당 기능을 둘러 싼 상황의 불확실성이 일정 수준 이상을 넘지 않아야 한다는 조건이 전제되어야 한다.

다음, 해당 과제를 수행할 수 있는 역량을 지니고 있는 기관이 민간부문에 다수 존재하여야만 민간위탁 방식을 적용할 수 있다. 만약 역량 있는 민간기관 간에 적절한 수준의 경쟁이 확보될 수 없을 정도로 관련 민간기관의 수가 적을 경우, 정부는 계약상대인 민간기관들에 대해 열등한 위치에서 계약에 임할 위험이 있기 때문이다. 특히 민간기관들 간에 담합이 있거나 한다면, 정부는 불리한 조건을 감수하고라도 계약을 체결할 수밖에 없게 되고, 이러한 상황은 민간위탁 방식의 타당성에 의문을 낳게 한다. 따라서 이러한 상황을 피하기 위해서는 수탁을 희망하는 기관의 수가 충분히 확보되어 정당한 경쟁이 존재하여야 한다는 조건이

12) 민간위탁은 정부가 무엇을 언제·어떻게 공급하는가에 대한 결정권을 가지고 있으면서 민간의 활력을 이용하는 방법으로서, 공급주체의 변동이라는 점에서는 민영화와 같지만 재화·서비스를 구입하는 쪽이 소비자가 아니라 정부라는 점에서 차이가 있다.

추가되어야 한다(주재현, 2004; 손희준 · 최영환, 2003).

한편, 민간위탁 방안은 다음과 같은 측면에서 오히려 책임성을 훼손할 수 있는 것으로 지적된다. 즉 정부기관이 아니라 민간기관이 공공서비스의 제공을 담당하는 관계로 서비스제공에 있어 문제가 발생할 경우 해당 민간기관이 일차적으로 책임을 지게 되나, 이와 관련하여 해당 행정기관이나 관료들에게 책임을 묻기는 쉽지 않다(Hughes, 2003: 252; Dunleavy & Hood, 1994: 12).[13] 다만 이러한 부정적 가능성은 계약의 내용을 충실하게 구축하고, 이를 투명하게 운영하며, 정부가 최종적인 관리책임을 지니고 있다는 점을 명료하게 함으로써 어느 정도 줄일 수 있을 것이다.

<표 2>는 이상에서 검토하였던 정부관료제의 책임과 통제 확보를 위한 접근방안들 각각의 내용, 강점, 제한점 등을 간추려 정리한 것이다.

〈표 2〉 정부관료제의 책임과 통제 확보방안

확보방안	내용	강점	한계 내지 잠재적 문제점
대표관료제	관료제의 인적구성을 통한 대표성 확보	▪ 제 사회세력간의 상호경쟁방식을 정부관료제에 내장함으로써 정책과정과 행정의 민주주의 실현	▪ 관료의 사회적 대표성과 정치적 대응성의 불일치 ▪ 실적제와의 충돌
다원주의적 조직편성	행정조직편제를 통한 대표성 확보	▪ 정부관료제의 정책체제에 사회의 다양한 세력들을 광범하게 반영	▪ 정책과정의 지연과 혼란 ▪ 개별기관의 책임소재 모호
시민참여	시민참여를 통한 대표성 확보	▪ 직접 민주주의의 이념에 근접 ▪ 고객지향적 행정의 실현	▪ 중상계층만의 참여 ▪ 정책과정의 능률성 저해
성과인사	성과평가에 근거한 관료급여의 책정	▪ 급여수준을 높이려는 관료노력의 결과로써 공익의 증진과 서비스수준의 개선을 도모	▪ 정부기관 목표구체화의 한계 ▪ 직무수행실적측정과 계량화 곤란 ▪ 개인별기여도 구분 곤란 ▪ 성과평가지표라는 수단의 목표화

13) 책임운영기관이나 준정부조직 운영의 경우에도 이와 유사한 문제가 나타날 가능성이 존재한다 (Peters, 1996).

관료행위 지침 정교화	법규내용을 정교하게 작성하여 법집행상 관료들의 재량 제한	▪ 관료들의 자기이익 추구 가능성을 제한하고, 행정에 대한 정치의 통제력을 강화	▪ 현대사회문제의 복잡성으로 인한 실질적 실현가능성의 제한 ▪ 경직적 법집행으로 인한 부작용
엽관인사	고위관직에 대한 정치적 임명	▪ 정치적 '주인'과 정무직 공무원의 성쇠를 연계시킴으로써 직업관료들에 대한 통제 도모	▪ 정무직 공무원의 역량 한계 ▪ 정무직 공무원의 임기 제한
민간위탁	특정 공공서비스의 생산과 전달을 민간에서 담당	▪ 관료들의 자기이익 추구 가능성을 제한하고, 보다 능률적인 서비스 제공을 도모	▪ 적용 가능한 서비스의 제한 (낮은 불확실성과 기관선정상의 경쟁이 확보되어야 적용 가능) ▪ 정치적 책임성의 훼손

Ⅳ. 결 론

20세기 이래 사회문제가 복잡화 · 이질화되고 공공수요가 다양해짐에 따라, 국정의 주도권이 비전문가인 선출직 공직자들로부터 정책과 행정의 전문성과 경험을 겸비한 행정기관과 관료들에게로 이전되는 행정국가화 현상이 심화되어 왔다. 오늘날 행정기관과 관료들이 정책과정에서 행사하는 영향력은 단순히 수단적 · 기술적 선택에 머물지 않고 가치 · 우선순위 · 목표의 선택으로 확장된 상태이다. 많은 나라에서 정부관료제의 이러한 영향력 팽창은 20세기 새로운 환경과 사회경제적 요구에 대한 필요한 대응이었지만(Wood & Waterman, 1994), 의회나 정치집행부가 정부관료제를 제대로 통제할 수 없는 현실은 정치적 민주주의와 관련하여 많은 논란을 야기하여 왔다.

이념적으로나 현실적으로 민주정부에 위협이 될 수 있는 것은 정부관료제의 권력 자체가 아니라 그것의 비대표적인 권력(unrepresentative power)과 관료들의 자기이익 추구행위라고 할 수 있다. 이러한 입장에서 볼 때, 정부관료제 자체를 일반국민의 정치적 대표성을 제공할 수 있도록 구성 · 운영하고, 관료들의 자기이익 추구행위를 제한하거나 그들의 이익추구활동이 공익에 도움이 되는 방향으로 유도하는 기존 접근들은 정부관료제를 민주적 정치체제에 접목시키는 유용한 방안이 될 수 있다. 이 경우 정부관료제의 권력행사는 민주적 가치에 상당 부분 근접할 것이기 때문이다.

그러나 앞서 보았듯이 기존의 여러 접근방안들은 나름대로 문제 해결의 실마리를 제공하고는 있으나, 개별 방안을 놓고 보면 그 현실적 타당성은 아직 미흡한 수준이다. 다만 현재에도 많은 국가들이 정부관료제의 민주성과 책임성을 제고하기 위한 여러 방안들을 부분적이나마 적용하고 있고, 이것이 제한적인 범위 내에서 어느 정도 성과를 보이고 있다.

근래 들어 우리나라에서도 사회 비혜택집단을 위한 공직 충원 확대, 다양한 기능과 사회세력들을 반영하는 다원주의적 조직개편, 직·간접적인 시민참여 방안 강화, 성과주의 인사제도 실시, 사회복지서비스를 중심으로 한 일부 공공서비스의 민간위탁 확대 등 이 연구에서 검토된 여러 통제방안을 시도해 왔다. 특히 김대중 정부에서는 성과주의 인사제도를 포함한 신공공관리론적인 행정개혁을 광범위하게 전개하였고, 노무현 정부에서는 그동안 사회형평 차원에서 여성·장애인·기술인력·지방인재 등의 공직 충원을 확대해 왔는데 이는 대표관료제의 실현과 관련성이 깊다. 하지만 이들 통제방안의 효과는 아직 제한적이다. 예컨대 다원주의적 조직편성은 정부기관의 파편화에 따른 조정의 문제를 야기하고 있으며, 성과급제와 민간위탁방안은 성공을 위한 필요·충분조건에 대한 체계적인 검토 없이 시행되어 크고 작은 문제점들을 노정하고 있다.

앞서 논의된 바와 같이, 정부관료제의 책임과 통제를 확보하기 위한 여러 방안들은 모두 가능성과 더불어 한계를 지니고 있으며, 어떤 한 방안이 다른 방안들에 비해 보편적인 우월성을 확보하고 있는 것은 아니다. 따라서 각 사회와 정부는 처해 있는 여건에 따라 이러한 방안들에 대해 취사선택을 할 수밖에 없다. 우리나라의 경우, 국민과 정치권의 정서를 감안하면 엽관인사는 정치적 의혹만 불러일으킬 가능성이 크다. 반면에 시민참여·민간위탁·성과급제·다원주의적 조직편제 등은 앞으로 사회발전과 행정문화의 변화가 진행되면서 활용도와 효과가 제고될 것으로 기대된다. 사회형평적인 인재 등용은 여성공무원의 증대에서 알 수 있듯이 이미 가시적인 효과를 거두고 있다.

Mosher(1968)는 어떻게 관료제가 민주주의에 부합되는 방향으로 작동하게 할 수 있는가, 어떻게 관료들이 국민의 이익을 위해 움직이고 국민의 도구가 되게 할 수 있는가의 문제를 관료적 시대(bureaucratic age)의 핵심과제로 보았다. Waldo

(1981)도 정부관료제가 정책결정의 주요 주체가 되고 강력한 영향력을 행사하는 현실에 대한 대안은 존재하지 않으며, 이러한 현상을 민주주의 원칙에 비추어 정당화시킬 방법도 마땅치 않다는 의견을 피력하였다. 또한 모두가 추상적 차원에서는 정부관료제를 비난하면서도, 다른 한편으로는 정부관료제가 더 많은 문제를 풀어주기를 기대하면서 자신들에게 도움이 되는 행정기관의 폐지나 축소를 반대하는 것이 실상이라고 지적하였다. 그는 자유와 평등을 지향하는 민주주의는 바람직한 규범이기에 소중한 반면, 정부관료제는 현실적으로 요구되는 존재이자 도구여서 받아들일 수밖에 없으므로, 양자를 조화시키는 것은 현대 정부가 안고 있는 어려우면서도 피할 수 없는 과제라고 결론짓는다.

현대 국가는 국민과 그 대표기관에 의한 국가운영의 이상과 사회문제 해결을 정부관료제에 의존할 수밖에 없는 현실을 어떻게 조화시키느냐의 핵심 과제를 안고 있다. 정부관료제가 민주주의 원리에 어긋나지 않으면서도 사회문제 해결에 강력한 힘을 발휘할 수 있도록 하는 방안은 무엇인가? 정부관료제가 합리적인 수준(a reasonable degree)의 민주성과 능률성을 동시에 추구할 수 있게 하는 방안은 무엇인가? 이들 질문에 대해 만족할 만한 해답을 제시하는 이론과 제도가 구상될 때 정부관료제의 정당한 역할(legitimate role)과 적절한 기능이 재정립될 수 있을 것이다. 이 연구에서 검토된 기존의 방안들은 이론적·실제적 양 차원에서 아직 많은 발전을 필요로 한다.

정부관료제가 수행할 정당한 역할을 발전시키기 위해서는, 정부관료제의 역할 증대가 민주주의 이념과 본질적으로 상충된다고 보거나 정부관료제를 사회적 부담(a social liability)으로 간주하는 기존의 가치전제에서 벗어나, 정부관료제를 사회문제 해결을 위한 유익한 사회자산(a social asset)으로 적극 활용하려는 인식의 전환이 요구된다(Lynn, 2001). 이와 관련하여 Cooper(1984)는 행정책임의 문제와 관련하여 국민의 대표기관과 정부관료제 간의 관계를 전자가 후자를 지배·감독하는 수직적인 관계로 보기보다 서로를 보완하는 수평적인 관계로 보는 것이 옳다고 지적한다. 이는 정부관료제를 민주질서의 참여자로 긍정적으로 바라보고 그것이 보유한 전문지식과 역사적 경험을 정책과정에 적극 활용하여야 할 필요성을 강조한 것이라고 할 수 있다. 실제로 민주주의는 정부관료제가 정책과 관련하여 지닌 지식과 정보 및 경험을 토대로 국민대표기관을 보완하는 기능을 수행하지 않고서는 실현되기 어렵다. 따라서 의회와 정치집행부 그리고 정부관료제는 모두 하나의 정치체제에서 서로 협동하는 주체로 바라보고 삼자 간의 합리적인 협력관계를 모색하여야 할 것이다.

정부관료제에 대한 통제 문제는 최근 새롭게 부각되고 있다. 세계적인 흐름을 타고 있는 정부혁신운동의 이론적 토대인 신공공관리론(New Public Management) 등이 행정개혁과 함께 정부관료제의 통제라는 정치적 목적을 내포하고 있기 때문이다. 신공공관리론은 고위직 관료들에게 정책결정의 역할보다 정치적으로 내려진 결정을 집행하는 관리기능과 역할을 수행할 것을 강요한다. 그러면서 이들에게 경쟁, 시장 인센티브(market incentives), 업무성과기준, 산출측정 등을 적용함으로써 선출직 공직자들의 책임확보와 통제를 강화하고자 한다. 그러나 신공공관리론이 관료들에 대한 통제에 얼마나 효과적인지는 선진국의 경우도 아직 명확하게 밝혀지지 않고 있다. 한국 역시 근래 들어 민주화의 진척과 신공공관리론의 확대 적용 등으로 정부관료제의 역할과 기능이 예전에 비해 위축된 것이 사실이지만, 한국 정치체제의 여러 특성으로 미루어 볼 때 한국의 정부관료제는 비록 수단과 방법을 달리할지언정 앞으로도 정책과정상 주요 역할을 수행할 것으로 전망된다. 따라서 정부관료제가 현대적 기능과 역할을 발휘하면서도 민주주의와 조화를 이루도록 하기 위한 방안의 모색은 앞으로 중요한 학문적·실천적 과제가 될 것이며, 이러한 측면에서 이 연구에 의미를 부여를 할 수 있다.

참고문헌

권경득. (1996). 한국행정학의 연구경향에 관한 실증적 분석: 「한국행정학보」 기고논문 (1967-1995)을 중심으로. 「한국행정학보」, 30(4): 139-153.

김광웅. (1991). 「한국의 관료제 연구」. 서울: 대영문화사.

김규정. (1997). 「행정학 원론」. 서울: 법문사.

김병섭. (1995). 한국 행정조직 실증연구의 분석. 「한국행정학보」, 29(4): 1413-1440.

백완기. (2006). 「행정학」, 서울: 박영사.

박경효. (2005). 장관과 관료 사이의 관계에 관한 이론적 고찰. 「정부학연구」, 11(1): 171-200.

박천오. (1997). 고객지향적 행정: 실천상의 의문점과 한국관료의 시각에 대한 탐색적 연구. 「한국행정학보」, 31(2): 1-19.

손희준 · 최영환. (2003). 지방자치단체 민간위탁사업에 대한 평가: 충청북도를 대상으로. 「지방행정연구」, 17(1): 159-180.

안병영. (1994). 한국관료제의 전개과정. 안해균 외, 「한국관료제와 정책과정」. 서울: 다산출판사.

양재진. (2003). 정권교체와 관료제의 정치적 통제에 관한 연구: 국민의 정부를 중심으로. 「한국행정학보」, 37(2): 263-287.

오석홍. (1999). 인사행정원리의 이해와 오해. 「행정논총」, 37(2): 255-270.

______. (1998). 「행정학」. 서울: 나남

______. (2005). 「인사행정론」, 서울: 박영사.

이달곤. (2000). John C. Campbell의 정책결정과 해소. 오석홍 외, 「정책학의 주요 이론」, 99-107. 서울: 법문사.

이승종. (2000). 행정통제. 2000년도 한국행정학회 추계학술대회 발표논문.

정광호. (2005). 노무현 정부의 관료제 개혁에 관한 평가. 「행정논총」, 43(2): 301-348.

정용덕. (1996). 한국의 관료집단과 국가정책결정. 「한국정신문화연구」, 19(1): 73-88.

정정길. (2000). 「행정학의 새로운 이해」. 서울: 대명출판사.

______ 외. (2003). 「정책학원론」. 서울: 대명출판사.

조일홍. (1996). Michael Lipsky의 일선행정관료체제에 관한 연구. 오석홍 편, 「행정학의 주요이론」, 171-180. 서울: 경세원.

주상현. (2002). 한국행정학 연구경향의 실증적 분석: 최근 7년(1995-2001)간 한국행정학보 기고논문을 중심으로.「한국행정학보」, 36(3): 39-56.

주재현. (2004). 정부와 자원조직간 협력관계: 종합사회복지관 위탁운영 분석을 중심으로.「사회복지연구」24: 149-186.

최병선. (1992). 한국의 산업화과정에서의 관료역할과 정책. 「1992년 행정학회 국제학술대회논문집」.

하태권. (1995). 한국 인사행정의 실증적 연구에 대한 고찰: 연구경향과 연구결과를 중심으로. 「한국행정학보」, 29(4): 1463-1484.

Aberbach, Joel D. (1990). *Keeping a Watchful Eye: The Politics of Congressional Oversight*. Washington, D.C.: Brookings Institution.

Aberbach, Joel D & Bert A. Rockman. (1988). Mandates or Mandarins? Control and Discretion in the Modern Adminiostrative State. *Public Administration Review*. 48(1): 606-612.

Allison, Graham T. (1972). The Power of Bureaucratic Routines: The Couban Missile Crisis. In Francis E. Rourke (ed.), *Bureaucratic Power in National Politics*, 81-99. Boston: Little Brown.

Appleby, Paul. (1949). *Policy and Administration*. Tuscaloosa: University of Alabama Press.

Behn, Robert. (2001). *Rethinking Democratic Accountability*. Washington DC: Brookings Institution Press.

Brew, Gene A. (2003). Bureaucratic Politics. In Jack Rabin. *Encyclopedia of Public Administration and Public Policy*, 141-146. New York: Marcel Dekker, Inc.

Christensen, T. & P. Lægreid. (eds.) (2003). *New Public Management: The Transformation of Ideas and Practice*. Aldershot, UK: Ashgate.

Cooper, T. L. (1984). Public Administration in the Age of Scarcity: A Citizenship Role for Public Administrators. In J. Rabin and J. S. Bowman (ed.), *Politics and Administration: Woodrow Wilson and American Public Administration*, 297-314. New York: Marcel Dekker.

DeLeon, Linda and Peter DeLeon. (2002). The Democratic Ethos and Public Management. *Administration and Society*. 34(2): 229-250.

Denhardt, Robert B. (1993). *Theories of Public Organization*. Belmont California: Wedsworth Publishing Company.

Downs, Anthony. (1967). *Inside Bureaucracy*. Boston: Little Brown.

Dunleavy, P. (1991). *Democracy, Bureaucracy and Public Choice: Economic Explanations in Political Science*. Hemel Hempstead, UK: Harvester Wheatsheaf.

Dunleavy, P. & C. Hood. (1994). From Old Public Administration to New Public

Management. *Public Money & Management*. 14(3): 9-16.
Dunleavy, P. & B. O'Leary. (1987). *Theories of the State*. London: Macmillan.
Durant, Robert F. (1990). Beyond Fear or Favor: Appointee-Careerist Relations in the Post-Reagan Era. *Public Administration Review*. 50(3): 319-331.
______. (2003). Senior Executive Service. In Jack Rabin (ed.), *Encyclopedia of Public Administration and Public Policy*, 1089-1093. New York: Marcel Dekker, Inc.
Dye, Thomas R. & Harmon Ziegler. (1986). *American Politics in the Media*. Montery, California: Books/Cole.
Elmore, R. (1980). Backward Mapping: Implementation Research and Policy Decisions. *Political Science Quarterly*. 94.
Etzioni-Halvy, Eva. (1983). *Bureaucracy and Democracy*. Londen: Routledge & Kegan.
Fesler James W. and Donald F. Kettle. (1991). *The Politics of the Administrative Process*. Chatham, New Jersey: Chatham House Publishers, Inc.
Finer, H. (1972). Administrative Responsibility in Democratic Government. In Francis Rourke (ed.), *Bureaucratic Power in National Politics*, 326-337. Boston: Little Brown.
Fredrich, Carl J. (1972). Public Policy and The Nature of Administrative Responsibility In *Bureaucratic Power in National Politics*, 165-175. Boston: Little Brown.
Gajduschek, Gyorgy. (2002). Bureaucracy: Is It Efficient? Is It Not? Is That the Question? Uncertainty Reduction: An Ignored Element of Bureaucratic Rationality. *Administration and Society*. 34(6): 700-723.
Gerth, H. and W. Mills. (1948). *From Max Weber*. London: Routledge & Kegan Paul.
Hague Rod and Martin Harrop. (2004). *Comparative Government and Politics*. New York: Palgrave Macmillan
Ham, C. and Hill, M. (1993). *The Policy Process in the Modern Capitalist State*. 2nd ed. London: Harvester Wheatsheaf.
Heclo, Hugh. (1977). *A Government of Strangers*. Washington, D.C.: The Brookings Institutions.
Hood, Christopher. (1986). *Administrative Analysis: An Introduction to Rules, Enforcement and Organizations*. London: Harvester Wheatsheaf.
______. (1990). De-Sir Humphreyfying the Westminster Model of Bureaucracy: A New Style of Governance? *Governance*. 3(2): 205-214.
______. (1994). *Explaining Economic Policy Reversals*. Buckingham, U.K.: The Open University Press.
______. et al. (2004). *Controlling Modern Government*. Cheltenham, UK: Edward

Elgar.

Huddleton, Mark W. (1991). The Senior Executive Service: Problems and Prospectives for Reform. in Carolyn Ban and Norma M. Riccucci. eds. *Public Personnel Management*, 175-189. New York: Longman.

Hughes, Owen E. (2003). *Public Management and Administration: An Introduction*, 3rd ed. New York: Palgrave Macmillan.

Hummel, Ralph. (1977). *The Bureaucratic Experience*. New York: St. Martin's

Ingraham, P. W. (1997). Play It Again, Sam; It's Still Not Right: Searching for the Right Notes in Administrative Reform. *Public Administration Review*. 57(4): 325-331.

Janowitz, Morris et al. (1977). *Public Administration and the Public*. Westport, Conn.: Greenwood Press.

Kingsley, Donald. (1944). *Representative Bureaucracy: An Interpretation of British Civil Service*. Yellow Springs, Ohio: Antioch University Press.

Kirlin, John H. (1996). The Big Questions of Public Administration in a Democracy. *Public Administration Review*. 56(5): 416-423.

Koven, Steven G. (1994). The Bureaucracy-Democracy Conundrum: A Contemporary Inquary into the Labyrinth. In A. Farazmand (ed.), *Handbook of Bureaucracy*, 79-95. New York: Marcel Dekker, Inc.

Krislov, Samuel & David H. Rosenbloom. (1981). *Representative Bureaucracy and the American Bureaucracy*. New York: Praeger.

Levitan, D. M. (1943). Political Ends and Administrative Means. *Public Administrative Review*. 13: 353-359.

Lipsky, M. (1980). *Street-Level Bureaucracy*. New York: Russell Sage.

Long, Norton. (1965). Power and Administration. In Francis Rourke (ed.), *Bureaucratic Power in National Politics*, 14-23. Boston: Little Brown.

______. (1949). Power and Administration. *Public Administration Review*. 2: 257-264.

Lowi, Theodore J. (1979). *The End of Liberalism: The Second Republic of the United States*. New York: Norton.

Lynn, Laurence. (2001). Globalization and Administrative Reform: What is Happening in Theory. *Public Management Review*. 3(2): 191-208.

McSwite, O. C. (1997). *Legitimacy in Public Administration: A Discourse Analysis*. Thousand Oaks, CA: Sage.

Meier, Kenneth J. (1993). *Politics and the Bureaucracy: Policymaking in the Fourth Branch of Government*. Pacific Grove, California: Brooks/Cole Publishing Company.

______. (1997). Bureaucracy and Democracy: The Case for more Bureaucracy and Less Democracy. *Public Administration Review*. 57(3): 193-199.

Michels, Robert. (1915). *Political Parties*(trans E. Paul and C. Paul) London: Jarrold & Sons.

Milward, H. Brinton & Kith G. Provan. (1993). The Hollow State: Private Provision of Public Services. In Helen Ingram & S. R. Smith (ed.), *Public Policy for Democracy*, 222-237. Washington, D.C.: Brookings Institution.

Mintro, Michael. (2003). Market Organizations and Deliberative Democracy: Choice and Voice in Public Service Delivery. *Administration and Society*. 35(1): 52-81.

Moe, Ronald. (1994). The 'Reinventing Government' Exercizs: Misinterpreting the Problem, Misjudging the Consequence. *Public Administration Review*. 54(2): 111-122.

Morrow, William L. (1980). *Public Administration: Politics, Policy, and the Political System*. New York: Random House.

Mosher, Frederick. (1968). *Democracy and the Public Service*. New York: Oxford University Press.

Niskanen, William. (1971). *Bureaucracy and Representative Bureaucracy*. Chicago: Aldine-Atherton.

Osborne, David & Ted Gaebler. (1992). *Reinventing Government*. Reading, M.A.: Addison-Wesley.

O'Toole, Laurence J. (1997). The Implications for Democracy in a Networked Bureaucratic World. *Journal of Public Administration Research and Theory*. 7(3): 443-459.

Palumbo, Dennis & Steven Maynard-Moody. (1991). *Contemporary Public Administration*. New York: Longman.

Peters, B. Guy & Donald J. Savoie. (1994). Civil Service Reform: Misdiagnosing the Patient. *Public Administration Review*. 54(5): 418-425.

Peters, B. Guy & Jon Pierre. (2000). Citizens versus the New Public Managers. *Administration and Society*. 32(1): 9-28.

Pfiffner, James P. (1987). Political Appointees and Career Executives: The Democracy-Bureaucracy Nexus in the Third Century. *Public Administration Review*. 47(1): 57-65.

Pitkin, H. F. (1967). *The Concept of Representation*. Berkeley. Cal: University of Clifornia Press.

Pressman, Jeffrey L. and Aaron B. Wildavsky. (1973). *Implementation*. Berkeley: Univ. of California Press.

Redford, E. S. (1969). *Democracy in the Administrative State*. New York: Oxford University Press.

Rockman, Bert A. (1992). Bureaucracy, Power, Policy, and the State. In Larry B.

Hill (ed.), *The State of Public Bureaucracy*, 141-169. Armonk, New York: M. E. Sharpe, Inc.

Rosenbloom, David. (1983). Public Administration Theory and the Separation of Powers. *Public Administration Review*. 43(3): 219-227.

Rosenbloom, Divid H. & Robert S. Kravchuk. (2005). *Public Administration: Understanding Management, Politics, and Law in the Public Sector*. Boston: McGraw Hill.

Rourke, Francis E. (1984). *Bureaucracy, Politics, and Public Policy*. Boston: Little Brown.

Seidman, Harold. (1970). *Politics, Position, and Power*. New York: Oxford University Press.

Shafritz, Jay M. (1998). *International Encyclopedia of Public Policy and Administration*. Boulder, Colorado: Westview Press.

Sjoberg, Gideon, et al. (1972). Bureaucracy and the Low Class. In F. Rourke (ed.), *Bureaucratic Power in National Politics*, 395-408. Boston: Little Brown.

Smith, Michael P. (1984). Barriers to Organizational Democracy in Public Administration. In Frank Fischer & Carmen Sirianni (ed.), *Organization and Bureaucracy*, 453-472. Philadelphia: Temple University Press.

Smith, Martin J. David Marsh, and David Richard. (1993) Central Government Departments and the Policy Process. *Public Administration*. 71(winter): 567-594.

Stillman, Richard J. (1992). *The American Bureaucracy*. 김번웅 외 옮김, 서울: 대영문화사.

Thomas, John Clayton and Gregory Streib. (2005). E-Democracy, E-Commerce, and E-Research: Examining the Electronic Ties between Citizens and Governments. *Administration and Society*. 37(3): 259-280.

Thompson, Frank J. (1976). Minority Groups in Public Bureaucracies: Are Passive and Active Representation Linked. *Administration and Society*. 8(2): 201-248.

Thompson, Victor A. (1964). *Modern Organization: A General Theory*. New York: Alfred A. Knopf.

______. (1965). Bureaucracy in a Democratic Society. In Roscoe C. Martin (ed.), *Public Administration and Democracy*, 205-226. New York: Syracuse University.

Van Slyke, David M. et al. (2005). The Implications of Public Opinion for Public Managers: The Case of Charitable Choice. *Administration and Society*. 37(3): 321-344.

Vigoda, Eran. (2000). Are You being Served? The Responsiveness of Public

Administration to Citizen's Demands: An Empirical Examination in Israel. *Public Administration*. 78(1): 165-191.

Waldo, Dwight. (1981). *The Enterprise of Public Administration*. Novato, California: Chander & Sharp Publishers, Inc.

______. (1948). *The Administrative State*. New York: Ronald Press.

Wamsley, Gary L. et al. (1992). A Legitimate Role of Bureaucracy in Democratic Governance. In Larry B. Hill (ed.), *The State of Public Bureaucracy*. 59-86. New York: M.E. Sharpe, Inc.

Waterman, Richard W. and Kennith J. Meier. (1998). Principal-Agent Models: An Expansion. *Journal of Public Administration Research and Theory*. 8(2): 173-202.

West, William F. (1995). *Controlling the Bureaucracy: Institutional Constraints in Theory and Practice*. New York: M.E. Sharpe.

Williamson, O.E. (1975). *Markets and Hierarchies*. London: Collier Macmillan.

Wilson, James Q. (1989). *Bureaucracy: What Government Agencies Do and Why They Do It*. New York: Basic Books.

Wilson, Woodrow. (1887). The Study of Administration. *Political Science Quarterly*. 2: 197-222.

Wood, B. Dan and Richard W. Waterman. (1994). *Bureaucratic Dynamics: The Role of Bureaucracy in Democracy*. San Francisco: Westview Press

Yates, Douglas. (1982). *Bureaucratic Democracy*. Cambridge, Massachusetts: Harvard University Press.

2 행정개혁과 관료제 통제기제에 관한 연구: 노무현 정부의 인사행정개혁을 중심으로[1]

〈요 약〉

이 연구는 노무현 정부의 주요 인사행정개혁방안들에 함축되어 있는 관료제 통제기제를 분석하고, 그 이론적 · 실천적 함의에 대해 검토하는 것을 목적으로 하였다. Christopher Hood의 공공조직 통제기제 유형론 — 감독(oversight), 경쟁(competition), 상호성(mutuality), 비항상성(contrived randomness) — 을 적용하여 분석한 결과, 노무현 정부의 성과관리 강화 개혁과제 등에서 '경쟁'과 '감독' 기제의 비중이 컸던 것으로 나타났다. 그러나 노무현 정부는 스스로를 '참여정부'라고 명명했던 바와 같이, '상호성' 기제를 적용한 인사행정개혁도 적극적으로 추진했던 것으로 분석되었다. 따라서 노무현 정부는 김대중 정부가 도입한 신공공관리적 인사행정개혁 조치들을 계승 · 발전시킴과 동시에 뉴거버넌스론의 공동체주의적 접근을 전면에 내세움으로써 김대중 정부와 차별성을 보였다고 평가될 수 있다. 한편, 이 연구의 분석결과는 노무현 정부에서 채택 · 실행된 인사행정개혁(관료제 통제) 방안들이 기대했던 효과를 내고 있는 경우뿐 아니라 적절한 효과를 내지 못하거나 의도하지 않았던 효과를 발생시키는 경우도 보여주고 있어, 차후 보다 신중하고 세밀한 접근이 필요함을 시사한다.

1) 주재현. (2009). 「행정논총」 47권 4호, 49-78.

Ⅰ. 문제의 제기

1970년대 후반 이후 현재에 이르기까지 공공부문[2]에서 나타나고 있는 전 세계적인 추세 중의 하나는 공공기관에 대한 국민의 불신 정도가 그 이전시기에 비해 상대적으로 높은 수준을 보이고 있다는 점이다(Peters, 2001: 63-64). 각국의 다양한 공공기관들 ― 중앙과 지방, 기획과 집행 등 제 기관들이 해당됨 ― 은 공공기관의 능력과 성과에 대한 국민의 기대에 부응하지 못하고, 비능률과 무능의 대명사가 되었다. 이러한 배경 하에서 영미를 필두로 한 OECD 국가의 정부들은 행정개혁을 강력하게 추진해오고 있으며, 이 행정개혁은 공공기관의 관료제를 대상으로 다양한 수단을 동원하여 이들을 통제하고자 하는 데 그 핵심이 있다(정승건, 2000; 이명석, 2001; 김근세, 2002; 이승종, 2005).

일반적으로 행정개혁이란 정부 조직관리를 구성하는 여러 요소들의 변화를 통하여 조직운영의 민주성과 능률성을 높이는 것을 말한다(박동서, 1998: 137). 행정개혁은 능률성과(또는) 민주성의 가치를 제시하며 추진되는데, 어떤 가치가 내세워졌건 개혁은 결국 공공기관의 관료제를 통제하는 의미를 지닌다. 능률성을 지향하는 개혁의 배경에는 관료제의 비능률과 무능, 그리고 낭비 현상이 전제되어 있으며, 개혁을 통해 관료제에 대한 통제를 강화하고 그러한 부정적 요소들을 지양하고자 하는 정부의 의지가 반영되어 있다. 또한 민주성을 강조하는 개혁에는 관료제 통제를 통해 관료제에 권력이 집중되는 현상과 이에 따른 '주인'과 공복(public servants) 간의 위치전도 현상을 바로 잡으려는 의도가 반영되어 있다. 요컨대, 행정개혁의 주요 목적 중의 하나는 관료제 통제이며, 특히 1980년대부터 OECD 국가들에서 강력하게 추진되고 있는 행정개혁은 '무능하지만 탐욕스럽게' 예산과 권력을 추구하는 존재로 인식된 관료와 관료제를 통제하기 위한 수단으로 이해될 수 있다(Aucoin, 1990; Dunleavy, 1991).

1980년대 이후의 행정개혁을 주도하는 가치는 경제적 능률성과 고객중심성이다(Hood, 1994: 128-132; Skelcher, 1992; Bovaird and Loffler, 2003). 먼저, 결과와 능

2) 민간부문(private sector)과 대비되는 개념으로서의 공공부문(public sector)은 공공조직(또는 기관)에 의한 사업 기획과 집행이 이루어지는 부문을 말하며, 공공조직(기관)에는 정부 행정기관과 이에 준하는 조직(특별법에 의한 기관, 공단 등)이 해당된다(김상균 외, 2007: 275).

률성에 대한 강조는 공공부문보다 더 능률적이라고 여겨지는 민간부문에서 개발된 관리기법들이 공공부문으로 유입되게 하는 효과를 발생시켰으며, 그 결과 공공부문과 민간부문 간에 존재하던 경계가 약화되는 현상이 나타나게 되었다. 많은 정부들이 경제적 능률성을 증진시키기 위해 공공조직의 효율성 진단, 성과평가와 성과급제, 민영화, 민간위탁, 책임운영기관, 경쟁입찰에 의한 공공서비스 제공주체 선정 등의 다양한 조치를 도입·시행하고 있다. 다음으로, 고객중심성은 공공서비스의 질적 향상(quality improvement)과 이를 달성하는 방편으로서의 고객참여(customer involvement)를 강조한다.[3)] 이에, 공공부문에서 높은 수준의 서비스 제공을 모색하기 위해 고객만족도조사, 시민헌장제도(citizen's charter), 고객서비스기준(customer service standards) 등과 같은 새로운 정책방안들이 도입되게 되었다. 우리나라도 1990년대 들어 OECD 국가들의 행정개혁 이념이 소개되기 시작했으나 큰 영향을 끼치지 못하다가, 1997년의 외환위기 이후 IMF의 감독체제 하에 놓이면서부터 행정개혁의 새로운 조류에 크게 영향 받게 되었다. 이에 김대중 정부와 노무현 정부를 거치면서 많은 개혁방안들이 국외로부터 도입되거나 국내적으로 고안되었다.[4)] 이 연구는 관료제 통제기제에 관한 이론적 분석틀을 적용하여 노무현 정부의 행정개혁 방안들을 체계적으로 분석하고, 그 이론적·실천적 함의를 도출하는 데 목적이 있다. 그러나 개별 학술논문이라는 제한 하에서 연구의 범위는 인사행정개혁으로 한정한다.[5)]

구체적인 연구과제(research questions)는 다음과 같다. 첫째, 관료제 통제의 관점에서 보았을 때, 노무현 정부의 주요 인사행정개혁에 적용된 통제기제들의 상대적 비중은 어떠한가? 둘째, 노무현 정부에 있어 신공공관리(NPM)와 뉴 거버넌스의 영향은 인사행정 제도설계에 어떻게 반영되고 있는가? 아래에서는 먼저 Ⅱ.에서 이론적 논의를 통해 분석의 틀을 설정한 후, Ⅲ.에서 이 분석틀을 적용하여 노

3) 고객참여(customer/user involvement)는 시민참여(citizen participation)의 새로운 영역으로 주목받고 있다. 최근 들어 보다 대응적(responsive)이고 질적으로 개선된 공공서비스에 대한 요구가 증가함에 따라 서비스 사용자인 고객의 참여(또는 관여)를 강조하게 된 것이다(Bochel and Bochel, 2004: 166-167).

4) 최근의 개혁노력들을 정리한 내용은 정부혁신지방분권위원회(2005; 2008)를 참조.

5) 공무원은 정부가 그 활동목표를 달성하는 데 있어 가장 중요한 자원의 하나이기 때문에, 그리고 공무원이 변하지 않으면 정부의 어떤 개혁도 성공하기 힘들다는 점에서 인사행정개혁은 행정개혁의 핵심적인 주제의 하나가 된다(오성호, 1999; 박희봉 외, 2004). 따라서 인사행정개혁 과제에 연구범위를 한정하는 것이 이 연구의 한계이기는 하나, 그러한 범위의 한정이 연구의 목적달성을 심각하게 훼손하는 것은 아니라고 판단된다.

무현 정부 인사행정개혁의 관료제통제 정향을 분석한다. 마지막으로 Ⅳ.에서 분석 결과를 정리하고, 연구의 이론적·실천적 함의에 대해 토론한다. 이 연구는 문헌 검토를 주된 연구방법으로 사용하였고, 관련 선행연구와 언론기사를 이 연구의 해석을 뒷받침하는 자료로 활용하였다. 문헌검토를 위한 주된 자료는 정부혁신지방분권위원회에서 2005년과 2008년에 발간한 백서와 중앙인사위원회에서 2007년에 발간한 백서로 하였다.[6)]

Ⅱ. 이론적 논의

일반적으로 통제(control)는 특정 체계가 놓일 수 있는 상태 중에서 바람직한 상태로 그 체계를 유지하는 것을 말한다(Hood et al., 2004: 5). 보다 구체적으로 조직관리와 관련하여, 통제 책임(accountability)을 확보하기 위한 사전적 혹은 사후적 제어조치로서 조직 하부구조나 참여자들이 조직의 목표와 규범으로부터 이탈되지 않도록 하기 위하여 제어와 보상을 하는 모든 활동(안해균, 1987: 692), 또는 책임을 전제로 하여 조직의 목표달성을 위하여 미리 설정한 계획이나 기준과 차이가 났을 때, 그 원인규명과 아울러 시정조치를 의미하는 관리적·견제적 활동(이광종, 2005: 163)을 말한다. 여기서는 먼저 관료제 통제기제의 유형론을 검토한 후, Hood의 유형론을 연구분석틀로 설정하고 이에 대해 상술한다. 이어서 노무현 정부 행정개혁의 정향에 대한 견해들을 살펴보고, 이 연구의 분석대상이 될 주요 인사행정개혁과제들을 선정한다.

1. 관료제 통제기제의 유형론 검토

공공기관에 대한 통제는 여러 수단과 기제를 통해서 수행될 수 있다. 이러한 여러 수단과 기제들을 제시하고 정리함에 있어 기존의 문헌들은 내부통제와 외부통제, 또는 사전통제와 사후통제라는 유형론을 주로 사용한다(구자용, 1995; 정우일, 2004; 이광종, 2005; Thompson, 1993; Peters, 2001: 299-346; OECD정부혁신아시아센터,

6) 2005년 12월에 발간된 '정부혁신지방분권위원회백서' 중 「참여정부의 인사개혁」(백서3), 2008년 2월에 발간된 '정부혁신지방분권 종합백서' 중 「참여정부의 인사개혁: 2003-2008」, 그리고 중앙인사위원회의 「참여정부 공무원인사개혁백서」를 말한다.

2006: 114-141). 내부통제는 공공조직 내부의 각종 공식적 규제, 계층제상의 상층부에 의한 리더십, 윤리적 책임의식의 내재화 등을 활용한 통제를 말하며, 외부통제는 공공조직 외부의 각종 기관 — 의회, 사법부, 이익단체, NGOs 등 — 에 의한 통제를 일컫는다. 사전통제는 사업집행 전에 감독기관의 승인이나 지정 등이 행해지는 경우이며, 사후통제는 사업집행 후에 활동결과에 대해 모니터하는 것을 말한다. 이들 유형론의 장점은 공공조직 내부와 외부, 그리고 사업집행의 사전과 사후로 구분하여 통제기제를 정리하는 간결성에 있다. 그러나 이 장점은 동시에 단점으로도 작용하여, 이 유형론을 통해서는 다양한 형태를 지닌 여러 통제기제들을 체계적이고 포괄적으로 포착하는 데 한계가 있다.

정부관료제 통제기제의 유형을 새롭게 분류·정리하려는 노력에 있어, Peters (2001: 299-346), Gormley(1989), 그리고 Hood(1996; 1998)의 논의가 주목을 요한다. Peters(2001)는 전통적인 분류방식보다 많은 수의 범주를 제시함으로써 전통적 방식의 단순함을 극복하고 관료제 통제 수단들의 개별적 특징을 포착하고자 하였다. Peters가 정리한 범주들은 조직적 수단(공표, 내부규율), 시장기제 및 기타 외부적 통제, 집단 및 공적인 압력, 정치제도적 수단(의회, 정치적 집행부, 사법부), 규범적 제약 등의 다섯이다. Gormley(1989)는 관료제의 재량행위 정도에 영향을 미치는 통제의 강도에 따라 강제적 통제(coercive control: muscles), 강권적 통제(hortatory control: jawboning), 촉매적 통제(catalytic control: prayers)의 셋으로 구분한 후, 각 통제방식의 효과성을 제고할 수 있는 조건들을 모색하였다. 한편, Hood(1996; 1998)는 문화이론(cultural theory)[7]에 토대를 두고, 공공조직 통제 기제의 원형을 감독(oversight or review), 경쟁(competition), 상호성(mutuality), 비항상성(conrtrived randomness)의 넷으로 정리하였다.

Peters의 접근은 개별 통제수단들의 특징을 보여주는 강점을 지니나, 통제유형을 정리하는 논리적 기준(rationale)을 결여하고 있다는 약점이 있다. Gormley의 접근에는 나름의 분류 기준이 있으며, 이분법을 넘어서서 삼분법을 제시하는 이론

7) 문화이론은 '격자'(grid)와 '집단'(group)이라는 기준을 적용하여 네 개의 문화유형 – 개인주의(individualism), 계층주의(hierarchy), 평등주의(egalitarianism), 숙명주의(fatalism) – 을 제시한다. 위의 네 통제기제 중 '경쟁'은 개인주의(low grid, low group), '감독'은 계층주의(high grid, high group), '상호성'은 평등주의(low grid, high group), '비항상성'은 숙명주의(high grid, low group)에 해당하는 공공조직 통제 형태이다. 문화이론에 대해서는 Douglas and Wildavsky (1982), Thompson et al.(1990), 박종민 편(2002) 등을 참조. 문화이론을 활용한 행정개혁 유형론의 예로는 Dunleavy and Hood(1994)를 참조.

적 성과를 보였다. 그러나 분류의 대상이 된 통제수단들이 '감독'(oversight)에 한정되어 있다(Gormley, 1989: 18). Hood의 유형론은 문화이론이라는 논리적 · 이론적 근거를 토대로 하고 있으며, '감독' 외의 여타 통제 수단들도 포괄할 수 있는 강점이 있으나, '감독' 기제에 속하는 여러 수단들을 세부적으로 보지 못하는 한계를 지닌다. 이처럼 각 접근법은 나름의 강점과 약점을 지니나, 이 연구에서는 다양한 통제기제들을 포괄적이고 체계적으로 검토하려는 연구 의도에 가장 근접한 접근법으로 판단되는 Hood의 유형론을 분석지침으로 사용하여 노무현 정부 인사행정 개혁의 관료제 통제 정향을 분석한다. Hood의 유형론은 계층제 · 시장 · 네트워크라는 세 개의 거버넌스 형태(Rhodes, 1996)에 조응하는 통제기제들(감독 · 경쟁 · 상호성)을 포함하고 있다. 따라서 명령과 통제, 시장기제, 자발적 협약 등 일반적으로 논의되는 다양한 정책수단들이 포괄될 수 있을 뿐 아니라, 예측 가능한 합리성의 영역을 넘어서는 불규칙적 수단(비항상성)까지 포괄될 수 있는 장점이 있다.

2. Hood의 관료제 통제기제 유형

여기서는 Hood가 제시한 관료제 통제기제의 유형론을 정리하여 이 연구의 분석틀을 정립한다. Hood에 의해 제시된 관료제 통제기제의 유형은 원형과 혼합형으로 구분하여 살펴볼 수 있다. 원형은 감독 · 경쟁 · 상호성 · 비항상성 등 네 개의 통제기제들이고, 혼합형은 이 원형들이 복합적으로 작용하고 있는 통제기제이다. 아래에서는 먼저 원형에 대해 살펴본 후, 혼합형에 대해 검토하도록 한다.[8)]

1) 원형적 관료제 통제기제

(1) 감독(oversight)

'감독'은 관료제 내 · 외의 기관이나 행위자들에 의한 공식적 감사 · 검사 · 평가 등에 의해서 조직과 조직인을 통제하는 것으로서, 특정의 사람 또는 기관들에게 관료제와 그 구성원의 행동을 감시 · 조사 · 평가하고 그들에게 명령을 내릴 수 있는 권한을 부여하는 통제기제를 말한다. 이때 '특정의 사람들'은 관료제 내부와 외부 모두에서 나올 수 있다. 조직 내부의 경우에는 권위의 계층제 상에서 통제 대

---

8) 본 절의 내용은 Hood(1996; 1998), Hood and James(1997), Hood et al.(2004) 등을 토대로 작성하였다.

상자의 상위에 위치해 있는 개별 인사가 통제권을 부여받거나, 또는 특정 기관이나 부서가 통제 대상자와 그들의 조직에 대한 감찰·조사권을 부여받는다. 관료제 외부에서 통제권을 행사하는 기관들로는 의회, 법원, 심판소, 독립적인 회계기관이나 조사기관, 상위행정기관, 시민단체 또는 국제기구 등을 들 수 있다. 내·외부 감독자의 감찰·조사·평가의 내용에는 규정준수여부, 재무감사, 업무성과평가, 생산되는 서비스의 질적 수준 평가 등이 포함된다. 이러한 감독기제는 대의제 민주주의제도 하에서 가장 일반적으로 고려될 수 있는 공공기관 통제기제라 할 수 있다.

(2) 경쟁(competition)

경합(rivalry)의 유도를 통해 행정 관료와 관료제를 통제하는 방식을 말한다. 사적 재화와 서비스를 생산·소비하는 시장에서와 마찬가지로 공적인 성격을 지닌 재화와 서비스에 있어서도 경쟁기제를 활용하고, 서비스 생산자가 소비자인 시민들에게 더 반응적이 되도록 해야, 효과적으로 책임성을 확보할 수 있다는 논리이다. 또한 경쟁기제를 통해 비용을 줄이고, 서비스의 질을 높이며, 권력의 집중을 피할 수 있으리라고 본다. 전통적인 경쟁기제는 공무원의 선발과 승진에 적용되었다. 그러나 최근의 행정개혁에서 활용되고 있는 경쟁기제는 보다 포괄적이다. 행정조직 내에서 사용되는 경쟁기제에는 선발과 승진 외에도, 조직외부 인사에 대한 공직의 개방과 경쟁, 개인 및 작업단위 간의 경쟁을 통한 급여의 차별 인정(성과급) 등을 들 수 있다. 경쟁기제는 조직 내에 적용되는 것을 넘어서서 공공기관간의 경쟁, 공공기관과 민간기관 간의 경쟁을 통한 공공서비스의 질적 향상 노력으로 나아간다.[9] 이는 공공서비스 제공을 담당할 주체의 경쟁적 선정이나 고객을 유치하기 위한 기관간 또는 부서간의 경쟁을 의미한다. 이러한 상대적으로 새로운 경쟁기제는 공공선택론의 관료제 통제론에 의해 주도적으로 제안되었다고 하겠다.

(3) 상호성(mutuality)

이는 조직 또는 사회 내의 공식·비공식 집단과정과 압력을 통해서 행정관료와 관료제를 통제하는 방식이다. 조직 내의 집단과정이란 집단구성원 상호간의 자

---

9) 경쟁기제는 자유주의적·시장지향적 체제에서만 적용가능한 것은 아니다. 권위주의적 체제에서도 경쟁기제를 적용한 관료제 통제가 가능하다(예를 들어, 안보체계의 중복적인 운용을 통한 견제와 균형의 모색).

율적이고 지속적인 감독·평가·협조를 관료(제) 통제의 핵심요소로 삼는 것이다. 앞서 살펴본 조직 내적 '감독'(oversight)은 조직 내의 상부로부터 가해지는 압력을 의미하는 반면, 상호성은 대체로 수평적인 수준에서 행해지는 압력(horizontal influence)에 해당한다. 즉 상급자에 대한 책임이라기보다는 동료 집단에 대한 자율적인 책임(peer-group accountability)을 의미한다.[10] 사회 내의 집단과정은 사회 일반으로부터의 관료(제) 통제로서, 관료제(공공서비스 생산자)와 시민(소비자인 고객) 간의 대면적인 집단 상호작용과 네트워킹을 최대화하여 관료제와 시민 간의 차이를 해소하는 것이다. 이는 '분권화된 공동체 자치정부' 개념과 '공동생산' 개념, 그리고 '대표관료제' 개념과 연결된다. '상호성'은 특히 사회의 응집성(social cohesion)이나 공동체 의식의 관점에서 볼 때 위에서 정리한 '경쟁'과 대척점에 위치해 있는 관점으로서, 사회 응집성이나 공동체 의식의 회복을 통해 관료제 내·외의 참여를 조장하는 관료제 통제기제이다.

(4) 비항상성(contrieved randomness)

조직의 운영형태에 대한 예측불가능성을 높임으로써 관료(제)를 통제하는 방식이다. 이 통제기제는 관료들이 여타 조직구성원 또는 자신의 고객과 과도한 친밀감을 형성하여 부패한 동맹관계를 형성할 수 있는 기회와 동기를 제한하려는 의도 하에 운용된다. '비항상성' 관점을 반영하고 있는 관리 차원의 통제수단의 예로는 잦은 전보체계, 연고 없는 지역으로의 배치, 예정되지 않은 점검, 절차의 가변성과 유동성 등이 있다. 보다 상위 차원의 예로는 무작위추출방식에 의한 배심원 또는 감사의 선정을 들 수 있다. 위의 세 가지 통제기제만큼 두드러지지는 않지만, 비항상성 관점은 관료제 통제를 위한 독자적인 영역을 지니고 있다.

2) 혼합형 관료제 통제기제

혼합형 관료제 통제기제는 위에서 검토한 관료제 통제의 원형적 요소가 둘 이상 포함된 통제형태를 말한다. 이 연구의 분석에서 드러나는 바와 같이, 현실적으로 존재하는 관료제 통제수단들은 순수 원형적인 형태보다는 오히려 혼합형의 성격을 지닌 통제수단들이 대부분이라고 할 수 있다. 논리적인 차원에서 다음과 같은 11개의 혼합형이 가능하다.

---

10) 이는 '공무원 윤리의식의 내재화'라는 전통적 관점을 포괄한다.

① 감독×경쟁
② 감독×상호성
③ 감독×비항상성
④ 경쟁×상호성
⑤ 경쟁×비항상성
⑥ 상호성×비항상성
⑦ 감독×경쟁×상호성
⑧ 감독×경쟁×비항상성
⑨ 감독×상호성×비항상성
⑩ 경쟁×상호성×비항상성
⑪ 감독×경쟁×상호성×비항상성

아래의 <그림 1>은 이 연구의 분석지침으로 활용될 관료제 통제의 원형과 혼합형들을 간략히 정리하고 있다.

그림 1 관료제 통제의 원형과 혼합형

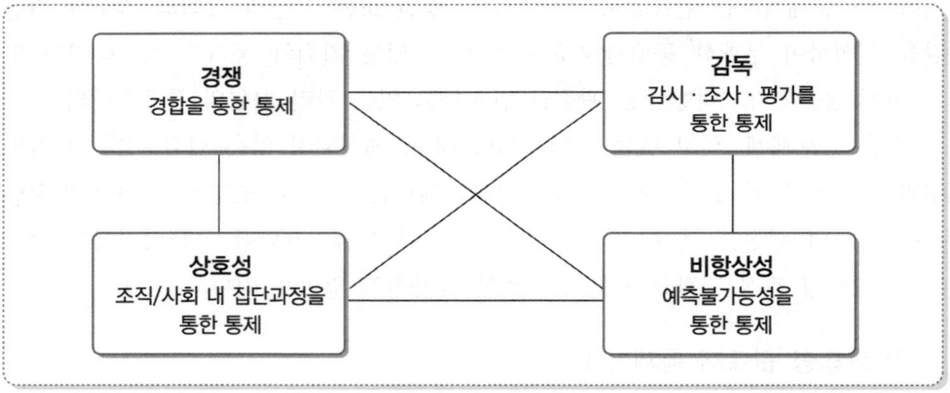

출처: Hood and James(1997: 192)를 수정하여 작성함.

3. 노무현 정부 행정개혁의 정향: 신공공관리, 뉴 거버넌스, 관료제 통제기제

우리나라는 그동안 정부의 변화에 따라 여러 차례에 걸쳐 행정개혁을 경험했다(오석홍, 2008). 그러나 특히 1990년대 말 김대중 정부로부터 2000년대 전반기의 노무현 정부에 걸쳐 진행된 행정개혁은 국제사회의 행정개혁 조류에 크게 영향 받으면서 수행되었다는 점에서 기존의 행정개혁들과 차별성을 보인다. 학자들 간에 다소간 의견의 차이가 있으나 김대중 정부의 행정개혁이 신공공관리(NPM)의 영향을 크게 받았다는 점은 널리 인정되고 있다(김태룡, 1999; 김근세, 2002; 노화준, 2002; 박천오, 2002; 김경한, 2005; 조성한, 2005).[11] 노무현 정부의 행정개혁에 대해서는 그 주된 이론적 토대를 NPM으로 보는 견해(김태룡, 2004)와 뉴 거버넌스로 보는 견해(정용덕, 2005; 권해수, 2005), 그리고 NPM과 뉴 거버넌스가 혼재하고 있다고 보는 견해(정광호, 2005; 은재호, 2005; 황혜신, 2005; 박수경, 2007)가 병존하고 있다. 노무현 정부의 인사행정개혁에 대해 검토하고 있는 문헌들(진재구, 2006; 오석홍, 2007; 백종섭 외, 2007; 김판석 · 홍길표, 2007 등)은 NPM이나 뉴거버넌스 개념을 동원하지는 않으나, 노무현 정부 인사행정개혁의 목표와 가치(공정성, 투명성, 자율, 책임, 전문성, 역량 등)를 포괄적으로 논의함으로써 세 번째 견해와 같은 맥락에서 파악될 수 있다.

이하의 분석에서 드러나는 바와 같이 이 연구는 대체로 NPM과 뉴 거버넌스가 혼재하고 있다는 세 번째 견해를 지지한다. 그러나 NPM과 뉴 거버넌스라는 개념 자체가 지니는 모호성 또는 제한성을 고려할 때, 이 개념들을 전면에 내세우기보다 앞서 정리한 관료제 통제기제의 원형과 혼합형 개념을 활용함으로써 노무현 정부 행정개혁의 현황을 더욱 정교하게 분석할 수 있으며, 분석의 이론적 · 실천적 함의가 더 풍부해질 수 있을 것으로 판단된다. 이하의 분석내용에 나타난 대로, 대부분의 개혁수단들은 'NPM' 또는 '뉴 거버넌스'라는 제한된 개념틀로 포착하기 쉽지 않은 성향을 지닌다. <표 1>은 NPM과 뉴 거버넌스 접근의 주요 특징을 정리하고 있다. NPM은 '경쟁' 및 일부 경쟁관련 혼합형을, 뉴 거버넌스는 '상호성' 및 일부 상호성관련 혼합형을 활용하여 관료제 통제를 시도하고 있는 것으로 정리할 수 있다.

11) 그러나 이명석(2001)은 김대중 정부의 정치적 수사에도 불구하고, 김대중 정부의 실질적 행정개혁은 신공공관리론에 그 이론적 토대를 두고 있다고 보기 힘들다는 주장을 펴고 있다.

〈표 1〉 신공공관리와 뉴 거버넌스의 주요 특징

구분기준	신공공관리	뉴 거버넌스
인식론적 기초	신자유주의	공동체주의
관리 기구	시장	연계망(network)
관리 가치	결과(outcomes)	신뢰(trust)
정부 역할	방향잡기(steering)	방향잡기(steering)
관료 역할	공공기업가 (public entrepreneur)	조정자(coordinator)
작동 원리	경쟁(market mechanism)	협력체제(partnership)
서비스	민영화, 민간위탁 등	공동공급(시민, 기업 등 참여)
관리 방식	고객 지향	임무 중심
분석 수준	조직내(intra－organization)	조직간(inter－organization)
주요 관료제 통제기제	경쟁, 경쟁×감독, 경쟁×비항상성 등	상호성, 상호성×감독, 상호성×비항상성 등

출처: 이종수 · 윤영진 외(2005: 178)의 표에 '주요 관료제 통제기제'를 추가함.

4. 분석대상 개혁과제의 선정

노무현 정부는 '공정성과 전문성에 기초한 참여형 인사시스템'의 발전을 인사행정개혁의 비전으로 제시하고, ① 자율과 책임에 기초한 인사시스템 구축, ② 투명하고 공정한 인사운영, ③ 공무원과 함께 하는 인사관리, ④ 전문성과 역량을 강화하는 인사제도 구축 등을 인사행정개혁의 목표로 설정하였다(정부혁신지방분권위원회, 2003). 노무현 정부에서 추진했던 인사행정개혁방안들은 정부혁신지방분권위원회에서 발간한 백서(2005; 2008)에 잘 정리되어 있다. 특히 2005년에 발간한 백서(2장)에 20개의 개혁과제들이 나열되어 있는데, 하위 과제들[12]까지 추가할 경우 개혁과제의 수는 더욱 늘어난다. 이러한 다수의 개혁방안들 중에서 분석의 대상이 될 '주요' 과제들을 선정하기 위해서 이 연구는 노무현 정부 인사행정개혁을 평가하고 있는 선행연구들을 검토하였다(강성철, 2003; 남궁근 · 서원석, 2005; 하태권 외, 2005; 진재구, 2006; 오석홍, 2007; 백종섭 외, 2007; 김판석 · 홍길표, 2007).

12) 예를 들어, '공무원 채용방법의 다양화' 과제에는 다시 과학기술인력 공직 임용 확대, 직위공모제도 확대, 부처간 고위직 인사교류제의 실시, 계약직공무원제도의 확대 등이 하부과제로 제시되고 있다.

선행연구 중 지방정부를 대상으로 하고 있는 연구(강성철, 2003)와 주요 과제 선정 없이 인사개혁과제들을 포괄적으로 취급하고 있는 연구(하태권 외, 2005; 김판석·홍길표, 2007)를 제외하고, 그 밖의 연구들이 평가대상으로 하고 있는 개혁방안들을 정리한 것이 <표 2>이다. 이 연구는 <표 2>에서 제시된 개혁과제들이 대체로 인사행정 전문가들에 의해 노무현 정부의 주요 개혁과제로 인식된 것으로 보았으며, 그중에서도 2회 이상 평가의 대상이 되었던 과제들 — 국가인사기능 통합과 인사자율권 확대,[13] 사회형평적 인재등용, 고위공무원단제도 도입, 성과관리 강화, 공무원 노동조합 합법화, 총액인건비제도 — 을 분석의 대상으로 선정하였다. 분석대상 과제 중 '국가인사기능 통합과 인사자율권 확대'는 '자율과 책임에 기초한 인사시스템 구축'(위의 ①), '사회형평적 인재등용'은 '투명하고 공정한 인사운영'(②), '공무원 노동조합 합법화'와 '총액인건비제도'는 '공무원과 함께 하는 인사관리'(③), '고위공무원단제도'와 '성과관리강화'는 '전문성과 역량을 강화하는 인사제도 구축'(④)에 해당한다. 아래의 3장에서는 각 과제별 통제기제를 분석한다.

〈표 2〉 분석대상 인사행정개혁과제의 선정

오석홍 (2007)	백종섭 외 (2007)	진재구 (2006)	남궁근·서원석 (2005)	분석 대상
중앙인사위원회 기능확대	인사권의 부처위임·이관			√
대표관료제적 임용확대	여성공무원 고위직진출확대; 지역인재채용제도	사회형평적 인재등용		√
공직분류체계개편; 고위공무원단제 도입		고위공무원단 제도	고위공무원단 제도	√
임용체제의 개방형화·교류형화				
성과관리의 강화	성과주의 보상체계			√
공무원노조 합법화	상생적 공무원노사관계			√
가족친화적·선택적 근무·복지제도확대				

13) 정부혁신지방분권위원회 백서(2008)에서는 국가 인사기능의 통합과 인사자율권 확대를 함께 취급하고 있으며, 이 연구도 이러한 접근을 수용하여 '중앙인사위원회 기능확대'와 '인사권의 부처 위임·이관'을 연계된 개혁방안으로 보았다.

부패통제 강화				
	산하단체장/정무직선발/ 인사시스템			
		총액인건비 예산제도	총액인건비 예산제도	√
			보직경로제도	

Ⅲ. 노무현 정부 인사행정개혁의 관료제 통제기제 분석

1. 국가 인사기능의 통합과 인사자율권 확대

김대중 정부는 1999년 준 입법적 합의제 인사행정기관으로 중앙인사위원회를 출범시켰으나, 인사정책기능 일부와 집행기능은 행정자치부에 여전히 남아 있었다. 이에 노무현 정부는 국가 인사기능의 통합을 추진하게 되었는데, 이 개혁과제의 정책목표는 "정부 인사기능 이원화의 비효율성 극복"(정부혁신지방분권위원회, 2008: 57)[14)]으로서, 그간 인사정책기능의 분리에 따른 비효율성, 정책과 집행기능의 분리로 인한 혼란, 인사기능 이외의 복합기능 수행상의 난점, 인사혁신 추진상의 어려움 등의 문제점이 이 정책채택의 배경이 되었다. 결국 중앙인사위원회와 행정자치부로 이원화되어 있었던 중앙인사관장기관이 중앙인사위원회로 일원화되었고, 행정자치부가 맡고 있던 사무 중 공무원 채용·능력발전·소청 등의 사무를 포함한 대부분의 인사기능이 중앙인사위원회로 이관되었다(2008: 61).

'국가 인사기능의 통합'이 관료제 통제의 관점에서 갖는 의의는 무엇보다도 중앙의 '감독' 기능이 체계화되었다는 점이다. 국가 인사기능의 통합을 통해서, "중앙인사위원회는 일관성 있는 정책의 의지와 강력한 권한을 가지고 체계적인 인사혁신을 추진할 수 있게 되었으며"(2008: 63), "적시에 인사관계 법령을 개정하고, 중앙인사관장기관이 인사정책 수요자인 각 부처를 일원적으로 직접 상대하[고]…, 성과와 역량관리시스템을 강화하며, 고위 정책결정직에 대한 인사관리시스템을 획기적으로 혁신[하는]"(정부혁신지방분권위원회, 2005: 43) 등의 효과를 낼 수 있을 것으로 기대되었다.

14) 이하의 인용에서는 백서의 출간년도와 쪽 번호만을 표시한다.

그러나 국가 인사기능 통합은 중앙인사관장기관에 의한 일방적인 '감독'만을 추구한 것은 아니다. 인사기능의 통합과 더불어 중앙인사위원회는 "중앙집권적 인사규제를 과감하게 폐지하거나 완화하여 각 부처의 인사자율성과 책임성을 적극 확대[하고자]"(2008: 62) 했고, 이는 중앙의 '감독'과 함께 정책 수요자의 자율성을 추진하는 '상호성' 기제를 동시에 동원했음을 알 수 있다. 구체적으로 중앙인사위원회는 '인사의 자율분권화와 부처 인사역량의 강화'를 추진했는데, 이 과제는 "중앙집권적이고 규제위주의 인사관리에서 벗어나, 유연하고 자율적인 인사관리를 통한 인적자본의 효율적인 활용이라는 목적"(2005: 60)을 지닌다. 이를 위해 노무현 정부는 인사권한 위임의 확대, 부처별 자율적 채용권한의 확대, 인사관련 내부규제의 폐지 · 완화의 추진, 각 부처 인사관리 역량 제고를 위한 인사혁신 전문교육과정의 개설 등의 조치를 취하였다. 요컨대 '인사의 자율분권화와 부처 인사역량 강화'는 "각 부 장관[이] 부처별 특성과 실정에 맞게 인사운영계획을 수립하고 장관 책임하에 인사를 자율적으로 운영하도록 하는"(2008: 66) 점에서 '상호성' 기제가 적용되고 있다. 그러나 이 경우에도 중앙인사위원회가 각 부처의 인사에 대한 관여를 완전히 철회한 것은 아니며, 중앙인사기구는 인사행정표준모델을 제시하고, "공직인사의 투명성 · 공정성 등을 확보하기 위한 기본원칙과 기준 · 지침을 명확히 제시"(2008: 66)하는 등 여전히 '감독' 기제를 활용하고 있다.

연금 · 복무 · 노동조합 등과 관련된 기능이 여전히 행정자치부에 놓여 있긴 했으나, 여타 주요 인사기능을 중앙인사위원회에 통합함으로써 체계적이고 추진력있는 인사행정개혁이 이루어진 점은 평가받을 만하다고 하겠다. 특히 다수의 인사관계 법령 개정, 고위공무원단제도의 시행, 성과 및 역량관리 시스템 강화 등을 포함한 제도개선이 주목할 만하다. 그러나 인사의 자율분권화와 관련해서는 유의하여야 할 점이 있다. 무엇보다도 인사권의 위임에 있어, 4급 이하 공무원에 대해서는 현저한 진전이 있었지만, 3급 이상 고급공무원에 대해서는 중앙의 통제가 그대로 유지되었다. 이는 고위공무원단제도의 운영과 관련되어 있는데, 중앙인사위원회가 3급 이상 공무원의 승진심사와 고위공무원단 진입후보자에 대한 역량평가 권한을 장악하고 있는 점에서 잘 드러난다(오석홍, 2007: 32). 이렇게 볼 때, 이 정책방안은 국가 인사기능의 통합을 통한 중앙의 '감독' 강화를 위주로 하되, 이를 인사자율권의 확대를 통해 보완하는 방식으로 진행되었다고 하겠다.

2. 사회형평적 인재등용

노무현 정부는 공무원 임용에서 여성·지방주거인[15)]·이공계출신자·장애인 등에 대한 차별을 철폐하고 고용평등을 도모하는 조치들을 강화했다. 첫째, 성별에 의한 차별을 해소하기 위해 2003년부터 양성평등채용목표제를 실시하였고, 2002년부터 5급 이상 여성관리자 임용확대 5개년계획을 실시하였으며, 2007년에는 4급 이상 여성관리자 임용확대 5개년계획의 시행에 착수했다. 둘째, 공직임용상의 지역불균형을 줄이기 위해 2005년부터 지역인재추천채용제[16)]를 실시하였고, 2007년부터 5년간 행정고시와 외무고시에 지방인재채용목표제를 실시하였다.[17)] 셋째, 이공계 인력육성을 촉진하기 위해 우수과학인력 특별채용 정례화계획을 수립하고, 기술직 임용확대 5개년계획을 실시하였다.[18)] 또한, 4급 직위 대부분의 행정·기술 복수직위 전환 추진, 기술직 채용인원 확대계획의 수립·추진, 기술직 공무원 인사제도 및 관행의 개선[19)], 기술직 공무원의 정책관리능력 제고를 위한 교육훈련 제도 및 운영의 개선 등의 시책이 추진되었으며, 기타 행정직이 임용되어온 부처에의 기술직 임용확대, 인사·예산·조직 등 공통 업무 관장직위에의 기술직 임용확대, 부처간·국가–지방 간·민간부문 간 기술직 교류활성화, 정책관리능력 향상을 위한 교육훈련 강화 등도 추진되었다. 넷째, 정부조직에서 장애인 의무고용비율(2%)을 계속 달성하기 위해 노력하였고 중증장애인이 담당할 수 있는 직무를 개발하였다(오석홍, 2007: 27; 정부혁신지방분권위원회, 2008: 138-160; 2005: 61-95).

'사회형평적 인재등용'은 "참여정부와 과거 정부의 인사개혁을 차별화시키는 특징적인 개혁과제"(2005: 61)로 지적되고 있다. 주된 취지는 그동안 공직참여에 있어 상대적으로 소외되어 왔던 특정 집단을 적극적으로 공직에 유치함으로써 공무원의 대표성과 책임성을 제고하는 것이다. 따라서 이 정책방안은 관료제의 대표성

---

15) 서울 및 수도권 주거인에 대한 대칭적 의미를 지닌다.

16) 지방대학의 추천을 받은 이들 중 시험을 거쳐 매년 50명씩 6급 견습직원으로 채용.

17) 서울 이외 지역 출신 합격자가 20% 이상이 되도록 합격자 수를 조정.

18) 목표연도인 2008년까지 5급 공무원 채용에서 기술직 비율이 40%에 달하고, 4급 이상 기술직·이공계 임용비율이 34.2%에 달하도록 하는 계획.

19) 연구·지도직의 일반직 전직시 예정계급에 대한 위원회 승인 폐지, 혁신인사기획관·기획예산담당관 등 공통 업무 관장직위에 기술직 공무원 임용의 확대, 기술업무수당의 인상 등을 예로 들 수 있다.

확충을 통해 관료제와 시민 간의 상호작용을 제고함으로써 관료제 통제의 의미를 지니게 된다는 점에서 '상호성' 기제를 주된 통제기제로 하는 개혁방안이다. 그러나 '사회형평적 인재등용'에는 관료제 통제의 '경쟁' 기제가 간접적으로 작용하고 있다. 즉 대표관료제적 임용확대는 결국 행정과정의 정치적 속성으로 인해 "사회의 다양한 요구와 규범[이] 사회구성원(국민)과 정치세력들의 상호간 경쟁과 타협을 거쳐 인사행정의 기준이 되는 인사정책에 반영"(2005: 61)된다는 점에서 정치·사회적 '경쟁' 기제가 적용된 관료제 통제의 의미를 지니게 된다. 특히 과학기술인력 공직임용확대는 기술직 공무원과 행정직 공무원 간의 '경쟁'을 유도하는 의미를 지닌다(*cf.* 서울신문, 2007).[20]

'사회형평적 인재등용' 정책의 시행에 힘입어 여성·장애인·이공계출신자·지방주거인 등의 공직 대표성이 증대되었다. 예컨대, 여성의 경우, 2007년도 국가직 여성공무원수는 전체 공무원의 45.2%인 27만 2636명으로 10년 전보다 10만여명 정도(12%) 늘어났으며, 5급 이상 여성 관리자수도 2002년에서 2006년 사이에 2배 이상(872명에서 1,902명) 증가하는 성과를 거두었다(강주리, 2009: 75; 중앙인사위원회, 2007: 177). 또한 장애인 공무원 수도 2002년 4,676명(1.66%)에서 2006년 7,770명(2.48%)로 늘어났으며, 4급 이상 이공계 전공자 비율은 2003년의 26.6%에서 2006년에는 29.6%로 증가하는 성과를 보였다(중앙인사위원회, 2007: 184, 191). 공직의 대표성을 높이려는 정부의 노력이 기존의 주류 공직 구성원들에게 경각심 또는 경계의식을 불러일으키고 있는 것으로 보인다. 일례로, 지역인재추천채용제도에 대한 2003년의 인식조사에서 조사에 응한 공무원의 48.9%가 제도에 대해 반대 의견을 표명했고, 찬성한 응답자는 29.7%에 그쳤다(중앙인사위원회, 2003; 김동원, 2007: 278에서 재인용). 한편, 과학기술인력 특채자의 주변인들(상급자, 동료, 하급자, 인사담당자 등)을 대상으로 한 2007년의 설문조사에서 과학기술인력 특채제도가 긍정적 효과를 내고 있다고 응답한 이들은 조사대상자의 33%에 머물렀다(박홍엽, 2008: 303).[21] 이러한 조사결과는 사회형평적 인재등용이 공직사회 내에서 긍정적

20) 상충가능성을 지닌 '경쟁'과 '상호성'을 한 제도 내에 포함시켰으나, 두 요소가 서로 다른 단계 또는 영역에서 작용함으로써 모순을 회피할 수 있을 것으로 기대되었다고 하겠다(이하의 다른 제도의 경우도 마찬가지임).

21) 지역인재추천채용제도나 과학기술인력 특채정책이 지니는 실제 문제로 인해서 응답자들의 부정적 인식이 야기됐을 가능성을 배제할 수 없다. 그러나 여기서는 이러한 설문결과가 기존 주류 공직 구성원들의 회의적 시각 또는 저항과 반발의 단초로 해석될 수 있는 가능성을 제기하고자 한다.

인 '경쟁'을 불러일으킬 수 있으리라는 기대와 더불어, 자칫 대표성의 증대가 공직 내의 갈등과 분열을 야기할 수 있다는 우려를 갖게 한다. 앞으로 시민사회와 관료제간의 상호작용 증대라는 제도의 취지를 달성함과 함께 관료제 내부에서의 '상호성' (공동체의식) 증대를 위한 노력을 기울여야 할 것이다.

3. 고위공무원단제도의 도입 · 시행

노무현 정부는 2006년 7월 고위공무원단을 출범시켰다. 고위공무원단제도는 '직위공모제도', '개방형직위제도', '직무성과계약제' 등을 주요 구성요소로 하고 있는 복합적인 제도이다. 이에 아래에서는 각 구성요소에 작용하고 있는 관료제 통제기제들을 먼저 검토한 후, 고위공무원단제도에 대해 살펴본다.

직위공모제도는 "정부 내 또는 부처내 우수 인력을 균형적으로 배치 · 활용하고 이를 통해 유기적인 업무협조와 조정능력 등을 강화"(2005: 96)하고자 하는 정책방안으로서, 김대중 정부에서 채택되었으며 노무현 정부는 이를 더욱 확대하고자 하였다. 직위공모 적용대상 직위는 3급 이상의 실 · 국장급 직위(개방형직위 제외)이며, 4급 이하 직위에 대해서도 소속장관의 판단 하에 실시할 수 있다. 직위공모제도는 "해당 직위의 직무내용과 특성 등을 반영한 임용자격요건을 설정하고 공모를 거쳐 해당 직위에 가장 적합한 자격과 능력을 구비한 자를 선발 · 임용"(2005: 96)함이 주된 내용이라는 점에서 관료제 통제기제 중 '경쟁' 기제를 핵심으로 한다. 그러나 이에 더하여, 직무수행에 대한 평가가 뒤따른다는 점('감독'), 부처간 정책협조 · 조정을 추구한다는 점('상호성') 등의 부수적 특징을 지닌다. 또한 "폐쇄적 인사운영"(2005: 96)을 지양하고 타부처 인력을 유입시킴으로써, 해당 직위를 포함하고 있는 조직 내 여타 구성원들에게는 상관 또는 동료로 누가 보임될 것인지에 대한 예측가능성을 낮춰('비항상성') 조직 통제의 효과를 높일 수 있다.

개방형 직위제도는 "전문성이 특히 요구되거나 효율적인 정책수립을 위하여 필요하다고 판단되는 직위를 대상으로 공직 내 · 외간의 경쟁을 거쳐 최적격자를 임용하는 제도"(2008: 201)로서 "종래의 인사제도 하에서 누적 · 심화되어 온 공무원의 무사안일, 복지부동, 전문성 부족과 같은 여러 문제점들을 해소시켜 정부의 생산성을 제고"(2005: 335)하는 데 정책목표가 있다. 직위공모제도와 마찬가지로 1999년 김대중 정부에 의해 도입되었으며, 노무현 정부는 이 제도를 고위공무원단제도에 편입시켰다. 또한 노무현 정부는 그간 제기되어온 문제점 — 저조한 외부인재 임용, 직위 지정의 부적절, 소극적인 모집활동, 선발심사의 공정성 확보 미흡 등 — 을 극복하기 위해, 개방형 직위 임용자의 처우개선, 개방형 직위 임용기간 연장, 공직내부의 경쟁 촉진, 공개모집방법의 개선, 선발심사의 공정성 제고, 개방형 직위의 조정, 개방형 직위를 과장급으로 확대 유도 등의 조치를 취하였다. 개방형 직위제도는 위의 인용문에 나타난 대로 '경쟁'을 핵심으로 하며, 직무수행 성과에 대한 평가('감독')뿐 아니라 "외부전문가의 유치[나]… 부처간 인사교류" (2005: 335)를 통해 직위 임용자에 대한 예측가능성을 낮추고, 점직자의 가변성·유동성을 높인다는 점에서 '비항상성' 기제가 적용되고 있는 개혁방안이라 하겠다. 또한 민간 전문가들이 "정부의 정책결정과 집행과정에 직접 참여할 수 있게 되어 다양한 요구와 시각을 행정에 반영하고, 공직사회의 인적구성이 다양하고 유연화[된다]"(2008: 209)는 점은 '상호성' 요소를 보여준다.

직무성과계약제는 "장·차관 등 기관의 책임자와 실·국장, 과장 간에 성과목표와 지표 등에 관하여 합의하여 공식적인 성과계약을 체결하고, 그 이행도를 평가지표 측정결과를 토대로 계약당사자 상호간 면담을 통해 평가하고, 결과를 성과급, 승진 등에 반영하는 인사관리시스템이다"(2008: 271-272). 따라서 직무성과계약제는 합리적인 성과평가시스템의 설계와 운용을 토대로 평가 결과에 근거하여 급여수준이나 승진에 차등을 주는 관리방안이라는 점에서 조직 구성원간의 '경쟁' 개념과 성과평가라는 '감독' 개념이 동시에 포함되어 있다. 또한 조직 내 상·하 구성원 간의 대화와 합의를 중시한다는 점에서는 '상호성' 기제도 작용하고 있음을 알 수 있다.

고위공무원단제도는 "정부 정책에 핵심적 역할을 수행하는 실·국장급 공무원을 개방과 경쟁을 통해 범정부적 차원에서 적재적소에 활용하고, 직무와 성과중심으로 인사관리하며, 책임성을 강화함으로써 역량 있는 정부를 구현하려는 목적을 가진다"(2008: 214). 고위공무원단제도는 위에서 검토한 제도들의 주요 요소들을 흡수하고 있으므로 네 가지 통제기제를 모두 함축하고 있으며, 특히 '경쟁'과 '감독'의 의의가 두드러진다. 먼저 개방형 직위를 통한 민간과의 경쟁뿐 아니라 직위공모제도를 도입하여 부처간 경쟁을 통해 적격자를 충원하고 직무성과급제를 도입하고 있다('경쟁'). 이와 관련하여, 직무성과를 엄격하게 관리하고 그에 따른 책임성을 강화하기 위해 성과평가를 시도한다('감독'). 또한 고위공무원의 이동성을 확대하여 부처 내 고위 직위 보임자에 대한 예측가능성을 낮추고 있으며('비항상성'), 고위공무원단에 속한 고위공무원 상호간의 집단 압력과 상호평가, 유사한 가치관의 내재화, 그리고 "전정부적 차원과 맥락에서 정책을 이해할 수 있게"(2005: 150)('상호성')하는 특성을 지닌다.22)

고위공무원단 운영과 관련하여, 2007년 6월 기준 개방형 직위(충원이 완료된 146개)에 대한 민간인 지원자 비율이 62.9%였고, 임용률은 내부(56.2%)·민간(23.9%)·타부처(9.6%)로 나타났다. 공모직위에 대한 타부처 지원자 비율은 56.8%였고, 임용률은 내부(50%)·타부처(50%)였으며, 타부처 지원자 대비 임용자 비율은 34%였다. 총 개방형 및 공모직위 임용자 수 대비 지원자 수의 비율은 1:4로 나타났다(조경호 외, 2008: 15-17). 이러한 제도운영 상황은 고위공무원단제도가 개방과 경쟁의 제고라는 제도의 취지를 달성할 수 있는 가능성을 보여준다. 또한 공직에 대한 개방의 활성화는 '비항상성' 기제의 의의를 높여 줄 수 있을 것으로 기대되며, 고위 공무원의 교류 증대는 '상호성'을 증진시킬 것으로 기대된다. 그러나 2006년도에 있었던 직무성과계약의 평가결과는 다소간의 우려를 자아낸다. 고위공무원에 대한 평가에서 연공서열은 거의 고려되지 않은 것으로 분석되었으나, '탁월'과 '우수' 등급으로 판정된 이들의 비율이 83.5%에 이른 것으로 나타났다(이근주 외, 2007: 103-107). 비록 성과연봉 지급결과는 S등급부터 C등급까지 어느 정도 평가등급별 인원비율에 맞춰 이루어졌으나, 성과평가결과의 관대화 경향을 방치할 경우, 고위 공무원에 대한 '감독'의 의의가 약해질 우려가 있다.

4. 성과관리 강화

1980년대 영미계 국가를 중심으로 추진되어 온 행정개혁의 성과중심적 관리정향은 우리나라에도 도입되어 1990년대 후반부터 강력하게 추진되었다. 노무현 정부는 이를 이어받아 직무수행평가·임용결정·보수결정 등 제반 인사관리에서 성과관리를 강화하였다. 특히 고위공무원에게 '직무성과계약제'를 적용하여 직무수행

22) 고위공무원단제도가 공무원 통제에서 지니는 이러한 복합적인 함의에 대해서 오석홍(2007: 29)은 다음과 같이 언급하고 있다: "고위공무원단제도는 성과주의 강화, 인력운용의 융통성 제고, 임용구조의 개방화, 인사교류 촉진, … , 인사권자의 통제력 강화 등에 기여할 수 있다"; 이와 유사하게 남궁근·서원석(2005: 447)도 "실·국장급 공무원을 개방과 경쟁을 통해 역량을 강화하고 능력을 발전시켜 범정부적 시야[를]… 갖춘 … 인재로 양성함으로써…"라고 지적하고 있다; 이와 유사한 언론의 판단에 대해서는 인터넷 한국일보(2007), 서울신문(2009) 등을 참조.

성과의 평가를 강화하였고, 이를 4급 이하 공무원에로 확대하였다. 또한 직무수행 성과의 평가에서 '다면평가제'의 적용을 확산시켰다(오석홍, 2005: 32). 위에서 검토한 대로 직무성과계약제는 '경쟁'과 '감독'을 주된 관료제 통제요소로 하고 있으며, '상호성' 기제가 부수적으로 작용하고 있다.

다면평가제는 전통적인 하향식 평가의 문제 —상사 개인의 주관개입, 객관성과 공정성의 취약 등— 를 극복하고, 피평가자에 대한 평가정보를 다양한 원천 — 직속상사, 동료, 부하, 고객 및 자기평가 — 으로부터 수집하는 제도로서, 노무현 정부는 이 제도를 3급 이상의 고위직에로 확대 실시하고, 그간 제기되었던 제도상의 약점 —인기투표화 현상 등— 을 개선하고자 하였다(2005: 283-285). 이 정책방안은 기본적으로 성과평가를 강조하고 "중앙인사위원회가 … 제도 운영의 가이드라인을 제시"(2008: 277)한다는 점에서 '감독' 기제를 핵심으로 하고 있으며, 평가결과를 승진 심사 등에 활용한다는 점에서 '경쟁' 기제 또한 주요 요소로 작동하고 있다. 한편, 공무원 집단 내 상호평가 방식을 도입하고, "평가방법 및 절차, 평가결과의 반영 등에 관한 사항은 소속장관이 정하도록"(2008: 277) 한 것을 통해서 이 제도에는 '상호성' 기제 또한 적용되었음을 알 수 있다.[23)]

중앙행정기관을 대상으로 행해진 한 조사에서 직무성과계약제는 4급 이상 직급에서 성과연봉을 결정할 때와 승진을 결정할 때 가장 비중있게 반영되는(각각 평균 36%, 35%) 성과평가 항목으로 나타났다(장지인 외, 2008: 77). 또한 공정거래위원회를 대상으로 한 조사에서는 직무성과계약제가 상하급간 면담·토론을 활성화시키고 있다는 조사결과가 나온 바 있다(채은경 외, 2006: 114). 이러한 조사결과들은 직무성과계약제가 '경쟁'을 제고하되, 조직 내 상하급간 '상호성'을 증진시킬 수 있음을 보여준다. 그러나 중앙인사위원회가 2005년에 수행한 공무원 설문조사 결과, 성과급 제도의 확대에 대한 반대의견이 높게 나타났고, 참여정부 인사개혁에 대한 2006년의 공무원 수용도 조사에서 성과지향적 인사제도에 대한 공무원들의 수용도가 타 분야에 비해 상대적으로 낮게 나타난 바 있다(중앙인사위원회, 2007: 101; 박천오, 2006). 이는 '경쟁' 기제의 효과가 나타나고 있음과 동시에 그 부작용이 드러날 수 있음을 시사해주는 조사결과라고 하겠다. 한편, 위에서 살펴본 대로, 평

23) 오석홍(2007: 33)은 "참여정부의 성과주의적 개혁프로그램은 성과관리라기보다 성과통제를 지향한 것"이었음을 지적하고, "경쟁에서 비롯되는 소외감"을 언급함으로써 성과관리 강화방안들에 '감독'과 '경쟁'이 공통적인 주요 요소로 함축되어 있음을 보여 준다; 또한 일부 언론의 판단도 이와 유사하다(서울신문, 2006; 인터넷 한국일보, 2007; 뉴스와이어, 2006 등 참조).

가의 관대화 경향을 제어하여야 '감독' 기제가 적절하게 작동할 수 있을 것이다.

다면평가제도는 2005년 7월 기준으로 총 54개 중앙행정기관(부 · 처 · 청 · 위원회) 중 51개 기관에서 실시하고 있는 것으로 조사되었다(정부혁신지방분권위원회, 2008: 279). 다면평가 결과는 4급 이상 직급에서 성과연봉과 승진 결정시 평균적으로 8~9% 정도 반영되며, 5급 이하 직급에서 성과상여금 결정시 평균 13% 정도 반영되고, 승진결정시 9% 정도 반영되는 것으로 조사된 바 있다(장지인 외, 2008: 77-78). 이러한 조사결과는 다면평가제도가 적절하게 사용된다면, 조직 내 '경쟁'과 '상호성'을 제고하는 데 유용할 수 있음을 시사한다. 그러나 2003년과 2007년에 행해진 인식조사 결과는 다면평가제도에 대한 공무원들의 인식이 현저하게 부정적인 방향으로 전환되고 있음을 보여준다(조경호, 2008: 248-254).[24] 이와 같은 현상은 기존의 연공서열식 승진관행의 잔존으로 인해, 다면평가결과와 인사내용이 일치하지 않은 데서 기인한 것으로 보이며(조경호, 2008: 257), 자칫 '상호성'을 향상시키고자 했던 정책수단이 정반대의 효과를 야기할 수 있음을 의미한다.

5. 공무원 노동조합 합법화

노무현 정부는 2004년 제정되어 2006년 1월부터 시행된 「공무원의 노동조합 설립 및 운영에 관한 법률」(이하 '공무원 노동조합법')에 의해 6급 이하 일반직 공무원과 그에 상당하는 별정직 · 계약직 · 기능직 · 고용직 · 외교직 공무원들이 구성하는 노동조합을 합법화하였다. 공무원 노동조합은 단체교섭과 단체협약은 할 수 있으나 파업 · 태업 등의 쟁의행위는 할 수 없게 되어 있다(오석홍, 2007: 33). '공무원 노동조합법'은 우리나라가 OECD나 ILO 등 국제기구의 권고를 수용하여 "일반 공무원의 근로자성을 인정하고 공무원인 근로자의 노동기본권을 교원노조 수준으로 보장하고자"(2008: 352) 하는 데 그 취지가 있다.

'공무원 노동조합법'은 관료제 통제에 있어 '상호성' 기제를 부각시키는 의미가 크다. 법률의 제정과정에서 "공무원을 인사개혁의 파트너로 인정하고 참여를 적극 유도"(2008: 354)하였을 뿐 아니라 궁극적으로 "노사투쟁의 문화보다는 노사화합의 문화와 분위기 조성"을 통해 "상생적 공무원 노사관계"(2008: 366)의 발전을 모색

24) 특히 다면평가제도가 조직 내 의사소통과 인간관계의 개선에 기여하지 못한다고 평가한 이들의 비중이 늘어나고 있다는 점은 주목을 요한다.

하였기 때문이다.

그러나 '공무원 노동조합법'에는 '감독' 기제 또한 작용하고 있다. 즉 이 법은 공무원 노사관계에 관한 표준화된 법적 · 제도적 틀을 형성한 후 이 틀에 의거하여 공무원 노동조합과 단체활동을 관리하고자 한다. 사실상 이 법에는 많은 규제내용 — 예를 들어, 쟁의행위의 금지, 정치활동의 금지, 교섭절차, 단체협약의 효력, 노조전임자의 지위 등 — 이 담겨 있고, 이 규제들은 노동조합의 활동을 공식적으로 감독하는 기능을 수행한다.

2008년 12월 현재 공무원 노동조합 가입률은 70% 정도로 추정되고 있고, 6급 이하의 가입가능한 공무원 중에서 실제 가입한 공무원의 비율은 80% 이상이다. 전국 노조설립단위 267개(헌법기관 5, 지자체 246, 교육자치단체 16) 중 216개 기관에 노조가 설립되어 있으며, 현재의 공무원 노조는 '통합공무원노동조합'[25]과 공무원노동조합총연맹(공노총)을 주축으로 하여 활동하고 있다. 2007년 12월 정부와 공무원 노조 간에 최초의 단체협약이 체결되었으며, 2008년 4월 기준으로 75개 기관에서 단체협약이 체결되었다(안호용 외, 2008; 이정천, 2008). 이러한 진전은 '상호성'의 개발을 통해 상생적 공무원 노사관계의 활성화 가능성을 가늠해볼 수 있는 의미있는 성과이며, 공무원 노조들을 법적인 틀 내에서 관리하는데 어느 정도 성공한 '감독' 상의 성과라고 볼 수 있다. 그러나 그동안 공무원 노조들 간의 반목이 노정되었고,[26] 단체교섭의 실효성에 대한 의문이 제기되었다(이정천, 2008). 공무원 단체들 간의 반목은 조직 내 '상호성'의 훼손을 의미하며, 단체교섭의 실효성 문제는 정부가 노조를 파트너로 인정하기보다 '감독'의 대상으로 인식하고 있다는 점과 연계된다. 따라서 적정한 '감독'의 수준을 모색함과 더불어 정부와 노조간의 '상호성'뿐 아니라 조직 내 공무원들 간의 '상호성'도 조장할 수 있는 방안을 모색하여야 할 것이다.

6. 총액인건비제도

노무현 정부는 새로운 인적자원 관리방식의 하나로서 2007년부터 총액인건비

25) 2009년 9월, 전국공무원노동조합(전공노), 전국민주공무원노동조합(민공노), 법원공무원노동조합(법원노조)이 통합하여 구성되었으며, 민주노총에 가입하기로 하는 등 강경성향을 지닌다.

26) 공무원 노동조합 분파들간의 다양한 갈등은 강경성향의 '통합공무원노동조합'과 온건성향인 공노총 간의 대립으로 정리되고 있다(중앙일보, 2009).

제도를 도입·실시했다. 이 제도는 지금까지의 집중형 인적자원관리와 직급별 정원관리 방식으로는 변화하는 행정환경에 적절히 대응하기 힘들다는 인식에 토대를 두고, 분권형의 인적자원관리 방식으로 전환하려는 의도를 담고 있었다(진재구, 2006: 85). 총액인건비제도는 "예산당국은 각 부처별 인건비예산의 총액만을 관리하고, 각 부처는 동 인건비 한도 내에서 인력의 규모(직급별)와 종류(직렬, 직류 등)의 결정, 기구의 설치 및 인건비 배분의 자율성을 보유하고 그 결과에 책임을 지는 제도"(2005: 215)로 정의될 수 있다.

총액인건비제도 하에서 각 부처는 "인적자본관리의 자율성 확보를 통해서 행정수요의 변화에 유연하고 신축적인 대응이 가능하게 되고, 인건비 예산 및 정원관리의 자율적 운용 경험을 통해서 해당 기관의 인사, 조직, 예산 관리의 역량강화를 꾀할 수 있[게 된다]"(2005: 217). 그러므로 총액인건비제도의 가장 두드러진 특징은 각 부처의 자율적인 관리를 통해 관리상의 효율성을 추구하는 '상호성' 기제가 강화되어 있다는 점이다. 그러나 이에 더하여 '경쟁' 및 '감독' 기제가 보완적으로 작동하고 있다. 즉, 조직 구성원에 대해 "직급에 대한 보상이 아닌 직무가치와 직무성과(job value and performance)에 대한 보상"(2005: 217)을 한다는 점에서 '경쟁' 기제가 내재되어 있으며, 다른 한편으로는 "각 부처의 도덕적 해이 현상"에 대비하기 위해 중앙인사기관이 "제도운영에 필요한 최소한의 지침을 제시하[고]… 사후 운영실태의 적정성·타당성 평가"(2005: 227)를 실시하도록 설계되었다는 점에서 '감독' 기제 또한 내재되어 있다.

총액인건비제도는 2007년부터 중앙 및 지방정부에서 전면 실시되고 있다. 35개 중앙행정기관을 대상으로 2007년도의 운영계획을 분석한 결과에 따르면, 각 기관이 자율적으로 활용할 수 있는 재원은 인건비 총액의 1%에 미치지 못하는 것으로 나타났다. 이러한 결과가 나온 이유는 총액인건비의 대부분을 차지하는 기본 인건비를 자율화의 대상에서 제외했기 때문이다. 기본 인건비는 단순한 보수의 문제가 아니라 공무원 조직과 인사 전반은 물론 예산·연금 등 전체적인 공직체계와 연결되어 있기 때문에 자율화 대상에서 제외될 수밖에 없었을 것으로 판단된다(조선일, 2008). 이렇게 볼 때, 총액인건비제도는 각 행정기관의 자율성을 제고한다는 기본 취지에도 불구하고 '감독'과 통제를 주축으로 하고 있으며, '상호성'은 제한적인 수준에서만 활용되고 있다고 하겠다.

Ⅳ. 결 론

이상 노무현 정부 주요 인사행정개혁의 분석에서 나타난 결과들을 정리하면 다음과 같다(<표 3> 참조). 첫째, 이 연구의 분석대상이 되었던 노무현 정부의 주요 인사행정개혁과제들은 모두 혼합형 관료제 통제기제의 범주에 속하는 것으로 나타났다.27) 이러한 결과는 원형적 통제기제만으로 운용되는 통제방안을 설계하는 것이 쉽지 않거나 바람직하지 않을 수 있다는 해석을 가능하게 한다. '감독' 기제만으로 통제를 강화할 경우 자칫 권위주의적인 체제로 귀결되어, 통제가 가져올 이점에 비해 권위주의가 야기할 부작용이 더 커질 수 있다. 한편, '감독' 이외의 기제들이 지닌 공통점은 안정성과 지속성 면에서 취약할 수 있다는 것이다. 끊임없는 조직 내・외의 경쟁이나 예측 불가능한 인사운영은 조직과 그 구성원들이 장기적인 안목에서 일관된 사업을 지속하기 어렵게 만든다. 또한 공동체주의적 조직운영은 규율의 면에서 약점을 지닌다. 이러한 이유들로 해서, 실제 관료제 통제 방안들은 원형적 통제기제보다는 혼합형 통제기제를 주로 활용하여 각 기제들의 시너지 효과를 모색하는 것으로 해석할 수 있다.

〈표 3〉 노무현 정부 인사행정개혁과제의 관료제 통제기제와 특징

인사행정 개혁과제	관료제 통제기제	관료제 통제상의 주요 특징
국가 인사기능 통합과 인사자율권 확대	**감독×상호성**	– 인사혁신정책의 일관성있는 추진 – 중앙인사기능 전담조직에 공무원 인사관련 권한 부여 – 중앙인사기관은 공직인사의 기본원칙과 기준・지침을 명확히 제시 – 각 부 장관은 장관책임 하에 인사를 자율적으로 운영
사회형평적 인재등용	**상호성**×경쟁	– 관료제와 시민간의 상호작용 제고 – 인사행정을 사회의 다양한 문제해결을 위한 정치과정으로 이해 – 사회・정치 제 세력간의 경쟁
고위공무원단 제도	**경쟁×감독×** 상호성×비항상성	– 개방과 경쟁을 통해(개방형직위, 공모직위) 고위공무원을 범정부적 차원에서 적재적소에 활용(고위공무원 이동성 확대)

27) 이러한 결과는 Hood와 그의 동료들이 서구와 일본을 대상으로 행한 비교연구의 결과와 유사하다 (Hood et al., 2004).

		– 직무와 성과중심의 인사관리 – 고위관리자들이 전정부적 차원과 맥락에서 정책을 이해하도록 함
직위공모제도 확대	**경쟁**×감독×상호성×비항상성	– 해당 직위에 대한 공모를 거쳐 가장 적합한 자격·능력을 갖춘 자를 선발 – 부처간 정책협조와 조정의 개선 – 고위공무원단제도에 편입(성과평가) – 기관간 인력이동 확대
개방형직위제도 활성화	**경쟁**×감독×상호성×비항상성	– 정부내·외 인사들간의 '경쟁개념' 도입 – 고위공무원단제도에 편입(성과평가) – 민간인의 정부정책과정 참여; 공직사회 인적구성의 다양화·유연화 – 인력이동의 확대
직무성과 계약제	**경쟁**×**감독**×상호성	– 기관책임자와 실·국장, 과장간 성과계약체결(성과목표·지표 합의); 성과평가 – 평가결과를 성과급, 승진 등에 반영 – 조직내 상하 구성원간 대화와 합의
다면평가제	**감독**×**경쟁**×**상호성**	– 성과평가; 중앙인사기관에 의한 제도운영 가이드라인 제시 – 상호평가 방식; 소속장관에게 운영상 자율성부여 – 승진·성과상여금지급·보직관리에 활용
공무원 노조 합법화	**상호성**×감독	– 공무원의 인사개혁파트너 인정; 참여유도 – 공무원 노조활동의 공식적 규제
총액인건비 제도	**상호성**×경쟁×감독	– 분권형의 자율적 인적자본관리 – 직무가치와 직무성과에 대한 보상 – 중앙인사기관에 의한 제도운영지침제시 및 운영성과의 정기적 평가

주:「관료제 통제기제」항목에서의 강조는 주된 통제기제를 의미함.

둘째, 네 개의 원형적 통제기제 중 '감독'·'경쟁'·'상호성'은 모두 노무현 정부 인사행정개혁과제들에 활발하게 사용되었다. '경쟁'과 '감독' 기제는 특히 성과관리의 강화와 관련하여 중요한 역할을 담당한다. 성과평가라는 새로운 '감독' 유형을 발전시키고, 성과평가의 결과를 급여나 승진 등에 반영하는 '경쟁' 기제를 적극 활용한 것이 그것이다. '경쟁' 기제는 또한 정부 내·외 인사들을 대상으로 공직 임용 상의 개방성을 확장하는 데에도 적극 활용되었다. '상호성' 기제 역시 광범위하게 활용되어 노무현 정부의 이념적 특성을 부각시켰다. 이는 특히 '사회형평적 인재등용' 방안을 통해 잘 드러난다. 또한 노무현 정부가 새롭게 채택한 정책들(예: '총액인건비제도', '공무원노조합법화' 등)에서 '상호성' 기제가 두드러졌다. 한편, 그 활용도가 앞의 세 기제들에는 미치지 못했으나 '비항상성' 기제 역시 혼합형 통제기제에 적용됨으로써, 실질적인 관료제 통제기제로 사용될 수 있음을 보여주었다.

노무현 정부 인사행정개혁방안을 대상으로 하여 관료제 통제기제의 특성과 정향을 분석한 이 연구의 이론적 · 실천적 함의는 다음과 같다. 먼저 노무현 정부 인사행정개혁은 김대중 정부 이래 우리나라의 행정 및 정부개혁에 큰 영향을 미치고 있는 세계적인 추세를 상당부분 반영하고 있는 것으로 나타났다. 무엇보다도 노무현 정부의 인사행정개혁에서 '경쟁' 기제와 '감독' 기제가 매우 중요하게 취급되고 있음이 드러났다. 공직개방 · 성과급 · 민간부문 활용 등 새로운 형태의 경쟁개념이 전통적인 형태의 실적주의와 더불어 활발하게 확대되고 있으며, 이러한 '경쟁' 기제를 적절히 관리하기 위해 중앙으로부터의 '감독'의 중요성 또한 새롭게 부각되고 있다. 여기서 부각되고 있는 '감독' 역시 '경쟁'과 마찬가지로 전통적인 형태(사전적인 승인 중심)의 감시 · 감독이 아닌 새로운 형태(일반지침에 근거한 사후적인 평가와 감사 중심)의 그것이라는 점이 주목되어야 한다.

이렇게 볼 때, 노무현 정부의 인사행정개혁은 일정 부분 신공공관리(NPM)를 이론적 근거로 하였다고 말할 수 있다. 이러한 평가는 영 · 미권 국가들을 중심으로 하여 확산된 신공공관리가 내세우는 주된 개혁요소가 '경쟁' 개념의 도입 및 이와 병행된 사후적인 평가와 감사의 중요성이라는 점에 비춰볼 때 그 타당성이 확인된다. 또한 한국의 사례도 해외에서 나타나고 있는 이른바 '감사 폭발'(audit explosion)(Power, 1994)이라는 보편적 현상의 큰 틀에서 이해될 수 있다.

그러나 노무현 정부는 스스로를 '참여정부'라고 명명했던 바와 같이, '경쟁'과 '감독'뿐 아니라 '상호성' 기제를 적용한 인사행정개혁도 적극적으로 추진한 것으로 분석되었다. 즉 관료제 조직 내의 집단의사결정과 자율성, 동료 상호평가, 윤리의식과 가치관의 내재화, 그리고 사회 제 세력의 참여 등의 요소를 함축하고 있는 다양한 인사행정개혁방안들이 활성화되었다. 이처럼 공동체주의적 요소가 부각된다는 점에서 뉴 거버넌스론 또한 노무현 정부 인사행정개혁의 주요한 이론적 근거가 되었다고 하겠다. 한편, 조직운영상의 예측가능성을 낮춰 관료제를 통제하는 '비항상성' 기제 또한 몇몇 인사행정개혁사례에서 발견되었다. 이러한 분석결과는 노무현 정부의 행정개혁과 관료제 통제가 신공공관리 방식만에 의해서 수행되었다는 주장이 성립되기 어렵게 하며, 결국 노무현 정부의 행정개혁은 신공공관리 방식을 받아들이되, 뉴 거버넌스를 포함한 그 외의 방식들이 적용되어 복합적으로 수행되었다는 주장으로 나아가게 한다.

이러한 점에서 노무현 정부는 김대중 정부에서 강력하게 시도되었던 신공공관리적 인사행정개혁을 계승·발전시킴과 동시에 김대중 정부와 차별성을 보였다고 평가받을 수 있다(*cf.* 정광호, 2005; 은재호, 2005; 황혜신, 2005; 박수경, 2007). 김대중 정부 인사행정개혁에는 정부인력감축, 개방형 직위제 도입, 계약직의 확대, 성과급제 확대와 목표관리적 평가의 도입, 양성평등채용목표제 도입 등이 포함된다. 그리고 이러한 조치들의 주류는 신자유주의이념과 신공공관리론의 시각에서 효율성을 제고하는 데 중점을 둔 것으로 평가된다(오성호, 1999; 김근세, 2002). 노무현 정부는 김대중 정부에서 시작된 신공공관리 인사행정개혁 조치들의 주요 내용을 이어받아 이를 확대·발전시키는 데 머물지 않고, 김대중 정부에서 주류가 되지 못했던 공동체주의적 접근을 전면에 내세우고 이를 제도화하기 위해 노력했다는 점에서 앞선 정부와 차별화된다(*cf.* 오석홍, 2007; 진재구, 2006).

마지막으로, 제도운영의 효과에 있어, '감독'·'경쟁'·'상호성' 등 주요 기제들은 나름의 기능을 수행하여 관료제 통제를 위한 노무현 정부의 노력에 기여했다고 평가할 수 있다. 그러나 각 제도의 운영과 관련하여, 구체적인 효과 면에서는 기대에 미치지 못하거나 의도하지 않았던 효과를 내기도 했다. '감독' 기제에 있어서는 특히 성과평가가 기대했던 것만큼 체계적이고 적절하게 수행되었다고 보기 힘들다. 평가의 관대화 경향이 나타나 성과평가의 의미가 퇴색되기도 했으며, 공무원들 사이에 성과평가가 타당하지 못하다거나, 평가에 따른 보상이 적절하게 수행되지 못했다는 인식이 존재하기도 했다. '경쟁' 기제의 활용은 공직 내 긴장을 유도하는 긍정적 효과를 가져왔으나, 그 반작용으로 조직 구성원들간의 조화와 신뢰관계에 부정적인 효과를 미쳐 '상호성'을 훼손할 가능성이 있음을 보여줬다. '상호성' 기제에서, 하위 행정기관들의 자율성을 증진하려는 노력은 중앙의 '감독'과 통제를 유지하려는 관성에 의해서 상당한 제약을 받았다. 한편, 관료제의 대표성 증진과 공무원 노조 합법화는 거시적인 수준에서 관료제와 시민사회 간, 정부와 노조 간의 관계를 개선할 수 있는 가능성을 보여줬으나, 그 부작용으로 인해 미시적인 개별 조직 수준에서는 갈등과 반목을 야기하여 오히려 '상호성'이 약화될 수 있는 가능성을 남겼다. 이러한 결과들은 제도 설계와 운영에 있어, 상충가능성을 지닌 요소들을 관리하기 위해 보다 신중하고 세밀한 접근법과 더불어 거시적·미시적인 수준을 포괄하는 안목을 지니기 위한 노력이 요구됨을 시사한다.

참고문헌

강주리. (2009). 여성공무원 지원, 지자체도 나서야. 「지방행정」, 58(664): 74-75.

강성철. (2003). 참여정부하의 지방정부 인사행정의 과제와 발전방향. 「한국지방정부학회 2003년도 추계학술대회 발표논문집」.

구자용. (1995). 「행정통제의 이해」. 서울: 전예원.

권해수. (2005). 참여정주 행정개혁에 대한 비판적 고찰. 「한국사회와 행정연구」, 16(1): 35-56.

김경한. (2005). 한국행정개혁의 성과평가 연구: 김대중 정부의 신관리기법 도입을 중심으로. 「한국사회와 행정연구」, 15(4): 1-22.

김근세. (2002). 한국 인사행정개혁의 계획과 실재. 「한국행정학회 중앙인사위원회 출범3주년기념 국제회의 발표논문집」.

김동원. (2007). 지역인재추천채용제의 문제점 및 개선방안. 「한국거버넌스학회보」, 14(1): 261-286.

김상균 외. (2007). 「사회복지개론」, 개정2판. 서울: 나남.

김태룡. (1999). 한국과 미국의 행정개혁에 대한 비교: 체제론적 관점에서 기획예산위원회와 NPR의 개혁활동을 중심으로. 「한국행정학보」, 33(1): 1-18.

______. (2004). 한국과 미국의 정부개혁: 노무현 정부와 부시정부를 중심으로. 「한국사회와 행정연구」, 15(2): 97-126.

김판석 · 홍길표. (2007). 최근 인사개혁의 성과평가와 새정부의 인사개혁 과제. 「한국인사행정학회보」, 6(2): 61-96.

남궁근 · 서원석. (2005). 팀제와 참여정부 인사개혁의 정합성 검토: 팀제, 고위공무원단, 총액인건비, 전보제한 및 경력개발프로그램을 중심으로. 「행정논총」, 43(4): 437-458.

노화준. (2002). 시장지향적 정치 · 행정개혁, 접근이론, 그리고 정책연구. 「한국정책학회보」, 11(3): 259-284.

뉴스와이어. (2006). 중앙인사위, 부처별 직무성과계약제 운영현황 점검. 2006년 9월 14일. (http://media.daum.net/press/view.html)

박동서. (1998). 한국 행정개혁의 과제. 「일본학」, 17: 137-143.

박수경. (2007). 노무현 정부 행정개혁의 특징. 「정부학연구」, 13(2): 213-249.

박종민 편. (2002). 「정책과 제도의 문화적 분석」. 서울: 박영사.

박천오. (2002). 김대중 정부의 행정개혁에 대한 공무원반응: 개혁의 장기적 정착가능성과 보완과제 진단을 위한 실증적 연구. 「한국행정연구」, 11(3): 111-141.
______. (2006). 참여정부 인사개혁에 대한 공무원 수용도. 「한국행정연구」, 15(2): 3-28.
박홍엽. (2008). 과학기술인력분야 균형인사정책의 평가와 발전방안. 「한국인사행정학회보」, 7(1): 287-314.
박희봉·백종섭·임승빈. (2004). 각국의 주요한 인사제도 개혁과 중앙인사행정관장기구 역할에 관한 비교연구. 「한국인사행정학회보」, 3(1): 119-152.
백종섭·이근주·최순영. (2007). 참여정부 인사정책에 대한 평가 소고. 「한국인사행정학회보」, 6(2): 1-31.
서울신문. (2006). 4급 이상 목줄 쥔 '성과성적표'. 2006년 4월 27일.
______. (2007). 정부 핵심직위 이공계 늘린다. 2007년 4월 27일.
______. (2009). '고위공무원단' 존치가닥 …. 2009년 1월 12일.
안해균. (1987). 「현대행정학」. 서울: 다산출판사.
안호용·김정로·정헌주. (2008). 「인천지역 공무원 노사관계 지역사례연구」. 서울: 고려대 노동문제연구소.
오석홍. (2007). '참여정부'와 인사행정개혁. 「정부학연구」, 13(2): 9-37.
______. (2008). 「행정개혁론」, 제6판. 서울: 박영사.
오성호. (1999). 인사개혁. 「한국행정연구」, 8(4): 31-49.
OECD정부혁신아시아센터 엮음. (2006). 「정부혁신 패러다임, 어떻게 변하고 있는가?」. 서울: 삶과 꿈.
은재호. (2005). 「참여정부 정부혁신의 보편성과 독자성: 해외 정부혁신사례와의 비교」. 서울: 한국행정연구원.
이광종. (2005). 「행정책임론」, 3정판. 서울: 대영문화사.
이근주·백종섭·권경득. (2007). 고위공무원단 성과평가의 적정성 수준지수 개발에 관한 연구. 「한국인사행정학회보」, 6(2): 97-128.
이명석. (2001). 신자유주의, 신공공관리론, 그리고 행정개혁. 「사회과학」, 40(1): 1-45.
이승종. (2005). 참여를 통한 정부개혁: 통제적 참여방식을 중심으로. 「한국공공관리학보」, 19(1): 19-39.
이정천. (2008). 한국 공무원 노동조합 단체교섭에 관한 연구. 「노동연구」, 16: 187-223.
이종수·윤영진 외. (2005). 「새행정학」, 제4정판. 서울: 대영문화사.
인터넷 한국일보. (2007). 개방형직위제, 무늬만 좋으면 되나. 2007년 3월 26일. (http://media.daum.net/editorial/column/view.html)
장지인·지성권·송신근·신성욱·오상희. (2008). 정부기관 성과관리시스템 운영실태에 관한 연구. 「관리회계연구」, 7(3): 61-105.

정부혁신지방분권위원회. (2005). 「참여정부의 인사개혁」. 서울: 정부혁신지방분권위원회.

정부혁신지방분권위원회. (2008). 「참여정부의 인사개혁: 2003-2008」. 서울: 정부혁신지방분권위원회.

정광호. (2005). 노무현 정부의 관료제 개혁에 대한 평가. 「행정논총」, 43(2): 301-349.

정승건. (2000). 발전주의와 신자유주의를 넘어서: 한국행정개혁이론의 모색. 「한국행정학보」, 34(2): 39-59.

정용덕. (2005). 행정개혁과 새로운 거버넌스의 지향. 「연세대학교 국가관리연구원 세미나발표논문집」.

정우일. (2004). 「행정통제론」, 신정판. 서울: 박영사.

조경호. (2008). 정부 다면평가제도에 대한 성과분석: 2003년과 2007년 조사의 비교를 중심으로. 「한국인사행정학회보」, 7(1): 229-259.

조경호 · 진종순 · 이석환. (2008). 고위공무원단제도의 운영성과 평가모형과 발전방안. 「한국인사행정학회보」, 7(2): 1-32.

조선일. (2008). 중앙부처 총액인건비제도 개선과제 분석. 「한국인사행정학회보」, 7(1): 261-285.

조성한. (2005). 수사적 행정개혁과 문화적 갈등. 「한국사회와 행정연구」, 15(4): 23-47.

중앙인사위원회. (2007). 「참여정부 공무원 인사개혁 백서」. 서울: 중앙인사위원회.

중앙일보. (2009). 온건 성향 '시 · 도 공무원 노조' 뭉친다. 2009년 9월 30일.

진재구. (2006). 인적자원에 대한 혁신내용과 성과. 박중훈 외, 「참여정부의 정부혁신 운영실태 및 효과분석」. 서울: 한국행정연구원.

채은경 · 이종수 · 노승용. (2006). 한국 공공부문에 있어서의 직무성과계약제도 도입에 관한 분석. 「현대사회와 행정」, 16(1): 101-122.

프라임경제. (2008). 정부 부처, 인적교류 활성화. 2008년 6월 29일. (http://www.newsprime.co.kr/news/article/view.html)

황혜신. (2005). 「역대정부와의 비교론적 관점에서 본 참여정부의 정부혁신」. 서울: 한국행정연구원.

Aucoin, P. (1990). Administrative Reform in Public Management: Paradigms, Principles, Paradoxes and Pendulums. *Governance*. 3(2): 115-137.

Bochel, Catherine & Bochel, Hugh M. (2004). *The UK Social Policy Process*. New York: Palgrave Macmillan.

Bovaird, T. & Loffler, E. (2003). Evaluating the Quality of Public Governance. *International Review of Administrative Sciences*, 69(3): 313-28.

Douglas, M. & Wildavsky, A. (1982). *Risk and Culture: An Essay on the Selection of Technological and Environmental Dangers*. London: Univ. of California Press.

Dunleavy, P. (1991). *Democracy, Bureaucracy and Public Choice: Economic Explanations in Political Science*. London: Harvester Wheatsheaf.

Dunleavy, P. & Hood, C. (1994). From Old Public Administration to New Public Management. *Public Money and Management*. 14(3): 9-16.

Gormley, W. Jr. (1989). *Taming the Bureaucracy: Muscles, Prayers, and Other Strategies*. Princeton, New Jersey: Princeton University Press.

Hood, C. (1994). *Explaining Economic Policy Reversals*. Buckingham, U.K.: The Open University Press.

______. (1996). Control over Bureaucracy: Cultural Theory and Institutional Variety. *Journal of Public Policy*. 15(3): 207-230.

______. (1998). *The Art of the State: Culture, Rhetoric, and Public Management*. New York: Oxford Univ. Press.

Hood, C. & James, O. (1997). The Central Executive. in P. Dunleavy, et al.(eds.), *Developments in British Politics 5*. London: Macmillan.

Hood, C., James, O., Peters, B. G., & Scott, C. (eds.) (2004). *Controlling Modern Government: Variety, Commonality and Change*. Cheltenham, UK: Edward Elgar.

Peters, B. G. (2001). *The Politics of Bureaucracy*, 5th ed. London: Routledge.

Power, M. (1994). *The Audit Explosion*. London: DEMOS.

Rhodes, R.A.W. (1996). The New Governance: Governing without Government. *Political Studies*, 44(4): 652-667.

Singleton, Jr., R., Straits, B. C., & Straits, M. M. (1993). *Approaches to Social Research*, 2nd ed. New York: Oxford Univ. Press.

Skelcher, C. (1992). *Managing for Service Quality*. UK: Longman.

Thompson, F. (1993). Matching Responsibilities with Tactics: Administrative Controls and Modern Government. *Public Administration Review*, 53(4): 303-318.

Thompson, M., Ellis, R., & Wildavsky, A. (1990). *Cultural Theory*. Boulder, San Francisco: Westview Press.

3 Control over the Korean Bureaucracy:

A Review of the NPM Civil Service Reforms under the Roh Moo-Hyun Government[1)]

〈요 약〉

이 연구는 노무현 정부에서 시행된 NPM 공무원 제도 개혁을 평가하는 데 목적을 두었다. 특히 공무원 제도 개혁 노력을 관료제 통제의 관점에서 해석하고, 한국 NPM 개혁의 가능성과 한계를 분석하는 데 초점을 두었다. 분석을 위한 이론적 관점으로 Christopher Hood의 행정 통제 기제 유형론(감독, 경쟁, 상호성, 비항상성)을 적용하였으며, 동아시아의 맥락에서 NPM 학설(doctrine)을 확산시키는 데 있어 문화의 한계라는 쟁점을 제기하였다. 결론적으로 이 연구는 한국의 행정문화가 한국 NPM 개혁의 성과에 부정적인 영향을 미치고 있음을 주장하였으며, NPM 개혁이 한국 공무원 조직의 통제에 일부 긍정적인 효과를 가져왔으나 개혁 수단 그 자체와 제도 개혁의 전반적인 효과에 있어서는 상당한 한계가 존재하고 있음을 규명하였다.

1) Park, C. O. & Joo, J. (2010). *Review of Public Personnel Administration* 30(2): 189-210.

Ⅰ. INTRODUCTION

Over the last few decades, successive Korean governments have periodically undertaken several administrative reforms to improve public management and the delivery of public goods and services. One target of such reforms has been the civil service system. Having an efficient civil service system in Korea is particularly important where the bureaucrats decisively contributed to the country's remarkable economic growth in the past — especially during the 1960s~1980s(see Amsden, 1989)[2)] — and are still heavily involved in the entire policy processes. In Korea, the way public servants are managed directly influences the nature and productivity of government activities.

In recent years, the Korean civil service system underwent significant reforms mainly due to the 1997 Korean financial crisis and the ensuing attention of the Korean people to the inefficiencies in the public service. In 1998, the Kim Dae-Jung administration undertook a number of New Public Management(NPM) reforms, emphasizing competition and results in the public sector as important ways of overcoming the economic difficulties and negative sentiments of the people towards the government. In the case of the civil service system, the perceived inflexibility of the existing system was identified for reform. Many of the reform efforts initiated by the Kim Dae-Jung administration were sustained in the successive Roh Moo-Hyun administration(2004-2007). The Korean Civil Service Commission(CSC), as the central personnel agency, had much of the responsibility for the NPM reforms that were introduced by the two administrations.

2) During the 1960s-1980s, Park Chung-Hee and Chun Doo-Hwan, the two presidents who took power through military coups, applied the strong hierarchical rule of the military to the government and utilized the state bureaucracy as a means of mobilizing the whole society(Joo, 1998). They restrained the activities of the legislature and blocked popular participation in the policy process in order to increase efficiency of strong government intervention in Korean economic development and minimize waste of time and resources (Kim, B., 1997: 22). In this governing pattern, bureaucrats became dominant actors that were controlled hierarchically only by the president and his small number of political appointees (Park, 2004).

The Korean experience is notable in terms of the possible expansion of the NPM doctrines in the East Asian context. East Asian countries, especially Japan and South Korea, had been acknowledged as unique models of economic development(Pempel, 1982; Amsden, 1989; Wade, 1990). Based on this acknowledgement, East Asian countries seemed to be exceptions to the public sector reforms that had become a fashion in the Western nations since the 1980s. However, the economic crises of Japan and Korea in the 1990s changed the scene dramatically, forcing the two countries to import the reform tools of NPM from Western.[3] The Korean civil service reforms should be understood in this context.

Comparative research shows that the NPM has had different effects on European countries, and indicates that cultural aspects may affect the NPM reforms(see, *for instance*, Rouban, 2007: 205). Cultural dimension has been seriously considered in investigating the limited effects of the modernization efforts in underdeveloped countries in the 1960s(Frey, 1970: 180). The significance of the cultural aspect has been examined in the Western context as well. Several leading social and political theorists tried to understand the remarkable social change in the late 1960s and early 1970s in Western nations through the framework of cultural change(Inglehart, 1977; Douglas & Wildavsky, 1982). Following this way of thinking, it is assumed

---

3) In the 1990s, Japan experienced an economic crisis triggered by the increasing exchange rate of the Japanese currency against the U.S. dollar. A considerable portion of Japanese enterprises and the people suffered severely as property bubbles burst and banks' bad debt soared. Korea also had to endure economic difficulties that began in 1997. In fact, Korea was not the only victim of the Asian economic crisis at that time. Countries such as Thailand, Malaysia, and the Philippines were hit hardest by the economic crisis. Their currencies dropped by 40-60% and stock markets suffered losses of around 75% in dollar terms. In these countries, the GDP per head shrank by an average of 11% and millions lost their jobs in 1998. In these circumstances, Korea was forced to seek financial assistance from the IMF. The Asian economic difficulties were caused by "a combination of weak financial systems, a hasty opening of economies to foreign capital and a policy of tying local currencies to the dollar" (*The Economist*, 2007: 72). Japan and Korea (and other Asian nations) got over the worst phase of the economic difficulties. In particular, Korea recovered more quickly than many commentators expected. However, the East Asian countries have not fully recovered yet, as their growth remains much slower than before the crisis, and their people are still under the negative effects of the economic crises(see, *The Economist*, 2007: 72-74; 2005: 11).

here that the effectiveness of the NPM reforms could be seriously constrained by the Korean culture.

This study particularly focuses on the NPM reform efforts under the Roh Moo-Hyun government, which tried to alter the landscape of the Korean civil service system most significantly. The main emphases in the discussion are placed on interpreting the reform efforts in terms of the measures for bureaucracy control and examining the possibilities and limitations of the new NPM reforms in Korea. This study adopts, as a theoretical guidance, the 'control mechanisms of the civil service system' suggested by Christopher Hood(1996; 1998), on the premise that NPM reforms are in some aspects control-oriented and the recent Korean civil service reforms were partially designed by civilian presidents to control bureaucracy more effectively(Lee, M., 2001; Lee, S., 2005). The review is based on the information obtained from CSC documents and on relevant research findings.

The next section describes the analytical framework — the control mechanisms of the civil service system. The third section reviews the reform initiatives of the CSC and discusses the constraint of the Korean administrative culture on the NPM reform measures. Finally, the conclusion summarizes the main findings and implications of this study.

Ⅱ. THE CONTROL MECHANISMS OVER BUREAUCRACY

In this study, 'control' means 'steering'. "Control is whatever keeps the state of any given system within some desired subset of all its possible states"(Hood, James, Peters, & Scott, 2004: 5). Most civil service reforms are intended to make the operation of government more efficient and more productive by controlling —or steering— bureaucracy. Civil service reforms are basically about political control. For example, Senior Executive Service(SES) created by the Civil Service Reform Act of 1978 in the U.S.was designed to increase the political control of bureaucracy(Marzotto, Ban, & Goldenberg, 1985). The recent reform efforts, such as NPM in many countries including Korea, are also strategies for controlling civil servants who are regarded not only as incompetent, but also as greedy budget- and power-seekers(Aucoin, 1990; Dunleavy, 1991). In general, however, there are other mechanisms for controlling bureaucrats besides competition. According to Hood, these include oversight(or review), mutuality, and contrived randomness(Hood, 1996; 1998; Hood & James, 1997; Hood et al., 2004).[4] These ideal-typical control mechanisms over bureaucracy help us grasp a comprehensive and balanced understanding of the possible ways of government reform.

The conventional ways of classifying controls over bureaucracy break down the dimensions of control into either 'internal *vs.* external' or 'ex ante *vs.* ex post' (before-the-fact vs. after-the-fact) controls(OECD, 2005; Thompson, 1993; Litter, 1967). Internal control measures include various official regulations inside public organizations, controls from higher officers toward their subordinates, and the internalization of normative restraints, whereas external controls refer to the measures from the institutions outside public organizations such as parliament, judicial authorities, and pressure groups. In ex ante controls, controllers regulate public organizations through mandates, rules, or regulations specifying what the organizations must do or not do. In ex post controls, controllers monitor the consequences of activities by public organizations and consider rewards or sanctions accordingly. The merit of these classifications is their simplicity. The measures to control public bureaucracy can be rather easily classified by these dimensions, and we can clearly understand the points of the classifications. However, these classifications have limitations of being too broad and encompassing to catch the characteristic features of the various

---

4) Hood developed those concepts from cultural theory. Cultural theory mobilizes the concepts of 'grid' and 'group' to work out four types of culture or ways of life. In Hood's terms, 'competition' is the individualist(low grid, low group) version of control mechanism. 'Oversight'(or review) is the hierarchist(high grid, high group) version of control mechanism. 'Mutuality' and 'contrived randomness' are respectively the egalitarian(low grid, high group) version and the fatalist(high grid, low group) version of bureaucracy control. For a detailed account of cultural theory, see Douglas & Wildavsky(1982), Thompson, Ellis, & Wildavsky(1990), and Schwarz & Thompson(1990). For an earlier attempt to apply cultural theory to the modes of public sector reform, see Dunleavy & Hood(1994).

control measures.

There is an alternative way —introducing multiple categories— to demonstrate specific points of control methods. For instance, Peters(2001: 299-346) sorted out the instruments of administrative accountability into five groups: organizational methods(publicity, internal discipline), the market and other external controls, group and public pressures, political methods(the legislature, the executive, the judiciary), and normative restraints. This approach looks weak in terms of the rationale for its way of grouping control measures, though it is relatively good at catching the main features of the measures.

When classifying control mechanisms over bureaucracy, Christopher Hood's classification developed from the grid-group typology is relatively systematic and comprehensive. In Hood's terms, 'competition' as a method of control mechanism means that bureaucrats are controlled by rivalry. Some recent examples of 'competition' include merit pay schemes, 'lateral entry' for higher-level bureaucratic positions,[5] and public services outsourcing. 'Oversight' means that bureaucrats are controlled by formal reviews, audits, or inspection by external or internal agents. Measures such as judicial review, specialized tribunals, ombudsmen, and the evaluation of institutional or personal performance are examples of the 'oversight' mode of control.[6] Mutuality' is the way that government officials are controlled by group pressures within organizations. In 'mutuality', bureaucrats are expected to be controlled by socialization into particular ways of working or internalization of common values. Also, mutual ratings among peer group members can be another form of mutuality. The last control mechanism, 'contrived randomness', is a system of control that makes life unpredictable for government officials. If they cannot predict which organization they will work in, who their colleagues will be, and where surveillance will come from, then corrupt conspiracies or illegitimate elite collusion are harder to

5) 'Lateral entry' for higher-level bureaucratic positions can increase competition by opening positions to external competition.

6) Institutional or personal performance evaluation is a new form of 'oversight', which is becoming important as shown in the terms such as 'audit explosion' (Power, 1994) or 'evaluative state'(Parsons, 1995: 544).

organize than in a more predictable world(Hood & James, 1997: 190-191).

In addition to the four ideal-typical control mechanisms, there can be hybrid forms. Some reform initiatives noted above are in fact hybrid forms. For example, merit pay schemes noted as a 'competition' control mechanism have elements of 'oversight', considering that merit pay programs are based on personal performance evaluation. Peer group reviews regarded as an example of 'mutuality' contain some elements of 'oversight' as well. Besides these cases, there are several other possibilities that combine more than two elements of control mechanisms. Figure 1 summarizes the ideal-typical and hybrid forms of control over bureaucracy that will help our examination of the Korean civil service reforms in this study.

The usefulness and practicability of the ideal-typical and hybrid forms of bureaucracy control has been demonstrated by a comparative study, which examines the governance changes in three policy domains — high state bureaucracy, prison, university research and higher education — in several Western and East Asian countries(Hood et al., 2004).[7] The findings of the comparative study include a wide usage of hybrid(not 'pure') forms of

Figure 1 Ideal-typical and hybrid forms of control over bureaucracy

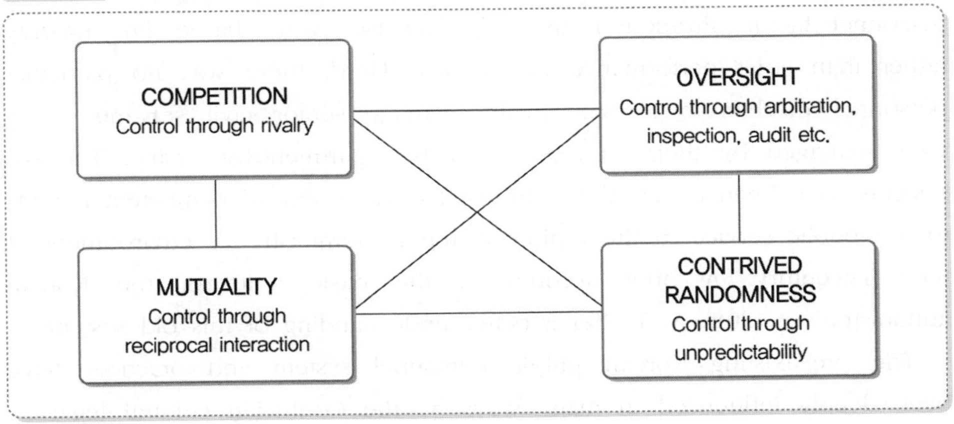

Source: Adapted from Hood and James(1997: 192).

7) Christopher Hood's typology has been applied to review the developments in public management in Britain(Hood & James, 1997). However, the comparative study of 2004 is the first major study that demonstrates the usefulness of the typology in a global context.

control over bureaucracy across various countries, the dominance of *ex post* 'oversight'(the appraisal and audit of activity/performance against general guidelines) over *ex ante* authorization, and the survival of 'mutuality' and 'contrived randomness' in the NPM era. This Korean case study is based on the foundations laid by the previous study.

Ⅲ. NPM REFORMS OF THE KOREAN CIVIL SERVICE

1. Cultural Roots of the Pre-existing Korean Public Personnel System

This sub-section deals with the main features of the pre-existing Korean public personnel system and its cultural roots. The major characteristics of the old system are as follows. First, most of the higher positions were filled on the basis of seniority. The open competitive examination, which is the traditional recruitment system, was applied only to low and middle-level position openings. Second, the merit system did not operate well as a key personnel factor. Promotion and pay increases were based on seniority rather than strict performance evaluations. Third, there was no particular personnel mechanism to strategically manage senior civil servants. They were managed by their ministers at each department(CSC, 2005). The old systems have been criticized for the ineffective supply of competent experts to the public service in the rapidly changing administrative environment of the 21stcentury. A brief account of the basic traits of the Korean administrative culture will offer a better understanding of this old system.

The pre-existing Korean public personnel system and practices have been deeply influenced in many ways by the Confucian cultural legacies, such as collectivism, ritualism(or formalism), and hierarchical harmonization(in contrast to egalitarian harmony). Collectivistic behavior is a typical feature found in a large number of Korean civil servants. This type of behavior is very much oriented toward families, relatives, and co-workers. Ritualistic behavior, which is the tendency to focus on criteria, forms, and procedures rather than on substance or actual results in administrative activities, is another notable attribute of Korean civil servants. In addition, most Korean bureaucrats are inclined toward hierarchical harmony where they are presupposed to accept authority, to follow socially accepted norms of behavior, and to get along well with other members of their organizations (Cho, 1984; Baek, 1993).

The younger members of the Korean civil service were selected through open competitive examinations, which originate from the tradition of the East Asian civil service examination. However, once selected and distributed to each ministry, they were placed into the hierarchical ways of living. Both formal rules and informal culture regulated their lives. On one hand, the rule-bounded behavior of the Korean bureaucrats resulted in the chronic ritualism of Korean bureaucracy. On the other hand, the collectivistic and harmony-oriented Korean bureaucracy did not allow individualistic success-oriented behavior, and the merit principle was limited to the rivalry among civil servants in the same ranks. Under these conditions, seniority became the key factor of promotion and pay increases in Korean bureaucracy. However, it should be noted that the collectivistic orientation of Korean bureaucrats did not go beyond their ministries. Since most bureaucrats made and implemented public policies from a limited perspective, they could not cooperate well with people in other organizations. Senior civil servants were not exceptions to this general trend, although they played important roles in the policy processes.

2. The Reform Initiatives

The CSC introduced a wide range of reforms to the Korean civil service system.[8] The overall objectives of the reforms were to transform the

8) Korean Civil Service Commission(CSC) was an independent government organization created in 1999. The objective of the CSC was primarily to maximize the values of efficiency, economy, and administrative effectiveness through improved personnel mechanisms and programs. In addition, the Korean CSC intended to maximize the responsiveness of public employees to political officials, including the president, and to the public at large by

traditional public personnel administration into 'modernized' human resource management and to establish more effective control mechanisms over bureaucracy. These reform initiatives were basically designed to transform the existing closed personnel system into a more flexible and open one by applying new control mechanisms. Among many reform initiatives, the most notable are the Open Position System, Performance Management System, 360-degree Feedback Appraisal System, and Senior Civil Service. This sub-section describes and reviews these reforms of the Korean civil service system. Christopher Hood's theoretical model noted above will be applied in the review of the reforms, and the strengths and weaknesses of the reforms will be discussed on the basis of the early results.

Open Position System. In 1999, the CSC introduced the Open Position System(OPS) to gain better performance and higher levels of competency. This would be difficult to achieve in the former system, where top positions were limited to be filled by a few hundred officials who passed Senior Civil Service Examinations or those who have worked for a long period of time in a particular ministry. OPS refers to a particular system designed to recruit the best person through a fair and open competition among experts in the private sector as well as government employees. Under OPS, 20% of senior positions in all ministries are designated as open positions. Each ministry is required to set qualifications for each open position. Anyone who meets the qualifications may apply for these open positions. The ministry then selects the most qualified person among the applicants through a selection board. While appointees with previous civil service experience retain their current civil service status, others from the private sector are appointed as non-career contracted service personnel. A civil servant of an open competitive position should not be transferred during his or her fixed contract term, for which the maximum length was three years(Park, C., NamKoong, Park, H., Oh, & Kim, 2002; Presidential Committee

reinforcing the control over bureaucracy(Presidential Committee, 2007). In 2008, the CSC was merged into the Ministry of Public Administration and Security which was established under the new president Lee Myung-Bak.

(PC), 2005: 321-335).

The Open Position System is an excellent example of the influence of NPM on Korea's administrative reform. It is primarily based on the 'competition' mode of bureaucracy control, for 'lateral entry' into higher-level bureaucratic positions can increase competition. However, this Korean version of 'lateral entry' for higher-level bureaucratic positions is also based on the 'contrived randomness' form of control of civil servants, given that the 'lateral entry' of external elites into public organizations may increase the unpredictability in interactions among government officials and in their chances of promotion(*cf.* PC, 2005: 335).

The CSC found some intended effects of the new system including the following two points. First, the principle of competition was to some extent accepted among civil servants. Second, the flow of new knowledge, information, and technology into the public sector increased(CSC, 2005). Nevertheless, there have been concerns that OPS is not bearing as much fruit as expected. First of all, there were insufficient non-governmental candidates for jobs. Only a limited number of qualified people such as executives of government-invested corporations, experts in private corporations, and college professors applied for the jobs. For the first three years(2000-2002) since the introduction of OPS, most positions were filled with civil servant applicants. Only 15% of OPS appointees were civilians (NamKoong, 2003: 57). With time, the ratio of outside appointments increased to 49% of the designated positions(CSC, 2007). However, considering the overall shortage of qualified civilian candidates, it is not easy to successfully attain the original purport of both 'competition' and 'contrived randomness' incorporated in OPS. The inflexibility in the labor market, the collectivistic closed culture of the Korean government organizations, which excludes people from the private sector, the short contract term of a maximum three years, and the low level of payment, had been pointed out as the barriers to competent civilian participation in application(PC, 2007). The CSC took additional measures to improve the system, such as extending contract terms to a maximum five years and expanding OPS to middle-manager positions to encourage more participation from talents from the private sector.

The OPS program is surely a major step toward an open civil system. However, the system still requires revisions in many respects to increase the level of success in attaining 'competition' and 'contrived randomness'. Other measures, such as position readjustments, higher salaries, and better working conditions should be considered for the inflow of well-qualified personnel from the outside(Namkoong, 2003).

Performance Management System. The CSC attempted to change the pay system from a rank-based system to one based on accountability and performance.[9] The previous pay structure of the Korean civil service was based on the rule of seniority, where the pay rate was determined according to the length of service with an automatic salary increase granted every year. Here the pay could not function as an incentive for better job performance. This was the very reason the CSC introduced a new performance-based pay system. The main goal of the new system was to create a hard-working atmosphere and encourage a competitive attitude in public organizations(PC, 2005: 200).

The new regulation promulgated in 2006 divides the performance evaluation system into 'the performance contract evaluation' for officials above Grade 4 including members of the Senior Civil Service and 'the service record evaluation' for officials below Grade 5. The system was designed to attain more accurate performance management and enhance the objectivity and fairness of the evaluation. There are two types of programs in the performance-based pay system: 'the annual merit incremental program' and 'the performance bonus program'. The former applies to officials above Grade 4, and the latter to officials below Grade 5. Under the performance contract evaluation, the evaluators, such as ministers and vice

9) Career civil servants in Korea are employed based on set performance and qualification requirements, and they are expected to make a life-long commitment to the service. Their legal status as civil servants and job security are guaranteed by law. Civil servants who work in the technology, research, and administrative fields are classified as General Service. The Grade provides a rank and salary designation in General Service, and ranges from Grade 9 to 1.

ministers discuss performance goals with officials above Grade 4. The evaluators also sign contracts with the evaluated officials and assess the level of contract fulfillment on the basis of interviews and related data that are recorded throughout a year. The appraisal results are reflected in promotions and performance-based pay. The appraisal grade consists of four categories: S, A, B, C(see Table 1). The performance-based annual salary does not apply to civil servants that belong to the low-ranking 10% of Grade C. The annual salary of a civil servant is set within a range of maximum and minimum amounts for each grade according to the result of the performance appraisal(PC, 2008: 308-312).

〈Table 1〉 The scope and pay rate by appraisal grade(2007)

Appraisal Grade	Excellent(S)	Outstanding(A)	Normal(B)	Unsatisfactory(C)
Scope	Upper 20%	30%	40%	10%
Performance pay rate(of basic salary)	7%	5%	3%	0%

Source: CSC(2007).

The service record evaluation for officials below Grade 5 is conducted by their supervisors on the basis of detailed evaluations on performance, capabilities, and length of service. This performance appraisal system determines the bonuses granted to officials in Grade 5 or below. The bonuses are granted as a lump sum with differential size, and are not paid to civil servants who belong to the bottom 10% of Grade C(see Table 2).

〈Table 2〉 Performance bonus rate(2007)

Appraisal Grade	Excellent(S)	Outstanding(A)	Normal(B)	Unsatisfactory(C)
Scope	Upper 20%	21~50%	51~90%	91~100%
Performance pay rate (of basic salary)	180% or above	120%	70% or below	0%

Source: CSC(2007).

The performance-based pay system is another representative example that shows the influence of NPM in the Korean government. As in OPS, however, the merit pay schemes are actually hybrid forms that combine 'competition' with 'oversight', considering that merit pay schemes are based on personal performance evaluation(*cf.* PC, 2005: 211, 290).

Performance-based pay programs are based on a utilitarian approach, which assumes that an employee's psychological ties to his or her government or public organization are controlled through a calculative process. However, as a control mechanism that is mainly based on 'competition', performance-based pay programs can produce some negative effects on the public sector. That is, they can deflect the managers' attention from alternative motivational programs, particularly regarding the public service motivation, which primarily consists of norm-based and affective factors(Perry & Wise, 1990).[10)]

Some Korean scholars regard performance-based pay programs as the wrong prescription. According to this skepticism, individual performance evaluation is unrealistic because of the culture of collectivism and harmony held by Korean civil servants(Kim, K., 2003; Im, 2003). It has been argued that Korean civil servants are not psychologically prepared to accept the individual-based reward structure. A well-known episode supports this argument in Korea: almost every civil servant who was rewarded for better performance later distributed the money equally and very confidentially to everyone who had worked in the same unit(Im, 2003: 95). In addition, the programs face many criticisms because of the limited capacity of the management system to measure civil servants' performance levels(Choi, 2007).

In order to function as a control mechanism partly based on 'oversight', performance-based pay schemes demand a sophisticated instrument and proper support processes. When a government's management system meets neither of these conditions, the performance appraisal is not perceived

10) Norm-based motives are sources of actions generated by efforts to conform to norms such as civic duties and the public interests. Affective motives are triggers of behavior that are grounded in emotional responses to various social contexts such as compassion and self-sacrifice. These public service motives are more likely to build psychological ties between civil servants and their government or public organizations than utilitarian motives (Perry & Wise, 1990).

among civil servants as a legitimate control mechanism that adequately evaluates and rewards their individual performance(Delay, 1992; Gabris & Ihrke, 2000; O'Donell & O'Brien, 2000; Reinke, 2003). As the Korean government had difficulties in meeting the conditions, it was inevitable that the performance-based pay programs showed limitations in achieving the expected goals. Considering the several problems discussed above, one could say that there are still many things to reconsider for the new pay programs to take effect on the Korean bureaucracy. Thus, a transition of the policy toward the gradual introduction and implementation of a bonus system based on team performance may be needed in the near future(Park, 2002).

Personnel Exchange System. The CSC pursued a free exchange system of talent and experience between the private sector and the government. It introduced the Personnel Exchange System(PES) in 2002 for this purpose. PES allows a three-year leave for middle-manager level civil servants(Grade 4 and 5) to gain experience in the private sector. The CSC hoped to share the knowledge and dynamism of the private sector by exposing civil servants to the reality of the market. In 2006, 48 managers in 20 governmental agencies took temporary leave to work in a number of private corporations(MPAS, 2009).

PES is a reform initiative from the hybrid of 'competition' and 'mutuality'. The 'competition' aspect of PES can be seen in its goal to share the knowledge and dynamism of the private sector. It is expected that those who experience and learn the vividness of the private sector could bring an innovative and competitive culture into the public organizations. In addition, the key point of PES — the exchange of talents between the private sector and the government — shows the element of 'mutuality'. The exchange of elites could contribute to better understanding between the two sectors. Furthermore, the continuing practice of personnel exchange could formulate an informal elite group that shares common values between the two sectors. If this happens, we may see the emergence of an elite group that is controlled by the internalization of both public mindedness and entrepreneurship(*cf.* PC, 2005: 119, 121).

Unfortunately, however, the number of officials applying for PES is decreasing. In fact, a recent government report showed that the number of the applicants had dropped to only 14 as of February 2009(MPAS, 2009). According to a study, this phenomenon was mainly due to the lack of incentives for participants(Park, Kim, & Rhee, 2004). Therefore, in order for PES to remain as a meaningful reform, incentives should be improved to attract potential participants. An effective incentive would be to provide opportunities for earlier promotion to officials who successfully complete the exchange program. However, the closed administrative cultures of both public and private organizations make it hard for PES to develop fully in the Korean context.

360-Degree Feedback Appraisal System. For a long time, Korean civil servants were subject to careless or unbalanced feedback from their limited number of senior officials. The act of rewarding undeserving people may have impaired the performance and commitment of many civil servants. In an attempt to combat this problem, the CSC introduced a 360-degree feedback appraisal system in 2003. It is an approach that gathers the behavioral observations of a person from many layers within an organization. This could reduce problems that result from a person's shortcomings as an evaluator, such as errors stemming from leniency, personal bias, and subjectivity. In support of the new appraisal program, the CSC developed and distributed a 360-degree feedback appraisal software to all ministries and strongly recommended they use it as a key part of the performance appraisal process. As a result, most ministries used this new feedback instrument to supplement the existing appraisal system (PC, 2005: 283-288).

Like the reform measures discussed above, the 360-degree feedback appraisal system is a hybrid mode of bureaucracy control. The appraisal system contains the elements of 'mutuality', 'oversight', and 'competition'. The 'mutuality' aspect of the appraisal system can be seen from its community approach to evaluation activities, and its 'oversight' aspect can be noticed from the government's emphasis on performance appraisal. In addition, the scheme's 'competition' elements appear when appraisal results are used for differential rewards for the evaluated officials(*cf.* PC, 2005: 283, 285, 286).

Many civil servants reported that the 360-degree appraisal system improved communication and human relations among the members of their organizations(Cho, Park, & Kim, 2003). This demonstrates the possibilities of the control mechanism based on 'mutuality'. However, the oversight tool may not work as expected. The control system can be easily distorted to sustain personal linkages, especially in a society like Korea where personal linkages are highly respected. Here, the ritualistic aspect of the Korean administrative culture could affect the operations of the system, and some government officials are concerned that the system could be abused by popularity-based or emotion-based evaluation. In fact, in an academic survey, about 70% of the responding civil servants agree with the possibility that evaluations can be influenced by 'human' factors such as academic linkages, local linkages, seniority, duration of co-working, and personality (Cho et al., 2003: 46).

One important objective of the 360-degree process is to identify work-related areas for both organizational and individual improvement. Constructive feedback helps individuals know which areas they are doing well and point out areas for improvement. Nevertheless, in Korea the results of the 360-degree feedback appraisal were seldom used for development purposes(Cho et al., 2003). Thus, there are many issues to address to maximize the potential benefits of a 360-degree feedback appraisal system in Korea.

Senior Civil Service. The Senior Civil Service(SCS), an equivalent of Senior Executive Service(SES) in the U.S., was introduced in July 2006. The overall objective of the establishment of SCS was to create an effective government-wide personnel management system for selecting, assigning, developing, advancing, rewarding, and managing senior civil servants who administer key government programs in many ministries. Previously, Korea never had an effective personnel management system solely for senior civil servants who were mostly secretary-generals and director-generals of central governmentagencies. Instead of the traditional seniority-based hierarchical system, half the SCS position in each ministry was designed to be filled through open competition for civilians and high-level public officials in other ministries. (Thus, SCS includes the Open Position System described earlier as part of its system.) The other half was to be occupied based on internal decisions made by the minister. Precisely speaking, SCS positions consisted of a combination of open positions(20%), open recruitment positions(30%), which was open to applicants from other departments, and positions filled through internal decisions of the ministry(50%)(see Table 3). The remuneration will be given according to the duty ranks (1 to 5) that reflect the difficulty and importance of the position. In addition, as explained above in the performance management system, compensation is based on performance. The periodic evaluation of officials' performance was scheduled to take place every five years and when a cause for disqualification occurred. Those who receive bad evaluation points or have other serious problems could be dismissed. SCS applies to about 1,300 civil servants in Grade 3 or higher, and the top three ranks of the current rank categorization of 9 were abolished(PC, 2008: 214-234).

〈Table 3〉 SCS Employment method

Positions	Open Positions	Open Recruitment	Autonomous Personnel Positions
Characteristics	competition with non-civil servants and among ministries	Competition among ministries	Internal decision by the minister
Ratio	20%	30%	50%

The formation of a go-anywhere corps of top officials such as SCS constitutes a hybrid form of control which combines all the ideal-typical mechanisms of bureaucracy control. The introduction of SCS can be interpreted as an attempt to augment a small cohesive corps at the top of government bureaucracy(mutuality). At the same time, SCS may increase the scope for unexpected postings around the civil service system(contrived randomness). In addition, in the case that SCS adopts Open Position System and Performance-based Pay Programs, it can be said that this scheme contains the elements of 'competition' and 'oversight'.

A well-developed SCS could nurture and place competent senior civil servants at government-wide levels, prevent unnecessary rivalry among ministries, and align their interests. It could also increase the professionalism of the civil service. The CSC intended to manage SCS in the direction of realizing its full potential(CSC, 2007). However, some studies pointed out that SCS was too complex in design to manage senior officials strategically. Other studies found that the performance appraisal system was not functioning well as a control tool(Choi, 2007; Ha, 2008). Indeed, in the performance evaluation of 2006, nearly 85% of SCS members received 'excellent' or 'good' ratings and no one received the 'very unsatisfactory' rating(Munwhailbo, 2008). Meanwhile, those who applied for open recruitment positions or open positions from outside the relevant departments or outside the government tended to complain that the competitions were unfair. They suspected that, in the case of open recruitment positions, applicants from the department which had an opening were favored more than the applicants from other departments, and officials were preferred to civilians in the case of open positions. These problems and accusations imply that the closed culture of the Korean bureaucracy is still influential (Namkoong, 2003: 58).

3. The Effects of the Control Mechanisms in Old and New Systems: Cultural Accounts

The main control mechanism used in the previous Korean civil service system under the influence of the Confucian cultural legacies was 'oversight', which was mostly performed by internal agents of the executive. The oversight from Parliament and the civil society was minimal. This hierarchical nature was also reflected in the internal operation of public organizations. When administrative orders were given from the top echelon in the organization, strict obedience was expected(Jun, 1982: 17). Thus, the main control point was to review whether subordinates efficiently did what they were ordered to do, and the management of public personnel was performed largely on this basis. In a sense, the Weberian model of bureaucracy was well-suited to the reality of Korean public organizations (Cho, S., 1984: 211-215). If we use conventional terms, internal and ex ante measures were the key control patterns in Korea.

The transition of the Korean government from an authoritarian to a more democratic regime has changed the scene to some extent. As political democratization made significant progress in more recent years, Korea moved from a political system dominated by the bureaucracy under the control of authoritarian presidents to the usual patterns of political democracy. Institutions such as the Parliament and public interest groups began to exercise control over public bureaucracy. Despite these changes, however, many scholars argue that the 'external oversight' is not effective enough yet to oversee the bureaucracy(Park, 2004; Lee, D., 2004; Ra & Joo, 2005).

'Mutuality' and 'contrived randomness' mechanisms of bureaucracy control played only supplementary roles in the forms of either government employee ethics or position rotations. The ethics approach could not make notable effects under Korea's hierarchical and ritualistic administrative culture. Similarly, position rotations, which are the usual pattern of personnel administration in the Korean bureaucracy, did not make any significant difference under the collectivist culture of the Korean bureaucracy (Cho, 1984; Baek, 1993). Also, the 'competition' mechanism was largely constrained to the traditional way of recruitment system(open competitive examinations for low and middle level positions).

Since important elements of the new system, such as competition, are incongruent with the Confucian cultural legacies of Korean bureaucracy, one might question the effects of the NPM reforms. Indeed, as we examined above, the latter could not have as much control effects as expected, due to operational problems and the mismatch between the Korean administrative culture and the NPM reform initiatives. The Open Position System had difficulty in attracting competent civilian candidates because of the collectivistic closed culture of the Korean bureaucracy. The distortion of performance-based pay programs, shown from the episode noted earlier, occurred under the influence of the collectivistic culture and the inclination toward harmony among the members of a public organization. In a similar light, the closed culture of Korean public organizations had civil servants undervalue the opportunities offered by the Personnel Exchange system to work outside the government. The competent members of government organizations naturally seek early promotion, and they may think that PES could ruin their chances(PC, 2005: 125).

The ritualistic, or formalistic, element of the Korean administrative culture could damage evaluation activities which are important in the NPM reforms. Although the arrangements for evaluation or audit are well prepared, the actual behavior of evaluation could not meet the expectations of the institutional arrangements. Therefore, the evaluation activities have been problematic in programs such as the performance-based pay programs, the 360-degree feedback appraisal system, and the Senior Civil Service system. In particular, SCS, which contains the ideas of the OPS and performance management system, was significantly affected by several elements of the Korean administrative culture, including collectivism, ritualism, and inclination toward harmony.

Table 4 summarizes CSC reform measures in terms of control mechanisms, main characteristics, and cultural elements that affect the measures.

〈Table 4〉 The CSC reform initiatives: control mechanisms, characteristics, cultural elements

The reform initiatives	Control mechanisms	Main characteristics in operation	Cultural elements affecting the initiatives
Open position system	Competition; Contrived randomness	– Increasing competition & external impacts – Limited competition yet	Collectivism (closed culture)

Performance – based Pay system	Competition; Oversight(ex post)	– Serious discordance with the collectivist culture – Limited capacity to measure the performance levels	Collectivism; Harmonization
Personnel exchange system	Competition; Mutuality	– Limited usage of the system by officials – Lack of incentives for the participants	Collectivism (closed culture)
360 – degree feedback appraisal system	Mutuality; Oversight(ex post); Competition	– Increasing communications & human relations in government organizations – Increasing concerns about the abuses of the system (*cf.* personal linkages, etc.) – Not being used for development purposes	Ritualism; Collectivism
Senior civil service	Competition; Oversight(ex post); Mutuality; Contrived randomness	– Limited competition yet – Discordance with the collectivist culture – Limited capacity to measure the performance levels	Ritualism; Collectivism (closed culture); Harmonization

Ⅳ. CONCLUSIONS

In Korea, reforms and changes are very much on the current agenda and are likely to remain on the agenda in the future. As far as public personnel administration is concerned, 'modernizing' the old structures and practices of the civil service system by applying the NPM doctrines is what accounts for most of the Korean Civil Service Commission's reform efforts. A review of the recent reforms of the Korean civil service system suggests several interesting points on both theoretical and practical terms.

The Korean experience of the NPM reforms generally fits the global trends that have been discovered by the comparative study noted earlier (see Hood et al., 2004). Above all, the 'competition' type of bureaucracy control increased evidently in the Korean civil service system, which can be seen from the finding that all five reform measures reviewed in this study contain some 'competition' elements.

However, as shown in other developed countries, the actual reforms were not wholly conducted on the basis of the 'competition' mode of bureaucracy control, which is a central idea of NPM. As in the findings of the comparative study, all the recent reforms of Korean civil service that were reviewed are hybrid forms of bureaucracy control. In particular, 'competition' brings new forms of 'oversight' — ex post appraisal and audit of activity or performance against general guidelines, as in the case of performance-based pay programs. Furthermore, despite the strong influence of NPM, some reform measures are basically based on a mechanism distant from 'competition'. Thus, the 'mutuality' element strongly features in the cases of the 360-degree feedback appraisal system and the Senior Civil Service. In addition, the element of 'contrived randomness' has been included in the Open Position System and Senior Civil Service. These developments imply that the real world of public administration is much more complex than the doctrines proposed by NPM thinkers.

In terms of the effects of the NPM reforms, it seems that the reforms, though not entirely clear yet, have some positive control effects and alleviate several problems related to the old personnel system. Above all, the civil service system is now more open and competitive than before. Cultural mix is a normal pattern in any society(Thompson, Ellis, & Wildavsky, 1990). The partial fulfillment of the control goals might result from the individualistic elements of the Korean administrative culture. It is undeniable that individualistic cultural elements have been gradually generated as the Korean society becomes increasingly industrialized and its contacts with the Western culture rapidly expand(Park, 1992; Park et al., 1989).

However, as we explained earlier, the main component of the Korean administrative culture has been hierarchy. Given the strong influence of the hierarchical 'oversight', it may take quite some time to get full effects of the control mechanisms, such as individualistic 'competition' and the egalitarian 'mutuality' in the Korean bureaucracy. The legacies of the traditional administrative culture make it difficult for the NPM reforms to fully take root in Korean soil, and the fundamental changes of old system still remain to be seen. This analysis reminds us of the value of conventional 'oversight' and 'contrived randomness' which have been relatively underestimated since the introduction of the NPM doctrines in the Korean public administration. These control mechanisms, though criticized as outdated, still could greatly contribute to controlling the Korean bureaucracy, which is characterized as having many elements of 'hierarchy'.

A comparative study argues that the cross-national diffusion of civil service reforms has been driven mainly by the political consideration to enhance the legitimacy of the government in each country. It also argues that the governments of many countries tend to copy important reform measures of leading countries. Even if the reforms do not produce the expected results, the adopting government could at least demonstrate to the public its efforts to improve human resource management in the public sector(Lah & Perry, 2008: 293). Korea does not seem to be an exception to this diffusion pattern. As this Korean case study shows, the Korean government adopted the reform measures without careful consideration of the possible effects of the reforms and without giving serious thought to its Confucian cultural legacies.

In this context, it is noteworthy that the current Lee Myung-Bak government, while maintaining the main frame of the civil service reforms initiated by the previous Roh Moo-Hyun government, is attempting to adjust the reforms to Korea's prevailing administrative culture to some extent. Basically, the five NPM reforms reviewed in this study are still being implemented and the Lee government did not attempt to make major changes in the laws, programs, and operating rules of civil service, most of which carry Roh's NPM marks. Recent inside reports of the Ministry of Public Administration and Security(MPAS), which functions as the new central agency of public personnel, and some interviewed personnel managers of MPAS both confirmed this.[11] Indeed the previous government's

11) Internal reports are submitted by personnel management divisions to the advisory committee for the minister of the MPAS. The personnel managers of the MPAS interviewed include two SCS members and two middle-managers of Grade 4 with whom the authors worked in the past in developing administrative reform agendas under the Roh Moo-Hyun Government.

NPM reforms to encourage competition and results match well with the conservative new administration. However, there were some adjustments in the new system. In particular, in the case of SCS, the percentage of open recruitment positions was reduced to 15% from the original 30%, and the duty ranks were reduced to two from five. These changes, though minor, reflect the reality related to the existent culture. The NPM measures surely had shaken to some extent the hierarchical and closed culture of the Korean government departments. However, the deeply-rooted cultural elements bounced back, which made it easier to see more aspects of the old personnel system in public organizations, such as the practice of seniority rule, the limited openness to the outside society, and the ministerial oversight of senior civil servants.

In conclusion, this study suggests that notable limitations exist when applying the NPM doctrines to Korea and possibly other East Asian countries influenced by the Confucian culture. More generally, the study implies that, despite some common trends in the civil service reforms around the world, their implementation do not always yield the same results. Given the differences in the results, it is evident that it is necessary for the idea-importing country to consider its own cultural background and historical experiences. This Korean case study brought forth such insight by revealing a unique cultural set of constraints to NPM reforms. Exposing a regional NPM approach to reform civil service could offer an opportunity for students and practitioners in public personnel administration to enhance their understanding of reforms from an international perspective. Therefore, this approach could contribute to the development of the science of public administration and human resource management around the world.

References

Amsden, A. H. (1989). *Asia's next giant: South Korea and late in dust rialization.* New York: Oxford University Press.

Antonioni, D. (1996). Designing a 360 degree appraisal feedback process. *Organizational Dynamics* 25(2): 24-39.

Aucoin, P. (1990). Administrative reform in public management: Paradigms, principle, paradoxes and pendulums. *Governance* 3(2): 115-137.

Baek, W. G. (1993). *Administrative culture in Korea.* Seoul: Korea University Press.(in Korean)

Cho, K. H., Park, C. O., & Kim, S. H. (2003). *The design and operation of 360 degree evaluation in Korea.* Seoul: CSC Policy Report 2003-13. (in Korean)

Cho, S. J. (1984). *Public administration in Korea.* Seoul: Bakyoungsa.(in Korean)

Choi, D. L. (2007). Development of a diagnosis model for pay-for-performance in the public sector and its application: Focused on agencies. *International Review of Public Administration* 11(2): 29-41.

Civil Service Commission (CSC). (2007). *White paper.* Seoul: CSC.

______. (2005). *White paper.* Seoul: CSC.

Delay, D. M. (1992). *Performance appraisal in the public sector.* Westport, CT: Quorum.

Douglas, M. & Wildavsky, A. (1982). *Risk and culture: An essay on the selection of technological and environmental dangers.* London: University of California Press.

Dunleavy, P. (1991). *Democracy, bureaucracy and public choice: Economic explanations in political science.* London: Harvester Wheatsheaf.

Dunleavy, P. & Hood, C. (1994). From old public administration to new public management. *Public Money & Management* 14(3): 9-16

Frey, F. W. (1970) Cross-Cultural Survey Research in Political Science. In R. T. Holt & J. E. Turner (Eds.) *The Methodology of Comparative Research.* New York: The Free Press.

Gabris, G. T. & Ihrke, D. M. (2000). Improving employee acceptance toward performance appraisal and merit pay system. *Review of Public Personnel Administration* 20(1): 41-53.

Ha, M. S. (2008). A study on the determining factors of the effectiveness of SCS

(Senior Civil Service): Focused on national civil service in Korea. *The Korea Public Administration Journal* 17(3): 167-205.

Hood, C. (1998). *The Art of the state: Culture, rhetoric, and public management.* Oxford: Clarendon Press.

______. (1996). Control over bureaucracy: Cultural theory and institutional variety. *Journal of Public Policy* 15(3): 207-230.

______. (1991). A public management for all seasons? *Public Administration* 69(1): 3-19.

Hood, C., James, O., Peters, B. G., & Scott, C. (Eds.) (2004). *Controlling modern government: Variety, commonality and change.* Cheltenham, UK: EdwardElgar.

Hood, C. & James, O. (1997). The central executive. In P. Dunleavy *et al.* (Eds.) *Developments in British politics 5.* London: Macmillan.

Im, T. (2003). Bureaucratic power and the NPM reforms in Korea. *International Review of Public Administration* 8(1): 89-102.

Inglehart, R. (1977). *The Silent Revolution: Changing Values, and Political System among Western Publics.* Princeton, NJ: Princeton University Press.

Joo, J. (1998). The paradox of success in economic management: The Political Failure of the Authoritarian Leaders in South Korea. *Yonsei Journal of Social Sciences* 4: 1-33.

Jun, J. S. (1982). The paradoxes of development: Problems of Korea's transformation. Paper presented at the ASPA National Conference, Honolulu, Hawaii.

Kim, B. W. (1997). Korean public bureaucracy in transition. In B. W. Kim & P. S. Kim. *Korean public administration: Managing the uneven development.* Seoul: Hollym.

Kim, K. H. (2003). Evaluating MBO reforms in Korea. Unpublished Ph Dthesis, Seoul National University, ROK. (in Korean)

Lah, T. J. & Perry, J. L. (2008). The diffusion of the Civil Service Reform Act of 1978 in OECD countries: A tale of two paths to reforms. *Review of Public Personnel Administration* 28(3): 282-299.

Lee, D. H. (2004). Interest groups. In T. K. Ha (Ed.) *Contemporary Korean government,* 2nded. Seoul: Bobmunsa. (in Korean)

Lee, M. S. (2001). The neo-liberalism, new public management, and administrative reforms. *Social Sciences* 40(1): 1-45. (in Korean)

Lee, S. J. (2005). Government reforms through participation. *Korean Public Management Review* 19(1): 19-39. (in Korean)

Litter, J. A. (1967). *The analysis of organizations.* New York: John Wiley & Sons.

Marzotto, T., Ban, C., & Goldenberg, E. (1985). The Senior Executive Service and political control of the bureaucracy. In D. Rosenbloom (Ed.) *Public personnel policy: The politics of civil service*. New York: Associated Faculty Press.

Ministry of Public Administration and Security (MPAS). (2009). Internal document.

Munwhailbo (Munwha Daily Newspaper). (2008). Problematic loose evaluations in the Senior Civil Service. September, 30. (in Korean)

Namkoong, K. (2003). An evaluation of the results of open competitive position system program implementation. *International Review of Public Administration* 8(1): 53-66.

O'Donnell, M. & O'Brien, J. (2000). Performance-based pay in the Australian public service: Employee Perspectives. *Review of Public Personnel Administration* 20(2): 20-34.

Organization for Economic Cooperation and Development (OECD). (2005). *Modernizing government: The way forward*. Paris: OECD.

Oh, S. H. (2006). *Administrative reform*, 5thed. Seoul: Bakyoungsa. (in Korean)

Park, C. O. (2007). *Public bureaucracy: Theories and practices*. Seoul: Bobmunsa. (in Korean)

______. (2004). Government bureaucracy(I): Roles and influences in the policy processes. In T. K. Ha (Ed.) *Contemporary Korean Government*, 2nded. Seoul: Bobmunsa. (in Korean)

______. (2002). Bureaucrats' responses to Kim Dae-Jung Administration's reform: An empirical study of the long-term prospect and problems of reform. *Korean Public Administration journal* 11(3): 65-91. (in Korean)

______. (1992). Cultural change and administrative behavior in Korea: a tentative view. *Korean Public Administration Review* 24(1): 25-56. (in Korean)

Park, C. O., Kim, S. M., & Rhee, C. H. (2004). Personnel interchange between government and private sectors in Korea. *The Korean Public Administration Journal* 13(2): 111-139. (in Korean)

Park, C. O., NamKoong K., Park, H. B., Oh, S. H. & Kim, S. M. (2002). An empirical on the propriety of Open Position System in Korea. *Korean Public Administration journal* 11(2): 162-187. (in Korean)

Park, C. O., Lovrich, N. P., & Steel, B. S. (1989). Post-materialist values in the post-industrial workplace: A test of Inglehart's theory of value change in the context of U.S./Korean comparisions. *Public Administration Quarterly* 13(2): 273-292.

Parsons, W. (1995). *Public policy: An introduction to the theory and practice of policy analysis*. Alsershot, UK: Edward Elgar.

Pempel, T. J. (1982). *Policy and politics in Japan: Creative conservatism.* Philadelphia: Temple University Press.

Perry, J. L. & Wise, L. R. (1990). The motivational bases of public service. *Public Administration Review* 50(3): 367-373.

Peters, B. G. (2001). *The politics of bureaucracy.* 5thed. London: Routledge.

Power, M. (1994). *The audit explosion.* London: DEMOS.

Presidential Committee on Government Innovation & Decentralization (PC). (2008). *Public Personnel Reforms of the 'Participatory Government'.* Seoul: PCGID. (in Korean)

______. (2007). *Innovation & decentralization of the Korean government.* Seoul: PCGID. (in Korean)

______. (2005). *Public Personnel Reforms of the 'Participatory Government'.* Seoul: PCGID. (in Korean)

Ra, H. M. & Joo, J. (2005). Evaluating customer-centred reforms in Korean local governments: Possibilities and limitations of reform measures for civil application. *International Review of Administrative Sciences* 71(3): 425-444.

Reinke, S. J. (2003). Dose the form really matter?: Leadership, trust, and acceptance of the performance appraisal process. *Review of Public Personnel Administration* 23(1): 23-37.

Rouban, Luc. (2007). Politicization of the Civil Service. In B. Guy Peters and Jon Pierre. (eds.) *The Handbook of Public Administration*, 199-209. Los Angeles: Sage Publications.

Sanders, R. P. (1994). Reinventing the Senior Executive Service. In J. L. Perry (Ed.) *New Paradigms for Government.* San Francisco: Jossey-Bass Publishers.

Schwarz, M. & Thompson, M. (1990). *Divided we stand.* Hempel Hempstead: Harvester Wheatsheaf.

The Economist. (2007). Briefing: East Asian economies. 383: 72-74.

______. (2005). The sun also rises: Japan's chances of prosperity and influence look surprisingly bright. 377: 11.

Thompson, F. (1993). Matching responsibilities with tactics: Administrative controls and modern government. *Public Administration Review* 53(4): 303-318.

Thompson, M., Ellis, R., & Wildavsky, A. (1990). *Cultural theory.* Boulder, San Francisco: Westview Press.

Wade, R. (1990). *Governing the market: Economic theory and the role of government in East Asian industrialization.* Princeton, New Jersey: Princeton University Press.

Wright, V. (1994). Reshaping the state: The implications for public administration. *West European Politics* 17(3): 102-137.

제 4 장

행정 통제와 행정 개혁: 영국 사례연구

1. 영국 보수당 정부(1979~1997년) 행정개혁의 정치적 의도와 효과에 관한 연구
• 주재현

2. 조정기제의 혼합과 계층제 기제의 의의에 관한 연구: 영국 행정개혁 사례를 중심으로
• 주재현

1 영국 보수당 정부(1979~1997년) 행정개혁의 정치적 의도와 효과에 관한 연구[1)]

〈요 약〉

이 연구는 1980년대 이후 시행된 영국 행정개혁의 전반부를 이끌었던 보수당 정부(1979~1997년)의 개혁 주도 세력은 자신들이 의도했던 정치적 효과 ― 행정통제 강화를 통한 의회주권의 재정립 ― 를 적절하게 달성하지 못했음을 보이고, 그러한 결과가 나타나게 된 원인이 무엇이었는지를 분석하는 데 그 목적을 둔다. 능률성 진단, 재정관리 개혁, 책임운영기관, 시민헌장 등을 통해 진행된 보수당 정부의 행정개혁은 일견 관료와 관료제에 대한 정치적 집행부의 통제를 강화한 것으로 보일 수 있다. 그러나 실제적으로 영국 행정개혁은 의도하지 않았던 효과를 가져왔다. 즉 반자율적으로 움직이는 책임운영기관과 공공기관의 수와 활동이 급증함으로써 의회와 정치적 집행부의 정책통제 역량이 오히려 약화되었다. 이 연구는 영국 보수당 정부의 행정개혁이 의도하지 않았던 결과로 귀결된 원인을 관료제 통제기제 혼합의 불가피성, 선행정책의 유산 및 관행의 영향, 개혁의 이론적 토대 상의 상충 등에서 찾았으며, 이를 토대로 시사점을 도출하고자 하였다.

1) 주재현. (2010). 「의정연구」 16권 3호, 39-67.

Ⅰ. 서 론

1980년대 이후 시행된 영국 행정개혁의 경험은 구미 여러 나라뿐 아니라 동아시아의 우리나라에도 큰 영향을 끼쳤다. 특히 김대중 정부와 노무현 정부는 영국의 경험과 동향에 상당한 관심을 기울였으며, 실제로 책임운영기관, 행정서비스헌장, 고위공무원단 등 두 정부 행정개혁을 상징적으로 대변하는 여러 제도들을 도입함에 있어 영국의 개혁사례를 벤치마크의 대상으로 하였다.

이러한 행정실제 상의 동향을 반영하듯 학계에서도 1980년대 이후 영국 보수당과 노동당 정부의 행정개혁에 대한 연구가 꾸준하게 수행되고 있다. 그간 행해진 영국 행정개혁에 대한 연구경향은 크게 세 유형으로 분류될 수 있다. 첫 번째는 영국 행정개혁의 내용 — 전반적인 개혁방안들 또는 개별 제도 — 을 소개하고, 그 효과를 평가하거나 주요 관련 쟁점들을 제기하는 연구이다(이종수 1994; 민진 1999; 김순은 1999; 김종순 2000; 김정렬 2001). 두 번째는 앞의 연구경향에서 발전된 것으로서, 영국 행정개혁을 소개하고, 행정개혁이 가져온 효과를 특히 국가 성격의 변화에 초점을 두고 분석하는 연구이다(강원택 1998; 이연호 1999; 2001). 세 번째는 비교론적 관점을 적용한 연구로서, 비교의 범위나 대상은 영국의 보수당 정부와 노동당 정부의 행정개혁, 영국과 여타 앵글로색슨 계통에 속하는 국가(호주, 뉴질랜드 등)의 행정개혁, 또는 영국과 동아시아 국가(한국, 일본 등)의 행정개혁 등이다(민진 1998; 김재훈 2003; 한인섭 · 김정렬 2004; 소순창 · 홍진이 2004; 이윤식 · 배귀희 · 윤종현 2008).

이상의 연구들은 영국 행정개혁에 대한 정보가 충분하지 않은 상황에서, 국내 학계와 실무계에 적절한 정보를 제공하고, 나아가 토론의 장을 제공하는 의미 있는 성과를 남겼다. 그러나 영국 행정개혁의 소개와 평가, 그리고 비교 분석이 대체로 평면적인 수준에서 수행된 한계를 지닌다. 영국 행정개혁의 현황과 효과를 검토함에 있어, 이제는 겉으로 드러난 현상을 중심으로 논의하는 것을 넘어서서 보다 심층적인 분석을 수행할 필요가 있다. 예컨대, 영국 행정개혁의 주도 세력은 그들이 의도했던 성과를 얻어냈는지, 행정개혁의 방향을 결정짓는 데 기여한 주요 요인들은 무엇인지 등에 대한 분석이 필요하며, 이러한 분석은 김대중 정부 이후 비교적 급속하게 진행되었던 우리나라의 행정개혁을 돌이켜보고, 그 효과를 분석함에 있어 시사하는 바가 클 것으로 기대된다.

이러한 문제의식 하에 이 연구는 1980년대 이후 시행된 영국 행정개혁의 전반부를 장식했던 보수당 정부(1979~1997년)의 개혁 주도 세력은 자신들이 의도했던 정치적 효과 — 행정통제 강화를 통한 의회주권의 재정립 — 를 달성하지 못했음을 보이고, 그러한 결과가 나타나게 된 원인이 무엇이었는지를 분석하는 데 그 목적을 두었다. 영국 보수당 정부는 행정개혁을 통해 관료와 관료제에 대한 정치적 집행부의 통제를 강화하고자 하였으나, 그들은 제한된 성과만을 거두는 데 그쳤다. 왜냐하면, 행정개혁은 개혁 주도 세력이 의도하지 않았던 효과를 발생시켰기 때문이다. 즉 행정개혁 과정에서 반자율적으로 움직이는 책임운영기관 등의 수와 활동이 급증함으로써 의회와 정치적 집행부의 정책통제 역량이 오히려 약화되었던 것이다. 이 연구는 그러한 의도하지 않았던 효과가 나타난 원인이 무엇이었는지를 분석한다.[2)]

분석은 영국 사례의 현황을 파악한 후, 이를 토대로 주요 원인이 무엇이었는지를 탐색하는 귀납적 접근을 취한다. 보수당 정부 행정개혁의 내용과 그 결과에 대한 정보를 토대로 문제의 원인을 도출하는 귀납적 접근은, 이 연구의 문제의식과 관련된 선행연구가 취약한 상태에서 연역적인 분석틀의 설정이 가져올 수 있는 왜곡과 편향의 위험을 최소화하는 장점을 지닌다.[3)] 분석에 활용되는 자료는 기본적으로 영국 보수당 정부 행정개혁의 내용과 결과에 관한 정보를 담고 있는 국내외 문헌들이다. 이 연구는 이 문헌들을 토대로 2차적인 분석과 그에 따른 새로운 해석을 시도하려는 노력이라고 할 것이다. Ⅱ.에서 영국 보수당 정부 행정개혁의 정향(orientation)과 결과를 제시하고, Ⅲ.에서 행정개혁 결과의 원인을 분석한다. 마지막으로 결론에서 분석 결과를 정리하고, 영국 사례분석의 함의를 논의한다.

2) 그간 영국 내에서 보수당 정부 행정개혁이 의도하지 않은 효과를 가져왔음을 지적하는 연구들이 제시되어 왔다(*cf.* Dunleavy and Hood, 1994; Rhodes, 1994; 1996; Smith, 1999b). 이 연구가 이러한 문헌들에 기여하는 바는 의도하지 않은 효과가 발생한 원인에 대한 분석을 시도한 점이라고 하겠다.

3) 차후 관련된 연구들이 축적되면, 연역적인 접근과 분석의 가능성이 높아질 수 있을 것이다.

Ⅱ. 영국 보수당 정부 행정개혁의 정향과 결과

여기에서는 영국 보수당 정부 행정개혁의 정향과 신공공관리론에 대해 검토하고, 보수당 정부 행정개혁의 전개 — 능률성 검토와 FMI, 책임운영기관, 시민헌장제 등 — 를 정리한 후, 그 행정개혁의 결과를 살펴본다.

1. 영국 보수당 정부 행정개혁의 정향

제2차 세계대전의 종전 후, 영국은 복지국가로 성장하여 중간계층뿐 아니라 노동계층의 전반적인 생활과 복지수준이 크게 향상되었다. 그러나 1970년대 들어 야기된 세계경제의 어려움 하에서 그동안 과도하게 팽창했던 국가의 재정 지출은 영국 경제를 위기 상황으로 몰고 갔다. 예컨대, 1969년 3억 8,700만 파운드의 경상수지 흑자를 기록했던 것이 1974년에는 35억 9,100만 파운드의 적자로 급반전되었으며, 산업의 침체는 실업률의 증가를 가져왔다. 특히 당시 영국은 인플레이션과 실업률이 동시에 높은 스태그플레이션을 보였으며,[4] 비숙련된 노동력, 불안한 노사관계, 낮은 연구개발투자, 그리고 국제화된 자본의 국내산업 외면 등이 영국의 산업을 침체시키고, 실업률을 증가시키는 요인들이었다(이연호, 1999: 92-93).

이러한 경제적 위기는 정국의 혼란을 가져와 1970년대 영국 정치는 보수당과 노동당간의 연이은 정권교체를 경험했으며, 현실 정치의 이면에서는 우파 이념이 그 영향력을 확대시켜나갔다. 1979년, 그간의 혼란을 배경으로 집권한 보수당의 마가렛 대처(Margaret Thatcher) 수상은 강력한 우파 이념을 토대로, 전후 진행되었던 영국 복지국가화 과정의 한 축을 담당했던 국가 관료제에 대한 공격을 시작했다.

영국 보수당의 정치 이념에는 전통적으로 자유주의적(libertarian) 관점과 집합주의적(collectivist) 관점이 혼재해 있다. 자유주의적 관점은 '자유'(liberty)를 가장 중요한 가치로 여기며, 국가는 개인들의 활동을 보장하는 틀을 유지하는 역할에 머물러야 한다고 본다. 한편, 집합주의적 관점은 '질서'(order)와 '사회적 조화'(social

4) 영국은 1974년과 1975년에 각각 28.7%, 24.2%에 달하는 고율의 인플레이션을 경험했으며, 1970년대까지 2.5%를 넘지 않던 실업률은 1975년 4.2%, 1978년 6.1%로 증가했다.

harmony)를 우선적인 가치로 하며, 사회적 목적을 이루기 위해서는 사회에 국가가 개입할 수 있음을 인정하고, 그것이 국가에 의한 복지의 제공일 수 있음을 받아들인다. 이 두 요소는 시대에 따라 보수 정치 이념 내에서 그 상대적 영향력에 차이를 보였는데, 1970년대 말 이후 정권을 잡은 보수당의 마가렛 대처의 사상(Thatcherism)은 이 두 요소를 특수한 방식으로 조합하였다. 즉 대처리즘은 자유주의적 관점을 기본으로 하면서도, 궁극적으로 '질서'의 유지를 목적으로 했다. 그러나 이 질서의 유지에 있어 '사회적 조화'를 가능하게 하는 복지국가 형태의 개입을 받아들이지는 않았다. 복지국가가 사회의 무질서와 국가 권위의 훼손을 야기한 요인이라고 보았기 때문이다. 대처리즘은 권위주의적 요소의 복원을 통해 질서를 유지하고자 했다. 그리고 의회(Parliament)를 이러한 권위주의적인 힘의 궁극적인 원천으로 여겼다(Smith, 1999a: 184-188).

대처리즘은 또한 신우파(the New Right) 이념과 밀접한 연관을 지닌다. 1970년대부터 구미국가를 중심으로 이념적 헤게모니를 장악한 신우파는 '자유경제'(free economy)와 '강한 국가'(strong state)를 표방하는데, 자유경제는 신우파 이념 내의 자유주의적 요소를 대변하는 반면, 강한 국가는 보수주의적 요소를 대변한다. 신우파 이념 내의 자유주의적 요소와 보수주의적 요소 간에는 갈등의 소지가 있으나, 신우파는 이를 '자유경제를 유지하기 위해 국가의 권위를 복원해야 한다'는 방식으로 조화시키고 있다. 또한 두 요소는 사유재산권을 인정한다는 점에서 공통점을 지녀, 재산권에 대한 사회민주주의의 도전에 대응하는 과정에서 자유주의와 보수주의의 결탁이 더욱 용이했다. 1970년대의 현실 정치와 정책에서 신우파는 유럽의 사회민주체제와 미국의 뉴딜 및 '위대한 사회'(Great Society) 프로그램의 이념·실행·기관(제도) 등을 배격하는 입장을 표명했다(Gamble, 1988: 27-36, 54-60).

신우파 이념과 보수당의 정치이념을 토대로 한 마가렛 대처는 복지국가화 과정에서 정부의 규모가 과대 팽창했다고 지적하고, 정부팽창에서 주요 역할을 수행한 관료와 관료조직들을 비효율적이고 낭비적이며, 국가의 재정 부담을 증대시키는 핵심 요인으로 간주했다. 따라서 대처는 관료조직의 불필요한 부분을 제거하여 신우파의 이념에 걸맞는 작고 강한 정부를 구축하고자 했다. 대처는 자유민주주의적인 대의의 원칙에 따라 국민들로부터 제한받지 않는 권력을 부여받은 존재로서의 의회의 주권(parliamentary sovereignty)[5]을 재천명하고, 정치적 집행부가 그 의회의 정점에 있음을 강조했다. 따라서 대처는 의회에 도전하는 세력들은 법치와 국가의 의지를 위협하는 것으로 인식했다. 또한 정치적 집행부와 관료조직 간의 관계에서는 양자 간의 위계관계를 확고히 하여, 관료조직은 정치적 집행부의 명령을 수행하는 존재라는 점을 명확히 하고자 했다. 복지국가화 과정에서 관료조직이 정치적 집행부의 권위를 훼손하는 현상이 심화되었다고 보았기 때문이다(Smith, 1999a: 188-189; 이연호, 1999: 105-106).

영국 보수당 정부의 행정개혁은 이러한 맥락에서 수행되었다. 대처는 직업공무원이 '그간 누려온 특권'을 해제하고, 정책입안에 있어 관료조직에 의존하는 정도를 줄이고자 했다. 행정개혁은 자기이익 지향적이고 예산의 극대화를 추구하는 존재로 인식된 관료와 관료제에 대한 통제를 강화하고, 관료와 관료제에 대한 의회(및 정치적 집행부)의 우월성을 명료하게 하려는 정치적 의도를 지녔던 것이다(Smith, 1999a: 188).

영국 보수당 정부 행정개혁의 이론적 논거는 신공공관리론(New Public Management: NPM)으로 정리된다. NPM은 공공부문 조직과 민간부문 조직 간의 차이를 인정하지 않으며, 공공부문의 비능률을 줄이기 위해 공공부문 조직에 민간부문 조직의 관리기법을 적용하고자 한다. 또한 공식적인 규칙을 준수하는 것보다 결과를 달성하는 것을 더 중시한다. 나아가 NPM은 관리기법의 적용과 결과를 중시하는 것에 더해, 공공서비스 제공에 있어 정부 계층제에 의한 전통적 방식을 넘어서서 경쟁기제의 적용을 통한 효율성의 증진을 모색한다. 이러한 맥락에서 공무원의 보수에도 성과급적 요소를 도입하고자 하며, 서비스 전달체계 상에도 공조직뿐 아니라 민간조직의 참여를 조장한다(Hood, 1994: 129-133). 아래에서는 대처리즘과 NPM을 기반으로 수행된 영국 보수당 행정개혁의 실제에 대해 살펴본다.

2. 영국 보수당 정부 행정개혁의 전개

보수당 정부의 개혁은 마가렛 대처와 존 메이저(John Major) 총리를 거치는 18년 동안 지속되었지만, 처음부터 체계적인 계획 하에 진행된 것은 아니다. 오히려 하나의 개혁 방안을 수행한 후, 그 개혁의 후속 조치를 모색하는 과정에서 다음 단계의 개혁이 도출되는 방식으로 진행되었다. 1980년대에는 개혁의 초점이 주로

5) 의회의 주권에 대해서는 Kingdom(1991: 41), Beetham(1993: 356), Feedman(1996: 38) 등을 참조.

행정내부의 효율성을 높이는 데 있었고, 1990년대에는 개혁의 중심이 행정서비스의 질을 향상시키는 방향으로 이동했다고 볼 수 있다(서필언, 2005: 423). 여기서는 능률성 진단(efficiency scrutinies), 재정관리 개혁(Financial Management Initiative: FMI), 책임운영기관(executive agencies), 시민헌장(Citizen's Charter) 등에 대해 살펴본다.

1) 능률성 진단

대처 정부가 가장 먼저 시행한 행정개혁 프로그램이 능률성 진단이다. 이 프로그램의 목적은 폐지하거나 축소할 정부기능과 행정절차를 발굴하고, 정부 기능수행과 관련되는 절차나 제도 중에서 비능률적인 요인을 찾아내서 이를 개선함으로써, 정부 각 부처의 낭비적 지출 요인을 없애고 능률성을 증진하는 것이었다. 이 프로그램을 수행하기 위해 대처 수상은 내각사무처(Cabinet Office)에 능률진단팀(Efficiency Unit)을 설치하고, 민간 백화점(Marks & Spencer)의 사장이었던 레이너(Rayner)로 하여금 이 사업을 담당하게 하였다. 능률진단팀은 총 8명(공무원 2명, 기업에서 파견된 민간인 3명, 일반 직원 3명)으로 구성되었다(총무처직무분석기획단(이하 기획단), 1997: 271; 서필언, 2005: 425).

구체적인 능률성 진단은 진단 대상이 되는 해당 부처의 주관 하에 조사팀을 구성하여 실시하는 방식을 취하였다. 진단 대상 분야의 선정은 각 부처의 장관과 능률진단팀의 협의로 결정되었으나, 각 부처는 능률성 진단을 스스로의 주관 하에 실시하였다. 능률진단팀은 이러한 작업이 잘 추진될 수 있도록 지원함과 더불어 진단의 이행을 점검하는 역할을 수행하였다. 각 부처의 조사팀은 90일 이내에 진단을 완료하고 개선 방안을 마련하여 보고서를 제출해야 했으며, 개선 방안의 시행은 능률진단팀에 의해 모니터되었다(기획단, 1997: 271; 서필언, 2005: 425-426).

대처 정부 초기부터 1985년경까지 400건이 넘는 능률성 진단이 행해졌으며, 종합적으로 볼 때, 능률성 진단은 정부 기능 수행 상의 여러 문제들(예: 정부 통계의 수집, 사회복지의 급여체계 등)을 발견했고, 상당한 비용 절감을 성취한 것으로 평가되었다. 그러나 이 프로그램은 기존 정부 구조 내에서 능률성의 향상을 추구한다는 제한된 의의를 지닌 개혁 방안이었다(Gray & Jenkins, 1994: 414; 서필언, 2005: 426).

2) 재정관리 개혁

재정관리 개혁(FMI) 프로그램은 1982년 재무부(The Treasury)의 주도하에 시행되었다. FMI는 능률성 진단보다 포괄적이어서 모든 중앙 부처와 기관들을 대상으로 하였다. 부처 및 기관 관리자들에게 해당 기관의 자원과 활동에 대한 책임을 부여하기 위해 시도된 FMI는 관리자들에게 자신의 임무를 수행하는 데 필요한 수단을 제공한 뒤, 차후 이에 대한 책임을 묻고자 하였다(Gray & Jenkins, 1994: 414; 기획단, 1997: 272). 이를 위해, FMI는 각 부처/기관의 사업 목표를 좀 더 명확히 하여 이를 예산편성에 반영하고, 예산편성과 관리방식을 개편하여 예산집행에 대한 책임을 강화하고자 하였다(서필언, 2005: 427).

FMI의 도입은 기존의 전통적인 예산제도의 비탄력성을 극복하고, 예산의 자율성을 확대하는 것으로부터 출발하였다. 각 부처는 총 운영경비와 인력의 범위 내에서 항목이 아닌 사업 단위로 예산을 편성하게 되었으며, 하부 조직의 관리책임자에게 운영과 예산에 대한 권한과 그에 따른 책임을 부여하도록 하였다. 또한 각 부처가 절감한 예산에 대해서는 이월이 허용되었다(서필언, 2005: 428; 기획단, 1997: 272).

FMI는 능률성 진단 프로그램보다 그 파급효과가 큰 조치로 평가된다. FMI의 시행에 따라 예산관리 권한의 하부 위임과 그에 따른 책임이 강화되었다. 조직구조는 업무의 필요에 따라 재구성되고 조직 구성원들은 목표를 갖게 되었으며 성과에 대한 평가와 차등적인 보상 개념이 도입되었다. 또한 관리자들의 자율성이 신장되었다. 그러나 FMI의 성과가 모든 부처에서 동일하게 나타나지는 않았다. 특히 목표의 설정이나 목표 달성 정도에 대한 측정이 어려운 경우가 난점으로 제기되었으며, 공무원들이 여전히 스스로를 관리자로 보고 있는지에 대한 의문이 제기되었다(서필언, 2005: 428-429).

3) 책임운영기관

FMI는 정부활동의 재정적 측면에 집중함으로써 기대할 수 있는 변화의 정도가 제한될 수밖에 없었다. 이러한 맥락에서 1988년 당시 총리의 능률고문이었던 입스(Robin Ibbs)는 그간의 정부 내에 어느 정도 관리 측면의 개선이 있었는지를 조사하고, 대안을 제시하는 보고서[6]를 작성했다. 이 보고서는 그동안 상당한 관리 측면의 개선이 있었으나, 근본적인 문제점이 있다고 진단하였다. 지적된 문제점들은 다음과 같다. 첫째, 고위 관료들은 정책의 형성에는 재능을 보이고 있으나, 정책집행 기능의 관리경험은 부족하다. 둘째, 행정 관료들은 결과에 대한 관심이 부족하며, 관료들의 성과향상을 촉진할 외적인 압력도 충분하지 않다. 셋째, 행정 관료 집단은 하나의 단위로 관리되기에는 그 규모가 너무 크다(Kemp, 1990: 187-188).

이러한 문제점을 해소하기 위해 보고서가 제시한 처방은 먼저 중앙정부의 기능을 정책형성 기능과 정책집행 기능으로 분리하는 것이다. 그리고 각 정부 부처 하에 책임운영기관(executive agencies)을 두고, 정부의 정책집행 기능은 그곳에서 담당하며, 책임운영기관은 장관에 의해 정해진 정책과 재원의 틀 내에서 활동하도록 한다. 이를 위해, 책임운영기관의 구성원들은 서비스 전달의 관리를 위해 적절히 훈련되고 준비되어야 한다. 책임운영기관에 집행 기능을 넘겨준 중앙 부처는 정책적인 업무와 핵심 목표의 관리에 집중한다(Kemp, 1990: 188; 서필언, 2005: 429-430).

책임운영기관의 설치는 해당 기능의 민영화나 민간위탁이 어려운 경우로 한정하였으며, 책임운영기관은 여전히 공무원 조직이고, 근무자들은 공무원 신분을 유지했다. 책임운영기관의 장(chief executive)은 공직 내외에서 공모하여 계약에 의해 채용되도록 하였고, 가장 능률적인 방법으로 서비스가 제공될 수 있도록 조직·인사 등의 관리 기능에 대한 자율권을 부여받으며, 사전에 장관과 합의한 목표 및 기준에 따라 운영 성과를 평가받아 이에 따른 보상을 받는다. 관리자들이 진정한 관리 책임과 예산권을 지니게 되었다는 점에서 이전의 재정관리 개혁과 차별화된다. 한편, 책임운영기관의 활동에 대해서는 장관이 의회에 책임을 지지만, 책임운영기관의 장도 독자적인 책임성을 지닌다.[7] 그러나 이는 장관과 책임운영기관의 장 간의 책임의 한계가 어떠한지에 대한 혼란을 야기하였다(서필언, 2005: 430-433; Kemp, 1990: 189-193).

---

6) Ibbs Report라고도 불리는 이 보고서의 원제는 *Improving Management in Government: The Next Steps*이다.

7) 책임운영기관의 장도 하원의 특별위원회(select committee)에 출두하여 발언하여야 한다.

4) 시민헌장

1990년대 들어 보수당 정부의 개혁은 서비스의 질적 수준에 대한 관심으로 진전된다. 종전의 개혁들은 주로 능률성을 증진하는 데 초점을 맞추었다. 이들 개혁에 서비스의 질적 수준에 대한 인식이 전혀 없었다고 말하기는 어렵지만, 공공서비스의 품질과 공공서비스에 있어서의 소비자주권에 대한 인식이 본격화된 것은 1980대 말이며, 1991년 7월에 발족된 '시민헌장제도'(the Citizen's Charter Initiative)에 이르러서야 구체화되었다고 하겠다.

시민헌장제도는 당시 영국 수상이었던 메이저가 1992년의 총선을 겨냥하고 내놓은 야심적인 정책 아이디어였으며, 이 시민헌장제도를 실행에 옮기기 위해 내각사무처 내에 시민헌장실(Citizen's Charter Unit)이 설립되었다. 시민헌장제도는 일부 부처와 장관으로부터 저항을 불러 일으켰는데, 이를 극복하기 위해 수상이 적극적인 역할을 수행하였다. 즉 메이저 총리는 각 부 장·차관과 시민헌장단의 구성원 등이 참여하는 시민헌장제도 관련 세미나를 여러 차례 개최하여 저항세력의 이해를 구해내는 노력을 기울이기도 했으며(Doern, 1993: 19), 이 과정에서 그 저항을 극복하는 하나의 방안으로서 시민헌장제도를 장기간에 걸쳐 수행할 과제로 설정하게 되었다(Gray & Jenkins, 1993: 25).

시민헌장제도는 공공기관들이 자신들이 제공할 서비스의 명확한 수준(standards)을 제시한 '헌장'을 제정하고 이를 준수하기 위해 노력하는 제도이다. 물론 제시되는 서비스의 수준은 시민들의 기대를 충족시킬 수 있을 만큼 높을 것으로 기대되며, 만약 시민들에게 약속한 수준의 서비스 제공이 이루어지지 못할 경우 시민들은 시정과 보상을 요구할 수 있다(기획단, 1997: 274-275; 서필언, 2005: 434-435). 시민헌장제도는 중앙정부 부처나 기관뿐 아니라 국유화된 산업, 지방정부, National Health Service, 경찰과 긴급구조 서비스, 학교 및 병원 등에도 적용되었다. 전기·가스·수도 등 민영화된 공공기업들도 예외는 아니었으며 사실상 공공서비스의 대부분의 영역이 해당되었다. 한편, 서비스의 질을 향상시키려는 노력을 독려하기 위해 우수한 성과를 낸 기관에게는 '시민헌장상'(the Chartermark)을 수여하는 제도를 운영하였다(주재현·정윤수, 2000).

시민헌장제도는 책임운영기관의 설치에 의해서 그 도입이 원활할 수 있었다. 1997년 노동당 정부가 집권하기까지 40개가 넘는 국가헌장(National Charters: 중앙정부 부처가 발간주체인 헌장)과 10,000개가 넘는 지방헌장(local charters: 지방 공공서비스 제공기관이 발간주체인 헌장)이 개발되었다. 이러한 과정을 거치면서 비밀주의가 중요한 특징의 하나이던 영국의 행정문화에 변화가 일어나고 시민들이 접할 수 있는 공개된 자료의 범위가 획기적으로 증가되었다고 평가되었다(Duggett, 1998: 329).

3. 영국 보수당 정부 행정개혁의 결과

앞에서 언급한 바와 같이 각 단계 보수당 정부의 행정개혁은 성과와 더불어 한계를 보였으며, 다음 단계의 행정개혁은 이러한 한계를 보완하는 의미를 지녔다. 보수당 정부의 행정개혁 중 특히 중앙부처 조직의 구조를 근본적으로 재구조화한 책임운영기관의 설치는 영국 행정에 엄청난 영향을 끼쳤다. 1997년 초까지 130개의 책임운영기관이 설치되었으며, 책임운영기관의 운영방식을 도입했던 관세청과 국세청을 포함하여 책임운영기관 형태의 기관(Next Steps Line)에 근무하는 공무원의 수는 38만 6천여명에 달했으며, 이는 전체 국가공무원 48만 3천여명의 약 74%에 해당했다(기획단, 1997: 298-299).

그렇다면, 이처럼 중앙부처 행정조직 구조와 그 관리방식에 있어 주목할 만한 변화를 가져온 영국 보수당 정부의 행정개혁이 원래 의도했던 정치적 효과를 산출했는가? 즉 보수당 정부의 행정개혁을 통해 공익 지향적이기보다는 자기이익 지향적인 존재로 인식된 관료와 관료제에 대한 의회(및 정치적 집행부)의 통제 역량이 강화되었는가?

보수당 정부의 행정개혁은 일견 능률성에 대한 집중적인 점검, 민영화를 지향하는 중앙부처 조직의 개편, 경쟁기제의 도입을 통한 관료(제) 압박 등을 통해 관료와 관료제에 대한 정치적 집행부의 통제를 강화한 것으로 보일 수 있다. 그러나 좀 더 자세히 보면 행정개혁은 의도하지 않았던 효과를 가져왔다. 특히 반자율적으로 움직이는 책임운영기관과 공공기관[8]의 수와 활동이 급증함으로써 의회

---

8) Quangos 또는 Non-Departmental Public Bodies를 말한다. 보수당 정부는 공식적인 국가구조를 사용하지 않고 사회에 개입할 수 있는 기제로서 Quangos를 활용했다. 이 기관들을 활용하면, 국가 규모를 줄였다고 주장하면서 공공서비스를 제공하는 것이 가능했다. 특히 노동당에 의해 장악되고 있던 지방정부의 도움 없이 주민들에게 서비스를 제공할 수 있다는 의미도 지니고 있었다. 서비스 제공이라는 측면에서는 민간자원조직의 활용도 선호되었다. 특히 민간자원조직은 전통적인 관료제보다 더 전문적이고 효율적인 서비스전달수단으로 인식되었다.

와 정치적 집행부의 정책통제 역량은 오히려 약화되었다. 1980년대 중반까지 정책의 개발과 집행과정에 참여하는 행위자와 기관의 수는 일정한 정도로 제한되었었다. 그러나 책임운영기관의 수가 급증하고, 기타 기관들(공공기관, 규제기관,[9] 민영화된 산업, 민간자원조직, 연구기관(think-tanks) 등)의 정책과정 관여가 증가하면서 정치적 집행부가 이 다수의 기관들을 효과적으로 통제하는 것이 쉽지 않은 과제로 부각된 것이다. 아이러니하게도, 위 기관들의 확장은 대처가 원래 의도했던 '의회 중심적이고 제한적인 국가'(a parliamentary, limited state)라는 관념으로부터 더 멀어지는 결과로 귀결된 것이다(Smith, 1999a: 204-212; 1999b: 113-114).

이러한 변화는 전통적인 장관 책임(ministerial responsibility) 개념도 약화시켰다. 특히 책임운영기관의 장이 직접 의회에 출석해서 발언하게 된 점은 장관 책임의 신화가 지탱될 수 없게 되었음을 보여주는 상징적인 변화였다. 물론 장관은 책임운영기관의 장에게 책임을 전가하는 등의 정치적 기동범위를 넓힐 수 있었으나, 장관 책임 개념의 약화는 궁극적으로 웨스트민스터 모델(Westminster model)[10]의 존립기반을 훼손하는 효과도 가져왔다.

정책과정에 다수의 자율적·반자율적 기관들이 참여하는 정책과정의 분절화(fragmentation) 현상은 정치적 집행부가 명령(command) 방식을 통해 참여자와 기관들을 통제하는 것보다 협상(negotiation)과 네트워크 형성 방식에 의한 통제를 지향하는 것을 불가피하게 만들었다(Smith, 1999a: 214). 그리고 이러한 파트너십 방식의 필요성은 1997년 집권한 노동당 정부에 의해 적극적으로 인지되었으며, 국정운영 방향의 설정에 반영되었다(UK Prime Minister, 1999).

Ⅲ. 영국 보수당 정부 행정개혁 결과에 대한 분석

지금까지 살펴본 영국 보수당 정부 행정개혁의 경과를 통해 우리는 영국 행정개혁에서 개혁 주도 세력이 의도하지 않았던 효과가 나타난 원인을 다음과 같이

9) 민영화 이후 국가의 역할은 '직접적인 서비스 제공자'로부터 '규제자'로 변화되었으며, 이에 따라 다수의 규제기관들이 형성되었다(Majone, 1994).

10) 의회주권(parliamentary sovereignty), 장관 및 내각 책임(ministerial and cabinet responsibility), 공무원의 비밀주의 및 공직윤리 등의 원리에 토대를 두고 있는 영국식 중앙정부 운영모델을 말한다(Smith, 1999b).

도출할 수 있다. 하나는 실제 정책집행 과정에서 정책 의도의 실현을 어렵게 만드는 현실의 제한이다. 개혁주도 세력의 정책 의도는 많은 경우에 있어 정책 현실에서 나타나는 제한들로 인해 현실세계에서 온전한 형태로 실현되지 못한다. 영국 보수당 정부 행정개혁의 경우, 정책 현실의 제한은 관료제 통제기제가 '이념형'적으로 적용되기 어려웠다는 점과 선행정책의 유산이 그 다음 정책의 진행방향에 영향을 미쳤다는 점으로 구체화되었다. 다른 하나는 개혁의 정당성을 뒷받침하는 이론적 근거의 불완전성이다. 사회과학에는 자연과학이 추구하는 정도의 엄밀한 연구방법을 적용하기 어렵다. 따라서 사회과학의 연구 성과에는 대부분 해석상의 논란이 있기 마련이며, 다수의 사회과학 연구 성과들은 그 성과에 의문을 제기하는 또 다른 성과들의 도전에 직면해있다. 이처럼 제한된 타당성만을 지니고 있는 사회과학 이론들을 그 토대로 하는 정부 정책방안들이 의도하지 않은 효과를 산출하는 것은 어쩌면 불가피하다고 할 것이다. 영국의 경우, 행정개혁의 이론적 토대인 신공공관리 접근 자체가 지니고 있는 내적 갈등요소가 정책집행 과정에서 드러났으며, 일관된 정책집행과 정책 의도의 유지를 어렵게 만들었다. 아래에서는 이상의 요인들에 대해 좀 더 자세히 살펴보도록 한다.

1. 관료제 통제기제 혼합의 불가피성

영국 보수당 정부의 개혁 의도에서 드러난 바와 같이 행정개혁은 관료제 통제의 의의를 지닌다. 관료제 통제에 적용될 수 있는 수단 또는 기제들의 형태는 다양하며, 이 수단과 기제들의 유형을 정리함에 있어, 이 연구는 고전적인 유형론 — 내부통제/외부통제, 사전통제/사후통제 등 — 이 적절하게 포괄하지 못하는 여러 통제형태들까지 체계적으로 검토할 수 있는 개념 틀을 제시한 Hood의 유형론을 활용한다. Hood는 문화이론(cultural theory)에 토대를 두고, 공공조직 통제 기제의 원형(이념형)을 감독(oversight or review), 경쟁(competition), 상호성(mutuality), 비항상성(conrtrived randomness)의 넷으로 정리하였다. '감독'은 행정조직 내외의 행위자나 기관에 의한 공식적인 감사·조사·평가에 의해 행정 관료와 관료제를 통제하는 것이고, '경쟁'은 경합(rivalry)의 유도를 통해 관료(제)를 통제하는 방식을 말하며, '상호성'은 조직 또는 사회 내의 공식·비공식 집단과정과 압력을 통해서 행정 관료와 관료제를 통제하는 방식이고, '비항상성'은 조직의 운영형태에 대한 예측불가능성을 높임으로써 관료(제)를 통제하는 방식이다. 현실적으로 존재하는 관료제 통제수단들은 순수 원형적인 형태보다는 오히려 관료제 통제의 원형적 요소가 둘 이상 포함된 혼합형(hybrid forms)의 성격을 지닌 통제수단들이 대부분이다(Hood, 1996; 1998; Hood & James, 1997; Hood et al., 2004).

능률성 진단과 재정관리 개혁은 '감독'[11] 기제를 적용하여 행정 관료와 관료제를 통제하려는 개혁방안이었다. 능률성 진단은 내각사무처 능률진단팀의 주도 하에, 그리고 재정관리 개혁은 재무부의 주도 하에 시행되었으며, 이들 중앙기관은 여타 중앙부처와 기관들에 대한 조사를 강화하여 자신들의 정책의도를 이루고자 했다. 그러나 문제는 그 정책의도를 중앙집권적인 방식으로 추진할 수 없었다는 점이다. 중앙집권적으로 정책을 추진하기 위해서는 추진기관 자체가 상당한 수의 인력을 보유하고, 모든 조사와 평가를 기본적으로 자체 인력을 동원하여 수행해야 한다. 그러나 공무원 수를 줄이고자 했던 대처 정부에서 그러한 접근을 채택할 수는 없었으며, 따라서 능률진단팀은 소수의 인력으로 능률성 진단을 추진해야 했고, 재무부도 재정관리 개혁을 수행하기 위해 다수의 추가적인 인력을 공급할 수는 없었다.

중앙집권적인 정책추진이 불가능한 상황에서 개혁정책을 추진하기 위한 대안적인 접근은 개혁대상 부처와 기관들의 협력을 이끌어내는 것일 수밖에 없었다. 이에 능률진단팀은 능률성 진단을 각 부처 스스로의 주관 하에 실시하도록 유도하게 되었고, 유사한 맥락에서 재무부는 예산편성과 관리에 대해 각 부처와 기관이 자율적인 책임 역량을 강화하도록 유도하는 접근을 취하였다. 이러한 접근은 곧 통제 대상기관의 참여와 자율성을 제고하여 해당기관의 책임성을 높이려는 '상호성'[12] 기제가 적용되었음을 의미한다. 다시 말해서, 능률성 진단에서 시작하여

---

11) 관료제 내·외의 기관이나 행위자들에 의한 공식적 감사·검사·평가 등에 의해서 조직과 조직인을 통제하는 것으로서, 특정의 사람 또는 기관들에게 관료제와 그 구성원의 행동을 감시·조사·평가하고 그들에게 명령을 내릴 수 있는 권한을 부여하는 통제기제를 말한다. 이때 '특정의 사람들'은 관료제 내부와 외부 모두에서 나올 수 있다. 조직 내부의 경우에는 권위의 계층제 상에서 통제대상자의 상위에 위치해 있는 개별 인사가 통제권을 부여받거나, 또는 특정 기관이나 부서가 통제대상자와 그들의 조직에 대한 감찰·조사권을 부여받는다. 관료제 외부에서 통제권을 행사하는 기관들로는 의회, 법원, 심판소, 독립적인 회계기관이나 조사기관, 상위행정기관, 시민단체 또는 국제기구 등을 들 수 있다. 내·외부 감독자의 감찰·조사·평가의 내용에는 규정준수여부, 재무감사, 업무성과평가, 생산되는 서비스의 질적 수준 평가 등이 포함된다. 이러한 감독기제는 대의제 민주주의제도 하에서 가장 일반적으로 고려될 수 있는 공공기관 통제기제라 할 수 있다.

12) 조직 또는 사회 내의 공식·비공식 집단과정과 압력을 통해서 행정관료와 관료제를 통제하는 방식이다. 조직 내의 집단과정이란 집단구성원 상호간의 자율적이고 지속적인 감독·평가·협조를 관

재정관리 개혁을 거치는 과정에서 보수당 정부는, 그렇게 의도했건 아니건, '감독' 기제와 '상호성' 기제가 혼합되어 있는 관료제 통제방식을 채택·적용하는 것이 불가피했다고 하겠다.

이러한 혼합적인 통제기제 적용 방식은 책임운영기관과 시민헌장제도에도 그대로 이어졌다. 책임운영기관은 조직·인사 등의 관리 기능에 대한 자율권을 부여받는 대신 결과에 대해 책임을 지게 되었고, 시민헌장제도는 공공기관들이 스스로 자신들이 제공할 서비스의 명확한 수준(standards)을 제시한 후 이에 대해 서비스 이용자들로부터 평가받는 것을 기본 틀로 하였다.

이와 같이 '상호성'을 중요 요소로 활용하는 관료제 통제방식에서는 중앙 통제기관의 '감독' 역할이 감소하는 대신 통제대상 기관의 자율성 신장에 의한 책임이 증가하게 된다. 영국 보수당 정부는 직업 관료들이 '그간 누려온 특권'을 해제하는 데는 어느 정도 성과를 거뒀으나, 관료조직들을 무력화시키는 데서는 그다지 성공적이지 못했다. '감독'이라는 단일의 통제기제만을 적용할 수 없었던 현실의 한계, 즉 '상호성' 기제를 포함하는 혼합적인 접근을 택할 수밖에 없었던 현실이 보수당 정부 개혁의도 실현의 제한요인이었던 것이다.

2. 선행정책의 유산과 경로의존성

정책은 '앞선 정책의 유산과 관성'에 의해 내부적으로 조성될 수 있다. 즉 앞서 채택된 정책은 나름의 성과 또는 한계를 나타낼 수 있고, 이러한 성과 또는 한계 자체가 원인이 되어 후속되는 정책이 필요로 될 수 있다는 것이다. Heclo(1974: 315-317)는 산출된 정책(policy output)이 종속변수에만 머무는 것이 아니라 독립변수가 될 수도 있다는 점, 즉 일단 산출된 정책은 실행을 거쳐 정책효과를 발생시

료(제) 통제의 핵심요소로 삼는 것이다. 조직 내적 '감독'(oversight)이 조직 내의 상부로부터 가해지는 압력을 의미하는 반면, '상호성'은 대체로 수평적인 수준에서 행해지는 압력(horizontal influence)에 해당한다. 즉 상급자에 대한 책임이라기보다는 동료 집단에 대한 자율적인 책임(peer-group accountability)을 의미한다. 사회 내의 집단과정은 사회일반으로부터의 관료(제) 통제로서, 관료제(공공서비스 생산자)와 시민(소비자인 고객) 간의 대면적인 집단 상호작용과 네트워킹을 최대화하여 관료제와 시민 간의 차이를 해소하는 것이다. 이는 '분권화된 공동체 자치정부' 개념과 '공동생산' 개념, 그리고 '대표관료제' 개념과 연결된다. '상호성'은 특히 사회의 응집성(social cohesion)이나 공동체 의식의 관점에서 볼 때 '경쟁'과 대척점에 위치해 있는 관점으로서, 사회 응집성이나 공동체 의식의 회복을 통해 관료제 내·외의 참여를 조장하는 관료제 통제기제이다.

키며 이 효과에 대응하는 과정에서 다음 단계의 정책내용이 변화를 겪을 수 있다는 점을 언급했다. 같은 맥락에서 Skocpol과 Amenta(1986: 150)는 미국 복지정책 발전의 역사를 예로 들어, 미국에서 20세기 초에 시행되었던 전쟁연금(Civil War pension)에 대한 적대적 또는 방어적인 반응으로 인해 노령연금(old-age pensions)에 대한 지지를 진전시키는 데 필요했던 계급간의 협력 가능성이 부정적인 영향을 받았다는 점을 분석함으로써 기존 정책의 유산이 이후의 정책발전에 독립변수로서 작용할 수 있음을 보였다. 또한 Wilensky(1975: 47)는 그가 연구한 60개 국가에서 사회복지 프로그램 자체가 지니고 있는 추동력(momentum)이 복지국가 발전에 기여한 점이 있다고 지적하고 있다. 정책유산과 관성의 중요성을 강조하는 이러한 연구경향은 역사적 제도주의(historical institutionalism)로 진전되어, 제도나 정책의 경로의존성(path dependancy) 개념으로 정리되었다(Thelen & Steinmo, 1992; Hall & Taylor, 1996).

앞서 언급한 바와 같이, 영국 보수당 정부의 행정개혁은 처음부터 체계적인 계획 하에 진행된 것은 아니며, 하나의 개혁 방안을 수행한 후, 그 개혁의 후속 조치를 모색하는 과정에서 다음 단계의 개혁이 도출되는 방식으로 진행되었다. 그리고 앞선 정책에서 설정된 방향이 다음 단계의 정책 내용 구축에 심대한 영향을 끼쳤다.

위에서 분석한 대로 능률성 진단은 진단 대상이 되는 해당 부처의 자율과 재량을 적극 활용하되 이를 사후적으로 진단·점검하는 방식으로 수행되었다. 정책현실의 제한으로 인해 채택되었던 이러한 접근법은 후속하는 행정개혁에서도 널리 받아들여지고 활용되었다. 한편 능률성 진단은 기존 정부 구조 내에서 능률성의 향상을 추구했다는 점에서 제한된 성과만을 거둘 수밖에 없었으며, 이러한 한계는 다음 단계의 행정개혁(재정관리개혁: FMI) 추진의 배경을 형성했다. 즉 재무부는 능률성 진단의 한계를 넘어서기 위해 모든 중앙 부처와 기관들을 대상으로 하는 재정관리 개혁을 추진하게 되었다. 그리고 이 개혁방안을 추진함에 있어, 대상기관들에게 예산 운영의 자율성 확대를 허용하되 사후적으로 이에 대한 책임을 묻는 접근법을 채택함으로써 '능률성 진단'에서 채택되었던 집행방식을 발전적으로 활용하였다.

그러나 위에서 평가한 대로, 재정관리 개혁의 성과가 모든 부처에서 동일하게 나타나지는 않았으며, 특히 공무원들이 여전히 스스로를 관리자로 보고 있는지에 대한 의문이 제기되었다. FMI의 이러한 한계는 다시 입스가 그간 정부 내에 어느 정도 관리 측면의 개선이 있었는지를 조사하고, 대안을 제시하는 보고서를 작성하는 배경을 형성했다. 그리고 여기서 입스는 효과적인 관리 개선을 추구하기에는 행정부처의 단위가 너무 크기 때문에, 정책집행 기능을 분리하여 책임운영기관을 둘 것을 제안하게 되었다. 그리고 각 책임운영기관의 운영에 있어, 앞의 두 정책의 경우와 유사하게, 기관의 장에게 개선된 관리상의 책임과 예산권 등의 재량을 허용하되, 그 성과에 대해 사후에 평가하고 책임을 묻는 접근방식을 적용하였다. 이처럼 선행정책의 유산을 배경으로 해서 경로의존적으로 수행된 영국 보수당 정부 행정개혁의 결과는 다수의 반자율적인 책임운영기관 형성으로 귀결되었으며, 이로 인해 정책과정의 분절화와 정치적 집행부의 정책통제 역량의 약화를 가져왔던 것이다.

요컨대, 영국 보수당 정부의 행정개혁은 기존 정책의 유산과 관성을 통해 다음 단계의 정책이 형성·집행되는 과정을 보여주고 있으며, 그 과정에서 정치적 집행부가 원래 의도하지 않았던 효과 — 행정 조직의 수와 조직 운영상의 자율성이 확장되는 효과 — 가 도출될 수 있음을 보여주는 정책사례라고 하겠다.

3. 개혁의 이론적 토대 상의 상충

영국 보수당 정부 행정개혁의 이론적 논거인 신공공관리론(New Public Management: NPM)은 크게 두 개의 지적 원천에 토대를 두고 있는데, 이 두 지적 기반들 간의 긴장과 모순으로 인해 개혁의 효과가 복합성을 띠게 되었다.

NPM은 공공선택론(또는 신제도주의 경제학)과 관리주의(managerialism)를 지적 원천으로 한다(Aucoin, 1990; Pollitt, 1993; Hood, 1994). 전자는 정부 관료제에 대한 대표정부의 우선성과 우월성을 강조하고, 후자는 정부 관료제에 대한 관리원칙의 적용을 강조한다. 관료들도 공익보다 자신의 이익을 우선시하는 존재라는 주장을 담고 있는 공공선택론(특히 Niskanen의 예산극대화론)은 관료(제) 통제를 모색하던 신우파 정치인들의 구미에 맞는 이론적 논거가 되었으며, 민간부문에서 개발된 탈관료제적인 관리기법과 원칙들이 공공부문 조직에도 적용될 수 있다는 관리주의론자들의 주장은 관료(제) 통제와 동시에 능률과 경제성을 추구하던 신우파 정치인들에게 대안을 제시해줄 수 있었다.[13]

NPM에는 정치/행정 간의 관계에 대한 원리와 관리구조에 대한 원리가 혼재해 있다. 정치/행정 간의 관계에 대한 원리는 집중화(centralization), 조정(coordination), 통제(control) 등으로서 이는 주로 공공선택론의 영향을 받았다. '집중화'는 대통령·수상·장관 등 정치적 집행부의 권력을 강화하고, 이들이 좀 더 적극적으로 정책을 주도하며 행정관료들을 장악해야 한다는 원리이다. '조정'은 정부 전체 차원에서는 중앙의 통합·조정력을 강화하여 각 부처가 개별화되고 상호모순적인 기관이 되지 않도록 하는 것이며, 개별 부처 차원에서는 장관의 역량을 강화하여 부처 내 및 산하의 여러 기관들이 모 부처로부터 괴리되어 독자적인 행위자로 귀결되는 것을 차단하는 것을 말한다. '통제'는 정치적 집행부가 인사·조직·전달체계 상의 수단을 통해 관료(제)를 정치적 집행부의 의도 하에 묶어 두고, 관료조직이나 고위 관료의 자율성과 권력을 약화시키는 것을 말한다(Aucoin, 1990: 119-122).

NPM의 관리구조에 대한 원리에는 분권화(decentralization), 탈규제(deregulation), 대리(delegation) 등이 있으며, 이는 주로 관리주의의 영향을 받았다. '분권화'는 중앙의 통제를 기본방향 설정에 한정하고, 구체적인 목표달성과 관리활동은 중간 관리자(managers)에 맡겨야 한다는 원리이다. 거대 복합조직에서 이 분권화는 반드시 필요한 것으로 논의되며, 이를 위해서는 계층제 상 수준(levels)의 수를 줄여야 한다고 주장된다. '탈규제'는 계선 상의 관리자가 재정 및 인사관리 측면에서 자유로워야 한다는 원리이다. 이를 위해서 정부조직 내의 규제(regulation inside government)를 대폭 줄이되, 관리자에게 결과에 대한 책임을 묻는 접근법을 채택해야 한다는 것이다. '대리'는 조직의 목적을 명료하게 하여 각 조직 구성부분들이 명확하게 정의되고 일관된 임무를 수행하도록 하고, 나아가 조직의 활동이 시민이나 조직의 고객에 대한 대응성을 높여야 한다는 원리를 말한다(Aucoin, 1990: 122-125).

다소 단순화시켜 정리하면, 공공선택론과 관리주의는 관료(제)를 보는 관점, 정치/행정의 관계에 대한 관점, 대표성과 대응성에 대한 강조점의 차이 등에서 상충한다. 공공선택론이 관료(제)가 지나친 권력을 지니고 있다고 보는 반면, 관리주의는 관료제 속의 관료들이 지나치게 속박되어 있다고 본다. 공공선택론은 정치인이

13) 공공선택론과 관리주의는 관료제를 비판한다는 점에서 공통점을 지니고 있어, 신우파 정치인들에게 매력적인 이론적 논거를 제시할 수 있었다.

주도하고 행정은 이에 부응하는 의미에서의 정치행정일원론을 지지하는 반면, 관리주의는 정치행정이원론의 입장에서 최상위정책결정에서만 정치의 역할을 인정하고 그 이하의 수준에서는 계선의 관리자들에게 자율적인 결정권을 부여하고자 한다. 공공선택론은 정부 대표성 확보의 차원에서 관료조직이 이익집단 세력들에 포획되지 않도록 노력해야 함을 강조하는 반면, 관리주의는 행정의 대응성을 강조하여 관료들이 자신의 정책고객들에 잘 대응해야 함을 내세운다(Aucoin, 1990: 126-128).

따라서 공공선택론과 관리주의에 토대를 두고 있는 NPM의 원리들간에 긴장과 모순이 존재하는 것은 불가피하다. 다만, 정부의 정치·행정 엘리트들이 이러한 갈등적인 요소들을 현실 정치와 행정에 잘 조절하여 적용할 수 있는 역량과 의지를 지닌다면, NPM의 내부 모순에 따른 복합적인 효과의 부작용을 최소화할 수 있을 것이다. 문제는 현실적으로 이러한 기대가 충족되기 쉽지 않다는 것이며, 이는 영국 보수당 정부의 행정개혁 과정을 통해서도 확인된다.

Ⅳ. 결 론

영국 보수당 정부(1979~1997년)의 행정개혁은 관료와 관료제에 대한 통제를 강화하고, 관료(제)에 대한 의회(및 정치적 집행부)의 우월성을 명료하게 하려는 정치적 의도 하에 수행되었다. 그러나 영국 보수당 정부의 개혁 주도 세력은 자신들이 의도했던 효과 — 행정통제 강화를 통한 의회주권의 재정립 — 를 달성하지 못했다. 능률성 진단, 재정관리 개혁, 책임운영기관, 시민헌장 등을 통해 진행된 보수당 정부의 행정개혁은 일견 관료(제)에 대한 정치적 집행부의 통제를 강화한 것으로 보일 수 있다. 그러나 실제적으로 영국 행정개혁은 의도하지 않았던 효과를 가져왔다. 즉 반자율적으로 움직이는 책임운영기관과 공공기관 등의 수와 활동이 급증함으로써 의회와 정치적 집행부의 정책통제 역량이 오히려 약화되었다. 위기관들의 확장으로 인해, 대처를 중심으로 한 보수당 정부가 원래 의도했던 '의회중심적이고 제한적인 국가'라는 관념에서 오히려 더 멀어지는 결과로 귀결된 것은 영국 행정개혁의 아이러니라고 하겠다.

이 연구는 영국 보수당 정부의 행정개혁이 의도하지 않았던 결과로 귀결된 원인을 정책 의도의 실현을 어렵게 만드는 현실의 제한(관료제 통제기제 혼합의 불가피성, 선행정책의 유산과 경로의존성)과 개혁을 뒷받침하는 이론적 근거의 불완전성(NPM 원리들간의 긴장과 모순)에서 찾고자 했다. 첫째, '감독'이라는 단일의 통제기제만을 적용할 수 없었던 현실의 한계, 즉 '상호성' 기제를 포함하는 혼합적인 통제기제를 적용할 수밖에 없었던 현실이 보수당 정부의 개혁의도 실현을 제한했다. 둘째, 영국 보수당 정부 행정개혁은 기존 정책의 유산과 관성을 통해 다음 단계의 정책으로 연결되었으며, 그 과정에서 의도하지 않았던 효과 ― 행정 조직의 수와 조직 운영상의 자율성이 확장되는 효과 ― 가 나타났다. 셋째, 영국 보수당 정부 행정개혁의 이론적 논거인 신공공관리론은 공공선택론과 관리주의라는 두 개의 지적 원천에 토대를 두고 있는데, 이 두 지적 기반들 간의 긴장과 모순으로 인해 개혁의 효과가 복합성을 지니게 되었다.

영국 보수당 정부의 행정개혁은 다음과 같은 교훈을 제공한다. 모든 개혁 프로그램은 사실상 순수한 '이념형적' 정책수단보다는 그 순도가 떨어지는 '혼합적'인 정책수단에 의존하게 된다. 정책 현실의 복잡성과 제한 사항들이 순수한 정책수단의 적용가능성을 크게 낮추기 때문이다. 그 결과 이념형적 정책수단에서는 나타나지 않을 뜻하지 않았던 효과들이 혼합적 정책수단의 적용에서는 오히려 일반적인 현상이 된다. 또한 개혁 프로그램들이 하나의 완벽하고 내적으로 조화를 이루는 이론체계에 의해서 뒷받침되지 못하고, 모순과 상충을 보이는 여러 요소들로 구성된 이론적 자원을 토대로 할 수밖에 없다면, 개혁 프로그램의 적용은 과학적 엄밀성보다는 일종의 유능한 기술적 역량과 판단을 필요로 한다고 할 것이다. 그러나 모든 개혁 프로그램은 상당한 기간에 걸쳐 시행될 수밖에 없는데, 이 기간 동안 개혁업무를 담당할 주체 세력들이 그러한 역량과 판단을 지속적이고 일관성 있게 유지하는 것은 실질적으로 불가능하다. 이에 더하여 개혁 프로그램 자체가 지니고 있는 관성과 유산은 개별 정책담당자들의 역량과 판단을 무력화할 수도 있다. 이러한 교훈들은 개혁 프로그램이 원래 의도했던 효과보다 의도하지 않았던 효과를 내는 것이 자연스러운 현상일 수 있음을 의미한다. 따라서 우리는 이러한 한계를 인정하면서, 의도하지 않았던 효과가 치명적인 역효과(fatal reverse effects)로 귀결되지 않도록 관리하는 방안을 모색하는 다소 보수적이고 신중한 입장을 취하게 된다.

참고문헌

강원택. (1998). “영국 행정개혁과 국가 통치 기능의 변화: 국가의 공동화 혹은 중앙집중화?” 「한국행정학보」 32권. 4호, 53-66.

김순은. (1999). “영국의 행정조직 및 관리조직에 관한 연구: Next Steps 프로그램을 중심으로.” 「한국지방자치학회보」 11권. 4호, 249-270.

김재훈. (2003). “성과관리 행정개혁을 위한 정부예산회계제도 개혁: 영국, 호주 및 뉴질랜드를 중심으로.” 「한국사회와 행정연구」 14권. 1호, 121-144.

김정렬. (2001). “영국 블레어정부의 거버넌스.” 「한국행정학보」 35권. 3호, 85-102.

김종순. (2000). “영국 지방정부 서비스공급방식의 개혁노력: 의무경쟁입찰제도에서 Best Value 정책으로.” 「한국정책학회보」 9권. 2호, 189-210.

민 진. (1998). “한국과 영국의 행정개혁의 비교.” 「한국행정학보」 32권. 4호, 37-52.

______. (1999). “영국의 행정개혁 사례 연구: Nest Steps를 중심으로.” 「한국사회와 행정연구」 10권. 1호, 47-63.

서필언. (2005). 「영국 행정개혁론」. 서울: 대영문화사.

소순창 · 홍진이. (2004). “신공공관리(NPM)적 측면에서 본 행정개혁: 한국, 일본, 그리고 영국의 비교분석.” 「한국지방자치학회보」 16권. 1호, 319-342.

이연호. (1999). “영국에서 신자유주의 개혁과 국가성격의 변화, 1979-1997: 보수당정부의 경험.” 「동서연구」 11권. 2호, 89-108.

______. (2001). “영국 신노동당의 자본주의 개혁: ‘이해관계보유정책’(the Stakeholding Economy)의 실험과 국가성격의 변화.” 「국제정치논총」 41권. 2호, 203-221.

이윤식 · 배귀희 · 윤종현. (2008). “영국과 호주의 중앙정부 정부개혁에 관한 소고: 역사적 신제도주의적 관점을 중심으로.” 「한국공공관리학보」 22권. 4호, 385-420.

이종수. (1994). “영국에서의 행정개혁과 최근의 쟁점: 대처정부의 행정개혁과 그에 대한 평가를 중심으로.” 「한국행정연구」 3권. 1호, 27-46.

주재현 · 정윤수. (2000). 행정서비스헌장제의 정착을 위한 정책방향. 「한국행정학보」 34(1): 245-264.

총무처직무분석기획단 편. (1997). 「신정부혁신론: OECD국가를 중심으로」. 서울: 동명사.

한인섭 · 김정렬. (2004). “영국 행정의 본질과 혁신.” 「정부학연구」 10권. 2호, 151-184.

Aucoin, P. (1990). "Administrative Reform in Public Management: Paradigms, Principles, Paradoxes, and Pendulums." *Governance*, Vol. 3, No. 2, 115-137.

Beetham, D. (1993). "Political Theory and British Politics." in P. Dunleavy et al., *Developments in British Politics 4*, London: Macmillan.

Doern, G. B. (1993). "The UK Citizen's Charter: Origins and Implementation in Three Agencies." *Policy and Politics*, Vol. 21, No. 1, 17-29.

Duggett, M. (1998). "Citizen's Charter: People's Charter in the UK." *International Review of Administrative Science*, Vol. 64, No. 2, 327-330.

Dunleavy, P. and C. Hood. (1994). "From Old Public Administration to New Public Management." *Public Money and Management*, Vol. 14, No. 3, 9-16.

Freedman, L. (1996). *Politics and Policy in Britain*. New York: Longman.

Gamble, A. (1988). *The Free Economy and the Strong State: the Politics of Thatcherism*. London: Macmillan.

Gray, A. and B. Jenkins. (1993). "Public Administration and Government 1991-2." *Parliamentary Affairs*, Vol. 46, No. 1, 17-37.

______. (1994). "Ministers, Departments and Civil Servants." in B. Jones et al., eds. *Politics UK*, 2nd ed., Hemel Hempstead, UK: Harvester Wheatsheaf.

Hall, P.A. and R.C.R. Taylor. (1996). "Political Science and the Three New Institutionalism," *Political Studies*, Vol. 44, No. 5, 936-57.

Heclo, H. (1974). *Modern Social Politics in Britain and Sweden*. New Heaven, NJ.: Yale University Press.

Hood, C. (1994). *Explaining Economic Policy Reversals*. Buckingham, UK: The Open University Press.

______. (1996). "Control over Bureaucracy: Cultural Theory and Institutional Variety." *Journal of Public Policy*, Vol. 15, No. 3, 207-230.

______. (1998). *The Art of the State: Culture, Rhetoric, and Public Management*. New York: Oxford Univ. Press.

Hood, C. and O. James. (1997). "The Central Executive." in P. Dunleavy, et al., eds. *Developments in British Politics 5*, London: Macmillan.

Hood, C., O. James, B. G. Peters, and C. Scott. eds. (2004). *Controlling Modern Government: Variety, Commonality and Change*. Cheltenham, UK: Edward Elgar.

Kemp, P. (1990). "Next Steps for the British Civil Service." *Governance*, Vol. 3, No. 2, 186-196.

Kingdom, J. (1991). *Government and Politics in Britain: An Introduction*. Cambridge, UK: Polity Press.

Majone, G. (1994). "The Rise of the Regulatory State in Europe." *West European*

Politics, Vol. 17, No. 3, 77-101.

Pollitt, C. (1993). *Managerialism and the Public Services*, 2nd ed. Oxford: Blackwell.

Rhodes, R.A.W. (1994). "The Hollowing Out of the State: the Changing Nature of the Public Service in Britain." *Political Quarterly*, Vol. 65, 138-151.

______. (1996). "The New Governance: Governing without Government." *Political Studies*, Vol. 44, No. 4, 652-667.

Skocpol, T. and E. Amenta. (1986). "States and Social Policies." *Annual Review of Sociology*, Vol. 12, 131-157.

Smith, M. (1999a). "The Institutions of Central Government." In I. Holliday, A. Gamble, and G. Parry, eds. *Fundamentals in British Politics*, London: Macmillan.

______. (1999b). *The Core Executive in Britain*. New York: St. Martin's Press, Inc.

Thelen, K. and S. Steinmo. (1992). "Historical Institutionalism in Comparative Politics." in S. Steinmo et al., eds. *Structuring Politics: Historical Institutionalism in Comparative Analysis*, New York: Cambridge University Press.

U.K. Prime Minister. (1999). *Modernising Government*. London: HMSO.

Wilensky, H. (1975). *The Welfare State and Equality: Structural and Ideological Roots of Public Expenditure*. London: University of California Press.

2 조정기제의 혼합과 계층제 기제의 의의에 관한 연구: 영국 행정개혁 사례를 중심으로1)

〈요 약〉

조정기제(coordinating mechanisms)는 '계층제', '시장', '네트워크'의 셋으로 분류된다. 최근의 행정개혁은 종래의 주류 조정기제인 '계층제'를 '시장' 또는 '네트워크' 방식으로 대체하려는 노력으로 이해된다. 이 연구는 영국 보수당 정부의 신공공관리 행정개혁 정향을 잘 보여주는 '의무경쟁입찰제도'와 노동당 정부의 뉴 거버넌스 행정개혁 정향을 대표하는 '연계형 정부' 사례를 분석 대상으로 하였다. '의무경쟁입찰제도'는 '시장' 기제에 토대를 둔 개혁방안이었으나 동시에 '계층제' 기제가 제도 운영의 주요 요소로 가미되어 있었고, '연계형 정부'는 '네트워크'를 주된 조정기제로 하는 정부개혁이었으나 여기서도 '계층제' 기제가 주요 요소로 작동하였다. 이러한 분석결과는 '시장' 및 '네트워크' 체제가 독립적이고 순수한 형태로 성립・유지되는 것은 사실상 어려우며, 이 대안적인 조정기제들은 '계층제'와의 혼합을 통해서만 실질적으로 작동할 수 있음을 보여준다. 이는 성공적인 행정개혁이 '계층제'와 대안적인 조정기제들을 어떻게 효과적으로 조합할 것인지에 달려있음을 시사해준다.

1) 주재현. (2012). 「한국사회와 행정연구」 23권 3호, 237-261.

Ⅰ. 서 론

조정(coordination)은 다양한 행위자(agents)와 기관(agencies) 간의 관계 및 그들의 행동에 질서와 균형을 부여하는 활동을 말한다(Thompson et al., 1991: 3). 이러한 조정 활동은 조직 간의 관계뿐 아니라 조직 내적 관리에서도 발생한다. 또한 조정 활동은 민간부문과 공공부문 모두에서 발생하며, 이러한 조정 활동을 통해서 자원의 배분과 공공서비스의 생산이 가능해진다(Thompson et al., 1991; Rhodes, 1996). 고전적인 정치경제학은 조정 활동이 발생하는 기제를 계층제(hierarchies)와 시장(markets)의 이분법으로 파악했으나(Williamson, 1975; Lindblom, 1977; Wolf, 1988), 1980년대 이후 이러한 이분법을 극복하고 계층제와 시장에 더하여 네트워크(networks)를 또 하나의 조정기제로 파악하는 새로운 접근법이 대두되었다(Thompson et al., 1991; Rhodes, 1996; Kooiman, 1993a; 2003).[2] 이에 따르면, '계층제'는 행정 명령, '시장'은 경쟁, '네트워크'는 신뢰와 협력을 토대로 조정 활동을 한다(Thompson et al., 1991: 15).[3]

이 연구는 이러한 조정기제들(coordinating mechanisms)을 행정개혁과 관련지어 논의하며, 특히 공공서비스의 생산과 관련된 공공부문 내 기관들(및 일부 관련 민간기관들)을 대상으로 한다. 19세기 말 이후 구미국가를 중심으로 추진되어 온 행정개혁은 조정기제의 변화를 모색하는 노력으로 해석될 수 있다. 19세기 말 미국을 중심으로 나타난 '진보주의' 행정개혁(Progressive Public Administration) 이후 1970년대 말에 이르기까지는 '계층제'에 의존하는 조정기제가 주류를 형성했으나(Hood, 1994), 신공공관리(New Public Management) 행정개혁은 '시장'을, 뉴 거버넌스(New Governance) 행정개혁은 '네트워크'를 지배적인 조정기제로 채택하려는 노력이었다. 그러나 이 연구는 그와 같은 조정기제의 변화 모색에도 불구하고, '계층제' 기제는 신공공관리 행정개혁과 뉴 거버넌스 행정개혁의 시대를 관통해서 건

2) '조정기제'는 '통치구조'(governing structures) 또는 '거버넌스' 등의 개념으로 불리기도 한다(Rhodes, 1996; Bevir, 2007; 유재원·이승모, 2008). 그러나 '통치구조'는 한 국가 내 자원의 권위적 배분 현상에 주로 관련되고 정부 조직관리 측면과의 관련성은 약한 개념으로 해석될 여지가 있으며, '거버넌스'는 후술할 '뉴 거버넌스' 개념과 혼란을 야기할 가능성이 있다. 따라서 이 연구에서는 '조정기제' 개념을 사용하도록 한다.

3) 그러나 이 접근법은 세 조정기제 중 어떤 것도 본질적으로 나쁘거나 좋은 것은 아니며, 이 셋 중 하나를 선택하는 것은 이념적인 선택의 문제가 아니라 실질적인 필요성에 근거한다는 것이라는 점을 지적하고 있다(Rhodes, 1996: 653).

재하고 있음은 물론 오히려 시장 또는 네트워크 중심적인 행정개혁의 주요 요소로 자리 잡고 있음을 보이고자 한다. 즉 실제 행정제도(개혁 수단)의 운영에서 계층제 양식은 불가피한 요소로 자리 잡고 있다는 것이다.

세 조정기제 중 '계층제'의 실효성에 대해서는 계층제의 종말론 · 건재론 · 상황론 간의 논쟁이 존재한다(유재원 · 이승모, 2008: 195). '계층제'가 더 이상 유효한 조정기제가 되지 못한다는 주장(Pinchot & Pinchot, 1994; Richards & Smith, 2002)에 대해 '계층제'가 여전히 유효하며 공공업무를 관리하는 기능을 잘 수행하고 있다는 주장(Davis, 2002; Hill & Lynn, 2005)이 제기된 바 있다. 한편, 정책영역이나 조직유형 등의 상황변수에 따라 '계층제'가 유효할 수도 그렇지 않을 수도 있다는 주장이 제시되기도 했다(Jordan et al., 2005; Keast et al., 2006). 국내에서는 우리나라 중앙 및 지방정부 기관 공무원을 대상으로 한 설문조사 결과를 토대로 세 조정기제 중 '계층제'가 여전히 중심적인 기제로 작동하고 있음을 보이는 연구결과들이 제시되었다(유재원 · 소순창, 2005; 김근세 외, 2005; 유재원 · 이승모, 2008). 한편, 장지호 · 홍정화(2010)는 거버넌스에 관한 국내 연구성과들을 검토한 후, 계층제적 요소를 포함하고 있는 '국가중심 거버넌스' 현상의 실재에도 불구하고, 이에 대한 연구가 '시민사회중심 거버넌스'에 대한 연구보다 상대적으로 취약함을 지적하였다.

이 연구는 공무원들이 업무를 수행하는 과정에서 어떤 조정기제가 주로 사용되고 있는지를 묻는 인식조사 방식이나 선행연구에 대한 평가(review) 방식이 아니라 대표적인 행정개혁 사례(제도)의 내용과 제도의 운영을 검토하는 방식을 통해서, '계층제' 기제가 각 제도에 내재되어 있음을 보이고자 한다. 또한 이 연구는 우리나라의 제도가 아니라 대표적인 벤치마크 대상국인 영국의 신공공관리 및 뉴거버넌스 행정개혁 사례(제도)를 분석의 대상으로 한다는 점에서 기존의 국내 연구와 차별성을 보인다. 영국 보수당 정부(1979~1997년)가 추진했던 행정개혁은 전술한 신공공관리로 명명되어 전 세계적으로 상당한 영향을 미쳤으며, 뒤를 이은 노동당 정부의 행정개혁 또한 주목할 만한 관심을 끌었다. 우리나라의 행정개혁도 영국 보수당 및 노동당 정부의 영향으로부터 자유롭지 않아, 김대중 · 노무현 정부는 물론, 이명박 정부에서도 영국 행정개혁의 교훈을 찾고자 하는 노력이 계속되고 있다.[4] 이러한 의의를 지닌 영국 사례에 대한 분석은 우리에게 시사하는 바

4) 특히 최근에는 '융합행정'(고객관점에서 행정 · 공공기관 및 민간 간에 긴밀히 협력하여 규제 정합성을 높이거나 시설 · 정보 등의 공유와 기능연계를 통해 새로운 가치를 창출하는 창조적 업무방

가 클 것이다.

이 연구는 조정기제에 관한 국내 연구 동향뿐 아니라 영국 행정개혁에 관한 국내 연구와 관련해서도 다음과 같은 의의를 지닌다. 그간 우리나라에서 영국 행정개혁에 대한 관심은 상당 부분 보수당 정부의 개혁에 초점을 맞추었으며(이종수, 1994; 총무처직무분석기획단, 1997; 강원택, 1998; 민진, 1999; 이연호, 1999; 소순창 · 홍진이, 2004; 주재현, 2010), 노동당 정부의 개혁에 대해서는 그 개혁방향을 거시적인 관점에서 조망하거나, 전반적인 개혁방향과 내용을 포괄적으로 논의하는 등 제한적인 연구만이 이루어졌다(이연호, 2001; 김정렬, 2001). 일부 비교연구에서 노동당 정부의 행정개혁이 부분적으로 취급되기도 하였으나(민진, 1998; 김재훈, 2003; 한인섭 · 김정렬, 2004; 소순창 · 홍진이, 2004; 이윤식 외, 2008), 특정 개혁방안이나 제도에 대한 체계적인 분석이 수행되었다고 보기는 어렵다. 이러한 맥락에서 이 연구는 영국 보수당뿐 아니라 노동당 정부의 특정 행정개혁 — 후술할 연계형 정부(Joined-up Government: JUG) — 도 분석대상으로 한다는 점에서 선행연구와 차별성을 지닌다.

먼저 Ⅱ.에서 이념형(ideal types)으로서의 계층제 · 시장 · 네트워크에 각각 조응하는 행정중심론, 신공공관리론, 그리고 뉴 거버넌스론의 특징에 대해 논의한 후, 이를 토대로 조정기제의 주요 특징을 정리하여 분석의 지침을 마련한다. 다음으로 Ⅲ.에서 영국 신공공관리 행정개혁과 뉴 거버넌스 행정개혁의 대표적인 사례(의무경쟁입찰제도, 연계형 정부)를 검토하고, 각 사례에서 '계층제' 기제가 어떻게 '시장' 또는 '네트워크' 기제와 공존하고 있는지를 분석한다. Ⅳ.에서는 분석결과로 나타난 조정기제 혼합 현상의 의미에 대해서 토론하고, 마지막 Ⅴ.(결론)는 연구결과를 요약한다.

식: 행정안전부 외, 2011: 2)의 필요성이 부각되어 융합행정의 선례 중 하나인 영국 노동당 정부의 '연계형 정부'(Joined-up Governemnt: JUG)에 대한 관심이 제고되었다(행정안전부 외, 2011).

Ⅱ. 조정기제와 행정개혁 모형에 관한 이론적 논의

1. 계층제: 행정중심론

'계층제' 조정기제는 정부의 공식적 법규나 행정 명령 등을 통해서 자원의 배분과 통제 및 조정이 이루어지는 방식을 말한다. 또한 이 접근법에서는 행정 관료제의 논리, 즉 법적·합리적 권위에 토대를 둔 조직 운영방식이 행정조직 내·외를 대상으로 하는 정책결정과 집행에서 핵심적인 역할을 담당한다. 이 조정기제는 두 개의 행정중심론적 행정개혁 조류와 연결된다. 하나는 고전적 행정(Old Public Administration) 개념이고, 다른 하나는 행정국가(Administrative State) 개념이다.

고전적 행정은 행정 책임(accountability)의 문제에 대해 공식적·계층제적·법적인 관점을 견지한다. 즉 행정 공무원들은 심각한 정도의 재량을 행사해서는 안 되며, 그들은 단지 계층제 상의 상관, 선출된 공직자, 또는 사법부에 의해서 설정된 법규·규칙·기준 등을 실행에 옮기면 되는 것으로 여겨진다. 따라서 행정 공무원들이 일반시민에 대해 직접적인 책임성을 지는 것은 필요하지도 적절하지도 않으며, 일반시민들의 의지를 파악하여 이를 정책화하는 책임은 오직 선출된 공직자에 의해서만 가능한 것으로 파악된다. 행정 공무원들에게 요구되는 것은 전문성과 업무수행 역량일 뿐이며, 책임있는 행정행위는 과학적이고 가치중립적인 원칙에 토대를 두고 있는 것으로 이해된다(Denhardt & Denhardt, 2003: 129; Hughes, 2003: 236-237; Henry, 1975).

행정국가는 광범한 역할을 수행하는 행정체제(정부 관료제)가 공공부문의 운영에서 주도적인 역할을 수행하는 국가를 말한다. 20세기의 전반기 동안 전개된 행정국가화 현상은 고전적 행정 개념의 유지를 어렵게 만들었다. 행정국가에서는 거대 정부 관료제가 국정을 주도하며 국민생활에 심대한 영향을 미친다(Waldo, 1948; 오석홍, 2008: 120). 행정국가화되기 이전의 행정은 협의의 집행·관리기능에 제한되었으나, 행정국가화와 더불어 입법부의 기능인 정책결정 기능까지도 담당하기 시작했다. 정부 관료제가 질서유지나 치안 등의 '안정'유지자의 기능을 넘어서서 '변화'를 유도하는 기능까지 맡게 된 것이다(박동서, 1981: 32; *cf.* O'Toole, 1987).

행정 관료제의 역할범위와 정치－행정 관계에 대한 인식차이가 존재하지만, 고전적 행정 개념과 행정국가 개념 모두 '계층제'를 지배적인 조정기제로 보고 있다는 점에서는 일치한다. 즉 국가와 사회를 대상으로 한 주요 정책의 결정과 집행, 그리고 정부조직의 운영은 '시장' 기제나 '네트워크' 방식을 통해서가 아니라 정부 관료제를 통해야 한다는 것이다. M. Weber에 의해서 정립된 관료제적 조직운영의 특징은 다음과 같다. ① 각 부서 업무의 영역이 명백하게 규정된다. ② 조직의 상부에 하부에 대한 감독과 책임이 부여된다. ③ 공・사의 구분이 철저하다.[5] ④ 선출이 아닌 임명에 의해 보임되며, 조직과 구성원간의 관계는 계약에 근거한다. ⑤ 관료들은 객관적인 자격요건(훈련, 시험, 자격증 등)에 의해서 선발된다. ⑥ 관료들은 자의적인 해고로부터 보호되며, 서열 및(또는) 업적에 의해 승진한다. ⑦ 관료 활동에 대한 규제는 일반적이고 일관성 있는 추상적 규칙에 의한다. ⑧ 공적 의무는 증오・선의 등과 무관한 비사인성(impersonality)에 기반해서 수행된다. ⑨ 관료제적 조직은 종종 비관료적인 총수(지위승계, 피선출 등에 의해 보임됨)에 의해서 지휘된다(Etzioni-Halevy, 1983: 27; Hague & Harrop, 2004).

2. 시장: 신공공관리론

'시장'은 경쟁(competition) 기제를 활용해서 자원의 배분과 통제 및 조정을 실시하는 조정기제를 말한다. 이 방식을 지배적인 조정기제로 할 경우, 정부 조직 또한 시장의 논리를 적용받아 활동하는 행위자의 하나에 불과하며, 정부 조직의 내적 운영도 경쟁 기제의 적용을 받게 된다. 이러한 개념을 행정개혁에 도입한 이론적 조류가 신공공관리론(New Public Management: NPM)이다.

신공공관리론은 경쟁 기제를 관료조직 운영과 공공서비스 생산의 핵심적 수단으로 채택하고 있다. NPM은 공공부문과 시장부문 간에 조직운영상의 차이가 존재하지 않는다고 보고 있으며, 공공부문의 작업방식이 절차와 규칙을 강조하는 것으로부터 결과(성과)에 주목하는 것으로 전환되어야 한다고 주장한다(Hood, 1994: 129; Dunleavy & Hood, 1994: 9-10). NPM에서 시장부문과 공공부문이 다르지 않다고 보는 것은 시장부문에서 개발되고 검증된 관리기법들이 공공부문에도 적용될 수 있음을 의미한다. 시장부문이 공공부문보다 효율적이기 때문에 기업조직을 관리하는 데 활용되는 관리기법들을 공공조직에 적용하면 공공부문의 효율성이 제

5) 업무 외의 영역에서 상급자에 복종할 필요가 없다.

고될 수 있다는 것이다. 또한 법적 절차나 규칙보다 결과를 중시하는 것 역시 비용절감이나 효율성을 강조하는 시장부문의 영향력이 공공부문에 미치게 됨을 의미한다.

NPM이 제시하는 주요 교리들은 다음과 같다(Hood, 1994: 129-132; Aucoin, 1990; Kettl, 2005). 첫째, 공공부문 내 조직들간은 물론 공공조직과 민간조직들(기업 뿐 아니라 비영리조직도 포함) 간의 경쟁을 강조한다. 경쟁을 조장하기 위한 수단은 '시장성 테스트'와 '민간위탁' 등이다. 경쟁이 효율성의 증진과 서비스 질의 향상을 가져온다고 믿기 때문이다. 이러한 경쟁은 정책조언 영역보다는 정책집행 영역에서, 특히 사회 및 복지서비스 전달 영역에서 두드러진다.

둘째, 공공조직 내 구성원들 간의 경쟁을 조장하기 위해 인센티브 제도를 도입하고, 성과평가 기제를 강화한다. 성과평가 결과를 토대로 차등적인 임금이 지급되는 것이 정당한 것으로 받아들여진다. 이를 위해서 명백하고 측정가능한 성과기준을 설정하고 이를 준거로 평가를 시도한다. 성과기준은 상관의 자의적이고 일관성 없는 명령이 아니라 적절한 조사와 토의를 통해 미리 설정된 산출지표를 위주로 한다. 이러한 접근은 '주인-대리인' 이론의 주장을 수용한 것으로 볼 수 있으며, NPM에서 관료들은 더 이상 신뢰의 대상이 아니라 통제의 대상으로 인식되고 있음을 알 수 있다.

셋째, 공공부문 조직의 상층 관리부가 외부의 관찰에 쉽게 노출될 수 있고, 보다 적극적으로 조직의 운영에 관여하도록 하는 조직관리 스타일을 지향한다. NPM은 전통적 행정조직의 상층 관리부가 조직의 관리보다는 정무직 공무원에 대한 정책조언을 선호하였고 외부에 잘 노출되지 않았으며, 그 여파의 하나로서 상층부 관료들의 조직관리가 느슨하게 전개되었다고 본다. 따라서 이제는 조직 상층부 관료들이 정무직 공무원에 대한 정책조언보다 직접적인 조직관리에 더 적극적으로 관여하도록 유도하고 그들에게 조직관리상의 책임을 물어야 하며, 이를 위해서 상층부 관료가 더 잘 노출되도록 제도를 구축하되, 그들에게 더 많은 관리상의 재량권을 부여해야 한다고 주장한다.

넷째, 상층 관리부의 노출과 책임을 조장하는 수단의 하나로서, 종전의 상대적으로 대규모라고 볼 수 있는 공공조직들을 여러 세부조직들로 분할한 후 각 조직들에게 단일의 미션을 부여하는 조직구성 접근을 채택한다. 각 세부조직의 관리자들은 경쟁을 통해서 선발되어 조직의 운영을 책임지고 그 성과에 따라 보상과 진되여부가 결정되며, 외부의 관찰에 쉽게 노출된다. 관리자들은 조직의 성과를 높이기 위해 시장부문에서 검증된 관리기법들을 적절히 활용할 것으로 기대되며, 해당 기법들은 적절히 적용될 경우 비용절감이나 서비스 품질 향상을 가져올 것으로 기대된다.

3. 네트워크: 뉴 거버넌스론

'네트워크'는 신뢰와 파트너십에 토대를 둔 조정기제이다. 여기서는 국가와 사회가 대립적인 존재가 아니라 서로 협력하고 신뢰하는 존재로 파악된다. 역동성·복합성·다양성으로 특징지어지는 현대사회(Kooiman, 1993b; 2003)에 있어 가장 효과성이 높은 조정기제는 '계층제'나 '시장'이 아니라 '네트워크'라는 진단과 이에 대한 믿음이 이 조정기제의 등장배경을 형성하고 있다. 이처럼 네트워크를 강조하고, 협력과 신뢰형성을 중요시하는 관점은 또 하나의 행정개혁 조류인 뉴 거버넌스론과 밀접한 연관성을 지니고 있다.

거버넌스에 대한 다양한 용법[6] 중에서, 조정기제에 대한 이분법적 관점을 넘어서서 새로운 접근을 가능하게 하는 개념적 포괄성을 지닌 뉴 거버넌스 개념은 사회적 사이버네틱스 체계(socio-cybernetic system)와 자기조직화 네트워크(self-organizing networks)의 용법이라 하겠으며, 따라서 여기서는 뉴 거버넌스를 '자기조직화하는 조직간의 네트워크'로 정의한다(Rhodes, 1996: 660). 이렇게 정의된 뉴 거버넌스의 특징은 첫째, 조직들 간의 상호의존성이다. 거버넌스는 정부보다 폭넓은 개념으로서 정부 외의 행위자들도 포함한다. 이에 따라 정부부문·시장부문·자원부문간의 경계가 불분명해지게 된다. 둘째, 자원을 교환하고 목적을 공유할 필요성을 지닌 네트워크 참여자들 간에 지속적인 상호작용이 존재한다. 셋째, 이러한 상호작용은 신뢰와 협조에 그 뿌리를 두고 있으며, 또한 네트워크 참여자들

6) Rhodes(1996: 653-659)의 정리에 따르면 거버넌스라는 개념은 최소한 다음과 같은 여섯 가지 의미로 사용되고 있다. 첫째, 거버넌스를 최소국가(minimal state)로 이해하는 것이다. 둘째, 거버넌스를 기업 거버넌스(corporate governance)로 이해하는 것으로서 이는 민간부문과도 같은 정보의 개방, 완결성, 그리고 책임있는 역할 수행을 공공부문에 적용하는 것을 의미한다. 셋째, 거버넌스를 신공공관리로 파악하는 것이다. 넷째, 거버넌스가 '바람직한 국가운영'(good governance)을 의미하는 경우로서, 이는 개발도상국이 갖춰 나가야 할 자유민주주의체제를 신공공관리 개념과 접맥시켜 놓은 것을 말한다. 다섯째, 거버넌스를 사회적 사이버네틱스 체계(socio-cybernetic system)로 이해하는 것이다. 여섯째, 자기조직화 네트워크(self-organizing networks)로 거버넌스를 해석하는 관점이다.

간의 협상과정을 거쳐 동의된 게임의 규칙에 의해서 규제된다. 넷째, 정부가 네트워크를 조종할(steering) 수는 있지만, 그것은 간접적이고 불완전한 형태에 머문다. 네트워크는 정부로부터 상당한 정도의 자율성을 지니고 있으며 자기조직화한다.

네트워크의 활성화를 가능하게 하는 구체적인 조건들과 관련해서는 다음과 같은 객관적 · 주관적 조건들이 제시되고 있다(Kooiman, 1993c; Vliet, 1993; Kouwenhoven, 1993)은 먼저 '객관적'인 조건들을 살펴보면, ① 전통적인 권위와 문제해결 수단들의 실패 또는 쇠퇴, ② 이익의 중재를 가능하게 하는 조직형태와 패턴이 아직 제대로 정립되어 있지 않은 새로운 사회정치적 활동 영역의 등장, ③특정의 공공부문과 민간부문 행위자 모두에게 관련되는 커다란 관심사항들의 부각, ④ 여러 행위자들의 목적 및 이익의 수렴과 그들 간의 협력을 통한 시너지 효과 산출가능성의 존재 등이 있다. 한편, 네트워크에 관여하고 있는 행위자들의 심리상태와 관계된 '주관적' 조건들에는 ① 상호신뢰(trust)와 이해(understanding)의 존재, ② 책임을 공유할 준비성 등이 있다. 이러한 객관적, 주관적 조건들이 특정의 촉발요인이나 중개요인의 도움을 받을 경우, 네트워크의 활성화가 가능하다는 것이다.

<표 1>은 세 조정기제의 주요 특징을 행정개혁 모형과 관련지어 정리하고 있다. 조정기제의 특징들은 이하의 사례분석에서 분석의 지침으로 활용된다.

〈표 1〉 조정기제의 주요 특징

구분기준	계층제	시장	네트워크
행정개혁 모형	행정중심론	신공공관리론	뉴 거버넌스론
관리 가치	합법성(법령, 규칙)	결과	신뢰
작동 원리	명령과 통제(감시 · 감독)	경쟁	파트너십
공공서비스	공공기관 직접생산	민영화, 민간위탁, 경쟁입찰 등	공동공급 (다양한 행위자 참여)
관리 방식	관료제 중심	고객 지향	공동목표 지향

Ⅲ. 영국 행정개혁 사례 분석

여기에서는 신공공관리 행정개혁과 뉴 거버넌스 행정개혁을 대표하는 사례로서 '의무경쟁입찰제도'와 '연계형 정부'를 분석한다.

1. 신공공관리 행정개혁: 의무경쟁입찰제도

Thatcher와 Major 수상으로 이어졌던 보수당 정부는 공공서비스 공급자인 공공조직의 비효율성에 주목하고, 공공부문에 경쟁기제를 도입해서 이 문제를 극복해나가고자 하였다. 이러한 노력을 보여주는 대표적인 개혁방안 중의 하나로서 의무경쟁입찰제도(compulsory competitive tendering: CCT)를 들 수 있다.7) 여기서는 의무경쟁입찰제도가 '시장' 기제에 토대를 두고 있으나, 동시에 '계층제' 기제가 제도 운영의 주요 요소로 가미되어 있음을 보이고자 한다.

1) 보수당 정부의 CCT 추진 배경

영국의 우파 사상가와 정치인들은 영국의 지방정치와 행정이 정당간의 과열경쟁과 관료주의로 인해 그 기능과 재정이 확대되어 심각한 비효율의 문제에 봉착해 있다고 보고 있었다. 특히 그들은 다수의 지방정부가 노동당에 의해 장악되면서, 과도한 복지정책의 추진으로 인한 심각한 재정적자에도 불구하고 관리상의 무능과 노동조합과의 결탁 때문에 그대로 방치할 경우 회복 불능상태에 빠질 것으로 보았다(Gray & Jenkins, 1991: 472). 이러한 배경 하에서 보수당 정부는 그동안 경쟁 없이 독점적 지위를 보장받았던 지방정부 조직들이 더 이상 그러한 특권적 지위를 누릴 수 없도록 하기 위해 공공서비스 생산과 제공에 민간기업의 참여를 유도하는 CCT를 도입하였다. 지방정부로 하여금 민간기업과 경쟁하게 함으로써 납세자인 주민에게는 양질의 서비스를 저렴한 가격으로 제공하고 민간기업에게는 새로운 기회를 제공하며 폐쇄적 행정환경을 기업환경과 접목시킴으로써 행정문화를 쇄신할 수 있다는 것이었다(양형일, 1997: 110).

공공부문에 경쟁기제를 도입하는 것은 다음의 몇 가지 점에서 보수당 정부에게 매력적이었다. 첫째, 정부조직에 대한 업무의존도를 낮추고 기업 등 외부조직이 저렴한 비용으로 업무를 수행하게 된다면 공공지출을 절감할 수 있다. 둘째, 정부 또는 민간조직 중 어느 쪽이 서비스 제공기관으로 결정되건 간에 CCT 과정은 사업의 내용과 비용을 명확히 하는 유용한 수단이 될 수 있다. CCT 과정에서

7) CCT는 이후 1991년의 백서(*Competing for Quality*)를 통해서 시장성 테스트(marketing test) 개념으로 재정립되었다.

직무기술서와 서비스 공급의 실질적인 비용을 명확히 할 필요가 있는데, 이러한 정보는 서비스 공급에 대한 책임의 이전이 비용 면에서 효과적인지의 여부를 확인하는 데 긴요했다. 셋째, CCT는 공공부문에 계약주의(contractualism)의 도입을 가져왔는데, 여기서 정부는 만족스럽지 못한 서비스 공급자에 대해 계약을 철회할 수 있는 권리를 가지고 있었기 때문에 공공서비스의 공급에 대한 새로운 규제의 틀을 발전시킬 수 있었다(서필언, 2005: 445-446).

2) CCT의 시장 요소

CCT는 경쟁원리를 적용해서 공공서비스의 생산 및 공급자를 결정하는 제도이다. 즉 공공서비스의 생산·공급에 있어 정부조직에 독점적 지위를 부여하는 것이 아니라 민간조직(주로 기업)에게도 기회를 제공하고, 정부조직과 민간조직 중에 가장 경쟁력 있는 입찰자에게 공공서비스의 생산 및 공급 기능을 부여하자는 것이다. CCT는 공급가격의 비교를 강제규정하고 있다는 의미이지, 해당 서비스의 공급을 반드시 민간 공급자가 담당해야 한다는 것은 아니었다. 상업적 기준에 따라 민간조직이 서비스 공급자로 선정될 수 있지만, 동일한 기준에 의해서 정부조직이 공급자로 선정될 수도 있었다. CCT 체제 하에서 지방정부가 입찰에 부쳐지는 기능을 계속 수행하고자 할 경우, 지방정부는 해당 기능의 수행(또는 서비스의 제공)을 담당할 '직접 서비스 조직'(direct service organization: DSO)을 구성한 다음 입찰에 참여할 수 있었다. 요컨대 CCT는 '민간'에 초점을 두는 것이 아니라, '경쟁'에 초점을 두고 있는 제도였다. 경쟁이 결여된 채 정부독점이 민간독점으로 형태만 바뀌게 된다면, 여전히 비용절감과 서비스 질의 향상은 기대할 수 없게 된다고 보았다. 종전의 공공서비스 제공에서 비효율성이 문제가 되었던 것은 정부조직이 비경쟁적 환경에서 독점적인 지위를 유지했다는 데 기인했던 바가 컸기 때문에, 정부가 독점해 온 서비스 영역 가운데 상당 부분을 경쟁 입찰에 부치자는 것이 CCT의 기본취지라고 하겠다(김종순, 2000: 192; Gray & Jenkins, 1991: 472).

보수당은 1980년 '지방정부의 계획 및 토지에 관한 법률'(Local Government Planning and Land Act)을 제정해서 공공서비스 제공에 대한 경쟁 입찰을 의무화했다. 당시의 CCT는 지방정부 주관의 시설건설과 관리(local authority construction and maintenance) 영역에 한정해서 적용되었는데, 일부 지방정부들은 폐기물 수거와 같은 여타 서비스 영역에 CCT를 자발적으로 적용하기도 했다. CCT의 영역은

1988년(및 1989년의 2차입법)과 1992년의 ‘지방정부법’(Local Government Act)에 의해 확장되었다(<표 2>). 1980년의 입법이 CCT를 도입하였고, 1988년 입법이 ‘근로 분야’(blue collar services)에 중점을 둔 것이었다면 1992년의 입법은 ‘전문 분야’(white collar services)에 이르기까지 경쟁 입찰의 대상 기능이 확장되었다[8] (Patterson & Pinch, 2000; 양형일, 1997: 111-112).

〈표 2〉 CCT 관련 입법과 주요 입찰 대상 기능

연도	관련 법	입찰 대상 기능
1980	지방정부의 계획 및 토지에 관한 법률	시설건설과 관리
1988/1989	지방정부법(및 2차입법)	건물청소, 거리청소, 쓰레기수거, 학교 및 사회복지 급식, 정원·공원관리, 차량관리, 스포츠·여가 서비스관리
1992	지방정부법	경찰·소방·학교 차량관리, 극장·박물관 관리, 도서관 서비스, 주차서비스, 설계서비스, 토목계획 서비스, 공공주택관리, 자산관리, 건설관리, 행정관리서비스, 법률서비스, 재무관리서비스, 인력관리서비스, 전산정보서비스

출처: Patterson & Pinch(2000: 270); 양형일(1997: 111).

1997년에 수행된 조사에 의하면, CCT는 서비스의 질보다는 제공 가격에 초점을 두고 수행되었던 것으로 나타났다. 즉 전체 계약의 91%가 1차 입찰에서 가장 낮은 가격을 제시한 기관에게 낙찰되었으며, 2차 입찰에서는 최저 가격 제시기관에게 낙찰된 비율이 85%에 이르렀다(Patterson & Pinch, 2000: 270). 한편, 경쟁 입찰에 부쳐졌던 공공서비스의 낙찰기관 구성을 살펴보면, 1997년도의 경우 정부조직이 ‘근로 분야’ 전체 계약의 56.5%를 차지했다. 또한 계약의 규모에서도 정부조직이 체결한 계약의 규모가 상대적으로 컸던 것으로 나타났다. 그러나 전반적인 추세는 민간조직의 성공비율이 점차 커지고 있었다(<표 3>).

8) 단, 1988년과 1992년의 입법은 해당 기능의 시행을 일률적으로 규정하지 않고, 내각에 권한을 위임하여 지방정부의 사정을 고려해서 단계적으로 시행할 수 있도록 했다.

〈표 3〉 민간조직의 '근로 분야' CCT 계약 체결 비중의 변화(1991년 및 1997년)

분야	계약(수)의 비율(%)		계약(규모)의 비율(%)	
	1991	1997	1991	1997
건물청소	40	56	14	31
쓰레기수거	27	38.5	21	37
거리청소	25	36	19	30
차량관리	23	30	14	24
급식 (학교, 사회복지)	1.5	30	0.6	22
급식(기타)	25	41	21	29
정원 · 공원관리	31	47	18	32
스포츠 · 여가관리	–	26	–	16
전체 계약	30	43.5	16	29

출처: Patterson & Pinch(2000: 271).

3) CCT의 계층제 요소

위에서 살펴본 바와 같이 CCT는 시장 기제를 토대로 하고 있다. 그러나 CCT에는 계층제 요소가 내재되어 있었다. 계층제 기제는 특히 제도의 작동을 규율하는 각종 규칙과 중앙정부에 의한 계층제적 감독의 형태로 드러났다.

CCT 체제를 유지하기 위한 규칙들과 중앙정부의 규제에서 나타나는 계층제적 요소는 다음과 같다(김종순, 2000: 194-195; 양형일, 1997: 112-113). 첫째, CCT는 지방정부의 운영에 대한 중앙정부의 통제 의지를 반영하고 있었다. 따라서 특정 공공 서비스들을 의무적으로 경쟁 입찰에 부치고, 그 구체적인 시행시기까지 명시한 것 자체가 계층제 기제가 적용되고 있었음을 보여준다.

둘째, 지방정부의 DSO가 낙찰을 받게 되면 DSO는 회계를 독립시켜 별도로 관리되어야 했으며, 경쟁 입찰에 참여하는 기업들과는 달리 적어도 계약액의 5% 이상을 이익으로 남겨야 했다. 또한 계약이행과 관련된 주요 사항을 중앙정부에 보고하고, 불공정 경쟁을 막기 위한 각종 법적 · 제도적 장치를 준수해야 했다.

셋째, 지방정부가 경쟁을 억제 · 왜곡 · 금지하지 못하도록 하는 각종 법적 · 제도적 장치들이 마련되어 있었다. 특히 1988년의 '지방정부법'은 경쟁원리를 제한하거나 왜곡하는 행위나 조치를 지방정부가 취해서는 안 된다는 점을 명문화했으며, 문제발생시 지방정부에 제재를 취할 수 있는 권한을 중앙정부에 부여했다. 입찰에 문제가 있거나 의문이 제기되는 경우, 중앙정부의 해당 장관[9]은 지방정부에 대해 서면으로 입찰절차에 관해 구체적으로 보고하게 하고 재입찰을 명할 수 있도록 했다. 또한 경쟁 입찰에 명백한 불공정행위가 있다고 판단될 경우에는 해당 지방정부 DSO의 입찰 참여 자체를 금하는 등의 적절한 조치를 취할 수 있는 권한을 해당 장관에게 부여했다.

2. 뉴 거버넌스 행정개혁: 연계형 정부

Blair의 노동당 정부는 1999년의 백서(*Modernizing Government*)에서 정책결정과 집행에서 나타나는 파편화(fragmentation) 현상에 주목하고, 이 문제를 연계형 정부(JUG)와 횡단적 정책(cross-cutting policy)으로 극복해나가야 한다고 주장했다. 또한 거버넌스 형성과 네트워크 구축이 노동당 정부가 추진해야 할 과제라고 천명했다. 따라서 이러한 주장에 의한다면, 노동당 정부는 시장 경쟁(market competition)과 계층제적 감독(hierarchical oversight)을 강조했던 이전의 보수당 정부와는 달리 주로 '네트워크' 기제를 강조하는 행정개혁 방향을 채택했던 것으로 이해된다. 아래에서는 노동당 정부의 연계형 정부 개혁이 네트워크 방식을 크게 활용하고 있음을 밝힌다. 그러나 동시에 노동당 정부의 연계형 정부 개혁에서도 보수당의 신공공관리 개혁과 마찬가지로 '계층제' 기제가 중시되었다는 점을 부각시키고자 한다.

1) 영국 노동당 정부의 JUG 추진

전통적인 영국행정은 부처주의(departmentalism)의 전형이었다. 즉 정부는 각 부처를 중심으로 기능(functions)별로 분리되어 있었고, 각 부처는 종종 특정 전문직들과 밀접한 관련을 맺고 있었다(예: 보건부문 – 의사, 교육부문 – 교사, 내무부문 – 경찰 등). 또한 의회는 각 부처별 재정이 본래의 특정 목적대로 정확하게 지출되었는지를 조사했다. 이러한 체제는 각 기능별 정부의 대책추진, 부패와 낭비의 방지, 명확한 책임의 소재 등에 있어 대체로 효율적이었다(Smith, 1999). 그러나 시

---

9) 잉글랜드의 경우 환경부 장관, 웨일즈 · 스코틀랜드 · 북아일랜드의 경우 각 지역담당 장관이 일반적으로 지방정부의 경쟁 입찰 업무를 담당하였다.

간의 경과에 따라 부처주의의 약점들이 부각되었다. 정책문제가 복합성을 지니게 되면서(즉 다수의 쟁점들이 부처별 영역의 경계에 걸쳐 있게 되면서) 정부의 문제해결 능력이 약화되었고,[10] 심한 경우에는 각 부처들이 정책문제에 대해 단편적으로 접근함으로 인해 문제해결의 부담을 서로 떠넘기게 되는 현상이 나타났으며,[11] 각 부처는 시민들에 봉사하기보다 자신들의 권한이나 영역을 보호하는 데 더 많은 노력을 기울이는 경향이 나타나기도 했다(Mulgan, 2005: 176-177).

이 문제를 해소하기 위해 영국정부들은 중앙 및 지방정부 수준에서 다양한 노력 — 대부처주의, 종합적 사회정책접근, 부처간 위원회, 시민헌장, 원스톱 숍 등 — 을 기울였는데, 지방정부 수준에서 시행된 노력들에 비해 중앙정부 수준에서 시행되었던 정책들의 성과는 매우 제한되었다. 대부처(super-ministries)는 중앙정부 부처들의 정보 과부하 문제를 악화시켰으며, 대부처들을 감당해야 하는 장관들의 역량문제를 드러냈다. 종합적 사회정책접근(Joint Approach to Social Policy)은 정치적 의지의 결여, 명확한 목표의 결여, 통합수준 개선 기제에 대한 관심 부족 등으로 인해 실패했다. 또한 부처간 위원회(interdepartmental committees)와 특별과업팀(task forces)은 수상의 정치적 관심을 충분히 받지 못했으며, 그 결과 큰 효과를 거두지 못했다(Mulgan, 2005: 177-178).

이러한 조건 하에서 집권한 Blair 정부는 JUG를 강력하게 추진하게 되었는데, 노동당 정부의 JUG 추진에 배경이 되었던 구체적 요인들은 다음과 같다. 첫째, 노동당 정부가 주목했던 다수의 문제들 — 사회적 배제, 가족, 범죄, 기업의 경쟁력, 환경 등 — 은 부처주의적인 구조와 수단으로 쉽게 해소될 수 없었다. 둘째, 사회과학의 연구 성과를 통해, 위의 문제들을 포함한 사회문제들은 상호연결되어 있어[12] 하나의 문제를 해결하기 위해서는 여러 수단들이 동원되어야 한다는 것이 널리 알려졌다. 셋째, 이전 보수당 정부의 NPM 개혁은 명백한 한계를 지녔음이 드러났다. 즉 NPM 개혁은 다수의 책임운영기관과 비정부부처공공기관(NDPBs)에

10) 예컨대, 특정 부처의 경계선을 넘나드는 욕구를 가진 이들(예: 노인, 아동·청소년 등)에 대한 정부 대응의 민감성이 높지 않은 현상이 나타났다.

11) 예컨대, 학교(교육담당 부처)가 '문제학생'에 대한 지도를 포기함으로 인해 청소년 비행이 늘어나고 이것이 경찰(치안담당 부처)의 부담증가로 귀결되었으며, 교도소(내무담당 부처)가 재소자 교화나 직업훈련을 적절하게 수행하지 않음으로 인해 출소자들이 사회보장제도(복지담당 부처)에 부담을 주는 현상이 나타났다.

12) 예컨대, 사회적 배제는 생애초기의 여러 위험과 요인들에 크게 영향을 받으며, 범죄는 경제·가족 등 여러 요인들에 의해 규정된다.

의해 운영되는 행정 구조를 야기했는데(파편화 현상), 이 단일목적 기관들은 위와 같은 복합적인 문제에 대처하는 데 특히 취약했던 것이다. 나아가 이 기관들은 복합적인 성격의 문제를 방치했고, 정보공유 노력을 충분히 기울이지 않았으며 인터넷의 잠재력을 활용하는 데 한계를 보였다. 넷째, 기술 및 조직관련 기법이 신속하게 발전했으며, 특히 수평적인 의사소통과 조정의 비용이 빠르게 감소되었다. 이러한 변화로 인해, 전통적인 조직구조보다 네트워크 조직이 더 중요한 활동의 단위가 될 수 있는 여건이 조성되었다. 다섯째, 소비자주의의 확대를 배경으로 시민들은 더 나은 서비스를 원했으며, 이는 전통적인 부처 구조에 의해서는 달성되기 어려운 것이었다. 따라서 시민고객 집단[13]의 욕구충족이라는 기준을 적용할 경우 정부의 조직구조가 어떻게 달라질 것인지를 검토하는 것이 당연한 것으로 받아들여졌다(Mulgan, 2005: 178-180; 박천오 외, 2012: 91-92).

2) JUG의 네트워크 요소[14]

영국 노동당 정부 JUG는 공통의 이용자를 대상으로 서비스를 제공하는 제 기관들 간에 네트워크를 형성하고, 이를 기반으로 서비스 제공 창구의 단일화를 통해 서비스 이용자의 편의를 높이고자 했다. 중소기업지원체제의 경우, Business Link Operators(BLOs)[15]는 중소기업지원청(Small Business Service: SBS)과의 계약에

13) 예컨대, 노인, 아동・청소년, 편부・편모(single parent), 중소기업(small businesses) 등을 들 수 있다.

14) 여기서는 노동당 정부에서 추진되었던 두 정책사례 — 아동・청소년복지, 중소기업지원 — 를 주된 소재로 한다. 두 정책사례는 사회정책과 산업정책 영역에서 JUG가 어떻게 추진되었는지를 보여주는 대표적인 사례라고 볼 수 있다.

15) Business Link 제도는 1990년대 중반에 처음으로 도입되었으며, 그 취지는 중소기업에 대한 지원과 조언을 위한 one-stop shop을 설치하는 것이다. 처음에는 전국적으로 80개의 BLO가 있었으나 SBS가 들어선 후 45개로 정비되었다. BLO들은 민간부문에 속해 있는 기관들로서 각 BLO는 공개적인 경쟁과정을 통과한 후 SBS와 3년 단위 계약을 체결하여 위의 사업들을 수행했다. BLO가 수행했던 SBS의 주요 사업들은 다음과 같다: 기업의 창업과 운영을 돕기 위한 각종 정보와 조언의 제공; SBS 관리하의 재정지원 프로그램 운영; 중소기업의 문제점에 대한 진단과 처방; 회계기법 등 전문적 기술관련 지도; 정보기술과 전자상거래에 대한 정보제공; 필요한 경우 여타 민간의 중소기업지원서비스에 대한 소개 등. BLO의 사업에는 SBS와의 계약내용에 들어 있지 않은 것도 포함되었다. 예를 들어, BLO들은 중소기업의 인력개발과 포괄적인 국제상거래 관련 역량 증진을 위한 프로그램이나, 기타 활동 지역 내 조직들과의 협력 하에 고유의 프로그램을 운영하기도 했다. 이상의 SBS와 관련된 서비스 및 SBS와 관련되지 않은 서비스를 제공함에 있어 BLO들은 해당 분야 전문가들을 고용하여 운영하였으며, 전문적인 서비스를 제공하는 일부 경우에 있어 중소기업들로부터 서비스 이용료를 받았다. 그러나 BLO 운영에 들어가는 비용의 상당부분은 SBS로부터 제공되었다(DTI, 2001; CBE, 2000; Business Link, 2003).

의해 자신이 담당하게 된 지역에서 중소기업과 관련된 주요 서비스를 직접 제공하거나 또는 다른 지원기관에 관한 정보를 제공하는 등 One Stop Service 창구로서의 역할을 수행하였다(SBS, 2001; DTI, 2001). 아동・청소년복지정책의 경우, 관련 분야의 전문가들이 물리적으로 한 공간에 모여 있는 기관(예: 아동센터)을 활성화하거나,[16] 이러한 물리적 통합이 불가능한 경우에는 '가상 센터'(virtual team)를 운영하였다. 학교와 아동센터(Children's Centres) 내 또는 그 주변에 여러 분야의 전문가들로 구성된 팀을 구성해서 운영하도록 독려하였고, 이 팀을 통해 일선교사나 아동보호자가 제기하는 사안들에 신속하게 반응할 수 있도록 하였다(DfES, 2004).[17] 이외에도 서비스 사용자의 특성・경험을 기준으로 한 서비스 통합을 추진했다(예: 임산부, 은퇴자 등 동일한 경험이나 상황을 공유한 이들을 대상으로 한 관련 서비스들의 통합적 제공).

또한 영국 노동당 정부의 JUG는 관련 기관간의 조정에서 실무자 수준의 네트워크 형성과 협력을 조직화하였다. 중앙정부 수준에서, 여러 중소기업 관련 부처의 고위 실무담당 공무원들로 구성된 'Whitehall Group'이라는 정책조정기구를 운영하였으며, 이 'Whitehall Group'이 정부 내 발언권이 큰 부처들의 고위간부들로 구성되었다는 점이 정책조정의 실효성을 담보하였다(DTI, 2001: 171). 아동・청소년복지정책의 경우, 내각사무처에 'Children and Young People's Unit'을 설치해서 관련 부처들 간의 조정을 주관하도록 했다.

지역수준에서 중소기업관련 서비스 전달에 관여하는 여러 기관들 — 지역개발기구(Regional Development Agencies: RDA),[18] 자치단체, BLOs, SBS 지부, 중소기업조직 등 — 간에 파트너십을 조장할 수 있는 조정기구를 제도화하였다. 서비스 수혜자인 중소기업의 의견을 반영하여 지역의 특성에 맞는 서비스를 제공하기 위

16) 영국 정부는 영국 내 모든 단위 지역사회마다 최소 한 개씩 아동센터를 설치하였으며, 2008년까지 2,500개, 2010년까지 3,500개의 설치를 목표로 하였다.

17) 초기단계에서의 통합적 서비스 전달노력의 성과의 예로 아동보호 프로그램 재등록률 저하를 들 수 있다(1998년의 20%에서 2004년의 13%로 저하). 이는 도움을 필요로 하는 아동을 대상으로 한 초기단계에서의 사회서비스의 질적 수준 향상으로 인해 유사 프로그램에 재등록할 필요성이 줄어들었음을 간접적으로 보여주고 있는 지표라고 하겠다.

18) 영국에는 9개의 지역개발기구(RDAs)가 설치되어 있다. RDA의 설립목적은 해당 지역의 경제발전과 쇄신을 추진하고, 기업 활동의 효율성과 경쟁력 및 투자확대를 촉진하는 데 있다. RDA들은 1999년에서 2000년에 걸쳐 통상산업성, 환경교통성, 교육기술성 등 세 중앙부처로부터 재정지원을 받아 출범하였다. RDA들은 광역자치단체들과의 파트너십 하에 지역경제 활성화 전략을 수립・추진하였으며, 기초자치단체들을 광역적 차원의 전략을 추진하기 위한 서비스 전달자 또는 대리인으로 활용하였다.

해서는 해당 지역 내에서 서비스 제공자와 수혜기관들이 한 자리에 모여서 서로의 의견을 듣고 이를 조정하려는 노력이 긴요하다. RDA가 중심이 되어 운영된 이러한 조정기구는 지역 내 서비스의 중복과 혼란을 제거해나가는 데 있어 중추적인 역할을 수행했다(DTI, 2001; SBS, 2003). 아동·청소년복지정책에서는 아동·청소년 보호를 위해 기존의 지역아동·청소년보호위원회(Area Child Protection Committee)를 대체하는 보다 강화된 기능의 지방아동·청소년보호위원회(Local Safeguarding Children Boards)를 설치함으로써 지역 내 정책조정의 실효성을 제고했다. 그 외의 영역에도 지방수준에서 다수의 파트너들을 단일의 협력추진기구에 포섭하는 노력이 추진되었다(예: Youth Offending Teams) (DfES, 2003; 2004).

이 외에도 영국 노동당 정부는 JUG를 추진하는 과정에서 다음과 같은 네트워크 기제들을 활성화했다(Mulgan, 2005: 182-184). 첫째, 연계형 예산(joined-up budgets)의 확보 및 운영('Sure Start', 마약류 관리, 범죄 관리 등의 분야)을 통해 네트워크의 재정적 기반을 확보했다. 둘째, 데이터베이스나 인덱스 설치를 위한 제도/IT기술 지원을 토대로 해서 정보공유 노력을 기울였다(예: 아동·청소년들의 건강·교육·사회보호·범법행위 등에 관한 포괄적 정보의 관련 전문가 공유). 셋째, 인접 분야에 대한 일선 공무원들의 이해를 제고하고, 통합서비스 제공 역할을 조장했다(예: 범죄의 사회적 맥락에 대한 경찰공무원의 이해 제고, 'Job Centre Plus' 일선 공무원의 융합행정 역할). 넷째, '정책활동팀'(policy action teams)의 설치를 통해 정책결정과정상의 연계형 접근을 시도했다[19]

3) JUG의 계층제 요소

그러나 영국 노동당 정부의 JUG는 '계층제' 기제의 영향 하에 추진되었다. 무엇보다도, 영국 노동당 정부의 JUG는 행정부 수반의 강력한 정책의지가 개혁의 추진에 매우 긴요한 조건을 구성했음을 보여준다. Blair 총리는 Victoria Climbie라는 소녀의 사망사건[20]을 계기로 영국 아동·청소년복지정책의 방향전환을 모색

19) 'Social Exclusion Unit'은 18개의 정책활동팀을 구축해서 취약·결핍지역의 복합적인 문제에 대응하고자 했다. 각 정책활동팀은 관련 부처의 실무급 공무원, 외부 민간전문가, 해당지역 주민/근로자 대표 등으로 구성되었으며, 팀 관련 업무을 주관하는 장·차관들의 후원을 받는 구조를 취하였다(SEU & CMPS, 2002).

20) 2000년에 Victoria Climbie라는 소녀가 자신의 이모 및 이모의 동거남에 의해 심한 학대를 받아 사망에 이른 사건은 언론의 집중 조명하에 아동·청소년의 복지 일반에 대한 문제제기로 발전하였으며, 노동당 정부는 이 문제를 정책의제로 받아들여 아동·청소년정책을 근본적으로 재구성하

하고, 이를 통해 녹서(*Every Child Matters*)의 발간과 아동법의 개정을 주도했다. 이 과정에서 연계형 아동・청소년정책이 모색될 수 있었다. 또한 Blair 총리는 앞장서서 영국의 경제・사회발전에 있어 중소기업이 중요한 역할을 담당한다는 점을 강조하고 관련 부처들을 독려함으로써 통상산업성(DTI)과 중소기업지원청(SBS)뿐 아니라 여타 중앙정부 부처들의 중소기업정책에 대한 관심을 크게 증진시켰다. 보다 포괄적으로, Blair 총리는 1999년에 발간된 백서(*Modernizing Government*)에서 정책과정의 분절화(fragmentation)를 극복하기 위해 연계형 정부(JUG)가 필요하다는 점을 천명하였다. 총리의 주도에 힘입어 노동당 정부의 JUG는 적극적으로 추진될 수 있었고, 아동・청소년복지정책과 중소기업정책을 포함한 다수의 영역에서 성과를 낼 수 있었다(박천오 외, 2012: 92).

또한 노동당 정부는 수상의 정책추진에서 핵심적 도구 역할을 수행할 수 있는 중앙행정기관을 활용해서 JUG를 추진했다. 즉 노동당 정부의 JUG 추진에서 센터 역할을 수행한 기관은 내각사무처(Cabinet Office)와 재무성(Treasury)이었으며, 기타 중앙 부처들은 자신들의 전문 영역에서 지도적인 역할을 담당했다(Ling, 2002: 622-624). 내각사무처의 'Performance and Innovation Unit'은 협업의 활성화에 필요한 기술, 예산형태, 리더십 스타일 등에 관한 자료를 제공했으며, 'Service First Unit'은 공공정책과 행정 서비스에 대한 시민들의 견해를 알기 위해 'People's Panel'(영국 국민의 제 구성영역에서 차출된 인구집단)을 설치・운영했다. 또한 내각사무처는 융합행정을 추진하기 위해서 'Social Exclusion Unit'과 'Prime Minister's Delivery Unit'을 비롯한 다수의 부서(Units)를 설치했다. 재무성은 'Public Services Agreements'(횡단적인 성격의 목표를 포함한 각 부처의 전반적인 목표를 확인), 'Public Service Productivity Panel'(공공부문의 생산성 증진방안에 대해 조언), 협업이 나타날 수 있는 회계 및 예산의 틀 제시 등의 방법으로 연계형 정부를 추진했다(박천오 외, 2012: 93). 기타 중앙 부처들은 각 영역에서 연계형 정부를 추진하기 위한 사업을 주도했다. 특히 교육・기술성(Department for Education and Skills)은 유아와 보육분야에서, 통상산업성(Department of Trade and Industry)은 중소기업지원 분야에서 주목할 만한 사업들을 기획・시행했다.

이와 관련하여, 노동당 정부 JUG는 추진 전담기관을 지정함으로써 책임소재를

려는 노력을 기울였다.

명확하게 하는 접근을 취했다. 중소기업정책의 경우, 다수의 중앙부처에 산재되어 있는 규제 및 지원방안들을 총괄하는 책임을 SBS에 부여했으며, 실제 정책이 집행되는 지방수준에서는 RDAs에 조정 및 관리책임을 부여했다. 아동·청소년복지정책의 경우, 중앙정부의 교육기술성을 주무부처로 하고 여기에 아동·청소년·가족관련 정책을 통합·조정하는 전담차관(Minister for Children, Young People and Families)을 뒀다. 또한 아동·청소년들로부터 의견을 수렴하고 아동·청소년의 이익을 대변하는 독립적 기관으로 아동·청소년책임관(Children's Commissioner) 직을 설치했다. 지방정부 수준에서는 각 지방 단위에서 교육과 아동·청소년의 사회서비스를 책임지는 아동·청소년서비스국장(Director of Children's Services) 직을 신설하고 아동·청소년담당지방의원(a lead council member for children)을 지정했다(박천오 외, 2012: 93). 그 외의 분야에서도 노동당 정부는 내각사무처 내에 해당 영역별 전담기구(예: Social Exclusion Unit, Rough Sleepers Unit, Performance and Innovation Unit, Children and Young People's Unit 등)를 설치하거나 전담차관(ministers with cross-cutting portfolios; 예: 보건성 소속의 'Sure Start' 전담차관)을 임명하는 접근을 취함으로써 사업추진과 그에 따른 책임소재를 명확히 하였다. 내각사무처와 재무성(the Treasury)은 JUG를 추진하고 그 성과를 모니터하는 책임을 부여받았다.[21]

Ⅳ. 조정기제 혼합 현상에 대한 토론

이상의 분석결과는 다음과 같은 시사점을 제시한다. 첫째, '시장'과 '네트워크'는 순수한 원형적 형태로 현실세계에 존재하기 힘들 수 있다는 것이다. 둘째, '계층제'는 '시장' 또는 '네트워크' 조정기제와도 공존하면서 실제 행정제도(개혁 수단)의 운영에서 불가피한 요소로 작용한다는 것이다. 여기서는 이러한 현상이 나타나게 된 이유에 대해서 서설적인 차원에서 토론하도록 한다(*cf.* Thompson et al., 1990; Schwarz & Thompson, 1990; Douglas & Wildavsky, 1982).

'시장'은 개인 및 조직간의 경쟁을 기본 원리로 한다. 시장에서 각 개인 및 조

21) 내각사무처와 재무성은 새롭고 창의적인 연계형 정부 접근에 재정을 지원하고, 연계형 업무에 대한 훈련을 추진하며, 우수사례를 전파하는 노력을 통해 부여받은 책임을 감당하고자 했다(NAO, 2001: 2).

직은 자신의 성공을 위해 타인들과 경쟁하고 있으며, 자신이 성취하지 못하면 다른 사람에게 그 성공을 빼앗기게 된다. 여기서는 실패를 제도의 탓으로 돌리기보다는 개인적인 역량의 탓으로 여기며, 제도의 간섭을 최소화하고 개인의 선택을 최대화하고자 한다. 시장 경쟁을 통해서 하나의 균형 상태에 도달할 수 있지만, 이 균형은 오래 지속되지 않는다. 경쟁에서 승리한 이들도 곧 새로운 경쟁자들의 도전에 직면하게 되고, 만약 이 경쟁에서 승리하지 못하면 패배자의 위치로 내려앉게 된다. 따라서 완전히 순수한 형태의 시장 경쟁체제는 지속적인 변화와 역동성으로 특징지어진다.

그러나 시장 경쟁체제가 유지되기 위해서는 시장 질서를 유지・보호하고, 필요시 심판관의 역할을 수행해 줄 존재 또는 기제가 요구된다. 즉 약탈과 무질서를 방지하고, 공정한 경쟁을 보장할 강제력과 권위를 지닌 관리자가 필요하다는 것이다. 나아가 '시장 경쟁'이 하나의 체제로서 자리 잡기 위해서는 어느 정도의 안정이 요구된다. 한 체제가 효과적으로 관리되기 위해서는 변화의 방향과 결과가 어느 정도 예측될 수 있어야 하는데, 순수한 시장 경쟁체제는 그러한 예측 가능성의 범위를 축소시킴으로써 체제의 효과적인 운영을 어렵게 한다. 또한 과도한 경쟁과 변화는 사회 구성원들의 삶에 피로도를 높인다. 소수의 예외적인 경우를 제외하면, 대부분의 개인과 조직들은 일정 기간의 도전과 변화를 거치고 나면, 안정적인 상태에 들기를 기대한다. 특히 경쟁에서 승리한 이들은 자신의 성공이 더 오래 지속되기를 바란다. 즉 더 이상의 도전을 허용하지 않거나 관리 가능한 수준으로 새로운 도전을 제약함으로써 자신의 위치를 유지하고자 한다.

'계층제'는 시장 경쟁체제의 정립・유지 및 구성원 삶의 안정화에 대한 요구를 충족시키는 데 필요한 수단을 제공해준다. 관료제적으로 운영되는 정부 행정기제가 동원됨으로써, 시장질서가 안정적으로 운영될 수 있게 되고, 경쟁의 과열을 방지하여 시장의 예측가능성을 높일 수 있게 된다. 그리고 이러한 정부의 개입은 경우에 따라 기득권자들에 대한 과도한 도전을 억제하는 효과를 낳을 수 있다. 요컨대 '시장' 체제는 성립 그 자체를 위해서 또는 시장 경쟁 관여자들(특히 기득권자)의 요구를 충족시키기 위해서 '계층제'를 필요로 한다.

신공공관리론은 경쟁기제를 토대로 하고 있지만, 일면 계층제적인 감시・감독(oversight) 기제를 탑재하고 있었다. NPM은 민영화・경쟁입찰 등을 통해 공공서비스의 생산을 모색하지만, 민영화와 경쟁입찰은 새로 성립된 시장에 대한 정부의 규제 및 민간업체나 낙찰기관에 대한 정부의 감시·감독을 수반하였다. 또한 가격기제에 의한 시장 선택이 어려운 상황 하에서 전개된 정부 내·외의 경쟁은 정부가 주관하는 평가활동을 활성화시켰으며, 이는 새로운 형태의 규칙설정과 부과 및 감독에 다름 아니었다. NPM에서 고위공무원들로 하여금 조직관리에 집중하도록 하고 조직관리 상의 책임을 묻는 것에서도 고위공무원에 대한 계층제적 감독요소를 발견할 수 있다. 요컨대, 신공공관리론은 경쟁원리를 강조하는 레토릭에도 불구하고, 상당 부분 계층제적 요소를 지녔다고 볼 수 있으며, 이는 사실상 불가피한 현상이었다고 하겠다.

'네트워크'는 개인 및 조직들간의 파트너십을 기본 원리로 한다. 여기서 각 개인과 조직들은 공동체의 일원으로 이해되며, 그들은 전체 공동체의 이익을 실현시키기 위해 협력해야 하는 존재로 파악된다. 공동체 구성원들의 공동체에 대한 저항은 금기시되며, 구성원간 관계는 경쟁이 아니라 협동과 연대성으로 특징지어지고, 합의에 의한 의사결정이 존중된다. 그러나 이러한 평등주의적 네트워크 관계에서는 집단내적 역할 분화가 정교하지 않으므로 구성원들 간의 관계가 불명료하고, 집단 내의 권위행사를 뒷받침하는 지위의 구분이 구체화되어 있지 않기 때문에 내부적인 갈등을 해소하기 어려운 특징을 지닌다.

따라서 '네트워크' 체제가 성립되기 위해서는 구성원들 간의 의견 충돌 시 이를 통제할 권위를 지닌 존재가 필요해진다. 각자 자신이 옳다고 믿는 동료들 간의 갈등은 수평적인 인간관계만으로 해소되기 어렵기 때문이다. 성공적인 통제의 부재는 자칫 일부 구성원의 공동체 탈퇴와 그에 따른 공동체 약화 내지 붕괴로 귀결될 수 있기 때문에, 권위를 부여받은 존재에 의한 리더십의 발휘가 '네트워크' 체제의 유지에 긴요한 조건이 된다. 다시 한 번, '계층제'적 기제는 '네트워크'의 성립·유지 및 구성원 삶의 안정화에 대한 요구를 충족시키는 데 필요한 수단을 제공해준다. 즉, 계층제적 행정기제의 동원을 통해 정부 또는 사회 구성원들 간의 파트너십이 안정적으로 운영될 수 있게 되고, 역할 불분명과 과다한 의견충돌을 어느 정도 해소하여 '네트워크'의 지속가능성을 높이게 된다. 뉴 거버넌스론에서 정부의 역할은 사회·정치적 상호작용을 가능하게 하고, 문제해결을 위한 다양한 노력을 조장하는 것이다. 이는 정부(특히 중앙정부 부처)가 다른 행위주체들과 동등한 수준에 머무는 것이 아니라 리더십을 발휘하는 위치에서 네트워크의 성립과 운영을 위해 나름의 통제기제를 작동시키고 있음을 의미한다. 요컨대 '네트워크'

체제는 그 성립과 운영을 위해서 '계층제'를 필요로 한다.

영국의 행정개혁 사례에서 발견된 조정기제의 혼합 현상은 우리나라의 행정개혁에도 나타난다. 신공공관리 행정개혁 정향을 반영한 성과급 제도나 개방형직위제도는 공무원간 또는 공무원과 민간 전문가 간의 '경쟁'을 기본으로 하지만 동시에 성과평가라는 감독 기제를 통해서 '계층제' 개념을 담고 있다. 또한 뉴 거버넌스 행정개혁의 파트너십 요소를 지닌 민간위탁제도는 '네트워크' 체제의 의미를 부각시키지만 여기서도 정부의 감시·감독이라는 '계층제' 기제가 제도의 주요 부분을 구성한다. 한편, 평등주의적 '네트워크'에 크게 치우치고 '계층제' 면에서 상대적으로 취약했던 다면평가제도가 많은 운영상의 문제점을 드러내며 명목적인 제도로 후퇴한 것은, '계층제' 요소를 포함하는 조정기제의 혼합이 제도의 성공에 긴요하다는 점을 방증한다(*cf.* 주재현, 2009). 특히 계층제적 문화를 주된 행정문화로 하고 있는 우리나라가 '경쟁'이나 '네트워크' 기제에 토대를 둔 행정개혁 방안들을 추진함에 있어서는, '계층제' 기제를 여타 조정기제와 혼합하는 접근법의 유용성에 대해 심도 있게 검토해야 할 것이다(주재현, 2011; 백완기, 2008; 조성한, 2005).

V. 결 론

조정기제(coordinating mechanisms)는 '계층제', '시장', '네트워크'의 셋으로 분류된다. '계층제'는 행정기제, '시장'은 경쟁기제, '네트워크'는 협력기제를 주축으로 해서 국가와 사회에 관한 주요 결정을 내리고 이를 실행에 옮기며, 관련 조직을 운영한다. 최근의 행정개혁은 종래의 주류 조정기제인 '계층제'를 '시장' 또는 '네트워크' 방식으로 변화시키고자 하는 노력으로 이해된다.

이 연구는 영국 보수당 및 노동당 정부의 신공공관리 행정개혁과 뉴 거버넌스 행정개혁 정향을 대표하는 의무경쟁입찰제도와 연계형 정부 사례를 분석하여, '시장' 기제 또는 '네트워크' 기제 중심으로의 변화 모색에도 불구하고 '계층제' 기제가 실제 행정제도의 운영에서 여전히 중요한 요소로 작용하고 있음을 보였다.

'계층제'의 대안으로 '시장'을 내세웠던 보수당 정부는 신공공관리론을 발전시켜 경쟁 원리를 중심적인 정부조직 운영기제로 채택하였다. 한편, 신공공관리론의 부작용을 교정하고자 파트너십을 제시한 노동당 정부는 뉴 거버넌스론을 토대로 '네트워크'를 중심적인 조정기제로 제시했다. 그러나 신공공관리 행정개혁 사례인 의무경쟁입찰제도에는 중앙정부의 규칙설정 및 감시·감독과 평가 활동을 통해서 '계층제'가 핵심적인 구성요소로 작용하고 있었다. 또한 뉴 거버넌스 행정개혁 사례인 연계형 정부에도 행정수반의 영향력이나 중앙 및 지방정부 기관들의 감독기능 등을 통해서 '계층제'가 결정적인 역할을 수행하였다.

이 연구는 우리나라 행정개혁의 벤치마크 대상인 영국 정책사례에 대한 분석을 통해서, '시장' 및 '네트워크' 체제가 독립적이고 순수한 형태로 성립·유지되는 것은 사실상 어려우며 이들 대안적인 조정기제는 '계층제'와의 혼합을 통해서만 실질적으로 작동할 수 있음을 밝혔다. 이는 성공적인 행정개혁이 '계층제'와 대안적인 조정기제들을 어떻게 효과적으로 조합할 것인지에 달려있음을 시사해준다.

참고문헌

강원택. (1998). 영국 행정개혁과 국가 통치 기능의 변화: 국가의 공동화 혹은 중앙집중화? 「한국행정학보」 32(4): 53-66.

김근세 · 이경호 · 김철. (2005). 한국 고용지원서비스의 거버넌스에 관한 연구: 서울지역 고용안정센터 직원의 직무지향을 중심으로. 「한국행정학보」 39(2): 181-206.

김재훈. (2003). 성과관리 행정개혁을 위한 정부예산회계제도 개혁: 영국, 호주 및 뉴질랜드를 중심으로. 「한국사회와 행정연구」 14(1): 121-144.

김정렬. (2001). 영국 블레어정부의 거버넌스. 「한국행정학보」 35(3): 85-102.

김종순. (2000). 영국 지방정부 서비스공급방식의 개혁노력: 의무경쟁입찰제도에서 Best Value정책으로. 「한국정책학회보」 9(2): 189-210.

민 진. (1998). 한국과 영국의 행정개혁의 비교. 「한국행정학보」 32(4): 37-52.

______. (1999). 영국의 행정개혁 사례 연구: Nest Steps를 중심으로. 「한국사회와 행정연구」 10(1): 47-63.

박동서. (1981). 「한국행정론」, 개정판. 법문사.

박천오 · 주재현 · 진종순. (2012). 우리나라 융합행정의 발전 가능성과 방향에 관한 탐색적 연구. 「한국정책과학학회보」 16(2): 85-112.

백완기. (2008). 한국의 행정문화와 외래이론에 의존한 정부혁신의 적합성. 「정부학연구」 14(1): 5-35.

서필언. (2005). 「영국 행정개혁론」. 대영문화사.

소순창 · 홍진이. (2004). 신공공관리(NPM)적 측면에서 본 행정개혁: 한국, 일본, 그리고 영국의 비교분석. 「한국지방자치학회보」 16(1): 319-342.

양형일. (1997). 영국 지방정부 의무경쟁입찰제(CCT)의 성과와 함의. 「한국지방자치학회보」 9(4): 107-124.

오석홍. (2008). 「행정학」, 제4판. 박영사.

유재원 · 소순창. (2005). 정부인가 거버넌스인가? 계층제인가 네트워크인가? 「한국행정학보」 39(1): 41-63.

유재원 · 이승모. (2008). 계층제, 시장, 네트워크: 서울시 구청조직의 거버넌스 실태에 대한 실증적 분석. 「한국행정학보」 42(3): 191-213.

이연호. (1999). 영국에서 신자유주의 개혁과 국가성격의 변화, 1979-1997: 보수당정부의 경험. 「동서연구」 11(2): 89-108.

______. (2001). 영국 신노동당의 자본주의 개혁: '이해관계보유정책'(the Stakeholding

Economy)의 실험과 국가성격의 변화. 「국제정치논총」 41(2): 203-221.
이윤식 · 배귀희 · 윤종현. (2008). 영국과 호주의 중앙정부 정부개혁에 관한 소고: 역사적 신제도주의적 관점을 중심으로. 「한국공공관리학보」 22(4): 385-420.
이종수. (1994). 영국에서의 행정개혁과 최근의 쟁점: 대처정부의 행정개혁과 그에 대한 평가를 중심으로. 「한국행정연구」 3(1): 27-46.
장지호 · 홍정화. (2010). 국내 거버넌스 연구의 동향: 국가, 시장, 시민사회의 구분을 중심으로. 「한국사회와 행정연구」 21(3): 103-133.
조성한. (2005). 수사적 행정개혁과 문화적 갈등. 「한국사회와 행정연구」 15(4): 23-47.
주재현. (2009). 행정개혁과 관료제 통제기제에 관한 연구: 노무현 정부의 인사행정개혁을 중심으로. 「행정논총」 47(4): 49-78.
______. (2010). 영국 보수당 정부(1979-1997년) 행정개혁의 정치적 의도와 효과에 관한 연구. 「의정연구」 16(3): 39-66.
______. (2011). 한국 행정문화의 지속과 변화에 관한 연구: Grid-Group 문화이론의 적용. 「정부학연구」 11(1): 1-33.
총무처직무분석기획단 편. (1997). 「신정부혁신론: OECD국가를 중심으로」. 동명사.
한인섭 · 김정렬. (2004). 영국 행정의 본질과 혁신. 「정부학연구」 10(2): 151-184.
행정안전부 외. (2011). 공공서비스 경쟁력 강화를 위한 '융합행정' 촉진전략: 부처간 벽을 넘어 '창의적 협업정부'로. 행정안전부 내부자료.

Aucoin, P. (1990). Administrative Reform in Public Management: Paradigms, Principles, Paradoxes, and Pendulums. *Governance*. 3(2): 115-137.
Bevir, M. (2007). What is Governance? In M. Bevir(ed.). *Public Governance, Vol. 1: Theories of Governance*. London: Sage.
Business Link. (2003). *Business Link: Give Your Business the Edge*. London: Business Link.
CBE(U.K. Chamber Business Enterprises). (2000). *Small Business Service Franchise Proposal*.
Davis, J. (2002). The Governance of Urban Regeneration: A Critique of the 'Governing without Government' Thesis. *Public Administration*. 80(2): 301-322.
Denhardt, J. V. & Denhardt, R. B. (2003). *The New Public Service: Serving, not Steering*. New York: M. E. Sharpe, Inc.
DfES (U.K. Department for Education and Skills). (2003). *Every Child Matters: What Do You Think*. Nottingham, UK: DfES publications.
______. (2004). *Every Child Matters: Change for Children*. Nottingham, UK: DfES

publications.

Douglas, M. & Wildavsky, A. (1982). *Risk and Culture: An Essay on the Selection of Technological and Environmental Dangers*. London: University of California Press.

DTI (U.K. Department of Trade and Industry). (2001). *Cross Cutting Review of Government Services for Small Business*. London: HMSO.

Dunleavy, P. & Hood, C. (1994). From Old Public Administration to New Public Management. *Public Money and Management*. 14(3): 9-16.

Etzioni-Halevy, E. (1983). *Bureaucracy and Democracy: A political dilemma*. London: Routledge & Kegan Paul.

Gray, A. & Jenkins, B. (1991). Local Government. in B. Jones et al.(eds.). *Politics UK*, 2nd ed. Hemel Hempstead, UK: Harvester Wheatsheaf.

Hague R. & Harrop, M. (2004). *Comparative Government and Politics: an Introduction*, 6th ed. New York: Palgrave Macmillan.

Henry, N. (1975). Paradigms of Public Administration. *Public Administration Review*. 35(4): 378-386.

Hill, C. J. & Lynn Jr., L. E. (2005). Is Hierarchical Governance in Decline? Evidence from Empirical Research. *Journal of Public Administration Research and Theory*. 15(2): 173-195.

Hood, C. (1994). *Explaining Economic Policy Reversals*. Buckingham, U.K.: The Open University Press.

Hughes, O. E. (2003). *Public Management and Administration: An Introduction*, 3rd ed. New York: Palgrave Macmillan.

Jordan, A., Wurzel, R. & Zito, A. (2005). The Rise of 'New' Policy Instruments in Comparative Perspective: Has Governance Eclipsed Government? *Political Studies*. 53(3): 477-496.

Keast, R., Mandell, M. & Brown, K. (2006). Mixing State, Market and Network Governance Modes: The Role of Government in "Crowded" Policy Domains. *International Journal of Organization Theory and Behavior*. 9(1): 27-50.

Kettl, D. F. (2005). *The Global Public Management Revolution*, 2nd ed. Washington, D.C.: Brookings Institution Press.

Kooiman, J. (ed.). (1993a). *Modern Governance: New Government-Society Interactions*. London: Sage.

______. (1993b). Governance and Governability: Using Complexity, Dynamics and Diversity. In J. Kooiman(ed.). *Modern Governance: New Government-Society Interactions*. London: Sage.

______. (1993c). Findings, Speculations and Recommendations. In J. Kooiman(ed.). *Modern Governance: New Government-Society Interactions*. London:

Sage.
______. (2003). *Governing as Governance*. London: Sage.
Kouwenhoven, V. (1993). Public-Private Partnership: A Model for the Management of Public-Private Cooperation. In J. Kooiman(ed.). *Modern Governance: New Government-Society Interactions*. London: Sage.
Lindblom, C. (1977). *Politics and Markets: the World's Political-Economic System*. New York: Basic Books.
Ling, T. (2002). Delivering Joined-up Government in the UK: Dimensions, Issues and Problems. *Public Administration*. 80(4): 615-642.
Mulgan, G. (2005). Joined-Up Government: Past, Present, and Future. In V. Bogdanor(ed.). *Joined-Up Government*. Oxford, UK: Oxford University Press.
O'Toole, Jr., L. J. (1987). Doctrines and Developments: Separation of Powers, the Politics-Administration Dichotomy and the Rise of the Administrative State. *Public Administration Review*. 47(1): 17-25.
Patterson, A. & Pinch, P. (2000). Public Sector Restructuring and Regional Development: the Impact of Compulsory Competitive Tendering in the UK. *Regional Studies*. 34(3): 265-275.
Pinchot, G. & Pinchot, E. (1994). *The End of Bureaucracy and the Rise of Intelligent Organization*. San Francisco, CA: Berrett-Koehler.
Rhodes, R.A.W. (1996). The New Governance: Governing without Government. *Political Studies*. 44(4): 652-667.
Richards, D. & Smith, M. (2002). *Governance and Public Policy in the United Kingdom*. Oxford: Oxford University Press.
SBS (U.K. Small Business Service). (2001). *Think Small First*. London: HMSO.
______. (2003). *The Small Business Service: Annual Report and Accounts 2002-03*. London: TSO.
Schwarz, M. & Thompson, M. (1990). *Divided We Stand*. Hempel Hempstead: Harvester Wheatsheaf.
SEU & CMPS (U.K. Social Exclusion Unit & Centre for Management and Policy Studies). (2002). *The Social Exclusion Unit's Policy Action Team Approach to Policy Development: The Views of Participants*. London: TSO.
Smith, M. (1999). *The Core Executive in Britain*. New York: St. Martin's Press, Inc.
Thompson, G., Frances, J. Levacic, R. & Mitchell, J. (eds.). (1991). *Markets, Hierarchies and Networks: The Coordination of Social Life*. London: Sage.
Thompson, M., Ellis, R. & Wildavsky, A. (1990). *Cultural Theory*. Boulder, San

Francisco: Westview Press.
Vliet, M. (1993). Environmental Regulation of Business: Options and Constraints for Communicative Governance. In J. Kooiman(ed.). *Modern Governance: New Government-Society Interactions*. London: Sage.
Waldo, D. (1948). *The Administrative State*. New York: Ronald.
Williamson, O. E. (1975). *Markets and Hierarchies*. London: Collier Macmillan.
Wolf, C. Jr. (1988). *Markets or Governments: Choosing between Imperfect Alternatives*. Cambridge, Mass.: The MIT Press.

집필진 약력

■ 박 천 오

미국 워싱턴주립대학교 정치학 박사
명지대학교 사회과학대학장, 사회복지대학원장, 대학원장 역임
한국행정학회 편집위원장, 한국정책학회 편집위원장, 한국인사행정학회 회장 역임
현재 명지대학교 행정학과 교수

■ 주 재 현

영국 런던정경대학(LSE) 정치학 박사
명지대학교 사회교육대학원장, 삶의 질과 지속성장연구소장 역임
한국정책학회, 한국국정관리학회, 한국조직학회 연구이사 역임
현재 명지대학교 행정학과 교수, 정부혁신연구소장

■ 진 종 순

미국 아메리칸대학교 행정학 박사
한국인사행정학회 연구부회장 역임
식품의약품안전처, 농촌진흥청, 금융위원회 등 자체평가위원, 국방부 정책자문위원 역임
현재 명지대학교 행정학과 교수

■ 한 승 주

고려대학교 행정학 박사
한국행정학회, 한국행정연구원 편집위원 역임
현재 명지대학교 행정학과 부교수

행정의 책임과 통제

2020년 1월 10일 초판 인쇄
2020년 1월 15일 초판 1쇄 발행

편저자 명지대학교 정부혁신연구소
발행인 배 효 선
발행처 도서출판 法 文 社

주 소 10881 경기도 파주시 회동길 37-29
등 록 1957년 12월 12일/제2-76호(윤)
전 화 (031)955-6500~6 FAX (031)955-6525
E-mail (영업) bms@bobmunsa.co.kr
(편집) edit66@bobmunsa.co.kr
홈페이지 http://www.bobmunsa.co.kr
조 판 법 문 사 전 산 실

정가 34,000원 ISBN 978-89-18-91065-9